中国社会科学院创新工程学术出版项目

考古学专刊甲种第四十号

夏鼐文集

A COLLECTION OF XIA NAI'S WORKS

第三册

中国社会科学院考古研究所　编辑

社会科学文献出版社　出版

目　录

第四编　中国科技史的考古研究

第五编　中外关系史的考古研究和外国考古研究

Contents

Part IV Archaeological Researches on the History of Science and Technology in China

Part V   Archaeological Researches
on the History of Sino-foreign
Relations and on Foreign Countries

第四编
中国科技史的考古研究

考古学和科技史[*]

——最近我国有关科技史的考古新发现

在古代中国，像世界上其他的古代文明发达国家一样，自然科学很早便产生而且发展起来了。近年来，我们在考古发掘工作中，发现了不少有关古代科学和技术方面的遗物和遗迹[①]。这些发现，证明了科学和技术的发展是与劳动人民的实践经验紧密地联系在一起的，证明了科学技术的发展对人们的生产实践乃至社会发展起着巨大的影响，也雄辩地证明毛主席关于"在中华民族的开化史上，有素称发达的农业和手工业，有许多伟大的思想家、科学家、发明家、政治家、军事家、文学家和艺术家，有丰富的文化典籍"的光辉论断。

一　天文和历法

依着自然科学各个部门发展的顺序，我们首先要谈的是天文学方面

---

[*]　本文原载《考古》1977 年第 2 期。加补记后收入《考古学和科技史》一书（科学出版社，1979）。

[①]　希今：《文化大革命以来我国考古工作的新收获（下）》，《天津师院学报》1976 年第 1 期。

的。恩格斯指出："必须研究自然科学各个部门的顺序的发展。首先是天文学——游牧民族和农业民族为了定季节，就已经绝对需要它。"（《自然辩证法》）我国天文学的产生是比较早的。最近，1973 年河南安阳的殷代废址中发现了殷代（公元前 14 ~ 前 11 世纪）的刻辞卜骨和卜甲 4800 余片。卜辞中有许多关于当时历法和天文知识的资料①。同年在湖南长沙马王堆三号墓出土的帛书中，有一篇《五星占》，后面附有《五星行度表》。这表是根据实测的天象观测，记录下秦汉之际（公元前 246 ~ 前 177 年）70 年间三个行星（木星、土星和金星）在天空中运行的位置，并推算出它们的会合周期和公转周期。这是公元前 170 年左右写下来的。这里对于各行星的周期值的估计，很接近今日所推算出来的它们的真值。这些估计的精确性是值得注意的②。同墓另一件帛书《天文气象杂占》，绘有各种彗星和云气的图形，图下附以占卜意义的文字说明③。古代天文学和气象学是时常与迷信的占卜相联系的，科学的知识常常被占卜家、五行家等掺杂以迷信，后者是我们要加以批判的。

东汉光武帝于建武中元元年（公元 56 年）营建灵台于洛阳南郊（台在今河南偃师），这是当时的国家天文观象台，后来在曹魏、西晋时期一直沿用。我们曾于 1974 ~ 1975 年加以发掘。台用夯土筑成，现仍高出地面 8 米余④。至于天文观测用的仪器，我们最近鉴定了一件东汉中叶的铜制袖珍圭表。这是 1965 年出土于江苏仪征的一座汉墓中，发现时误认为是铜尺⑤。这是由一件长 19.2 厘米（汉尺 8 寸）的竖

---

① 《1973 年安阳小屯南地发掘简报》，《考古》1975 年第 1 期，第 38 页。
② 马王堆帛书，《五星行度表》，《文物》1974 年第 11 期，第 28 ~ 39 页。
③ 《马王堆帛书〈天文气象杂占〉简述》，《文物》1978 年第 2 期，第 1 ~ 4 页，图版二、图版三。
④ 《汉魏洛阳城南郊的灵台遗址》，《考古》1978 年第 1 期，第 54 ~ 57 页（有图）。
⑤ 仪征汉代木椁墓，《考古》1966 年第 1 期，第 16 ~ 17 页（有图）；《考古》1977 年第 6 期，第 407 ~ 408 页（有图）。

"表"和一根长 34.39 厘米（汉尺 15 寸）的"圭"所组成。后者刻有分度以标志尺寸，可以利用中午的日影的长度测定季节时间。另外一种仪器是铜制漏壶，近年来有三件分别出土于河北满城汉中山王刘胜（死于公元前 113 年）墓、陕西兴平县西汉墓和内蒙古伊盟杭锦旗的沙丘中①。漏壶是一种计时器。器身作圆筒形，近底部有一漏嘴。壶盖和提梁上都有一长方形小孔，作为穿插刻有分度的漏箭之用。漏箭将随着壶水的外流而逐渐下降。这三件漏壶的高度分别为 22.4、32.1 和 47.9 厘米，伊盟的一件，铸有铭文，知为河平二年（公元前 27 年）铸造的。

晴朗的夜晚，万里长空，星辰灿烂。古代人民很早便注意到这些星辰的星移斗转的现象，因为这和生产实践的季节性活动有密切联系。后来将观测星辰的结果绘成星图。近年来在北魏至宋辽时代（6～12 世纪）的墓中发现壁画或石刻的星图好几处，都是位于墓室内的墓顶上。其中重要的有 1974 年发现的洛阳北魏元乂（死于 526 年）墓顶上所绘星图，图中有银河横贯南北，还有以圆圈标志的 300 余颗星辰，其中有些用直线联成星座②。最近又研究了前几年在杭州发掘的吴越王钱元瓘（死于 941 年）墓和他的妃子墓出土的石刻星象图。这两件是我国最古的石刻星图，比世界闻名的苏州石刻天文图（刻于 1247 年）要早 300多年。所绘的星辰，主要是二十八宿和勾陈、北斗等星座，星数约 200颗；又绘有"内规"（这范围内的星在观测地点夜间常见不隐）、天球赤道和"外规"（这范围以外的星在观测地点看不见）三重圆圈。因之可以依照它们的位置以推定这星图的观测地点（北纬 73 度左右）和观测年代（约 850 年，可能稍早)③。1974 年发掘的河北宣化辽墓（1116年）中所绘星图，在我国传统的二十八宿的外边，又环绕以西方传来

---

① 满城的漏壶，见《满城汉墓》，1978，第 73 页；兴平的漏壶，见《考古》1978 年第 1期，第 70 页；伊盟的漏壶，见《考古》1978 年第 5 期（都有图）。
② 《洛阳北魏元乂墓的星象图》，《文物》1974 年第 12 期，第 50～60 页（有图）。
③ 伊世同：《最古的石刻星图》，《考古》1975 年第 3 期，第 153～157 页（有图）。

但已中国化的"黄道十二宫"的图像①。西安唐代几座大墓中的星图（7～8世纪），是以二十八宿为主要内容，星数不多，所绘的位置也并不精确②。它们在天文学史上的价值便不及上述几幅星图了。

在中国古代，天文学知识主要是为了制订和调整历法。当时我国是一个农业国家，历法对生产活动是非常重要的。1972年山东临沂银雀山的西汉墓中，出土了元光元年（公元前134年）历谱。这是我国迄今发现的最早的完整历谱。依照推算，这历谱采用颛顼历，与秦朝的历法相同。岁首也都是以十月为始。这是汉代继承秦代所创立的制度的一个例证③。

二 数学和度量衡

数学是和天文学紧密联系的。中国古代"畴人"这一名称是兼指天文学家和数学家；事实上，中国古代许多科学家同时兼通这两种科学。数学可以解决生产实践中许多问题，所以历来为人们所重视。1971年陕西千阳县西汉墓和1975年湖北江陵凤凰山168号西汉墓中，都曾发现算筹④。千阳墓中发现的骨制算筹共31枚，每枚长13.5厘米，直径为0.3厘米，与《汉书·律历志》中所记载的算筹的大小尺寸，适相符合。江陵发现的，是和砝码、天平衡杆等一起放在竹笥中。算筹是我国在发明和使用算盘以前，普遍使用的一种帮助计算的工具，而我国的算盘要到大约11世纪才开始使用，15世纪中叶才盛行。算筹的使

---

① 宣化辽代壁画墓，见《文物》1975年第8期，第31～44页；又，《考古学报》1976年第2期，第53～56页。
② 例如章怀太子和懿德太子墓的星图，见《文物》1972年第7期，第14、第29页；永泰公主墓，《文物》1964年第1期，第18页；李寿（神通）墓，《文物》1974年第9期，第75页（石椁里面星图）。
③ 陈久金等：《临沂出土汉初古历初探》，《文物》1974年第3期，第59～60页（有图）。
④ 《千阳县西汉墓中出土算筹》，《考古》1976年第2期，第85～88页（有图）。江陵汉墓算筹，见《文物》1975年第9期，第6页。

用，可以上溯到春秋时期或更早，这几件算筹是迄今发现的最早的实物标本。

和数学有关的度量衡学方面，我们曾对历年湖南出土的天平和砝码作了综合研究。湖南出土天平和砝码的楚墓百余座，属于春秋末至战国晚期，可见至迟在春秋时期已经开始使用。当时每两的重量约为16.3克[1]。近几年在山东文登县发现一件秦代铁权，在吉林发现一件秦代陶量，都刻有秦始皇二十六年（公元前221年）统一度量衡的诏书[2]。这表明当时秦始皇统一六国后采取了有利于巩固统一的措施。汉代的铜尺和骨尺，以及铜量也都有发现[3]；并且汉代的青铜容器，例如河北满城和江苏铜山的汉墓出土的，其中有的刻有铭文，记载它们的长度、容量和重量，可以推算出当时的度量衡的单位[4]。研究结果，知道汉承秦制，度量衡制度也大致相同。

三　地学

天文学和数学之后，现在我们可以谈谈地学。长沙马王堆三号墓帛书中的三幅地图，是中国地图学史上非常重要的新发现。其中最有意思的是一幅《长沙国南部地图》，长阔约96厘米。它的比例尺约为二十万分之一。上南下北，和现今地图的方向恰巧颠倒。图中有主要的城市、河流和山岭。这图已有一定的图例：县治用方框，乡里用圆框，道

[1]　高至喜：《湖南楚墓中出土的天平和砝码》，《考古》1972年第4期，第42～45页（有图）。
[2]　文登铁权，见《文物》1974年第7期，第94页，图1～图2；吉林奈曼旗秦量，《考古》1973年第6期，第368页。
[3]　例如1972年甘肃酒泉嘉峪关汉墓出土骨尺二件，长皆为23.8厘米，《文物》1972年第12期，第29页，图6；1970年山东曲阜西汉墓出土残铜尺，合23.5厘米，《文物》1972年第5期，第43页，图6；同年咸阳底张湾出土新莽铜龠，《考古》1973年第3期，第169页，图5；成都罗家碾出土铜斗，《文物》1974年第5期，第92页，图2。
[4]　天石：《西汉度量衡略说》，《文物》1975年第12期，第79～89页（有图）。

路用细的直线，水道用粗细不等的曲线，小山用线绘成轮廓，内填以平行斜线，大山用锥形的等高线。拿它和现代这一地区的地图相比较，可以看出这幅图的精确性相当高①。另一幅是长沙国南部的驻军图，绘有地市地点和它们驻军名称②。第三幅为一幅县城的平面图，绘有城垣和房屋等③。从前我们所能看到的我国最早的地图是保存在西安碑林中的伪齐"阜昌七年"（即绍兴六年，1136 年）刻石的《华夷图》和《禹迹图》，比之我们这次发现的，要晚了 1300 多年。

四　水利工程和交通工具

至于有关水利工程方面的新发现，首先可以谈一谈 1974 年在四川灌县都江堰所发现的东汉建宁元年（168 年）石刻李冰像，和 1975 年所发现的另外一躯石人像④。李冰是秦时蜀郡太守（约公元前 256～前 251 年），执行了秦国政府的发展农业生产的政策，兴建了这座著名的都江堰，一直沿用至今。这石像不仅表示人民群众对李冰的怀念，并且它本身竖立水中也作为测量水位的标识。根据文献记载，这里的石人的肩部和足部，便是表示水位的上下准点。"水竭不至足，盛不没肩"。1967～1973 年在重庆以下的长江两岸作了考古调查，发现许多有关洪水和枯水的题刻⑤。其中最重要的是四川涪陵的石鱼石刻，有唐广德二

---

① 长沙国南部地图，见《文物》1975 年第 2 期，第 35～48 页（有图）；1975 年第 6 期，第 20～28 页。《古地图》，文物出版社，1977。

② 驻军图，见《文物》1976 年第 1 期，第 18～27 页（有图）。《古地图》，文物出版社，1977。

③ 县城平面图，见《文物》1974 年第 9 期，第 43 页；《考古》1975 年第 1 期，第 53 页（这图尚未制版发表）。

④ 李冰石像，见《文物》1974 年第 7 期，第 27～28 页；另一石像，见《文物》1975 年第 8 期，第 89 页（都有图）。

⑤ 《长江上游宜渝段历史枯水调查》，《文物》1974 年第 8 期，第 76～90 页；《从石刻题记看长江上游的历史洪水》，《文物》1975 年第 5 期，第 76～83 页；《略谈长江上游"水文考古"》，《文物》1975 年第 1 期，第 74～78 页（都有图）。

年（764年）以来72个年份的枯水记录。这里的题刻，除了年月日之外，有的还刻一石鱼图形，以表示水位。这些题刻不仅是水文学史上的资料，并且还可以供现代水利工程的建设作参考。

至于造船工程方面，我国造船是有长久的历史，并且有独创之处（例如设置后舵、舱房互不渗水等）。但是除了木制、陶制的模型和石刻、绘画上的图形之外，古船实物发现很少。1973年在江苏如皋县一条通长江的"马河"旁边，发现了一只唐代（7~9世纪）木船。现存船身实长约17.3米，最宽处约2.6米，用三段松木的木料榫合而成。两舷共用7根木料上下叠合钉成。这船用隔舱板分隔成九舱，舱深1.6米。船舱和底部用铁钉加固，夹缝填以石灰桐油。舱面有覆盖板和竹篷，有杉木的单桅杆，残长1米。船底平坦，没有龙骨，属于沙船一类。载重量约20吨。船中出土有日用的粗瓷和陶器，具有唐代特征。还出有开元通宝钱三枚①。

1974年福建泉州（宋元时世界闻名的大港，即《马可波罗游记》中的"刺桐城"）发现了一只13世纪的海船残骸。船身保存大致完整，长约24米，宽约9米，估计载重量当在200吨以上。船身隔成13个互不渗水的舱。船底有龙骨。船上有为了竖立前桅杆和中桅杆的洞孔和设置船舵的洞孔。船中还出土了一些构件和附属工具，例如绞盘、船桨等。这船结构坚固，稳定性好，适宜于远洋航行。船中所载的货物有香料木（包括降真香、沉香、檀香等），总共4700斤（湿的）。还有香料、药物，如龙涎香、乳香、槟榔、朱砂、水银等。至于瓷器和陶器，则为数不多，当为船上日常用品。又有木签牌96件，系以细绳，原来当扎在货物上。铜钱发现504枚，其中最晚的是宋度宗咸淳七年（1271年）铸的。由于这艘海船的发现，可以想见当年我们祖先驾着海船，乘风破浪，和亚非各友邦进行贸易，和它们建立了深厚友谊的那种英勇

---

① 如皋唐代木船，见《文物》1974年第5期，第84~90页，图1~图3。

气魄①。

　　至于新发现的船舶的模型和图像，新近发表的有四川成都百花潭十号墓发现的嵌错"宴乐攻战图"的铜壶。攻战图中的水战，似乎两方都乘楼船。下层舱有荡桨的划手，上层有执武器相战的武士。或以为上层是岸上陆战，但画中似为两层②。1973～1975年在湖北江陵凤凰山8号和168号西汉墓中，都曾发现木船模型一件。二者形制大致相似。以8号墓出土的为例，船身用一段整木雕凿而成，平面呈梭形，首尾两端平齐，全长71厘米。船底平坦，没有龙骨。舱内置横梁若干，上有盖板。船面上有一舱房，房的前后有山墙，上有悬山式房顶。舱房两侧外边有舷板，为撑篙荡桨者前后往来的通道。发现有木桨，但未见船舵③。汉墓壁画中的船只图形，有1972年内蒙古和林格尔东汉后期墓中"渭水桥"图和"居庸关图"二幅图中桥下的船只。船中坐三人，以桨划船。山东苍山汉代画像石中的船上则有四人④。四川郫县出土东汉画像石棺上刻的船，船上有三人：其中一人中坐，一人撑篙，一人掌大桨（梢桨）⑤。对于云南晋宁铜鼓上的船形纹，也做了研究。这些是滇族在江、湖上所使用的船只，可能是独木舟，用短桨划。船尾用大桨（梢桨），没有船舵，也未见帆和桅⑥。这些是水上的交通工具。

　　更重要的是1976年在广州首次发现一处规模巨大的秦汉之际的造船工场遗址。经过发掘和勘探，知道船场中心部分有三个平行排列的造船台。船台滑道的长度在88米以上。滑道由巨大滑板构成，下垫枕木。

---

① 泉州海船，见《文物》1975年第10期，第1～18页、第28～35页（有图）。

② 成都铜壶，见《文物》1976年第3期，第44页，图版二。

③ 江陵凤凰山8号墓，见《文物》1974年第6期，第48页（有图）；168号墓，见《文物》1975年第9期，第5页。

④ 和林格尔壁画，见《文物》1974年第1期，第36～37页、第45～46页（有图）；苍山画像石墓，见《考古》1975年第2期，第124～134页（有图）。这墓的元嘉纪年，根据字体，当是东汉桓帝的年号，不会晚到刘宋时。

⑤ 郫县的石刻，见《文物》1975年第8期，第65页，图4（原文误以梢桨为舵）。

⑥ 冯汉骥：《云南晋宁出土铜鼓研究》，《文物》1974年第1期，第56～58页，图10～图16。

每组滑道上面搁置着一对对的架承船体的木墩，墩底有榫与滑板连接，形成了造船台。第一号船台，中宽1.8米。船台旁边是木料加工场，仍残留有造船剩下的余木，包括许多砍劈下来的小木片，分属于杉、樟、格、荸四种乔木，并且还出土了铁制工具（锛、凿）和铁钉、铁条，以及画线用的铅块和木垂球、磨刀的磨石等；还有战国至汉初的印纹陶、绳纹瓦、秦代瓦当和半两钱。可以认为这船场是秦代统一岭南时期建造的，到汉初便废弃了。这处船场已采用船台与滑道下水结合的结构原理。据估计，这里可以造宽6～8米，长30米，载重50～60吨的木船。这次发现，为研究我国古代造船技术，提供了十分重要的资料①。

陆上的交通工具主要是车子。近年来所发现的各时代的车马坑，殷代的有1972年发现的河南安阳孝民屯南地的一座，西周的有1972～1973年发现的北京琉璃河的三座和1976年发现的山东胶县西庵的一座，战国时期的有1972年发现的洛阳中州路的一座。这些都是一车二马或四马、独辕两轮，辐条18至24根，车舆后边开门。车子的木质部分虽已全部腐朽，但黄土中仍能保留木痕。只要仔细剥剔，仍可搞清楚它们的形状和各部分的尺寸②。这些车子与"文化大革命"以前所发现的安阳大司空村（殷代）、西安张家坡（西周时代）、河南辉县琉璃阁（战国时代）等处所发现的车马坑中的车子，形制基本相同。车上或近旁常有青铜兵器发现，可能是一种作战用的兵车。西汉时代埋葬诸侯王的崖墓中，曾发现了埋有车子和马匹的车马室。例如河北满城中山王夫妇两墓和山东曲阜九龙山的鲁王及其家属的四座墓。满城1号墓有车6辆、马16匹；2号墓有车4辆、马13匹。车子的木质部分已腐朽无存，

---

① 《广州秦汉造船工场遗址试掘》，《文物》1977年第4期，第1～17页。

② 安阳的车马坑，见《考古》1972年第4期，第24～28页，图版二、图版三；北京琉璃河的车马坑，见《考古》1974年第5期，第318～320页，图18～图19，图版七；胶县西庵的车马坑，见《文物》1977年第4期，第63～67页，图1～图5；洛阳中州路的车马坑，见《考古》1974年第3期，第171～173页，图版一。

但仍保存金属零件和装饰。九龙山的四座墓中共有 12 辆车子、50 匹马。车子木质部分仍保存有痕迹。两处车子的铜饰中有镀（鎏）金银、错金银、错金银又镶嵌玛瑙和绿松石。经过仔细研究，这些车子可能有安车、猎车（兵车）和宫内乘游取乐的小马车①。

汉代壁画和画像石上的车子，大都是安车或轺车。河南唐河的东汉早期墓的画像石刻有车骑出行图三幅。其中第一幅（30 号）有轺车三、第二幅（17 号）有轺车二、第三幅（18 号）有鼓车和轺车各一②。山东苍山东汉晚期的画像石中的车子都是双辕一马。这里的车形有两种，除了车舆外露、车盖四角施以四维的轺车之外，还有一种形状相类似的车，但舆两侧屏蔽，有帷盖，可坐乘，当为辒车③。四川郫县出土汉代画像石棺刻一辒车，形同大车，驾以一马。车盖为卷篷式，中坐一妇女。这和上面所说的苍山画像石的辒车相比较，车厢和盖的形式不同④。内蒙古和林格尔汉墓壁画中，也有许多车子，似乎都是轺车一类⑤。嘉峪关魏晋墓壁画中则有牛车，两辕一牛，车盖为卷篷式⑥。车子模型是用各种不同的材料制成。铜制的有甘肃武威雷台东汉墓出土的 14 辆铜车，其中有斧车一、轺车六、大车七（驾马者六、驾牛者一）。斧车无盖，竖立一斧。大车不同于轺车，车厢前后较长，前边没有轼，乃用以载物⑦。至于木车模型，湖北江陵凤凰山 8 号和 168 号西汉墓都出土三件，其中两件为轺车（168 号的两件，其一可能为安车），一为牛车⑧。武威磨嘴子 48 号西汉

---

① 满城汉墓的车，见《考古》1972 年第 1 期，第 9~10 页；曲阜九龙山的车，见《文物》1972 年第 5 期，第 41~42 页，图 4。

② 河南唐河画像石，见《文物》1973 年第 6 期，第 28 页，图 3、图 11。

③ 山东苍山画像石，见《考古》1975 年第 2 期，第 124~134 页（有图）。

④ 四川郫县画像石，见《文物》1975 年第 8 期，第 64 页，图 3。

⑤ 和林格尔壁画，见《文物》1974 年第 1 期，第 14 页，图版二、图版三、图版五。

⑥ 酒泉嘉峪关壁画，见《文物》1972 年第 12 期，第 26 页，图 17。

⑦ 武威雷台汉墓，见《考古学报》1974 年第 2 期，第 91~96 页（有图）。

⑧ 江陵凤凰山 8 号墓，见《文物》1974 年第 6 期，第 48 页（原报告误依"遣策"作"轺车一乘"）；128 号墓，见《文物》1975 年第 9 期，第 5 页。

墓，出土木制辂车模型一，牛车模型三①。两汉时代统治阶级的贵族和大官僚，生前出行时，常是"车如流水马如龙"，前呼后拥，以表现他们的豪华。但是这些车子结构精巧，也体现了当时劳动人民的智慧。

汉代以后，南北朝和隋唐时代，墓中明器中车子便比较少见。最近出土的有南京象山7号东晋早期墓出土灰陶牛车模型一件②。唐代男女骑马的风气盛行。皇帝及贵族、官僚的仪仗队中的车子，多仅作为摆设，一般出行或狩猎，多是骑马的。唐代壁画中，唐初李寿墓中壁画有牛车二幅，一为栅栏厢，一为板厢（内坐一女），都是双辕无盖，旁有御者。盛唐时期懿德太子李重润墓中壁画上仪仗队中的辂车三辆都是双辕车，车厢前面有轼，两侧有辂，辂的上缘外卷。车上立有圆形车盖。辂车队旁立马夫三人，牵马待发③。明初鲁王朱檀墓中有木雕彩绘车子模型二件，车子有三辕，车厢两侧有屏，上有幅形圆盖④。这是《明史·舆服志》所载的亲王所乘坐的"象辂"。

交通道路方面，最近调查了秦始皇为巩固国家的统一所建设的直道，实即当时的驰道之一。这条道路，从当时首都咸阳北边的云阳县林光宫为起点，北进甘泉山，越子午岭，经由草原而达九原郡（今包头市西）。原来道路的一部分现仍保存。路面多呈凹形，两边接近路旁的土坎处较高，愈至路中心愈低下。经过草原的道路有"堑山埋谷"的痕迹。有的地方路面残宽约22米，有的高出两旁约1~1.5米，为当地红砂岩土所填筑。山冈上宽约50多米的豁口，是人工开凿的。可以看出当时筑路工程的规模和技术方面的造诣⑤。

---

① 武威磨嘴子汉墓，见《文物》1972年第12期，第13页，图7，图版四，1。
② 南京象山7号墓，见《文物》1972年第11期，第30页，图37。
③ 李寿墓，见《汉唐壁画》，文物出版社，1974，图62；发掘简报，见《文物》1974年第9期，第73页。李重润墓，见《汉唐壁画》，图89；发掘简报，见《文物》1972年第7期，第28页。
④ 明朱檀墓，见《文物》1972年第5期，第30页，图23。
⑤ 史念海：《秦始皇直道遗迹的探索》，《文物》1975年第10期，第44~54页。

五 纺织、陶瓷和冶金

上述两种工艺是属于物理学的应用，而陶瓷学和冶金学，则是和化学有关的工艺。至于纺织学这一工艺，则一部分（纺轮、纺机等的使用）与物理学有关，另一部分（如漂白和染色等）则和化学有关。

纺织学方面，关于殷代的蚕桑和丝织品，曾发表了一些综合研究①。西周的丝织物和刺绣在 1975 年发掘的陕西宝鸡的两座西周墓中，有重要的发现，弥补了西周时代缺乏这方面实物材料的空白。这些丝织物和殷代的相同，有简单的平纹织物，也有斜纹显花（菱形图案）的变化组织的织物。后者须要提花的织具。刺绣是采用辫绣的针法。绣线的红、黄两色，据说可能用朱砂和石黄来平涂上去的，不是作为染料②。长沙左家塘战国中期墓中所发现的织锦，是现今所能看到的我国织锦的最早的实物。这些织锦的染色，据云有"石染"（矿物染料）和"草染"（植物染料）二类③。长沙马王堆一号和三号墓中出土了大批西汉早期的丝织物。除了绢、绮、锦以外，这里还有过去很少发现过的一种高级锦，即绒圈锦，或称起绒锦。还有镂板印花的多彩花绢。织物的染色、涂色，是使用朱砂、茜草、靛蓝、铅白、绢云母等④。1972 年武威磨嘴子汉墓出土的丝织品，有平纹组织的方孔纱、素绢、可能是用篆组法编织的菱孔冠纱、用纠经法织成的花罗（即汉绮的一种）、菱纹绒圈锦、套色印花绢和"轧纹皱"，还有用手工编织的细丝带⑤。

① 胡厚宣：《殷代的蚕桑和丝织》，《文物》1972 年第 11 期，第 2~7 页；夏鼐：《我国古代蚕、桑、丝、绸的历史》，《考古》1972 年第 2 期，第 14 页（有图）。

② 《有关西周丝织和刺绣的重要发现》，《文物》1976 年第 4 期，第 60~63 页（有图）。

③ 熊传新：《长沙新发现的战国丝织物》，《文物》1975 年第 2 期，第 49~56 页（有图）。

④ 《长沙马王堆一号汉墓发掘报告》，1973，第 46~65 页（有图）；三号墓丝织品，见《考古》1975 年第 1 期，第 57 页；两墓出土的绒圈锦，见《考古学报》1974 年第 1 期，第 175~186 页（有图）。

⑤ 武威磨嘴子汉墓，见《文物》1972 年第 12 期，第 18~21 页（有图）。

汉代以后，重要的丝织物有敦煌石窟出土的北魏刺绣和唐代织物①，还有新疆吐鲁番、巴楚发现的北朝至唐代的丝织物②。其中唐代织锦，除了像汉锦那样平纹经线显花的以外，织法逐渐采用了斜纹纬线显花法，最后完全采用斜纹纬锦的织法。这后者似乎是受了波斯锦织法的影响。花纹方面如猪头纹、双鸭纹、双骑士纹、联珠纹等，也是由于波斯锦的影响。印染方面，唐代盛行绞缬、夹缬和蜡缬等制品。唐代还出现了用通经断纬技法织造的织花毛毯。巴楚发现的织花毛毯是迄今发现采用这种织法较早的一件③；后来推广这种织法于丝织品，便成为宋朝以来著名的缂丝，或称刻丝。我们根据汉代画像石上的图像，研究和复原了汉代的织机④。它的结构是比较复杂的，由木架、综、卷经轴、卷布轴、脚踏板所组成；但是当时用以织锦的是提花织机，其结构当更为复杂。浙江兰溪南宋乾道七年（1171 年）墓中出土的棉毯，证明我国长江流域的棉织业在南宋初便已有相当发展，并不是到宋末元初才开始传播的⑤。

陶瓷工艺技术方面，陶窑结构是控制燃烧温度和窑中气氛性质的关键。1974 年在河南温县一处东汉早期的铸造铁器的遗址中，发现一座烘范窑，结构大体和汉代一般砖窑相同。它的结构分为窑道、火腔和窑室三部分。窑室近方形，长宽为 2.9 和 2.7 米，可装 500 多套陶范⑥。这里设置有较完善的烟囱，是继续战国时代创始的那种陶窑形式。最近

---

① 敦煌北魏刺绣，见《文物》1972 年第 2 期，第 54 ~ 64 页；敦煌唐代织物，见《文物》1972 年第 12 期，第 55 ~ 67 页（都有图）。

② 新疆丝织品，见《文物》1972 年第 3 期，第 14 页；见《考古》1972 年第 2 期，第 28 ~ 31 页；《文物》1973 年第 10 期，第 15 ~ 19 页（有图）。

③ 巴楚出土织物，见《丝绸之路》，文物出版社，1972，第 5 页；《文物》1972 年第 3 期，第 16 页，图版一〇。据新疆博物馆同志说，巴楚这件织花毛毯是晚唐物，不是北朝物。

④ 汉代织机的复原及其说明，见《考古》1972 年第 2 期，第 20 ~ 23 页，图 13。

⑤ 兰溪出土棉毯，见《文物》1975 年第 6 期，第 54 ~ 55 页（有图）；又见《文物》1976 年第 1 期，第 89 ~ 93 页。

⑥ 温县汉代烘范窑，见《文物》1976 年第 9 期，第 66 ~ 75 页（有图）。

发表的 1966 年发掘的洛阳隋唐宫城内的烧瓦窑 7 座，是隋末唐初的。窑室作马蹄形，两侧壁有弧度，窑室后有烟孔五，和烟室相通。烟室有烟囱一道上通以出烟①。这比汉代陶窑是有所改进了。瓷窑方面，我们对于河南禹县钧台宋代窑址作了重要发掘。掘出的 11 座瓷窑，就地挖筑，全系土壁。有火膛和底部较高的窑室，室后壁有烟囱②。对于龙泉窑的结构，也做了研究。这里发现了宋、元、明的窑址 9 座，都是龙窑类型。其中明窑一座，在窑尾两室间筑有挡火墙两堵，应属阶级窑类③。此外，我们还调查了广东封开县都苗村北宋青瓷窑址、福建同安南宋至元青瓷窑址、河南新安十余处窑址（主要是元代均窑）、江西乐平明代青花窑址、浙江鄞县五代至北宋的越窑址等④。这些窑址中，除了大量瓷片之外，还发现许多匣钵、垫饼等窑具。在前三处还发现残窑。这些发现对于烧造瓷器的技术过程的研究，都提供了重要资料。

关于陶器、瓷器本身的研究，首先对于"原始瓷"作了探索⑤。殷周时代的类似青瓷的器物，就其胎料、釉料、烧成温度及其各种物理性能而言，可以说是"原始瓷"或"原始青瓷"。它是与南方的硬陶似有直接的关系。江西清江吴城出土了大批原始瓷器，其中最早的属于第一期，相当于郑州二里岗上层，是商代中期。这里不仅数量多，而且器形种类也多，有人以为它和这地区新石器晚期发现的"白陶"有关⑥。对于唐代瓷器的窑址的分布和烧造技术的逐渐提高的情况，连同唐瓷的分

① 洛阳烧瓦窑，见《考古》1974 年第 4 期，第 257～259 页，图 2～图 3。
② 赵青云：《河南禹县钧台窑址的发掘》，《文物》1975 年第 6 期，第 57～63 页，图 2～图 3。
③ 龙泉窑的结构，见《考古学报》1973 年第 1 期，第 146～147 页（有图）。
④ 广东封开窑，见《文物》1975 年第 7 期，第 92～93 页；福建同安窑，见《文物》1974 年第 11 期，第80～84 页；河南新安窑，见《文物》1974 年第 12 期，第 74～81 页；江西乐平窑，见《文物》1973 年第 3 期，第 46～51 页；浙江鄞县窑，见《文物》1973 年第 5 期，第 30～40 页。
⑤ 冯先铭：《我国陶瓷发展中的几个问题》，《文物》1973 年第 7 期，第 20～22 页；李知宴：《关于原始青瓷的初步探索》，《文物》1973 年第 2 期，第 38～45 页。
⑥ 李科友等：《略说江西吴城商代原始瓷器》，《文物》1975 年第 7 期，第 77～83 页。

期问题，也作了些研究①。景德镇湖田古瓷窑的窑具和瓷片、瓷器的研究，搞清了该地从五代到明中叶的碗类装烧工具的演进②。更重要的工作是对于历代龙泉青瓷烧制工艺的科学分析，也做了仔细的工作。关于胎的配方，证明瓷胎曾掺加紫金土。五代、北宋时用石灰釉，釉面光泽较强。南宋、元、明的时候，采用石灰—碱釉，钾钠含量高，釉面光泽柔和。其他方面的分析结果，都证明古代龙泉窑在烧制工艺方面有相当高的技术水平③。

冶金学史的研究，主要是铸铜和炼铁两个方面。从前有人认为商代后期的安阳殷墟那种高度发达的青铜工艺是突然出现的。帝国主义分子和苏修所谓"考古学家"迄今还有人叫嚷：就此可证中国青铜工艺是由国外发展成熟后才输入的。解放后不久，我们发现了殷代中期的郑州二里岗文化中便已有青铜业作坊和许多青铜器。1974 年在郑州市发现两件大方鼎，虽然形制较朴实，技术较粗糙，但是大的一件通高 1 米，重达 86.4 公斤④。后来我们又发现了偃师二里头遗址，年代较二里岗更早，但这里也出土了少量青铜小件。最近发掘到青铜戚、戈、爵等中型的容器和武器，时代属于二里头三期，与该遗址早商宫殿遗址同时⑤，可见中国青铜工艺自有其发展的过程，并且铸造时使用多片合范法，也自具特点，不仅只成品的形状和花纹具有中国的特征而已。在采掘技术方面，1974 年在湖北大冶铜绿山发掘了两处矿井。其中一处出土青铜工具，是属于春秋晚期的；另一处出土铁工具，当属于战国中、晚期。这是我国首次挖掘到这样早的矿井遗址。矿井的支架保存基本完整，出

---

① 李知宴：《唐代瓷器概况和唐瓷的分期》，《文物》1972 年第 3 期，第 34 ~ 48 页。
② 刘新园：《景德镇宋元芒口瓷器与覆烧工艺初步研究》，《考古》1974 年第 6 期，第 386 ~ 393 页；《景德镇湖田古瓷各期碗装烧工艺考》，《景德镇陶瓷》1976 年第 1 期，第 9 ~ 14 页（都有图）。
③ 周仁等：《龙泉历代青瓷烧制工艺的科学总结》，《考古学报》1973 年第 1 期，第 132 ~ 143 页。
④ 郑州大方鼎，见《文物》1975 年第 6 期，第 64 ~ 66 页（有图）。
⑤ 二里头铜器，见《考古》1976 年第 4 期，第 259 ~ 263 页，图版五，3 ~ 6。

土了采掘工具（如铜制的斧、锛，铁制的斧、锤，木制的槌、铲、锹，淘洗的船状木斗），装载和提运用具（如藤篓、粗绳、竹制的筐、箕，木制的辘轳和钩）和排水工具（如木制的瓢、桶、水槽等物）[①]。这些发现，证明当时采矿的劳动人民，在找矿选点，开采运输，井巷支持和井下排水等各方面，都有了丰富的实践经验。最近还在堆积古代矿渣的地点发现了三座炼炉（见《补记》）。这些发现对于研究我国矿冶发展史是具有重大意义的。对于侯马铸铜器的陶范又作了些研究工作，知道陶范造型材料，已依其在铸造过程中所起的作用和经受的温度不同而有所区别。陶范的结构有很巧妙的固定内范的方法和浇铸系统。脱模剂是用草灰和糠灰。铸造方面，这时采用了零件附铸法[②]。对于青铜器的错金工艺也作了初步的研究[③]。

恩格斯指出："它（指铁）是在历史上起过革命作用的各种原料中最后的最重要的一种原料。"（《家庭、私有制和国家的起源》）古代铁器方面，1973年在河北藁城台西村的发掘中发现了一件铜柄铁刃的钺[④]。关于我国铁器发现和使用的年代，在古文献和过去发现的古器物中，最早的是春秋晚期的[⑤]。西周时代的，只有解放以前发现两件以陨铁为刃的铜柄兵器。藁城铜柄铁钺的发现，为研究我国铁器的使用时代提供了重要资料。最近经过有关部门分析研究，确认为这铁刃的来源是陨铁，而不是冶炼的熟铁[⑥]。这当由于中国像近东的两河流域和埃及一样，在青铜时代便已进入奴隶社会；并且也像这些古代国家一样，在能

---

① 铜绿山矿井，见《考古》1974年第5期，第251~254页；《文物》1975年第2期，第1~25页（有图）。
② 侯马陶范新研究，见《文物》1973年第6期，第62~64页（有图）。
③ 史树青：《我国古代的金错工艺》，《文物》1973年第6期，第66~72页。
④ 河北藁城铜柄铁钺，见《考古》1973年第5期，第266~271页，图版一，1~2，图5。
⑤ 黄展岳：《关于中国开始冶铁和使用铁器的问题》，《文物》1976年第8期，第62~70页。
⑥ 李众的科学鉴定，见《考古学报》1976年第2期，第17~34页；《文物》1976年第11期，第56~59页。

够冶炼以前，曾经偶尔使用陨铁锤打成器。至迟在春秋晚期（公元前 6
世纪末），我国劳动人民创造了在较低温度（800℃～1000℃）下还原
铁矿石的办法，得到比较纯净但质地疏松的铁块，可以锻造成器。最近
江苏六合程桥 2 号墓（春秋晚期）出土了一件残长 5 厘米的小铁条，
便是以这种块炼铁锻成的[①]。最近洛阳市水泥制品厂战国早期（公元前
5 世纪）灰坑中出土的铁锛，是迄今为止能确定的我国的最早的生铁工
具[②]。上述的铜绿山发现的战国中、晚期矿井中出土的铁工具，不仅有
一般熟铁锻件和铸铁件，还有经过柔化的可锻铸铁，也有铸件表面经过
脱碳处理的。1973 年河北易县燕下都出土的战国晚期的铁剑中，还有
块炼锻铁经过渗碳成为低碳钢，有的显然已经使用淬火方法以增加硬
度。西汉中期刘胜（卒于公元前 113 年）墓出土的书刀和剑，使用了
块炼铁表面渗碳的工艺。它们是经过反复加热、固体渗碳和多层叠打制
成了的初级"百炼钢"。而刘胜墓出土的铠甲片和呼和浩特二十家子出
土的同时代的铠甲片，则系使用块炼铁为原料；锻成片后，经过退火，
进行表面脱碳，提高延性。1974 年山东苍山汉墓出土永初六年（112
年）铁刀发展了用生铁炒钢和"三十炼"（用炒钢为原料反复折叠锻打
而成）的技术，并采用高碳钢淬火的办法，提高了刀的质量[③]。1974 年
在河南渑池县发现了约北魏时代的窖藏铁器达 4195 件（块），其中有
些可能是较早时代的遗留。铁器的种类：铸铁有白口、灰口和麻口三
种，还有经过退火处理的可锻铸铁，也有熟铁。最引人注意的是这里出
现了铸铁脱碳钢、低硅灰口铁和球墨铸铁[④]。前面谈到的河南温县发现
的一处汉代烘范窑出土了许多陶范。这些铸铁器的陶范，有母模（母

---

① 江苏六合程桥 2 号墓出土小铁条，见《考古》1974 年第 2 期，第 119 页，图版六，8。
② 洛阳水泥厂出土铁锛，见《考古学报》1975 年第 2 期，第 5 页，图版一，1～3。
③ 李众：《中国封建社会前期钢铁冶炼技术发展的探讨》，《考古学报》1975 年第 2 期，第 1～
22 页；华觉明：《中国古代钢铁冶炼技术》，《金属学报》1976 年第 2 期，第 222～231 页
（有图）。
④ 河南渑池铁器窖藏，见《文物》1976 年第 8 期，第 45～61 页（有图）。

范）、外范和内范。这些范都是用黏土掺杂砂粒和草秸制成，并用草木灰为脱模剂。外范上有浇铸系统的设置，即浇口杯、直浇口和内浇口，但都没有冒口。浇口本身和加固泥空隙，就代替了冒口的作用。烘范火候约在 600℃，所以范的质地较硬。这种烘范窑也用作浇铸前"预温"陶范之用。这发现对于当时陶范的制作和烘烤以及浇铸系统的设置都提供了重要研究资料，充实了铸造工艺史的内容①。对于河北兴隆铁范也作了进一步的研究。这些范的形状和铸件外貌基本一致，并且已能使用铁内芯来形成锄柄孔。这证明当时铸造铁范的冶铁技术已达到较成熟的地步②。

其他有关冶金史方面的考古研究，最近曾根据 1970 年在西安市何家村出土的炼银渣块作了唐代冶银术的探究。当时可能用的矿石是方铅矿和辉银矿的共生矿。选矿后加以提炼，分两个程序：先炼结出含高成分银的"铅铊"，再用灰吹法提炼出纯银③。我们又对西晋周处墓出土的金属带饰作了重新鉴定。使用三种方法（密度法、X 射线衍射法、光谱分析法）检验的结果证明，全部 16 件较完整的金属带饰都是银，而不是铝。从淤泥中检拣出来的不辨器形的小块铝片（两三片，可能原是一片），虽是同一处出土，但后世混入的可能性很大④。最近又将这 16 件较完整的金属带饰，使用电子探针扫描，确定它们都是银制的。至于小块铝片，就其化学成分而论，含有约 3% 的铜，0.4% 锌，1% 铁，0.6% 硅，0.2% 镁。利用碳来还原铝矿石，需要较高温度；即使得到铝，也不会含有这样多的铜、锌、镁，而铁、硅则又偏低。所以它不是普通的纯铝。实际上，它的成分和某些早期的铝合金"硬铝"（发明

---

① 《河南省温县汉代烘范窑发掘简报》，《文物》1976 年第 9 期，第 66～75 页（有图）。
② 兴隆铁范新研究，见《文物》1973 年第 6 期，第 64～65 页，图 4。
③ 一冰：《唐代冶银术初探》，《文物》1972 年第 6 期，第 40～44 页，图 1～图 3。
④ 夏鼐：《晋周处墓出土的金属带饰的重新鉴定》，《考古》1972 年第 4 期，第 34～39 页，图 1、图 3。

于 1906 年）成分相似，并且是经过加工延伸的产品①。这个鉴定结果澄清了我国冶金史上一个重要问题。

六　医学和药物学

　　医药卫生方面，1972 年甘肃武威的一座东汉墓中，出土了医方木简 92 枚，记载医方 30 多种，范围涉及内科、外科、妇科等疾病，并及针灸治疗。药物共约 100 味，其中一部分为后来的本草书所收载。药物的使用法，采用汤、醴、丹、丸、膏、散等方法②。马王堆三号墓西汉帛书中有几种医书和一幅《导引图》。医书约二万字，可分二部分：第一部分是几种已佚的医书，包括《却谷食气方》、《十一脉炙经》和两种诊断书，即《脉法》和《阴阳脉和死候》③。第二部分是药方，记录了为着治疗 52 种疾病的 270 余个药方。这些药方，像武威医方木简一样，涉及内科、外科、妇科等 52 种疾病，每种都分别记载有各种不同的方剂和疗法。药名共约 260 味，包括矿物、动物、草木和器物类，其中约 100 种左右为《神农本草经》所记载④。《导引图》有各种运动姿态的图像 40 余幅，如屈膝抱腿、缓步徐行、振臂昂首、伏地伸颈等；人像旁侧都附有标题，常以动物的动作相比类，例如"猿呼（？）"、"熊经"、"鹤□"等题⑤。和帛书放在一起的，还有竹简 189 枚，木简 11 枚，共 200 枚。内容有黄帝和容成等问答的话，有的术语如"七孙（损）"、"八益"等，与《黄帝内经》中的相同。疑和《黄帝外经》及《汉书·艺文志》中《方伎略》的书有关⑥。至于针灸治疗用的金针和

---

① 　根据北京钢铁学院鉴定，报告尚未发表，承蒙见告，特表示谢意。
② 　《武威汉代医简》，文物出版社，1975。简报又见《文物》1973 年第 12 期，第 18～31 页。
③ 　马王堆帛书医书，见《文物》1975 年第 6 期，第 1～5 页、第 14～19 页，图版一。
④ 　马王堆帛书药方，见《文物》1975 年第 9 期，第 35～60 页，图版一一、图版一二。
⑤ 　《导引图》，《文物》1975 年第 6 期，第 6～13 页，图 1、图 2。
⑥ 　《文物》1974 年第 7 期，第 43 页，图版一二；《考古》1975 年第 1 期，图版五。

银针，以及其他医疗器具在河北满城的西汉刘胜墓中曾有发现[①]。这些都是我国古代医学方面光辉成就的见证。

最有意思的是古尸解剖工作，这使我们获得大量的解剖学、组织学和病理学各方面的资料；其中古病理学的研究尤为重要。马王堆汉墓主人的女尸解剖，证明她在世时曾患过许多疾病。她有动脉硬化症，肺部有结核病留下的钙化病灶，腹中有血吸虫、蛲虫和鞭虫等三种寄生虫的卵。脊椎骨有骨增生，可能导致背痛和腿痛。胆囊有结石。根据这些病症的诊断，可以推论她的死因可能是胆绞痛引起冠心病发作以致心肌梗塞而死[②]。另一具保存良好的尸体，1975 年出土于湖北江陵凤凰山 168 号西汉墓中。这是男尸，全身无一根毛发，但皮肤和内脏基本完整。胆囊胀大，并有 20 余颗胆石。解剖后可见到胸膜炎、心包炎和胆囊炎等病变遗留。肝脏组织中检出较多血吸虫卵和肝吸虫卵，肠内有鞭虫卵和绦虫卵[③]。由于血吸虫卵出现于这两具古尸体内，说明两千年前我国两湖地区曾有血吸虫病流行。

马王堆一号墓中，有几种草药盛于绢囊中，包括花椒、肉桂、高良姜、香茅等[④]。上述武威和长沙发现的汉代医方，记载有一二百种药物的名称。这些发现对于药物学的研究，提供了很有价值的资料。

七 农业科学

恩格斯指出："农业是整个古代世界的决定性的生产部门。"（《家庭、私有制和国家的起源》）农业科学中，农业机械方面，1973 年浙江

[①] 满城汉墓医疗器具，见《考古》1972 年第 1 期，第 13 页；又见《考古》1972 年第 3 期，第 49～53 页（有图）。

[②] 解剖结果，见《文物》1973 年第 7 期，第 73～80 页（有图）；《长沙马王堆一号墓发掘报告》，文物出版社，1973，第 31～32 页。

[③] 江陵凤凰山 168 号墓男尸解剖，见《文物》1975 年第 9 期，第 3～4 页，图 5。

[④] 《长沙马王堆一号墓发掘报告》，1973，第 35～37 页。

余姚河姆渡遗址（距今约六七千年）发现大批骨耜，是用以翻种农田的。这一批是我国迄今发现的最早的骨耜①。我国采用牛耕，可能开始于春秋时代；到了两汉魏晋便已广泛地推行到各地。最近发现有武威磨嘴子48号西汉晚期墓出土的木牛犁一组②，甘肃嘉峪关魏晋时代壁画墓的牛耕图及耙地图③，广东连县西晋永嘉六年（312年）墓中出土的犁田、耙田的陶制模型④。初唐李寿墓壁画中牛耕和播种图，牛耕用两牛，播种用一牛驾耧犁⑤。根据已有的文献和考古资料，对照着民族学资料，我们可以较清楚地了解西汉时期的牛耕的情况。它证明了当时农业机械方面曾取得了重大的发展⑥。至于农产品（粮食）加工的机械，满城汉墓出土了一盘石磨，是圆形的转磨⑦。这是这种类型的石磨的较早的实物标本。

关于农作物和家畜，上述的余姚河姆渡遗址出土了人工栽培的水稻，有由稻谷、谷壳、稻秆、稻叶等混在一起的堆积。这不仅是我国迄今发现的最早的人工栽培水稻，并且证明我国南方长江下游地区的农业文化的古老，并不较黄河流域的仰韶文化为晚。此外，河姆渡遗址还出土了菱壳、葫芦、酸枣、麻栎果等。家畜中有猪、狗的骨骸。它们是属于人工饲养的。还有可能是家养的水牛的骨骸⑧。河北藁城的商代遗址出土了桃仁和郁李仁。这些果仁可能作为药物之用，但也反映了当时果树栽培情况⑨。长沙马王堆一号墓中，还发现有五谷（稻、小麦、大

---

① 浙江余姚河姆渡遗址出土骨耜，见《文物》1976年第8期，第9~10页，图版二，3；图7。华泉：《对河姆渡遗址骨制耕具的几点看法》，《文物》1977年第7期，第51~53页。

② 武威磨嘴子木犁，见《文物》1972年第12期，第13~14页，图23。

③ 嘉峪关汉墓壁画，见《文物》1972年第12期，第26页，图版八，1；《文物》1974年第9期，第67页，图版一、图版三。

④ 广东连县西晋犁田模型，见《文物》1976年第3期，第75~76页，图1。

⑤ 李寿墓牛耕图，见《文物》1974年第9期，第73页，图5、图23、图24。

⑥ 宋兆麟：《西汉时期农业技术的发展》，《考古》1976年第1期，第3~8页。

⑦ 满城汉墓石磨，见《考古》1972年第1期，第9页。

⑧ 河姆渡出土稻谷等，见《文物》1976年第8期，第10页，图版三，2。

⑨ 藁城出土果仁，见《文物》1974年第8期，第54~55页，图1~图4。

麦、黍、粟、大豆、赤豆）和水果（梨、枣、梅、杨梅），还有大麻子、冬葵子、芥菜籽、生姜和藕。家畜和家禽有家犬、猪、绵羊和家鸡。另一座1973年在江苏海州发现的西汉墓中，曾出土黍、稷、粟、枣、杏和葫芦①。上面所提到的驾车的牛、马模型以及其他墓中出土的家畜和家禽的模型，对于研究当时它们的品种，都提供了重要资料。这些发现和研究，对于我国农业科学史的研究是很重要的；同时对于古动物学和古植物学的研究，也很有帮助。

上述各节，可以充分证明我国古代人民的高度智慧和创造才能，对于世界科技的发展，做出了卓越的贡献。我们考古工作者在考古调查和发掘中，时常发现有关科技史的实物资料。我国考古工作者和科技史工作者一起，对于这些资料作了深入研究，过去已取得了一定的成绩。今后将会有更多的发现，进一步解决科技史上的问题，充实科技史的内容，为科技史增添新篇章。

补记：本文冶金学史一节提到了湖北大冶铜绿山矿区1976年发现了三座炼炉。后来又发现了保存较完整的三座。现在这三座已有简报在《光明日报》上发表。据云：继那三座炼炉的发现之后，最近又发掘出三座保存基本完整的春秋时期炼铜竖炉。这三座的炉基、通风沟、炉缸、金门、通风口都保存完整。它们的结构是：通风沟横贯炉底，有石块支撑炉缸底部，其作用是保温防湿，防止炉缸内冻结。炉缸壁厚约30~40厘米，整个炉高估计约1.2~1.4米。金门是铜液和炼渣的出口，筑在炉缸壁的下部，鼓风口也设在炉缸壁上，呈喇叭形，口径约5厘米。竖炉旁设有工作台，用于加料和放置鼓风设置。每座炉旁都发现有石钻和石球，为砸碎矿石的工具。这为研究我国古代冶铜

---

① 《长沙马王堆一号墓发掘报告》，1973，第35~37页。江苏海州霍贺墓出土粮食及植物，见《考古》1974年第3期，第186页；又见《考古》1978年第2期，第90页（有图）。

技术，提供了极为重要的实物资料（1978 年 6 月 23 日《光明日报》第 4 版）。

关于武器方面，《考古学报》1976 年第 1 期和第 2 期所发表的《中国古代的甲胄》，是一篇关于这方面比较全面的综合研究的文章。

1978 年 7 月 4 日

中国考古学和中国科技史[*]

我先要声明，我是搞考古学的。对于中国科技史，可以说是一个门外汉，完全外行。记得三年前我们研讨会的前次主席席文教授（N. Sivin），在他所主编的《中国科学》（*Chinese Science*）1980 年第 4 期中，在我的一篇文章前面的编者按语中说：

Hsia's interest in technical history was largely responsible for the attention paid to it in China by archaeologists, and for the willingness of archaeologists and historians to collaborate in study of artifacts. I know of no precedent anywhere for the extent to which these trends developed. （p. 20）

他把中国大陆上的中国考古学家和中国科技史专家之间对于古代文物研究方面的密切合作和中国考古学家特别重视中国古物的技术史方面研究，都归因于我的对于技术史感兴趣。这未免过分夸奖了，使我受之有愧。

不错，我是很重视中国技术史的研究。这不仅是我个人的兴趣问

---

* 本文是作者于 1983 年 12 月 14 日在香港召开的第二届国际中国科学史研讨会开幕日所作公开讲演。《考古》1984 年第 5 期发表时，曾稍作修改。

题。更重要的原因是考古学和科技史，尤其是技术史，二者之间的关系的密切。在讨论这种关系之前，我先谈谈什么是科技史，什么是考古学。

当然，在这个会上，我不必讨论什么是科技史，大家都知道，科学技术史便是自然科学和应用科学的历史。我只谈谈科技史到底是一门自然科学或是一门历史。我们今天会中有好几位中国科学院自然科学史研究所的代表出席。这个所在 1977 年中国社会科学院从中国科学院分出来以前，是隶属于社会科学学部的，更早一些，是隶属于社会科学学部下面的历史研究所。所以这里便有一个"这门学科到底是历史科学或是自然科学的"问题。我们这个研讨会的前次会议的名誉主席李约瑟教授（J. Needham）青年时是生物化学家，曾被推选为英国皇家学会（Royal Society）会员。中年时改搞中国科技史，后来被推选为英国学术院（British Academy）的院士。英国从前最高学术机构是皇家学会，后来到了 1902 年社会科学和人文科学才由皇家学会分出来，独立成一个英国学术院，有点像中国社会科学院由中国科学院分出来一样。现今英国的学者兼有这两个最高学术机构学衔的，听说只有李约瑟教授一人。这件事表示科技史还是应该算做社会科学中的历史科学，而不是自然科学。科学史家要有专业性的自然科学的训练，但是他研究的对象不是自然现象，而是作为社会成员的人类对于自然界的认识的发展过程和人类关于这方面的知识的累积过程。

李约瑟教授在他的大作《中国科技史》第一卷的序言中说，要写出像他所计划的那样一部中国科技史的学者，必须具备下面六个条件，第一条必须是有一定的科学素养，第二条是熟悉欧洲的科学史，第三条是对欧洲科技史的社会背景和经济背景有所了解。以上三点，是一切科技史的研究工作者都要具备的。为了研究中国的科技史，他说还要具备另外三个条件：第四条他必须亲身体验过中国人的生活并有机会在中国旅行，第五条必须懂得中文，第六条要得到很多中国科学家和学者们的指导。他带着当仁不让的口气说："所有这些难得的综合条件，恰巧我都具备了。"他确实都具备了。当然，一个搞中国科技史的研究而并不想写他所计划的那样"百科全书"式的 20 来本的《中国科技史》的学者，并不一定要全部具备他所提出的六个条件。而中国的这方面的学者，所需要具备的条件可能也有些不同。这里暂且不去讨论它。李约瑟教授写这篇序言是 1951 ~ 1953 年。这 30 多年来，他多次来到中国。他每次来北京时，几乎都来考古研究所访问，打听有什么考古新发现可以收到科技史中去。他有一次对我说，要搞好中国科技史必须对于中国考古学有所了解。我想这是他的第七个条件了。这是因为中国考古学在解放后这 30 多年才长大成年的，才使搞中国科技史的专家感觉到有了解和熟悉的必要。我后来想，要像李约瑟教授那样要写出这样大部头的《中国科技史》，还有一个条件，便是必须活到 80 岁以上，能活到 100 岁更好。我祝愿在座的搞中国科学史的专家们，都能创造条件使自己具备这第八个条件，活到 80 岁以上。

现在再谈谈什么是考古学。现代的考古学不再是玩古董，欣赏古物的艺术性，也不仅只是鉴定古物的真伪和年代。现代的考古学是历史科学的一个部门，是利用古代留传下来的实物来研究古代人类的社会、经济、日常生活等各方面情况和它们的演化过程。考古学和狭义历史学不同，后者是利用文献资料来做研究。所以历史研究所的古代史和我所的考古学是侧重点不同。年代越古老，留传下来的文献材料越稀少，考古学的研究越重要。到了没有文字记载的史前时代，史前考古学便是史前史，二者是一回事了。"史前史"这名词似乎有些不通，既称为"史前"，又说它是"史"，既称为"史"，又说它是"史前"。实则"历史"一名词，有广狭二义，狭义指文字记载，广义指人类历史。还有更广义的历史指一切"时间性的科学"，如地球史、天体史等。我们所说的历史一般是指人类历史。

考古学的特点是利用古代留传下来的物质遗存做研究。古代文化的面貌包括物质文化和精神文化二部分。前者指经济生活、生产技术、生产工具等，后者指社会组织、意识形态等。考古学特别适宜于对于物质文化的研究。所以苏联在十月革命后把考古学研究所叫做物质文化史研究所。但是考古学也研究精神文化的，不过只能研究古代人类精神生活的活动中那些能表现于物质遗存的某些方面。例如宗教和艺术活动中有些方面是有物质遗存传留下来的。科学思想也是这样。所以1957年起苏联科学院还是把物质文化史研究所改名考古学研究所。我们在北京的考古研究所在"文化大革命"期中也曾遵照红卫兵的意见，把招牌改为物质文化史研究所，以避免"厚古薄今"的指摘。"文革"高潮过去后，又仍改回来叫考古研究所。

我们了解到中国科技史是什么，中国考古学又是什么，以后我们便容易说明二者之间的关系。科技史的"史"字是广义的历史，包括利用文献记载的狭义的历史和利用实物资料的考古学。所以有人以为如果科技史的"史"字采用狭义用法，就需要有另一门叫作"科技考古学"（Archaeology of Science and Technology）的学科。我以为还是"合二为一"为妥，依照一般习惯笼统地都叫作"科技史"。这样的一门科技史，其中许多方面是要依靠考古学提供实物标本和涉及标本的有关资料（例如标本的年代和出土情况等）；有时候需要合作，共同进行研究。解放前搞中国科技史研究的学者们时常只知道向故纸堆中去找资料，现在的情况完全不同了。解放后30多年的考古工作，累积了大量可供科技史研究的可靠的资料。同时，科技史的专家也认识到考古资料的对于他们研究的重要性。前面引到李约瑟教授的例子，此外的例子也很多。我在下面再举两个例子。

从前上海硅酸盐研究所周仁所长（1892~1973），想研究古代陶瓷。解放后有一次在北京见面，我请他帮助我们对于我们考古发掘出来的陶片和瓷片，代做科学分析，提供我们以科学性的技术鉴定。周先生也说：我正想找这些可靠的陶瓷标本。他那时已70岁左右，又说："趁我还能工作的时候，你们多提供些标本。现在提倡配合生产，青年人对于古陶瓷的兴趣不大了。"1961~1963 年间，我们考古所提供了陶片三批，共百余件，后来他和他的年轻助手一起写出了一篇关于中国新石器时代和殷周时代制陶工艺的科学总结（《考古学报》1964 年第 1 期）。这篇文章连同另外几篇关于瓷器制作工艺的研究，现下仍是中国陶瓷史中技术史部分最重要的文献，也是周先生一生所写的科学论文中最有新贡献的几篇。1973 年周先生去世后，1974 年左右我们有一批北京元大都出土的元代瓷片，想请他的所中代做科学鉴定。他们负责科研管理工作的一位同志出来接见说：这个研究古陶瓷小组已经解散，工作人员分配到从事改进现代瓷器质量的那一组去。他们不再接受研究古陶瓷的任务。周先生的预言实现了。幸亏不久"四人帮"垮台，周先生的几位年轻助手又从事于古陶瓷的科学研究了。去年（1982 年）11 月，这个所还在上海召开过一个国际性中国古代陶瓷的科学研究的讨论会，我也去参加了。

再举一个例子，中国冶金史的研究是近年来中国科技史研究中成就最显著的一部门。1973 年左右北京钢铁学院的柯俊教授在校中组织了一个中国冶金史编写组班子。因为那时候正在"文化大革命"后期，钢铁工业的工人从事革命斗争，并且原料缺乏来源，许多冶铁厂停工。冶铁技术的试验和研究当然更谈不上。但是当时要强调中国历史上的儒法斗争，要用这观点改写科技史。这个编写组成立后，柯俊教授来找我商量计划。他们校中原来便有一个编写组，从《古今图书集成》等古书中抄下来不少史料，但是根据这些史料无法编写一部科学性的中国冶金史，所以他来考古所乞援。我很同意他的想法。我说在 30 年代我们便曾请英国的冶金学家 H. C. H. 卡本特（Carpenter）替我们鉴定安阳殷墟出土的青铜器（见《安阳发掘报告》第四册，1933）。我们交换意见后，考古工作者提供了不少由考古发掘出土的铁器标本和青铜器标本。冶金史编写组在《考古学报》中分别发表关于中国早期铜器（1981 年第 3 期）和早期铁器（1975 年第 2 期）的科学研究成果。另外又替我们解决了河北藁城出土的商代的铜柄铁钺问题，这留待下面再介绍。总之，中国冶金史这方面的研究，可以说近年来已取得重大的突破。这次在西安的中国科技史学会上柯俊教授被推选为该会会长，这是很适当的。

不过，有一点我想说明一下，考古发掘中时常发现久已失传的文献资料，例如安阳殷墟的甲骨文，汉代墓葬和烽燧遗址出土的木简和竹简，其中有些便是与中国科技史有关的。但是这仍是古代文献的研究，而不是考古学的研究。考古学的研究本身是研究古代遗留下来的实物标本，就它们的质料、结构、功能等方面作研究，而不是考释文字，考证文献。历史时代的考古学可以也应该结合文献，但是单纯的古文献研究不管是传世的古书，或者发掘出来的佚而复出的文字资料，不能算是考古学的研究。有关中国科技史的新出土的文字资料，可以说是考古发掘工作中的新发现，但是似乎不能说是考古学研究的新创获。

中国考古学和中国科技史的另一方面的关系是，考古学有很多地方要依靠科技史专家来帮忙解决。我常向我们考古学界的同行们说：我们要想搞好考古学的研究，一定要对许多关系密切的学科有一定程度的了解，例如科技史、狭义的历史学（包括文献学和考据学）、民族学、地质学、体质人类学、生物学、化学等。科技史对于我们搞考古研究工作的重要性是不必多说的。一般说来，除了搞旧石器时代的以外，我们搞考古工作的缺乏自然科学的素养。有许多考古学上的问题，也便是科技史有关部门的问题，例如上面所说的冶金史和陶瓷史中的问题。这些问题我们考古工作者时常没有能力来自己加以解决，只能提供资料请科技史专家或科技专家来替我们加以鉴定和研究。但是有时考古工作者要明白提出想解决什么问题，以便别人好配合。我们提供实物标本时先要搞清楚出土的情况。如果科技专家科学分析的结果，产生难以解答的新问题，对提供的资料产生疑问，我们考古工作者便应重新核查我们的田野工作记录，是否当时有疏忽，是否有些情况并没搞清楚，或者不确切。最好我们能自己加以更正。

我现在举一个例子，便是西晋有铝的问题。1953 年江苏宜兴的西晋周处墓的发掘工作中，在人骨架中部，发现了 17 件金属带饰（后来失落一件）。周处是元康七年（297 年）死的，墓砖有"元康七年……周前将军砖"字样。这墓早年曾经盗掘。这次打开后，曾有人进去看过，还取出一部分文物，后加封闭了两个多月才进行正式清理。据发掘报告，这些金属带饰大部分压在淤土下面，而另有一片碎片是"从淤土中尽可能拣出来的"。其中一碎片经鉴定是铝（或 85% 铝合金）。发掘者认为全部金属带饰都是铝，并且说："像这样含有大量铝的合金，在我们工作中还是初次发现，为我们研究晋代冶金术提出了新的资料。"（《考古学报》1957 年第 4 期第 94 页）我当时审稿，便写信告诉主持发掘工作者说，这不仅在他们工作中是初次发现，并且是全世界范围内初次发现这样早的铝制品。铝是不容易提炼的。炼铝法是 19 世纪才发明的。所以我请他们寄一碎片来。我请应用物理所作光谱分析来鉴定，仍旧是铝。我们只好接受这种看法。但是 1962 年东北的沈时英同志对这批金属碎片的另一片作了化学分析，证明它是银。清华大学张子高教授加以调和，说铝制带饰中还出现银制的，二者并不矛盾。铝制带饰出现于西晋（公元 3 世纪末），这事仍应加以肯定。他还用化学方法而不用电解法，居然提炼出少量的铝。李约瑟教授不相信张教授这种化学方法古代能炼出实用的铝。但是李教授仍然相信中国考古工作不会有错误。我于 1972 年请人重新鉴定，结果证明现存的全部 16 件完整的金属带饰都是银制的。而小块碎片中，有银的，也有铝的。我根据技术发展史和发掘记录，认为这两、三（也可能原属于一片）碎片的铝，很可能是近来这古墓打开后混进去的。另一座相毗邻的同一家族的西晋墓中，清理时还发现过塑料钮扣。这时候，西晋有铝说已传闻于海内外。外国科学性杂志中都刊登过这消息。有一位瑞士人叫做德尼克（Erich von Däniken）在一本叫作《众神之车》（英文，1968 年出版）的书中大谈太空人（Spaceman）古代来过地球，带来过高度文明的产品。中国 3 世纪西晋墓中的铝制带饰，便是太空人带来的（1981 年上海科技出版社汉译本，第 27 页）。我的那篇重新鉴定的文章（见《考古》1972 年第 4 期，第 34～39 页）发表后，许多人都接受我的说法，周处墓的铝碎片，有重大的后世混入的嫌疑，不能作为西晋有铝的证据。但是仍旧有人相信西晋有铝，这也没有办法。就这件事而论，对我们考古工作者的教训是：我们做考古发掘工作的人，要工作细致，记录翔实。如果科技专家鉴定的结果提出疑问，我们便应重新检查我们的工作中是否有疏忽的地方。因为发掘工作中小疏忽的地方是时常发生的事。比利时的史前遗址中发现羊毛似的东西，经过鉴定是香烟滤嘴（Anti-quity，第 189 期，第 6 页，1974）。所以这类事使我们今后在发掘工作要提高警惕，避免疏失。

另一个例子是 1972 年河北省藁城出土的商代铜柄铁钺的问题。这件铜柄铁钺的年代相当于安阳小屯早期，约公元前 14 世纪前后，比我们一般认为中国铁器开始于春秋战国之际（即约公元前五六世纪）几乎要早一千年。发现者拿到考古研究所给我看。我说：据我的肉眼观察，这是铁制的无疑。但是在人类能炼铁以前，人类有时利用陨铁制器。这件是陨铁或人工炼铁，要找科技专家来鉴定。二者在人类文化发展史上的意义是大不相同的。我并且告诉他，要特别注意其中的镍的含量，因为一般人工炼铁中很少含镍达 5% 以上，一般都是 1% 以下。后来他们请冶金部的冶金研究所做鉴定，结果初步认定是炼铁。因为它的含镍量虽然超过炼铁的常规，但是所含杂质中有石灰，而石灰在炼铁中作助熔剂，一般不见于陨铁中。我知道后，我劝他把结论说得灵活一些。这篇简报送到《考古》杂志上发表。我在校样时才看到，便加上几句编者附记。附记中说：这发现很重要，但是仍有可能是陨铁，因为含镍量高，而石灰可能是埋进土中所沾污上去的。编辑部同仁希望我署真姓名，不要含糊笼统地说是"编者"。我当时也同意了。谁知这一期《考古》（1973年第5期）出版后，这发现很引起国内外的注意。国内当时还是"文化大革命"后期，所以我被当时"造反派"认为是"打击新生力量"，批评了一顿。但是我仍认为这是一个学术问题，所以我请柯俊同志抓这件事，重新再作一次鉴定。他的科学实验结果，证明这件铁器是陨铁制成的。它的含镍量可能达6%（因为埋在地下年久，镍可能有流失），而他的取样的样品都没有石灰的痕迹。原先的那件可能后来偶有污染。柯俊同志的鉴定报告（发表时用"李众"笔名，见《考古学报》1976年第2期）引起国内外的注意，美国弗利尔美术博物馆实验室主任蔡斯（W. T. Chase）坚决要求把柯俊同志这篇文章译成英文，在美国学术杂志《东洋美术》（*Arts Orientalis*）上发表（见Vol. XI，第259~289页，1979，密芝根）。在这以前，国外有些专家根据原简报，例如郑德坤教授在英国《考古》（*Antiquity*）杂志第49卷（1975，第30页），日本学者在日本《考古学ジセ一ナル》第90期（1974年1月号，第32页）上，都说殷代中期已能炼铁，不过都指出这还未能做定论，因为有人（指我）持异议。后来柯俊教授的文章一出来，立即受到普遍的接受。这为中国冶金史和中国考古学两方面都解决了一个重要的问题。

　　以上我拉杂地谈了一大堆话。我所讲的实际上都不是"科学"，而是"历史掌故"。现在把它写下来，或者可以作为中国科技史的研究过程的历史资料的一点滴吧！

新疆新发现的古代丝织品

——绮、锦和刺绣[*]

最近（1959～1960年）在新疆维吾尔自治区的和阗东面的尼雅遗址和吐鲁番附近的阿斯塔那墓地，发现了东汉（25～220年）和北朝至唐初（6～7世纪）的丝织品遗物[①]。古代的织物，通常很难保存下来。这次的出土物是由于当地干燥的气候才得以保持完整。它们质料良好，颜色鲜明，是很宝贵的文物。

这两处都位于新疆境内古代"丝路"的沿线。汉代的"丝路"从关中的长安开始，穿过河西走廊和新疆的塔里木盆地，跨越过帕米尔高原，然后经过今日苏联的中亚各加盟国、阿富汗、伊朗、伊拉克和叙利亚，直达地中海东岸的港口安都奥克（Antioch，当即《魏略》之安谷城），全长七千来公里。古代希腊罗马人称我国为"丝国"。罗马地理学家斯脱拉波（公元前64～21年）引希腊史家亚波罗多剌斯的记载，公元前3世纪大夏国王拓土至塞里斯（丝国）[②]，可能当时已有丝绸商队往来于这条

[*] 本文原载《考古学报》1963年第1期，后加补注收入《考古学和科技史》一书（科学出版社，1979）。现依作者自存校正本收入本文集。

[①] 发掘简报见《文物》1960年第6期、1962年第7、8期和《考古》1961年第3期。

[②] 张星烺：《中西交通史料汇编》第一册，1930，第27～28页；赫贞（G. F. Hudson）：《欧洲与中国》（*Europe and China*），1931，第58～59页。

路上，所以西方也知道丝国之名。大约一个多世纪以后，在汉武帝时，张骞通西域，元朔三年（公元前126年）回来汇报西域各国情况①。此后，武帝对西域采取了积极的政策，于是这条"丝路"才全线畅通。不仅商人沿着这条"丝路"做丝绢的贸易，并且汉朝的朝廷，也常以锦、绣、绮、縠、杂缯，赠予外国的君王或使节②。这些丝织品是为人们所喜爱的。他们不仅生时穿着，连死亡后还用以随葬。我们在这"丝路"的沿线以及附近好些地点（图1），都曾发现过我国古代的丝织品，有许多便是墓葬中出土的③。这次发现的两个地点，也不是例外。

图1　发现中国古代丝织品的地点和"丝路"简图

---

① 元朔三年，据《资治通鉴》卷一八；参阅桑原骘藏《张骞西征考》。

② 例如《汉书》卷九四《匈奴传》和卷九六《西域传》，《后汉书》卷七八《西域传》和卷七九《南匈奴传》，都有这种记载。

③ 有关考古发现各地点的文献，可参阅西蒙斯（P. Simmons）《关于中国织物研究的新发展》，《远东博物馆馆刊》第28期，第20页注一，1956；鲁博-雷斯尼钦科（E. Лубо-Лесниченко）：《古代中国丝织品和刺绣》（俄文版），第59页注1~8，列宁格勒，1961；梅原末治：《支那古代绢织物》，《东亚考古学概观》，第96~101页，1947。

公元前 64 年，罗马人侵占叙利亚之后，中国丝绸也大受罗马人欢迎。公元后几世纪，罗马城内多斯克斯区（Vicus Tuscus）还有专售中国丝绢的市场①。罗马时博物学家普林尼（23～79 年）不仅提到赛里斯（丝国），还说到该国以丝织成绢、锦，贩运至罗马。史家马赛里奴斯（公元 4 世纪）谈到中国的丝绢时，说"昔时吾国仅贵族始得衣之，而今则各级人民，无有等差，虽贱至走夫皂卒，莫不衣之矣"②。意大利境内气候潮湿，古代织物不易保存下来。但在当时罗马属下的埃及境内的卡乌和幼发拉底河中游的罗马边城杜拉–欧罗波，都曾发现公元 4 世纪左右时候由中国丝制成的织物。第 5 世纪以后，在罗马属下的埃及和叙利亚各地出土的利用中国丝在本地织制的丝织品更多③。这样更显得尼雅出土汉代丝织物的重要。

一

尼雅古城位于今民丰县城的北面，当为汉代的精绝国④。这里的出土物多属于公元 2 到 3 世纪，可确定年代的最晚的一件是晋泰始五年（269 年）的汉文木简⑤，可见是在公元 3 世纪时废弃的。1959 年 10 月，新疆博物馆派了一个考古队到这古城遗址，发掘出汉五铢钱、汉镜、"佉卢文"木简、木制和铁制的工具，和一些毛织品。更重要的发

---

① 赫贞：《欧洲与中国》，第 75 页。
② 张星烺：《中西交通史料汇编》第一册，第 31、33、70 页。
③ 福贝斯（R. J. Forbes）：《古代技术研究》（英文版）第 4 卷，第 54 页，1956；发尔克（O. von Falke）：《丝织艺术史》（德文版）第一章《古典时代晚期丝织品》，1921 年修订版。
④ 据《汉书》卷九六上《西域传》，精绝国东距且末国 2000 里，西通扜弥国四百六十里，扜弥国西通于阗国三百九十里。尼雅遗址在今且末与和阗之间，里数与之相近。《后汉书》卷七八《西域传》，谓精绝国曾一度为鄯善所并。斯坦因曾在尼雅发现汉代"鄯善都尉"的封泥，也可作为佐证。
⑤ 斯坦因：《西域考古记》第 66 页，向达译，1946。

现是在这个古城的居住遗址西北约 3 公里的一座墓葬。我们这里所描述的丝织品，便是在这座墓葬中发现的。

这座墓葬中有一对夫妇，合葬在一具木棺中。从他们所穿的昂贵的丝绸服装看来，他们是属于上层统治阶级的。男的有长袍、裤、袜和手套；女的有内上衣、外上衣、衬衣、裙子、袜子和袜带。另外还发现绸衣一件，用"延年益寿大宜子孙"锦制成的枕头两个，刺绣的镜套和粉袋各一个，单色的盖尸绸二件，和一些白地蓝印花的织物残片。

我只看到三片织锦的小块残片的原物，此外，还有一些实物的照片。在本文的修改过程中①。我看到武敏同志对于这批丝织品的研究②。她在新疆可以接触到全部的标本，就实物做观察，所以她的研究结果，对于我的修改工作，帮助很大。我这里只提出几件特别可注意的标本，加以描述，并探索它们的织造技术。

尼雅出土的裙子残件，是用原色（现已变黄）汉绮③裁制而成的

---

① 本文的初稿，发表于《中国建设》（英文版）第 11 卷第 1 期（1962 年 1 月），第 40～42 页。

② 武敏：《新疆出土汉－唐丝织品初探》，《文物》1962 年第 7、8 期。

③ 这是一种暗花绸。有人根据元人戴侗《六书故》的解释，以为"织采为纹曰锦，织素为纹曰绮"，称这种暗花绸为"绮"。这是一个合理的假设。但这所根据的仍是后人推测的话。许慎《说文解字》谓"绮，文缯也"。就是说，绮是有花纹的丝织品，并没有指明它是织素为纹。古书中有"七綵绮"（见《太平御览》卷八一六引《晋令》）及"七綵杯文绮"（见《太平御览》卷一四九、六九五、七〇七引《晋东宫旧事》）。汉刘熙《释名》卷四，释綵帛，说："绮，欹也。其文欹邪，不顺经纬之纵横也。有杯文，形似杯也。……其綵色相间，皆横终幅。"似乎汉时以为绮的特征，并不在单色或多色，而在于纹织的结构。日本人现仍称彩色花纹的斜纹织物为"绮"（如《世界美术全集》第 13 卷，图七一"双鱼纹绮"，1962，角川书店版）。《释名》中所说的"其文欹邪"及"杯文"二语中的"文"字，都指花纹。前者指花纹的组织，即斜纹显花，后者指花纹的形状，其形似杯。汉绮的地纹，一般都是平纹组织（包括畦纹）或罗纹组织，没有作斜纹组织的。汉人常以"绮、縠"连称。后者似指绉纱或"方目纱"，即"素罗"，"绮"，可能指起花的"纹罗"。隋唐时代，以斜纹为地纹的花绫，逐渐盛行，取平织为地纹的花绮的地位而代之。这时"绮"、"绫"二字有时混淆使用。初唐颜师古注《汉书》，谓"绮、文缯也，即今之细绫也"（卷一《高祖纪》八年条和卷二八下《地理志》齐国条）。没有花纹的素白的斜纹织物，便称为"白绫"。《唐书》的《地理志》中，各地土贡，有绫、花绫、文绫，也有绮，但绫多绮少。这文中虽沿用汉绮一名，但是这种暗花绸是否即汉代的"绮"，我以为还须要更多的证据，才能完全确定。

（图版 1）。汉绮的地纹的织法，都是平纹组织。经线的枚数常是纬线的二倍或三倍左右（我们这件标本根据原大照片，每平方厘米有经六六枚、纬一八至一九枚）[①]。因为经线较细密，纬线较稀松，所以织物地纹表面便显呈由经线所组成的水平横行的凸纹，纺织学上称为畦纹[②]。至于图案花纹的组织法，都是以经线起花（Warp Patterned）。它们和地纹的组织却不相同。汉代用素地起花的组织法，主要的是下列两种。

（1）类似经斜纹组织（Warp twill），便是将地纹平织的经线和纬线的交织，由一上一下，改成为三上一下（即 3/1 斜纹组织）。相邻的二枚经线，它们和纬线的交织点，像阶梯一样斜出，呈现了连续倾斜的对角线状态。而这一整片的斜纹组织，由于经线的浮长线关系，便由平织的地纹上突出来，构成了织物的花纹。织物的背面，便由纬线构成了同样的图案花纹［图 2，甲（1）和甲（2）］。这种织物如果它的横幅面不宽，经线不多，或者花纹不复繁，是可以不用综框的，而用一根细杆以挑起经线形成梭口；否则，那便须要二片以上的综框了。以图中的织物为例，地纹是用第 1、2 两片，花纹是用第 3~6 等四片［图 2，丙（1）或丙（2）的各横行］。后者是可以有两种不同的穿法和提起法，

[①] 这件即武敏文中织绮标本第二号菱纹绮，但她的文中以为经六六枚纬三六枚（第 75 页），纬线枚数和照片上所看到的相差一倍，不知是否由于使用双纬，即每一梭口穿过两枚纬线。在照片上不容易识别出它们是双纬或单纬，我是暂定它为单纬来计算的。

[②] “畦纹”，俄文 penc，英文 rep 或 rib，日文畦纹、亩纹。现今多译为“重平组织”或“凸纹”。就织物的外观效应而言，表面显呈一道道平行的凸纹，形似菜畦。就组织结构而言，它可能是简单的平纹组织，也可能是平织变化组织中的重平组织。前者由于经纬线密度不相等，有时又加以经纬的粗细不同，使表面显现凸纹；后者由于将平纹组织加以变化，将经线或纬线的单独组织点（浮点）延长到两点或两点以上（浮长线），这样也形成了凸纹。二者的外观效应是一样的。也有人将“畦纹”一名的应用限于后者。依照凸纹的方向，又分为“经畦纹”和“纬畦纹”。前者纺织学上一般指依经线方向凸起的“经向”（纵向）畦纹；但是西尔凡（V. Sylwan）故意违背惯例，用以指由“经线”组成的横向畦纹。这一般是称为“纬畦纹”的（西尔凡：《额济纳河和罗布淖尔出土的丝织物研究》，1949，第 92~93、112 页）。这样在名词使用上造成一定的混乱。

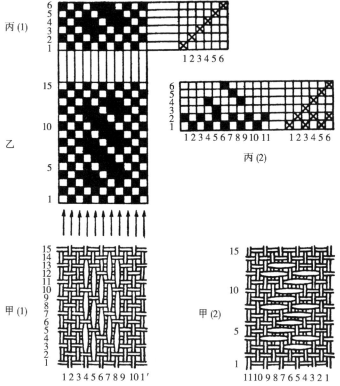

图 2　汉绮第一种显花组织法（类似斜纹组织）的织造图

　　说明:甲——结构图(纵者为经,横者为纬);甲(1)为正面;甲(2)为背面;乙——组织图(每一黑格表示浮于纬线之上的经线);丙(1)——一种可能的穿综图和提综图;丙(2)——另一种可能的穿综图和提综图。穿综图上每一横行代表一片综框,每一纵行代表与组织图(即乙)中相应的一根经线。为了表示穿入某一片综框的各根丝线,便将代表这综框的那一横行中的相应的经线格子填黑。提综图中每一横行也代表一片综框,而与穿综图上相适应的那片综框相对应的;每一纵行中有×为记的格子,表示每投入一根纬线而形成梭口时所须提起的某一片或某几片综框。提综图相当于近代织机的"纹板图"。

　　丙（1）的穿法是把地纹的和花纹的区分开来。起花纹时可以仅只提起第 3~6 等有关花纹的综框中的一片;丙（2）的穿法,起花纹时便须要除了第 3~6 等的综框中的一片之外,还要同时提起有关地纹的第 1、2 两片中的一片。为了构成所需要的花纹,这二者的提起综框的顺序,却仍是一样的。以我们的图中花纹为例,十五个梭口在提综图上提起的顺序应该是 1、2、3、4、5、6、3、4、5、6、3、4、5、2、1（参阅图2，丙，提综图说明）。在织法上，这实际上仍是平纹组织，不过将一部分经线的浮点变成浮线，是一种平纹的变化组织，并不是真正的斜纹组织。据现在我们所知道的，殷商时代的丝织品中便已有了平纹组织的地纹上织出这第（1）类的经斜纹的菱形图案的花纹（图3）①。汉代盛行下面所说的第（2）类的"汉式组织"，但是第（1）类的斜纹组织花纹的丝织品，在罗布淖尔（楼兰遗址）和额济纳河（居延塞的烽燧）的汉代遗址中都仍有出土。唐时也还盛行②。蒙古人民共和国的诺音乌拉汉代

图3　殷商时代的绮的组织图
（依西尔凡）

匈奴墓中和苏联克里米半岛上的公元第1世纪刻赤遗址中也都有发现（图4）③。后者是在 1942 年出土的，可算是近世最早发现的汉代丝织品了。无论就花纹图案方面或者织造技术方面而言，都可看出它们是从殷代到汉代一脉相承的。有人以为这种用经斜纹起花是北朝至唐初的织纹组织的特点，汉绮都是用下面所说的第（2）类组织（"经畦纹"或"汉式组织"）起花，没有用这种第（1）类经斜纹起花的④。这种说法是不正确的。

① 西尔凡：《额济纳河和罗布淖尔出土的丝织物研究》（英文版），1949，第 107～108 页，图五五；又论文《殷代丝织物》，《远东博物馆馆刊》第 9 卷，1937。

② 西尔凡：《额济纳河和罗布淖尔出土的丝织物研究》（英文版），1949，第 108 页（Lop. 35:2；A.41:3, 18）；卫礼泽（W. Willetts）：《中国艺术》（英文版），第 244 页，图版二〇（b），1958。

③ 鲁博－雷斯尼钦科：《中国古代丝织品和刺绣》，图版 I, 1 等（MP2111、MP1068、MP1403、MP1804、几，1842～1883）；星刻（主编）：《技术史》（C. Singer, ed, A. History of Technology），第 3 卷，第 8 章（J. F. 法拉内干撰），第 201～202 页，图 136。

④ 武敏：《新疆出土汉－唐丝织品初探》，《文物》1962 年第 7、8 期，第 68 页，图五。

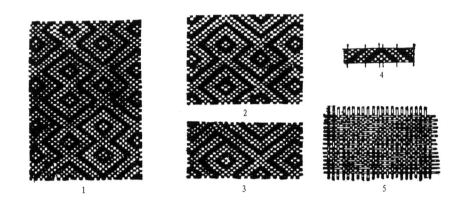

图 4　克里米半岛刻赤出土的汉绮

1. 主要花纹　2、3. 碎片上的花纹　4. 花纹的循环单元　5. 织物的结构图（依据法拉内干）

（2）另一种组织可称之为"汉式组织"①。每一根组成斜纹组织上浮线的经线，它的相毗邻的另一根经线，都是一上一下的平纹组织，所以相邻的二根经线在织物表面显呈一系列的卜字形的单元。这可以说斜纹和平纹的混合，但实质上是一种平纹组织，不过提起一部分经线使成花纹而已。应该认为它是平纹的变化组织的一种。这似乎是由前一种改进而来的。这样增添一组平纹组织的经线，可以增加织物的坚牢度，但

---

① 这种组织，现代织物中很少使用。20 年代英人安德鲁斯（F. H. Andrews）研究斯坦因的新疆出土汉代丝织物，没有注意到这种组织的特点，只称之为"经畦纹组织"（Warp rib weave），说它地纹用短浮线，花纹用长浮线。显然楼兰出土的标本如 L. C. vii 09 等便是属于这一类（*Burlington Magazine*，第 37 卷，1920，第 210 期第 147 页）。30 年代法国人普菲斯忒（R. Pfister）研究帕尔米拉（Palmyra）出土的汉代丝织物，才注意到它的特点，并定名为"汉式组织"（armure Han 或 Han weave），见查理斯顿（R. J. Charleston）《汉代暗花绸》，《东方美术》（*Oriental Art*）第 1 卷（1948）第 1 期，第 63 页脚注一。后来瑞典人西尔凡也注意它的特点，因为这组织的外观效应有点和她所谓"经畦纹"的相近似，所以她称它为"经畦纹"（warp rep），《额济纳河和罗布淖尔出土的丝织物研究》，1949，第 14、第 93、第 103 ~ 104 页，图五○。武敏文中也采用这名词（《新疆出土汉 - 唐丝织品初探》，《文物》1962 年第 7、8 期，第 68 页）。这种组织和纺织学上一般所谓"经畦纹"的（见前页关于"畦纹"的注），显然不是一回事。我以为似以暂用"汉式组织"一名为妥。如果为了把它与汉锦的组织相区分，我以为也许可以改称为"汉式绮组织"。

又不影响花纹的外观。在织物的正面，斜纹组织的经线因为浮线比平纹的约长三倍；这些较长的浮线有松散的余地，加之我们这些丝经线是弱拈的，所以便松散开来遮住两旁相邻的平织的经线［图5，甲（1）］。粗看时，它们好像和上述的第（1）种的斜纹组织相同。但细加观察便可看出二者之间的区别。再就织物背面来看［图5，甲（2）］，因为隔三根纬线的各对相邻的平纹组织的经线向中间靠拢（即向斜纹组织的经线的浮线后面靠拢），所以背面的纬线的浮线较短，不像第（1）种组织那样地在背面显呈和正面相同的但由纬线的浮长线组成的清楚的花纹。这样的织法也可以增加织物的坚牢度。如果使用综框，这种织法的穿综法应如图5，丙。地纹部分相间地使用第1、2两片，花纹部分相间地或使用第1片，或同时使用第2片和第n片［图5，丙（2）］。n代表一片以上的不同的综框。每一织物

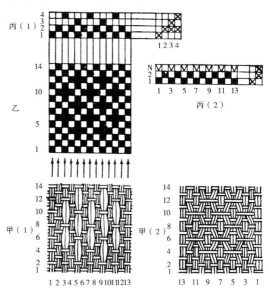

图5 汉绮第二种显花组织法

（"汉式组织"）的织造图

说明（参阅图2的说明）：甲——结构图；甲（1）为正面；甲（2）为背面；乙——组织图；丙（1）——一种可能的穿综图和提综图；丙（2）——花纹部分一种可能的穿综图和提综图（N代表不同的综框；v代表有关的各经线，依照织物花纹图案的需要，决定提升与否；×代表所须提起的综）。

所需要的片数，各片的穿综法，以及每次所须要提起的是第几片，这些都要依据织物的花纹图案来确定。以我们的图为例［图5，丙（1）］，除平纹组织的第1、2两片以外，还须要两片综框，即第3～4片。十四个梭口的提综的顺序是第1、2、1、2加3、1、2加4、1、

2加3、1、2加4、1、2加3、1、2。如果全部是花纹，那么提综的顺序如图5，丙（2），即第1、2加n片，循环不已（n代表不同的综框）。

我们这一标本（图版1），便是属于这第（2）类的组织。它的花纹可以部分地复原如附图（图6）。它主要的是大型的菱形，菱形内部又包含有树叶纹；而菱形之间的空隙处，又点缀以心形的树叶纹。花纹组织循环的每一单元（Pattern repeat），计高3.9厘米，宽度现存可复原的部分约8.2厘米。这样，每一花纹组织的循环单元72根，经线残留部分有500根左右（图中绘出247根×2＝494根）。一般汉代素绢幅宽为汉尺2.2尺，即50.38厘米；实物资料证明为45～50厘米。有花纹的丝织物（包括汉绮和彩锦）是35～48厘米[1]。如果我们这一标本原来幅宽为40厘米，那么经线数当达2500根左右。这样的幅宽和经数，再加以花纹的繁复，织时是须要综框的，不能依靠手执一根细杆来挑起所需要提升的经线。经线的密度达每厘米66根，为了避免经线的纠缠，可能已使用筘子[2]。像我们这件标本，可能是每一筘齿穿过两根经线。在照片和复原图中，我们可以看出组成花纹的一系列经线中有时缺少了一根，只剩它的毗邻的一长列的平纹组织点。我们这一件标本有两处出现这种毛病。

这件标本的花纹循环单元包括有72根纬线。依照上面所分析过的组织图和穿综图，奇数的纬线都要穿过提起第1片综的梭口，偶数的纬线却是穿过那些提起不同穿法的各片综框的梭口。这样，这件标本除了第1、2两片之外，还须要36片，一共是38综。《三国志·杜夔传》注说，当时绫机有五十综或六十综的[3]。这么多的综框，是无法全数使用

---

① 西尔凡：《额济纳河和罗布淖尔出土的丝织物研究》（英文版），1949，第94～96页。

② 汉代文献中似乎已有用筘穿经打纬的痕迹，见孙毓棠《战国秦汉时纺织业技术的进步》，《历史研究》1963年第3期，第157页。

③ 《三国志·魏志》卷二九（百衲本，总第4505页）。

图 6 尼雅出土汉绮的花纹复原图

说明：每一长方形格子代表浮于三根纬线以上的经线。花纹部分两道经线之间原有一道平纹组织的经线，图中略去，以便使花纹显得更为清楚。

脚踏的"蹑"。除了地纹的第1、2两片（即"前综"）仍可由坐织者使用踏蹑来管理之外，其余的数十片提花综恐需要另一人站在旁边或花楼上，依着顺序提起所需要的综。虽不会已有像近代那样结构复杂的提花机，但当时一定已有简单的提花设备。后汉时王逸（2世纪）所撰的《机妇赋》中所描述的织机便是一种提花机①。

这种"汉式组织"的汉绮，曾在下列各处发现：罗布淖尔②、诺音乌拉③和叙利亚的帕尔米拉④。最后一处的发现，意义更大，因为它是

在离地中海不远的地方，正是当时的"丝路"上靠近西端的一个贸易都市。1933年和1937年在这里所发掘的古墓中，出土了好几件"汉式组织"的暗花绮。这些墓葬的年代是公元83～273年。虽然曾有些人不同意这些是当时中国制成输出的，但是就制作技术和花纹图案而言，可以肯定是东汉或稍晚在我国制成后输出的。普非

图7 叙利亚帕尔米拉出土的中国汉绮花纹（标本号：S9）

斯忒便是由于研究这批标本，发现了它们织法的特点而取名为"汉式组织"的。至于花纹方面，由附图（图7、图8）中便可以看得出它们

① 《机妇赋》，见《艺文类聚》卷六五。《太平御览》卷八二五也曾收入，但赋名脱落"妇"字。这段描写提花机的文字的诠释，可参阅前引孙毓棠文，第158～159页。
② 西尔凡：《额济纳河和罗布淖尔出土的丝织物研究》，1949，第104～105页（34:40a, 40b; 34:47）；斯坦因：《亚洲腹地》（英文版），第238、第257页，图版XL（L. C. VII. 09）。
③ 鲁博-雷斯尼钦科：《中国古代丝织品和刺绣》，第9页（MP1013）。
④ 普非斯忒（R. Pfister）：《帕尔米拉出土的汉代丝织物》，《亚洲美术评论》（法文）第13卷（1939～1942）第2期，第67～77页，图三、图五和图版X（S9, S39）；查理斯顿：《汉代暗花绸》，《东方美术》（英文）第1卷（1948）第1期，第65、70页，图八至图版一〇（S 39）。

和我们这次尼雅东汉墓出土的，实属风格相同，题材也类似（尼雅出土也有鸟兽纹的）①。这些图案中一个重要的组成元素是菱形纹。因为花纹部分的"汉式组织"是和斜纹组织相似，交织点成一斜线，所以这种组织适合于利用不同方向的斜线所组成的菱形纹。汉代菱形纹有各种不同的变体，比较常见的是一个菱形的两侧附加不完整的较小菱形各一个。这有些像汉代附有两耳的漆杯。古代文献中所谓"七綵杯文绮"②

图8　叙利亚帕尔米拉出土的中国汉绮花纹（标本号：S 39）

的"杯文"，或便是指此。这种复合的菱形纹，在信阳和长沙楚墓中出土的东周时代丝织物中便已有了③；同时，在战国和汉初的铜镜花纹中也是常见的。至于树叶纹或柿蒂纹也是汉镜花纹经常采用的④。

二

汉代的丝织物中更为令人喜爱的是五色缤纷的彩锦。这次尼雅发现

① 武敏：《新疆出土汉－唐丝织品初探》，《文物》1962年第7、8期，第67、68页，图四"鸟兽葡萄纹"。

② 《太平御览》（1960年中华书局影印本）卷一四九、六九五，引《东宫旧事》。又刘熙《释名》卷四，释綵帛，"有杯文，形似杯也"（《万有文库》本《释名疏证补》第223页）。

③ 中国科学院考古研究所：《长沙发掘报告》（1957），第64页，图版叁壹，3；图版叁叁甲，2；复原图见沈从文、王家树《中国丝绸图案》，第一幅；河南省文化局文物工作队：《河南信阳楚墓出土文物图录》，图版一七〇、图版一七一，1959。

④ 中国科学院考古研究所：《长沙发掘报告》（1957），图版贰壹，4。

的汉锦，最精美的是一件男人的锦袍。为了更好地了解汉锦的特点，我们先就它的织法作比较详细的说明。汉锦利用不同颜色的经线起花。它的组织技术是所谓"经线起花的平纹重组织"（Warp - Patterned compound cloth weave）[1]，如果拿它和汉代暗花绮相比较，二者的相同点是：它们基本上都是平纹组织和都是采用经线起花（并且都是由卜字形单元组成）。它的主要特异点是：它采用"重组织"（即"复合组织"），由两组或两组以上的经线和一组纬线更迭交织而成。经线依其作用可分为表经和里经，表经的一组有长浮线遮盖住里经的浮点使不露于织物表面。为了配色起见，同一根经线依花纹的需要可以有时作为表经，有时作为里经。其次是：它的纬线虽只有一组，却可依其作用分为交织纬（binding weft 或明纬）和夹纬（interior weft）。另一特点是，不像暗花绮采用两种不同的组织分别织制地纹和花纹，汉锦只用一种组织而依靠经线颜色的配合来显呈花纹。纬线一般和织物的地色相同，原则上并不露出表面。所以论汉锦颜色的多寡，并不将纬色考虑进去。

现在先就两色的汉锦来说，它是由两组不同颜色的经线织成的。图9的甲和乙表示这种织物的结构图和切面图。纬线在图中为了表示它的

---

[1] 这种织法有不同的名称。安德鲁斯研究斯坦因在新疆所得的汉锦，首次注意到汉锦组织的这种特点，称之为"经畦纹"组织（"Warp rib" weave），因为它的经线由于经线密于纬线而起着畦纹的效应（*Burlington Magazine*，第37卷第210号，第150页，1920）。后来西尔凡《丝织物研究》（1949）一书中称之为"复合组织的经畦纹"（Compound warp rep），因为它是一种复合组织（即重组织），地线以经线起畦纹效应（第93、112页）。武敏的《新疆出土汉－唐丝织品初探》文中也采取"经畦纹"一名。本书39页注②关于"畦纹的注中"说过，纺织学上一般所说的"经畦纹"，和这并不切合。R. G. Shepherd 以为它是两面花纹的平纹组织（Double - faced cloth weave），而不是"重组织"，见《东方艺术》（*Arts Orientalis*）第2卷，第611页，1957。但是这种织物在交织纬的上面或下面是有表经和里经两层；所以仍应视为"重组织"。卫礼泽（W. Willetts）以为它是暗花绮一样的两面组织（double type），又以为两面组织便是"重组织"（"compound" type）《中国艺术》，1958，第251页）。这似乎将两种不同的组织混为一谈。暗花绮并不是"重组织"，和彩锦不同。劳利（J. Lowry）称它为"彩色的汉式组织"（Polychrome Han - weave），或简称为"汉式组织"（见其《汉代织物》一文，第67页），也是将二者混而为一。或可称为"汉锦组织"，以别于本书42页注①所说的"汉式绮组织"。

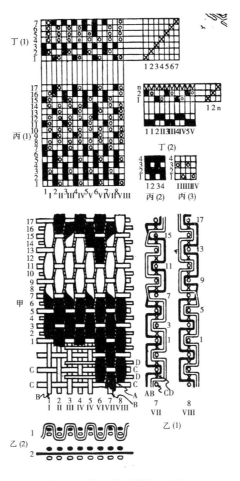

图9　汉代二色彩锦的织造图

说明（参阅图2的说明）：甲——结构图（左下角切除去表经 A 或 B，以揭露夹纬 D、里经 B 或 A 和交织物 C 的关系）；乙（1）——纵切面（A 即黑经，B 即白经，C 即○、交织纬，D 即 ×、夹纬）；乙（2）——横切面；丙（1）——组织图（1～8 为黑色经线，黑色方格代表浮在纬线上的黑色经线；Ⅰ～Ⅷ为白色经线，小圆圈代表浮在纬线上的白色经线）；丙（2）——底纹部分的表经的基础组织；丙（3）——底纹部分的里经的基础组织；丁（1）——一种可能的穿综图（左）和提综图（右）；丁（2）——另一种可能的穿综图（左上。1～2 两横行为"前综"，即交织综，n 代表不同的提花综，V 代表有关的经线，每对经线每次必须提起一根，依织物花纹决定提起哪根）和提综图（右）和穿筘图（左下。横行黑方格数等于一个筘齿内的经线穿入数。相邻的两筘齿用两横格来表示）。

49

两种不同作用而分作粗细不同的两种，实则可能是缠在梭子上的同一根线。在织物上，奇数的纬线（包括纬线 C）都是交织纬，在图中左下角可以看得出来，它们和各枚经线交织成平纹组织。偶数的纬线（包括纬线 D）都是夹纬，夹在正面的一组经线和背面的一组经线之间，在组织结构上不起交织的作用，只是便于提花，便是使不同颜色的两组经线互换位置为表经而组成花纹，同时也使花纹中同一颜色的经浮线加长而不失织物的坚固性，所以也称它为"花纹纬"。至于经线有 A、B 两组，在图中 A（1~8）为黑色，B（I~VIII）为白色。每组各一根（即 1 和 I，2 和 II 等）成为一对。这一对除了在交换花纹的颜色处以外都是用一根作为表经，有三浮一沉的长浮线，而另一根作为里经只有一浮点，所以每一对的浮线和浮点成为卜字形的单元［图 9，丙（1）］，与上面所说的暗花绮的花纹部分的"汉式组织"的卜字形单元，实相类似①。由丙（2）和丙（3），可以看出底纹部分的表、里经的基础组织，虽显呈 3/1 和 1/3 的斜纹效应，但是它们的"飞数"（即两邻经线相应浮点间的隔离）是 2 而不是 1，所以在织法上不是斜纹组织，而仍是平纹组织；不过增加了夹纬（横行 2 和 4）使成为平纹的变化组织；如专就交织纬（横行 1 和 3）而言，那么仍是普通平纹。汉锦是"重组织"，里经的浮点被遮盖在表经的浮长线的下面。交织后，表经在织物背面仅有一浮点，而里经在背面却有三上一下的浮长线，遮盖住表经的浮点。所以二色配花的汉锦，它的背面和正面颜色相反，而花纹相同。在变换颜色的地方，有关的经线只浮过两根纬线；这种短的浮线或在织物正面［如图 9，乙（1），纵切面图第 7—VII 行经线］，或在背面（同上，第 8—VIII 行经线），依花纹的需要而定。因之，每相邻的两行花纹经线相应组织点间的隔离可以是 2，也可以是 1，不像暗花绮的"汉式组织"全

---

① 劳利（J. Lowry）：《汉代织物》，《东方美术》（*Oriental Art*）第 6 卷（1960）第 2 期，第 67~71 页。

部是 2。织成后的效果是，汉锦的花纹的轮廓线显得较为柔和平整，而汉绮的轮廓线却显得较为生硬并且常显呈细锯齿线。汉锦大量采用流利的流云纹和细部繁复的纹样，也由于这种技术改进的缘故。所以有人认为汉锦的织法是在暗花绮的"汉式组织"的基础上进一步的发展[1]。但是后来它们是同时存在的不同织法所制织的两种织物，而汉锦似较为盛行。

两色汉锦的具体织法，可能是有如下述：两组不同颜色的经线各取一根成为一对或一副（表经和里经）[2]，穿综时以"对"为单位。综有起交织作用的交织综和起显花作用的提花综二种。前者可能用二片综框（即所谓"前综"），将偶数的各对经线（2—II、4—IV 等）都穿入第 1 片综框内，奇数的各对经线（1—I、3—III 等）都穿入第 2 片综框内。提花综的数目和各片提花综的穿法，要依各织物的花纹来决定。我们的图中是使用第 3 至 7 等五片提花综。提花综的穿法与交织综的不同处，是每一对表、里经线中只有作为表经的一根穿过提花综，而不论奇数或偶数的各对经数，都须要有一根作为表经穿过它。至于哪一种颜色的经线作为表经，这里视花纹的需要而决定 ［图 9，西（1）］。织制时，交织综框（假定是二片），一般是放在提花综和坐织者之间（所以也称为"前综"），可以由坐织者以脚踏控制；但提花综一般都是片数很多，便须要另一人提花。提花综一般不用硬综框，而使用提花线（drawcords），将有关的各提花线总为一束，其作用和综框相同，所以我们在这里仍称它为"综"。当织入第一根交织纬时，提起第 1 片综框（交织综）。织入第二根交织纬（这是图中第 3 根；图中是依全部纬线计算，即包括夹纬一起计算），须提起第 2 片综框。每相隔三根纬线便

① 卫礼泽：《中国艺术》，1958，第 252 页；西尔凡：《额济纳河和罗布淖尔出土的丝织物研究》，1949，第 114 页。
② 武敏《新疆出土汉－唐丝织品初探》文中称之为"一枚"，实则这是由几个个体组成的一组。"枚"字一般指一个个体，"组"又和依颜色和作用分组的组相混淆，所以这文中称之为"对"或"副"。二根表里为一"对"，二根以上为一"副"。

使用同样的综框一次。图中第 1、5、9、13、17 纬线都使用第 1 片综；第 3、7、11、15 纬线都使用第 2 片综，这样便组成了平纹组织。就顺序而言，每一次织入交织纬之后，须要接着织入一根夹纬，这须要放下"交织综"，提升"提花综"。在整片单色的部分，织入夹纬时须要提起所有同色的表经，即提升第 3（黑色）或第 4（白色）综。图中第 2、4、6 纬在全部黑色部分，需要使用第 3 综；第 8、10 纬在全部白色部分，使用第 4 综。至于由不同颜色组成的部分，便须依照需要而提升不同的各提花综（如第 5 至 7 综）。提综图［图 9，丁（1）］中提综的顺序，参照组织图［图 9，丙（1）］，应该是（1、3），（2、3），（1、3）（2、4），（1、4），（2、5），（1、6），（2、7）。总括起来，可以用图丁 2 来表示，n 代表不同的提花综。提综顺序是 1、n、2、n。就提综的程序而言，一个"提花综"放下后，便要提升一个"交织综"，这将使前一步已成浮线的经线延长成为浮长线，同时将其余的经线和纬线作成交织。这"交织综"放下后，便提升另一"提花综"，这常常是提起了前一"提花综"所已提过的花纹经线，同时又提起新的一组花纹经线。这样便将前一步成为浮线的经线完成为三上的浮线而结束，同时又开始提升另外一系列新的浮线。如果当时已有筘，应将每对表、里经在穿综后再穿过同一筘齿，这样不但可以使经线排列得疏密均匀，并且也使里经易于隐藏于表经的底下，不会露出［图 9，丁（2）］。

三色汉锦的织法，基本上是和二色的完全相同。依照颜色的差异，可将经线分作三组（图 10 中的 1~6，Ⅰ~Ⅵ，i~iv）。其中一组作为表经时，其他两组即作为里经。里经虽有两种颜色的经线，但在组织结构上，它们只是作为一层。换言之，这里仍只有表、里二层经线，并没有表、中、里三层[①]。在这种意义来讲，它们仍然是"经二重组织"。三

[①] 武敏《新疆出土汉－唐丝织品初探》文中说它们有三层经线；又说一层为地色，一层为图案边缘，一层为图案的花色（第 64~65 页）；似乎将结构层次和图案配色混为一谈。

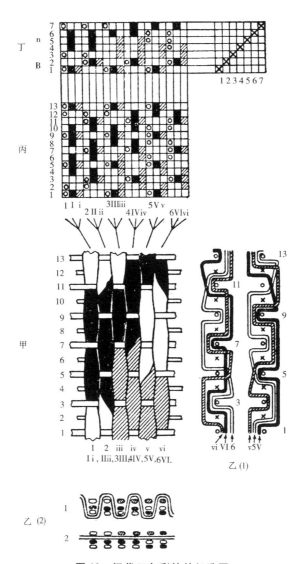

图 10　汉代三色彩锦的织造图

说明（参阅图 2 和图 9 的说明）：甲——结构图；乙（1）——纵切面图；乙（2）——横切面图；丙——组织图（1~6 为白经，白圆圈代表浮于纬线之上的白经；Ⅰ~Ⅵ为黑经，黑方格代表浮于纬线之上的黑经；ⅰ~ⅵ为红经，斜线方格代表浮于纬线之上的红经）；丁——一种可能的穿综图（左）和提综图（右）；B（即 1~2 横行）代表"前综"即"交织综"，n（3~7 等横行）代表不同的提花综。

组经线各取一根作为一副（例如图 10 中的 1—I—i 或 2—II—ii 等），将奇、偶数的各副分别穿入第 1、2 片交织框中；又依花纹的需要将各副中提出一根穿入各提花综中。如果有筘，再将每副的三根穿入同一筘齿中。提综的顺序是 1、n、2、n。这些都是和二色汉锦相同的，观图自明（图 10）。它和后者的主要异点是：①织物的背面因为露在背后表面的经浮线是由两组不同颜色的经线组成，所以颜色杂乱，轮廓线模糊，不像二色汉锦的背面也是花纹清楚，仅和正面的相反而已。有人以为汉锦都是背面也有清楚的花纹，并认为这是汉锦比汉代暗花绮较进步的优点之一①。这种说法只适用于二色汉锦，对于三色或三色以上的汉锦而言，这是不正确的。②这里作为表经的经线，因为和"交织纬"隔着两根里经，不像二色锦只隔着一根，故显得松懈一些，不像后者的紧凑，因之有时遮盖不住它下面的里经或纬线。

在理论上言，四色和四色以上的汉锦，可以采用四组和四组以上的不同颜色的经线来织制。但是因为表经只有一组，其余的都作为里经。里经的组数如果过多，便会使表经的浮线过于松懈。这样的织物不但不坚牢，并且因为隐藏不住过多的里经，花纹也变成凌乱和模糊。所以汉锦一般是使用二色或三色的组织法。如果需要四色或四色以上，便需要采用分区的方法。在同一区中很少使用四色，迄今未见四色以上的②。分区的方法是在整个幅面上将经线分为若干区，每区中一般有三种不同颜色的三组经线。就整个幅面而言，它便可以多达四色甚至于五色以上了。

我们这件标本③便是采用这种分区法的三色汉锦织法织制的。虽然一共有五色：绛、白、绛紫、淡蓝、油绿，但是每一区中却不超过三

---

① 卫礼泽：《中国艺术》（英文版），1958，第 252 页。
② 西尔凡：《额济纳河和罗布淖尔出土的丝织物研究》，1949，第 112、第 172 页（西尔凡说，文献有"五色锦曰彩"，但实物未见）。
③ 又见《文物》1960 年第 6 期，第 5 页，图一；第 6 页，图七；1962 年第 7、8 期合刊封面。

色。就图版中的那一部分为例，由右而左，依经线的垂直线条可分为十二区。每区都有绛和白二色，此外第三色分别为绛紫、淡蓝、油绿等。所以它的织法仍是每区采用三组不同颜色的经线。依原大照片来量，正面显现的经线密度每厘米约 56 根，纬线 25 至 26 根①。由于它是三组经线的"重组织"，所以实际上每厘米有经线 168 根。

这件标本的花纹循环（pattern repeat），纬线循环约 3.9 厘米，经线循环似横贯全幅，当在 35 厘米以上。我们知道，斯坦因在罗布淖尔所发现的"韩仁"锦（L. C. 07a），连同幅边共宽 45.7 厘米，经线循环也是横贯全幅的②。就织法而言，我们这标本的每一纬线循环中约有 100 根纬，其中半数是提花纬（即夹纬）。所以除去使用二片交织综框以外，还须要提花综 50 综左右（"纬线循环"即每一花纹单元的高，是经方向的）。

花纹的图案，如果除去铭文"万世如意"四字，每一单元的经线循环约 15.7 厘米。就现存的部分而言，从右侧开始，有一组流利的云纹，主干作侧卧的 Z 字形，末尾又向上蜗卷。在这主干的两侧，凸出的部分附着以如意头形的卷云纹，而凹进的部分附着以叉刺形的"茱萸纹"。本文中所谓"茱萸纹"，是指轮廓线有点像茱萸叶子的一种花纹③。它是由

---

① 武敏的《新疆出土汉－唐丝织品初探》一文中以为纬线 26 枚，经线 38 枚。后者颇有出入，不知何故。

② 斯坦因：《亚洲腹地》，图版 XXXIV。又见沈从文等《中国丝绸图案》，第二图。

③ 《邺中记》（《说郛》本）所列举的石虎织锦署各种锦名，有"登高""明光""茱萸""交龙"等，前二者当指织纹中的文字，后二者当指花纹。古人以为茱萸可以辟恶，或因此被采用为花纹。其叶形椭圆或蛋形而末尾尖锐，我们这种图案和它形近，可能便是古代茱萸纹。不能十分肯定，所以用引号以示慎重。安德鲁斯称它为"叉刺纹"（pronged element）。西尔凡称它为"叉形纹"（fork motif），并且以很长的篇幅来讨论它的来源和意义，以为由"羽翼纹"（wing motif）变化而来的（《额济纳河和罗布淖尔出土的丝织物研究》，1949，第 128～138 页）。实则它仍以视为茱萸纹为较妥，因为它有时和别的植物纹在一起，但从来没有作为动物或羽人的羽翼（补注：《长沙马王堆一号汉墓》上集，1973，第 62 页，及图四八，4，以茱萸纹指一种富于写生风格的花叶的图案。本文仍暂时保留"茱萸纹"一称，以名前人所说的"叉刺纹"）。

互相平行的三至四根上粗下细的曲线与一群二至四个螺旋纹所组成，形似叉刺，上端由一根叶柄般的短线和云纹的主体相连接。主体的尾部都有隶书铭文一字。这组云纹的左边，又是一组侧卧的 C 字形的云纹，末尾作箭头形，主干两侧附着一些螺旋纹和三个"茱萸纹"，后者有两个下垂、一个横放。再接着又是一组竖立的 S 形的卷云纹。这一组除了螺旋纹之外，末尾附着一个简化了的"茱萸纹"。图案的单元到这里为止，再向左，便循环重复一遍，不过隶书铭文的位置相同而文字有异。第一循环是"万世"二字，第二循环是"如意"二字，第三循环仅保存开端部分，似乎没有铭文。如果这件织物的横幅包括三个整个的花纹循环，再加上两侧幅边，它的幅阔当在 47 厘米左右。各个循环中彩条的配色，并不相同。

就配色而言，这件标本以绛紫色为地。《三国志·魏志·东夷传》所说的赐倭女王"绛地交龙锦五匹"[①]，似乎便是指这种地色。这是汉锦中比较常见的地色。花纹由其他四色组成。白色的特别作用是作为隶书铭文和一部分卷云纹的镶边，使文字和花纹突出显明，但它有时也单独作为花纹的线条。绛紫、淡蓝和油绿三色都是作为花纹的线条，有的两侧以白色镶边，有的没有镶边。它们的分布是依上面所说的经线分区，所以花纹的同一线条，到另一区时便突然变为另一颜色。各区的宽狭，约 0.9~2.7 厘米不等。但就整个幅面而言，五色缤纷，十分绚丽。

这一种花纹的汉锦，最近于 1959 年在内蒙古扎赉诺尔的东汉墓群中也有发现。就所发现的纹样摹本（摹写似乎有点走了样）来看[②]，它和尼雅的这件标本，似乎大同中仍有小异；残存的部分，铭文有"如"、"意"二字，花纹主要是由卷云纹和"茱萸纹"组成。但似乎花纹主体只有两组卷云纹，即 Z 字形的和 C 字形的，而省略掉尼雅的第

---

① 《三国志·魏志》卷三〇（百衲本，总第 4529 页）。
② 《文物》1961 年第 9 期，第 18 页，图八。

三组 S 字形卷云纹，花纹循环便重行开始了。并且"意"字铭文的左边便已达织物的幅边。虽然有这样小差异，但它们的相同处是达到惊人的程度。它们可能是同一织坊的制品，而输出到东西相距三千多公里的两个地方。右贝加尔湖南的伊尔莫瓦巴德的一座汉代墓中出土的汉锦，花纹和新疆罗布淖尔出土的一件，也几乎完全相同①。这是这种情况的另一例子。

　　另一种花纹的汉锦，即"延年益寿大宜子孙"锦，也在相距遥远的几个地方发现。在尼雅发现的男锦袍下摆的底襟一部分和男子锦袜及手套，都是这一种锦②。斯坦因在罗布淖尔也发现了几件（图 11）③。更有意思的是远在苏联境内叶尼塞河畔的奥格拉赫提的公元第 2 世纪的古墓中也发现了一片同样花纹的汉锦，还残存有"益""寿""大"三字（图 12）④，可见这些汉锦是被当时各地人民所非常欢迎的。

　　这些尼雅的标本（图版 2），我曾就实物的二块残片加以观察，它的右侧的幅边仍保存，幅边宽 1.05 厘米。现存的幅面共宽约 40.75 厘米。幅边部分是畦纹平织加夹纬，由蓝、绛、白三色单色竖直条纹组成，各阔约 0.35 厘米。每厘米经线约 60 根，越接近边侧越紧密，蓝条处达 70 根。纬线每厘米 26 至 28 双。花纹部分是用分区的三色汉锦织法所织成的，每厘米正面显露的经线约 40 至 44 根。因为它是三组经线

---

① 前者见鲁博－雷斯尼钦科《中国古代丝织品和刺绣》，第 37 页，图版 XXIV；后者见斯坦因《亚洲腹地》，图版 XXXIX，器物号 L. C. 03。

② 《文物》1960 年第 6 期，第 5 页，图二、图四（左）；第 12 页。

③ 斯坦因：《亚洲腹地》，器物号：L. C. i. 06. 7、7a；iii. 04. 17～18，图版 XLII。此外，另有一种"延年益寿"锦，如 L. C. 031. c，见同书图版 XXXIV、XXXIX（即沈从文等《中国丝绸图案》第四图红地"延年益寿"锦），虽也有一部分细节相同，乃是另外一种花纹，不要混淆为一。

④ 塔尔格伦（A. M. Tallgren）：《南西伯利亚奥格拉赫提的汉代墓地》，《欧亚北部考古学》（ESA），第 11 卷（1937）。补注：又参阅里布（K. Riboud）和鲁博－雷斯尼钦科《奥格拉赫提的新发现》，《亚洲艺术》（法文），第 28 卷（1973），第 139～164 页。

图 11　罗布淖尔发现的"延年益寿大宜子孙"锦（L. C. i. 06、7、7a、iii. 04. c; iii. 17～18）

颜色标识：（1）淡棕；（2）棕黄；（3）深棕；（4）墨绿；（5）深蓝。

□ (1)　▥ (2)　▨ (3)　▓ (4)　■ (5)

说明：依据斯坦因《亚洲腹地》，图版 XLII，比例 1/2。

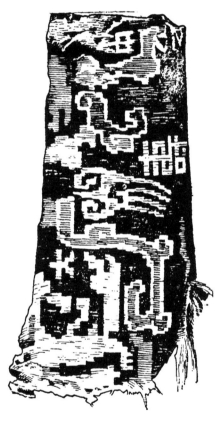

图 12　苏联奥格拉赫拉提古墓中出土的"延年益寿"锦（根据塔尔格伦）（原大）

"重组织"，实际上每厘米有经线 120 至 132 根（整幅当在 5000 根以上），但仍较上面所描述的"万世如意"锦为疏松。它的分区也没有像后者那么整齐，有时某一色的整区中间杂着另一区的颜色的经线一根或几根。各区也都有绛、白二色的经线，而另配以第三种颜色，合为三色一副。这第三种颜色为宝蓝、浅驼（灰褐）或香色（浅橙色）。它也是以绛色为地（这件的绛色较"万世如意"锦绛地为深，并且带紫），白色为铭文或花纹线条的镶边。白色也有单独作为花纹线条的，但是绝大部分的这种花纹线条是使用其他三色，或镶白边，或不镶边。纬线黄褐色，是双线的（每一梭口通过两根纬线），基本上并不显露于表面。

至于花纹的循环，它的经线循环是横贯全幅的，当达 40 厘米以上。纬线循环约 5.4 厘米，包括约 150 根纬线，约须要提花综 75 综左右。整个图案的结构，幅面横贯着断断续续的云纹，间或附着以"茱萸纹"。在这些蜿蜒的曲线之间，满布着 7 至 8 个动物和隶书"延年益寿大宜子孙"八字。具体加以分析，从右侧开始是一个隶书"延"字，靠近幅边。它的左侧下首是个类似狗形的动物（和"韩仁"锦的图案相对照，这应是老虎），头向左侧，伸首张口。它的左首，隔着云纹，是一个鹧鸪形或鸭形的鸟，站立在云纹的向下直转的线条上，所以位置恰和幅面成直角。鸟的左侧的第三个动物（第二个兽）是一个长伸着颈部的豹形动物，身上有些斑点，举步向左行（"韩仁"锦上这兽的头上有双角）。背上有"年"字，前足下有"益"字。"益"字下是一个侧卧着的 Z 形云纹。这云纹的左侧上方是另一个 Z 字形云纹。后者末尾的上面是"寿"字，下面悬挂着一个"茱萸纹"。更左侧，隔着另一个云纹是第三个兽。这个兽的尾部向上，后足向右，全身蜷曲，头部又向右。前两足分别显露于肩部的上下。头部和后足之间有"大"字，臀部的上面有"宜"字。"宜"字左侧下边有一朵"云纹"（?），更左又是一个"茱萸纹"。后者的上面似乎是一个图案化了的鸟纹，头部向上，足部向左。足部与站架联合成为十字纹（"韩仁"锦这部分是卷云纹）。"茱萸纹"的左边，隔着一个"子"字，是第四个兽形。这兽的左后足较低，右后足和前足向上爬，踏在有阶级的云纹上。这怪兽的身部有斑点，肩部有钩状物。它的吻部下方有一"茱萸纹"。更左又是一组Z字形云纹，左侧上方是第五个兽。这兽有点像山羊，头部似有两角。尾部向上折而向右，左后足向右高伸，右后足和前足向左侧前行，头部转向右方后视，两角向左。两角的左边上方隔着云纹有一"孙"字。更左是一个云纹。它的左侧下方是第六个兽。这兽的肩部有翅膀，可能是辟邪兽。它的头部向左，四足似向左奔跑（"韩仁"锦中这就是带翅的飞龙）。它的左侧下方有云纹。整个图案的现存部分，到这里为止①。所缺的似乎并不多。这整幅图案中，奔走活跃的各种怪兽，陪衬着流畅的云纹等，显得非常生动。和斯坦因发现的"韩仁"锦相比较，铭文不同，而鸟兽图案多相近似。

汉锦中除了这些有生动的鸟兽纹或卷云纹的花纹的标本之外，也有比较拘谨的几何纹图案。这次尼雅出土的菱纹锦（即斜方格纹锦），便是一例②。这是缝成女裤的（图版3，1）。我曾就实物的残片加以观察。它的右侧的幅边仍保存，宽约0.75厘米，是畦纹平织加夹纬，由绛紫和白色二条纹组成，共有经线74至76根（即每厘米有经线约100根），纬线每厘米34至36根。纬线是单线的，作黄褐色，并不显露于表面。花纹部分是用三色汉锦织法织制的，它只有三种颜色的经线，所以不必采用分区法。这花纹部分的正面显露的经线密度是每厘米50至60根，因为它是三组经线的重组织，所以实际上每厘米有经线150至180根。靠近幅边的部分较为紧密。幅面满布菱纹，但在菱纹和幅边之间有一行白色的"阳"字和蓝色的四瓣花纹。花纹循环中，就菱纹部分而言，

---

① 武敏的《新疆出土汉－唐丝织品初探》文中说这锦中有老鼠，大概指第四个兽，但老鼠没有体部有斑点花纹的；又说是昂首的雄鸡，大概是第五个兽。男锦袍上这个兽形较为清楚，确为四足兽而非雄鸡。

② 《文物》1960年第6期，第5页，图四（右）。

经线循环 1.5~1.8 厘米（约有经线 90 余根），纬线循环2.3~2.4 厘米（包括纬线约 84 根）。这是指花纹循环而言，织制时纬线的循环可以减为一半。纬线的下半个循环可由于提综的顺序颠倒过来而织成。所以除了两片交织综框之外，这织物只需要提花综约 21 综。

这些标本的花纹的图案和配色，是以绛紫色为地；比前述两件的绛地，它带着紫色的色调较多。花纹便由这绛紫色和蓝色及白色（稍带黄色）相间配合而成。白色带黄可能为丝的原色，未经漂白。幅边的白色条纹却是纯白色的。菱纹以白色线条作为界线。菱形依颜色可分为二横列，其中一列都是蓝地绛紫花，另一列是半数白地蓝花，半数全部绛紫色无花。第一菱形中的花纹是七至八行横条线或小三角组成的行列。整个幅面的花纹很是整齐有规则，但未免有点单调。

由于当时纺织技术条件的关系，不仅几何纹图案的图样很是规则严谨，便是鸟兽纹和云纹等的曲线的线条，有时也显得往复曲折如锯齿形一般。尼雅遗物中还包括一些汉代刺绣的标本。这些刺绣图样的线条比起织制的图样来，便看得出运用得更为流利生动，而且显得是一气呵成的[1]。

三

汉代的刺绣是和织锦齐名的，常常是"锦"、"绣"并称。它们被视为珍品。汉高祖八年禁止贾人"毋得衣锦绣"[2]。《后汉书》夸奖邓皇后的节俭，说"御府尚方织室，锦绣……之物皆绝不作"[3]。它们被作为珍贵的赠品，汉廷常遗赠匈奴以锦绣。文帝前六年的一次是"绣十

---

[1] 补注：就时代而言，最早的织锦出现于战国时代，长沙左家塘战国墓便有出土（《文物》1975 年第 2 期，第 49~52 页）。中亚巴泽雷克 3 号墓出土的也是属于战国时代，6 号墓出有山字纹铜镜（《考古学报》1957 年第 2 期，第 37 页，图版一：1）。1982 年江陵马博一号战国墓，也出土了织锦（《文物》1982 年第 10 期，第 1~15 页）。

[2] 《汉书》卷一《高祖本纪》（百衲本，总第 1236 页）。

[3] 《后汉书》卷一〇上（百衲本，总第 2683 页）。

匹、锦二十匹、赤绨绿缯各四十匹"。宣帝甘露三年赐"锦绣绮縠杂帛八千匹"。成帝河平四年"加赐锦绣缯帛二万匹"。元寿二年"加赐锦绣缯帛三万匹"①。两汉时，织锦的主要产地是襄邑，而刺绣是齐郡。东汉王充在《论衡》中说："齐郡世刺绣，恒女无不能；襄邑俗织锦，钝妇无不巧。日见之，日为之，手狎也。"②《汉书·地理志》说齐郡临淄县和陈留襄邑县都有服官③，可见西汉时便已如此。

刺绣与上面所述的织锦和暗花绮不同。它的花纹不是织成的，而是在已织好的织物上面用绣花针添附了各色丝线，绣出各种绚丽的彩色花纹。在高明的绣师的巧手中，绣针犹如画师的彩笔，可以绣出像绘画一般细致而流利的花纹，表达出绣师的技巧和个性。所以它的艺术性比织锦更高。又因为它不是由机械化的织机所制，而是完全由手绣刺出来的，同样花纹的一幅刺绣要比织锦费功夫多得多。所以绣比锦还要值钱。上引汉文帝赠匈奴的礼物，锦比绣多一倍。贾谊《新书》说："匈奴之来者，家长已上，固必衣绣；家少者必衣锦。"④ 这似乎表示刺绣比文锦更为珍贵，只有"家长以上"才穿服，一般"少者"只穿锦衣。就考古发现而言，汉绣虽没有像汉锦那样普遍而远及各处，但也发现得不少。除了这次尼雅的发现之外，在罗布淖尔⑤、诺音乌拉⑥、帕尔米拉⑦和怀安及武威汉墓⑧五处曾发现过汉绣。比汉代更早的实物，有殷

---

① 《汉书》卷九四《匈奴传》（百衲本，总第 2322、2338、2342、2345 页）。
② 王充：《论衡》卷一二《程材篇》（《四部丛刊》缩本，第 122 页）。
③ 《汉书》卷二八上（百衲本，总第 1604、1609 页）；卷七二《贡禹传》中也说："齐三服官作工各数千人，一岁费巨万"（总第 2086 页）。
④ 贾谊：《新书》卷四《匈奴篇》，《四部丛刊》缩本，第 32 页。宋淳熙八年长沙刻本，"少者"上无"家"字。
⑤ 西尔凡：《额济纳河和罗布淖尔出土的丝织物研究》，1949，第 142～145 页；斯坦因：《亚洲腹地》，第 235 页。
⑥ 鲁博－雷斯尼钦科：《中国古代丝织品和刺绣》，第 13～15 页，图版 XX、XXI 等。
⑦ 普菲斯忒：《帕尔米拉出土的汉代丝织物》，图版 XI（S 40）。
⑧ 《文物》1958 年第 9 期，第 10 页，《怀安汉墓出土刺绣》（附彩色图）；武威磨嘴子汉墓出土的刺绣和织锦，见《考古》1960 年第 9 期，第 25 页。

代一个铜觯上所附粘的菱纹绣①，东周时巴泽雷克的凤纹绣②，和长沙楚墓和江陵马博一号墓的凤纹绣③。

尼雅出土的汉绣有好几件，都有非常精美的花纹。它们都是在单色细绢上用锁绣法（chain stitch，或称辫绣法）绣上花纹的。刺绣的针法，现在有几十种之多，但锁绣法仍是基本针法之一④。这种绣法在古代希腊也是被采用过的，在苏联境内的克里米公元前 4 世纪的希腊遗址中便曾发现过用这种锁绣法的毛料织物。锁绣法的针法如图 13，甲、乙。当绣针由 a 点处刺出织物正面的时候，将绣线在针的前面绕弯成一环折，然后将针由 a 点附近的 b 点处刺回到织物背面去，再由绕成环折的绣线的环内中央偏左的 c 点处刺出织物正面。然后每针都由前一环折内中央偏右处刺入背面，在另一新的环折内中央偏左处刺出正面。这种锁绣法，由于 a、b 两点的密接或分开，使环折的圈子成为闭口或开口。闭口的锁绣多使用于花纹的镶边或较细的线条；开口的锁绣多用于填充花纹中的平面。汉代锁绣的变化针法，有将针刺入一根绣线的中间使它分离为两半，以取得环折的效果。这种变化针法较少见⑤。汉绣也有使用平绣法的（Surface satin-stitch or simple line stitch），例如诺音乌拉出土的一件花卉图案的汉绣⑥，但不多见。或以为到隋唐时才有平针绣，这是不正确的。上文提到的殷绣，似也属于平绣；至于长沙和巴泽雷克的东周时代的标本，是用锁锈法的。

这几件美丽的汉绣标本，首先要推男裤脚上作为边饰的那件绿地动

---

① 西尔凡：《殷代丝织物》，《远东博物馆馆刊》第 9 卷，1937，第 123～124 页，图 4。

② 鲁博－雷斯尼钦科：《中国古代丝织品和刺绣》，第 50 页，图版 XLIX 至图版 L。

③ 《文物》1959 年第 10 期，第 68～70 页，图 14～17，补注：《文物》1982 年第 10 期彩色版。

④ V. 俾累尔（Birrell）：《纺织艺术》（*Textile Arts*），第 349～357 页，1959；参阅顾公硕《顾绣与苏绣》，《文物》1958 年第 9 期，第 19 页。

⑤ 西尔凡：《额济纳河和罗布淖尔出土的丝织物研究》，1949，第 142～143 页，图八八、图八九；鲁博－雷斯尼钦科：《中国古代丝织品和刺绣》，第 14 页，图版 II（3）。

⑥ 鲁博－雷斯尼钦科：《中国古代丝织品和刺绣》，第 15 页，图版 II（6）、图版 LIII（MP1207）。

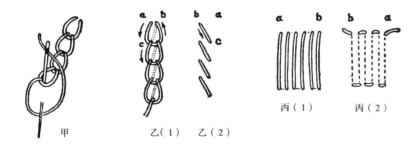

图 13　汉代刺绣法

甲：锁绣法（即辫绣法）用针示意图；乙（1）、乙（2）：锁绣的
正面和背面；丙：平绣法，（1）为正面，（2）为背面

物花草绣（图版 4）①。它是以草绿色的细绢为地，以锁绣法用绛紫、宝
蓝、湖蓝、正黄、藕荷、纯白等各色丝线，绣出成束的卷草、成丛的金钟
花、菱形的涡旋纹、豆荚形的对叶，还有藏在叶丛中露出有大耳朵的兔头
和带爪的前足。纯白和绛红两色常作为镶边和细线条。花纹既瑰丽奇离，
又显得活泼生动。花纹的第一图案单元约纵横 11～11.2 厘米，循环反复，
但每一单位的细节都微有差异，不像织锦的花纹那样整齐划一。

　　另一件汉绣是女内上衣袖的边饰的刺绣（图版 3，2）②。这是以翠
蓝色细绢为地，用各色丝线绣出花草和小鸟。小鸟张口瞪目，头的上部
耸立竖羽三根。翅翼向后转弯，尾部下垂内卷。它虽不是完全写实的，
却也活泼可爱。在鸟嘴下和花草间还点缀着一些圆点，也许是代表果子。

　　另一件标本是作为镜套的正面（图版 5）③。这也是用绿色细绢为
地，用锁绣法以各色丝线绣出卷草和圆点。它和上述的小鸟花草纹中的
花草有点相似。圆点纹也是用锁绣法由中心起作螺旋线向外绕成一个圆

---

① 《文物》1960 年第 6 期，第 12 页，第 5 页，图三，第 6 页，图八；即武敏《新疆出土
汉－唐丝织品初探》文中刺绣标本一。
② 《文物》1960 年第 6 期，第 12 页，又第 6 页、图一〇；1962 年第 7、8 期合刊，第 5 页，
图二；武敏《新疆出土汉－唐丝织品初探》文中标本二。
③ 《文物》1960 年第 6 期，第 11 页，又第 6 页图一一（右）；即武敏《新疆出土汉－唐
丝织品初探》文中标本四。

点。罗布淖尔的汉绣中也有同样方法所绣成的圆点纹①。

这些汉绣显示了高度的艺术想象力和熟练的技巧。在诺音乌拉出土的汉绣中，还有"茱萸纹"和写实的鸟兽纹②，并且还有在织锦上刺绣的③，可算是"锦上添花"了。

就纺织技术而言，汉代暗花绮和彩锦，较刺绣更为重要，因为它们代表当时世界上纺织技术的最高水平。上面已经说过，它们的那种精致繁复的图样，普通的简单织机④是不能胜任的。整幅的织锦所用的经线达5000余根。花纹的每一循环，繁复的需要50至75综。文献上也曾提到曹魏时的织机有50至60片综和56至60蹑的。更有多到120镊的⑤。这里的"蹑"或"镊"，也有写作"篓"的，似乎泛指提花工具，可能是指举起提花综的提线束，并不一定指以脚践踏的。脚踏的蹑不能多到60，甚至于120。这种织物就须要有类似后世提花机的一种有提花设备的织机。当汉代丝织物传入罗马时，不仅丝质的光泽柔软为罗马等国人民所赞赏，它的"遍地循环花纹"（all-over repeat-patterned）的繁复美丽，也更引起他们的惊奇赞叹。西方虽想学会如何织制这种循环花纹的织物，但是很久以后才制成了简单的提花机。关于西方什么时候开始有提花机，现在还没有一致的意见。有人以为是7世纪以后，或以为6世纪⑥，或以为早到3世纪在波斯、拜占庭、叙利亚和埃及可能便已开始应用简单的提花机，直到13世纪末期才趋

---

① 西尔凡：《额济纳河和罗布淖尔出土的丝织物研究》，1949，图八六，图版 I、图版 D。

② 鲁博－雷斯尼钦科：《中国古代丝织品和刺绣》，图版 XLIV、图版 LI 至图版 LII。

③ 鲁博－雷斯尼钦科：《中国古代丝织品和刺绣》，图版 XXXVI。

④ 汉代的简单织机，可参阅宋伯胤等《从汉画像石探索汉代织机构造》，《文物》1962 年第 3 期，第 25～30 页。

⑤ 见《三国志·魏志》卷二九（百衲本，总第 4505 页）。"百二十镊"机，见《西京杂记》卷一（汉魏丛书本），可能是指晋时情况，伪托为西汉。晋博玄《博子》（叶德辉辑，观古堂刊本）卷二《马钧传》，据《太平御览》作"蹑"，据宋本《意林》卷五作"篓"。

⑥ 前者见西尔凡等《公元五～六世纪的希腊晚期花纹的一件中国丝织物》，《东亚杂志》（Ostasiatische Zeitschrift），第 21 卷（1935），第 22 页。后者见 J. Lowry《汉代织物》，《东方美术》（Oriental Art），第 6 卷（1960），第 2 期，第 69 页。

于完善[1]。但是都承认较中国为晚，并且可能是受到中国的影响。另一个可能的影响，是织机上踏蹑的设备。上面提到的汉代画像石上的简单织机已有这种设备，但是欧洲到 12 至 13 世纪织机上才出现踏蹑[2]。西亚和欧洲古代使用立机，埃及早期使用平机，后来也使用立机。我们知道在立机上是很难采用踏蹑的，所以很早便使用平机的中国可能是最先发明这设备，西方后来发展了平机，可能由中国的影响而采用了这设备。西方对于中国丝织品的需求和仿制是刺激近东纺织技术发展的一个重要因素。

在 6 世纪左右，中国的养蚕业也传入西方。在此以前，叙利亚织工往往由中国输入丝和丝织物。《后汉书》说，安息国（波斯安息王朝）以汉缯絮与大秦国交市。《三国志》裴注引《魏略·西戎传》说：大秦国"常利得中国丝解以为胡绫，故数与安息诸国交市于海中"[3]。这"大秦国"是指罗马所属的叙利亚等地。可见当时还没有学得中国的养蚕法。《大唐西域记》卷十二说，约 5 世纪中叶，东国一个公主出嫁到瞿萨旦那（今和阗）时，把蚕种藏在她的帽里带去。另一故事说，约 550 年左右，两个波斯僧把蚕种藏在竹杖中，从中国带去进献给拜占庭帝国查士丁尼皇帝[4]。中国古代未必有禁止蚕种出口的事[5]，但这些传

① 西蒙斯（P. Simmons）：《中国纺织物研究的新发展》，《远东博物馆馆刊》第 28 期（1956），第 22 页。福贝斯：《古代技术研究》第 4 卷（1956），第 215 页。法拉内干（J. F. Flanagan）因为提花织物在拜占庭出现是公元 4 至 5 世纪，较波斯为稍早，以为提花机的传播可能是由西而东的（*Burlington Magazine*，第 35 卷，第 167 ~ 172 页，1919）。这是因为他当时不知中国的提花的锦绮较拜占庭更早几世纪。
② 福贝斯：《古代技术研究》第 4 卷（1956），第 214 ~ 215 页。
③ 《后汉书》卷八八《西域传》（百衲本，总第 3824 页）；《三国志》卷三〇，裴注引文（百衲本，总第 4531 页）。宋代安南还有将中国丝织物购去拆取丝线以自织的，见周去非《岭外代答》卷六《安南绢》条（《丛书集成》本，第 65 页）。
④ 张星烺：《中西交通史料汇编》，1930，第一册，第 76 ~ 77 页。他所引的是 6 世纪的东罗马史学家普洛科匹阿斯（Procopius）和提奥方尼斯（Theophanes）的著作。
⑤ 《汉书·汲黯传》注：应劭引汉律云："胡市吏民不得持兵器及铁出关。"《景帝纪》："禁马高五尺九寸以上，齿未平，不得出关。"（服虔曰：马十岁，齿未平）《昭帝纪》："（始元五年）罢天下亭母马及马弩关。"（孟康曰：旧马高五尺六寸，齿未平，弩十石以上，皆不得出关，今不禁也）未闻有禁蚕种出关之事。

说可以表明到约 6 世纪，西方才由中国学得养蚕法（传到和阗可能稍早）[1]。

四

西亚古代纺织技术的传统是斜纹组织（当然也有平纹组织），以及以纬线起花。他们由中国学去了养蚕法和提花机，但是不仅花纹图案常保留他们自己的传统，便是织锦的技术方面，也保留了他们的纬线起花和斜纹组织。中国为了满足西方市场的需要，在隋代和初唐，中国丝织品的图样有些便采用波斯的风格。在织锦的技术方面，有时也受到波斯锦的影响。

1959～1960 年，新疆博物馆在吐鲁番附近的 5 到 8 世纪阿斯塔那墓地[2]的发掘中，发现了大批那时期的各种丝织品。这里也有刺绣、暗花绮（图版 6，1）和多彩的织锦。刺绣的针法，锁绣和平针绣都有。暗花绮的织法，据武敏同志的研究，都是“素地起二至三枚经斜纹提花”，但据她所绘的组织图，实和汉绮第一种织法相同，是经线起花的平纹组织。花纹和北朝至唐初的织锦，风格相同[3]。织锦最引起我们的兴趣，下面作为重点来讨论（现已发表的丝织品遗存，主要的是属于 6 至 7 世纪的）。

北朝和唐初的织锦中，有织法和汉锦相同的重组织平纹的经锦；它们的花纹也近似汉锦，图案单位成行排列，题材多为禽兽纹（图版 7，

---

① 再补注：M. Loewe 以为，查士丁尼时似未曾学会养蚕，拜占庭将丝绸工业国有化，其目的在压低丝的价格，减少商人的利润，丝织物都在国有工场中生产而已；8 世纪时情况有所变化，波斯可能已有养蚕，后西西里（12 世纪）、意大利半岛（14 世纪），最后法国里昂（16 世纪）也先后养蚕织绸（JRAS. 1971，No. 2，p. 178）。

② 305 号墓中虽出有西秦建元二十年（384 年）的作为领衬里的纪年文书（《文物》1960 年第 6 期，第 19 页），但这墓可能仍不早于 5 世纪。斯坦因在这墓地曾发现 8 世纪的墓。

③ 武敏：《新疆出土汉－唐丝织品初探》，第 68～69、第 73 页，图 5、图 6、图 11，又第 3 页彩色图，第 5 页图 1，第 8 页图 7。

1、2），也有树纹（图版6，2）。花纹多对称，禽兽纹常是相对而立，和汉锦上禽兽纹常用卷舒的花纹作背衬、翔动多变化者风格稍有不同。但它们仍可视为汉锦图案的继续。这一类织制技术和图案风格的彩锦，从第6世纪中叶起，逐渐消失。这时逐渐兴起以至于盛行的是一种重组织斜纹的经锦，花纹多为错落散布满幅的植物图案。这种花纹也有重组织平纹的，但以重组织斜纹为多。例如小团花锦（图版8）、菱花锦和规矩纹锦（图版9，1、2）。这些都出于7世纪的墓中。这时期中也发现了一些带有典型的波斯萨珊朝式纹锦的中国丝织品以及一些可能是波斯或中亚的丝织品。这里发现的各种丝织品很多，现正在研究中①。我们这里举一两件加以描述和分析，以为例子。

一件"球路对马"纹的织锦，是该地302号墓中出土的。原来同样花纹的有二件（但织法不同），分别作为女尸的覆面和胸饰。墓中有永徽四年（653年）墓志，可以确定织物的年代②。斯坦因从前在这墓地中IX·3号墓内，也曾发现同样花纹的"球路对马"锦，是作为尸首覆面之用。那一墓也有墓志，系延寿五年（625年），比我们这302号墓早28年③。我们这件标本，橙黄色地，以深蓝、草绿和白色（微带粉红色）三色作为花纹。织法仍是汉代经线起花的三色织锦法，但是花纹的位置对于经线的方向而言，却作了九十度的倒转；使人容易误认为纬线起花。经线也是分区的，每区中除了橙、白二色之外，或是深蓝，或是浅绿，仍是只有三色。依照我所得的照片（比例约9/10）来算，每区阔度约0.9～5.4厘米不等。花纹循环中，纬线循环7.5厘米，经线循环（如果是二个连珠圈的循环）当在18厘米左右。经线密度正

---

① 武敏：《新疆出土汉－唐丝织品初探》，第65～69页。故宫博物院魏松卿同志也曾赴新疆对实物作研究。

② 《文物》1960年第6期，第16～17页、第18页；这两件花纹虽同，而织法异。其中一件系"二枚经斜纹"，即武敏文中织锦第二二号，图见《文物》1960年第6期，第2页图一；另一件是"经畦纹"。

③ 斯坦因：《亚洲腹地》，第666、677、第708页，图版LXXX（标本号 Ast. ix. 3.02）。

面每厘米显露约 54 根，三组经线共达 162 根左右。纬线每厘米约 32 至 34 根。一个纬线循环须要约 240（32×7.5）根纬线。因为是两半对称的花纹，所以纬线循环只需要一半纬线（即 120 根左右），另一半可用同样的综，只要颠倒它们提升的顺序，便可织成整个循环。梭口一半是用交织综框二片，另一半是提花综若干片，总数只要 60 综左右便够了。

它的花纹图样，主要的是由两横列的圆圈组成。圆圈的边圈色蓝或绿，边宽约 0.8~0.9 厘米，边上布满 16 个白色的圆球。这种以联珠组成边圈的圆饰（Medallion with Pearl-border），是波斯萨珊朝的常见的图案。元人陶宗仪《辍耕录》说，唐宋书画所用锦褾，名目中有 "毯路" 纹，当即指此①。圆圈中是白身深蓝轮廓线的对马纹，但两组的马纹和陪衬的花纹都不相同。上面一横列各圆圈中的对马，马有翅膀，当为 "天马"。昂颈相对，一前足向上腾起，作疾步前行的姿态。马颈上有一对向后飘的绶带，四足也都扎缚有绶带。这种颈和足有绶带的天马，在埃及安丁诺（Antinoe）的 6 至 7 世纪的丝织物上也有发现，一般认为是受波斯的影响②。马头以上的空白处，有一对蝴蝶结状物和两朵六瓣梅花纹。马脚以下是一组蓝色和绿色的花卉图案，由中央一个莲蓬形物，下垂三瓣莲花和两侧蔓生的卷叶组成的。下一横列各圆圈中的对马，俯首作食草的姿态，肩上也有翅膀。但颈部和四足没有绶带。两马中间有一竖直的树干，到马背以上分枝，有七丛绿色树叶，分为二列，上三下四。马脚以下是几朵仰着的莲花纹，白地深蓝色轮廓线。每两个毗连的圆饰之间，都以一朵八瓣的梅花纹相连。四个圆饰之间的空隙处，有四朵绿色或蓝色的忍冬花纹，由一个六点组成的中心，向四面射出。这些花卉图案，有的也是受了外来的影响。斯坦因所发现的那件花纹完全相同的唐锦，也说是 "经畦纹" 组织（"warp-rib" weave）。这

---

① 陶宗仪：《辍耕录》卷二三，书画褾轴条。元费著《蜀锦谱》中也有 "真红雪花球路锦"（宛委山房本《说郛》卷九八）。
② O. V. 发尔克（Falke）：《丝织艺术史》，1921 年第二版，图二三、图二四；第 5 页。

件大概是中国织工采用西方图案在中国织制的。这使人想起了清代为了出口而制绘"洋彩"的瓷器①。

我们这次在同一墓（302 号）中所得另一件花纹几乎相同的彩锦，却是采用另一种织法的（图版 10）。据武敏同志的观察，这是一种提二枚压一枚的夹纬的经斜纹织物②。依照片观察，经线密度每厘米表面显露约 54 根，夹纬和交织纬各约 17 根（共 34 根纬）。这件花纹仅有一种对马纹，即昂颈相向的一对，却没有俯首向地的一对。因之花纹循环中，纬线循环仍是 7.5 厘米，但经线循环仅有 9 厘米左右。武敏文中附有经斜纹织纹结构图和切面图，但未作进一步的分析（可参阅本文图 14）。

最后，我想谈谈纬锦的问题。在罗马晚期和波斯萨珊朝时，西亚和中亚的织锦是纬锦，不是经锦，因为西亚的纺织传统是用纬线起花的。这种纬锦，经线有交织经和夹经（即暗经），正好像汉锦有交织纬和夹纬。夹纬不起交织作用，只是为了提花。地中海沿岸各国的纬锦中这种夹经是单线的，但是波斯是用双线，甚至于有三线的③。这种纬锦最初也是平纹的"重组织"，如果没有幅边，很容易被误认为与汉锦相同的经锦。西尔凡曾指出斯坦因和安德鲁斯便曾将罗布淖尔楼兰故址出土的二件平纹纬锦（L. M. 1.06 和 I. ii. 05）和阿斯塔那出土的 6 世纪的墓中一件平纹纬锦，都误认为平纹经锦（"经畦纹"）；其中阿斯塔那的一件（Ast. vi，I. 03），仍保存有幅边，可以看出确是平纹纬锦④。

---

① 补注：古代中国织工采用中亚或近东的图案，最好的例子是 1964 年阿斯塔那 18 号墓中出土的一件锦覆面。花纹是图饰中牵驼图，但织有汉字"胡王"二字。这墓的年代，根据墓志应是公元 589 年。锦是以平织为地，经线起花。见《新疆出土文物》，第 53 页，图八二，文物出版社，1975，和《文物》1973 年第 10 期，第 16 页，又图版一，2（《新疆出土文物》中误以为 1962 年出土）。

② 《文物》1960 年第 6 期，第 2 页图一；也即武敏《新疆出土汉—唐丝织品初探》文中第二二号标本彩锦。组织图见武敏文中第 66 页图三。图中切面图的表、里二经交换位置时，黑色经线有时在白色经线的左侧，有时在右侧，似乎不合实际情况。

③ 西尔凡：《额济纳河和罗布淖尔出土的丝织物研究》，1949，第 147 页。

④ 西尔凡：《额济纳河和罗布淖尔出土的丝织物研究》，1949，第 150 页，图九八。

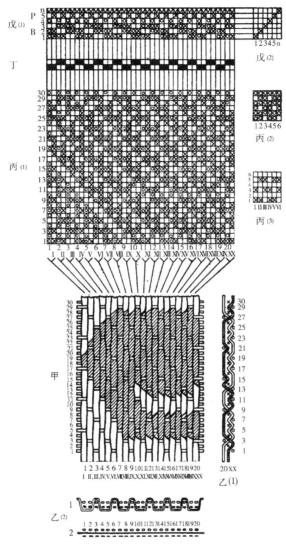

图 14　重组织斜纹经锦的织造图

　　说明（参阅图 2 和图 9 的说明）：甲——结构图；乙（1）——纵切面图（○为交织纬，×为夹纬）；乙（2）——横切面图（1 为交织纬，2 为夹纬）；丙（1）——组织图（1～20 为白色经线，Ⅰ～ⅩⅩ 为黑色经线）；丙（2）——底纹部分的表经的基础组织（5/1 ↗斜纹组织，飞数为 2）；丙（3）——底纹部分的里经的基础组织（11/12↗斜纹组织，飞数为 2）；丁——穿筘图；戊（1）——一种可能的穿综图（B，即 1、2、3，为交织综；P，即 4、5、n，为提花综；V 代表可能有关的经线）；戊（2）——提综图。

　　我们知道，西亚古代的织物原料，主要是亚麻和羊毛。彩色织物因为亚麻不易染色，所以基本上是使用羊毛。羊毛纤维短，必须拈成毛线，而毛线易于纠缠和松散，所以用它作经线，密度需要疏朗，而又须要拉紧。毛线的纬线拈得须较松，以便具有较大程度的屈曲，以绕着张得很紧的经线；并且纬线要以筘或刀打得较为紧密。这样便呈现纬面凸纹。如有花纹，它们也是纬线起花。我国古代高级织物使用丝线。丝线不但很长（缫丝可长达800～1000米）[1]，而且强韧光滑；所以在织机上经线虽很紧密，也不会纠缠，而且可用弱拈或不加拈的丝线作为经线，强韧均匀，是最好的经线材料。这样，我国的丝织物经线紧密，而纬线较疏而不显露，所以是经面组织。如有花纹，也是采取经线显花的方法。这是纺织技术上两种不同的传统[2]。后来西方也采取了我国的丝作为原料，也采用了简单的提花机，并且还有以汉锦的平纹"重组织"法织制的。但是由于传统习惯的关系，也由于未能彻底了解丝的性能的关系，他们对于丝经线常加紧拈，不像我国古代一般织锦以不加拈的或弱拈的丝作为经线。他们仍保留传统的纬线显花法，将汉锦的经纬关系颠倒过来。最初仍是平纹的纬锦，后来才有了斜纹的纬锦。

　　斜纹组织是中亚及西亚的纺织技术的另一个特点。他们虽然也用平纹组织，但较早采用斜纹组织。最初用手提经织制时，斜纹组织的长浮线较多，交织点较少，提经较少，可以省事一些。后来用综框，要比平纹组织至少要多用一综框。斜纹的毛织物，在新疆曾发现于东汉时的遗址中[3]。在叙利亚的帕尔米拉，曾发现第3世纪纬面的斜纹毛织物，并且当时似乎已有三片综框的斜纹的织机。后来更有了斜纹的提花机。福贝斯以为前者可能起源于叙利亚，后者起源于波斯[4]。至于我国，在隋

---

① 西尔凡：《殷代丝织物》，《远东博物馆馆刊》第9卷，1937，第123页。
② 卫礼泽：《中国艺术》，1958，第226～229页。
③ 斯坦因：《塞林提亚》（*Serindia*），第547页，图片XIVIII（M.X.002a）。
④ 福贝斯：《古代技术研究》第4卷（1956），第208、213页。

唐以前虽已有以经浮线作斜纹显花的，但织物的基本组织仍是平纹组织，只是平纹的一种变化组织。中亚和西亚的纬锦，最初是仿照我们的平纹组织，后来参照平纹织锦，加以变化，才发展为斜纹组织的织锦[①]。

　　按安德鲁斯和阿克曼的研究，斯坦因在阿斯塔那6至8世纪的古墓中所发现的许多波斯式的织锦，便是纬线起花的斜纹"重组织"的织锦[②]。图15便是这种织锦组织的一个例子。纬线依颜色的多少要有两组或两组以上不同颜色的纬线。织机旁须有一个小箱或盒子，以放置缠有单一的某一种颜色丝纬的各梭子。纬线中一组作表纬，其他组作为里纬。经线只有一色，一般是隐藏在纬线下不显露，但要分为交织经和夹经。表、里两纬采用不同的组织，在我们的图中，地纹部分表纬为1/5↗缎纹（实则缎纹只是斜纹的一变种，又如仅计算交织经，则为1/2斜纹）的纬面组织；为了使里纬不露于织物表面，里纬一般用经面组织，我们例子的里纬是3/1、1/1的复合斜纹。这二者分别作为表、里两纬的基础组织［图15，丙（2）、丙（3）］，二者的排列比为1:1，构成重纬组织图如丙1。我们的例子是"纬二重织物"，以黑、白二色纬线织成，组织图中梭口1～4是白色作为表纬，若将表、里两纬交换，白纬用经面组织，黑纬用纬面，使黑线具有比白色更长的纬浮线，则这长浮线升到织物的表面，遮盖住白线，织物这一部分便显呈黑色如图中梭口8～10。为了织成花纹，有时每一副的表里纬中只有一部分上下交换如图中梭口5～7，这样便呈现各种不同的花纹。

　　———————————

① P. 阿克曼（Ackerman）：《波斯纺织技术》，见 A. U. 波普（Pope）主编《波斯艺术综览》（*Survey of Persian Art*）3 卷（1939），第 702～714 页、第 2183～2184 页。又参阅法拉内干，前引文。

② P. 阿克曼：《波斯纺织技术》，第 702～704 页、第 714、2184 页，图七〇三；斯坦因：《亚洲腹地》，Pl. LXXVI。又太田英藏《"天工开物"中的机织技术》，见《天工开物研究论文集》中译本，1959，第 110～111 页，图三。参考苏州丝绸工业专科学校编《织物组织教材》第五章第二节重纬组织，1960。

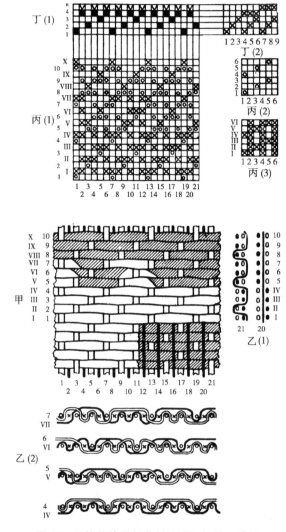

图 15　织锦的纬线起花斜纹重组织的织造图

说明（参阅图2和图9的说明）：甲——结构图（右下角切除去表纬，以揭露12、14等夹经、13、15等交织经、和里纬的关系；1~10为白色纬线，I~X为黑色纬线）；乙(1)——纵切面图（第20道经线是夹经，第21道经线是交织经）；乙(2)——横切面图（小圆圈为交织经，×为夹经）；丙(1)——重纬组织图（小圆圈代表浮于白纬之上的经线，×代表浮于黑纬之上的经线）；丙(2)——地纹部分的里纬的基本组织；丙(3)——地纹部分的表纬的基本组织；丁(1)——穿综图（1~3横行代表斜纹织机的交织综，4~n横行代表提花综）；丁(2)——提综图（相当于近代织机的"纹板图"）。

穿综的办法，交织经是依照1/2↗斜纹组织的穿法，即提一根压二根的纬斜纹，一共有三片交织综框［图15，丁（1）之1～3］。夹经是依照图案花纹的需要而决定提花综的数量和各综的穿法。我们图中表示一个可能的穿提花综法，其中一综可以提升全部的夹经（图中第四综），其余的综（n综）依照花纹决定如何穿法。提综的方法，在我们的提综图中，如图15丁（2），除了专提交织综的第1至3等提之外，有第4至6等三提将三个交织综（第1～3综）分别和第4综一同提起，此外则有7～9提等，将三个交织综与分别第n综一同提起。提综的顺序，在我们的图中表、里纬的排列比是1:1，所以投入每一副表、里纬时，必有一次是提升管辖交织综的1～3之一，另一次是提升兼管提花综和交织综的4～9中之一［图15，丁（2）］。我们图［图15，丙（1）］中提法的顺序，依照提综图［丁（2）］的号码，应该是（1，4），（2，5），（3，6），（1，4），$(2+n_1, 8)$，$(3+n_1, 9)$，$(1+n_1, 7)$，（5，2），（6，3），（4，1）。每一括弧中代表一副表、里纬，即1～I至10～X。每一括弧内所提升的经线，都是有一次和交织综1～3中之一有关，另一次和兼管提花综和交织综的4～9中（即n）之一有关。

据阿克曼的研究，斯坦因所发掘的阿斯塔那墓地出土的猪头纹锦（Ast. i. 6. 01）和颈有绥带的立鸟纹锦（Ast. vii. 1. 01）等都是这种织法的斜纹纬锦，并且说它们可能是萨珊朝波斯东部即中亚地方所织制的[1]。我们这次在阿斯塔那的发掘中，在325号墓（661）的出土物中，也有猪头纹锦（图版11，2）；在332号墓（665）也出土有颈绕绥带的立鸟纹锦（图版11，1）[2]。这些织锦的花纹图案自成一组，不仅与汉锦不同，便和隋唐时一般中国织锦也大不相同，但是和中亚和西亚的图案花纹几乎完全相同。例如猪头纹锦，在阿富汗巴米扬的壁画中，便有这

---

[1]　阿克曼：《波斯纺织技术》，第706～714页。

[2]　武敏：《新疆出土汉－唐丝织品初探》，第67、第74页，标本号：织锦二六号、三二号；第7页，图五、六。

图案；在苏联乌孜别克的巴拉雷克—节彼遗址（公元5至6世纪）的壁画中，一个伊朗人类型面貌的人物，便穿有满布猪头纹织锦的翻领外衣（图16）[①]。颈有绶带的立鸟纹，也和我国旧有的鸾鸟或朱鸟纹不同。它的颈后有二绶带向后飘飞，口衔有一串项链形物，下垂三珠。颈部和翅膀上都有一列联珠纹。这些都是所谓萨珊式立鸟纹的特征。新疆拜城克孜尔石窟的壁画上（图17），以及波斯萨珊朝银器刻纹上，都有具有这些特征的立鸟纹[②]。这些动物纹，一般都围绕以联珠缀成的圆圈（即所谓"球路"纹）中，这也是萨珊式花纹的特点。

图16　乌孜别克斯坦的巴拉雷克－节彼遗址壁画中的锦衣

（依据阿尔拜姆）

① 阿尔拜姆（Л. И. Алъбаум）：《巴拉雷克－节彼（Балалык－Tепе）》（俄文版），第145、182～183页，图一〇八、图版一〇九、图版一三五，塔什干，1960。
② 普菲斯特：《萨珊式鸡纹》（法文），《亚洲美术评论》（*Revue des Arts Asiatiques*）第13卷第1期（1939～1942），第28～33页。

图 17　新疆拜城克孜尔石窟壁画中的鸟纹图案（依据勒可克）

　　不仅花纹方面如此，便在纺织技术上，它们也自成一组。它们所用的丝线，都加拈得较紧，不像汉锦的丝线多不加拈或加拈也很松。它们的织法，都是采用斜纹的重组织。经纬线的密度较疏朗。"重组织"的夹线（夹经或夹纬），常是双线的。此外，据我所知道的，前人研究的结果，都认为这一组的斜纹重组织的织锦是"纬锦"，不是"经锦"。武敏文中独提出异议，以为这一组也和其他的平纹"重组织"的汉唐织锦一样是"经锦"。我曾承武敏同志寄来一张带有毛边的"大鹿纹锦"相片（似系 334 号墓出土的），武敏认为这"毛边"是轴头，因之以为是经锦。但我细察照片，并和一些纬锦相比较，似乎实属幅边，因之这织物似是纬锦。这是一个重要问题，希望能早日加以解决（补记：我曾与现已去世的故宫博物院魏松卿同志讨论过这个问题。魏同志曾专门为了鉴定吐鲁番这批丝织物去过新疆。他也认为这种萨珊式花纹的织锦是纬锦，不是经锦。可以说和我在前面所说的意见，不约而同）。

　　纬锦较经锦的优越点是：①经锦靠经线起花，经线固定于织机上后，便难加改动。纬锦靠纬线起花，织制过程中随时可以改用不同颜色的纬线。②经锦如果一副的表、里经包括不同颜色的经线过多，密则易于纠缠，疏则表经只一根，里经占地位过广，不仅使织物太松，并且使花纹的颜色和轮廓线受影响。纬锦的每副的表、里纬虽包括不同颜色的纬线很多，因为它不必像经线那样先行安排于织机上，可以逐一穿入梭口，穿入后又可用筘打紧，所以既不会纠缠，也不会过疏。③各种颜色的经线，在经锦中因为表经和里经的屈曲度和长度的不同，常发生某种颜色的经线比别的先行使用完罄。如设计花纹及上经线时没有计算好，织到末尾时会发生困难。纬锦便没有这困难。唐代起，我国的织锦逐渐采用了纬锦的方法，后来几乎完全放弃经锦，专用纬锦，每幅中各区的配色也增加了颜色，不像汉锦限于四色以下。至于斜纹（包括锻纹）组织的优点，因为它们有长浮线，织物表面布满浮线，能充分显示丝线的光泽。所以后来我国花绫也采用斜纹组织。

总之，我国古代劳动人民首先发明了缫丝为织物原料，后来根据丝线的特点，在纺织技术上有了许多创造发明，在织物图案上也表现了高度的艺术水平。这些成就经过"丝路"传到西方，促进了西方在纺织技术上的发展，后来我们还吸收了西方纺织技术上的优点，也采用了西方一些美术图案，这使我国的丝织物更臻完美。新疆最近发现的丝织品，为我们研究纺织技术发展史以及古代中国与西方的文化交流和贸易往来，提供了新的资料。这是很可珍视的新发现。

图版 1 尼雅出土的汉代菱纹绮（约放大 5 倍）

图版 2　尼雅出土东汉"延年益寿大宜子孙"锦

（1959 年新疆民丰县北大沙漠东汉墓出土，1/2）

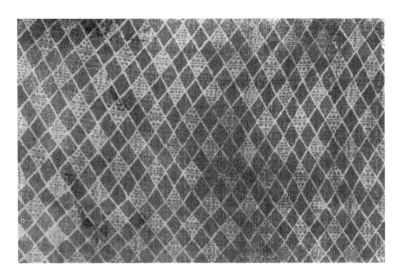

1. 东汉斜方格纹绵

2. 东汉 "万世如意" 锦

图版 3　尼雅出土东汉织绵

（1959 年新疆民丰县北大沙漠东汉墓出土，3/4）

1. 东汉刺绣之一

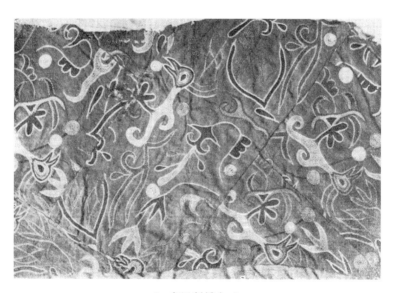

2. 东汉刺绣之二

图版 4　尼雅出土的东汉刺绣

（1959 年新疆民丰县北大沙漠东汉墓出土，比原大稍小）

图版 5　尼雅出土东汉绣花绸镜袋

（1959 年新疆民丰县北大沙漠东汉墓出土，3/5）

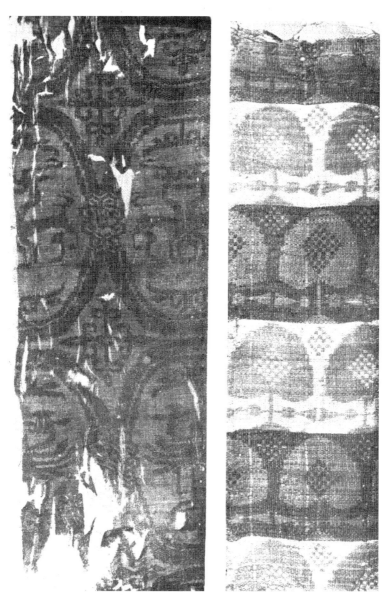

图版 6　吐鲁番出土 6 世纪丝织物

1. 鸟兽纹绮（约原大）　　2. 树纹锦之二（约原大）

［1959 年新疆吐鲁番阿斯塔那北区 303 号墓出土，同出高昌和平元年（公元 551 年）墓志］

1   2

图版7   吐鲁番出土6世纪织锦

　　1. 鸟兽纹锦之一（1959年新疆吐鲁番阿斯塔那北区306号墓出土，2/3）［该墓出高昌章和十一年（公元541年）字纸］

　　2. 鸟兽纹锦之二（1959任何新疆吐鲁番阿斯塔那北区303号墓出土，2/3）［该墓出高昌和平元年（公元551年）墓志］

图版 8　吐鲁番出土小团花锦

（1959 年新疆吐鲁番阿塔那北区 302 号墓出土，约 1/2）　［该墓出唐永徽四年
（公元 653 年）墓志］

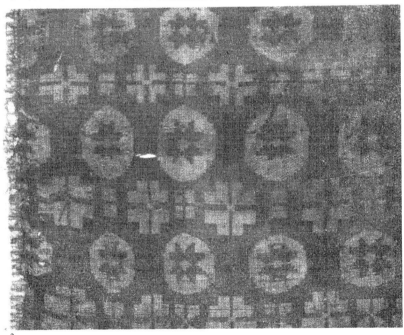

图版 9　吐鲁番出土初唐织锦

1. 菱花锦（原大）　　2. 规矩纹锦（较原大稍小）

（1959 年新疆吐鲁番阿斯塔那北区 301 号墓出土）〔该墓出唐贞观十七年（公元 643 年）契约〕

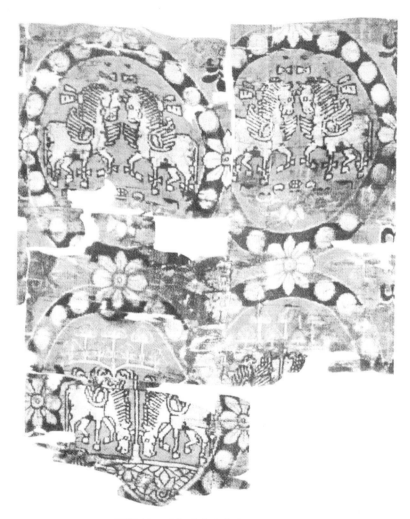

图版 10　吐鲁番出土唐代对马纹锦

（1959 年新疆吐鲁番阿斯塔那 302 号墓出土，系经斜纹织锦）［该墓出土永徽四年（公元 653 年）墓志］

图版 11　吐鲁番出土唐代纬锦

1. 鸾鸟纹锦（阿斯塔那 322 号墓出土）　　2. 猪头纹锦（阿斯塔那 325 号墓出土，唐显庆六年）

我国古代蚕、桑、丝、绸的历史[*]

伟大领袖毛主席指出："中国是世界文明发达最早的国家之一。"在世界文明发展史上，我国人民的许多发明，曾经占有很重要的地位。就纺织技术来说，我国是世界上最早饲养家蚕（Bombyx mori）和织造丝绸的国家，并且在一个相当长的时期内是唯一的这样一个国家。在这篇文章里，我们将根据考古资料和有关的历史文献，讨论汉代和汉代以前我国蚕、桑、丝、绸的历史，说明我国古代劳动人民对人类文明的这一伟大贡献。

一

我们知道，蚕丝是由丝纤维（Fibroin）和丝胶（Sericin）组成的。丝纤维占总重量的 70% 以上，丝胶则仅占 25% 左右，丝胶包围在丝纤维的外面，可用沸汤或碱性溶液加以清除。没有清除丝胶的被称为

* 本文原载《考古》1972 年第 2 期，后加补注收入《考古学和科技史》一书（科学出版社，1979）。收入本文集时，依作者自存校正本加"再补注"。

"生丝"，清除后的被称为"熟丝"。蚕丝作为织物的原料，它的优质是基于丝纤维的下列特点：①纤维长，可达800～1000米[1]。所以，它同麻、毛、棉等短纤维不同，不需要纺拈成纱。只有已出蚕蛾的破茧和残丝，才需要纺拈；但是，这种纺拈而成的纱，不仅线条不匀，而且丝线的光泽、韧性和弹性也要差得多。②韧性大，即抗张强度高。据科学测定，丝纤维的抗张强度为每平方毫米 35～44 公斤，与钢丝的每平方毫米 50～100 公斤的下界限，很相接近；而比较棉质纤维的抗张强度（每平方毫米 28～44 公斤）为优[2]。③弹性好。丝纤维拉长1%～2%，放松后仍能恢复原状；要拉长到超过本身的 20%，才会被拉断[3]。《天工开物·乃服第二》说："即接断，就丝一扯，即长数寸，打结之后，依还原度。此丝本质自具之妙也。"便是指蚕丝的弹性这一优点。

蚕丝的质量，包括它的韧性、弹性和纤维细度，主要依靠养蚕技术的改进，例如饲料的精选和加工、看护工作的细致等。我国古代的劳动人民在生产实践中，不但很早就发明了养蚕，而且逐步掌握了家蚕的生活规律，不断地改进养殖条件，以提高蚕丝生产的数量和质量；同时更发明了缫丝技术，这样就使茧子不致因蚕蛾钻穿而破损，因而能够获得长纤维的丝。缫丝技术是我们祖先的一个创造性的发明，在上古时期我国是唯一掌握这种技术的国家，汉代以后又传到国外。

蚕丝又有光泽新鲜、触手柔软、容易染色等特点，使它成为高级织物的好原料。织工们发挥他们的创造才能，多方设法改进织法和织机，使这种高级织物更为华丽美观。由于丝线是坚韧而有弹性的长纤维，尤

---

[1] 这数字依西尔凡《殷代丝织物》,《远东博物馆馆刊》第 9 期（1937），第 123 页。《英国百科全书》（1964 年出版）以为丝的长度是 500～1200 米（卷 20，第 665 页）。二者都指除去首尾后剩下可缫的部分。

[2] 《英汉化学辞典》，中国工业出版社，1964，第 1098 页。

[3] 卫礼泽：《中国艺术》（英文版），1958，第 225～226 页。

其是表面的丝胶未被除去以前，韧性和弹力更强，最适合于用作织造时常受摩擦的经线。今日我国"线绨"一般是用丝线为经、棉线为纬的。我国古代的织工，特别重视丝线这种优级的经线，使织物的经线较纬线为密。在织成的织物面上，纬线很少显露，平纹织物用经线显示畦纹，斜纹织物用经线作表面浮线，提花织物也用经线显花。又由于丝线是长纤维，而且有丝胶使之粘附，一般不用纺拈，所以织成后斜纹或提花的浮线都易于散开，尤其是涑帛以除去丝胶之后更是如此，花纹柔和而又丰满。

我国古代发明蚕丝生产技术的确切年代，目前我们虽然还无法确定，但至迟在殷商时代，我国劳动人民已充分利用蚕丝的优点，并且改进了织机，发明了提花装置，能够用蚕丝织成精美的丝绸。

古文字学方面的材料中，甲骨文有一个近似蚕形的象形字 𧖴，有人释为"蚕"字，也有人比较审慎地释为"虫字的初形"。甲骨文中又有"丝"和"糸"两个象形字，以及用"糸"字作偏旁的好几个形声字；还有"帛"字和"桑"字①。但是，这里的"丝"字，作两条由纤维扭成的线形，是否像后世那样专指蚕丝，尚难确定。至于以"糸"为偏旁的形声字，即便在后世，有许多也只是指与纺织有关的事物或活动，并不一定和蚕丝有关。而从"巾"、"白"声的"帛"字，甲骨文中仅一见，是地名，与后世作缯绢解者不同。甲骨文中的"桑"字，也多作为地名。

殷商时代蚕丝生产的情况，幸而有考古学方面的证据，可以得出明确的结论。殷代青铜器的花纹中有"蚕纹"，形象是"身屈曲蠕动若

---

① 孙海波：《甲骨文编》（1964 年增订本），第 876 页，共收入 11 文，以为"疑虫字初形"。但丁山、闻一多等释为"蚕"字。"丝"、"糸"等字，见同书第 505～507 页；"帛"见第 336 页；"桑"见第 269 页。"桑""蚕"二字同在一句的唯一的一片（《铁》：185.3）原物"桑"字很是模糊不清楚，审慎的研究者多加阙疑不释。补注：参阅胡厚宣《殷代的蚕桑和丝织》，见《文物》1972 年第 11 期。

蚕"①。殷墓中发现的玉饰中又有雕琢成形态逼肖的玉蚕②。更重要的是一些由于粘附于铜器受到铜锈渗透而保存下来的丝绸残片。经过研究，其中有的是采用高级纺织技术织成的菱形花纹的暗花绸（即绮，本文以下皆称之为"绮"或"文绮"）和绚丽的刺绣③。根据这些考古材料所反映的殷代丝织技术的成熟程度而言，在它以前应该有一段发展过程，可惜我们对于这段历史还没有找到任何物证。

关于殷商以前育蚕织绸的历史，不但没有什么实物证据，而且也没有可靠的文献记载，只有后世才出现的某些传说。最通行的传说是：黄帝元妃嫘祖（西陵氏的女儿）始教民育蚕，治丝茧以供衣服。但是，在汉代和汉代以前的文献记载中，都找不到这种传说的痕迹。宋人罗泌《路史》引《淮南王蚕经》说："西陵氏劝蚕稼，亲蚕始此。"但这部《蚕经》是北宋初年伪托的书，与汉代的淮南王无关④。《史记·五帝本纪》和稍早的《大戴礼·帝系篇》，都只提到黄帝元妃西陵氏女嫘祖，没有说她和发明育蚕有关。《汉旧仪》（据《后汉书·礼仪志》刘昭注引）"今蚕神曰菀窳妇人、寓氏公主，凡二神"，也没有提到西陵氏。到南北朝后期，北齐（550～580年）忽以太牢祠先蚕黄帝轩辕氏，北周（557～581年）则以太牢祭先蚕西陵氏（见《隋书·礼仪志二》）。这大概由于传说黄帝创造发明了许多事物，便把育蚕也归到他的身上，后来觉得这本是妇女的工作，所以又改祀黄帝元妃西陵氏为蚕神。自此以后，蚕神也就成为西陵氏的专利品了。宋元时代的历史家，也把嫘祖

---

① 容庚：《商周彝器通考》（1941），第116～117页。
② 例如1953年安阳殷墓发现的玉蚕，见《考古学报》（1955）第9册，第55页，图版一七，7。前闻最近在山东益都苏埠屯的殷墓中也发现玉蚕，后见《文化大革命期间出土文物》第一辑的图（第124页），是幼蝉而非蚕。
③ 例如1950年安阳殷墓铜戈上有细绢，见《考古学报》（1951）第5册，第19页。殷代丝绸和刺绣的研究，见《远东博物馆馆刊》第9期（1937），第119～126页。
④ 参阅王毓瑚《中国农学书录》（1964），第53页，《淮南王养蚕经》条。按《授时通考》（1956年中华版）卷七二，所引《淮南子》第4条"蚕经云：黄帝元妃西陵氏始蚕……"（第1647页），不见于《淮南子》，当亦引自伪托的《淮南王养蚕经》。

作为"始教民育蚕，治丝茧以供衣服"的发明家写入史册①。实际上，育蚕治丝这项伟大的发明，是劳动人民在长期的生产实践中不断积累经验所创造的。

有关的原始社会考古材料，主要有西阴村和钱山漾的发现。1926年在山西夏县西阴村发掘的仰韶文化遗址，据说发现了一个"半割"的蚕茧，"那割的部分是极平直"②，后来有许多人便认为这证明当时已有了养蚕业。其实，这个发现是很靠不住的，大概是后世混入的东西。根据我们的发掘经验，在华北黄土地带新石器时代遗址的文化层中，蚕丝这种质料的东西是不可能保存得那么完好的；而新石器时代又有什么锋利的刃器可以剪割或切割蚕茧，并且使之有"极平直"的边缘呢？如果说是蚕蛾钻穿所致，但蚕蛾钻出前要分泌一种淡黄色的液体以溶解丝胶，茧上留有痕迹，极易识别，也不会形成"极平直"的割痕。因此，我们不能根据这个靠不住的"孤证"来断定仰韶文化已有养蚕业。1958年在浙江吴兴钱山漾发掘的新石器时代遗址，发现了一批盛在竹筐中的丝织品，包括绢片、丝带和丝线等③。经鉴定，原料是家蚕丝，绢片是平纹组织，经纬密度每平方厘米48根。这遗址紧靠河流，文化层深处低于水平面，夹杂有断断续续的灰白色淤土，所以动、植物纤维容易保存。但是，浙江地区的古代文化落后于中原，钱山漾遗址属于良渚文化，它的年代可能相当于殷周，虽然其文化性质还呈现着新石器时代的面貌（补记：根据碳十四测定年代，良渚文化的时代约在公元前3300～前2250年，比我们从前所推测的为早。见《考

---

① 例如南宋罗泌《路史》后纪卷五，元人陈子桱《资治通鉴纲目前编外记》卷首。参阅周匡明《嫘祖发明养蚕说考异》，《科学史集刊》第8期（1965），第55～64页。

② 李济：《西阴村史前的遗存》，第22～23页，1927。

③ 钱山漾简报，见《考古学报》1960年第2期，第86、89～90页。补注：根据出土的稻谷的放射性碳素断代钱山漾下层为公元前2750±100年（半衰期5730年）。见《考古》1972年第5期，第57页。有人怀疑钱山漾下层"可能包括不同时代的遗存，甚至可能经过部分扰乱"，见《考古》1972年第6期，第41页。

古》1977 年第 4 期中《碳 – 14 测定年代和中国史前考古学》一文①）。另外，1959 年江苏吴江梅堰遗址出土的黑陶，纹饰有"蚕纹"②，这遗址的黑陶层也属于良渚文化。这花纹形似甲骨文的"蚕"字，但是否是蚕，仍难断言。

即使从殷商时代算起，我国育蚕织绸也已有三千多年的历史了。殷代的丝绸实物经过研究，知道已相当进步，主要有三种织法：①普通的平纹组织。经纬线大致相等，每平方厘米 30 至 50 根。②畦纹的平纹组织。经线比纬线多一倍，每平方厘米细者经 72 根、纬 35 根，粗者经 40 根、纬 17 根，由经线显出畦纹。③文绮。地纹是平纹组织，而花纹是三上一下的斜纹组织，由经线显花。花纹虽是简单的复方格纹，但已需要十几个不同的梭口和十几片综，这便需要有简单的提花装置的织机。三种织物的丝线都是未加绞拈的或拈度极轻的，这表示当时已经知道缫丝，利用蚕丝的长纤维和丝胶本身的粘附力，不加绞拈便可制成丝线，以供织造丝绸之用。这种不加绞拈的丝线，特别适合于刺绣之用，因为绣花后浮出的丝纤维稍为散开，使花纹更为丰满，花纹的轮廓更为柔和。浙江温州地区现在仍称刺绣用的丝线为"散线"，以区别于缝纫衣服用的丝线（"衣线"）。殷代刺绣的实物也有发现，花纹作菱形纹和折角波浪纹，仅花纹线条的边缘使用曾加绞拈的丝线。这些都表明，殷代已经知道利用丝线长纤维这一优点。

二

毛主席指出："人类总得不断地总结经验，有所发现，有所发明，有所创造，有所前进。"殷代以后，我国蚕桑和丝绸的技术继承了过去

---

① 见本书第二册。
② 梅堰简报，见《考古》1963 年第 6 期，第 308 ~ 318 页。

的优秀传统，并且继续有所发展。周代的金文中，有"帛"、"丝"、"糸"和以"糸"为偏旁的字[1]，像甲骨文一样，"糸"部的字不一定和蚕丝有关。《大盂鼎》和《毛公鼎》有"巠"字，郭沫若同志以为是"经"字的初文，"象织机之纵线形"[2]。这表示当时织机的经线上下垂直，两端各有横轴，下轴以绳索悬一三角形或圆锥形物，使经线下垂拉紧，是竖机的一种；但两轴似乎都不能旋转以卷经线或布帛。《克鼎》和《克钟》也有这字，经线笔直而不弯曲，更足以说明其为竖机。古代埃及和希腊罗马也使用竖织机，经线下垂，悬以圆锥形的坠子。周代的文献中，《尚书·禹贡》提到当时生产蚕丝和丝织品的地区[3]；《诗经》、《左传》、《仪礼》等书中很多地方，也提到蚕、桑、蚕丝和丝织品[4]。当时饲养家蚕已有蚕室，具备蚕架（栔或槌）、蚕箔（曲）和受桑器（篿、筐）[5]。丝绸已成为当时统治阶级的主要衣着原料。他们将"治丝茧"看作劳动妇女都应参加的副业生产[6]。同时，他

---

① 容庚：《金文编》（1959年增订本），帛（第438页），丝（第681页），"糸"和从"糸"的字（第669~673页）。

② 郭沫若：《金文余释》中的《释巠》（1952年《金文丛考》本），第182页；容庚：《金文编》（1959），第580页。

③ 《尚书·禹贡》，一般认为是战国时著作。其中记九州土产：青、兖两州有丝，徐、豫、荆三州有丝织品（缟、纩、"玄纁玑组"）。扬州的"织贝"，有人以为便是"贝锦"，但可能是缀贝的织物，不一定是丝织品。

④ 周代文献中提到蚕、桑、丝、绸的例子很多。《诗经》中《豳风·七月》有"蚕月条桑"，《大雅·瞻卬》有"休其蚕织"，《卫风·氓》有"抱布贸丝"，《曹风·鸤鸠》有"其带伊丝"。《左传》中《襄二十九年》季札赠子产以"缟带"，《哀七年》有"束帛"。《公羊传》中《隐元年》也有"束帛"。《周礼》中《天官冢宰》有典丝一职，掌管丝绸的出入，《地官司徒·闾师》有"不蚕者不帛"，《考工记·帻氏》有"涑丝"和"涑帛"。《仪礼》中《聘礼》有"束帛"，"玄纁"，《觐礼》有"束帛"，《士丧礼》和《既夕礼》都有"玄纁"。《礼记》中《檀弓上》有"丝屦组缨"，《王制》有"布帛"。《论语·阳货》有"玉帛"。《尔雅·释虫》有各种蚕茧。《孟子·梁惠王上》有"树之以桑"和"衣帛"。《管子·山权数》有"民之通于蚕桑"。《荀子·赋篇》有"蚕赋"。

⑤ 见《吕氏春秋·季春纪》和《礼记·月令》。

⑥ 《礼记·内则》以为"执麻枲，治丝茧"是一切妇女应该学习的"女事"，《吕氏春秋·上农》也以"麻枲丝茧之功"为"妇教"。

们还假惺惺地叫统治阶级的妇女（王后、诸侯夫人）"亲蚕事"以示范①，像当时封建统治阶级头子每年举行亲耕典礼一样，用以欺骗劳动人民。

当时丝织物有罗、纨、绮、縠、锦、绣等②。其中最可注意的是东周时或西周末出现了"锦"字。《诗经·小雅·巷伯》有"贝锦"，郑玄注："犹女工之集采色以成锦文。"用不同彩色的丝线以织锦，需要采用先进的织法。锦的花纹五色灿烂，所以出现后便被视为一种贵重的高级织物。从前赠送礼物用"束帛"（普通丝绸），东周时常常改用"束锦"③。战国时"锦""绣"二字常连称以代表最美丽的织物，后来"锦绣"作为"美丽"的象征。直到今日，我们还以"锦绣山河"来形容我们祖国的美丽的土地。

实物方面，首先要提到的是五件战国铜器上的采桑图。这些铜器的时代，除钫的时代较晚外，四件壶都是公元前 5 世纪中叶至前 4 世纪的。其中三件的桑树很高，采桑人要攀登树上采桑；其余二件，桑树和

---

① 例如《周礼·天官·内宰》、《谷梁传·桓十四年》、《礼记》中《月令》、《祭义》、《祭统》等篇和《吕氏春秋》中的《季春纪》和《上农》。

② 例如《战国策》中《齐策》（卷一一）有"糅罗纨"，"曳绮縠"，《赵策》（卷一九）、《宋策》（卷三二）都有"锦绣"。

③ 除上条所引《战国策》之外，"锦"字在东周文献中很多，例如《诗经》中《秦风·终南》有"锦衣狐裘"，《唐风·葛生》有"锦衾"，《郑风·丰》有"衣锦"、"裳锦"，《卫风·硕人》也有"衣锦"。《左传》中《闵二年》有"重锦三十两"，《襄十九年》有"束锦"，《襄二十六年》有"馈之锦与马"，《襄三十一年》有学制"美锦"，《昭十三年》有"与一箧锦"又有"杯锦"，《昭二十六年》有"锦二两"，《哀十二年》有"束锦"。《仪礼·公食大夫》也有"束锦"。《礼记》中《玉藻》有"缁布衣锦缘、锦绅"和"锦束发"，"狐白裘锦衣"，和"锦衣狐裘"，《丧大记》有"锦衾"，《丧服大记》有"锦冒（帽）"，《王制》有"锦文珠玉"。《周礼·秋官·小行人》有"璧以帛，琮以锦"。《论语·阳货》有"衣夫锦"。《墨子》中《辞过》和《公输》都有"锦绣"。《荀子·赋篇》有"杂布与锦"。《吕氏春秋·慎大览·贵因篇》（卷一五）有"锦衣"。但是有人根据《说苑·反质篇》引墨子语，以为商纣时已有锦。实则"锦绣"乃战国时常用语，以指高级丝织品。商殷未见有织锦的证据。

采桑人等高[1]。如果绘者是依照实物的比例，那么后二件表示当时已能培养出一种低矮的桑树，即后世所谓"地桑"或"鲁桑"。这种"地桑"不但低矮便利于摘采，并且叶多而嫩润，营养价值高，宜于饲蚕。我们在《左传·僖二十三年》中读到晋文公在齐国时和从者谋于桑下，"蚕妾"采桑于树上而没有被晋文公等所发觉。这段故事表示当时（公元前636年）在蚕桑事业最发达的齐国，似乎还没有"地桑"，桑树都长得很高大，采桑须登树上。只有好的饲料，才能生产优质的蚕丝。故宫所藏采桑猎壶，桑枝悬挂一筐，树下采桑人也手携一筐，使人想起《诗·豳风·七月》"女执懿筐，遵彼微行，爰求柔桑"的诗句（图1）。

图1　战国铜器上的采桑图

1. 故宫藏宴乐射猎采桑纹铜壶　　2. 辉县琉璃阁出土采桑纹铜壶盖

在考古发现方面，我们还曾在西周和春秋的墓葬中发现过玉蚕，即雕刻成蚕形的玉饰[2]。虽然后世文献如《三辅故事》、《述异志》、《括

① 前三件中，采桑猎壶和采桑猎钫（故宫藏品），见徐中舒《古代狩猎图像考》（史语所集刊外编第一种：《庆祝蔡元培先生六十五岁论文集》，下册，1935）图版二、图版三，宴乐射猎采桑纹壶（故宫藏品），见杨宗荣《战国绘画资料》（1957）图20。后二件都是壶盖，见郭宝钧《山彪镇与琉璃阁》（1959），第68页，图版壹零肆，2，和梅原末治《战国式铜器的研究》（1936，日文），图版玖叁。

② 西周墓出土的玉蚕，见《沣西发掘报告》（1962），第126页，图版捌伍，10；西周卫墓出土的，见郭宝钧《浚县辛村》（1964），第64页，图版壹零贰，3和10；春秋墓出土的，见《上村岭虢国墓地》（1959），第22页。

地志》等书，曾提到春秋至秦朝的古墓有金蚕①；但是这些都是出于两晋南北朝时述异志怪的"小说家言"，似难凭信。金蚕实物，在宋代便有出土（见宋人楼钥《攻媿集》卷七五，《跋赵明可家藏三物记》）。近代公私收藏家也有收藏古代金蚕的②，但是观察它们的形状，似乎都是汉魏南北朝时物。我们在考古发掘中还没有发现过。

更重要的是，我们发现过周代丝绸的实物。解放以来，好几处的楚墓中都曾发现了丝织物：①1957 年发掘的河南信阳楚墓。这墓的出土物《图录》中，图 170、图 171 似乎是织有菱形花纹的文绮；图 173 ~ 图 174 是方目纱。《图录》的说明很简单："丝织品的织法，与现在常见的棉织品相同，不过经线较粗而纬线较细。"③ ②1965 年发掘的湖北江陵望山的两座楚墓。一号墓有"提花丝帛"和"绫"，二号墓有刺绣、木俑的绢衣和丝质假发④。细观插图，"提花丝帛"似乎是文绮，刺绣是用丝线在绢上绣出一个包着四组卷曲纹的长方形花纹。所谓"绫"不知道是否系斜纹组织？有否花纹？③湖南长沙楚墓。解放以前，长沙楚墓曾出过"缯书"、"帛画"和其他丝织物⑤。解放以后，长沙的重要发现有下列几批：1952 年五里牌 406 号墓，出土有残绢片（其中一片上有绣花），文绮（褐紫色，有菱形花纹），丝带（一件紫褐色地，有菱形花纹和犬齿纹，宽 1.4 厘米；一件用黑、褐二色丝织成，褐地，有黑斑节纹，宽 1 厘米），丝织网络（罗？），丝绵被⑥。1954 年

---

① 《括地志》说，晋永嘉中发齐桓公墓，有"金蚕数十薄"（张守节《史记正义》卷三二引）。《述异记》说：吴王阖闾夫人墓中有"金蚕玉燕各千余双"（《图书集成·禽虫典》卷一六七引）。《三辅故事》说："始皇后葬，用金蚕二十箔"（《太平御览》卷八二五引）。

② 滨田耕作：《东亚考古学研究》（1943，日文）中的《金蚕考》，第 221 ~ 228 页，图版十九，1 ~ 4。这文中误以齐桓公墓一事出于《邺中记》，又误以"数十箔"为"数千箔"。

③ 《河南信阳楚墓出土文物图录》（1959），《序言》第 4 页，图 170 ~ 175。

④ 《文物》1966 年第 5 期，第 33 ~ 39 页，图八（提花丝帛），图十一（刺绣）。

⑤ 《楚文物展览图录》（1954）图 12、图 20、图 21；《湖南省文物图录》（1964），图 57、图 58。

⑥ 《长沙发掘报告》（1957），第 64 页，图版叁壹 ~ 图版叁叁。《楚文物展览图录》（1954），图 45 ~ 图 48。

左家公山 15 号墓和杨家湾 6 号墓，都出有残丝绸，前者又出丝绳①。1956 年广济桥 5 号墓出丝绳（捆缚棺椁），平纹绢（做成圆形袋），菱形花纹丝带（二件）和"织锦"，最后一件据图片和文字说明，是一件用"提花"方法织成的"内夹小花的两层菱形纹"的文绮，并不是彩色的织锦。1958 年烈士公园 3 号墓出有刺绣②。1971 年浏城桥楚墓出土的丝织品很细，每平方厘米经线 42 根，纬线 32 根③。更重要的是 1957 年左家塘战国墓中发现的织锦，是迄今发现的最早的织锦实物④。更引人兴趣的是远在苏联阿尔泰区的巴泽雷克的几座墓中，也出土了中国丝绸，有以彩色丝线绣出杂处于花枝间的凤凰图案的刺绣和由红绿二色纬线织出纬线斜纹显花的织锦。这些墓葬属于公元前 5 世纪，即相当于我国的战国初期⑤（西周实物，见本文篇末的"补记"）。

东周时代出现的织锦，在织法上是当时最先进的技术，并且也表示我国当时已有了先进的织机。我国古代使用竖机之外，可能也使用平放的织机，和古代希腊、罗马等国家专门使用垂直的织机不同。就技术来说，只有平放的织机，才能改进到使用吊综提花和脚踏，殷代的文绮需要某种提花设备，当时的织机当已有平放式的或斜卧式的。东周时添了织锦，更应该是一种有提花设备的平放织锦机。这时很清楚的已在织机的两端安装上可以旋转、调整的轴，以卷经线和织成的织物。《诗经·小雅·大东》有"杼柚其空"。朱熹《诗集传》解释说："杼，持纬者也，柚，受经者也。"杼便是缠上纬线的梭子，柚便

---

① 《文物》1954 年第 12 期，第 7、8、29、45 页；《考古学报》1957 年第 1 期，第 93～101 页。
② 这二墓的丝绸，见《湖南省文物图录》（1964），图版五三～图版五六；其中广济桥 5 号墓简报，见《文物》1957 年第 2 期，第 59～63 页。
③ 《长沙浏城桥一号墓》，《考古学报》1972 年第 1 期，第 70 页。
④ 熊传新：《长沙新发现的战国丝织物》，《文物》1975 年第 2 期，第 49～52 页，图一至图三、图十五至图十八。
⑤ C. И. 鲁金科：《论中国与阿尔泰部落的古代关系》，见《考古学报》1957 年第 2 期，第 37～39 页，图 1～图 2，图版一，1。文中说是纬锦，但残片有时很难确定是纬锦或是经锦。

是缠上经线的机轴，二者的轴端都要安装有棘齿（轴牙）以固定轴子。因为丝线做成的经线一般较长，有一大段卷在经轴上；绢缯织成一段后，将经线放出一段，而将已织成的一段绢缯卷到布轴上去。这种可旋转、调整的轴子是我国首先利用于织机上的。西方古代的织机，不论是竖直式的或是平放式的（古代埃及也有平放式织机），经线的两端都是固定的，经线长度有限，因之布帛的长度受到很大的限制。提花的织物，经线越长，那么牵经就织、入筘和穿综等的次数可以减少，也就是越省工。所以机轴之能旋转以卷经线和布帛是织机上一个重要的技术改进。至于刘向《列女传》（卷一）所记载的鲁季敬姜说织故事，虽然有来源于春秋或战国时期文献的可能，但经过汉朝人的加工渲染，所以这里略而不述，留待下面的汉代部分再加以讨论。

为了使丝帛更加美好，至迟在战国时期已知道"湅丝"和"湅帛"。《周礼·考工记》有筐人一职，主管这事："湅丝以涗水"。"湅帛，以栏为灰，渥淳其帛，实诸泽器，淫之以蜃"。目的不仅是漂白，也是除去蚕丝纤维表面的一层丝胶，使丝变得更富光泽，更为柔软。"涗水"是加灰的温水，"栏"即楝木，烧灰和水成浓浆为"渥淳"，"蜃"为蛎灰。今天湅丝的方法，是用沸水、热皂水或碱性溶液，以溶去丝胶。

三

毛主席指出："自周秦以来，中国是一个封建社会，其政治是封建的政治，其经济是封建的经济。"毛主席又指出："而在这样的社会中，只有农民和手工业工人是创造财富和创造文化的基本的阶级。"由于战国时代社会经济的巨大变革，以及秦汉统一局面的形成，大大地促进了封建经济的发展，因而我国古代的丝绸生产在当时手工业工人的努力下，到汉代便达到了一个高峰。这时我国织造丝绸的历史，至少已有一千多年了。

汉代丝绸的实物，在考古发掘中发现很多。根据实物的研究，结合文献记载，知道当时这方面的技术，有了显著的进步和提高。其中有些新发明的技术，可能在战国时期甚至早在春秋时期便已出现，不过我们现下掌握的材料只能追溯到汉代为止。现在分别叙述如下。

首先，改善家蚕的饲料。家蚕的饲料是桑叶，汉代对于栽培桑树的方法有所改进，关于"地桑"的培养已有明确的证据。西汉后期（公元前 1 世纪）的著作《氾胜之书》说："每亩以黍、椹子各三升，合种之。"北魏（公元 6 世纪）的《齐民要术》也说用黍或豆和桑合种，可收"益桑"之效；桑生长后，"锄之"，"桑令稀疏调适"，不使种植得过稀和过密；"桑生，正与黍高平，因以利镰摩地刈之"，这便是后世培植"地桑"（鲁桑）的方法，第一年到桑树长至与黍一样高时，将地面枝条靠地割下，这样桑树次年便不会长得太高，不仅易于采摘，而且枝嫩叶润，宜于饲蚕。据说"桑至春生，一亩食三箔蚕"。后世的农书也说，"地桑"次年即可饲蚕，不像"树桑"（荆桑）要连年剪条，至少要第三年才可采用①。汉代画像石和画像砖上的采桑图，一种桑高与采桑人等，一种桑比采桑人高得多，这和战国铜器上的采桑图一样，可能前者代表"地桑"，后者代表"树桑"②。不过，汉代已有"地桑"，有上述文献为证。有了好的饲料，生产优质的蚕丝才能得到保证。

---

① 石声汉：《氾胜之书今释》（1956），第 31～32 页；参阅《齐民要术》（石声汉《今释》本，二分册，1958），第 281～295 页。

② 汉代采桑图，见容庚《汉武梁祠画象录》（1936）总图三，分图 48～图 49、图 55；又见刘志远《四川汉代画象砖艺术》（1958），图版六；《重庆市博物馆藏四川汉画象砖选集》（1957），第 12 页。冯云鹏等：《金石索》，石索三（万有文库本，第 58 页），三之七，董永故事，右侧一树，或即桑树，三之二（第 48 页），则秋胡妻之右为桑树，可据《列女传》而确定，前者较后者为高，同治十年出土的"何馈"画像石第二层，亦有一树，与前二者形似《汉武梁祠画象录》新一至新三。

其次，讲究养蚕的方法。东汉时（公元 2 世纪）崔寔的《四民月令》提到"治蚕室，涂　穴，具槌（阁架蚕箔的木柱）、栚（蚕架横木）、箔（养蚕的竹筛）、笼（竹编的罩子）"①。这里记述的养蚕方法，比前人更详细一些，除了像《吕氏春秋·季春纪》和《礼记·月令》那样提到养蚕的用具外，还提到整治蚕室，涂塞隙缝和洞穴，这样既防止鼠患，又易于掌握蚕室的温度。因为讲究饲养的方法，所以汉代便有了优良的蚕丝。根据实测，汉代蚕丝纤维的直径和近代各地生产的家蚕丝相比较如下（以毫米计算）：中国（汉代）0.02～0.03，中国（近代广州）0.0218，日本 0.0273，叙利亚 0.029，法国 0.0316，小亚细亚布鲁沙（Broussa）0.0317。此外，蓖麻蚕 0.03，樗蚕 0.04，柞蚕 0.04～0.08，印度野蚕 0.08～0.09②。这表示我国的家蚕丝，在汉代便已如此纤细，这是多年来讲究饲蚕法的结果。

再次，织物的品种和织法，汉代丝织物的名称很多，文献方面可参考任大椿《释缯》（《皇清经解》卷五〇三）。由于各类丝织品的名称，各时代往往不同，常有同名异实或同实异名的情况，有些已不能确知其为何物；同时，古人对织物分类的标准和现在不同，加以古代脱离生产的文人滥用名词，这就造成了更大的混淆。现把重点放在考古发现实物的研究上，兼及有关的文献。

汉代总称丝织物为"帛"、为"缯"，或合称"缯帛"③，犹今日泛

---

① 崔寔：《四民月令》，见《怡兰堂丛书》中唐鸿学辑本。

② 卫礼泽：《中国艺术》（1958，英文）第 210 页所引的普菲斯忒《帕尔米拉出土的织物》第一册（1934）第 39 页和第 56 页中的数字。原田淑人：《东亚古文化研究》（1944）说现今普通家蚕丝湅去丝胶后为 0.012 毫米，汉代丝绸的蚕丝为 0.008～0.013 毫米，平均约 0.01 毫米（第 433 页）。二者数据，相差一倍。可能一指单根纤维，一指双根纤维组成的茧丝（天然丝缕）。每条蚕有一对丝腺，所分泌的一对丝纤维由于丝胶的作用便粘着在一起成为一根茧丝。

③ 《说文》（卷一三上）："缯，帛也"；《说文》（卷七下）："帛，缯也"。《急就篇》颜师古注："缯者，帛之总名，谓以丝织者也。"又说："帛，总名诸缯也。"《史记·西南夷列传》（卷一一六）："皆贪汉缯帛"。

称"丝绸"或"绸缎"①。生帛有"缟"、"素"等名称，有时不论生熟，笼统地用"缟"、"素"等名来指洁白的细缯。生帛的光泽和柔软都不及熟帛，熟帛特称为"练"。涑后的熟帛，或保留白色，或再加染色成为各色的缯帛。汉代的丝织物除"织采为文"的锦外，一般是织成后再用"涑帛"法除去丝胶，因为带有丝胶的丝纤维在织帛过程中耐磨损，但丝胶吸收染料性能特强，染色前又必须除去，将来脱胶时才不会脱色或斑驳不纯。

就织法而论，汉代丝织物中以平纹组织的"素"或"纨"（又合称"纨素"）为最普通。这便是今日的绢②。高级的细绢称为"冰纨"（见《后汉书·章帝纪》）。今日考古发现的汉代丝织物，绝大部分是这种平纹组织的绢。绢可分为二种：一种是经纬线根数大略相同的一般平纹绢，密度每平方厘米各为 50～59 根者居多，其次为 40～49 根和 60～69 根。另一种是经线较密的畦纹绢，经线以每厘米 60～85 根为最普通，一般较纬线多出约一倍，所以显出纬方向的畦纹。细致的畦纹绢如最近满城中山靖王刘胜墓所出，经纬线每平方厘米为

---

① 汉代"绸"字一般写作"紬"，是指用废茧和残丝纺成粗丝线以织帛。《说文》："紬，大丝缯也"（卷一三上），今日的茧绸或绵绸，还保留原来的意义。而"绸"字在周、汉时作"绸缪"或"稠密"解，不像现今作为丝织物的通称。"缎"字作为缎纹组织的丝织物是后起字，唐宋时写作"段"。《说文》中有"缎"字是"鍛"字的或体，指"履后帖也"（卷五下），指鞋后跟的帮贴。缎纹组织也是后起的，似乎始于唐代。唐以前称布帛依一定尺寸分裁的一段为"段"。《新唐书·太宗诸子传》（卷八十）"所赐万段"，当指布帛万段。《旧唐书·太宗诸子传》（卷七六）作"赐泰物万段"可以为证。《图书集成·食货典》（卷三一八）把这"段"算为"缎"，收入《缎部》，是错误的。汉人张衡《四愁诗》的"锦绣段"也是指成段的锦绣，和下文"青玉案"对举成文，并不是"缎"。有人以《管子·立政篇》的"服锐"的"锐"即今日的"缎"，实则《管子》此句，较古的本子都作"绕（冕）"或丝，王氏《广雅疏证》（卷七）引误改为"锐"。曹魏张揖《广雅·释器》始见"锐"字，释作"紬也"，与"绻"等并列，乃是"大丝缯"，也不是今日的"缎"。后者是经、纬线的浮线的飞数在四数或更多的斜纹组织。

② 《说文》（卷一三上）："纨、素也。"《汉书·元帝纪》，"齐三服官"，颜师古注："纨素，今之绢也"，但是汉人称色黄如麦稍的缯为绢（见《说文》卷一三上）和后世的"绢"字用法不同。

200×90 根①。汉代有一种丝织物叫作"缣",较普通的素绢细密②。古
乐府《上山采蘼芜》即以织缣比织素为慢,织造也较难。但"缣"
(细绢)似乎兼指上述两种绢,并不专指畦纹绢,更不是指粗厚的绢。
过去在敦煌曾发现过两侧幅边还保存的"任城缣"残帛,上面有汉文
题记:"任城国亢父缣一匹,幅广二尺二寸,长四丈,重二十五两,
直钱六百十八。"③ 一般认为汉尺合 23 厘米。这件缣当时幅广当为
50.6 厘米,今标本实物幅广 50 厘米。由此可以推知汉代织机的大致
宽度。

其次为罗纱。上文提到战国墓中已有疏织的方眼纱,但其织法似乎
仍是平织而非"罗纱组织"(Leno weave),只不过经纬线的密度都比较
稀疏,露出方孔。汉代也有这种平纹组织的方孔纱,经纬线密度有疏到
23.5×20 根者。诺音乌拉出土的 MP937 号、MP1729 号标本便是这种平
织纱。这种平织方目纱常出土在死者(男子)头盖骨的旁边,有时还
带有涂漆的痕迹,当为冠帻的残片。它们可能便是汉代文献中作冠帻用
的"缅"或"纵"④。更重要的是汉代出现了"罗纱组织"的提花罗
纱。今日的罗纱织法,是以经线二根(地经和纠经)为一组(1～2、
3～4 等),同纬线交织,其中纠经(2、4、6、8 等),时而在地经 1、
3、5、7 的左侧,时而在地经的右侧。每织入一根纬线后,纠经便变换
一次。这样织成后,经纬线都不易滑动,比平织纱为优(图 2)。现在

---

① 《满城汉墓发掘纪要》,见《考古》1972 年第 1 期,第 14 页。关于汉绢的一般讨论,参
阅鲁博 - 雷斯尼科钦科《古代中国丝织品和刺绣》(1961,俄文版),第 7～8 页;西尔凡:
《额济纳河和罗布淖尔的丝织物研究》(1949,英文版),第 99 页。

② 《说文》(卷一三上):"缣,并丝缯也。"刘熙《释名·释采帛》(卷四,毕沅《疏证》
本):"缣、兼也,其丝细致,兼于绢。"《急就篇》颜师古注:"缣之言兼也,并丝而织,
甚致密也。"

③ 罗振玉、王国维:《流沙坠简》(1914)卷二,第 43 页;斯坦因:《塞林提亚》(1912,
英文版),第 701～704 页。

④ 《汉书·元帝纪》(卷九),"齐三服官"条下,李斐注:"春献冠帻纵为首服",颜师古
注:"纵与缅同,音山尔反,即今之方目纱。"

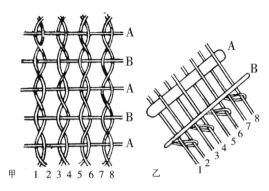

图 2　简单的罗纱组织

甲．结构图（1～8经线）　乙．纠经法

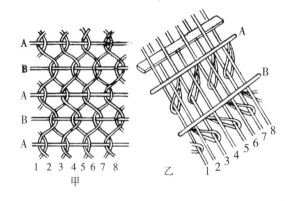

图 3　汉代罗纱甲种变化组织

甲．结构图（1～8，经线；A、B纬线）

乙．纠经法

知道，汉代罗纱组织有两种变化组织，与上述最原始的 1 纠 1 经的简单罗纱组织比较，已有了进一步的发展。甲种变化组织（图3）：将纠经（图中1、3、5、7等经线）轮流同左侧或右侧的地经相纠；织时，除"豁丝木"（"分经木"）以外，需要两片综（A、B）；织成后，孔眼分布均匀，较简单罗纱组织的为胜。汉代的罗纱中，有全部用这种织法织成的素罗纱，例如诺音乌拉出土的 MP1093 号标本。乙种变化组织（图4）：先用综 B 将偶数经组（图中 3～4、7～8 等）的纠经（如 4、8 等）拉至奇数经组（如 1～2、5～6、9～10 等）的左侧后向上提，过梭后再提后综（即平织综）A；再次过梭后再用 C 综将奇数经组的纠经（如 2、6、10 等）拉至偶数经组的左侧后再向上提，过梭后又提后综（即平织综）A。这种织法须要一片后综（A）和两组纠经综（B、C），它所形成的孔眼较大。汉代的花罗，常以乙种纠经法作孔眼较大的地纹，而以甲种纠经法作孔眼较细密的花纹。1959 年民丰出土的花罗便用这两种纠经法分别织成地纹和花纹。

每平方厘米经线 66 根，纬线 26 根。1968 年满城西汉墓出土的花罗的织法，和民丰的完全相同①。当然，如果要织成简单的菱形花纹，也要用多片提花综；每一综的各经线分别依照花纹的需要而采用两种纠经法中的一种。这样便可织出花罗来。战国晚期的文献中已有"罗"字，汉时还有"文罗"，可能便是指这种罗纱组织的丝织物②。后来《唐六典》的织染署十作中有罗作，又有纱

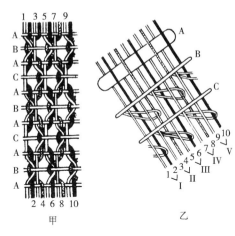

图 4　汉代罗纱乙种变化组织

甲．结构图（1~8，经线；A、B、C 纬线）

乙．纠经法

作，可能是罗纱组织和平纹组织的区别③。日本正仓院所藏的唐代"罗"，便是罗纱组织的。

但是，汉代文献一般是将"罗"字当作鸟罿解（《说文》卷七下），可见当时的罗纱的"罗"和鸟罿一样，经纬线是纠结的，孔眼疏朗。古代文献上另有一种丝织物称为"縠"，也是指罗纱一类做衣服用的织物。但是，"縠"字在不同的时代似乎有不同含义。最初有时是指作冠用的罗纱，相当于平织方目纱即"繐"，有时指细致的高级织物，

---

① 鲁博－雷斯尼钦科：《古代中国丝织品和刺绣》（1961，俄文版），第 10~11 页；民丰东汉墓出土的罗纱，见《文物》1962 年第 7、9 期，第 69 页，图 7、图 8。又参阅原田淑人《东亚古文化研究》（1944），第 427~434 页，其方目平织纱经纬密度每平方厘米为 23.5 ×20 根；又其花罗的乙种变化罗纱组织，稍有不同，纠经不是隔三条经线，而是隔二条经线即上提。

② 《楚辞·招魂》有"罗帱"，宋玉《风赋》有"罗帏"。《晋东宫旧事》有"绛具（或作‘直’、作‘真’）文罗"（《太平御览》卷一四九、六九五、七○七等）。

③ 《大唐六典》卷二二。按《新唐书·地理志》，各地出产的罗纱，有"平沙"（卷三九，怀州），又有"花纱"（卷四一，庐州、越州；卷四二，蜀州），罗有"罗"（卷三九，德州等），有"单丝罗"（卷四二，成都、蜀州）和各种花纹罗（卷三九，镇州；卷四一，越州），可见罗、纱二者的区别并非依其有否花纹而分。

相当于罗纱组织的"罗"①。"罗"字似乎又作为"绉"的同义语。而"绉"字本身最初也是细致织物的泛称，葛布和丝绸的细致者都可称"绉"，后来才专门用以称有绉纹的绉纱②。现代的绉（Crêpe）是用拈丝作经，两种不同拈向的拈丝作纬，拈度都较高，以平纹组织织成，表面起明显绉纹。汉代的绉纱实物，在额济纳河的汉代烽燧中曾经发现过，经纬线都是每平方厘米约 40～60 根，经线未经纺拈，纬线紧拈，拈向是正手拈，即 S 拈③。《新唐书·地理志》记载各地生产的丝织物，除了上举的"纱"、"罗"以外还有"縠"，可能便是指绉纱④。

就织法而言，最引人兴趣的是绮和锦。现在先谈汉绮。绮是斜纹起花的绸。《说文》"绮、文缯也"（卷十三上），后来戴侗《六书故》说："织素为文曰绮，织采为文曰锦。"⑤ 汉绮的织法，除了继承殷代的那种"类似经斜纹组织"（即底地平织而显花处是经斜纹）之外，还有

---

① 《说文》，"縠，细缚也"。《战国策》（卷一一），王斗说齐宣王，以尺縠为冠为喻。《汉书》中《高祖本纪》（卷一）"贾人毋得衣锦、绣、绮、縠、絺、纻、罽"，《江充传》（卷四五），充衣纱縠襌衣"，颜师古注："纱縠，纺丝而织之也。轻者为纱，绉者为縠……《汉官仪》曰：武贲中郎将衣纱縠襌衣"（再补注：这是颜师古的解释，不一定是汉人的原意。《江充传》中的"纱縠"似为一种织物，并非两种织物）。《释名·释采帛》："縠，粟也，其形戚戚，视之如粟也。"（《玉海》本，王应麟《急就篇补注》，引作"縠，纱也"）顾野王《玉篇》（下篇卷二七）"纱，縠也"。

② 关于"绉"字，《诗经·鄘风·君子偕老》："蒙彼绉絺"，毛氏传："絺之靡者为绉"。《说文》："绉，絺之细者也。"（卷一三上）后来指绉纱，《诗经·君子偕老》郑玄笺，"绉絺，絺之蹙蹙者也。"《说文》（卷一三）绉，"一曰戚也"。

③ 西尔凡：《额济纳河和罗布淖尔的丝织物研究》（1949，英文版），第 102 页。补注：1972 年武威王莽时墓中出土一种"轧纹绉"，据云有断面波形的人字纹，可能是用模板对轧而成，见《文物》1972 年第 12 期，第 19、21 页。

④ 《新唐书·地理志》卷三八，河南府；卷四十，兴元府，阆州；卷四一，越州，都产"縠"，最后一处的称为"轻容生縠"。

⑤ 《晋东宫旧事》有"七彩杯（或缺'七'字，或缺'杯'字）文绮"（《太平御览》卷一四九、六九五、七○七引）。如果"织素为文"，当是织后染成不同色彩的绮，每匹当仍是单色的。《汉书·高祖纪下》颜师古注："绮，文缯也，即今之细绫也"，以绮、绫为古今异名同实。但《唐六典》（卷二二）织染署十作中有绮作，又有绫作。我猜想前者可能继承"汉绮"那种以平织作底地，一般经线显花的织物，而后者指以斜纹组织作底地、纬线显花的花绫和全部作斜纹组织的素绫。《新唐书·地理志》记各地出产丝绸，同样地有绫又有绮。

一种特别的织法，为研究方便，可称"汉绮组织"①。这种组织不但底地平织，并且显花部分中，同每一根有浮线的经线相邻的另一根经线，也是平纹组织（图5）。这样增添一组平纹组织的经线，可以增加织物的坚牢程度，但又不影响花纹的外观。1959年在民丰发现的两件汉绮，每平方厘米经线66根，纬线26至36根②。汉帛一般幅广是45～50厘米，便说是，全幅有经线2970～3300根③。

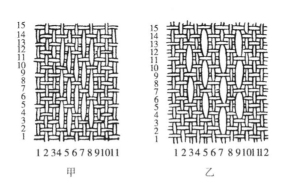

图 5　中国古代文绮的结构图

甲．殷代（至汉代）的文绮　乙．汉绮特有的组织

汉锦是汉代织物最高水平的代表。它是五色缤纷的多彩织物。汉锦的织法是"经线起花的平纹重组织"（图6）。它和汉绮的相同点是：基本平纹组织和经线起花。主要的异点是：①汉锦采用"重组织"（即复合组织），由两组或两组以上的经线（其中轮流有一组作为表经，其

---

① 见查理斯顿《汉代暗花绸》一文，《东方艺术》（英文），1948年第1期；又见《考古学报》1963年第1期，第48～53页。

② 民丰汉绮，见《文物》1962年第7、8期，第68页；《考古学报》1963年第1期，第52页。

③ 再补注：根据马王堆汉墓出土实物，似乎花罗也叫做绮，不限于我们这里所说的汉绮。宋玉《神女赋》称赞"绮罗纨縠盛文章"，则罗、绮乃二种织物（或者这里以罗指素罗，而绮指花罗）。又满城及马王堆两座汉初墓，都不见"汉式组织"的绮，马王堆墓有普通的绮（即类似经斜纹组织），则"汉式组织"似在西汉后期始创造出来。

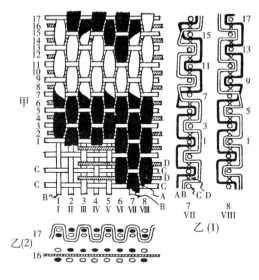

图6 汉代两色织锦的结构图

甲．平面结构图（1~8，Ⅰ~Ⅷ或A、B，表经和里经；1~17或C、D，交织纬和花纹纬）

乙（1）．纵剖面（0 = 交织纬，× = 花纹纬）

乙（2）．横剖面（17 = 交织纬，16 = 花纹纬）

余为里经）和一组纬线更迭交织而成。②纬线虽只有一组（只有一种颜色），却可依其作用分为交织纬（即"明纬"）和花纹纬（即"夹纬"）。③二或三色的经线，每色各一根成为一副。利用夹纬将每副中表经和里经分隔开。前者是需要显色以表现花纹的经线，后者是转到背面的其他颜色的经线。这样便使表经成为飞数三的浮线（间有飞数二的）。汉锦的经线很稠密（汉朝以后较粗疏），每平方厘米约120~160根（以2或3根为一副，约40~60副），纬线约23~30根（包括明纬和夹纬）。交织纬和每副经线交织成一种纬方向畦纹的平纹组织。汉锦一般是使用二色或三色的组织法。如果需要四色或更多，便采用分区法，在同一区中一般也都在四色以下[①]。花纹的循环（即一花纹单元的大小），其长度（经线循环）常是横贯全幅（幅广约45~50厘米），一根纬线要和5000根以上的经线打交道。高度（纬线循环）不等，但都不过几厘米；便是这样，有

---

① 诺音乌拉出土的"山岳双禽树木纹锦"（MP1330），据鲁博－雷斯尼钦科的研究（《古代中国丝织品和刺绣》，1961，俄文版，第51页），经线只有三色：金黄、黄、石榴色。梅原末治在《蒙古诺音乌拉发现的遗物》（1960，日文）第73~78页误以为六色六层经，实则即使六色经线，亦只能形成表经和底经各一层而已。梅原的"六色"为红、淡红、浓茶、黑茶、薄茶和茶色，大概是有些是晕色。又经线据研究为每厘米46枚（副）三色共138根，和别的织锦相同。梅原误以为66枚，六色共约400根，超过实数三倍。

时也需要提花综数达 50 综左右①（关于新发现的绒圈锦，见本文篇末"补记"）。

汉初，以"锦、绣、绮、縠、绤、纻、罽"为高级织物，不准商贾穿着（《汉书·高祖纪下》）。后三者为高级的葛布、苎麻布和毛织物，前四者都是丝织品。这四者中，锦、绮、縠上文已经讨论过，现在可谈一谈刺绣。刺绣是在已织好的织物上面，以绣针添附各色丝线，绣出美丽的花纹。汉代刺绣的实物，在怀安、武威、罗布淖尔和国外的诺音乌拉、帕尔米拉等处都有发现；最近（1968 年）在满城西汉中山靖王刘胜夫妇墓中，又有发现②。汉代绣法有"十字绣"、"影刺绣"、平绣和锁绣法，而以锁绣法较为常见。刺绣的花纹不是依靠机械化的织机，而是完全依靠手工，所以费工夫更多，市价甚至比织锦更为昂贵。

最后，再谈谈缯帛的染色。各种颜色的绢、罗纱、文绮，都可以织成后染色，而锦和绣则需要织或绣之前先把丝线染色。汉代继承战国时期的传统，先行"湅丝"或"湅帛"，然后进行染色。关于"湅"，《考工记》只提到用温水，汉代则已用煮练的方法。《释名》说"练，烂也，煮使委烂也"。这是增加温度使化学变化加速，以节省时日。汉锦有红、紫、绿、蓝、缁（黑）等各色。依照对于汉代丝织物所作的化学分析，我们知道染料中有茜草素（alizarine）和靛蓝（indigotin）③。前者当由茜草（Rubia tinctorium）而来，后者取自木蓝属植物（indigofera）。媒染剂当为铁盐和铝盐（矾石）。如果和茜草素相结合，前者成绿色（复原状态）或褐色（氧化状态），后者成红色④。

---

① 《考古学报》1963 年第 1 期，第 54 ~ 62 页。又参阅 K. 里布、G. 维亚尔《汉代丝绸》，《亚洲美术》（法文）第 17 期（1968），第 93 ~ 141 页。

② 《考古学报》1963 年第 1 期，第 63 页；《满城汉墓的刺绣》，见《考古》1972 年第 1 期。参阅梅原末治《蒙古诺音乌拉发现的遗物》（1960，日文版），第 79 ~ 83 页。

③ 关于战国汉代染料的文献资料，参阅孙毓棠《战国秦汉时纺织业技术的进步》，《历史研究》1963 年第 3 期，第 167 ~ 169 页。

④ 鲁博 - 雷斯尼钦科：《古代中国丝织品和刺绣》（1961，俄文版），第 23 ~ 24 页；卫礼泽：《中国艺术》（1958，英文版），第 241 ~ 242 页。

四

前面从改善家蚕的饲料、讲究养蚕的方法、织物的品种和织法三个方面，讨论了汉代栽桑、育蚕、缫丝、丝织的发展情况，现在再讨论汉代织机的改进。

上文提到的刘向《列女传》中鲁季敬姜一节，叙述了织机零件的名称和功能，这可以算是关于汉代织机的文献资料。据记载，当时的织机除卷布帛的"轴"和卷经线的"楠"外，已有："持交而不失，出入不绝"的"梱"（后世称"筘"，当时是刀形的，每穿梭一次后便用筘打紧纬线，随即取出，所谓"出入不绝"），"推而往，引而来"的"综"（这时的织机当同汉画像石上刻画的一样，织架斜放在织床上，"综"是单综，前后推引，与近代织机上下升降的双综不同），"主多少之数"的"均"（疑即后世织机的"豁丝木"或"分经木"，将奇、偶数的经线分开），"治芜与莫也"的"物"（"物"或为"构"字之误。当即曹魏张揖《埤苍》"凡织先经以构，梳丝使不乱"的"构"，见《玉篇》卷一二，木部引）。这里没有提到梭子（杼），也没有提到脚踏板（蹑）。前者或由于当时梭子插在刀筘内，不独立成一体；后者可能由于当时尚未采用。

此外，汉代文献中还有王逸《机妇赋》和散见于《淮南子》、《说文》等书的一些零星材料[1]，但都说得含糊不清。

东汉时代画像石上的几幅织机图，使我们对于汉代织机的形象有比较清楚的认识（图7）。一般而论，织机的主要部分是关于开梭口运动的安排。一种简单的织机，是用一根"豁丝木"（即"分经木"）将奇

---

[1] 参阅上引孙毓棠文，《历史研究》1963年第3期，第154~160页；王逸《机妇赋》，见严可均《后汉文》，卷五七。

数和偶数的经线二者分开，并形
成一个梭口，使两组经线分别成
为这梭口的底经（里经）和面经
（表经）；另外，在这"豁丝木"
的前面（即近织工的一面）配备
一片综（heddle），将上述的底经
每根分别穿入各综眼中。因之，
将综提升时，即形成另一个梭口；
将综放下时，经线又会由于"豁
丝木"的关系而恢复原梭口。这
样一升一降，每次投梭引渡纬线，
奇数和偶数的经线轮流交替成为
底经和面经，持续不断，便可交

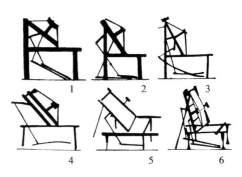

图7　汉画像石上的织机图

（依照《文物》1962 年第 3 期）

1. 山东滕县宏道院出土
2. 山东滕县龙阳店出土
3. 山东嘉祥武梁祠
4. 山东肥城孝堂山郭巨祠
5. 江苏沛县留城镇出土
6. 江苏铜山洪楼出土

织成布帛。综眼在金属或木制的综上为小孔，在绳索制的综上为小环。
根据汉人《仓颉篇》的记载，汉代的综是"屈绳制经，令得开合也"[1]，
当用绳索制成。提综的方法，最初是用手提，织工一手提综，另一手投
梭。后来进步了，发明了脚踏踏板，将提综的工作交给两足，织工可以
腾出另一只手来做打筘的工作，或者两手轮流投梭，这样便可以加快速
度，并且节省劳力。采用脚踏板是织机改进方面一个创造性的发明，我
国至迟在东汉时织机上已广泛采用了脚踏板，这有画像石可以为证。这
是世界上最早出现的脚踏织机，欧洲到第 6 世纪才开始出现，13 世纪
才广泛采用，所以许多人都相信这是中国的发明，可能和提花机一起西
传过去的[2]。

---

[1] 《仓颉篇》："综，理经也。""谓机缕持丝交者也，屈绳制经，令得开合也。"《岱南阁丛
书》中孙星衍辑本。

[2] 卫礼泽：《中国艺术》（1958，英文版），第 233～234 页，及所引 G. 舍斐的论文
（1938）。

　　根据汉画像石的材料，参考后世和现今民间的简单织机，有人做过汉代织机的复原工作①，这对于汉代织机结构的研究，可以说是迈进了一大步。但是，依照原来的复原图，这织机是不能工作的。因为：①依照原图，当脚向下踏"脚踏"时，"马头"（名词暂依照《梓人遗制》）的前端并不能抬起，说明中没有告诉我们怎样使"力量沿着顺脚竿子传到操纵马头的杠杆部分"。复原图（原文图八）中脚踏是以绳索上连一横杆，横杆又经绳系于马头的尾端，并用织架"立颊"间的横桄托住，使不下坠。但是，横杆没有固定的支点，前后左右可以移动；它同马头几成直角，所以很难使马头一端抬起。②纵使像原复原图七之5那样，使马头前端抬起，但是所提的底经无法达到那样高，不能开一梭口。③纵使能开梭口，但是投梭后综丝和底经下降时，如果经线稍稠密，它们便要被面经所阻不能顺利下降到面经之下形成另一梭口。

　　我们依照汉画像石，主要是铜山洪楼发现的一件（图8），多次讨论，反复试验和修改，重新绘制了一幅汉代织机的复原图。我们的主要修改是（图9至图12）：①将脚踏板和"马头"前端之间的横杆固定于织架的框边木上，但可以上下半旋转。这样一来，脚踏下踏时便可使"马头"前端抬起。②将"豁丝木"与两"马头"间中轴分而为二；使"豁丝木"下降，以便底经上提时可以与较低的面经形成一较大的梭口（"豁丝木"在面经之下，应不显露；洪楼汉画像石上露在面经外的横桄，应为"马头"间的中轴，而非"豁丝木"）。又将综片以绳索下连另一脚踏，这样可将综片拉得与斜卧着的织架成直角，而不致垂直下垂，也可使梭口开得大一些。"豁丝木"的位置，我们作了两个方案：方案甲（图9、图10）是"豁丝木"放在"立叉子"之间，试验结果，梭口开得似仍不够大。方案乙（图11、图12）是

---

　　①　宋伯胤：《从汉画象石探索汉代织机构造》，《文物》1962年第3期，第25～30页。

图8　江苏铜山洪楼出土的汉画像石上的纺织图部分

安装于"马头"后端，这样在"马头"前端抬起时，后端的"豁丝木"下降，使面经也相对地下降，梭口可以开得大些。③将各综眼的下首加上一段垂线，使各面经隔开，又于这垂线的下端（即各综线的下端）安一横木，形成综框。这横木与另一侧的脚踏板以绳索相连，下踏时便可将综连同底经一起拉下。方案乙的优点在于底经上提时梭口开得大些，"马头"不必过分增加长度，"马头"下距面经不必过大，缺点是它的面经最高处（即"豁丝木"所在处）似乎比较汉画像石织机图要稍后移一点。

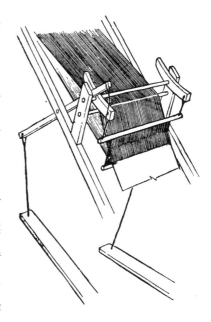

图9　汉代织机主要部分的复原图
（方案甲）

115

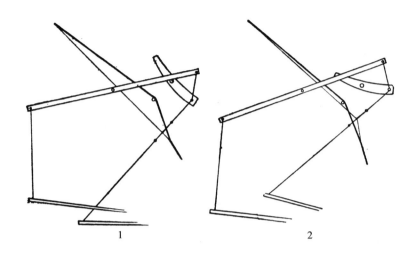

图 10　汉代织机复原（方案甲）以后的开梭口运动

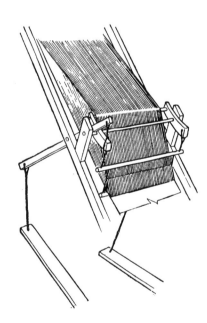

图 11　汉代织机主要部分的复原图
（方案乙）

此外，又作了一些小的修改：①将原来复原图的"压经棍"去掉。汉画像石中原来便没有"压经棍"，并且没有必要加上它。近代罗机的梭口，在未提综时是下开口，所以当提综以开上口时，如果在"豁丝木"和综片之间加上"压经棍"，可以有利于底经的提高；但是汉代织机两次开梭口都是上开口，"压经木"只好像原来复原图那样放在"豁丝木"的后面，这样对于底经的提高，不起什么作用。②"马头"的形状也加修改。原复原图上的"马头"前端小而后端大，现改为前端大而后端小。画像石中的"马头"，也是前大

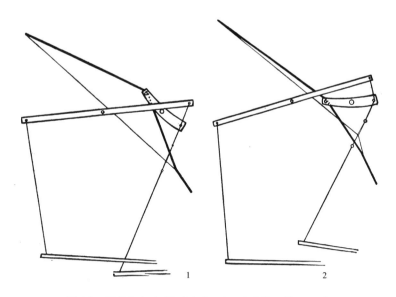

图 12 汉代织机复原（方案乙）以后的开梭口运动

后小，或前后大小相同。汉王逸《机妇赋》描写织机有"两骥齐首"一语，可见汉代的"马头"和元人薛景石《梓人遗制》中提到的形状相同，前大后小，略似马头，两端翘起，易于前后摆动。前端较大还有一好处，放松时前端易于下坠。③踏脚二片长短不同，当是为了防止绳索纠缠。至于哪一片脚踏在哪一边，各织机似可不必一律。汉画像石中的长短二片脚踏的左右位置便并不是一律的。不过和马头相连的踏板要较长，可以使起杠杆作用的横杆长一些，"马头"抬得高一些，梭口也开得大一些。短板则和综框相连。这样，两板上系着的两根绳索，并不像原来复原图那样互相平行，而是作成一定的角度，与画像石也较为符合（图13）。

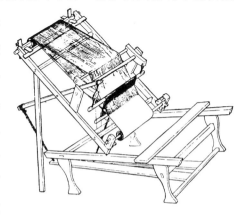

图 13 汉代织机复原图

根据汉画像石，我们还知道汉代使用一种内含纬管的刀状的杼，可以兼作引纬和打纬之用；但是还没有看到专作打纬用的筘，虽然文献上已有"栀"的名称（见前引刘向《列女传》卷一鲁季敬姜说织）。机架是斜放在机床上，前后端分别有卷布帛轴和卷经线轴。汉时二者各有专名：前者称为榎（复），后者称为滕（胜）[①]。二者的轴牙的布置应稍不同。在织布帛的过程中，经轴上的经线，越织越少，布轴上的布帛，越织越多。因之，经轴上每次所放出的经线的长度，并不和布轴上每次所卷起布帛的长度，完全相同。二者的轴牙如果数目相同，则织机上的经线会发生拉得过紧和过松的毛病。我们的复原图（图13）中，二者的轴牙便采用不同的布置。这二者都见于《梓人遗制》的织机零件图中，称为"滕子"[②]。经轴的结构在汉代画像石中还依稀可辨。布轴的结构只好依《梓人遗制》中的小布卧机子的滕子加以复原。

关于双综的织机的材料，我们在汉代的画像石和有关文献中还没有看到。这种织机，双综悬于"马头"的两端，下连双脚踏。当双脚踏轮流下踩时，便牵动了双综和"马头"的两端。"马头"前后俯仰，所以俗名为"磕头虫"。双综织机可以不要"豁丝木"，或将"豁丝木"移放在双综的后面，且与经面相平，只起分经作用，不起开梭口的作用。

汉画像石的织机图旁边，常常附以调丝图和摇纬图。前者将已缫成的丝缕通过一横杆上的悬钩，再绕到篗子上；后者将篗子上的丝缕合并而绕于摇车（纬车或纬车）上（图8）。这二者都是织帛以前的准备工作，所以这些画像石对于汉代纺织技术的研究帮助很大。

[①] 《淮南子·氾论训》（卷一三）："伯余之初作衣也，缘麻索缕，手经指挂，其成犹网罗。后世为之机杼胜复，以便其用，而民得以掩形御寒。"《说文》（卷六）："滕机持经者。""榎，机持缯者。"

[②] 《永乐大典》，中华书局影印本，新172册，第8、16页。

汉代画像石上的织机，都是简单的织机，没有复杂的提花机。不过，我们根据汉代的锦、绮、文罗等实物，可以推测当时已有了提花机。按照幅广和经线密度（幅广 45 ~ 50 厘米），全幅经线要达 3000 ~ 5000 根之多。依照花纹单元的高度和纬线的密度，有的需要提综 40 ~ 50 片之多。所以，非有提花设备不可。提花设备最重要的是，除了交织综以外，要添上许多提花综。交织综在平纹织是两片，在斜纹织是三片（1/2 斜纹）至四片（1/3 斜纹）。汉代丝绸都是平纹织，只需要两个脚踏板。至于提花综的多少，便要视花纹的需要而定。晋代傅玄的《傅子》说：三国马钧时，"绫机本五十综五十蹑，六十综六十蹑，先生乃易十二蹑"（见唐马总《意林》卷五，四部丛刊本）。《西京杂记》说：钜鹿陈宝光家织机（锦绫机），"用一百二十镊"（《汉魏丛书》本，卷一）。这里的"综"，当是"提花线束"（drawcord bundle）的形式，不是长方架子的"综框"形式。"蹑"或"镊"可能是竹或金属制的用以夹挟"提花线束"以便向上举起的东西。《三国志·魏志·杜夔传》（卷二九）裴松之注和《太平御览》（卷八二五）引傅玄的话，"蹑"作"蹑"。这如果不是由于误写，则当由于"蹑"字由"以踏板牵动杠杆提综"的意义，引申为一般用以举起提花综的设备。因为脚踏板绝不可能多到如此地步，五六十片脚踏板不但无法工作，并且脚踏的添置原是为了使坐织的织工腾出双手做投梭打筘的工作，如果添设了这样多的脚踏板，便失掉它的使用意义了。

欧洲什么时候开始有提花机，现下还没有一致的意见。有人以为是 7 世纪以后，有人以为是 6 世纪[①]。也有人以为早在 3 世纪，波斯、拜占庭、叙利亚和埃及可能便已开始应用简单的提花机，直到 12 世纪末

[①] 前者见西尔凡的论文，《东亚杂志》（德文），第 21 卷（1935）第 22 页。后者见 G. 劳利《汉代织物》，《东方美术》（英文）卷六（1960）第 2 期，第 69 页。

期才趋于完善①。但是，都承认欧洲开始有提花机的时间，较中国为晚，并且可能是受到中国的影响。

综观上述，可以看到汉代和汉代以前我国丝绸生产技术水平的一般情况。我们只有充分了解我国古代丝绸生产所达到的技术水平，才能认识当时我国丝绸在世界的影响，也才能认识古代横贯亚洲大陆的"丝绸之路"的重要意义。

补记：1975年陕西宝鸡的两座西周墓中，发现了丝织物，弥补了西周时代缺乏这方面实物材料的空白。这些丝织物和殷代的相同，有简单的平纹织物，也有斜纹显花（菱形图案）的变化组织的织物。后者需要提花的织具。刺绣是采用辫绣的针法。绣线的红、黄二色，据说可能用朱砂和石黄来平涂上去的，不是作为染料（见《文物》1976年第4期，第60~63页，有图）。至于本文原来曾提及的故宫收藏的周代玉刀上的罗纱残片，据查对并不是罗纱组织，所以这次再行发表时删去不提。

汉代绒圈锦，或称起绒锦或起毛锦，是1971年长沙马王堆一号汉墓中初次发现的，1972年武威磨嘴子62号西汉墓又有出土。这是经线显花起绒的重经组织。经线分为三组：其中一组为绒圈纹经，一组为地纹经，一组为底经。这三组不同颜色的经线（也有采用二色的），配合一组单色纬线（包括明纬和夹纬），交织成锦。织时需要有一种织入绒圈经内起填充成圈作用的假织纬（即起绒纬）。这种起绒纬，织后抽去。绒圈锦不仅具有彩色花纹，还有高出锦面0.7~0.8毫米的绒圈，所以织物更显得厚实和美观，具有一种立体感效应。花纹有菱纹、矩纹

---

① 西蒙斯：《中国纺织物研究的新发展》，见《远东博物馆馆刊》（英文）第28期（1956）第22页；福贝斯：《古代技术研究》（1956，英文版），第4卷，第215页。李约瑟以为西方的提花织机是由中国传去，采用时代晚4个世纪，见其《中国科学技术史》第一卷（1954，英文版），第240~242页。

和其他几何形线条。这是一种高级的织锦（见《长沙马王堆一号汉墓出土的绒圈锦》，《考古学报》1974 年第 1 期，第 175～186 页，附图；《武威磨嘴子三座汉墓发掘简报》，《文物》1972 年第 12 期，第 20～21 页，图一八）。

1977 年 8 月 10 日

吐鲁番新发现的古代丝绸[*]

  我国是世界上最早饲养家蚕和织造丝绸的国家，并且在相当长的时间是世界唯一的生产丝绸的国家。早在三千多年以前的殷商时代，我国劳动人民就已掌握了相当成熟的丝织技术，能够用"斜纹显花法"织成美丽的文绮（平纹组织作底的暗花绸）和用辫绣法绣成多彩的刺绣。到了汉代，我国的丝绸生产技术已有很大的发展和提高，中国丝绸远销中亚、西亚和欧洲，受到各国人民的欢迎和赞许，尤其是当时罗马帝国的统治阶级不惜重金进行购买，于是我国便被人们称为"丝国"，而横贯亚洲大陆的贩运丝绸的商路后来也被称为"丝路"，即"丝绸之路"。

  我国新疆维吾尔自治区塔里木盆地东北的吐鲁番，是古代"丝绸之路"上的一个重要中间站。从西汉时代起，吐鲁番在中西交通上的地位，一直是很重要的。公元前48年（西汉元帝初元元年），汉朝政府在这里设置了戊己校尉。公元327年（东晋咸和二年），前凉在这里建立了高昌郡。"丝绸之路"的兴旺，促进了高昌地区的繁荣。高昌古

  * 本文原载《考古》1972年第2期，署名"竺敏"。后收入《考古学和科技史》一书（科学出版社，1979）。

城（现名哈喇和卓）北郊的阿斯塔那，有一大片公元 4 世纪末至 8 世纪的墓地，埋藏在这里的随葬品中有许多这个时期的珍贵丝织物，生动地反映了当时这个"丝绸之路"中间站的繁盛景象，也为研究我国古代的丝绸工艺提供了重要的资料。本文介绍的是，最近几年特别是无产阶级"文化大革命"期间这里出土的部分丝织物。

吐鲁番最近发现的古代丝织物中，有一双前凉末年（公元 4 世纪后半叶）的织锦圆头鞋，是很难得的（图版 1）。这双锦鞋和东晋升平十一年（367 年）、十四年（370 年）的文书同出于 39 号墓，年代是明确的。鞋帮似乎是像编草履一样编织成的，而不是用织机织成的。鞋长 22.5 厘米，宽 8 厘米。鞋尖处的花纹有对狮，沿鞋缘分布有几列小菱形纹和云纹。鞋面有"富且昌，宜侯王，天延命长"等汉文。过去在罗布淖尔的汉代墓葬中，曾发现过类似的锦鞋[1]，但不像这一双色泽如新。汉代桓宽《盐铁论》和《汉书·贾谊传》提到的"丝履"[2] 和曹操《内式令》提到的"杂彩丝履"[3]，大概便是这一类东西。唐代也有织锦云头鞋[4]，但与汉代的不同。汉代的鞋帮用特别织成（编成）的彩锦制成，而唐代则用普通衣着的织锦剪裁而成。

这次发现的北朝时代（公元 5 至 6 世纪）的丝绸，值得提出的有两件：

（1）套环"贵"字纹绮（图版 2，3）。1966 年 48 号墓出土。与义和四年（617 年）衣物疏等同出。长 32.5 厘米，宽 24.5 厘米。"汉绮"组织，即底地平织，经线显花。每平方厘米经线 44 根，纬线 38。浅紫色。花纹为连套的椭圆环，填以连续雷纹（旋涡纹）、菱形纹和散花，

---

① 斯坦因：《亚洲腹地》第七章"古代楼兰遗存"，英文版，1928。

② 《盐铁论·散不足》提到"婢妾韦沓丝履"，又《国疾》也提到"婢妾衣纨履丝"。《汉书·贾谊传》提到"绣衣丝履"。

③ 见《太平御览》卷六九七引。《内式令》当为《内戒（诫）令》之误。

④ 例如吐鲁番最近发现的唐大历十三年（778 年）墓出土的锦鞋，见《文物》1972 年第 1 期，第 90 页，图二三。

间以汉文"贵"字。

（2）蓝地兽纹锦（图版 1，2）。1967 年 88 号墓出土。与延昌七年（567 年）墓志同出。保存有幅边。长 30 厘米，宽 16.5 厘米。经线显花，红、蓝、黄、绿、白五色，但每区只有三色。花纹为一怪兽（夔？）作卷云形，尾部下有一狮形兽和一菱形纹。

套环"贵"字纹绮的花纹，较汉代的文绮复杂，线条也较圆润。而兽纹锦的织法仍是平纹组织、经线显花的汉锦传统，近于卷云的兽纹也有汉代花纹图案的遗韵。但是，这个时候已开始采用波斯锦的斜纹组织纬线显花的织法，花纹也带有波斯萨珊朝的风格，例如鸟兽纹一般是绕以联珠圈的对鸟和对兽[1]，与汉代的花纹图案相比较，风格和母题都不相同。

到了隋和初唐时代（公元 6 世纪末至 7 世纪中叶），带有波斯风格的新织法、新花纹的斜纹纬锦出现更多，例如：

（1）"贵"字孔雀纹锦（图版 3，1）。1966 年 48 号墓出土。与延昌三十六年（596 年）、义和四年（617 年）等的衣物疏同出。长 18.5 厘米，宽 8.7 厘米。经线每枚双根，每平方厘米 25 枚，共 50 根。纬线每副蓝、白、红色各一根，每平方厘米 18 副，共 54 根（本文中称复经或复纬同色的一组为"枚"，异色的一组为"副"）。花纹为对孔雀，尾部上翘，外绕联珠纹一圈。

（2）联珠对鸭纹锦（图版 4，2）。1967 年 92 号墓出土。与延寿十六年（639 年）和总章元年（668 年）墓志同出。长 19.8 厘米，宽 19.4 厘米。经线每枚双根，每平方厘米 11 枚，共 22 根。纬线四色：黄、白、棕、蓝，但每区只有三色或两色，每平方厘米 28 副，即不到 76 根。花纹为对鸭，周绕联珠一圈。

---

[1] 例如 1959～1960 年发掘的 303 号墓出土的北朝时代的对兽对鸟纹锦，见《文物》1960 年第 6 期封面。

但是，在 7 世纪时，也仍有经线显花的兽纹锦，例如：

方格兽纹锦（图版 5，2）。1968 年 99 号墓出土。与延寿八年（631年）文书同出。长 18 厘米，宽 13.5 厘米。纬线每平方厘米 30 根。经线五色：红、黄、蓝、白、绿，每区仅三色成一副，每平方厘米 44 副，即 132 根。保存有幅边，宽 3 厘米，为蓝色和白色的条纹各一。花纹单位，纬线循环为 4.1 厘米，即经方向每隔 4.1 厘米花纹即重复。每组狮、牛、象各一，象颈上有一骑者。

不过就花纹而言，汉锦中的卷云形图案和各兽前后连续的布局法已不见了；兽形比较写实，并且各兽互相分离地孤立起来了，可以说是汉代流利生动的卷云、仙山、走兽等花纹的退化。

盛唐时期（公元 7 世纪中叶至 8 世纪中叶），吐鲁番地区人口增加，生产发展，它在"丝绸之路"上的地位也就更显得重要了。阿斯塔那墓地发现的盛唐丝绸，品种增多，图案绚丽，反映了当时丝绸工艺达到了一个新的水平。这些丝绸中，保留经线显花的汉锦传统的有：

"王"字龟甲纹锦（图版 3，2）。1966 年 44 号墓出土。和永徽六年（655 年）墓志同出。长 30.5 厘米，宽 31.5 厘米。经线显花（？）。纬线双线，每平方厘米 34 根。经线黄、白二色为一副，每平方厘米 16副，即 32 根。花纹单位，经方向每隔 5 厘米重复，纬方向每隔 10.3 厘米重复。花纹为龟甲纹，间以汉文"王"字（这件有可能为纬锦）。

另一方面，这时占重要地位的联珠鸟兽纹的斜纹纬锦非常流行，得到了发展。吐鲁番新发现的这种纬锦，可以提出的有以下三件：

（1）联珠骑士纹锦（图版 5，1）。1967 年 77 号墓出土。盛唐时期。长 13.5 厘米，宽 8.1 厘米。经线每副 3 根，每平方厘米 20 副，共60 根。纬线每副三色：蓝、绿、白，每平方厘米 26 副，共 78 根。花纹为骑士象，外绕联珠纹一圈。

（2）联珠猪头纹锦覆面（图版 4，3）。1969 年 138 号墓出土。盛唐时期。锦的周围以平织白绢折口缝成一覆面。长 16 厘米，宽 14 厘米。经线单根，每平方厘米 20 根。纬线每副三色：红、白、黑，每平方厘米 23 副，共 96 根。花纹为野猪头，獠牙上翘，舌部外伸，脸上有田字纹贴花三朵，外绕联珠纹一圈。

（3）联珠鸾鸟纹锦（图版 2，1）。1969 年 138 号墓出土。盛唐时期。保留有幅边。长 17.8 厘米，宽 15.5 厘米。经线每平方厘米 21 根。纬线红、白二色为一副，每平方厘米 21 副，共 42 根。花纹为一站立的鸾鸟纹，外绕联珠纹一圈。

这三件中，前一件组织细密，花纹精致；后二件组织粗松，花纹野犷。骑士纹的面型属伊朗型，而肩后的飘带则与波斯萨珊朝银盘、银币和石刻上王像冠后的飘带完全一致。猪头纹也是波斯萨珊朝织锦所经常采用的图案，过去吐鲁番曾有发现。这些具有波斯风味图案的织锦，虽然带有外国的情调，但都仍有可能是中国织工所织造的，有些花纹间有汉字，例如过去出土的一件织有汉字"胡王"的牵驼纹锦，可以为证①。这些中国织工采用波斯锦新织法和新图案织成的丝织物，是我国当时由"丝绸之路"向西方输出的。这是"丝绸之路"上文化交流的佳例。

盛唐时期和中唐初期的斜纹纬锦，还有两件值得提出介绍：

（1）晕绸彩条锦（图版 2，4）。1968 年 105 号墓出土。盛唐时期。长 89.8 厘米，宽 22 厘米。这件为锦裙的一部分。经线以红、黄、褐、绿、白分别成行组成，每平方厘米 48 根。纬线双线，黄褐色，每平方厘米 24 枚（48 根）。纬线提花，在彩条底地上显出小团花。

（2）花鸟纹锦（图版 1，1）。1968 年 381 号墓出土。与大历十三年（778 年）文书同出。长 37 厘米，宽 24.4 厘米。经线双线，每平方厘米 26 枚（52 根）。纬线显花，共有八色，但每区只有三色，每平方

---

① "胡王"锦，见《文物》1973 年第 10 期，第 16 页，彩色图版壹，2；又《新疆出土文物》，第 53 页，图 82，文物出版社，1975。

厘米 32 副，三色共 96 根。花纹以五彩大团花为中心，周围绕以飞鸟、散花等。锦边蓝地五彩花卉带。

晕绸锦的晕色条纹，华美犹如彩虹，又疏疏落落地散布有提花织成的棕黄色的小团花。这种锦似乎是唐代的一个新创造。花鸟纹锦也是唐代织锦中的杰作，它的图案布局紧凑而调和，色彩鲜艳而缛丽，反映了当时织锦技术的高度发展。

汉代丝绢中还没有发现染缬。迄今为止，我们所发现的最早的绞缬绢，是 1959～1960 年吐鲁番 305 号墓中与前秦苻坚建元二十年（384年）文书同出的一件大红染缬。北朝末年又出现了蜡缬的丝织物[1]。唐代的丝绸生产，在这染缬方面也开辟了一个新的天地。当时的染织工人发挥他们的智慧和技巧，在染色方法上有不少创造。这次吐鲁番新发现的染缬丝绸，例如：

（1）绞缬菱花纹绢（图版 4，1）。1969 年 117 号墓出土。与永淳二年（683 年）墓志同出。长 16 厘米，宽 5 厘米。平纹组织，经纬线每平方厘米 36×36 根。以浅黄绢（或原为白绢，年久变黄）为坯，折成数叠，加以缝缀，然后先行浸水，再投入棕色染液。染成后，菱花色彩有层次，显出晕绸效果，大方美观。

（2）树下鸳鸯纹蜡缬纱（图版 6，1）。1968 年 108 号墓出土。与开元九年（721 年）调布同出。长 57 厘米，宽 31 厘米。平纹组织，经线 40 根，纬线 26 枚。纬线分二种，分别以 1 根或 3 根为一枚，每种穿梭两次后便改用另一种。淡黄地显白色花纹，图案主要母题是花树下一对相向的鸳鸯，另外点缀一些折枝花。

（3）绿地狩猎纹纱（图版 6，2）。1968 年 105 号墓出土。盛唐时期。长 56 厘米，宽 31 厘米。平织纱，每平方厘米经线 24 根，纬线 42根。纬线分二种，即 1 根或 2 根为一枚，每种穿梭两次后改用另一种。

---

[1] 见《文物》1962 年第 7、8 合期，第 71 页。

花纹部分淡绿，丝线稍散开，底地深绿。图案为狩猎纹，画面生动。

第一件出土时，为绞缬而缝缀的线还没有拆去，可以据以看出当时折叠缝缀的方法。第三种绿地狩猎纹纱，是平织方目纱，比较疏朗，花纹的颜色较底地为淡，花纹部分的丝线松散开以显花。这件"蜡缬"，染色时似乎不是用蜡溶液，而是用含有碱性物质的涂料绘出或印出花纹，并且先行染色，涂料后加，干后再浸水中。碱性溶液溶去花纹部分的丝胶，所以未加拈的丝线纤维散开，颜色也变得浅淡，涂料洗掉后便显出花纹。纱上的狩猎纹图中，有骑士弯弓射兽、骏马奔驰、鹿兔逃窜等形象，又点缀以飞鸟和花卉，画面非常生动，同盛唐时代金银器和漆器上的狩猎图一样，代表了当时艺术的高度水平。汉代花纹的纱罗（花罗），是用两种不同的罗纱组织（leno weave）织出底地和花纹，与唐代这种缬染花纹的平纹组织的花纱不同。

毛主席指出："人类总得不断地总结经验，有所发现，有所发明，有所创造，有所前进。"我国劳动人民，在很早的古代便发明了育蚕缫丝和织造丝绸的技术，后来又不断发展和提高，对世界文明做出重要的贡献。这次吐鲁番新发现的古代丝绸，反映了我国古代劳动人民的智慧和技巧，对于深入研究我国悠久的丝绸生产历史，有很重要的价值。同时，这些古代丝绸说明了，通过著名的"丝绸之路"，我国人民和各国人民不仅互通有无，进行贸易，而且不断地互相学习，促进了文化交流；这对于进一步阐明我国人民和各国人民之间深远的友好关系，也有十分重要的意义。

1

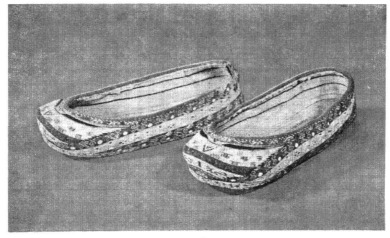

2

图版 1　新疆吐鲁番出土的古代丝绸（一）

1. 唐代的花鸟纹锦（2/3）　　　2. 东晋的织锦圆头鞋（1/3）

1

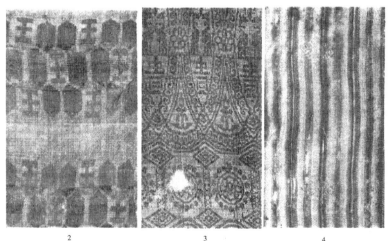

| 2 | 3 | 4 |

图版 2　新疆吐鲁番出土的古代丝绸（二）

1. 联珠鸾鸟纹锦（约 1/2）　　2. "王"字龟甲纹锦（约 1/2）

3. 套环"贵"字纹绮（约 3/5）　　4. 晕繝提花锦（约 1/2）

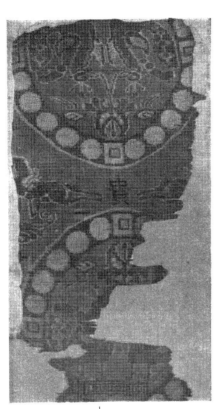

1

2

图版 3　新疆吐鲁番出土的古代丝绸（三）

1. 隋代的"贵"字孔雀纹锦（约 9/10）　2. 唐代的绿地狩猎纹纱（约 7/10）

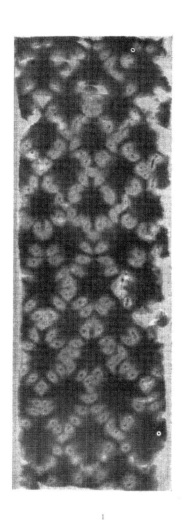

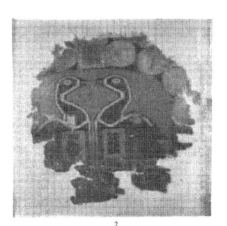

图版 4　新疆吐鲁番出土的古代丝绸（四）

1. 绞缬菱花纹绢（约原大）　　2. 联珠对鸭纹锦（约 1/3）

3. 联珠猪头纹锦（约 1/2）

1

2

图版 5 新疆吐鲁番出土的古代丝绸（五）

1. 联珠骑士纹锦（原大）　　2. 方格兽纹锦（约原大）

图版 6 新疆吐鲁番出土的古代丝绸（六）

1. 唐代的树下鸳鸯纹蜡缬纱（约 2/5） 2. 北朝的蓝地兽纹锦（约 2/5）

汉唐丝绸和丝绸之路[*]

中国丝织物的出现

中国是全世界一个最早饲养家蚕和缫丝制绢的国家，长期以来曾经是从事这种手工业的唯一的国家。有人认为丝绸或许是中国对于世界物质文化最大的一项贡献。

根据近二十多年考古发掘的结果，一般认为中国丝织物开始出现于中国东南地区的良渚文化（约公元前 3300 ~ 前 2300 年）。到商代（约公元前 1500 ~ 前 1100 年），中国丝织物便已达到相当高的水平。当时除了平织的绢以外，已有了经线显花的单色绮和多彩的刺绣。到了战国时期（公元前 475 ~ 前 221 年），又添了织锦，色泽鲜艳多彩。最近（1982 年）我们在湖北江陵的一座战国墓中（约公元前 4 世纪）发现了美丽的织锦和刺绣。后来汉文中"锦绣"二字成为"美丽"的同义语。今天我们常说中国是"锦绣河山"，便是"非常美丽的国土"的意思。

---

* 本文是作者 1983 年 3 月应日本广播协会（NHK）的邀请在日本所作三次公开讲演中的一篇。讲演稿汇编为《中国文明的起源》一书，日文版 1984 年由日本广播出版协会出版，中文版 1985 年由文物出版社出版。现据该书中文版编入文集，但删去了日本考古学家为日文版撰写的提要和注释。

汉代的丝织物，继承了战国时期的传统。新疆发现最多。1972年长沙马王堆两座汉墓中出土的丝织物，除了绢、绮、锦、绣之外，又有了高级的绒圈锦、印花敷采纱和提花的罗纱（罗绮）。当时织造技术有了发展，所以能生产高级的丝绸销售到国内、国外的市场中去，为当时欧亚大陆上许多文明民族所喜爱乐用。因之，沿着当时新开辟的"丝绸之路"，汉代丝绸大量地向西方输出，一直销售到罗马帝国首都的罗马城中去。当然，丝绸也为国内的贵族、达官和富人所喜欢穿用，死后也被带到坟墓中去。近年来，我们曾在"丝绸之路"的沿途各中间站及其附近发现汉、唐丝绸。我曾绘制一地图，标出发现汉、唐丝绸的地点①。

汉代丝绸业发达的原因

汉代丝绸业发达的原因，主要是由于养蚕技术的改进和缫丝、织造、印染等技术的提高。而养蚕技术的改造首先要改良栽桑技术。

图1　汉画像石上的采桑图

关于栽桑一事，战国时期的铜器上刻的采桑图便表示当时已有两种桑树：即高株的普通桑和矮株的"地桑"（或"鲁桑"）②。后者是人工改良的结果。栽桑者将普通桑树的主干的上部砍去一段，又使其他树枝都只能达一定的高度。这样一来，这种"地桑"低矮，易于采摘，并且枝叶茂盛，增加桑叶的生产量，而枝嫩叶阔，宜于饲蚕。东汉画像石中也有采桑图，便是这种"地桑"（图1）。汉代农书《氾胜之书》（公元前1世

① 见本书第三册《新疆新发现的古代丝织品——绮、锦和刺绣》一文之图1。
② 见本书第三册《我国古代蚕、桑、丝、绸的历史》一文之图1。

纪）中说："桑生正与黍高平，因以利镰摩地刈之。"这便是培植"地桑"的一种方法。有了良好桑树，才能养出良种的家蚕。

至于养蚕的方法，东汉崔寔的《四时月令》中说："治蚕室，涂穴，具槌（支架蚕箔的立柱）、栻（蚕架横木）、箔（养蚕的竹筛）、笼（竹编的罩形器，让蚕在上面结茧）。"这里涂塞隙缝，是为了防止鼠患，又易于掌握蚕室的温度。竹木制的工具是为了养蚕而特制的。因为讲究饲养的方法，所以产生了优良的蚕丝。根据实测，汉代蚕丝的直径是 20～30"穆"（一"穆"为 0.001 毫米），近代中国广州丝是 21.8"穆"，日本、叙利亚、法国为 27.7～31.7"穆"。最近长沙马王堆出土的丝，其原纤维（单丝）的直径为 6.15～9.25"穆"，而近代的中国丝为 6～18"穆"。纵使由于年久老化而萎缩，但是毫无疑问，汉丝是相当纤细的。这是中国人对于养蚕技术长期而细心的考究饲养法的结果。

有了蚕茧，下一步是缫丝。西汉董仲舒（公元前 2 世纪末）的《春秋繁露》中说："茧待缫以涫汤"（卷一〇《实性篇》）。缫丝是获得长纤维的蚕丝的一个秘诀。蚕丝的纤维，一根可达 800～1000 米的长度。在纺织业中，蚕丝纤维的长短可作为它的商品价值的标准。纤维越长，则成纱线的速度越快，而费用越低。蚕茧在沸汤中煮过后，蛹便被杀死。否则蚕蛹变成蚕蛾后咬孔钻出，便损坏了蚕茧的长纤维，无法缫丝。这种废茧的乱丝，只能作为丝绵以为衣服衬里之用。此外，沸汤溶解一部分丝胶，使缫丝工作得以顺利进行。沸汤缫丝法是一个窍门。如果外国人偷运蚕种出境而没有同时学得煮茧缫丝法，那仍是不能获得长纤维的优良蚕丝。中国传统的缫丝法，先将若干蚕茧投入沸汤中，然后拣起几个茧的丝头，并在一起，通过缫丝设置上的洞孔和钩，各丝纤维便粘合成一根丝线。然后将丝线卷到缫丝轴上去。这种方法操作起来并不困难，可能在汉代便已有类似的缫丝法，包括一些简单的设置。长沙马王堆汉墓出土的织锦的经线和纬线，是由 10 至 17 根蚕丝纤维组成的。每根线的粗细是16.9～30.8 但尼尔（每但尼尔为 9000 米长的线合若干克）。出土的罗纱的丝线较细，每根是 10.2 ~ 11.3 但尼尔。汉代的丝线似乎并未纺过，只是在几根蚕丝并合成线时稍有扭转而已。为了增加丝的抗张强度和弹性，缲过的丝线，当进行"调丝"的手续时，还使几根线并合为一根纱，作为经、纬线之用。在这过程中丝线虽或稍受扭转，但因为丝是长纤维，所以不必像短纤维的棉、麻、羊毛之类那样需要纺拈。上述的马王堆墓出土织锦的经纬线，每根纱由 4 至 5 根丝线组成，而每根线又由 10 至 14 根丝纤维组成，所以每根纱有时多达 54 根丝纤维。另一出土物的木瑟上的丝弦，是由 16 根多根丝纤维拼合的丝线所组成，拈度（扭转的数目）是每一厘米只有 1.35 转。铜山洪楼出土的纺织图，一边是织机，另一边那个在"调丝车"旁边的妇女，似乎正在从事调丝的工作。

平织的织机和提花机的出现

我曾利用这洪楼画像石和其他几块汉画像石的织机图[①]，复原了一幅汉织机结构图[②]。这是为平织物用的较简单的织机。这种织机有卷经线的轴和卷布帛的轴。还有为开梭口运动的"分经木"和"综片"，分开经线以便投梭。织机下有脚踏板二片，用以提综片开梭口。有了脚踏板，提综的工作不用手而用脚，可以腾出手来以打筘或投梭。东汉（1 ~ 2 世纪）画像石上的织机都已有脚踏板，可见至迟到东汉时中国的织机上已用脚踏板。这是全世界织机上出现脚踏板最早的例子。欧洲要到公元 6 世纪才开始采用，到 13 世纪才广泛流行。所以许多人相信织机上的脚踏板是中国人的发明，大概是和中国另一发明提花机一起输入西方。

---

① 见本书第三册《我国古代蚕、桑、丝、绸的历史》一文之图 8。
② 见本书第三册《我国古代蚕、桑、丝、绸的历史》一文之图 13。

这种简单的织机,一般只能织平纹织物。至于罗绮、平纹绮、织锦、绒圈锦等具有繁复花纹的丝织物一般便需要提花机。我从前曾根据我对于新疆出土丝织物的观察,推断有些丝织物需要提花综四五十片之多,因之推测当时织机已有提花设备,可能是"提花线束"而不是有长方架子的"综框"。最近我研究了马王堆汉墓的丝织物之后,我同意 H. B. 柏恩汉(Burhan)的意见,汉代提花织物可能是在普通织机上使用挑花棒织成花纹的。真正的提花机的出现可能稍晚。欧洲方面最早使用提花机的时间,各家的意见不一致。有人以为始于 6 世纪,有人以为 7 世纪或更晚。但是也有人以为早在第 3 世纪时,波斯、拜占庭、叙利亚和埃及各国便已使用一种简单的提花机,而真正的提花机要到 12 世纪才出现。他们对于提花机何时在欧洲开始使用,说法虽然不一致,但是都认为要较中国为晚,并且认为可能受了中国的影响。

汉代丝织物的种类

其次,我们讨论汉代丝织物的种类和织法。汉代文献上丝织物的名目很多;但是因为各类丝织物的名称,各时代往往不同,常有同名异实或同实异名的情况,有些已不能确知为何物。同时,古人对织物分类的标准和现代的不同,加以古代脱离生产的文人滥用名词,这就造成更大的混淆。我这里把重点放在考古发现实物的研究上,而只是偶尔兼及有关的文献。

就织法而言,汉代最普通的丝织物是平织的绢。绢的经、纬线的数目,一般是大致相同,密度每平方厘米为 50～59 根。但是满城汉墓的细绢,有的达到密度每平方厘米为 200×90 根。这墓又曾出土平织的缣,经线单线而纬线双线。

其次为纱,有平织的方孔和罗组织的罗纱。前者常在墓中死者

（男子）头部发现，有的带有涂漆的痕迹，当是冠帻的残片。这种绢的经纬线稀疏，有的密度是每平方厘米为 3×20 根。至于罗纱，它的罗纱组织使用纠经法。织成后，它的经、纬线都不易滑动，所以较平织的纱为优。汉代罗纱常常织有花纹，是提花的罗纱组织。织工利用罗纱组织中纠经的变化，用一种纠经法织出孔眼较大的底地，用另一种纠经法织成孔眼较细密的花纹。后者需要提花设备。这种提花的罗纱在马王堆汉墓中便有发现，在报告中称为罗绮。它是单色暗花，但是花纹清晰而优美（图 2）。

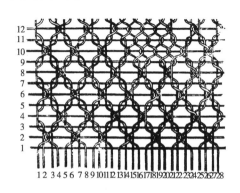

图 2　罗绮组织结构示意图

汉代丝织物中最重要的是单色暗花绸（也称为绮，或平织绮）和多彩的织锦。平织绮是一种斜纹起花的平纹组织。有花纹的部分，经、纬线的交织由"一上一下"改为"三上一下"。因经线的浮长线关系，花纹便由平织的地纹上浮突出来①。商朝便有这种织物。汉代仍继续采用这织法，马王堆汉墓中便有出土。另一种有人称为"汉绮组织"，是汉（东汉）时才出现的。这种组织不但底地是平织，并且显花部分，每一根有浮长线的经线同相邻的另一根经线，也是平织的。这样增加一组平纹组织的经线，可以增加织物的坚牢程度，但又不影响花纹的外观。这种"汉绮组织"在尼雅（民丰）、罗布淖尔和诺因乌拉，都有发现过。甚至于叙利亚的巴尔米拉遗址也有发现。

① 见本书第三册《新疆新发现的古代丝织品——绮、锦和刺绣》一文之图 2。

优质的织锦和绒圈锦

汉锦是汉代丝织物的最高水平的代表。它是五色缤纷的多彩织物。就织法而言，汉锦基本上是平纹重组织。它由两组或两组以上的经线（其中轮流有一组作为表经，其余为里经）和一组纬线更迭交织而成。纬线只有单一颜色的一组，但可依其作用分为交织纬（即"明纬"）和花纹纬（即"夹纬"）。二色或三色的经线，每色一根成为一副。织工利用夹纬将每副经线中表经和里经分开。表经是需要显色以表现花纹的经线，里经是转到背面的其他颜色的经线①。这样便使表经成为飞数三的浮线（在转换不同颜色的表经时，也有飞线为二的）。因为每副经线所包括的不同颜色的里经不能过多，如果一个花纹需要四色或四色以上，那便采用分区法，在同一区中一般是在四色以下。在中国，织锦最早发现于江陵和长沙的战国楚墓中。汉锦发现的地点便很多了。

又有一种高级的织锦，有人称之为绒圈锦。这是经线显花起绒圈的重组织。织时它需要有一种织入绒圈经内起填充成圈作用的假织纬（即起圈纬）。它在织后便被抽掉。这种线圈锦不仅具有彩色花纹，还有高出锦面约 0.7~0.8 毫米的绒圈。所以织物更显得厚实，而且花纹美观，具有一种立体感效果。这种绒圈锦的织机，由于起绒圈的经线用量较大，需要另配一经线轴。为了起绒圈又需要配备假织纬。这二者都是汉代的创新。

刺绣和印花的丝织物

除了上述各种不同织法的丝织物之外，汉代还有在已织成的丝织物

---

① 见本书第三册《新疆新发现的古代丝织品——绮、锦和刺绣》一文之图 10。

上刺绣或印染花纹。刺绣的实物在殷代已曾发现过。汉代的刺绣，发现很多。有的保存完好，颜色鲜艳。它们是在平织绢、平织绮或提花罗绮上用各色丝线绣出花纹。在高明的绣师手中，绣针犹如画师的彩笔，可以绣出像绘画一样细致而流利的花纹，表达出绣师的技巧和个性，所以它的艺术比织锦更高。又因为它不是由机械化的织机所制成，而是完全用手绣出来的，同样花纹的一副刺绣要比织锦费功夫多得多，所以当时绣比锦还要值钱。因之，更被珍视。

图3 马王堆出土金银印花纱印花顺序

马王堆汉墓中还发现几件印花的纱绢。印花技术似乎采用阳纹板（或凸板），但是镂空板印花也是可能的。其中一件（340－11）金银印花纱，是用三块凸板各印一种颜色，成为三色套板（图3）。另一件（465－5）是印花敷彩纱。这里先用凸板印出藤蔓作为底纹，然后用六种不同颜色的彩笔添绘花纹的细部，如花、叶、蓓蕾和花蕊之类。这几件是中国发现的最早的印花绢，时代在公元前2世纪之末。此外还有帛画，用颜色绘在绢上，长沙战国墓中已有发现。汉代的帛画，有马王堆汉墓中发现的几件，是艺术水平颇高的绘画。

汉代染丝线和印染丝织物的染料，多用植物染料，例如靛青、茜红、栀黄等；也有采用矿物料的，如银朱（硫化汞）、绢云母粉末（白色）、硫化铜（银灰色）。由于矿物染料比较原始，质量较差，效果不及植物染料鲜艳，所以汉代使用的矿物染料已经不多，常只作为颜料在绢上敷彩或彩画。至于颜色的种类除了所谓"五色"的五种正色（红、黄、蓝、白、黑）以外，还有几种间色（如紫、褐、绿等），并且它们又各有不同的色调。全部色调当在二十种以上。媒染剂一般用铝盐（矾石）。

华美的纹样图案

总之，就织造技术而论，汉代除了继承商、周的传统之外，又有了创新，因而取得了较高的成就。当时中国的织工，利用丝纤维的强度和长度的优点，发展了以经线为主线的织法，与西方使用短纤维纺织成的麻线或毛线而以纬线作为主线，传统不同。至于织机，汉代的是横卧式或斜放式，与西方的竖直式织机不同，所以汉代的织机比较容易利用脚踏板来提综。研究工作者一般认为织机上的脚踏板是中国的发明。丝纤维易于染色，所以汉代发展了彩锦和刺绣，又发明了绒圈锦和印花绢。这些织物都有华美的花纹图案。

至于汉代丝织物的花纹，它们是以装饰性为主的。《后汉书·舆服志下》中说："乘舆（皇帝）备文，日、月、星、辰十二章，三公诸侯用山、龙九章，公卿以下用华虫七章，皆备五采。"这些富有象征意义的花纹当是刺绣或绘彩的。但是一般做衣服之用的绮、锦等类丝织物，它们的花纹就考古发掘所得的实物来看，主要是装饰性的，并不一定有宗教性或象征性的意义。其中绮、锦之类使用织机织造，其花纹的题材和风格是和刺绣和印花绢不同。在织花的织物中，单色平织绮又和多色的平纹重组织的织锦，也不相同。织锦花纹中有些具有象征性的东西如芝草、神兽、仙山等，也是主要为着装饰美观，而不是专为它们的象征意义。花纹中有夹以吉祥文字，但是这些文字也是美术字，具有很大的装饰性。

织物的织造技术的特点，影响到花纹图案。织锦由于提花机所用的提花综不能过多，所以它们的花纹一定有重复，循环不已。若干提花综为一整个系列，织时依顺序逐一提综，到整个系列完毕之后，继续提综便要依原来顺序倒反过来逐一提综，这样便形成一个花纹循环单位。因之，单元的花纹都是左右对称的花纹宽带一条，由幅边到幅边直贯全幅。这样的花纹循环单元一个一个地继续织出来，一直织到一幅织物的辐头。

汉代的平纹绮和罗纹绮，由于织法的关系，它们的花纹是以菱纹、三角纹和回纹为最常见。菱纹出现最早，商代的平纹绮便已有之。这些织法是斜纹经线显花的。相邻的两枚经线和纬线的交织点，像阶梯一样斜出。花纹线条便成带锯齿的直线，不易织出圆滑的曲线或弧线。所以，它们的花纹以菱纹及其变体为最普通。所谓"菱纹变体"是指复合菱纹、回折纹组成的菱纹，开口的菱纹等。有种菱纹，它的两侧带有开口的小菱纹，当即文献上所谓"杯文（纹）"，因为它是耳杯形花纹由于斜纹显花的关系被扭曲成为这种花纹。简单的菱纹可能也是椭圆形扭曲而成。菱纹的框架内有时充填以图案化的动物纹或柿蒂纹，但是主纹仍是菱纹。

至于织锦，因为它是多色的重组织，它的花纹的轮廓是以颜色的变换来显示的，所以花纹可以比较流利，利用曲线较多，而且曲线的线条也较圆滑，例如云纹、藤蔓纹、"叉刺纹"，也有图案化的动物纹和山峦纹。后者是一群高低起落的山峦，上面奔驰着各种动物，包括怪兽。有时还添上"万世如意"、"长宜子孙"之类吉祥文字。织锦也有三角纹、菱纹及其变体，但是不多。西汉早期的绒圈锦的花纹都是几何纹或其变体，包括曲尺纹。这是因为绒圈锦每组的经线过多而且每个绒圈还突出于锦面之上，难以获得清楚的富于弧线的花纹。树木纹在汉锦中不常见，只作为花纹的附属元素。只有到了6世纪，才出现了以成排的树木充满幅面的花纹。汉锦中的卷云纹和"叉刺纹"，可能是由植物纹转变来的。

刺绣和印花绢的花纹不为织法所限制，可以用手工放手绣出或绘出花纹，所以线条流畅，轮廓清楚。上述织锦中那些富于弧线的花纹图案，如蓓蕾纹、藤蔓纹和"叉刺纹"也被绣工所采用，而效果更好，富丽而流利，深得当时人民的喜爱。

　　具有汉代特点的平纹绮、罗纹绮、织锦和刺绣，不仅在中国境内发现，并且在外国也曾在许多地方发现。有时在相距颇远的两处，其所发现的出土物，虽然花纹繁复，但花纹内容竟是几乎完全一样。显然它们是同一来源，可能是出于同一地方，甚至于是同一织坊的产品，而运输到各地去。王充《论衡》中说："齐地世刺绣，恒女无不能。襄邑俗织锦，钝妇无不巧。"（卷一二《程材篇》）。《汉书·地理志》也记载齐郡淄（今山东临淄）、陈留襄邑（今河南睢县）都有服官，管理这些丝织物的制造。

汉代丝绸流经丝绸之路

　　这些汉代丝绸，沿着汉武帝（公元前 2 世纪末）开辟的"丝绸之路"西运。由地图上可以看出来，这些发现古代中国丝绸的地点，是"丝绸之路"沿线的中间站或其附近[①]。

　　"丝绸之路"是一条以西汉都城的长安为起点向西方伸延一直通到地中海东岸的安都奥克（Antioch，当即《魏略》的"安谷城"），全长达 7000 公里以上。这条路的开辟至今已有两千多年的历史，但是"丝绸之路"这一专称是 1877 年德国地理学家李希霍芬（F. von Richthofen）第一次使用，到现在刚满 100 年。他铸造这个专词是为了强调这条路的开辟主要是为着运输中国丝绸到罗马帝国去。罗马帝国是当时世界上除了中国之外的另一个超级大国。

　　公元 64 年罗马帝国占领了叙利亚以后，中国丝绸很为罗马人所赏识。当时及稍后，罗马城中的多斯克斯区（Vicus Tuscus）有专售中国丝绸的市场。那时候的罗马贵族不惜高价竞购中国丝绸。罗马作家奥利略亚尼（Vita Aureliani）说：罗马城内中国丝绸昂贵得和黄金等重同

值。另一位罗马作者培利埃该提斯（Dionysius Periegetes，2～3世纪）说："中国人制造的珍贵的彩色丝绸，它的美丽像野地上盛开的花朵，它的纤细可和蛛丝网比美。"近代历史学家中有人以为罗马帝国的灭亡实由于贪购中国丝绸以致金银大量外流所致。另有人以为罗马帝国的兴衰是和"丝绸之路"畅通与否息息相关的。这些说法虽然有点夸张，但是当时在中西的交通和贸易中，中国丝绸确是占有非常重要的地位。

在丝绸之路开辟以前，中国的丝绸已经由欧亚草原的游牧民族运输到中亚。南部西伯利亚的巴泽雷克的坟墓（公元前5～前3世纪）中出土的中国织锦和刺绣以及山字纹铜镜，可以为证。同一时期或稍晚，这些东西可能通过中亚到西亚去。但是这条路作为贸易孔道而正式开辟，那是汉武帝派张骞通西域以后的事。公元前126年，张骞由西域返长安报告西域情况以后，"丝绸之路"便随着汉武帝的西进政策逐渐成为通途大道，大量的中国丝绸通过它向西运输。从前我们依据不可靠的史料，以为公元前3世纪或更早的西方文献中提到塞累斯（Seres）或塞利卡（Serica），而这名词是否便是指中国这国家或中国丝绸，值得深入研究。

公元前6世纪时安契美尼德王朝的波斯国派兵东征，直抵中亚的锡尔河（Syr－Daria）。公元前4世纪末，希腊雄主亚历山大东征，也抵达这条河。波斯人和希腊人都在这河的河畔建立城市和堡垒，但是他们都没有提到更东的中国。只有较晚的有关亚历山大丰功伟绩的传说故事中，提到他曾亲自进军到中国境内，并且在东北方面修筑了长城。这些只能算是传奇小说，并不是历史事实。亚里士多德说：在希腊的科斯（Cos）岛上有蚕吐丝可织布。这似乎是指一种野蚕，它的废茧的丝可以供纺织。这和中国以家蚕的茧缫丝，并不相同。此外，有人以为中国丝绸在公元前3世纪以前早已输入欧洲，经过仔细查核，其所引的西方文献，有的是伪托的古书，或真书中后人有所附益，有的是由于误解古书的文句，都是靠不住的。

至于公元前 3 世纪的情况，罗马地理学家斯特拉菩（Strabo，公元前 1 世纪）说：公元前 3 世纪大夏国王东向扩土，直达塞累斯国。这是根据公元前 100 年时人阿波罗多拉斯（Apollodorus）的《安息国史》的记载，而后者当根据更早的文献。但是这里的塞累斯，似乎并非指中国，而是指中亚热海一带，即当时欧洲人所知道的丝绸来源的最远地点。这里的"塞累斯"是这个地名第一次在欧洲文献中出现。它是在公元前 3 世纪时便已使用呢？还是公元前 1 世纪的罗马作者用今名来指古代地区呢？现今不易下断语。但是至少我们可以说，公元前 3 世纪时中国丝绸似乎已西运到大夏。

另一个误解是有人以为公元前 3 世纪时中国的镍铜合金的白铜已沿着丝绸之路西输到大夏。虽然当时大夏铸币有用白铜的，但这种白铜并不一定来自中国。当时中国是否已产白铜仍属疑问。中国文献中最早有"白铜"一名的是晋常璩《华阳国志》（4 世纪），但这并不一定指铜镍的合金。现存实物中似乎没有比明代更早的。有些被称为"白铜"的汉镜、"大夏真兴钱"和隋五铢白钱，都是高锡的锡铜合金。不过，我们对于当时有中国白铜输入大夏提出疑问，并不是说当时中国丝绸也没有输入大夏。可能当时丝绸已经通过游牧民族西输到大夏等国。但是"丝绸之路"的正式开辟是公元前 2 世纪末张骞通西域以后的事。

公元 1 世纪时，罗马学者老普利尼（Pliny the Elder）的书中，不仅提到塞累斯这产丝之国，还提到这个国家以丝线织成绢帛输入罗马。4 世纪时，史家马塞里奴斯（Marcellinus）谈到中国丝绢时说："昔日吾国仅贵族始得衣之。而今则各级人民，无有等差。甚至于走夫皂卒，莫不衣之矣。"意大利境内气候潮湿，古代丝绸不易保存下来。据意大利一位教授说：在意大利南部的巴布利（Publie）遗址曾出土过罗马时代丝绸。此外，4 世纪时罗马帝国属下的埃及的卡乌（Qau）和叙利亚的杜拉欧罗巴（Dura – Europa），都曾发现过中国丝绸。5 世纪时，埃及和叙利亚许多地方都用中国的丝线在当地制造丝绢。6 世纪时东罗马查士丁尼大帝才引进中国的家蚕的品种和饲养技术。

我曾在"丝绸之路"的东端西安做过考古工作，又曾从兰州开始，沿着河西走廊一路调查和试掘，一直到敦煌荒漠中的汉玉门关遗址，还去过新疆的乌鲁木齐和吐鲁番调查古迹。我也有机会访问过"丝绸之路"的西段，包括伊拉克的报达和伊朗的几座古城。这条长达七千公里以上的"丝绸之路"，中途有几段是要通过荒无人烟的大漠和高山。当我骑乘骆驼考察汉玉门关和附近的汉代长城烽燧时，便更深刻地体会到当时在这条路上旅行者的艰苦情况。然而他们竟冲破一切困难，使这条通途在中西交通史上起了极为重要的作用。这实使人惊叹不已。日本广播协会曾拍摄了以冈崎敬教授为顾问的《丝绸之路》电影。许多日本朋友曾到这"丝绸之路"沿线各地考察或旅行过。我想他们一定会同意我的这种看法。

但是中西的文化交流和贸易往来并不是单方面。中国也由西方输入毛织品、香料、宝石、金银铸币、金银器等。例如中国境内沿着丝绸之路及其附近，便曾发现过不少的波斯银币和拜占庭（东罗马）金币。精神文明方面，如佛教和佛教艺术，也是沿着这条路传入中国。它们对中国的文化和艺术，发生了很大的影响。

由于西方影响而发展起来的唐代丝织物

中国丝绸的织造技术和花纹图案，经过魏晋南北朝到唐代，也受了西方的影响，而起了很大的变化。西方传统织法的斜纹组织，由于织物表面布满浮线，能更充分地显示丝线的光泽，所以后来被中国织工广泛采用。唐代的织锦，也由汉锦的经线显花改而采用西方的较容易织的纬丝显花法[1]。印染方面，唐代的蜡染和绞缬，也都是汉代所没有的。新

---

[1]　见本书第三册《新疆新发现的古代丝织品——绮、锦和刺绣》一文之图15。

疆尼雅东汉遗址出土的靛蓝色蜡缬佛像花纹的棉布，当是印度输入品。

花纹方面，汉代那种宽带式花纹布局，到了唐代改为孤立的花纹元素散布全幅。花纹母题（motif）则西方式植物纹盛行，包括忍冬纹、葡萄纹等。波斯萨珊朝式的那种以联珠缀成的圆圈作为主纹的边缘，唐代很是盛行。圆圈内常填以对马纹、对鸟纹和对鸭纹等，也有填以波斯式的猪头纹和立鸟纹。新疆出土的一件对驼纹织锦，织有汉字“胡王”，这说明它是中国织工所设计织造的。花鸟纹锦的花纹，则是中国风格。一件蜡缬狩猎纹锦，以射箭的骑士为主题，空隙处填以兔、鹿、花草、禽鸟等，很是生动。绞缬的花纹常是几何纹。花纹单元的边缘轮廓，常常朦胧不清楚，和唐三彩的图案轮廓线相似，使人联想起现代画派的朦胧表现法。虽然唐代中国吸取了外国的元素，但是能加以融化，使之仍具有中国艺术的风格。所以唐代艺术，今天看起来，仍是中国艺术的传统的一部分。唐代的丝织物比汉代的更是华丽多彩。它们有许多传入日本，有的现仍藏在奈良东大寺正仓院。这影响了日本当时的丝绸手工业。这是中日文化交流的又一个例子。

总结上面的论述，我们可以说：汉代丝织物一方面继承了战国时代的传统，而另一方面又有了变化和发展，因之达到了很高的水平，而被境外的文明民族（包括罗马人）所喜爱。这导致“丝绸之路”的开辟和发展。到了唐代，中国丝绸因为受了通过“丝绸之路”传进来的西方影响和本身的创新和发展，无论在织造技术或花纹方面，都有了很大的变化。虽然有人把两个时代的丝织物合称“汉唐丝绸”，实际上二者大不相同。这种变化和发展的过程，大致的轮廓是清楚的，但是细节方面还有待于今后进一步深入探讨。

洛阳西汉壁画墓中的星象图[*]

  1957 年在河南洛阳市西北角城外的一座西汉壁画墓中，发现了日、月、星象图，是绘在前室的顶脊上。这是我国现存的最早的一幅星象图。原发掘报告中，对这星象图虽曾作过介绍①，但是所提出的解释，还有很多值得商榷的地方，所以我写这篇来重行介绍，并加诠释，以供讨论。

一

  这日、月、星象图，是以彩色描绘在 12 块长方砖上，我们就算它是 12 幅画（实则为一幅画的 12 分幅）。由东而西，第 1 幅是太阳，第 7 幅是月亮兼星象，其余 10 幅都是星象图。这些星象图，都是用粉白涂地，然后用墨、朱二色以绘流云，用朱色圆点标出星辰。原报告误称

---

* 本文原载《考古》1965 年第 2 期，后收入《考古学和科技史》一书（科学出版社，1979）；又见《中国古代天文文物论集》（文物出版社，1989）。现据作者自存校正本收入本文集。

① 河南省文化局文物队：《洛阳西汉壁画墓发掘报告》，见《考古学报》1964 年第 2 期，第 112~114 页，图版 3，1~10；图三，2。

它为"天汉图"。在我国古书中,"天汉"是指"银河",这图中并没有绘出银河。至于全部先平涂白粉,乃是为彩绘打底。这墓中其他壁画,如人物图等,都是如此,并不是代表银河。

这些星点,虽没有像后来的东汉画像石上和唐宋天文图上的星座那样,每群以直线条相连接起来作为一座,但是每群表示一个星座,似无问题。至于它们是哪一些星座呢?这是我们要研究的主要问题。

天空上的星辰是客观存在的,但是它们本来并没有自行结合归队为不同的星座。所谓"星座",是天文学者就星辰的排列布局,对比人神、动物、器物等的形象,或虚拟州国、百官等的列布,而想象出来的。我们古代天文学和西洋的天文学起源不同,所以关于星座的划分,除了少数的例外,也是并不相同的。举例来说,西洋的天蝎座的各星,在我国古代分属于房、心、尾三宿,长蛇座分属于柳、星、张、翼四宿,飞马座分属于室、壁二宿,而仙女座由壁宿、奎宿和天大将军三个星座的各一部分所合成,宝瓶座也包括女、虚、危三宿的各一部分;反过来说,我国古代壁宿二星,在西洋星座中分属于仙女座和飞马座,虚宿二星分属于宝瓶座和小马座,奎宿十六星分属于仙女座和双鱼座,翼宿二十二星分属于长蛇座和巨爵座。二者的分合,并不相同。只有少数的例外,如北斗七星可以和大熊座对比,参宿七星可和猎户座对比,但它们也仅是相当于西洋这些星座的主要部分而已,并非二者完全是等同的。如果我们这星象图是比较全面表现北天的"星图",罗列肉眼可见的一切星辰,那么,星群的分合虽不相同,但所表现的星辰仍会与现代西洋的"星图"大致相同的。可是,我们这星象图,像下文所论证的,仅只是选用少数的几个星座,所以我们只能用我国古代星座作为对照之用,而不应该采用西洋星座作对照。

星座在我们古代也叫作"天官",简称为"官"[①]。战国时的甘德、

---

① 《史记》卷二七《天官书》,司马贞索隐说:"星座有尊卑,若人之官曹列位,故曰天官。"(缩印百衲本)第418页。

石申、巫咸三家便曾著有罗列星座的星图。《晋书》卷一一《天文志》（以下简称为《晋志》）说："马续云：经星常宿中外官凡一百一十八名，积数七百八十三……张衡云：……中外之官常明者百有二十四，可名者三百二十，为星二千五百……〔晋〕武帝时，太史令陈卓总甘、石、巫咸三家所著星图，大凡二百八十三官，一千四百六十四星。"①马续便是《汉书》中《天文志》的作者，《晋志》所引的话也见于今本《汉书》中。根据《晋志》，可见便在我国的天文学中，各时代的星座数目并不相同。因为恒星的亮度，有的曾有变化，而各时代选取的标准又并不相同，所以同一星座中的星数，也各时代不同。《史记》卷二七《天官书》的勾陈四星，《晋志》作六星；《天官书》天苑九星，《晋志》作十六星。我们这星象图是属于西汉末年的，我们应以《天官书》作为主要的比较材料②，而以《晋志》所载的作为补充。关于《天官书》的考释疏解，本篇主要是依据朱文鑫的《史记天官书恒星图考》（1927 年商务刊本，以下简称为《朱氏图考》）。

现今西洋天文学上的星座，共 88 座③。我国古代的星图中，虽然南天部分的星座大都未曾收入，但星座数目如上段所述，都超过百数，多者达二三百座。我们这星象图中的星群只有寥寥十几个。我们作比较时，首先应该注意到北天有亮星的几个星座和天球赤道附近的二十八宿。它们可能是古人绘星象图时用以选择的主要对象。我们不能漫无限制地向繁星罗列的星图中随便找寻形状相近的星座而不管星座的重要性和是否包括有亮星。其次，还有一点也应提及的，我们这星象图的描绘者，不会自己便是一个天文学者；他大概是根据一个蓝本，"依样画葫

---

① 《晋书》卷一一（缩印百衲本），第 4901 页。
② 《汉书》的《天文志》中谈星座的部分，都是抄袭《天官书》的，《后汉书》的《天文志》，仅记载后汉时代的天文变异，并不列举星座，所以对于我们这工作，没有什么用处。
③ 《不列颠百科全书》第 6 卷，1964，第 393 页，星座表。

芦"。因之，在描摹时，可能在某些方面走了样，例如各星相距的疏密，布局的位置，甚至于可能漏绘一两个星。我们讨论这星象图时，要将这许多方面都考虑进去，才有获得比较完满的结果的可能。

二

现在我们逐幅来讨论这 12 幅日、月、星象图，图版和插图是根据《考古学报》编辑部所藏的原报告者寄来的照片和摹本（图 1）。第 1 幅是太阳图（图 1，1），可以略去不谈。

第 2 幅（图 1，2），东部绘 7 星，这不是"小熊星座（小北斗星）"。我国古代并没有以 7 星组合小北斗星座。西洋小熊座 7 星，在我国古代星图中分别属于北极（或天极）星座和勾陈星座。《晋志》说："北极五星，钩陈六星，皆在紫宫中。"《天宫书》说：句四星，天极四星或五星[①]。我以为我们这星群便是北斗七星，相当于西洋的大熊座。西洋的大熊座和小熊座，都以 7 星为主，布列的形象也大致相似。但是前者的 7 星，都是二等左右的亮星，甚为显明，所以我国古代也是把它们视为一组，称为北斗。后者只有两颗是二等星，其余都较微暗，实际上也不止 5 星。中西的古代天文学家选择不同，西洋在这些较暗的星中选出 5 星，凑成和大熊座布局相似的小熊座；而我国古代所选出的不止 5 星，又将它们与两颗亮星分别组成天极（或北极）和勾陈两个星座。原报告以第 11 幅的 7 星为北斗星，虽然也是可能的；但是我倾向于第 2 幅的 7 星为北斗，因为它和同一幅中五车星座，关系较为密切。第 2 幅西部 5 星，是五车星，相当于西洋的御夫座。其中五车二为一等星，光辉很

---

① 《天官书》说："中官：天极星，其一明者太一常居也；旁三星三公，或曰子属。"《汉书·天文志》，字句相同。王先谦《补注》以为三星合极星、明星为五。王氏这说法当是受《晋志》中"北极五星"一语的影响。但是细察史、汉原句文义，天极似不止一星，所以下接"其一明者"一语，言其中最明的一星。我颇疑史、汉的"天极"仅有四星。

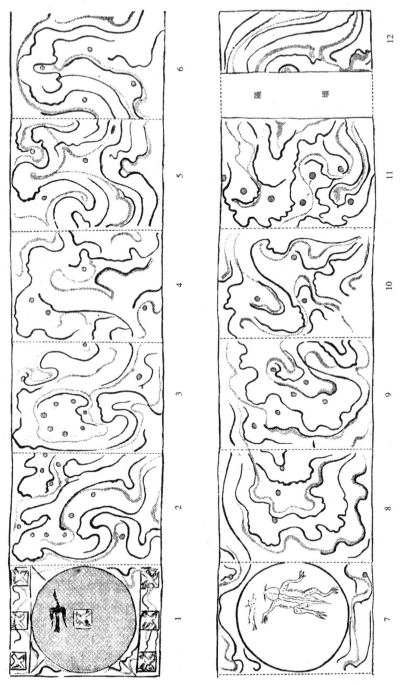

图 1 洛阳西汉壁画墓中的日、月、星象图摹本

强。《天官书》名之为"五潢",说"五潢,五帝车舍"。《晋志》说:
"五车、五星;……五车者,五帝军(当为车字之误)舍也,五帝坐
也。"但是《天官书》所谓"五帝座",是专指太微垣中一座由五星组
成的星座。《隋志》中也有太微五帝坐,而在华盖下又另有五星曰五帝
内坐。后二者的五星都作四角4星,中央1星,和五车作五角者不同。
我们这图作五角形,当是象征五帝车舍。五车和北斗同在一幅中,似有
其用意的。《天官书》说:"斗为帝车,运于中央。"《晋志》说:
"〔斗〕又为帝车,取乎运动之义也。"山东嘉祥武梁祠东汉画像石中有
一幅帝王乘车巡狩图,便是以北斗七星作为车子的框架(图2)[①]。帝车
和五帝车舍在意义上是密切相联的。这两个星座在图中的相对位置并不
符合于实际,或许由于将圆形的苍穹改为长条形时,只将各星凑拼在一
起而已。

图2 山东嘉祥武梁祠石刻画像北斗星图(摹本)

第3幅(图1,3),东部有环绕成圆形的7星,西部的南北两侧各
1星而西侧又有1星,共10颗(原报告漏去最后1星,所以只有9
颗)。这并不"很像猎户星(参星)"。参七星是西洋猎户座的主要部
分,是冬季北天最光亮的星座之一,和我们图中这星群相比较,不是
"很像",而是"很不像"(参阅本文图4中的参宿)。我以为这幅和前

① 傅惜华:《汉代画像全集》二编,1951,135号。

面第 2 幅一样，可能表示两个星座。环绕成圈的 7 星很可能是"贯索"星。《晋志》说："贯索九星……贱人之牢也。……九星皆明，天下狱烦，七星见小赦，六星五星大赦。"但贯索常见者为 8 星，贯索的旁边有"七公"7 星，排列如钩，二者合共 15 星。《天官书》说："有句圜十五星，属杓，曰贱人之牢。"王元启《史记正误》卷三说："按句七星曰七公，圜八星曰贯索。贯索本九星，正北一星，常隐不见。"（《二十五史补编》本）这 8 星的贯索，即西洋的北冕座，取义于它们环绕成圈如冠冕。今日北冕座为 15 星，但五等星以上的仅 7 星。古代观测较疏，可能只看到 7 星，也可能是漏绘 1～2 星。这种漏绘的例子，并不罕见。例如婺女宿原为 4 星，但是唐代的二十八宿镜有作 3 星的[①]。贯索星座中只有一星是三等星，其余都较微暗，并不重要，但是它接近北斗的斗杓，《天官书》所谓"属杓"，并且形状较特殊，或许因此而被选拣出来。

第 3 幅西部 3 星（原报告漏去 1 星），我以为可能是房宿。星座中以 3 星成组，略作直线形而中间稍曲折者，在二十八宿中便有娄、危、心三宿；原不止 3 星而常绘作 3 星者有参、房二宿。因为心、参、危三宿我们图中将另有图表示，娄宿不及房宿重要，并且它所属的西方七宿将有三宿出现在我们的图中，所以我以为这可能是房宿。二十八宿中房宿和贯索二者赤经最为相近，所以同在一小幅图中。《天官书》在叙述接近北极的"中宫"各星之后，接着叙述赤道附近的四"宫"而以"东宫苍龙：心、房"开始。东方七宿以心、房二者为主星。《晋志》二十八宿始于东方角宿，而言"房四星……中间为天衢，为天关，黄道之所经也"。房宿是相当于西洋天蝎座的头部，而 4 星中有 3 颗为三等星，比较明亮。如果不是汉代认为房只有 3 星，那便是由于我们这图

---

① 冯云鹏等：《金石索》，金索，六，第 112 页，万有文库本；陈遵妫：《中国古代天文学简史》，1955，第 87 页，图二三似即采用《金石索》。

的描绘者漏去 1 星。吉林集安通沟高句丽墓群中有星象图的二座，其中舞踊冢的房宿也只有 3 星，角抵冢只有 2 星[①]。唐代二十八宿铜镜有作 4 星的[②]，也有只作 3 星的[③]。

第 4 幅（图 1，4），原报告说："东北部点着 Y 字形的五星朱星，东南角点一颗朱星。这七颗星类似小马星。"并举伏龙佐夫 - 维耳耶米诺夫《天文学》（中译本 1957 年版）图五的星辰图作为鉴定的根据。原报告中这里"七"字当为"六"字的笔误。经查对《天文学》中译本原图后，发现原报告者将图上 6 星的海豚座误认作小马座[④]。我们这图中的星群，不仅与作斜方形的小马座 4 星，完全不相似；就是和海豚座的 6 星，除了星数相同，形状也并不"类似"；并且我们知道海豚座的 6 星的亮度不大，都是四等星或四等以下的星，所占区域也很小；至于小马座区域更小，星光尤弱。二者在西洋的星座中都不占重要地位。在我国古代，海豚座分属于瓠瓜和败瓜，小马座分属于司非、司危和虚宿北星。我以为这幅可能也是表示两个星座，作"Y"字形的一组，很可能是毕宿。毕宿正作这形状，不过据《晋志》是 8 星，数目不符。毕宿五便是西洋金牛座 α，乃是一等亮星；但其余的星，除毕宿一为三等星之外，都是四等星或四等以下。可能汉代只以 5 星表示毕宿。至于孤处于这幅的东南角一星又是指什么？我以为有可能是指昴宿。它便是西洋金牛座中的"七姊妹星团"，是由千余小星密集一处的星团；如细

① 池内宏等：《通沟》卷下，1940，第 11 页第 3 图，第 34 页第 16 图；又参阅中村清兄《高句丽时代四古坟について》，《考古学论丛》第 4 辑（1937），第 382～387 页，5～7 图。

② 冯云鹏等：《金石索》，金索，六，第 112 页，万有文库本；陈遵妫：《中国古代天文学简史》，1955，第 87 页，图二三似即采用《金石索》。

③ 李约瑟：《中国科学技术史》（英文本）第 3 卷，93 图；《西清古鉴》卷 40，第 45 页，唐四神鉴三。

④ 小马座在原图上绘出 4 星，作斜方形，在飞马座的西南角。小马座的西边是海豚座。后者在图上绘出 6 星，在天鹰座的东北，作多边形，中有斜方形一。因为中译本填注星座中文名称时选择填写的位置不恰当，以致引起将海豚座和小马座颠倒互易的错误。

察之，其中有7星较易了见。《晋志》说"昴七星"。唐代二十八宿镜有将7星排列成锯齿形[1]，也有作中间一星周绕七星如花蕊者[2]。后者可能简化为1星，表示一个星图。《天官书》说"昴曰髦头，胡星也，为白衣会"。这里没有明言为几星。是否汉代竟把它们视作一星呢？毕昴二宿都在《天官书》中的"西宫"。二者之间，为日、月、五星所经的要道，所以《天官书》说："昴毕间为天街。"《晋志》也说："昴毕间为天街。天子出，旄头罕毕以前驱，此其义也，黄道之所经也。"这或许可以说明为什么二者绘在同一幅中和这一幅在各宿中位置在前，仅次于房宿。

第5幅（图1，5），是形成近似等边三角形的一个星座。原报告说有4星，但摹本及照片中，我们只看到3星，缺少东南角的1星。原报告又以为这星座"颇似北天星之一的三角星（天大将军）"。按三角星座为一极不重要的星座，区域甚小，主星3颗都是三四等星，为我国古代所谓"天大将军"的东南角一小部分。光亮的二等星"天大将军一"，是属于仙女座，不属于三角座。我以为这星群可能是心宿。二十八宿中以3星组成近似等边三角形的，在唐代二十八宿铜镜中有心、女、危、娄、胃等五宿[3]，其中女宿也有作4星，据文献以4星为是。危、娄、心三宿也有将3星排成近于直线者。危宿将在下面第8幅出现，而娄、胃二宿都不及心宿重要，并且二者所在的西方七宿中已有二~三宿作为代表，所以我以为应认为心宿为较妥。心宿3星，中央1星为大火，乃一等亮星，前后2星也是二三等星。在西洋星座中它们相当于天蝎座的身躯部分。《天官书》以房、心二宿为东方七宿的主体，又

---

[1] 李约瑟：《中国科学技术史》（英文本）第3卷，93图；《西清古鉴》卷40，第45页，唐四神鉴三。

[2] 冯云鹏等：《金石索》，金索，六，第112页；陈遵妫：《中国古代天文学简史》，1955，第87页。

[3] 李约瑟：《中国科学技术史》（英文本）第3卷，93图；《西清古鉴》卷40，第45页，唐四神鉴三。冯云鹏等：《金石索》，金索，六，第112页；陈遵妫：《中国古代天文学简史》，1955，第87页。

说："心为明堂，大星天王，前后星子属，不欲直，直则天王失计。"这3颗星原来虽不在一直线上，但像我们这图中画得成为等边三角形似的，实是有点走了样。唐代二十八宿镜中的心宿和我们的相似。这是否由于强调"不欲直"而矫枉过正呢？

第6幅（图1，6），有4星，形成近似菱形的四边形。或以为它们"稍似天兔星座（军市）"。按西洋的天兔座内有4星，列成四边形，但都是三四等星，相当于我国古代军市的一部分，但军市中最亮的市一（二等星）却属于大犬座，不属于天兔座。我以为可以根本不去考虑这不重要的天兔座，还是在我国古代二十八宿中去寻找。以4星组成四边形的宿星，共有5座，即东方的氐、箕，北方的女宿和南方的鬼、轸。此外，还有南方张宿6星的中央部分也以4星组成菱形。因为这星象图中的东、北两方都已有二宿为代表，所以还是就南方三宿中去考虑。如果是张宿，我们需要假定漏去两侧的2星，所以还是就鬼、轸二宿中去选择其一。《晋志》说："舆鬼五星，天目也，……中央星为积尸。"《步天歌》说鬼宿"四星四方似朱柜，中央白者积尸气"。虽然我国古代一般的星象图中鬼宿常作5星，但仍有时将中央的"积尸"星团除外而将鬼宿只作为4星。鬼较轸为更接近南方7宿的中央部分，或许这幅是指鬼宿。

第7幅（图1，7）的主题是月亮。月亮的西边、南北各一星。或以为它们"似宝瓶星（玄枵）"。按西洋宝瓶座的区域很广，三～五等的星便有十余颗，但没有比三等更亮的明星，很难说这二星便是代表宝瓶星座。查我国二十八宿中南北直列二星的，计有室、壁、虚、角等四宿。因为这幅和下面绘出危宿3颗星的第8幅相衔接，所以我认定这里是虚宿2星：北星为小马座 α，南星为宝瓶座 β。

第8幅（图1，8）是3星列成近似直线，距离相等。或以为"疑为河鼓星（牵牛）"。按3星绘成这样形状的，除河鼓星以外，像上面讨论第3幅西部3星时所提及的，还有娄、危、心、房、参等五宿。其中房、心、参、河鼓等，在这星象图中另有表示；而娄、危二者中，危和虚常相并提，上面第 7 幅既考定为虚，这幅和它相衔接，所绘的当为危而非娄。危宿 3 星，其一为西洋宝瓶座 α，另二星属于飞马座。《天官书》说"北宫玄武：虚、危"，是把这二者视为北方七宿的主体。虚又居北方七宿的中央。因此，二者的各星亮度虽不突出，在我们古代星宿中仍占相当重要的地位。二者相对的位置，和实际相对照，是东西互易了。这或许绘图者只选择几个星宿作为代表，并不考虑这些位置方面的关系。

第 9 幅（图 1，9），中央斜绘一排 3 星，在它的东北边另绘一排 3 星，凑成丁字形。或以为"连系起来很像天鹅座（天津）"。按西洋星座中和这相似的有天鹅座和天鹰座（河鼓 3 星即属之）。我以为我们应将这一幅和下一幅连起来考虑。下一幅所绘的是织女星，这一幅的中央部分的 3 星，当是河鼓，另外 3 星是河鼓的辅星"旗星"，也叫"右旗"。这 6 颗星是组成西洋天鹰座的主要部分，但是，它们和天鹅座无关。虽然就图中星座的方向而论，似与后者相符合，但我们这星象图似乎并不大注意星座的方向。《天官书》说："牵牛为牺牲，其北河鼓。"《晋志》说："河鼓三星，旗九星，在牵牛北。"河鼓二即天鹰座 α，是一等亮星，但旗九星都是三～五等的星，可能是绘者省略去一些，仅留 3 星作为代表，也可能是汉代只认旗三星。或以为河鼓即牵牛；实则我们今日一般虽是这样称呼（起源颇古，《尔雅·释天》便有"河鼓谓之牵牛"之说），但是《天官书》和《晋志》都以牵牛指牛宿六星（都属西洋摩羯座），和河鼓三星是两回事。

第 10 幅（图 1，10），是排成近似等边三角形的 3 星。或以为它"有点像天秤星（寿星）"①。按西洋天秤座以主要的 4 星构成梯形，相

---

① 按天秤星不属寿星之次。天秤座主要的 4 星相当于我国古代氐宿。氐宿赤道距度依汉太初历为 15 度。十二次各次的起讫界限，各家所说不同。《晋志》以轸十二度至氐四度为寿星，西汉费直以为寿星起轸七度，东汉蔡邕以为起轸六度，但是都将氐宿全部或绝大部分归入大火之次。《明史》卷五《天文志》也以为氐宿在大火。朱文鑫《历法通志》（1934 年商务本），也依梅文鼎的推算以为天秤座在大火 7～28 度（第 278 页）。

当于我国的氐宿四星。但是，伏龙佐夫 - 维耳耶米诺夫的《天文学》教科书中那幅星图的天秤座漏绘一星，致成三角形。我以为我们这幅成三角形的星座，当是织女三星，其中织女一（即西洋天琴座 α）是一等的亮星，和河鼓星隔银河而相对，是我国民间有名的七夕故事的来源。《天官书》说："织女，天女孙也"，没有明言星数；但《晋志》说："织女三星。"山东肥城县孝堂山石刻的日、月、星象图便有织女星，也作这形状（图3）[1]。我们这二幅互相衔接，很可能正是表示河鼓和织女。汉武帝所开凿的昆明池畔，便有西汉石雕的牵牛、织女像[2]。

图3 山东肥城孝堂山的石刻画像星象图（摹本）

第11幅（图1，11），据摹本，南部偏东4星，北部3星，共7星，像斗形。原报告说："南边由东向西画三颗星，西南角往北画两颗星，东南角北偏西画四颗星，中央绘一颗星，共十颗朱星。"这比摹本多出3星，但没有将这漏去的3星的位置叙述清楚。原报告又说："很近似北天星之一的大熊星（大北斗）。"如果近似大熊座，则当如摹本只有7星。由5~8星组成斗形的星座，还有西洋的小熊座和我国古代的斗、柳、星等三宿。小熊座在我国古代不自成一星座，北斗（即大熊座）和五车星在一起，前面讨论第2幅时都已详细谈过。斗宿（即南斗）只有6星，并且属于北方七宿。前面已有虚、危二宿作为北方的代表，所以这星群可能是南方七宿中的柳或星宿。后二者都为西洋长蛇座的一

① 傅惜华：《汉代画像全集》初编，1950，21号，23~24号（细部）；参阅罗哲文《孝堂山郭氏墓石祠》，《文物》1961年第4、5合期，第50页，图2。
② 顾铁符：《西安附近所见的西汉石雕艺术》，《文物参考资料》1955年第11期，第3~5页。

部分。星宿 7 星，数目相合；但是它的柄部不像我们这星群几乎在一直线上。柳宿 8 星，多出 1 星，但形状较相近似，可能摹本漏去 1 星，也可能原来绘者便已漏去。前面提及的集安通沟的二墓内的星象图，其中柳宿都只有 6 星①，比我们的还少 1 星。《天官书》说："柳为鸟注"，没有说明星数。《晋志》说："柳八星。"

第 12 幅（图 1，12），东部为隔墙所遮盖，就照片和摹本上看，只有 1 星。原报告说："由西南向东北，在一线上绘了三颗星，其中间的一颗稍偏西，可能是白羊星（降娄）。"是否另有 2 星在照片和摹本上被遮盖住了呢？如果是一排 3 星，我们在前面讨论第 3 幅西部时已经说明这种星群有危、心、房、娄、参等五宿的可能。因为前三者都已有图表示，所以这幅只能在娄、参二者中选择其一。参宿多一二等星，比较重要，所以我以为它的可能性较大。参宿中腰 3 星可以用以代表整个星座。集安通沟高句丽时代二墓的星象图中也是以一排 3 星来表示参宿②。沈钦韩说："《晋志》参十星。陈氏启源《稽古编》云：古以为三星。《考工记》数伐而为六星，丹元子不数伐而数左右肩股为七星。天官家各有师承，古今多不相同。"③《天官书》说"参为白虎"，虽不当西方正位，但仍认为西方七宿的主体之一。参宿和东方苍龙的心宿，东西相对，为二十八宿最引人注意和重视的二宿，和北斗、太阳，在我国古代同称为"辰"（即用作标准的星象）④。

上面关于各星座的推定，有些比较可靠，有些也没有把握，只是提出一些想法，以供考虑和讨论。如果所推定的星座，大致不错，那么，我们可以说，这 12 幅的日、月、星象图，最东的一幅是太阳图，然后

---

① 池内宏等：《通沟》卷下，1940，第 11 页第 3 图，第 34 页第 16 图；又参阅中村清兄《高句丽时代四古坟について》，《考古学论丛》第 4 辑，第 382～387 页，5～7 图。

② 池内宏等：《通沟》卷下，1940，第 11 页第 3 图，第 34 页第 16 图；又参阅中村清兄《高句丽时代四古坟について》，《考古学论丛》第 4 辑，第 382～387 页，5～7 图。

③ 沈钦韩：《汉书疏证》卷二〇，光绪二十六年浙江书局刊本。

④ 陈遵妫：《中国古代天文学简史》，1955，第 17 页。

是"中宫"的北斗及其有关的五车和贯索；然后是二十八宿中东方的心、房，西方的毕、昴、参，北方的虚、危，南方的柳、鬼（或轸）等九宿，还插入月亮和河鼓（及其有关的旗星）和织女。我们可以在一幅北天的星图上，把它们表示出来，作成一图（图4）。如果拿集安通沟二墓的天文图作为比较，颇有意思。那二图也是太阳在东，月亮在西。不过由于它们的星象是绘在圆形的穹顶上，和我们的绘在长条上的不同，所以它们是中央偏北为北斗，东方房、心，西方参、伐（?），北方危，南方柳，一共7个星座，其中伐（?）也未能十分肯定[①]。可以说，那二图和我们的大体相同，不过排列不同而星座多寡也有差异而已。

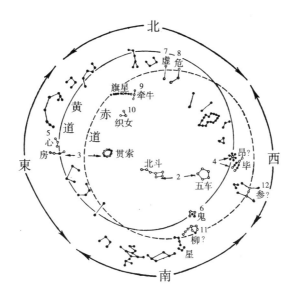

图4　二十八宿和其他在汉墓星象图中绘出的
星座（数字表示在第几幅中，圆圈表示
汉墓星象图中曾加绘出的星点）

---

① 池内宏等：《通沟》卷下，1940，第11页，3图；又第34页，16图。

三

原报告总结对比的结果说：所推定的十二星座中，宝瓶（玄枵）、天秤（寿星）、白羊（降娄）居在黄道带中，御夫（五帝座）、小马、三角（天大将军）和猎户（参宿）都紧临黄道带边沿，天鹅（天津）、河鼓（牵牛）和天兔（军市）距黄道带较远，小熊（小北斗）和大熊（大北斗）距北极较近。最后又说："再以月为界，月以前的六幅，可能象征白昼；月以后六幅象征夜晚。共十二幅可能象征十二时辰。"

实际上，我们这星象图，绝不会是在一幅西洋的星图上乱选出几个星座作为点缀，也不会只是在我国古代的星图任意选拣几个星座，漫无目的。我们要问：它的用意到底是什么？它的选择标准是什么？

关于这星象图中每个星座的推定，前节中已经逐个加以讨论。现在再就这图是否代表黄道十二宫和象征十二时辰的问题，提出我的一些看法。

首先，因为我们这图全部是 12 幅，除去太阳图一幅后，由于第 2 幅包括两个星座，仍可凑成十二数，所以原报告者便联想到黄道十二宫和我国的十二次，并且具体提出三个星座：白羊星即降娄，天秤星即寿星，宝瓶星即星枵。实则虽然有人以为十二次便是黄道十二宫，但是十二次是沿着赤道的，而西洋的十二宫是沿着黄道的，这是中西古代天文学的一个大区别。而且次和宫的起讫界限也不一样[1]。我们知道：赤道和黄道二者只在春分和秋分二点上是相符合的，其他都不相同，例如参宿一的赤纬是南初度弱，几乎在赤道上，但是黄纬却达南二十三度弱[2]，所以西洋十二宫取金牛座而不用猎户座（参宿），而我国十二次

---

① 陈遵妫：《中国古代天文学简史》，1955，第 90 页。
② 度数依据《明史》卷二五《天文志》。

却以参宿列入实沈之次。现在姑且以为宫和次是相同的，所推定的星座也姑且依据原报告的说法，那么，十二星座中也只有3座合于十二宫，只占1/4。如果改用赤道，加入"实沈之次"的参宿，也只占十二次的1/3。可见这十二星座作为整体，既不是西洋的黄道十二宫，也不是我国的赤道十二次。我在上节中已经指出，我们这星象图中包括二十八宿中几个星宿。二十八宿都和赤道相近，分属于十二次，每次2宿或3宿。这似乎表示这图和星次并非毫无关系。但是，它只是通过各"宿"间接地和星次发生关系，绝不是所绘的十二星座作为整体便是十二次或十二宫。我们这图的各"宿"是依照四方在每方中选择2宿（西方3宿），而不是依照星次来选择，所以有3个星次在这图中有2宿，另有3个星次各1宿，而其余6个星次却连一个宿也没有。

其次，在讨论了这图的十二星座是否便是十二宫即十二次的代表以后，我们可以再讨论这12幅是否可能象征一天中的十二时辰。这是由于月亮图的前后，恰是各为6个星座，很容易使人联想起昼夜各6个时辰。前段已说过，这12幅并不代表我国古代的十二次，现在姑且将它们作为代表十二次，也仍不能说它们是象征一天中的十二时辰。先来解释一下十二次。我国古代将周天分为12段，称为十二次（每次以二十八宿中的二宿或三宿为标记），用它来观测日、月、五星的运行。这十二次的名称起于春秋战国间[1]。当时曾以岁星（木星）所到的"次"，作为纪年的标准[2]，例如说："岁在星纪"，"岁在降娄"[3]。后来以太岁（岁阴）代表岁星，12个岁名也以十二辰代替，例如《汉书》称汉元

---

[1] 竺可桢：《论以岁差定尚书尧典四仲中星之年代》，《科学》1926年第10卷，第12期。

[2] 我国春秋时认为岁星周期为整12年，恰符合十二次的划分；实则这周期约为11.86年。但是要经过84年才超辰一个"次"，短期内不会发觉这错误的。参阅刘坦《中国古代之星岁纪年》，第31页，1957。

[3] 见《左传》襄公二十八年和三十年。参阅刘坦《中国古代之星岁纪年》，第132页，1957。

年为"太岁在午"①。我国古代又以太阳所到的"次"作为节气的标准。《汉书》论十二次，说："日至其初为节，至其中为中。"② 如果以 12 中气为标准，则每月的中气也便是这一月的星次。《汉书》说："星纪初，斗十二度，大雪；中，牵牛初，冬至（原注：于夏为十一月，商为十二月，周为正月）。"③ 便是建子的月份。以下各月，可以类推。《淮南子》说："星：正月建营室、东壁；二月建奎、娄；……"④ 也是表示这一月太阳所到的"宿"，虽然用"宿"来作标准，实即等于用星次。室、壁即娵訾之次，于辰为亥，余可类推。这便是后世所谓"太阳过宫"或"中气过宫"，《明史》卷二五说："如日躔冬至，即是星纪宫之类。"十二次即可以表示十二岁次或一岁中十二个月太阳过宫，我们要问：是否十二次也可用以表示一天中的十二时辰呢？在赤道或黄道附近的星，每过一天便重至中天。如果以某一星宿的距星在中天的时间为标准，这样似乎也可以十二星次来配合一天的十二时辰。但是，实际上，这里的一天是恒星日，它和我们一般的所谓一天即太阳日，每天相差约 4 分钟，即每月相差约 2 小时，也就是达一星次之多。如果第一个月的每天"子时正"的中天的各星宿，都是属于大火之次，那么第二个月的，便要属于另一星次了。《礼记》中《月令》篇说："孟春之月，日在营室，昏参中，旦尾中；仲春之月，日在奎，昏弧中，旦建星中。"这里是用"昏"和"旦"作为观测中星的时刻，明显地表示已知道每月的中星（昏中星或旦中星）不同，也便是每月各日昏时（或旦时）的中星所在的星次有所改变，若干日后便在于另一星次，所以不能将十二次代替十二辰来表示一天中的十二时辰。原报告似误将十二次和十二辰混为一谈。子、丑等十二辰是常作为 12 个成组的事物的序数来使用，

---

① 《汉书》卷二一下《律历志下》。参阅刘坦《中国古代之星岁纪年》，第 140 页，1957。
② 《汉书》卷二一上《律历志上》。原缺"为中"二字，据钱大昕《汉书考异》卷二补入。
③ 《汉书》卷二一下《律历志下》。
④ 《淮南子》卷三《天文训》，"东壁"二字据王念孙《读书杂志》中王引之说增入。

例如有 12 集的一部书也可用十二辰来称为子集、丑集等。十二次和一天的十二时辰，都可以用十二辰来命名，以十二次来表示的十二岁次和一年的十二月，也都可以改用十二辰来称呼。但是，假使我们用十二次来称呼或象征一天的十二时，例如说大火之次，如果不明言月份，便完全无法知道它是一天中的哪一时辰。所以，十二次决不能用来代替子、丑等十二辰以称呼一天中的十二时辰，古往今来，也从没有这样称呼过。

我们这星象图，既不是以 12 个星座来表示十二次，更不是象征十二时辰。如果我在上面第二节中所推定的基本上可以采用，那么，这图只是汉代天官家所区分的"五宫"中每"宫"选取几个星座用以代表天体而已①。《天官书》所列举的许多重要星座里面，中宫有北斗七星，又有句圜十五星（包括贯索和七公），"东宫苍龙：房、心"（二者居东方的正位），南宫朱鸟，有鬼、柳等宿，"西方咸池，曰天五潢"（即五车），"参为白虎"，又有毕、昴，"北方玄武：虚、危"（以二者居北方的正位），又有河鼓和织女。我们在上节中加以推定后，曾另作星象图

---

① 《天官书》和《汉书·天文志》，五宫都作"宫"字。自清代钱大昕（见《史记考异》卷三）以为"宫"当作"官"，后来多从其说，近人天文学史的著作，如朱文鑫的《图考》和陈遵妫的《简史》，也都以为今本《史记》，"五官"都误作"五宫"。实则据钱大昕的论证，也只能证明唐代司马贞作《索隐》时所用的《史记》本子，可能"宫"字作"官"。至于汉代原本如何，仍无法证明。可能由于篇名为《天官书》，又因《周礼》以"六官"分篇，所以便容易使人认定这里也应作"官"字。"宫""官"二字形近易误。但是，《史记》和《汉书》现今所有本子，这五处都作"宫"字；并且《晋书》和《隋书》的《天文志》，也以二十八宿代替四方"宫"，而所保留的"中宫"，仍作"宫"而不作"官"。我以为"宫"字未误。古代天文书中的术语，"官"字指星座（见正文第一节），而"宫"字指天空中一定的区域范围。《天官书》前半便是罗列星座的一篇文章。其中所涉及一定区域的范围，如紫微垣的范围内，便称为"紫宫"。"五宫"的意义也和它相同。《天官书》原文所谓"东宫苍龙"、"南宫朱鸟"、"西宫咸池"、"北宫玄武"，皆指一定的地区范围，并不指某一星座。《晋志》说："咸池，鱼囿也"，实则汉时也是指一定区域范围。后人以四方各 7 宿作苍龙、朱鸟、玄武、白虎之形；实则《天官书》中"东宫苍龙"等是指北天中除了"中宫"以外的四方四个区域，每方包括 7 宿以外其他一切星座。在《天官书》中，实仍以作为"宫"字为胜，所以我这篇中都仍保存原字，不臆改"宫"字作"官"。

（图4）来表示它们，并且指出这图和集安通沟的两墓中星象图的相似点，兹不再赘。孝堂山石刻（图3），除了日、月之外，也有星象，似为6个星座，其中月亮的外侧为北斗七星，太阳的内侧为织女，都可确定无疑。月亮内侧的3星可能是参星，织女旁的两组：3星的可能为心宿，4星的为房宿，太阳外侧的7星可能是柳宿（或以为是南斗，但南斗只有6星）。这石刻原来放置的方向，因为已被移动，无从确定，但是如果和我们这图中日、月的位置一样，也是日东月西，那么心房恰在东方，参宿在西方。加上南方的柳宿和北斗、织女，那么这6个星座在我们这星象图都有出现。

我国古代的生产，以农业为主。劳动人民注意一年四季的更迭，以求不失农时，而四季的更迭，可以由观测赤道附近的某一恒星或星座在初昏时（或昧旦时）的"中天"作为标准，也可以由初昏时北斗的斗柄所指的方向作为标准。记载殷末周初的天文现象的《尧典》中，便有观测"四仲中星"的记录①。后来受了五行学说的影响，在四方之上又添"中宫"，成为"五宫"。而"四中星"也扩充到二十八宿，但仍旧分属于"四宫"。我们这星象图便是在这天文知识的基础上所绘成的。虽然由于画面有限，只好选择几个星座作为代表，但是所选择的大都是比较重要的星座。因为画面是狭长的长条形，所以排列的位置，无法依照天空原来的位置。这对于我们的推定，造成一定的困难。但是大部分星座都仍可以推定，可能大致不错。

我国古代墓中配备天文图，似起于秦代。《史记》卷六《始皇本纪》说，始皇墓中，"上具天文，下具地理"，当是在墓室顶部绘画或线刻日、月、星象图，可能仍保存于今日临潼始皇陵中。解放后，在辽宁辽阳棒台子屯和三道濠所发现的东汉壁画墓中，在前廊藻井上都绘有日、月云气图；在所发表的棒台子屯一墓的壁画照片中，可以看出云气

---

① 竺可桢：《论以岁差定尚书尧典四仲中星之年代》，《科学》1926年第10卷，第12期。

间也有星象①。山东梁山县后银山一座东汉墓，据云："藻井为象征日、月的金乌、玉兔（已脱落），绘以行云流水的图案。" 观所发表的照片，似乎云气间也有星象，但似很凌乱无次②。前面已提到的山东肥城孝堂山石刻，有日、月、星象图，刻在石梁下面，也是属于东汉的。这些都晚于我们这座西汉墓。我们这图，可说是现下所发现的我国最早的一幅星象图，提供了我国天文学史上的重要新资料。

---

① 《文物参考资料》1955 年第 5 期，第 28、34 页，图 10～图 11。
② 《文物参考资料》1955 年第 5 期，第 44 页，图版八～图版九。

从宣化辽墓的星图
论二十八宿和黄道十二宫[*]

　　天文学是人类在同自然界奋斗的生产斗争中产生的。恩格斯说：
"首先是天文学——游牧民族和农业民族为了定季节，就已经绝对需要
它。"（《自然辩证法》）我国古代劳动人民，在农业的生产实践中，为
了要掌握季节转换的规律性，在远古时候便逐渐积累了关于天文的知
识，曾对于天文学的发展，做出了不少的贡献。二十八宿体系的创立，
便是其中之一。明末西洋来华的耶稣会教士们，误认为我国的二十八宿
及与之相关的十二星次，全是巴比伦、希腊天文学的黄道十二宫的翻
版[①]。后来主张"中国文明西来说"的西洋汉学家，多仍袭这种错误的
说法[②]。直到最近，还有借"中国文明西来说"以反华的苏修历史家，
在讨论殷商文化元素时，胡说什么中国在当时借用了西方的"黄道带"

　[*]　本文原载《考古学报》1976 年第 2 期，后收入《考古学和科技史》一书（科学出版社，
　　　 1979）；又见《中国古代天文文物论集》（文物出版社，1989）。现据作者自存校正本收
　　　 入本文集。
　[①]　李约瑟：《中国科学技术史》第 3 卷，1959 年英文版，第 258 页。
　[②]　例如金史密（T. W. Kingsmill）在《两种黄道带》一文中，以为巴比伦的黄道十二宫是太
　　　 阳黄道带，中国的二十八宿是月亮黄道带，后者来源于巴比伦。见《皇家亚洲学会华北
　　　 分会会志》（英文）1907 年第 38 卷，第 165～215 页。

概念①。最近发现的宣化辽墓，它的壁画中有一幅星图，包括有二十八宿和黄道十二宫图形②。这引起了我的注意。我认为二十八宿这问题的进一步探讨，不仅具有学术上的理论意义，同时还具有政治上的现实意义。

一 什么是我国的二十八宿

我国的二十八宿是将天球赤道（本文以下简称"赤道"）附近的天空，划分为二十八个不等的部分。每一部分作为一宿，用一个位于当时（即创立二十八宿的时候）赤道附近的星座作为标志，并且用这些星座中一个星作为距星，以便量度距离。二十八宿分属四方，它们的名称是：东方苍龙七宿（角、亢、氐、房、心、尾、箕），北方玄武七宿（斗、牛、女、虚、危、室、壁），西方白虎七宿（奎、娄、胃、昴、毕、觜、参），南方朱雀七宿（井、鬼、柳、星、张、翼、轸）（图1）。

"宿"本来是过宿的旅舍的意思。最初，二十八宿是用以标志月亮在一个恒星月中的运动位置。恒星月每月是 27.32 天，一个恒星月中月亮每晚在满天恒星中都有一个旅居的地方，一月共换 27 个或 28 个地方，所以叫作二十八宿，这是古今通称。古代也叫作二十八舍③，或二十八次④。

远古时代劳动人民根据天文现象以定岁时季节，订制原始型的历法，主要方法之一是观测星象。晴朗的夜晚，万里长空，满布着闪闪的明星。劳动人民很早便注意到这些星辰的"星移斗转"的现象，因为

---

① Л. С. 瓦西里耶夫：《古代中国文明的起源》，见《历史问题》（俄文）1974 年 12 月号，第 100 页。

② 河北省文物管理处等：《河北宣化辽壁画墓发掘简报》，又《辽代彩绘星图是我国天文史上重要发现》，均见《文物》1975 年第 8 期，第 31～44 页。

③ 《史记·律书》和《天官书》；又《晋书·天文志中》。

④ 《史记·律书》"二十八舍"下司马贞《索隐》。

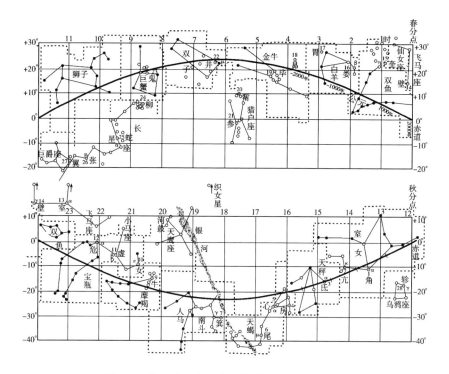

图1 二十八宿、十二宫和赤道、黄道的关系图

说明：图中用直线连起来的是西洋星座；中国二十八宿用圆圈，有黑点为中心的圆圈是各宿的距星，虚线是十二星座的界线，0°处的横线是赤道，粗曲线是黄道。"－2000年"等是各时期春分点的年代。

这与生产实践的季节性活动有密切联系。这些星辰（恒星）在天球上的相对位置变化很小。我们由地球上仰望，在观望一段时间之后，便可以发现好像整个天球绕着天北极而移动。实际上，这是由于地球自转和绕太阳而转的缘故。

我国古代以北斗星的斗柄在傍晚时所指的方向来定季节，这便是古书中所谓"斗建"。最初大概像《夏小正》中所记的那样，只简单地观察正月初昏"斗柄县在下"或六月初昏"斗柄正在上"。至于斗柄月建说，以斗柄指向的十二辰标志一年中的十二月，当属后起的事。后来又以恒星中几颗明亮的星辰（如昴星、心星、参星等）在傍晚或平明时恰在人们的头顶上天空那道"子午线"
上的日子作为季节的标准（天球上的
"子午线"是指通过观象者的天顶及南
北极的大圈，见图2。这便是古书上所
谓"昏、旦中星"。

　　另一个观测星象以定岁月的方法，
便是依照星座将天空划分成不同的部
分，用以观测月亮在恒星中的位置。最
初是观察一个恒星月内每天的月亮位
置，这便是二十八宿所以产生的原因。

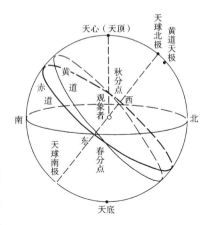

图 2　天球上的黄道和赤道

后来观察月亮在每一个朔望月的月望时所在的位置，或更进一层间接参
酌月亮在二十八宿中的位置来推定太阳的位置，这样便可知道一年的季
节。二十八宿的创立要比原始的"斗建"法和"中星"法为晚，但是
它具有中国古代天文学的特色。

　　关于中国的二十八宿，有下面几点要说明一下：

　　（1）它是以赤道为准，不是以黄道为准。天文学上广泛采用以描
写和确定恒星方位的坐标有两种：一种是赤道坐标，以天球上的南北天
极为极（北天极即北天不动处），连接南北天极的轴线，是天体每日旋
转的轴心。赤道是与这轴心相直角的天球上大圆圈。坐标名称是赤经、
赤纬。另一种是黄道坐标，以地球上的人看到太阳于一年内在恒星间所
走的视路径这一大圆为黄道，以天球上距黄道90°的两点为黄极（南、
北黄极）。坐标为黄经、黄纬。黄道和赤道成23°27′的交角，相交于春
分点和秋分点（图2）。有人以为中国二十八宿以黄道为定[①]，自属错
误。另有人以为战国时期中国星占术原有二派：石申夫主用黄道邻近的

————————————

①　新城新藏：《东洋天文学史研究》，沈璿中译本，1933，第263、267页。

二十八宿而甘公则主用赤道邻近的二十八舍①，其说也不妥当。"舍"便是"宿"，并非二事。《史记·律书》中的"二十八舍"的星辰，或本于甘氏，但与石氏及后来通行的二十八宿大同小异。《史记·天官书》似采用石氏，但仍称之为"二十八舍"。二者不同处仅有四宿，并不是既有邻近赤道的一套，而又另有邻近黄道的一套。二者共同的二十四宿中，都不采用近于黄道的明星如天市、太微、轩辕，而独采取远在黄道以北的虚、危、室、壁和远在黄道以南的柳、星、张、翼。《淮南子·天文训》、《汉书·律历志》等列举二十八宿的广度，都是以赤道为标准的。《后汉书·律历志》中，才在各宿的赤道上的广度后面，又增列黄道上相应的广度。宋代沈括说："凡二十八宿度数，皆以赤道为法。……黄道有斜、有直，故度数与赤道不等。"② 这可以作为定论。

（2）它虽以赤道为准，但并不是每宿都是适当赤道的；它们的距星，似乎也都不适当赤道，不过大多数在赤道邻近，或者可以说在一条类似黄道带（黄道带包括黄道两边各8度）的而以赤道为准的宽带上。有人说：二十八宿源出周秦以前，"盖其时二十八宿适当赤道，因取以为标识也"③。这说法并不正确。最近八千年内，二十八宿中适当赤道者，最多时也只有十二宿④。至于今日，它们距赤道达10度以上的计二十一宿，其中尾宿距星在赤道南37度余，昴宿在赤道北23度余，胃宿在北27度余⑤。在古代创立二十八宿时，也不过取其比较靠近赤道而已（图3）。

（3）各宿都由距星起算度数，而各宿的广度不同。《汉书·律历志》中所列举的距度，最大如井宿，达33度，最小的如觜宿，只有2

---

① 钱宝琮：《论二十八宿之来历》，见《思想与时代》1947年第43期，第17页。
② 沈括：《梦溪笔谈》，胡道静校正本，1957，第95页。
③ 朱文鑫：《历法通志》，1934，第270页。
④ 竺可桢：《二十八宿起源的时间和地点》，见《思想与时代》1944年第34期，第21页。
⑤ 李约瑟：《中国科学技术史》第3卷，1959年英文版，第238页。

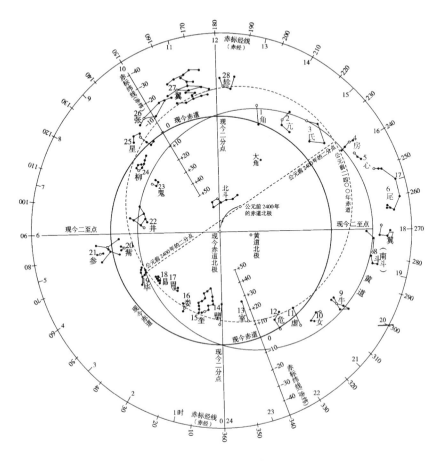

图3 中国二十八宿图

说明：以圆圈表示各宿的距星。依李约瑟的图，增加北斗和大角。

度。这种不均匀的原因，沈括曾解释说：要选择"当度"的距星。这说仍不能圆满解决问题，但可备一说。由于岁差的关系，各时代的各宿距度，有些要有增减。但是二十八宿的度数总合起来是中国周天度数365 1/4度，或其整数365度。

（4）二十八宿的各星，甚至于各宿的距星并不是恒星中最明亮的，并且也不是赤道附近最明亮的星宿。二十八宿的星辰中，包括距星，只有一个一等星（角宿）和一个二等星（参宿），一般是三四等星，甚至于有 4 个（奎、柳、翼、亢）是五等星，一个六等星（鬼）。反之，许多邻近赤道的一等至三等星，倒没有入选；最显著的例子如一等星中的河鼓二、天狼、大角、五车[①]。有人以为各宿的距星大都为"显著之星"[②]，这并非事实。我认为当时选取的标准，除了照顾到邻近赤道和比较稍为明亮（六等星以上）二者之外，主要标准可能是"当度"与否和"耦合"排列二点。"当度"与否是沈括提出来的。他说："度如伞橑，当度谓正当伞橑上者。故车盖二十八弓，以象二十八宿……当度之画者，凡二十八谓之舍……非不欲均也，黄道（按：似应作"赤道"）所由当度之星，止有此而已。"[③] 这便是说：距星要选择能使两宿之间的距度为一整数者。他将距星所在的赤经线比喻为车盖上的弓。"当度"之星并不一定在赤道上，只要在同一赤经上便可以。当然，古人观测二十八宿的赤经的准确性有一定的局限。据能田推算，误错一般在 0.5 度以内，但也有四例达 1～2 度[④]，"耦合"排列是指在赤道上广度各不相同的二十八宿却是一个个遥遥相对，例如角与奎相距 173 度，井与斗相距 187 度[⑤]。这或许是便于由月亮满月时在天空的位置来推定同它相对冲的太阳的位置。此外，各星宿及其距星的选定，也常常由于它和拱极星中的亮星拴在一起。二者都大致处于同一条赤经线上，可以由拱极星中的亮星而找到较暗淡的二十八宿的星宿[⑥]。

（5）二十八宿当初是作为月宿，各宿为月离所系（"月离"即"月躔"，指月亮在恒星间所经行的位置，即运行的宿度）。《吕氏春秋·圜道篇》说："月躔二十八宿。"《周髀算经》中说："故曰：月之

---

① 朱文鑫：《历法通志》，1934，第 270 页。
② 新城新藏：《东洋天文学史研究》，沈璿中译本，1933，第 263 页。
③ 沈括：《梦溪笔谈》，胡道静校正本，1957，第 82～83 页。
④ 能田忠亮：《东洋天文学史论丛》（日文），1943，第 472 页第四表。
⑤ 李约瑟：《中国科学技术史》第 3 卷，1959 年英文版，第 253 页；竺可桢：《二十八宿起源的时间和地点》，见《思想与时代》1944 年第 34 期，第 2～3 页。
⑥ 李约瑟：《中国科学技术史》第 3 卷，1959 年英文版，第 253 页；竺可桢：《二十八宿起源的时间和地点》，见《思想与时代》1944 年第 34 期，第 2～3 页。

道常缘宿，日道亦与宿正。"（卷上）这些都可证明中国的二十八宿最初是作月行之道，后来才也兼作为日行之道。它的数目在古代并不固定于二十八个。我国古书中仍有二十七宿的痕迹，例如《史记·天官书》中将壁宿和室宿作为一宿（营室）。《尔雅·释天》中似乎也是如此[①]。长沙马王堆三号汉墓出土帛书《五星占》的金星位置表中仍以东壁为营室，壁、室合一。最初营室包括 4 个星，后来分成东壁和西壁，并且以营室专指西壁，室壁才分为二宿[②]。这是因为恒星月每月是 27.32 天。如果取整数，可以作为 27 天或 28 天；正像朔望月平均每月为 29.53 天，历法中太阴月可以作 29 天或 30 天。李约瑟以为 28 这数目是朔望月和恒星月的折中数[③]，未免牵强，并且无法解释二十七宿的数目。我国古代历法家利用天文学知识，不仅知道朔望月，也知道恒星月。《汉书·律历志》中说："月周：二百五十四。以章法加闰法，得月周。"今测朔望月为 29.530588 日，恒星月为 27.321661 日[④]。章法是一章 19 年（包括 7 个闰月）的朔望月 235 个，约 6939 日又 56/81 日（弱）。"月周"为章法 235 加上闰法 19，一共 254，是恒星月的月数，也是约 6939 日又 56/81 日（强）。二者几乎相等，只相差 0.008314 日，即 19 年中相差不到 12 分钟。这是当时观测时所不易发觉的。桥本以为中国古代只有二十八宿，没有二十七宿，也是不合事实的[⑤]。后来由于和四方（四兽）相联系起来，便固定为二十八个，每方七宿。同时它的作用也扩大到作为标志日、月、五星、彗星等的运行位置和各恒星所在的位置。它在季节的规定，二十四节气的划分，历书的编制等方面，都起了很大的作用。我国古书中，如《吕氏春秋·十二纪》、《礼记·月

---

① 竺可桢：《二十八宿起源的时间和地点》，见《思想与时代》第 34 期，1944，第 3 页。

② 刘云友：《中国天文史上的一个重要发现》，《文物》1974 年第 11 期，第 33 页。

③ 李约瑟：《中国科学技术史》第 3 卷，1959 年英文版，第 239 页。

④ 朱文鑫：《历法通志》，第 252～253 页（小数至六位）。

⑤ 桥本增吉：《支那古代历法史研究》（日文），第 134 页。

令》，都以二十八宿的各宿作为各月的"昏、旦中星"，并标明每月中太阳在二十八宿中的位置。但是星宿的数目为二十八，而非十二或十二的倍数二十四，可见不是先有十二次，然后再由十二次划分为较细的二十八宿，而是先有二十八宿的创立，然后利用它以观测每月的中星和推定每月太阳在黄道上的位置。这些天文知识是劳动人民在长年累月的生产实践中仔细观察天象的结果。由于仔细观察天象，便认识了天文现象的一些规律，并用来指导生产活动。

（6）二十八宿和占星术。我国古代劳动人民和天文工作者创立了二十八宿体系，接着他们扩大了它的作用，把它来规定季节，编制历书，以指导生产活动。但是后来二十八宿系统的意义被歪曲了，被用来宣传反动的"宿命论"，发展了带着浓厚迷信色彩的占星术。所以，我国历史上唯物主义和唯心主义的斗争也渗透到天文学发展的各方面，包括二十八宿体系的应用。这最初表现为迷信的分野说。在《左传》和《国语》中，都曾把岁星十二次与当时十二国相联系起来。某一星次中的天象变异便预示与它有关的那一国要发生重要事件，如国家的灭亡、国君的死丧、年岁的灾歉等。《周礼·春官宗伯》说："保章氏掌天星……以星土辨九州之地，所封封域皆有分星，以观妖祥。"二十八宿的分野说，似起于战国末期。《吕氏春秋·有始览》说天有九野，每野有三宿（其中一野有四宿），地有九州。但是这书中对于九州与九天二十八宿如何配合，讲得还不清楚。到了汉初的《淮南子·天文训》中，天上的九野二十八宿便与地上十三国名密切配合。《史记·天官书》也说："二十八舍主十二州。"后来这唯心主义的分野说更被发展，连后代的州郡也被强加分析，以配合分野次舍。实际上，天上的二十八宿与地面上的州郡是毫无关系的。

更为荒谬的是，星命家根据各人的生辰所值的天文现象，以推占其人的寿夭贵贱。晚周至汉初的占星术，以天象预占国家大事[1]。到东汉

---

① 《史记·天官书》。

和魏晋时，便有推算个人命运的占星术，以为人的尊卑贵贱，都是"星位"所授①。葛洪《抱朴子·辩问篇》更清楚地说："人之吉凶修短于结胎受之之日，皆上得列宿之精。"后来发展为"星命"之术。这种星命法，是看各人诞生时的天象，包括太阳所在的宿度（即在二十八宿中何宿何度），以推算出个人的休咎、寿夭②。现传的唐张果《星命溯源》（《四库全书珍本》本），可能是宋代的著作而经后人增订。《古今图书集成》（卷五六六～卷五八三）所收入的《张果星宗》一书，实际上是《星命溯源》的一个增广本。二书中都有《先天心法》一篇，记张果老仙和李悊的问答：老仙曰："推命之术，必在乎精。先观主曜，次察身星（原注：即月躔处也），当以二十八宿为主。"元人郑希诚的《郑氏星案》中有 40 个推算星命的范例，每例各以一星占图表示③。每图的中心是所推算的命在二十八宿中何宿何度，外绕以七圈，其中第三圈为二十八宿，第六圈为十一曜所在的宿度，可见二十八宿在其中所占的重要地位。另一种算命法是依照各人诞生的年、月、日、时四者的干支（八字、四柱），应用五行生克理论，以推算个人的命运④。唐代韩愈很推崇当时李虚中的根据本命行年、生月、生日而推算的算命术⑤。这间接地也是和生时的天文现象有关，可以算是个人占星术的一个旁支，由于中国历法有甲子纪时这一特色而产生的。这些都是宣扬"宿命论"的迷信。

唯物主义者反对"宿命论"，主张"人定胜天"，提倡科学的天文历法。天文工作者致力于改进观测天象的仪器，以便更精确地测定二十八宿的位置，改进历法，以利生产。天文学是在唯物主义和唯心主义的斗争中发展起来的。

---

① 《论衡·命义篇》。
② 《辍耕录》下编"日家安命法"条引《百中经》。据《直斋书录解题》（卷一二），《百中经》用唐显庆历，作者当是唐时人。
③ 《图书集成》卷五八四～卷五八五。
④ 赵翼：《陔余丛考》卷三四，"子平推命"条。
⑤ 《昌黎文集》卷二八《殿中侍御史李君墓志铭》。

二 二十八宿起源于中国

中国以外，古印度（古印度包括今日的印度、巴基斯坦和孟加拉，本文以下简称印度）、阿拉伯、伊朗、埃及等国，古代也都有二十八宿。后三处它的出现较晚：伊朗是约公元 500 年，埃及是科布特时代（3 世纪以后）；至于阿拉伯，它虽可能出现较可兰经时代为早，但也早不了多少。所以一般都认为这三处都是由印度传过去的①。

至于中国和印度的二十八宿的关系，从 19 世纪初叶起，便有过长期的争论。竺可桢曾对于这些争论作了扼要的介绍，并且提出证据，说明二者是同出于一源，而印度的是由中国传去的②。虽然有人以为二者同源于巴比伦，但那不过由于巴比伦古代天文学发达，人们总想将天文学上的发明溯源于巴比伦，实则巴比伦古代虽然似乎也有关于赤道及其两旁的星宿的记载；但是，我们迄今还没有在古代巴比伦的天文学文献中发现二十八宿的确切证据。在楔形文泥版书中，从来没有发现二十八宿表，也没有任何理由假定古代巴比伦曾经有过二十八宿体系③。

竺可桢论文中指出印度月宿（Nakshatra）中的主星或联络星（Yogatārā）与中国距星二者的作用相类似，并且指出二者完全相同的有九宿，距星不同而在同一星座者有十一宿，不在同一星座者仅八宿，还包括印度以织女、牵牛二宿代替牛、女二宿。所以发生差异的缘故，是由于印度改取星宿中比较明亮的。又二者都曾以角宿开始，又都将昴宿作为一个重要据点。所以，二者同源是几乎无可置疑的。

---

① J. 费利奥札（Filliozat）：《古代印度和科学交流》，见《世界史杂志》（法文）1953 年第 1 卷第 2 期，第 357 页。竺可桢 1944 年所写一文和李约瑟书中都有这种看法。

② 竺可桢：《二十八宿起源的时间和地点》，见《思想与时代》1944 年第 34 期，第 10～13 页；李约瑟：《中国科学技术史》第 3 卷，1959 年英文版，第 253 页。

③ 新城新藏：《东洋天文学史研究》，沈璿中译本，1933，第 280～281 页；何炳棣：《东方的摇篮》1975 年英文版，第 391 页。

　　竺可桢论文在前人研究的基础上，举出各种理由，以证中国起源说。李约瑟书中，也有所论述①。现在简单地介绍他们所举的主要理由如下：①中国二十八宿体系，可以从古代文献中追溯它发展的过程。各宿的名称，多已早见于记载；其命名的意义也大都可以解释，是和中国古代的生活状况、社会习惯相关联的。印度的宿名都不得其解，其体系的发展过程也不清楚。②中国古代以拱极星中的北斗为观测的标准星象，观斗建以定季节。各宿中有些与拱极星拴在一起。印度古代对于北斗星等拱极星不感兴趣，只观测黄道附近的星宿，以求日、月、五星的运行位置以定季节。它的各宿并不和拱极星拴在一起。③所谓"耦合"排列［见上节第（4）项］，印度的并不如中国的明显。各宿的分布，印度的也比中国的较为分散。这当由于印度不了解原来选取星宿的标准及其用意［见上节第（4）项］，所以有所改动时，只以星的明亮与否作为唯一的标准。④中国二十八宿依四季划分为四陆。中国一年分为四季是依照黄河流域的气候而定，冬夏长而春秋短，和二十八宿所划分的四陆相同。印度古代历法依据当地气候将一年分为六季，即冬、春、夏、雨、秋、露。今日仍分为寒、暑、雨三季。但是印度二十八宿也分为四陆，与中国相同。所以竺可桢说："夫四陆二十八宿，原为定日月躔宿以计算四季之用。一年既不分为四季，则安用所谓四陆哉！"⑤中国古代天文学的重要贡献，是在观测和记录方面。二十八宿的创立，主要是基于观测。但印度古代天文学偏重理论和推算，忽视观测。吠陀时代（约公元前12世纪至公元前6世纪）印度对于星辰的观测还只限于黄道两旁的。竺可桢说："夫对于星座如北斗、勾阵等不感兴趣之民族，安望其能注意二十八宿中微小星座如胃如觜哉！"

　　本文想从另一个角度来论证二十八宿是由中国传入印度，便是想要

---

　　① 竺可桢：《二十八宿起源的时间和地点》，见《思想与时代》1944年第34期，第10～13页；李约瑟：《中国科学技术史》第3卷，1959年英文版，第253页。

论证二十八宿是符合于中国古代天文学的体系，但并不符合印度古代天文学的体系。现在分述体系方面的论证如下：

（1）二十八宿是以赤道为准。我们知道，采用赤道坐标以定天体在天球上的位置，是中国古代天文学的特点之一。古代巴比伦、印度、希腊则以黄道为准。上节第（1）项下，我们已指出中国古代二十八宿的广度是以赤道为准，东汉时才添上黄道的广度，以资对照①。中国古代天文仪器中的浑仪，早期的只有赤道环，没有黄道环。东汉时才于赤道环的旁边加上黄道环，但是仍不常设。到了唐代，黄道环才和赤道环一样成为浑仪中不可缺的部分②。印度古代天文学探测日、月、五星的运动，都以黄道为准，但是它的二十八（或二十七）宿，仍与中国一样以赤道为准③。

（2）中国古代特别重视北天极、极星和拱极星。这是另一个特点。这与上条有密切的关系。赤道便是和连接南北天极的轴线相直角的大圆圈。中国古代文化中心的黄河中游，纬度较巴比伦、印度为北，可以看到更多的拱极星；而古代北斗星由于岁差的缘故，离北天极更近，所以终年在地平线上，常显不隐，易引注意，也易于观测。本节上面第（2）条中曾提到，中国古代曾利用斗杓所指以定四时；后来更利用拱极星中较亮的星，包括北斗，以引向二十八宿的各星宿，尤其是二十八宿中较幽暗的星宿。这便是说，根据北极星朝向这些拱极星的方向，再向前引申到赤道附近，便可容易找到二十八宿中的某些星宿。此外，中国古代对于天体的区分，除了四方的四宫以外，另有以北极星为中心的中宫，后来演变为紫微垣。印度古代天文学中虽然由于仿照中国而有二十八宿所组成的四陆，但是没有中宫，也没有由极星经过拱极星中的亮星（包括北斗）引向二十八宿的说法。这表示二十八宿在印度并不是

---

① 据《汉书·律历志》和《后汉书·律历志》。

② 据《宋史·天文志一》。

③ 李约瑟：《中国科学技术史》第3卷，1959年英文版，第252页注（e）。

土生土长的，乃是外边传入的。

（3）中国古代天文学特别重视观测和记录，这是另一个特点，所以中国有世界上最早的关于观察彗星、日蚀、日中黑子等记录。印度天文学和巴比伦、希腊的一样，偏重理论和推论，忽视观测，以致印度古代竟没有一个像《甘石星经》一类的星表。这特点在二十八宿体系中的表现，除了竺可桢所举的（见本节上面第⑤条）以外，还可以举出几条：

（甲）中国各宿的广度不同（见上节第3项）。这是由于重视观测，以实际观测的度数为准。印度二十八宿后来每宿广度相同，二十七宿每宿都是13°20′（如为二十八宿，则这加入的一宿在原有的一宿广度以内，自身没有广度）①。这是从印度天文学的周天360°推算出来。印度最初也是各宿广度不等，二十七宿中，月离三十须臾（梵语"模呼律多"Muhurta，三十须臾为一日夜）者十五宿，十五须臾和四十五须臾者各六宿②。后来加以修改，使各宿广度相等，以求更为符合本国的天文学传统。

（乙）中国各宿皆有距星，以便实际观测相邻各宿的距度。印度各宿也有类似距星的东西，叫作主星或联络星（Yogatārā）。但是印度后来利用推算方法，每宿定为13°20′，则这些主星只能是每宿中最亮的星，不复能起中国"距星"的作用。

（丙）中国重视观测。月躔（月亮经天时在恒星中的位置）和各宿有关。当时的月躔的赤经和某一宿的距星的赤经相距多少，这是肉眼所能观察到的。印度忽视观测，偏重推算，所以最初用月躔为准，也以角宿为二十八宿之首，但后来便改用日躔，以娄或昴为首③。中国用月

---

① J. 费利奥札：《古代印度和科学交流》，见《世界史杂志》（法文）第1卷第2期，第357页，1953。

② A. A. V. 勒可克（Le Coq）等：《德国吐鲁番研究的语言学成果》第2册，1972年德文版，第234页，转引自基费尔（W. Kirfel）《印度的宇宙学》，1920，第140页。

③ 饭岛忠夫：《支那古代史论》，1929年日文版，第475页；又竺可桢《二十八宿起源的时间和地点》，见《思想与时代》1944年第34期，第5、17页。

躔，昴为西方白虎七宿之一；印度用日躔，昴宿属东方七宿之一，这是由于日、月相冲时正东、西相对。早时太阳出来后，群星都隐而不显，所以太阳在恒星中的位置无法由肉眼观测，只能由推算而得。这种将月躔换成日躔的修改，也是印度天文学修改外来的货色，以求符合自己的传统。黄道上的诸星，距月亮运行的白道过近（黄、白二道成5度的交角），星光为月亮所掩，所以中国二十八宿选择距黄道和白道稍远的星座。印度以日躔为主，他们的二十八宿本来可以完全采用黄道上的星座，但是它仍与中国的一样。这也可以作为旁证。

就上述各点而论，可见二十八宿在中国是有它的渊源，有它的发展过程，是符合中国古代天文学的体系。但是它在以黄道为准而忽视北天中极星和拱极星的印度古代天文学中，是突然出现的，并且不符合它的体系，显然是由外传入的，也便是说来自中国。他们传入二十八宿后，还加以修改，以求符合本国的天文学传统。

另外需要说明一下，有人认为印度二十八宿较中国为早，后来才传入中国。主要理由有下列三点：

（1）印度月宿，虽有二十七个和二十八个的两种说法，但始终以二十七宿为主，二十八宿是后增的。由少而多，印度应在先[①]。按由多少来定先后，这是极不可靠的。何况中国古代也存在过二十七宿系统，见上节第（5）项下的说明。

（2）中国十二岁阳名称，如太岁在子曰："困顿"等，非中国所固有，可能系西域的印度所传入。竺可桢论文中已指出，十二岁名是否由印度梵文转译，还待研究。纵使是由梵文转译而来，也不能证明二十八宿起于印度或其他西域各国。我国使用二十八宿较早，而十二岁名则首见于《吕氏春秋》和《淮南子》，即使是输入的，其输入年代不能早于

---

① 桥本增吉：《支那古代历法史研究》（日文），第134页。

秦或西汉初年①。

（3）印度二十八宿以昴宿始，而中国以角宿始。昴为春分点时代，较角为秋分点时代，要早一千余年②。竺可桢根据《尧典》，认为我国古代春分点最初也起于昴。中国古代以立春为岁首，中国二十八宿起于角，东方苍龙七宿为春，而角为春的开始（即立春）。印度《大集月藏经》也以角为首，和中国相同③。后来印度与西方文化接触后，改以昴为首，相当于西方的金牛座。最后印度不用昴，改以白羊座的娄为首④。中国的娄、角二宿的距星相距189度，正遥遥相对。印度每宿广度为13°20′，二宿相距当更近于180度。中国采用立春时月望所在的角宿，始终未改。而印度则以太阳所在的位置为定，所以改用娄为首。就这一点而论，二国难分先后。

李约瑟以为就文献记载而言，二十八宿在印度和中国"基本上是同时出现的"⑤。印度古代文献的年代考定，似乎有些问题还未能圆满解决。要确定二十八宿是起源于中国还是印度，现下还不能由文献记载来解决。但是由其他各方面，尤其是从两国的天文学体系方面来论证，显然中国起源说是具有更充分的理由。

至于二十八宿由中国传入印度的路线，殊难确定。经过后来的丝绸之路，当然是可能的，但是找不出证据。新城认为"二十八宿传入印度以前，有停顿于北纬四十三度内外之地方之形踪"，即中亚撒马尔罕附近⑥。他是根据《摩登伽经》中的天文记录。这书中既有每月中旬月亮所在的星宿（二十八宿之一），又有十二寸表每月的影长。新城依据

---

① 竺可桢：《二十八宿起源的时间和地点》，见《思想与时代》1944年第34期，第8~9页。
② 竺可桢：《二十八宿起源的时间和地点》，见《思想与时代》1944年第34期，第9页，引德国惠保（A. Weber）的说法。
③ 饭岛忠夫：《支那古代史论》（日文），第475页。
④ 竺可桢：《二十八宿起源的时间和地点》，见《思想与时代》1944年第34期，第9~10、17~18页。
⑤ 李约瑟：《中国科学技术史》第3卷，1959年英文版，第253页。
⑥ 新城新藏：《东洋天文学史研究》，沈璿中译本，1933，第275、276页。

影长推算出其观测地点的纬度。但是他的结论是靠不住的。首先，这书中的各种天文现象并不一定是同一来源，表影长度和月离宿度，是不同的观测方法，很可能是来自两个异地异时的不同来源，不过结集在一起时，分别配给十二个月，犹如《吕氏春秋》将不同来源的资料分配于《十二纪》。所以，纵使能确定观测影长的地点，这也不足以肯定其为使用二十八宿体系的地点。其次，更使人不敢信任的是：根据影长推算的结果，其中北纬在 36°～37°者三例，39°～43°者四例，47°～51°者五例。南北相差最大的达 15°，即 1600 公里以上。如果采取谨严的科学态度，我们不应采用这样一组的数据作为推算的根据。新城自己也承认这组记事粗杂，"不克期待其精确之值"；但仍企图蒙混过去，说什么"其十二值之平均值，恐颇可信用者欤？"实则这十二值如果不足信任，则它们的平均值也同样地不足信。我以为原来的数据，当像我国古代观测日影一样，是以冬至日所测的日影 21 寸为准，再测其前后相距一个月的日影为 18 寸；然后似乎便没有再加实测，只依照每月相差 3 寸而推算出 15、13、10、7、4 的数字。其中 13 一数不符合，可能是 13 这数字带有神秘的意义，采用 13 一数而不用 12。自 13 一数以下，又是逐次减 3 寸（原文 6、7 两月的日影长度有误，应依 3、4 两月的，加以改正）。如果这样，那么冬至日影 21 寸，前后一个月的日影 18 寸，其观测地点当在北纬 36°～37°，也便是在印度河上游一带。我们可以肯定地说，北纬 43°内外的地方是和二十八宿的传播路径无关的。总之，新城的"二十八宿曾停顿于北纬 43°内外的地方"之说，是不可靠的。今后我们似乎可以不必再加引用了。

三　中国二十八宿创立的时代

二十八宿的起源，既可肯定源于中国，那么，它的创立的时代就等于中国二十八宿的创立的时代。这里要先说明一下，所谓"二十八宿"，是指本文第（一）节中所说的那样一个体系，并不是指其中个别的某几个星宿。我们讨论的对象是整个体系，至于它的星宿的数目，可以是二十七个，也可以是二十八个；它的具体星座或距星，也可以有所不同。这点说明清楚以后，现在接着探讨它的创立的年代问题，这可以分两方面来谈：

（1）由文献学的角度来作考证：战国时二十八宿已有明确的文献记载。战国中期（公元前 4 世纪）的占星家甘德和石申，分别著有《天文星占》和《天文》二书。原书已失，但《汉书·天文志》中保存有甘氏和石氏关于二十八宿的星表（今传的《甘石星经》，已非原著，为后世所伪托），二者星名仍稍有不同，后来始依石氏而固定下来[①]。《周礼·春官·冯相氏》和《秋官·硩蔟氏》以及《考工记·舆人》，都有"二十八星"之称，但没有列举星名。《周礼》包括汉代增入以补《冬官》的《考工记》，一般都承认为战国时作品。《吕氏春秋》中《十二纪》和《有始览》都有二十八宿的各个星宿名称；而《季春纪·圜道篇》还有"月躔二十八宿"一语。这书是公元前 3 世纪中叶（公元前 239 年）成书的。《礼记·月令》中的二十八宿，及昏旦中星，与《吕氏春秋·十二纪》的各纪开首处，文字和内容几乎完全相同，仅"昏心中"一句这里为"昏火中"，"昏斗中"这里为"昏建星中"。一般以为《礼记·月令》便采自《吕氏春秋》，或同出一源，编写时代相近[②]。《尔雅·释天》有二十八宿中十七个星名。这书一般以为西汉初年儒家为解说经传中词义而编写的。其他西汉初年的文献，如《淮南子》中的《天文训》和《时则训》，《史记》中的《律书》和《天官书》也都有二十八宿。到了《汉书·律历志》，所载的宿名和距度数，

---

① 郭沫若：《甲骨文字研究》，1962，第 288～290 页，二十八宿对照表见第 330 页；新城新藏：《东洋天文学史研究》，沈璿中译本，1933，第 441 页。
② 能田忠亮：《东洋天文史论丛》，第 409～422 页；又容肇祖《月令的来源考》，见《燕京学报》1935 年第 18 期。

都和《淮南子·天文训》相同，可算是已成定型了。

由战国时代向上追溯，古代文献中记载有二十八宿中个别星宿的有西周末年至春秋时的诗歌总集《诗经》（如将牵牛、织女除外，有六个宿名）和春秋时（或稍晚）编写的《左传》和《国语》（出现六个星宿，宿名多和后来宿名不同）。这些星宿虽然也见于二十八宿中，但是，除非另有别的证据足以证明当时已有二十八宿体系，否则这些个别星宿名称的出现，其本身不能作为二十八宿体系已存在的证据。钱宝琮根据《左传》和《国语》以为春秋时已有二十八舍。他说：二书中虽无二十八舍（宿）的称谓，所测的黄赤道星象也未见二十八之数，但是记岁星所在等天象已有十二次名目，所举分星又全为后世二十八舍之星。他又引《左传》"凡师一宿为舍，再宿为信，过信为次"，以为二宿或三宿则称一次①。实则《左传》区分宿、信、次的说法，当时和后人在行文用字上都没有遵照着做。若依它所规定，则应以二十八宿为十四信或九次半。又就十二次而论，其中有二宿者达八次之多，三宿者仅四次，信多于次，应称为十二信而非十二次。实则古书中宿、舍、次三者意义相同，在称二十八宿时可以互相通用（见上面第一节）。只有后来约定俗成后才以"次"专指十二次，以"宿"专指二十八宿。我们不能因为有十二次，便说当时已有二十八宿。何况这二书中有关十二次的记事，现下一般认为并非春秋时的实录而为后人所窜入。至于窜入的时代，或以为是战国时编写的时候，或以为西汉末年刘歆表章这二书的时候②。总之，《左传》和《国语》中并没有二十八宿体系存在的确证。

又有《大戴礼记》中的《夏小正》，自从后汉时郑玄注《礼记·礼运篇》以为是夏时的书，后人多承袭其说。清代孙星衍《夏小正传》的序文，还以为是夏禹所著。司马迁以为曾经孔丘订正过（《史记·夏

---

① 钱宝琮：《论二十八宿之来历》，见《思想与时代》1947年第43期，第17页。

② 郭沫若：《甲骨文字研究》，1962，第300～316页；新城新藏：《东洋天文学史研究》，沈璿中译本，1933，第425、426页。

本纪》:"孔子正夏时,学者多传《夏小正》云")。现下一般以为战国时编写的书,与《月令》成书的年代相近。这书中也许含有较早的材料,但不会太早。书中的天文现象不是一时代的,相差有达千余年的。书中有大火(心)、昴、参、鞠(柳)、房、尾,共六宿名。专就这几个星名,无法证明当时是否已存在有二十八宿体系①。如果它与《月令》编写时代相同或相近,则可以由《月令》来推定当时已有二十八宿。

《尚书·尧典》一般认为周代史官根据传闻所编著,曾经春秋、战国时人所补订。其中记载有"四中星",即火(心)、虚、昴、鸟。据竺可桢推定这是约公元前 11 世纪(殷、周之际)的天象②。但是利用四中星以定四时,至多只能说是二十八宿体系的前驱,不足以证明当时已有这一体系。至于殷代卜辞中,仅有寥寥几个星名,更不足作为这体系存在的证据。

新城曾认为西周初年已知逆推阴历月的朔日,因而断定二十八宿建立于周初。这说法钱宝琮已提出理由加以反驳,认为其说"未具明证"不足凭信③。现在一般都认为二十八宿体系当制定于战国时期。例如郭沫若以为"制定年代当在战国初年",即公元前 5 世纪④。钱宝琮以为"二十八宿之选定,似是战国时期天文家之贡献";其体系的建立大约在"战国中期"⑤。李约瑟也以为中国二十八宿的成为一个体系,可能是公元前 5 至 4 世纪时完成的⑥。他们所说的,主要是由文献上研究考

---

① 李约瑟:《中国科学技术史》第 3 卷,1959 年英文版,第 194、247 页。
② 竺可桢:《论以岁差定尚书尧典四仲中星之年代》,见《科学》1926 年第 11 卷第 2 期。
③ 钱宝琮:《论二十八宿之来历》,见《思想与时代》1949 年第 43 期,第 18 页。
④ 郭沫若:《甲骨文字研究》,1962,第 329~334 页;新城新藏:《东洋天文学史研究》,沈璿中译本,1933,第 425、426 页。
⑤ 钱宝琮:《论二十八宿之来历》,见《思想与时代》1947 年第 43 期,第 10、18~19 页。钱宝琮认为"二十八宿"之前,另有"二十八舍之体系,大约于春秋时已先树立矣"。强分"舍"、"宿"为二,实不可信。本文第一节第(1)项及本节上段已加诠述。
⑥ 李约瑟:《中国科学技术史》第 3 卷,1959 年英文版,第 248 页。

证所得的结论。

（2）由天文学角度来推算年代。天文学史专家，有的根据同一书中的天象记载来推算，例如能田推算《礼记·月令》的天象纪事（十二个月的日躔和昏、旦中星）的观测年代，以为大约是公元前 620 ± 100 年[①]。这比文献学所得结论为稍早。一般而言，历史上新事物的创立和存在常常较早于它们出现于文献记载中。所以可以说，这里二者所得的结论，基本上还是相符合。有的学者，直接从二十八宿体系本身反映出来的天文现象来推算它的成立年代。例如能田从《汉书·律历志》所载二十八宿的广度，推定为公元前 451 年左右[②]，这比他根据《月令》推定的晚 170 余年。但是，二十八宿的广度，由于岁差的缘故，各时代不同，《汉书》所载的可能是公元前 451 年左右所重测的。饭岛以"冬至点在牵牛初度"，推算出它创立于公元前 453 年，后来又改为公元前 369 ~ 382 年之间。新城推定为公元前 430 年[③]。由于岁差的关系，冬至点约 72 年转移一度，依理而论，本来是可以依此推算的。但是他们假定《汉书·律历志》所载的是"最初测定的时代"，而古代历法，冬至点常依据实测加以改变。例如《史记·律书》便有一个更早的观测：冬至点在虚宿。惠保（A. Weber）知道角宿为二十八宿之首。他假定角宿为当时的秋分点，推算出为公元 440 年（刘宋元嘉十七年）。这当然是嫌太晚了。他的作为前提的假定便是错误的。竺可桢已加驳斥，指出角宿不是作为秋分点，而是作为立春月望时月亮的所在[④]。饭岛又以为印度以娄宿为当时日躔春分点，推算出为公元前 400 年。中国稍

---

① 能田忠亮：《东洋天文史论丛》，第 519 页。

② 能田忠亮：《东洋天文史论丛》，第 475 页。

③ 饭岛忠夫：《支那古代史论》，第 271 页；新城新藏：《东洋天文学史研究》，沈璿中译本，1933，第 408 页，又第 662 页附录饭岛忠夫《中国古代历法概论》，即《中国历法起源考》（1930）书中第一章。

④ 竺可桢：《二十八宿起源的时间和地点》，见《思想与时代》1944 年第 34 期，第 9 ~ 10、17 页。

晚，由印度传入，约在公元前 300 年①。这是将中印先后关系颠倒过来。纵使他关于印度方面的推算不错，也不足以证明中国的是这样晚。另外一方面，也有推算失之过早的，例如施古德（G. Schlegel）以为中国二十八宿中昴宿晨升正值春分，而角宿正值春初，推算出可以早到距今一万六千年。实则中国古代观测是以昏星不以晨星。竺可桢说"其说之不足征信，正与惠保之说相同"②。

竺可桢文"二十八宿起源之时代"一节中提出另外一个看法。虽然他没有明确地做出结论，但是似乎倾向于认定中国二十八宿体系早已开始于公元前二三千年，即距今四五千年。他的主要理由，依他论文中的原来次序，分别论述如下③：

（甲）从立春月望在角宿的时期，推算出约在公元前 2500～前 3000年。按角宿为首，似与斗建有关。《史记·天官书》所谓"杓携龙角"。可能角宿先是单独一个星座作为定季节（岁首立春）之用，后来并入二十八宿体系而成为其组成部分，但由于原来的重要性而得居首位；不过由于岁差关系，二十八宿制定的时代，立春月望可能已不在角宿。

（乙）上古天球北极，由于岁差关系，今昔不同，上古可能以右枢（α Draco）为北天极，即公元前 1790 年左右。按由于岁差关系，二十八宿制定时，北天极的极星和今日的不同，但没有证据可以证明当时以右枢为北极星。

（丙）北斗古代为九星（加上玄戈、招摇二星），不止七星；这由于古代北斗星较近北天极，恒显圈中不止七星。北斗九星都在圈中的时代当在距今 3600 年以迄 6000 年前。按实际上可供观测之用的星座，只

---

① 饭岛忠夫：《支那古代史论》，第 271 页；新城新藏：《东洋天文学史研究》，沈璿中译本，1933，第 520～523 页，又第 662 页附录饭岛《中国古代历法概论》，即《中国历法起源考》（1930）书中第一章。

② 竺可桢：《二十八宿起源的时间和地点》，见《思想与时代》1944 年第 34 期，第 11 页。

③ 竺可桢：《二十八宿起源的时间和地点》，见《思想与时代》1944 年第 34 期，第 16～24页。

要这星座中的大半星辰在恒显圈中便可以用，不必全部都要在圈中。加上二星，不过为了易于由拱极星北斗引向大角和角宿。

（丁）由于天球赤道今昔的不同，推算出自公元前9000年以来，二十八宿之位于赤道上者，当以公元前2370～4510年间为最多，达十二宿。按二十八宿虽以赤道为准，但是并非要各宿全部都当赤道（图3）。本文第一节第（2）项中已加讨论。实则既可以少到十二宿，便也可以更少几宿。

（戊）牵牛和织女，今日织女赤经已在河鼓之西。因岁差之故，5500年前，实在同一子午线上，更早则女在牛东，与后来二十八宿中女宿在牛宿之东，适相符合。按钱宝琮已指出，"织女牵牛二星见于《诗经·小雅·大东篇》，民间传说复广播其七夕相会故事，初不闻其与二十八宿有若何关系也"[①]。后来印度取纬度甚高的亮星织女、牵牛，以代替牛、女二宿。那是另外一回事，与中国的二十八宿无关。

（己）《诗·小雅·渐渐之石》："月离于毕，俾滂沱兮。"《尚书·洪范》"星有好风，星有好雨"语下的孔安国《传》："箕风、毕雨。"今日山陕八月多雨，春分前后风力最大。《诗》、《书》中所说月望在毕和在箕时的节候，与这不合，乃六千余年前的天象。按钱宝琮以为"竺氏之解释，殊属勉强。诗人见景兴情，决不肯盲从四千年之经验以推测当年之气候"，并且改"以下弦月释之"；又指出"箕风毕雨之经验与当时有无二十八宿之组织，实无何关涉"[②]。

竺可桢也感觉到这些推定未免太早，论据不足。后来他于1951年曾说过"大概在周朝初年已经应用二十八宿"[③]。1956年他的一篇论文中更推迟了它的创始时代，以为不会比公元前4世纪为早。他说，这体

---

① 钱宝琮：《论二十八宿之来历》，《思想与时代》1947年第43期，第19页。
② 钱宝琮：《论二十八宿之来历》，《思想与时代》1947年第43期，第13页。
③ 竺可桢：《中国古代在天文学上的伟大贡献》，《科学通报》1951年第2卷第3期，第217页。

系似是土生土长的，因为它是和中国远古天文学传统合为一体，其中某些星宿的名称早一千来年已经在文献中出现①。但是他没有说明放弃旧说的理由，所以这里还是稍加讨论，加以澄清。

总之，由可靠的文献上所载的天文现象来推算，我国二十八宿成为体系，可以上推到公元前 7 世纪左右。真正的起源可能稍早，但现下没有可靠的证据。至于文献学方面考据结果，也和它大致相符而稍为晚近，现下只能上溯到战国中期（公元前 4 世纪）而已。

四　什么是黄道十二宫

黄道是地球上的人看太阳于一年内在恒星之间所走的视路径。黄道两侧各八度以内的部分，称为黄道带，共宽十六度，日、月及主要行星的径行路径，概在其中。古人为了表示太阳在黄道上的运行位置，把黄道带等分为十二部分，叫作黄道带十二宫，便是太阳所经的行宫的意思。每宫三十度，各用一个跨着黄道的星座作为标志，叫作黄道带十二星座。当初创立时，宫名和星座名是一致的。希腊的黄道十二宫的起点用春分点，在白羊宫。由于岁差的关系，春分点每年向西移动 50.2 角秒，72 年相差一度，2150 年相差 30 度（即一宫）。2000 年前在白羊座中的春分点，现今已移至双鱼座，因之现在的宫名和星座名已不吻合（图 1）。古代巴比伦和希腊用 12 个图形作为十二宫的标志，称为黄道十二宫图形（Pictorial representations of the signs of zodiac）（图 4）。因为这些图形，除少数几个外，都是以动物命名，所以黄道带也称为兽带。现存的完整的十二宫图形有埃及顿得拉（Dendera）神庙的石雕，属于约公元前 120 年至公元 34 年②。图形进一步简化为"黄道十二宫符号"

---

① 竺可桢：《二十八宿的起源》，见《第八届国际科学史会议论文集》（1956 年在意大利举行），1958 年英文版，第 372 页。
② 卢佛博物馆：《埃及古物藏目和指南》，1932 年法文版，第 130～131 页。

图 4　希腊黄道十二宫图形和符号

（据 C. 弗拉马利翁《大众天文学》，1955 年版）

（Symbols of the signs of zodiac），这起源更晚，初见于中世纪晚期的抄本①。

把黄道十二宫和二十八宿相比较，我们可以看出下列几点区别：①黄道十二宫是以黄道为准，不以赤道为准。②每宫的星座，都是适当黄道的。当然西方天文学上的星座的划分和我国的不同。十二宫占满了黄道。③每宫的广度完全相同，都是 30 度，便是西方天文学上的周天 360 度的十二等分。④十二宫各宫广度相同，所以不必像我国二十八宿那样，另设"距星"。⑤十二宫最初是标志太阳运行在恒星之间所经过的位置。一年有十二月，所以分为十二宫。太阳过于明亮，群星在太阳出来后都隐而不显，所以要用推算方法，或利用月望时月亮所在，以求得太阳所在的位置。黄道十二宫的作用，后来扩大到作为标志月亮、五星等的运动位置和各恒星所在的位置。在季节的规定、历书的编制等方面，它都起了很大的作用。

---

① 《不列颠百科全书》第 6 卷，1964 年英文版，第 960 页。

　　但是西方也和我国一样，占星术歪曲了唯物主义的天文学的成果，将天文学资料纳入了占星术系统，宣扬唯心论和宿命论。在西方，宣扬迷信的占星术是用黄道十二宫作为主要根据的。亚述晚期和新巴比伦时期（公元前 7～前 6 世纪），已有利用星象以预占国家大事和国王命运的记载，但那是依据天象的观察，还不是推算出来的；也未和黄道十二宫相联系。希腊化时期（公元前 2 世纪及以后）的占星术是根据个人诞生时的星象，主要的是当时的日、月、行星和各星座的位置，用推算方法得出"星占图"（Horoscope），以预占个人一生的命运。这种占星术有它的一套唯心主义的理论体系和复杂的假科学的推算方法。这种个人占星术，虽受到巴比伦原始占星术的影响，但是它是正式创始于希腊化时期的希腊，一般认为便是在希腊著名天文学家伊巴谷（Hipparchus，公元前 150 年前后）的时代。我们知道古希腊在攸多克苏斯（Eudoxus，公元前 370 年左右）时，是以白羊宫 15 度（即中点）为春分点。到伊巴谷时，希腊改用白羊宫 8 度为春分点。而希腊占星术文献是采用 8 度，未见有采用 15 度者，可见它的创始时代不会早于伊巴谷时代。后来西传至埃及和罗马，东传至印度①。印度的占星术，兼用黄道十二宫和二十八宿（或二十七宿），后来以二十八宿（或二十七宿）为主。《宿曜经·序三九秘宿品》说："此法以定人所生日为宿直，为命宿，为第一。用二十七宿。"

　　由上所述，可以看出黄道十二宫和二十八宿，是分属于两个不同的天文学体系，但起了相似的作用。

　　印度的黄道十二宫是公历纪元左右才由希腊传入，而最后来源是巴比伦。巴比伦的楔形文字泥版中，公元前 2100 年左右便有黄道十二宫的痕迹，月躔上的十七星名，始于昴、毕，似乎表示当初制定时

---

① O. 诺格包尔（Neugebauer）：《古代的精确科学（天文、算学）》，1951 年英文版，第 133页。

春分点在金牛座，时代在公元前2200年以前，"此中已含有十二宫之根蒂"。后来传入小亚细亚东部的赫提特，有公元前1300年所记载的黄道周天的十个星名，起于白羊座。这由于当时春分点已移入白羊座。公元前800年以后某一时期又传入希腊，所以希腊十二宫起于白羊座，持续至公元后百年，移入双鱼座。"十二宫起于巴比伦之说，已成为学界上之定论"①。但是巴比伦的黄道十二宫成为一体系，时代较晚，在文献上出现更晚，始见于公元前419年的泥版书中，但十二星座的个别星座名则出现较早②。一般认为印度在希腊化时代（开始于公元前4世纪末）与希腊人直接接触，吸取了希腊天文学的一些传统，而不是由古代巴比伦直接传入的。黄道十二宫传入印度的时代当在伊巴谷（公元前2世纪）以后，因为他才开始用黄道十二宫的名称兼指赤道上的十二等分，印度天文学所采用的便是他的这种用法③。印度十二宫的名称有两套，都源于希腊，其中一套是意译，另一套是希腊文的音译（其中音译有错误处）④。这十二宫名称后来收入一些佛教经典中。

五　黄道十二宫传入中国的时代

黄道十二宫是随着佛经的翻译而传入我国。但是因为它的作用和我国原有的二十八宿和十二星次相重复，所以在明末耶稣会教士把它和近代天文学联系起来再行传入以前，我国天文学中一般并不加采用。它的传入历史也若明若暗。

---

① 郭沫若：《甲骨文字研究》，1962，第244～248页、第322～323页。

② O.诺格包尔（Neugebauer）：《古代的精确科学（天文、算学）》，1951年英文版，第97页。

③ O.诺格包尔（Neugebauer）：《古代的精确科学（天文、算学）》，1951年英文版，第178页。

④ 饭岛忠夫：《支那古代史论》，第477页。

关于黄道十二宫的传入历史，现在所知道的，以"隋代耶连提耶舍"所译的《大乘大方等日藏经》中出现的十二宫名为最早。这书为《大方等大集经》的一部分，译者北齐时便从事译经，这书译出当在隋代初年（6世纪后半）。其次为唐代不空于758年译出的《文殊师利菩萨及诸仙所说吉凶时日善恶宿曜经》（简称《宿曜经》）、金俱叱于806年译出的《七曜禳灾诀》。再次为法贤译出的《难儞计湿缚罗天说支轮经》（简称《支轮经》）。这人当即宋初的和尚法贤（卒于1001年），约985年译成。他们所译的宫名，各人不同，甚至于同一《宿曜经》书中前后所采用的也并不完全相同①。后来我国人自著的书中谈术数占候等的时候，也列举黄道十二宫名，和今日所用的，除了双子（阴阳）和室女（双女）之外，完全相同。这些书中较早的有唐末五代时杜光庭的《玉函经》，宋初曾公亮等编的《武经总要》和吴景鸾的《先天后天理气心印补注》（简称《理气心印》）②，这些书中的译名，便互相一致了；和10世纪末的佛经中译名，也大致相同。见附表（此外，唐《开元占经》卷一〇四引"九执历"，译白羊宫为"殺"宫，天秤宫为"秤"宫。《旧唐书》卷三四和《新唐书》卷二八下，都引天竺俱摩罗所传断日蚀法，译白羊宫为"鬱车宫"即梵文 Â śvayuja 的后半 yuja 的音译）。

就表1可以看得出来，黄道十二宫至迟在隋代已传入我国，是随着佛经的翻译由印度传来的。其中摩羯宫是印度梵文 Makara 的音译，

---

① 以上四种佛经，见《大正年修大藏经》，第397号（第280～282页），第1299号（第387、395页），第1308号（第451页），第1312号（第463页）。前三者原书都有翻译的年代。最后一种的译者法贤年代，据陈垣《释氏疑年录》及李约瑟《中国科学技术史》第3卷，1959年英文版，第711页。艾伯华（W. Eberhard）以为T.1308可根据冬至点及五星表，定为850年左右的作品，T.1209为同时代作品，但亦可能早到8世纪，见《汉文大藏经中天文学部分的探讨》，《华裔杂志》第5卷，1940年英文版，辅仁大学出版。

② 见《玉函经·荣卫周舟舆天同度之图》，载《关中丛书》第5集；《武经总要》（《四库珍本》本）后集，卷二十，"六壬"条和《理气心印》（北京图书馆藏汲古阁抄本）卷中的《俯察图》。

第一音节译磨或摩（二者隋唐古音 muâ），第二音节译竭或蝎或羯（三者隋唐古音 ghât），最初并没有一定。后来由于图形是羊身鱼尾的怪兽，便采用从羊的羯字；也许与佛经中梵文 Karma 译作"羯磨"（意译为"作业"或"办事"）有关，把同一音节的汉字音译加以划一。

表 1　黄道十二宫表

黄道十二宫(今名)	时间	白羊	金牛	双子	巨蟹	狮子	室女	天秤	天蝎	人马	摩羯	宝瓶	双鱼
大方等日藏经	6世纪	特羊	特牛	双鸟	蟹	狮子	天女	秤量	××	射	磨竭	水器	天鱼
宿曜经(第387页)	758年	羊	牛	媱	—	狮子	女	秤	蝎	弓	—	瓶	鱼
宿曜经(第395页)	同　上	—	—	男女	—	—	双女	—	—	—	摩竭	宝瓶	—
七曜攘灾诀	806年	—	—	仪	—	—	双	—	—	—	磨羯	—	—
支轮经	10世纪末	天羊	金牛	阴阳	巨蟹	—	双女	天秤	天竭	人马	摩竭	—	双鱼
玉函经	10世纪初	白羊	—	—	—	—	—	—	—	—	磨蝎	—	—
武经总要	1044年												
理气心印	1064年												

注：××表示原书有缺文；—表示同上格。

黄道十二宫的图像，大约不久便也传入中国。现在可以见到的最早的一幅，是新疆吐鲁番出土的一件，原物已被盗到国外①。这是一个写本的残件，内容是星占术的图，现残留七宿（轸、角、亢、氐、房、心、尾）和三宫（双女、天秤、天蝎）。其中"天蝎"误写作"天竭"，"双女"有图形而缺失标题。观字体当为初唐（约 7～8 世纪）写本。但边疆地区的书体，可能延续到较晚的时代。所绘图形，已经华化（图 5，1）。另一件是敦煌千佛洞的壁画，这画的主题是炽盛光佛图，佛像两旁和后面有九曜神像，天空中有黄道十二宫图形，南北壁各十二宫，其中南壁的狮子、宝瓶、人马，北壁的双鱼、巨蟹、双子各宫图形

---

① 勒可克等：《德国吐鲁番研究的语言学成果》第 2 册（1972），附录：汉字写本，第 371～374 页，图版六。

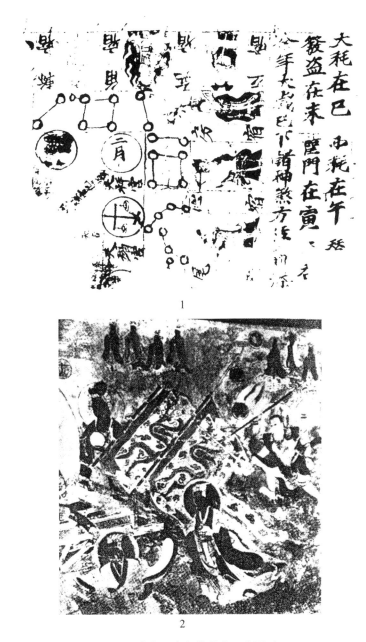

图 5　唐代写本与黄道十二宫图形

1. 新疆吐鲁番出土的唐代写本
2. 莫高窟 61 洞甬道南壁的黄道十二宫图形

已剥落，其余都还完整清楚。图形和画法都已中国化了（图6，图7，图5，2）。这幅壁画在敦煌研究所编的61号洞（＝P117＝C75）的甬

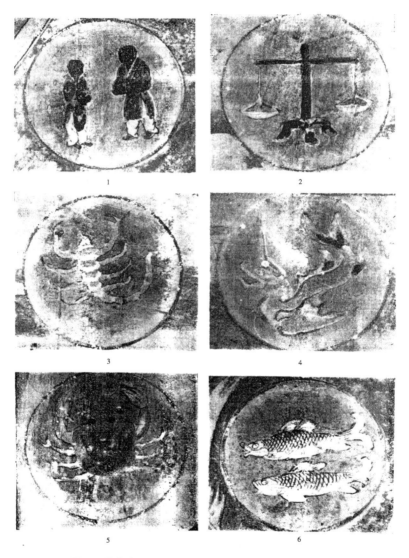

图6　莫高窟61洞甬道的黄道十二宫图（甬道南壁）

1. 双子宫　2. 天秤宫　3. 天蝎宫
4. 摩羯宫　5. 巨蟹宫　6. 双鱼宫

道两侧壁①。这洞主室四壁的壁画是宋初的，有"曹延禄姬"等题名。甬道中这幅图，为西夏时（1035～1227年）或稍后所绘，其下端供养人像题名，汉字旁边有西夏文对照并书②。有人以为这幅画的年代是元

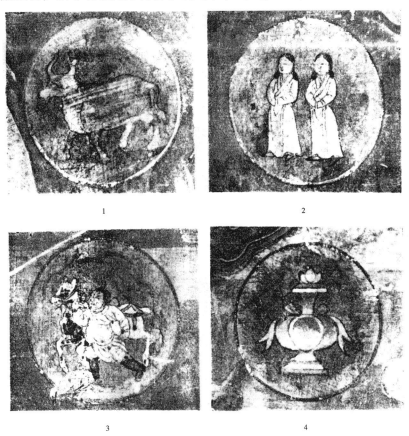

1   2

3   4

图7　莫高窟61洞甬道的黄道十二宫图（甬道北壁）

1. 金牛宫　　2. 室女宫　　3. 人马宫
4. 宝瓶宫　　（白羊宫、狮子宫有残缺）

---

① 这洞伯希和编号 P.117，见《敦煌千佛洞图录》，图版一九八，1920～1924年法文版。张大千编号为 C.75，见谢稚柳《敦煌艺术叙录》，第133页，1955。斯坦因编号为Ⅷ，见《塞利地亚》（英文），第861、933～934页，插图215、插图226，插图1921。十二宫的细部照片，承敦煌文物研究所寄来以供研究发表，特此致谢。
② 谢稚柳：《敦煌艺术叙录》，1955，第133页。

代，当由于其题材和画法和一般宋初及西夏壁画不同①。但是我认为它的蓝本仍有可能早到西夏。炽盛光佛的题材，在唐末宋初颇为盛行。宋初名画家中便有以画炽盛光佛壁画出名的②。斯坦因从千佛洞劫去的一幅有乾宁四年（897年）题记的绢画，它的题材便是炽盛光佛，不过没有十二宫图形作为背衬③。总之，黄道十二宫的输入我国，至迟可以追溯到隋代翻译过来的佛经。印度天文学是将它与二十八宿联系在一起。这几部佛经中也是如此，以昴、胃、娄所属的白羊宫为始。至于十二宫的图形，我国现存的实物，可以追溯到唐代。但是当时图形也已经华化了。

六　宣化辽墓壁画的星图

1974年冬河北省文物管理处和河北省博物馆，发掘了张家口市宣化区下八里村的一座辽代仿木结构的砖墓。在后室穹窿顶部的正中央，发现了一幅彩绘星图（图版1）。根据所发现的墓志，墓主人张世卿，以进粟授右班殿直，死于辽天庆六年（1116年）。这个地主阶级的人物，是一个佛教的虔诚信徒。生前修庙建塔，墓中东壁的壁画中绘有侍者为墓主人准备诵读佛经的场面，桌上放着《金刚般若经》和《常清净经》。这些都表示墓主人妄图死后还能享受剥削阶级的生活。这幅壁画星图在原报告中已作了详细介绍，现在撮述如下④：

墓顶星图是绘画在直径2.17米的圆形范围内。中心嵌有一面直径35厘米的铜镜，镜的周围绘重瓣的九瓣莲花。再外便是二十八宿和北

① 向达：《唐代长安与西域文明》，第402页，1957。
② 郭若虚：《图画见闻志》（《丛书集成》本）卷三，高益画大相国寺"炽盛光九曜等"，孙知微画成都"炽盛光九曜"；卷四，崔白画相国寺"炽盛光十一曜坐神等"。
③ 斯坦因：《塞利地亚》，第1059页，图版LXXI。
④ 《文物》1975年第8期，第31~44页。

斗七星等星宿，环绕着中心莲花作圆周形分布。背景为蔚蓝色，象征晴空。这些星宿都作朱色圆点，每一星座的各星之间以朱色直线相连。北斗星座在北方，斗柄东指。二十八宿中张在南，虚在北，昴在西，房在东，其余依次序排列。二十八宿与中心莲花之间有九颗较大的圆点：其中一颗特大的，作赤色，中绘金乌；其余八颗，朱、蓝二色各占一半。最外的一层，分布着黄道十二宫图形。各图形分别绘在直径21厘米的圆圈中。它们的位置，白羊宫和娄宿相对，其余各宫顺着钟针动向依次排列一周（图8）。

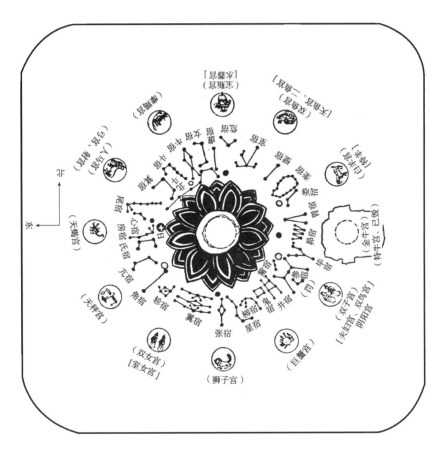

图8　宣化辽天庆六年墓的星象图（摹本）

原报告以为九颗大圆点中有金乌的为太阳，这是对的。至于未能确定代表何星的其余八颗，我以为当是代表月亮、五行星和计都、罗睺二星。它们和太阳在印度的天文历法中称为"九曜"。唐《开元占经》卷一〇四所介绍的"九执历"，便是印度传来的根据九曜运行而订制的一种历法，"历有九曜，以为注历之常式"。十二相而周天，春分为娵首，秋分为秤首，即西法十二宫的白羊、天秤二宫的第一点分别为春分和秋分点①。星色分红、蓝的原因，按《开元占经》卷二十引后汉郗萌及《石氏占》和《荆州占》，以为五行星中金、水、土三星属阴，加上月亮为太阴，共四阴；木星、火星则属阳。疑计、罗二曜亦属阳，共为四阳。故用蓝、红二色分别标志阴、阳。这幅星图中的其他方面，也表示受有强烈的印度天文学的影响，例如用二十八宿和黄道十二宫相对照。又以莲花为中心，也是印度佛教图绘的特点。

至于这里的黄道十二宫图形，其中金牛宫已被早年盗墓者所毁，其余十一宫，和西方通常所表现的题材大部分相同②，仅人马宫为持鞭的牵马人而非弯弓射箭的人首马身像，摩羯宫为龙首鱼身带翅兽，而非羊首羊身鱼尾兽，室女宫为双女而非单女，宝瓶宫为一颈系绶带的盘口瓶而非一个持瓶倾水的人像。但西方艺术上表现十二宫，也并不统一。例如：宝瓶宫也有仅以一宝瓶来表现而没有持瓶的人像；室女宫也有绘有善恶二室女的。至于人马座，西方有希腊神话中的人首马身怪物（Centaur）的传说，而东方没有这种传说，所以人和马便分离开来。所持的鞭子不清楚，也许是代表弓。摩羯宫的兽，在东方没有羊角鱼尾的怪兽的传说，所以将它绘成东方色彩的龙鱼。至于白羊宫的羊，或立或卧，双鱼宫的鱼或系绳或不系绳，西方的也不一致。但是十二宫图形的

---

① 朱文鑫：《历法通志》，第153~157页。按九执历以三十度为一相。

② 《不列颠百科全书》第28卷，第993~998页，1926年英文第13版；《拉卢斯大百科全书》第10卷，第1020页，1964年法文版；又《大众天文学》，见本文图4，其中摩羯宫图误绘成与白羊宫相同的图形。

画法和风格，则完全中国化了。双子和室女，都是穿中国古代服装的汉人，宝瓶为中国式瓶子，双鱼作汉洗中的双鱼游水状。将图4和图8的图形相比较，便可以看出来了。

我国古代的星图有两类：一类是天文学家所用的星图，它是根据恒星观测绘出天空中各星座的位置。一般绘制得比较准确，所反映的天象也比较完整。它和现代天文学上的星图，性质相同，只是由于没有望远镜的帮助，星数和星座数较少而已。例如文献记载中所提到的战国时甘、石、巫三家星图，三国时陈卓所编的星图，以及现存的唐代敦煌星图，宋代苏颂《新仪象法要》中的星图和苏州石刻天文图①。另一类是为了宗教目的而作象征天空的星图和为了装饰用的个别星座的星图。后者如汉画像石上的织女图等②，前者如唐、宋墓中二十八宿图。二十八宿图又分为二种，其中一种，各宿的相对位置依实测图绘制，又绘有赤道。可以依之推算出观测年代。例如杭州吴越王钱元瓘墓中石刻星图③。另一种是将二十八宿排成一圈，不管它们的相对距离，也没有绘出赤道。我们这一幅便属于后面的一种。唐代铜镜中星图和新疆吐鲁番唐墓顶部的星图④，也都属于这一种。它们是无法推测出观测年代的。在墓室的顶部描绘或线雕星图，这种风俗在我国现存文献中最早出现于秦代。《史记·秦始皇本纪》记载秦始皇陵中，"上具天文，下具地理"。由于始皇陵的墓室还没有加以考古发掘，我们不知道这天文图的具体内容。迄今我们发掘所得的实物资料，当以1957年发掘的洛阳西汉壁画墓中的星象图为最早。这幅画中除了太阳和月亮之外，有拱极星（北斗等）和二十八宿中每方的二至三宿，但还没有像唐代那样二十八

---

① 席泽宗：《敦煌星图》，《文物》1966年第3期；又《苏州石刻天文图》，《文物》1958年第7期。

② 周到：《南阳画像石中的几幅天象图》，《考古》1975年第1期。

③ 伊世同：《最古的石刻星图》，《考古》1975年第3期。

④ 新疆维吾尔自治区博物馆：《吐鲁番阿斯塔那－哈拉和卓古墓群发掘简报》，《文物》1973年第10期。

宿齐备无缺[1]。

宣化星图的特点是把黄道十二宫和二十八宿相对照。虽然现存唐代文物中也有之，但不及这幅的完整。

七　结论

由上面各节的讨论，我们可以把有关二十八宿和黄道十二宫的问题，得出下面几点结论：

（1）二十八宿的巴比伦起源论是没有根据的。中、印两国的二十八宿是同源的，而中国起源论比较印度起源论具有更为充分的理由。

（2）二十八宿体系在中国创立的年代，就文献记载而言，最早是战国中期（公元前 4 世纪）；但可以根据天文现象推算到公元前 8 至前 6 世纪（620±100 B.C.）。虽然可能创始更早，但是公元前 4 世纪以前的文献中只有个别的星宿名称，文献本身未足以证明这些星宿是已成体系的二十八宿的组成部分。

（3）黄道十二宫体系，起源于巴比伦，完成于希腊；由希腊传入印度。后来这体系随着佛教传入中国，最早见于隋代所译的佛经中。十二宫图形的输入也已证明至晚可以早到唐代。但是在明代末年近代西洋天文学输入以前，这体系在中国始终未受重视，未能取代二十八宿和十二星次。

（4）二十八宿和黄道十二宫，是和天文学中其他成果一样，最初起源于生产实践。中国和西方的劳动人民累积生产实践的长期经验，分别创立这两种体系来划分天球，以便于观测日、月、星辰等运行的位置，从而规定季节岁时，以便利于季节性的生产活动。后来这两种体系都曾被占星术所借用，以宣扬迷信的宿命论。这是天文学方面唯心主义和唯物主义的斗争的反映。在我国又表现为反动的"天人感应论"和

---

① 夏鼐：《洛阳西汉壁画中的星象图》，《考古》1965 年第 2 期，第 80～90 页。

"宿命论"同进步的"人定胜天论"的斗争。

（5）宣化辽墓中的星图，要放在这历史背景中来考察和研究，才有意义。

（6）我们不否认古代各民族的文化是有互相影响的，但是某些别有用心的人胡说什么中国的二十八宿是借用西方的"黄道带"概念，企图复活"中国文化西来论"的老调，歪曲历史事实以制造反华舆论。在客观事实的面前，只能遭到可耻的失败。

补记： 1978 年湖北随县曾侯乙墓出土的漆箱盖上有二十八宿图像，这墓年代根据所出镈铭为公元前 433 年或稍晚，即战国早期（《文物》1979 年第 7 期，第 10 页，又图版伍：2），王健民等曾作考据（同上，第 40～45 页）。

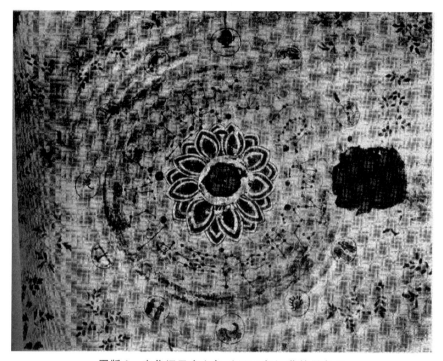

图版 1　宜化辽天庆六年（1116 年）墓的星象图

另一件敦煌星图写本
——《敦煌星图乙本》[*]

  李约瑟博士在英国伦敦的大英博物院图书馆所藏的斯坦因敦煌卷子中，曾发现一卷唐代星图，发表其中二幅照片（白底黑字）于他所著的《中国科学技术史》第三卷中（1959年版，99图，100图），引起了中外学者的注意。我们可以称这卷子为《敦煌星图甲本》（图1）。

  1944年向达教授（1900～1966年）在敦煌发现另一件唐人星图，我们可以称它为《敦煌星图乙本》。那时我随向达教授在敦煌从事考古调查发掘，住在敦煌城南近郊的佛爷庙中。我曾在他的书桌上看到这一件卷子。这卷他题为《唐人写地志残卷》，是他亲手摹写的。卷子的背面另写有《占云气书》一卷，残存《观云章》、《占气章》等两章，有彩绘的云气图形。图的下面附有作为说明的占辞。卷末有图无文。这《占云气书》的前面有一幅《紫微宫图》，这便是我所说的《敦煌星图乙本》（图2）。据向达教授说，原卷当时由敦煌邮局一位名叫蔺国栋的收藏着。原件高31厘米，残长299.5厘米。

---

  * 本文原载《中国科技史探索》，上海古籍出版社，1982；又见《中国古代天文文物论集》，文物出版社，1989。

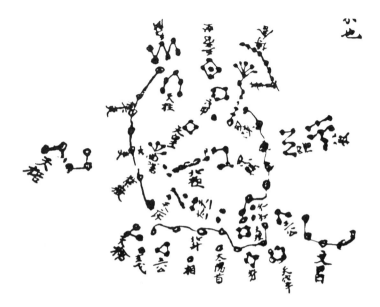

图 1　敦煌星图甲本（现藏英国图书馆〔S. 3326〕）

图 2　敦煌星图乙本（现藏甘肃省敦煌县博物馆）

　　后来向教授在他所撰写的《西征小记》中曾提及这一残缺的抄本，但他略去而未提到这一幅《紫微宫图》①。前几年我获知这件敦煌卷子现藏甘肃省敦煌县博物馆，编号为写经类 58 号。这幅星图已发表于考古研究所编的《中国古代天文文物图集》②（以下简称《图集》）中。现在我将我的探索结果写成此文，以供进一步的讨论之用。

　　李约瑟博士原来发现的星图甲本，是斯坦因敦煌卷子中的 S 字（即 Stein 的缩写）第 3326 号。这批卷子现已由大英博物院改归英国图书馆。席泽宗同志曾根据这抄本的显微黑白（黑底白字）照片，作了详细介绍③。至于我们这星图乙本，原来可能和甲本一样，在《紫微宫图》的前面，还有几幅星图，绘上了当时所观测过的全部"星官"即星座（严格言之，我国星图中的星应称为星官，因为有些只有一颗星，不能称为星座）。这是一件残卷，前面的部分已完全残缺。现在我们只能就紫微宫的这部分，将甲、乙两本加以比较。

　　现在先把甲、乙两本的紫微宫图上各星官作成一表（表1），又把唐人王希明《丹元子步天歌》④ 和《晋书》、《隋书》两书内《天文志》

---

① 向达：《西征小记》，见增订本《唐代长安与西域文明》，1957，第 371 页。
② 中国社会科学院考古研究所编《中国古代天文文物图集》，文物出版社，1980，第 121 页（二五：2），图版一〇（彩色），图版六三（黑白）；又马世长《敦煌写本紫微垣星图》，见《中国古代天文文物图集》，第 199 页。
③ 席泽宗：《敦煌星图》，《文物》1966 年第 3 期。文中误以为现藏伦敦博物馆。实际上伦敦另有一"伦敦博物馆"专门收藏和陈列有关伦敦的文物。1972 年起，大英博物院图书馆由该院分出来，同另外几个图书馆合并成英国图书馆（British Library）。斯坦因敦煌抄本已归这个馆。《图集》中所收的是黑白照片的图。这次承该馆吴芳思女士（Miss Frances Wood）代为获得这抄本的彩色照片寄赠，特此致谢。这星图的彩色照片，曾发表于舍斐（E. H. Schaefer）《古代中国》（*Ancient China*）（1967 年英文版），第 124 页。书中第 126 页说"图中星有三色"，实只二色。
④ 这里《步天歌》的字句，是依照郑樵《通志略》的《天文略第二》（世界书局，1936），并参考梅文鼎《中西经星异同考》中所载的《步天歌》。承席泽宗同志指出，《通志略》本紫微垣末句"阖阳摇光六七名"，应依梅本改为"摇光左三天枪明"。

中紫微宫一项内的星官名和星数①一起列入表中，以资比较。《步天歌》
为唐开元王希明所撰（本文后节还有关于他的年代的考证），而《晋
书》和《隋书》也都撰于初唐李淳风的时候（他曾参加编写这两史的
《天文志》）。因为新旧唐书中都没有星表或星簿，所以只好利用这几种
与敦煌星图甲、乙本的时代相近的资料（指《步天歌》、《晋书》和
《隋书》）来作比较。

表 1 紫微宫的星官名和星数一览表

《晋书》、《隋书》的《天文志》		《步天歌》	敦煌甲本		敦煌乙本	
星名	星数	星数	星名	星数	星名	星数
(1)北极	5	5	同左	5	极、枢、辰	5
(2)勾陈	6	6	同左	1	鉤陈	6
(3)天皇大帝	1	1	〔缺名〕	1	天皇天帝	1
(4)女御宫	4	4	天皇（误）	4	御女	4
(5)四辅	4	4	同左	4	同左	4
(6)华盖	9	7	同左	6	同左	9
(7)杠	9	9	〔缺名〕	6	〔缺名〕	9
(8)五帝内座	5	5	五帝座	5	五帝座	5
(9)六甲	6	6	同左	5	同左	6
(10)柱下史	1	1	有名无星	无	柱上史	1
(11)女史	1	1	有名无星	无	同左	1
(12)传舍	9	9	同左	7	同左	7（+2）
(13)天一	1	1	天	1	天一	1
(14)太一	1	1	太	1	太一	1
(15)西蕃(右垣)	7	7	〔缺名〕	7	西蕃	4（+3）
(16)东蕃(左垣)	8	8	〔缺名〕	7	东蕃	6（+2）
(17)天柱	5	5	同左	5	天往	5
(18)尚书	5	5	同左	4	同左	5
(19)阴德、阳德	2	2	天太（误）	2	〔漏缺名〕	无
(20)大理	2	2	〔缺名〕	2	大理	2

---

① 按百衲本《晋书》的《天文志》中，北斗七星下脱"辅一星"三字，《隋书·天文志》
中，玄戈"一星"误作"二星"，紫宫垣"十五星"误作"下五星"，"魁第一星"后脱
"西三星"，今都加改正。

《晋书》、《隋书》的《天文志》		《步天歌》	敦煌甲本		敦煌乙本	
星名	星数	星数	星名	星数	星名	星数
(21)天床	6	6	天床	6	天床	6
(22)天厨	6	6	同左	6	同左	6
(23)北斗	7	7	同左	7	北斗、衡、权	4(+5)
(24)辅星	1	1	缺	无	辅、辅	1
(25)天理	4	4	同左	4	同左	2(+2)
(26)三公(构下)	3	3	同左	3	有名无星	(3)
(27)三公(魁西)	3	3	同左	3	口公	(3)
(28)文昌	6	6	同左	5	天昌	8(+1)
(29)内阶	6	6	同左	6	同左	6
(30)相	1	1	同左	1	〔残失〕	(1)
(31)太阳守	1	1	太阳首	1	〔残失〕	(1)
(32)势	4	4	同左	4	〔残失〕	(4)
(33)天牢	6	6	同左	6	〔残失〕	(6)
(34)造父	5	危5	〔在危宿〕		〔可能在危宿〕	
(35)钩星	9	危9	〔在危宿〕		〔可能在危宿〕	
(36)内厨	2	2	〔漏缺〕	无	〔漏缺〕	无
以上总计 36	161	145	30	125	32	115+31(7)
太微(1)玄戈	1	紫1	紫·玄戈		紫·主戈	1
太微(2)天枪	3	紫3	紫·天枪	3	紫·天枪	3
太微(3)天棓	5	紫5	紫·天棓	5	紫·天棓	4
太微(4)扶筐	7	女7	〔在女宿〕		紫·扶筐	7
太微(5)太尊	1	紫1	漏缺	无	〔漏缺〕	无
天市(1)八谷	8	紫8	紫·八谷	8	紫·八谷	8
紫微宫总星数	161	160		142		188+81

由这个一览表，我们可以看出它们之间异同的地方。《晋书》、《隋
书》两史的《天文志》的"紫宫"（即紫微宫），共有 36 个星官，161
颗星。《步天歌》的紫微宫一节中没有造父和钩星。它把这二者都改放
在危宿中。但是它又多出了玄戈、天枪、天棓、八谷和太尊，所以它共
有 39 个星官，163 颗星（其中华盖缺少 2 颗星），我们这甲、乙本两种
敦煌卷子的紫微宫图，也都没有造父和钩星。甲本也把这二者放在危
宿，乙本失去危宿图，可能也是同样处理。扶筐见于乙本，而不见于甲

本的紫微宫图中。甲本把扶筐放在女宿中，也和《步天歌》相同，而《晋书》、《隋书》的《天文志》，把它放在太微宫中叙述。甲、乙两种写本都没有内厨和太尊（席泽宗同志文中误作天尊，后者即天樽三星；在井宿），但是有玄戈、天枪、天桮和八谷，也是与《步天歌》相同（两史的《天文志》把玄戈、天桮、天枪，都放在太微垣；八谷则放在天市垣中）。我们可以说，敦煌两种图的内容和《步天歌》最为相近，与《晋书》、《隋书》两史的《天文志》差异较多，但都属于一个系统。两种写本之间也稍有差异，但大致相同。承席泽宗同志见告，《宋史·天文志》说："《晋志》（按指《晋书·天文志》）所载太尊、天戈、天枪、天桮，皆属太微垣，八谷八星在天市垣，与《步天歌》不同。"（卷四九）所得结论，与我们上面所说的相同。

我们再专就甲、乙两本互相比较，也得出同样的结论：两种写本之间是稍有差异，但大致相同。为着比较研究的方便，我根据现代星图，另绘一幅紫微宫图，附于下面（图3）[1]。

甲、乙两本的星图，甲本是把紫微宫各星罗列于一个平面上，没有什么界线划定范围，图中西蕃右垣外标注"紫微"二字。星辰分别用橙黄色的点（都外加圆圈）和黑点来表示。其中星数不止一颗的各星官，又用黑色直线把它组成部分的各星联成星座。这种用不同颜色来表示星辰的办法，是继承刘宋时钱乐之的办法。据《隋书·天文志》，孙吴时太史令陈卓始列甘氏、石氏、巫咸三家星官，总283官，1565星（鼐按：当依《晋书·天文志》作"一千四百六十五星"）。刘宋太史令钱乐之所铸浑天铜仪，"以朱黑白三色用殊三家，而合陈卓之数"[2]。郑樵《通志略》说：石申以赤点纪星，巫咸以黄点纪星，甘德以黑点纪星，三家都记三百座，计一千四百六十五座。敦煌甲本星图中黑点以表

---

[1] 这幅星图是依据下列两种资料编成的：a. 伊世同：《最古的石刻星图》的天文图（《考古》1975年第3期）；b. 饭岛忠夫：《中国古代史论》的紫微垣图（1926年日文版）。

[2] 《隋书》卷一九《天文志》上，第2页，百衲本。

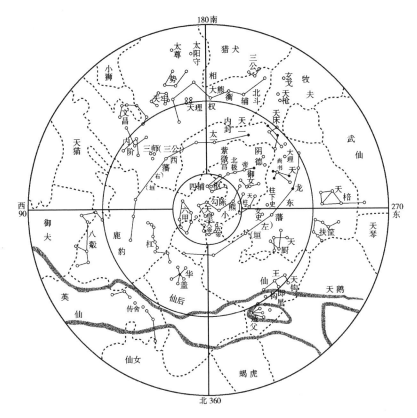

图3 紫微宫图（图中大号字和虚线是现今国际通用的
星座和它们的界线）

示甘氏的星，橙黄色的点加圆圈以表示巫咸和石氏的星。我曾以敦煌抄
本《三氏星经》和甲、乙两本敦煌星图①相对勘，确是以黑点表示甘
氏，橙黄点或红点表示石氏和巫咸。仅有一例外，甲本女御宫应作黄色
而误作黑色，这当由于甲本将这四星误标为"天皇"，而天皇原应作黑
色。又大理应为红色，甲本亦误作黑色。橙黄色的可以兼表示黄色和红

---

① 敦煌抄本《三家星经》，全题为《石氏甘氏巫咸氏三家星经》，与《玄象诗》写在一起。
这抄本现藏巴黎国立图书馆，编号为 P.（Pelliot 的缩写）2512 号，见罗振玉《鸣沙石室
佚书》第 4 册。

色，当时石氏和巫咸的在图上可能已混淆不分了。苏颂《新仪象法要》（1094 年）的星图是用圆圈和黑点加以区别。我也曾加核对，两图所标的大体相符合，当然苏氏图中的圆圈是兼代表黄色和红色的。

我们这乙本的星图，在紫微垣中近间阖门处，标注"紫微宫"三字。紫宫垣的东西两侧，分别标注"东蕃"和"西蕃"。蕃字《晋书》、《隋书》的《天文志》中都作"蕃"（藩），是"蕃卫"的意思，一曰天营，《步天歌》中称为"营卫"。这幅图中的星辰全部用点来表示，没有圆圈和圆点的区别。但是由彩色照片来观察，圆点是使用红、黑二种不同的颜色，未用橙黄色。后来苏州石刻天文图（1193 年）所用的办法是全部用一色的点表示，没有圆圈，也没用颜色相区别。我们这图中紫宫垣用一个封闭的圆圈来表示，垣的前后面都没有缺口作为垣门。前门（即间阖门）的西边虽有残破，但当门处并未见有缺口。这圆圈之外，另有一更大的同心圆，直径为 26 厘米，当是表示上规（内规）的，即天极上北极出地常见不隐的地方的界线。这图的星辰位置绘制得并不十分精确，但是根据传舍、八谷及文昌等星来推测，这星图的观测点的地理纬度约为北纬 35°，即相当于西安洛阳等处。这图中圆心的星是北极第三星，《晋书》、《隋书》皆以第二星为帝星（即帝之居），第三星为庶子之居。《步天歌》除采用这说之外，又引另一说：第三明者帝之居，第四名曰四庶子。按第五星天枢代替第二星帝星为极星，一般认为隋唐之际；第二星帝星为极星，约在周初（公元前 1000 年），则第三星代替第二星帝星为极星，约为汉、魏时。如果这幅图是正确的话，那么这便是这星图的观测年代。这幅图所收入的星辰，乃是表示三垣中"紫微垣"的各种星辰。凡是不属于"紫微宫"的，虽离北极较近，例如造父和钩星，都省略不绘。反之，像传舍、八谷、玄戈、太阳守等，虽离北极较远，以其属于紫微宫，仍加绘出。我们这幅乙本，既照顾到紫微宫应列入的星座，又绘出上规（内规）的圆圈，使我们得以推测它的观测地点和年代，这是它胜于甲本的优点之一。

甲、乙两本的另一个差异，是图幅的上下二者适相颠倒。甲本的图中，北斗绘在下方，后来苏州南宋天文图石刻，也是这样。反之，乙本中北斗，绘在上方。现今西方的天文图中北天星座图也常常是这样的（参阅图3）。宋苏颂《新仪象法要》中的紫微宫图上，北斗绘在下方偏右，近于敦煌星图甲本。明人《仪象法纂》中的图上，北斗绘在右面，这是因为北极星是在这些图的中心。绕北极旋转的北斗等绕极星，都有一个时间在地面上看起来分别位于北极的上下左右。所以只要各星的相对位置正确，它们在天文图上的位置在北极的上下左右，可以不拘。不过后来的绘图者根据约定俗成的原则，才采用一致的表现方法。北斗在北极的南面，如果以北斗为基点，北斗的左、右两侧便是东、西两侧，所以我国古代天文学便依此称紫微垣两侧的蕃卫为东蕃和西蕃，实则它们是在北极的南面。从地面上观察，这二者在某一时间都可以分别在北极的下方或左、右两侧，只有在上方时隐而不见。无论从星官数或星数而言，我们这乙本似乎都胜于甲本。二本都缺少太尊一星和内厨二星，但是甲本又缺少辅一星，并且柱下史和女史都有标题而没有星点。乙本中这三个星座都没有遗漏。甲本勾陈仅有一星，华盖和杠都仅有六星，六甲仅有五星，尚书仅四星，而乙本这些星座的星数都完备无缺。甲本传舍仅有七星，缺少二星，文昌仅有五星，缺少一星，东蕃左垣仅有七星，缺一星；乙本这些地方纸本有残损，传舍仅残存七星，尚有未断的连接线的痕迹，可能原来为九星，文昌尚残存八星，可能原来为九星（文昌应为六星），东蕃残存为六星，可能原来为八星。乙本不及甲本者为缺阴德（或作"阴德阳德"）二星，天棓仅有四星，缺少一星。此外，乙本因为纸张残破，以致太阳守、势、相、天牢等四个星官全缺，别名"三师"的三公，仅残存标题"三公"二字的一半。北斗和东、西蕃也部分缺损。如果我们将乙本残缺处的星数（31星）补上，则比甲本紫微宫图可能多出27星（包括扶筐七星，甲本把扶筐放在女宿的图中）。甲本东蕃（即右垣）、西蕃（即左垣），天皇大帝、杠、大理（二星，在天床和尚书之间），都有星象而漏写星官名，柱下史和女史都有名无星，天一和太一都缺"一"字。御女（即女御宫），误写作"天皇"，阴德二星误写作"天一"和"太一"（二者填写于天床和阴德之间）。这些地方乙本都未误。但是乙本的抄写者常有误字，如"玄"误作"主"，"枪"误作"捨"，总之，乙本的原来的蓝本，在星官数和星数方面，实稍胜于甲本的蓝本。但两个原本大同小异，是一个系统的两个不同的本子。

至于各星官的形状和位置，一般而论，甲、乙两本的图，都绘制得不是很正确，但也没有很重大的错误。个别星官中值得注意的略举如下：关于北极星，甲本凡五星一排，原来应该都是圆圈加色，而实际绘出的有圆圈，有黑点。乙本绘出四星，排在一列，可能最东还有一星也折向一侧，这便是"王"字上的一点。"王上皇"三字应是指第二星即帝王星或帝星。第二星旁又标注一"极"，是北极星官的意思。第五星为枢星，也便是纽星，图上标注一"枢"字。隋唐之际，这枢星开始代替帝星为极星。我们这图中的枢星并不在圆心。如果这不是摹绘时走了样，那便可能是星图的观测在前，用文字添注"枢"字在后。枢星左右四星是四辅，乙本除在四辅的旁边标注星官名外，又在四星中央写一"震"字。敦煌抄本《玄象诗》有"辰居四辅内"，指四辅内的辰星，即北极星。《晋书·天文志》："抱北极四星曰四辅。"又云："北极，北辰最尊者也。"这样看来，北极也称北辰，为"三大辰"之一。六甲和四辅的相对位置甲本和乙本互异，但似乎都有所偏。勾陈六星在北极星和华盖之间，"勾陈口中一星曰天皇大帝"。甲本"勾陈"仅有一星，它的旁边另有一星，没有星名，可能便是"天皇"。但也可能是为勾陈的一部分，而天皇一星漏去未绘。甲本图上标注"天皇"的四星应为御女。乙本绘出勾陈六星，旁注"钓陈"，应为"钩陈"。它们里面又标注"天皇天帝"，但没有星点。天柱五星在御女西，甲本未误（但如上述，甲本御女四星的标题误写作"天皇"），乙本则东西的相对位置颠倒，把天柱误置于御女之东。

华盖在紫宫垣外，在五帝座的南方，乙本大致符合。但是甲本的图中，华盖在五帝座的西侧；《步天歌》说："五帝内坐后门是华盖并杠十六星（原注：五帝内坐五星，在华盖下勾陈上、斧扆之象，所以备宸居者）。"图中华盖和五帝座二者对峙并立，不能充分地表示盖覆的意思。紫宫垣的营卫十五星，甲本都用圆圈来表示，分为东、西二群，没有标出蕃垣名称。东蕃图中只有七星，缺一星，在第二星旁标注"柱下史"，更南的第五星标注"女史"，实则这两个名称是垣内另二星的星名（甲本图中这二星未绘出）。西蕃图中有八星，其中七星为圆圈填橙黄色，多出一黑点的星，疑为笔误。乙本则把紫宫垣图式化，绘成一个圆圈。乙本在垣内另有二星，分别标注"柱史"（二字之间又补填一"下"字，成为"柱下史"）和"女史"（原图中"史"字误写作"吏"），二者的相对位置，适和甲本相反。《晋书·天文志》说："柱史北一星曰女史。"按现今星图女史在柱下史的西面稍北，当以乙本为近是。天柱和尚书都在紫微垣内东半，但它们在甲本的位置较乙本的为偏西。天床六星，两本都把它放在紫宫垣门内，而《晋书·天文志》说它在门外。《通志略·天文略》中引《步天歌》说："天床六星左枢在"，歌后说明是"天床六星，当间阖门外"，都和图不相符合。甲本在天床和尚书之间有黑点二星，疑为大理二星，乙本在天床之西，漏缺阴德二星。

紫宫垣之外，天厨和内阶都是六星，隔宫垣遥遥相对。《玄象诗》，"天厨及内皆〔阶〕，宫处东西域"，乙本的两者位置，便是如此，一在西南，一在东北；但甲本则一西，一北，成90度的角度，似乎走了样；并且甲、乙两本的六星的连缀法并不相同：甲本作∧∧∧形，乙本作××形，天床六星在两本中不同处也是这样，不过天床六星未全部连在一起，仅有二条连接线，尚缺三条线。北斗七星，乙本这里纸有残缺，仅存四星，除了总标题"北斗"之外，在第四、第五星的旁边分别标注

"权"和"衡"字。北斗旁另有一星，标注"辅"字（初写的"辅"字，似由于有点误笔，涂抹掉后于其下又写一"辅"字）。甲本这一部分仅有"北斗"两字，缺辅星。距离斗柄不远处，两本都有三公、玄戈和天枪。斗魁内有天理四星，斗魁西另有一"三公"（《步天歌》的另一说法，这三星为"三师"。宋苏颂《新仪象法要》的图中也作"三师"）。至于三公和三师之间的相、太阳守、势、天牢，在乙本这一部分由于纸张残破而完全缺失。文昌六星，作弯弓形。《步天歌》说"文昌斗上半月形，稀疏分明六个星"。甲本五星缺一星，弯月的口向西（《新仪象法要》的图中也向西）。乙本有残缺，存有八星，多出二星，弯月的口向南。东蕃之东，两本都有天棓，但乙本缺少一星。西蕃之西的八谷，甲本中它在内阶之南，紧相衔接；乙本的八谷在内阶的西南，相去颇远，似乎较合于实际。乙本有扶筐七星，在天厨和华盖之间。甲本紫微宫图中没有绘出扶筐（甲本是把它绘在另一图的"女宿"中）。以上所述，是甲、乙本的一些差异的地方。

至于这两件敦煌星图的年代问题，可以先讨论甲本（S. 3326）。小翟理斯在他的《敦煌的六个世纪——斯坦因敦煌写本简介》中，只说这一件是较晚的写本，他发表了星图前面的二十五幅云气图中的四幅，但是没有提到星图。他在《斯氏敦煌写本详细目录》中提到这星图，但对这件有星图的写本没有作年代的鉴定[1]。李约瑟发表了这星图的一部分（仅有二幅照片），包括紫微宫图。他认为写本的抄写年代约在公元 940 年，即后晋天福年间。他没有说明他的断定年代的根据[2]。席泽宗发表了这星图的全部，并加详细说明，但对于抄写年代，仍是依照李约瑟的说法（E. H 舍斐发表其中紫微宫的一幅，正文也认为 10 世纪的

---

[1] 小翟理斯（L. Giles）：《敦煌的六个世纪——斯坦因敦煌写本简介》，1944 年英文版，第 15 页，图版三；又《大英博物馆所藏敦煌写本详目》序号 6974，1957 年英文版，第 225 页。

[2] 李约瑟：《中国科学技术史》第 3 卷，1959 年英文版，第 264 页。

抄本①）。如果我们根据这甲本的字体和卷末电神的图形，李氏的判断似乎偏晚了，我们以为可能早到开元天宝时期（8 世纪）。至于它的绘制的年代，它的前面的气象占有"臣淳风言"，是李淳风所编，但星图不一定与气象占同一时代或同一人所撰。后人常把时代不同而性质相近的书，抄在一个抄本子上，以便参考。这图的年代要根据它的内证。这在下面与乙本一起讨论。《图集》也以为"抄写时代约在唐代（约公元8 世纪初叶）"②。

至于我们这敦煌乙本星图，这写本的正面是《唐人地志残卷》，据向达教授考证这地志当撰于天宝初年（8 世纪中叶），但抄写的年代可能要晚一些。我们的星图和《占云气书》都抄在背面，抄写时代当比正面还要晚。字体近于五代时（10 世纪）写本，要比甲本晚一些。《图集》认为"抄写时代约在晚唐五代时期（约公元 10 世纪上半叶）"（第121 页）。

顺便可以在这里讨论《丹元子步天歌》的年代问题。这部书唐、宋时一般被认为是唐开元时王希明所撰，例如《新唐书·艺文志》在子部天文类收入这书，只提作者是王希明。《艺文志》又在子部五行类提到一部《太一金镜式经》十卷，原注："唐开元中诏撰"。郑樵《通志略·艺文略》天文类天象项有《丹元子步天歌》一卷（原注：唐右拾遗内供奉王希明撰）。《四库全书总目提要》（卷一百七）的天文算法存目有《步天歌》一卷，《提要》说："陈振孙《直斋书录解题》曰：步天歌一卷，未详撰人。或曰唐王希明撰，自号丹元子。"《提要》又说："丹元子为隋人，不见他书，不知樵何所据。"③ 这是因为郑樵在同

---

① 席泽宗：《敦煌星图》，见《文物》1966 年第 3 期，第 27 页；舍斐，前书第 127 页。

② 宿白教授 1979 年 3 月 17 日来信，但马世长同志以为"似乎在开元天宝之前"（1979 年 4 月 27 日来信及本书第 211 页注②引文），《中国古代天文文物图集》，文物出版社，1980，第 120 页。

③ 《四库全书总目提要》第 2 册，商务印书馆，1933，第 2216～2217 页。

一部《通志略》的序中说："隋有丹元子者，隐者之流也，不知名氏，作《步天歌》，见者可以观象焉。王希明纂汉晋志以释之。唐书误以为王希明也。"换言之，郑樵认为隋人丹元子撰歌，唐人王希明撰释。后来的作者多依照郑樵的说法，以为"步天歌"为隋代作品①。甚至于有人以为王希明道号丹元子，是隋代人，与李淳风的父亲李播同时②。我以为王希明是唐开元时人，这是唐宋时众口一词，可说是毫无疑问。我又认为《步天歌》的歌词的撰述的时代，不能早于李淳风活动的时代。理由有四：①如果《步天歌》是隋代作品，则《隋书》和《旧唐书》的经籍志中似乎不应不收入。如为唐开元中人所著，则《隋书》不会收入。以开元时的《古今书录》为断的《旧唐书·经籍志》也不会收入的。②如果《步天歌》是隋人著作，则初唐著作如《晋书》和《隋书》的《天文志》（这二史的《天文志》如果不是全部也是大部分出于李淳风之手），不应不加以提及。如果它出于唐开元时人之手，那便不足为怪了。③如果这歌是隋人作品，则《新唐书·艺文志》和《通志略·艺文略》中都不应将《步天歌》作者题为唐王希明所撰。④本文将初唐时（7世纪）所撰的晋、隋二史的《天文志》中的紫微宫拿来与《步天歌》和两种敦煌星图相比较，可以看出它们之间的一些显著差异。又将《步天歌》与两种敦煌星图抄本相比较，则几乎完全相符合。如果《步天歌》是隋代作品，则这种现象很难解释。如果它是唐开元时作品，则这解释上的困难便不存在了。所以我认为《步天歌》的歌词和诠释，是同一个人所写，其人便是唐开元时丹玄子王希明。丹玄子便是王希明的道号。郑樵在《通志略·艺文略》中采用当时通行的正确的说法，以为这歌即唐王希明撰。后来在《通志略·天文略》中，误认为歌词和诠释为二人所作，诠释为王希明所作，则歌词作者的

---

① 例如陈遵妫《中国古代天文学简史》，1955年上海版，第101页。
② 李约瑟：《中国科学技术史》第3卷，1959年英文版，第201页。

丹玄子当为前一代的隋人作。这是完全凭着主观臆测来推定，实不足信。罗振玉在《玄象诗》抄本的跋语中便说："郑氏《通志·天文略》谓撰《步天歌》之丹玄子乃隋人，于前籍无证，恐未可信。"[①] 古人著书有于正文后面自作注释，如《汉书》及《隋书》中的《地理志》和《艺文志》便是如此。王希明用七言诗歌作《步天歌》，又用散文改编《汉书·天文志》和《晋书·天文志》的资料，以作诠释，并不足怪。敦煌写本两种星图的底本是根据《步天歌》参照天象（或增删早期星图）而绘制的《步星象图》[②]，不会比《步天歌》的撰写年代（唐开元时即8世纪前半）更早，换言之，不会比撰写《步天歌》的开元中奉诏撰歌的王希明为早，这似乎也是可以大致肯定的。反之，二者肯定是要比李淳风的时代（7世纪前半）为晚。本文前面说过，有人根据甲本同卷的《占云气图》中的云形和电神图形的年代，以为这星图要早一些，尤其是《占云气书》有"臣淳风言"字句，所以这星图可能要早到李淳风的时代，但是我们这乙本卷子的正面的《地志残卷》可以肯定是天宝初年，不会更早。这《星图》和《占云气图》时代似乎也应相近。不管甲本《占云气图》的年代如何，这二幅《星图》根据本文上面所述的理由，应是开元中或稍晚所编绘的，而转抄的时代更晚，是一在开元天宝时，一在晚唐五代抄本。

至于《玄象诗》，它是和《三家星经》、《二十八宿次位经》等抄在一个写本上的[③]。这抄本虽有自天皇以来至武德四年凡若干万年等字，但这些文字是系在《次位经》的末尾，其后又抄有其他有关星占的书。所以这只是表示《次位经》的撰写年代。这抄本的《三家星经》的撰写年代要早到战国或汉初，便是它所据以过录的底本，也不会晚于六

---

① 罗振玉关于《玄象诗》抄本的题跋，见《鸣沙石室佚书》第4册。
② 据郑樵《通志略·天文略》。他说"《步天歌》旧于歌前亦有星形，然流传易讹，所当削去"。
③ 见罗振玉《鸣沙石室佚书》第4册，原件为巴黎藏 P. 2512 号。

朝。至于这首《玄象诗》的撰写年代，只能就其内容来推断。一般认为它要比《步天歌》为早。但是这诗中已将枪（天枪）、戈（玄戈）二官归入紫微宫，不归入太微，八谷也被归入紫微宫，不属天市垣。这三点都和《步天歌》及甲、乙两本星图相同，而和李淳风参加修撰的《晋书》、《隋书》的《天文志》所载的不同。它们似乎都是在李淳风编写晋、隋二志之后。所以《玄象诗》虽较《步天歌》为稍早，但是也早不了许多。

补记：这文写完后，曾在 1980 年 10 月在北京召开的中国科技史会议上宣读过。后来承严敦杰同志把他的旧作《宋元算学丛考》一文，借给我一看，其中有些关于《步天歌》作者王希明的考证（见1947 年《科学》第 29 卷第 4 期）。严同志以为王希明即开元七年（719 年）来华的吐火罗国解天文人大慕阇。这位大慕阇系吐火罗国王上表所献，表中有"望请令其供奉，并置一法堂，依本教供养"等语（见《册府元龟》卷九七一）。王希明系《太乙金镜式经》的作者，"不详其里贯，开元时以方便为供奉，待诏翰林"（见《四库提要》卷一〇九）。所以他认为"官职相合，此其一；时间相合，此其二"。实则唐代"供奉"一词，原为动词，后来才作为官名，曰翰林供奉，人数不少（《新唐书》卷四六）。这位大慕阇任职供奉，虽然有这建议，但是曾否任职，史无明证。官职相同和时代相同，在这里并不足以证明其为同一人。另一方面，慕阇乃摩尼教高级僧侣称号，来源于康居语 mwck，古维文作 morak。王希明自号通玄子，或青萝山人，撰著《太乙金镜式经》、《聿斯歌》和《步天歌》，当为一位熟谙方技的道教信徒，决非摩尼教的僧侣。王希明和开元七年来华的大慕阇，完全无关，绝非一人。

严同志在文中又提出王希明乃王世充的同族，王希明为吐火罗国大慕阇。王世充据《旧唐书》和《新唐书》本传也是西域胡，本姓支。

就其胡姓而言，当源于月支国，也便是吐火罗国。严同志又引宋人陈振孙《书录解题》中的话："《聿斯歌》一卷，青萝山人王希明撰，不知何人。"因之说"夫既云青萝山，而复不知何人，盖青萝山西域地名也"，并且进一步说，青萝山可能便是吐火罗的原名 Tokhora－stan 的误译。所以他认为"姓名相合，此其三，籍贯相合，此其四"。实则王希明并非开元六年来华的吐火罗国的大慕阇，上节已加考定。他自号青萝山人，这山当是他的家乡或侨居的地方。青萝当为汉语。浙江浦江县便有一个青萝山，元末时宋濂曾在这山隐居。所以不必远在西域找这地名。王希明的籍贯虽不清楚，但说他是西域胡，实出于误会或附会，完全无证据。他和吐火罗的大慕阇或吐火罗后裔王世充，籍贯并不相同。至于王姓是百家姓中人数最多的一姓。王姓的人不是同出于一个祖先。姓氏同是王氏，不足以证明是同出于冒用王姓的胡族，更不足以证明是同一人（原作"姓名相同"，"姓名"当是"姓氏"的意思）。

总之，关于王希明生平的史料，现在留下的很少。为了补充他的事迹，也许可以做些推论。但是有些推论是站不住脚的，是不能采用的。今于文后补记几句话，以与严敦杰同志商榷。

《河北藁城台西村的商代遗址》
读后记*

　　藁城商代遗址出土的铁刃铜利器，是一个很有意思的发现。但是，根据已做过的化学分析和金相学考察，似乎并不排斥这铁是陨铁的可能，还不能确定其"系古代冶炼的熟铁"。

　　根据试验报告，先就金相观察而言，"因已锈蚀，看不到金相组织"，所以我们无法利用陨铁经常具有的维德门施塔特氏结构来作为鉴定标本的标准。至于"发现大量条带状夹物，并且钺本身有分层现象"，这只能证明金属经过热变形和锤打的，因之不是生铁（生铁锤打即碎），而不足以确定其为熟铁或陨铁。这里有一点须说明一下，从前有些考古学家认为陨铁不能锻锤成器，这实是一种误解。陨铁中有些确是不能锻锤的，但大多数陨铁是可以锻锤成器的。这不仅有民族志上的许多实例，并且还有人做过实验（见 H. H. 利格兰《旧大陆上史前的和早期的铁器》，1956 年英文版，第 177～179 页）。

　　再就化学分析而言，"基体为铁，并含有较多的铜、镍、锡及微量的铝、钴、钛、硅、铅等"。这里面铜和锡的含量虽多，但二者"可能

　　＊　本文原载《考古》1973 年第 5 期。

来自铜合金包套"。最可注意的是含镍较多。我们知道陨铁的特征是含镍较多，而冶炼的铁一般含镍极微或完全没有（只有从磁黄铁矿提炼的铁是例外，但这是比较少见并且古代很少开采的铁矿，不知道我国有否这种矿和古代曾否开采过）。定量分析一个小试样是含镍1.76%，这是比较高的，是一般冶炼的熟铁中所罕见的。但是陨铁的含镍量一般比这还要高，在5%以上，虽然也有含镍很少的（见H. H. 利格兰著《旧大陆上史前的和早期的铁器》，1956年英文版，第27页）。所以，这方面还要再作定量分析。至于含有硅酸盐夹杂物和含锰很低，这不仅是"熟铁的特征"，陨铁常常也是这样的。小块试样含碳0.35%，证明这不是生铁（生铁含碳1.5%～4.5%），而陨铁一般含碳也不多。只有大块的氧化钙，是陨铁中所罕见的，这可能是冶炼成的熟铁中的夹渣，但是也可能是陨铁埋在黄土中时所沾染的，正像铜锡成分来自相接触的青铜包套或铜锈一样。钴和硅都是陨铁中经常含有的元素，分析出有微量存在是可以理解的。至于爱克斯射线透视所显呈的夹渣和气泡都是在青铜铸件部分，而在铁制刃部未曾发现。

简报中提到了流入美国的1931年浚县出土的两件铁刃铜利器。这两件在1946年发表后，1954年梅原末治加以研究，认为是冶炼的铁，并且还认为这两件的发现是"划时代的事实"（《关于中国出土的一群铜利器》一文，见《京都大学人文科学研究所创立廿五周年纪念论文》，1954年），但是后来做了科学分析，证明实是陨铁所制（见R. J. Getten等，《两件中国古代的陨铁刃青铜武器》，1971年英文版）。1958年在广东英德发现一块3～4吨重的古代的陨铁，当时认为系人工冶炼的合金钢（《文物》1959年第1期第28页），后来证明乃是陨铁（《文物》1959年第8期第51页）。我们以为这次所发现的青铜利器的铁刃是否系冶炼的熟铁，还有待进一步的分析研究。

湖北铜绿山古铜矿[*]

  从前在中国，青铜器的研究和青铜器铭文的研究几乎是同义词。自北宋时代（11世纪）以来，中国有许多学者研究古代青铜器，写下了一些著作，其中有些还流传到今天。自20世纪20年代起，中国引入了田野考古学，青铜器的研究便起了很大的变化。

  田野考古学被引入以后不久，就显示了它的影响，青铜器研究的范围扩大了。从此，不仅青铜器的铭文要加以研究，并且它们的形态、用途、花纹、成分、铸造法等，都要加以研究。田野考古学根据出土物的共存关系（地层学的研究和墓葬中器物的组合的研究）和型式学的分析，将青铜器的研究提高到一个新的水平。今天，我们不仅研究青铜器本身的来源，即它的出土地点，还要研究它们的原料来源，包括对古铜矿的调查、发掘和研究。这是中国古代青铜器研究的一个新领域，也是中国考古学新开辟的一个领域。这篇文章便是介绍在湖北省黄石市铜绿山古铜矿进行的发掘工作的。

  铜绿山是"铜绿色的山丘"的意思。这里蕴藏有丰富的铜铁矿床，

---

 * 本文原载《考古学报》1982年第1期，由作者和主持发掘的殷玮璋共同署名。

并与金、银、钴等有色金属共生。现今仍是我国一处重要的产铜矿区。这里发现古代采矿的遗迹和遗物，至少可以追溯到 1965 年该矿重新开采的时候，但一直到 1973 年发现铜斧（现认为是斧形铜凿，因为它的装柄办法和使用法都是与凿相同）以后，才引起人们的重视。1974 年配合矿山生产，在 1 号矿体的 12 号勘探线和 24 号勘探线清理了两处古矿井，有简报发表于 1974 年的《考古》第 4 期和 1975 年的《文物》第 2 期中。1979 年冬，我们考古研究所派了一个考古工作队和地方的考古队一起，在几个地点同时进行发掘。我们发掘的地点在 VII 号矿体的 1 号点，有简报发表于《考古》1981 年第 1 期中。1980 年除在 VII 号矿体 1 号点继续工作外，还在 XI 号矿体发掘冶炼遗址，清理了炼铜炉一座。在发掘的同时，进行了一次炼铜炉的模拟实验。关于发掘冶炼遗址和进行模拟实验的简报，将在《考古》1982 年第 1 期上发表。

铜绿山古矿区的范围，南北约二公里，东西约一公里（图 1）。古矿井的附近还有古炼炉遗存，因被炉渣掩埋而保留下来。许多地点的表面，覆盖有一米多厚的古代炉渣，总量估计达 40 万吨左右。样品经过化验，平均含铜品位为 0.7%，但含铁 50% 上下，知道是炼铜后弃置的炉渣。从古矿中挖出的"黄泥巴"的分析结果，知道含铜品位在 12% ~ 21%，含铁 30% 左右。块状的孔雀石的含铜品位可达 20% ~ 57%。

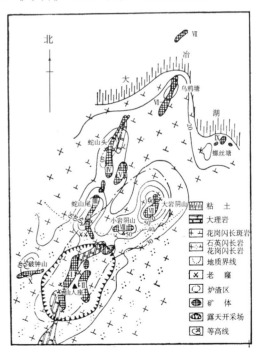

图 1　铜绿山矿床地形图

就炼渣 40 万吨来计算，估计古代提炼的红铜当在 4 万吨左右。我们可以设想，这么多的红铜，可以铸造出多少件青铜器！

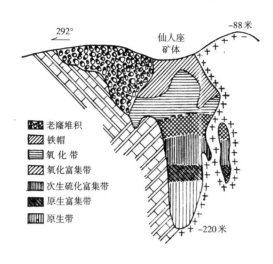

图 2　含铜磁铁矿的氧化次生富集分带

根据我们的调查和发掘，矿区里的古矿井大多集中在大理岩和火成岩（花岗闪长斑岩）的接触带上（图 2）。这里，矿体上部的铜已经氧化流失，变为富铁矿石，即所谓"铁帽"。在它的下面，则因淋滤作用而使铜含量自上而下逐渐变富。至氧化富集带中，铜一般含量在 5% ～ 6%，局部可达 15% ～ 20% 以上，包含有磁铁矿、孔雀石、硅孔雀石、赤铜矿和自然铜等。接触带中，因岩石破碎，容易开采。采掘过程中仅需解决的一项技术是设置矿井支架，以防止四壁围岩塌落，影响采掘。发掘中见到的"老窿"就设有这样一种木构方框支架。

我们的发掘工作是在采矿单位的密切配合下进行的。发掘地点上部40 多米岩石，由采矿单位挖掘和移运。矿山原计划进行露天开采。我们发现的古代矿井，是由当年矿山的地面垂直地向下开拓的，深达40～50 米。这些竖井挖到含有富铜矿的地方，便向侧壁开拓横巷。一组组的井巷的揭露，使我们仿佛看到古采场的真实的活动情景。下面根据考古所工作队的发掘情况，并利用已公布的资料，对铜绿山古铜矿的采掘方法和冶炼方面的一些问题作一些探讨。

我们知道，未掘动的整体岩层是处于一种平衡状态下的。但当人们从地下深处挖取矿石而开拓巷道时，这种平衡就遭到破坏，在巷道的周围发生应力集中，使岩层出现裂缝、滑动或崩塌等情况。为了防止这种危险的变形，就要使用矿井支架。

我们在发掘中看到的竖井的木构支架，基本上有两种：早期的在Ⅶ号矿体1号点见到的方形框架，是由四根木料用榫卯法互相穿接而成（图3，1）。在凿有榫眼的两根木料的两端还削成尖端，以便楔入井壁而使框架固定下来。相邻两副框架之间约有40厘米的间距。竖井的四壁还衬以席子等物，并用细木棍别住。这个地点的框架，规格较小，内径约为60厘米。在Ⅰ号矿体12线发现的一个斜井中所用的框架，形制与此种基本相

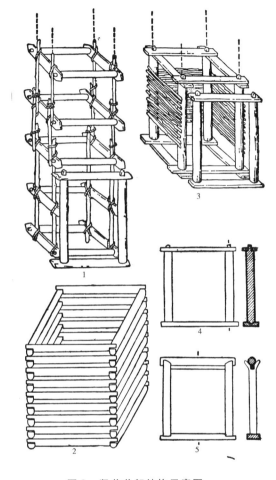

图3　竖井井架结构示意图

1. 早期竖井井架　　2. 晚期竖井井架　　3. 马头门
4. 早期横巷框架　　5. 晚期横巷框架

同。晚期老窿中发现的主要是所谓"密集法搭口式"框架（图3，2）。它是把圆木的两端砍出台阶状搭口榫，由四根搭接成一副方框。整个竖井用这样的方框层层叠压而成。这种框架在Ⅰ号矿体12线发现的有八座竖井。这里的矿井年代比Ⅶ号矿体1号点的要稍晚一些，直径约80厘米。24线发现的则比较大，井口长宽约110～130厘米，所用的木料

也较前一种粗大。

有些竖井在挖到一定深度，发现没有理想的矿脉或因技术原因不再继续挖掘时就一走了之，竖井随之废弃。但当挖到矿脉或高品位矿层时，便向旁侧开拓横巷（或称平巷）。这些与横巷连接的竖井，它的底部都有"马头门"结构（图3，3）。这是由四根竖立着的圆木或方木用榫卯法穿接两副平放的方形框架而构成的立方形框架。早期竖井马头门所用木料较细，用圆木，晚期的用料粗大，出现方形木柱。它的高度与横巷的高度一致。在与横巷连接的一边或两边留作通道口，其余的都衬以横向的圆木棍或木板作为背板。

横巷有的接近水平，有的则有一定倾斜度。这种情形既与矿脉的走向有关，也跟排水等设施相联系。一般地说，较厚矿层中的横巷，以接近水平走向的居多。但无论横巷或斜巷，往往在它的一侧或两侧还分出若干条横巷。在这些巷中，为了防止四周围岩塌落，危及采掘过程，也用木料构作支架。早期的支架也用榫卯法构成方形框架，两侧的立柱为圆木，圆木的两端有圆柱形榫以榫卯法同上面的横梁和下面的地栿相连接（图3，4）。地栿和横梁都是方木或半圆木。在横巷中，每隔一米左右就竖立这样一副方框。方柱的外侧，一般用三五根横向的细木棍作背板；横梁的上面，排列有整齐的木棍构成顶板，木棍的方向与横巷的走向一致。在横巷拐弯或两条横巷连接的地方，顶板往往作十字交错排列。在24线看到的晚期横巷中的框架，不用榫卯法结合。两侧立柱的上端为支杈形，横梁就放在两侧顶部的支杈中。为了不使立柱内倾，在横梁的下面紧贴一根"内撑木"，两端撑住木柱。地栿的两端则用搭口式接头与立柱相接（图3，5）。至于立柱的外侧，除用木棍或木板作背板外，有的板外再加席子。横梁的上面，在排列整齐的细木棍的上面再铺木板。

把框架做成方形或接近方形，从力学的角度来说是最为合理的。晚期的框架变高变大，表明井巷的净采掘面增大了，矿井支架在承受压力方面的要求也更高了，因此是采掘工艺进步的反映。同时，从发掘的情况看到，无论是早期的，还是晚期的矿井支架，都没有塌毁伤人的现象，说明当时采取的这些支护措施，已经有效地承受了四周的压力，在采掘过程中较好地发挥了作用，基本满足了生产过程中的安全要求。

在横巷的底部，常常发现有向下挖掘的竖井。由于这些竖井的井口并不直通地面，所以称为盲竖井，简称盲井。这种井在 VII 号矿体 1 号点的发掘中发现很多，有时在一条不足 10 米长的横巷中发现三口。这些盲井大多用于向深部采掘矿石，但其中有些当亦不排除作为储水仓的可能。因为有的盲井还没有挖到底，所以有的盲井或许是连接下层横巷的通道。不过，这还有待将来继续发掘时证明。

我们在发掘过程中特别注意井巷之间的组合关系。VII 号矿体 1 号点的发掘中发现了这样的组合，如有一组是七条横巷围绕三口竖井作扇面形展开的，横巷的底部还有七个盲井（图 4）。就在这一组中，还发现了相当完整的排水系统。从竖井的底部连接的交错而有序的横巷以及横巷底部挖

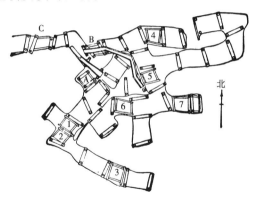

图 4　一组完整的井巷平面图

A ~ C. 竖井　1 ~ 7. 盲井

有盲井的情形，使我们自然而然地联想起由竖井→横巷→盲井掘取矿石的过程以及为采掘矿石而在提升、排水、通风等方面采取的相应措施。显然这种组合的被揭露，为探讨当时的采掘工艺提供了有说服力的、具有典型性的资料。

在发掘时，竖井底部和横巷中均出土了一些采矿时留下的器具。这些物品使我们可以推想当年矿工们进行采掘工作的情况。

采掘的工具发现有金属的斧形凿（原报告中作"斧"，下同；早

期的青铜制、晚期的铁制），此外，晚期巷道中还出有铁制的锤、四棱凿、锄（图5，8、9、1、3~6）。铜制斧形凿重3.5公斤，安装方法和四棱凿一样，柄部直插入它的空銎内，刃部与木柄垂直，这种装柄方法和武器中的斧子或木匠用的斧子，都不相同。斧子的刃部与木柄平行，斧身与本柄垂直。铁锤重6公斤。有一件铁制斧形凿的木柄上端仍保留四道（竹）蔑箍，显然是为防止柄端开裂而套上去的。也有的木柄上因冲击而使木质纤维外翻，表明它们在剥离矿石时，是一种有效的工具。几件铁锄和一件残铜锄的锄板都很单薄，大概是用来扒取剥下的矿石或废石的。发现的木铲（锹）也可作同样用途。这些矿石用竹簸箕倾入竹筐或藤篓中，然后再提升至地面。12线的古矿井中，就曾见到装满孔雀石的竹篮（筐）。当然，这些筐、篓也可以搬运泥土和碎石。

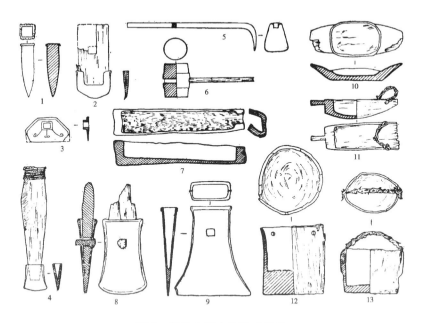

图5　竖井中出土的采矿器具

1. 四棱铁凿　2. 凹字形铁锄　3. 铁锄　4. 铁斧　5. 铁耙　6. 铁锤
7. 木水槽　8、9. 斧形凿　10. 船形木斗　11. 木瓢　12、13. 木桶

　　在发掘过程中，还见到有的横巷在最后废弃之前已经人为地用红色黏土、废石、铁矿石等充填，并用木棍和青灰膏泥（高岭土）加以封堵。这些废弃的杂物应是在坑下选别后就近加以处理的。这样做的目的，首先是为了减轻工作面上采空区的压力，增强采掘工作的安全系数。同时也利于控制风流，使风流达到深部的作业面上。在坑下选出富矿运走，把贫矿和废土就近充填废巷，这也是减少搬运的一项措施。

　　从矿区的水文地质情况看，古矿井大多都挖在潜水面以上，但是雨雪水（尤其在多雨季节）的渗透及其他因素，使坑下采掘也不可避免地碰到排水问题。我们发现一些横巷的一侧贴背板的地方，往往铺有排水用的木槽（图5，7）。每节木槽的长度由65至260厘米不等。各节木槽互相连接，置于地栿之上，以一定的高差向水仓或排水井流去。每两节木槽连接的地方，都涂有一层青灰膏泥以防渗漏。当木槽不可避免地通过提升矿石的竖井或主巷时，就在这一段木槽的上面铺垫一层木板，使之成为一条暗槽。我们曾对一组水槽作了一次排水试验，发现它们仍能让水通过弯弯曲曲的木槽而流向排水井方向。同时，我们发现十几件装有提梁的木桶和木瓢（图5，11～13），木瓢可用来戽水，木桶则在装水以后，像前面所说的，可由竖井提升到地面。此外，还发现有专门用于排水的泄水巷道。

　　把矿石提升到地面的方法，也可以根据发现的遗物而推知其大概。最重要的发现是两根辘轳轴子。一根是采集的；另一根出于晚期的24线10号巷中。全长250厘米，可以横架在井口之上。轴木的两端砍成较小的轴头，以便安放在井口两侧的支架的立柱上面。轴木本身，近轴头处，两端各有两排环绕一圈的长方孔，孔眼可以插入长方形木条。这两排孔眼的疏密并不相同，外圈密（有14孔）而孔眼浅小，内圈稀疏（有6孔）而孔眼深大[①]。据原发现人推测，内圈孔眼上安插的木条，

---

① 有关辘轳轴的情况承黄石市博物馆王富国同志提供数据，谨此致谢。

235

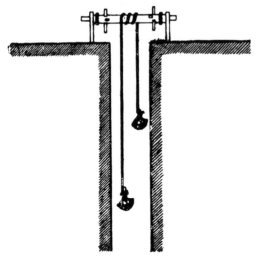

图6 使用辘轳提升的一种设想图

如果加以扳动，便可起动绕于轴木中部的绳索，以提升或下放悬挂于木钩上的竹筐或藤篓。外圈密孔上安插的木条，可能起到"制动闸"的作用。当辘轳需要停止转动时，可以推上支架的"插销"，即可制止轴木转动（图6）。我们认为这种复原是不合理的。密圈的孔眼既密又浅（孔深2～3厘米、孔距1～2厘米），所插之木条恐难以起到"制动闸"的作用。实际上，矿井上的辘轳，并不需要"制动闸"。明人宋应星《天工开物》中矿井上的辘轳就没有设置"制动闸"。16世纪德国学者阿格利科拉（Agricola）的《金属》一书中的插图，也是如此。从明崇祯十年刊本《天工开物》所绘宝井取矿的辘轳图形（另一幅没水采珠图上的辘轳也一样）看，密圈的孔眼是为加粗辘轳直径而插入如车轮辐条那样的木棍的（图7）。我们曾按原轴的规格制作了这样一个辘轳，证明在加了辐条式的木棍和车辋式的一圈木条之后，比原来的辘轳轴的直径增大一倍，则同样绕绳一圈，绳索的长度也增加了一倍。这样，既可减轻辘轳的重量（比同样直径的实心轴要轻），操作

图7 《天工开物》（明崇祯十年刊本）所绘辘轳使用情况

时又可省去一半的时间，应是提高功效的一种措施。至于疏圈的孔眼，深为 6 ~ 7 厘米，作按把和起动用的推测是合理的。铜绿山的这种辘轳设置按把是由于这里的矿井口径较《天工开物》插图中的为大，工人站在口沿上伸手到辘轳轴上是困难的。这样的辘轳将能够胜任从深井中提升矿石的功能（图 8）。

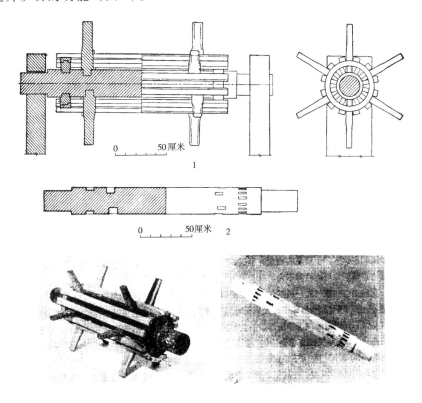

图 8　辘轳复原图

在 VII 号矿体的发掘中，我们没有发现辘轳。早期是否已经使用辘轳，还需在今后的工作中证明。不过，木钩在早晚期的井巷中发现不少。有的钩柄上刻有浅槽，以便扎绑绳索。发现的绳索中，最长的一条残存 8 米。这些绳索系由植物纤维绞成，即先绞成直径 1 厘米的单股，再由三条单股的绞合而成，所以它们可承受相当的重量。在晚期的竖井中，当年的矿工们已经知道使用辘轳，可能在绳索的两端各绑缚一件木钩，一上一下地来回提升或下放盛有矿石和支护用构件等东西的篓筐。前面已经提到，在矿体中开拓井巷是由竖井—横巷—盲井。提升的过程则应是盲井—横巷—竖井而达于地面的，而且可能是用分段提升的方法提升矿石的。

在巷道的充填物中，还曾出土一些竹签，一般都很短，一端有火烧的痕迹。这些竹签可能是矿工们在矿下用于照明的残余。不过，考虑到当时的通风情况，巷道又很窄小，在坑下长时间燃竹签照明的可能性并不大。

我们知道，氧气在一般空气中所占的体积为21%。当空气中的氧气下降至17%或二氧化碳达到3%以上时，矿工就失去长时间从事繁重劳动的能力。当时没有机械通风，只能靠井口高低不同产生的气压差所形成的自然风流来调节坑下的空气，确保氧气的供给。为此，如上面提到的，及早关闭废巷也是促使新鲜空气顺利通向深处采掘面的措施之一。但从总的情形来看，当年矿工们在坑下采掘矿石，所处的劳动条件还是相当差的。

在发掘过程中，我们注意了选矿问题。因为古矿井所在的范围内，矿石的含铜品位是不平衡的。舍贫矿、取富矿，这是古今矿工们采掘时的基本原则。在发掘中曾见到一些类似"淘金斗"那样的船形木斗（图5，10）。这种木斗体积较小，装上矿土，在水中淘洗，比重较大的矿物就沉在底部，借以进行"重力选矿"，可以用来鉴定矿石品位高低以确定采掘方向。对于冶铜所需的、数量较大的矿石如何选矿？有理由认为，凭经验进行目力选矿（人工挑选）是可能的。同时，对"泥巴矿"用竹簸箕一类工具用水淘洗也是一个有效的办法而可能已被采用。我们在模拟实验时曾用这种淘洗的方法，结果泥土冲掉了，含铜品位可以提高一倍多。这方面的问题，应在今后的发掘工作中继续探索。

　　在巷道中还发现了一些生活用具，如木制耳杯、葫芦瓢、竹篮和陶器碎片等。其中以竹篮为常见，竹篾削的很细，编织相当精致，当为盛置食物而被带进巷道的。矿井是采掘矿石的场所，矿工们的居住遗址亦相去不远。Ⅶ号矿体所在的大岩阴山南坡，地表就有很多陶片。可惜因地貌有了较大改变，原来的地层被扰乱殆尽，已无法弄清其原貌了。

　　关于这些矿井的年代，我们曾经根据出土物而推定 Ⅰ 号矿体的 12 线老窿为春秋晚期，24 线老窿则属战国时代。由 Ⅱ 号矿体古矿井中一件遗物（铜制工具的木柄）作碳十四测定，是距今 2485 ± 75 年（ZK297），树轮校正后为距今 2530 ± 85 年，如果换算为公元年代，它是公元前 465 ± 75 年，校正后为公元前 580 ± 85 年，与我们最初的估计可说是相当符合的。最近又作了几个碳十四测定（见附表），其中 Ⅶ 号矿体 1 号点所测的数据，有的与 12 线的时代接近，有的则稍早，这与该地点矿体支架的规格较小，具备某些早期特征是一致的。至于 24 线老窿的碳十四测定为距今 2600 ± 130 年（W. B. 79～36）、2575 ± 175 年（W. B. 79～37）和 2075 ± 80 年（ZK561），当属战国至西汉时代。这与巷道中出土的其他遗物一致，与原先估计的年代也相去不远。碳十四测定中 ZK559 的距今 3205 年这个数据，其标准误差为 400 年，与出土物的时代不合，恐有问题。不过，有迹象表明（如 ZK758 的数值），古矿区内可能还有较春秋时期更早的矿井。

　　虽然岩石是人类最早进行加工的对象，被制成粗陋的石器，但是从岩石中识别可以利用的矿物，经过冶炼，提取金属，制成器具，则只有几千年的历史。从矿石中提取金属的工艺，比起加工石材、制作石器来无疑要复杂得多。过去，对于我国古代的金属冶炼业（包括冶铜业）的了解很少，研究工作由于缺乏采矿和冶炼的实物资料，无法深入。因此，发掘古代的冶炼遗址，对古代冶铜工艺进行探索，是我们在铜绿山工作时要研究的又一个课题。

在铜绿山发现的早期古炉，主要是在XI号矿体。那里地表面覆盖有一米多厚的炉渣，下面埋有不少古代炼炉。前几年，地方考古队在该地清理了六座炼炉，有简报发表于《文物》1981年第8期。我们清理的10号炉与他们清理的古炉的炉型和结构都很一致。10号炉的热释光年代为2895±305年、3014±320年，从地层和出土物推定，古炉的时代均属春秋时期。

这几座古炉的炉型为炼铜竖炉，它包括炉基、炉缸和炉身三部分（图9）。炉基在当时的地表之下，内设"一"字形或"T"字形风沟（又称防潮沟）。风沟沟壁经过烘烤，质地坚硬，有的沟底还有木炭或灰烬。后经模拟实验证明，风沟的设置，对确保炼炉的炉温和防止炉缸冻结确实是有效的。

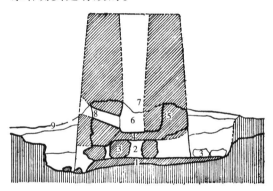

图9　第10号炼铜竖炉结构复原图（剖面）

1. 炉基　2. 风沟　3. 风沟垫石　4. 炉缸底
5. 炉壁　6. 炉缸　7. 风眼　8. 金门　9. 工作面

炉缸筑在炉基的上面，炉缸的截面有的为椭圆形，也有长方形的。炉缸内径，长轴约70厘米、短轴约40厘米。炉缸的侧壁上筑有金门。金门的形状是内宽外窄、内低外高、顶呈拱形。在炉缸内壁和金门内口区一段，都加衬耐火材料，鼓风口由于炉缸残破，只发现一个，但很可能是一对，分别布置于长轴两端。4号炉风口的内口呈鸭嘴形，口径分别为5和7厘米（图版1，2）。

古炼炉的周围的工作台面上还发现了不少遗迹。如有当年搭盖棚架时留下的柱穴；有碎矿用的石砧和石球。石砧长约45～70厘米，有凹面。石球直径6～8厘米，有凹窝，适于手握。石砧的旁边还有大小不等的浅坑，坑内堆放有粒度一致、直径为3～4厘米的铜铁矿石。此外，还有陶罐、铜锛、铜块、炉渣、铁矿粉和高岭土等。这些遗迹现象，使我们有可能推知当时炼铜生产的一些情形。

我们知道，古老的冶铜业，由于冶铜的技术水平不高，冶铜的原料只能是孔雀石和自然铜等含铜品位很高的矿石。铜绿山3号炉内清理出一块孔雀石和木炭的熔合物，说明孔雀石仍是当时炼铜的原料。可是，春秋时代的冶铜业是否仍然以富矿为原料？从古矿井采掘面上所取矿样的分析表明，很多矿样的含铜品位低于4%，而且多数是粉矿。虽然低品位的矿石经过选矿，可提高其品位，但这些低品位的数据使我们不得不考虑：当时除了用高品位铜矿石进行冶炼外，是否也用较低品位的矿石进行冶铜呢？在用块矿冶炼的同时，是否也兼用粉矿作为冶铜的原料呢？此外，古炉周围发现的炉渣大多冷凝成薄片状，表面有水波纹样，说明古炉渣排放时的流动性很好，但是古代工匠在冶铜时掌握配矿技术到了什么程度呢？就炼炉来说，古炉的炉缸底比金门口低，放铜时铜液必然不能放尽，那么古炉的这种设计是为"杀鸡取卵"似地破炉取铜呢？还是为连续进行冶炼而特意设置的呢？用这种炼铜竖炉进行正常的冶铜生产，需要具备哪些条件？古炼炉的性能如何？春秋时期的冶铜业达到了怎样的水平？……带着这样一些问题，我们组织进行了一次炼铜模拟实验。

这次实验是在对古炉进行仔细的解剖、搞清其形制、结构的基础上进行的。首先提出了春秋时期炼铜竖炉的复原设想和仿古实验炉的筑砌方案。在同时提出的两个方案中，凡是古炼炉已经提供的数值一概加以采用，不予变动；未知的部分（如炉身高度、风口的数量等）则在允许的范围内作尽可能合理的推测和假设，在实验中检验假说的合理性。

春秋炼铜竖炉的炉身是怎样的？这是我们在复原研究时着重考虑的一个方面。为便于比较，两个实验炉的炉身是不同的。一号炉做成口小腹大的正截锥体形；二号炉则在中腹向上短轴方向的一段炉壁，筑出7°的炉腹角（长轴方向的内壁仍保持垂直），炉口部分的内壁则上下垂直。对古炉复原方案中所作的上述考虑，是基于前者的炉壁与料柱之间缺乏摩擦力，不易控制物料的下降速度。二号炉炉身的设计则可避免这种情况。实验的结果表明，上述考虑并不是多余的。

作为模拟实验，如何使实验的全过程都力求仿古，不使失真，是我们特别关注的另一个问题。为此，在筑炉的材料、筑砌的方法、冶炼用的燃料和原料等方面，都尽可能地创造与古代冶铜生产时比较接近的条件。为使实验炉的炉缸、金门、风沟等部位的形制与古炉保持一致，这些部位在夯筑时用木、竹等材料做了模具，筑入炉中（图版 1，4）。

二号实验炉的冶炼过程是在阴雨有微风的条件下进行的。二号炉的炉身高 1.5 米，在短轴方向的对应部位设置两个风口，使用一台小型电动鼓风机同时向两个风口鼓风。冶炼时持续地投入批料，间断地排放炼渣和铜液。整个冶炼过程相当顺利。在十余小时的冶炼过程中，共投入矿石等物料 1300 余公斤，木炭 600 余公斤，先后排渣 14 次、放铜 2 次，炼出红铜 100 多公斤。经化验：红铜中铜含量为 94% ~ 97%，炉渣平均含铜为 0.837%。实验取得预期的结果（图版 2，3、4）。

冶炼的过程是通过化学和物理化学方法使原料中主要的金属与其他金属或非金属的元素化合物分开、从矿石中提取金属的过程。这次模拟实验提供的资料，使我们对春秋时代的炼铜工艺技术有了初步的了解。

这次实验所用的原料和燃料与冶炼遗址中见到的原料和燃料基本上是一致的，所以实验的结果，证明了铜绿山发现的炼铜竖炉，其冶炼工艺是铜的氧化矿的还原熔炼。使用这种竖炉炼铜，只要保证必要的风压、风量，使炉内木炭燃烧充分，就能进行正常的冶炼过程。诚然，所用风压、风量的大小，则跟炉身的高矮和炉腔的大小有关，确切地说，跟投入炉内的物料的粒度及由这些物料形成的料柱的粗细高矮直接有关。古炉没有专门的排渣孔和放铜口。实验证明，渣和铜的排放都通过金门。由于渣、铜的比重不同，铜液沉在炉缸下部，渣则浮在上部。排放时只需在金门的上部或下部分别开口，即可将渣和铜分别排放炉外。

用这种竖炉冶炼，操作的方法也比较简便。

冶炼过程中，我们投入的原料有含铜20%以上的高品位矿石，也有含铜仅7%或更低的矿石，并有一部分粉矿（冶炼前用人工团成直径3～4厘米的泥团）。实验结果证明，用这种竖炉炼铜，只要炼炉熔化带中保持足够的温度，那么无论是高品位的还是低品位的矿石，也不论块矿还是粉矿，都可以炼出红铜。这种情况说明，春秋竖炉具有较高的冶炼能力。

由于发现的几座古炉，它们的缸底都低于金门口，因而使人们对当时的冶炼方法提出种种推测。这次实验的重要收获之一还在于证明了这种竖炉并非每炉只炼一次，便要破炉取铜。而是可以连续投料、连续排渣、间断放铜，持续地进行冶炼的。古炼炉的这种设计，正是为确保炉缸内的温度在排渣放铜时不致骤然下降，影响持续冶炼而在实践中总结出来的有效措施。这种设计，使竖炉的生产效率大为提高。若按实验的情况推算：如果一天投入炼炉的物料为3000公斤，矿石的含铜品位平均12%，在正常情况下一天一炉约可熔炼红铜300公斤。而且，这种炼炉的炉龄可能比较长，检修也比较简便。3号古炉清理时曾发现有补炉痕迹，说明炼炉经检修以后还可进行冶炼。

春秋时代配矿技术达到什么程度？我们在实验过程中还作了以下试验：有的未加熔剂，有的则加了熔剂。从排渣情况看，未加熔剂时，渣稠、流动性很差；加配熔剂以后，炉渣的流动性明显改善，并冷凝成薄片状，表面有水波纹样，与古炉渣十分接近。根据这种情况，或可以推测古代工匠在冶铜时，已经掌握了较好的配矿技术。这个问题，准备在今后的工作中作进一步的探索。

虽然模拟实验的情况还不能完全说明春秋时代的炼铜技术，但是通过这次实验，使我们对古炉炉的性能和冶炼技术的很多方面有了比过去远为具体、深刻的认识。实验告诉我们，由于这种炼铜竖炉的结构合理、炉衬材料选用能适应高温熔炼的不同耐火材料，因而使古炉具有生产效率较高、炉龄较长、操作比较简便等优点。在对古炉所作的解剖过程中，古代工匠的筑炉技术给我们留下了很深的印象。据分析，古炉渣的含铜量为 0.7%，其他化学成分也相当稳定，酸度适宜，渣型合理，这是当时的冶铜技术达到较高水平的又一佐证。所有这一切，说明二千多年前的工匠们在筑砌技术和冶炼技术方面都掌握了较高的工艺。他们为创造灿烂的古代文明做出了杰出的贡献。

铜绿山古铜矿所在的地点，交通也很便利。矿山脚下的大冶湖与长江相通，从水路可以抵达沿江各地。从调查知道，在离铜绿山不远的一些地点有东周时期的铸造遗址，不过有理由认为，当时铜绿山矿生产的红铜一般并不在当地铸造青铜器，而是分运各地的。矿山脚下多次采集到重约 1.5 公斤的圆饼形铜锭，可能就是古代外运时遗失所致。

铜绿山古铜矿的发现和发掘，对了解我国古代的社会生产，尤其是青铜业的生产具有重要意义。它证实了我国商周时代青铜器铸造业与采矿、冶炼业是分地进行的，并在采矿、冶炼和铸造业之间，甚至它们的内部都已有了分工。从铜绿山古铜矿获得的丰富资料，还说明东周时期的楚国在铜矿的开采和冶炼方面都已达到较高的水平，从而对于像曾侯乙墓出土的青铜器具，总重量达到十吨之多的惊人数字也就有了更深的理解。

表 1 铜绿山出土标本的碳 – 14 测定年代数据表

顺序号	实验室标本号	距今年数 （半衰期 5730 年）	出土地点	标本材料	参考文献
1	ZK758	3260 ± 100	VII. 2	坑　　木	[6]4 期 84 页
2	ZK559	3205 ± 400	XI·炉 6	木　炭	考·80·4·376
3	W. B. 79 ~ 35	2795 ± 75	VII. 2	竖井坑木	[6]4 期 84 页
4	ZK560	2735 ± 80	VII·1	竖井坑木	考·80·4·376
5	ZK877	2720 ± 80	VII·1·巷 19	背　　板	[3]23 页
6	ZK876	2705 ± 80	VII·1·井 2	背　　板	[3]23 页

顺序号	实验室标本号	距今年数 （半衰期 5730 年）	出土地点	标本材料	参考文献
7	W. B. 79～36	2600±130	I·24	平巷坑木	[6]4 期 84 页
8	ZK878	2575±80	VII·1·巷 28	平巷背板	[3]23 页
9	W. B. 79～37	2575±175	I·24	铁斧木柄	[6]4 期 84 页
10		2530	VII·2	竖井坑木	[6]4 期 84 页
11		2508	VII·3	平巷坑木	[6]4 期 84 页
12	ZK879	2475±80	VII·1·巷 32		[3]23 页
13		2475	VII·6	铁斧木柄	[6]4 期 84 页
14	ZK297	2485±75	I·12	铜斧木柄	考·77·3·202
15	ZK561	2075±80	I·24	坑　　木	[6]4 期 84 页

作者附记：1980 年 6 月 2 日，我在纽约大都会博物馆召开的中国古代青铜器的学术讨论会上宣读了《铜绿山古铜矿的发掘》的论文。这次发表的便是那篇论文的增订稿。矿山部分，增入 1980 年下半年及 1981 年发表的简报及论文的一些内容。木辘轳的复原，是我与友人王振铎同志的谈话中受到了他的启发后设计的。复原的模型由我所白荣金同志依照我的复原方案做成的。炼炉部分由我所主持发掘和模拟试验的殷玮璋同志重新写过。然后我们二人共同商量定稿。插图由我所绘图室描绘。对于协助我们的各位同志，都敬致谢意。又这文曾以我们二人的名义在 1981 年 10 月 13 日在北京召开的中国古代冶金史会议上宣读过。

参考书目

［1］湖北省博物馆：《湖北古矿冶遗址调查》，《考古》1974 年第 4 期，第 251～254 页。

［2］铜绿山考古发掘队：《湖北铜绿山春秋战国古矿井遗址发掘简报》，《文物》1975 年第 2 期，第 1～12 页。

［3］考古研究所铜绿山工作队：《湖北铜绿山东周铜矿遗址发掘》，《考古》1981

年第 1 期，第 19～23 页。

［4］考古研究所铜绿山工作队：《湖北铜绿山古铜矿再次发掘》，《考古》1982 年第 1 期。

［5］杜发清、高武勋：《战国以前我国有色金属矿开采概述》，《有色金属》第 32 卷第 2 期（1980），第 93～97 页。

［6］杨永光、李庆元、赵守忠：《铜绿山古铜矿开采方法研究》，《有色金属》第 32 卷第 4 期（1980），第 84～92 页，《有色金属》第 33 卷第 1 期（1981），第 82～86 页。

［7］黄石市博物馆：《湖北铜绿山春秋时期炼铜遗址发掘简报》，《文物》1981 年第 8 期，第30～39 页。

［8］卢本珊、华觉明：《铜绿山春秋炼铜竖炉的复原研究》，《文物》1981 年第 8 期，第 40～45 页。

［9］周保权、杨永光等：《从铜绿山矿冶遗址看我国古代矿冶技术的成就》（铅印稿）。

［10］考古研究所实验室：《湖北大冶铜绿山古炼铜炉的热释光年代》，《考古》1981 年第 6 期，第 551 页。

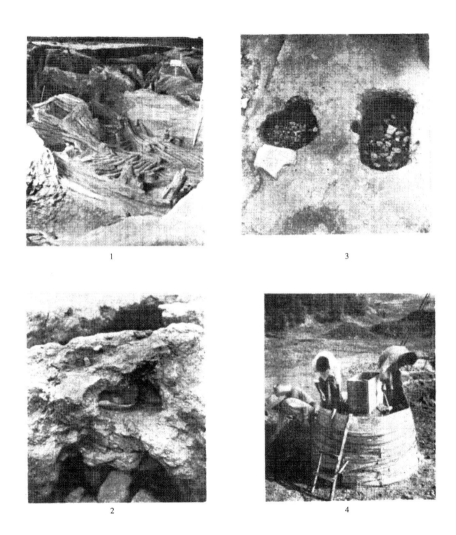

图版1　湖北铜绿山的古铜矿（一）

1. 剥去围岩后看到的竖井与平巷顶板　　2. 从外向里看金门
3. 古炉南侧的古砧、小坑及粉碎后的矿石　4. 在夯筑中的二号实验炉

图版 2　湖北铜绿山的古铜矿（二）

1. 一组完整的井巷
2. 采掘面上纵横交错的古巷道
3. 冶炼过程中的二号实验炉
4. 二号实验炉排渣时的情景

晋周处墓出土的金属带饰的重新鉴定[*]

一　一个亟须澄清的问题

1953 年 3~4 月间，南京博物院发掘了江苏宜兴的西晋周处墓。这墓的主人是死于西晋元康七年（297 年）的周处。这不仅有《宜兴县志》（雍正年间重刊本）的文献记载，并且发掘工作中发现有"元康七年九月廿日阳羡所作周前将军"的纪年砖。这墓的时代是确定无疑的。

虽然这墓曾被盗掘过，但是墓中仍遗留有许多随葬物，其中最引人注意的是 17 件镂孔花纹的金属带饰（17 件是指较为完整的带饰，另外还有少许很小的残片，没有统计在内）。小块残片中一件由南京大学化学系进行分析，所得的结果是："带饰内层合金成分：铝 85%、铜 10%、锰 5%。"这是以铝为主要成分的合金①。这个发现立刻引起人们的极大注意。

*　本文原载《考古》1972 年第 4 期，后加补记收入《考古学和科技史》一书，科学出版社，1979。后对文中（三）节有增补。现依作者自存校正本收入本文集。

①　发掘报告，见《考古学报》1957 年第 4 期，第 83~106 页。补充说明，见《考古》1963年第 3 期，第 165~166 页。

我们知道，铝是一种难于冶炼的金属。虽然铝是地球表层中分布最广的三种元素之一，仅次于氧、硅二者而居第三位，但是由于很难冶炼，所以到19世纪才被提炼出来。1825年丹麦人奥斯特德（1777～1851）第一次利用钾汞齐由氯化铝中提出了杂质很多的金属铝。1827年德国人韦勒（1800～1882）用金属钾直接从氯化铝中把金属铝还原出来，纯度较高。1808～1809年曾有人想用电解法提炼铝而没有成功，一直到1886年电解提铝法才试验成功，此后逐渐扩大规模，用电解法大量生产。因此，如果和别的常见的金属比较起来，铝算是最年轻的了①。

周处墓发掘报告原稿中说："像这样含有大量铝的合金，在我们工作中还是初次发现。"实际上，这不仅是我们考古工作中初次发现，也是全世界初次听说有这样古老的以铝为主要成分的合金。1957年这篇报告原稿寄到《考古学报》编辑部时，编辑部很加重视，为了对读者负责，在刊登以前便向南京博物院索来样品，请中国科学院物理研究所代为分析。取去分析的是金属光泽的白色物（内层）和暗淡无光的灰黑色物（外层）各一小块。光谱定性分析的结果是：①内层：铝（大量）、铜、铁、锰、铅、镁（其他微量的元素从略）；②外层：钙（大量）、锰（大量）、铁、镁（其他微量元素从略）②。南京大学化学系也曾对于外层的黑色物作过化学分析，结果是钙70%、铁20%、锰10%；另附碳酸钙很多。显然，这黑色的外层主要是碳酸钙，我们可以撇开它不加讨论。这里专讨论内层的金属物。

东北工学院轻金属冶炼教研室同志看到了《考古学报》上刊登的这篇报告，很是重视这个新发现，1958年也向南京博物院索来一小块带饰残片，对它作了光谱分析、化学分析和金相显微镜分析，结果是这几方面的分析一致指明这一小块是银基合金，并非铝基合金。现将其分

---

① 参阅《不列颠百科全书》1964年第1卷，第693页。
② 《考古学报》1957年第4期，第105页（原表中"算"字是"铁"字误排）。

析结果分别转录如下：①光谱分析：银（多）、铜（次多）、金、铋、硅、钙、铁、铅、镁（微量）。②化学分析：投入硝酸中，加热溶解，再加盐酸生成大量白色沉淀（氯化银）。③金相显微镜分析：与银基合金相应的组织。后来他们又向南博索来一小片，化学分析的结果仍证明是以银为主要成分，其中含有铜，但是铝的含量极微，光谱分析的结果和上次相同①。

对于金属残片分析结果的差异，引起进一步的探索。1958 年清华大学工程化学系由考古研究所取去南京寄来样品的残片一小块，进行各方面考查，证明这残片的成分大部分确实是铝，并不是银。他们的考查是：①光谱分析：铝（大量）、铜、铁、铅、锰、镁、银（以上少量），铬、锡、硅、钙（以上微量）。②化学分析：溶解于硝酸中后，加浓盐酸不生白色沉淀，又加过量的氢氧化铵，出现絮状沉淀（氢氧化铝）。③金相显微镜观察：比较均匀的多种合金组织。④用比重瓶测得它的比重是 4.49。后来 1959 年他们又由南博索来几片残片，进行分析考查，"其中的一片（前述的外部淤积层已剥落的一片），化学成分大部仍是铝，化学处理的结果，和光谱分析的结果和上次考查的完全一样，金相组织也大致相同，除这片以外，另有两小块残片，经分析后，断定其化学成分大部是银"②。

1959 年东北工学院向清华大学取去同一铝合金残片的样品一小块作光谱分析，结果指明基体是铝，杂质有铜、铁、镁、钙等。这证明这批金属物有两种合金：一种是银基的，另一种是铝基的。后来东北工学院又对这两件残件再作光谱半定量分析。银基合金的一件，分析结果如下：银 90% ～ 95%、铜 5% ～ 10%、铅 0.3% ～ 1%、锰 0.1%、锡 0.01%，此外还有微量的铝、硅等。铝基合金的一件分析结果如下：铝

---

① 《考古》1962 年第 9 期，第 503 页。
② 《考古学报》1959 年第 4 期，第 92 ～ 93 页。

97% ~ 99% 、铁 1% 、硅 0.3% ~ 1% 、铜 0.2% 、镁 0.3% 、锰 < 0.01% ，此外还有微量的铅、锡、锌等。又对后者作金相显微镜分析，证明是铝的铸造组织，晶粒仍显然可见；其基体为纯金属（或 α 固溶体），但晶粒间界显然有夹杂物出现，并且有少量杂质和基本金属构成的金属间化合物；但是没有显示出有含 10% 铜与 5% 锰的铝铜锰合金组织来，这表明它是一种含杂质较多的纯铝，而不是铝铜合金①。

这样一来，这问题便难于做结论了，问题的关键所在是我们所分析的样品都是小块碎片，其中有银基合金，也有铝基合金（或者是"含杂质较多的纯铝"），而全部 17 件较为完整的金属带饰，都没有经过分析以确定其质料。

这个"晋代金属铝"的发现的消息一传开来，立刻引起国内和国外的化学史工作者和冶金工作者的十分重视，并且科学普及工作者还将它作为一件已经确定无疑的事实广泛地加以传播②。北京中国历史博物

---

① 《考古》1962 年第 9 期，第 504 ~ 506 页。
② 据 1963 年东北工学院轻金属冶炼教研室同志统计，国内外对于"晋墓带饰"问题发表的文章，至少有 13 篇。除上引的《考古学报》中两篇、《考古》中三篇以外，国内发表的还有：（1）《科学大众》1962 年第 1 期的《铝的诞生》；（2）《沈阳晚报》（1962 年 3 月 15 日）的《铝是年轻的金属吗?》；（3）《中国青年报》（1962 年 5 月 8 日）的《古代饰片之谜》（部分内容载《我们爱科学》第 7 集与《十万个为什么》第 6 集 1959 年版）；（4）上海《新民晚报》（1962 年 6 月 19 日）的《铝》等文章。国外的有：（1）瑞典的《冶金杂志》（1960 年第 3 期）；（2）法国《机械与自动装置杂志》（1961，第 14 卷第 2 期）上的《两千年前中国在晋朝已掌握了铝合金》；（3）法国《铝》杂志（1961 年，第 38 卷第 283 期）的《中国晋代是否已经知道了铝铜合金》；（4）苏联《高教通报（有色冶金版）》（1963 年第 1 期）的《有关中国古代制得铝合金》等（以上文献是根据《考古》1963 年第 12 期，第 674 ~ 676 页所引的）；1963 年以后还有科学出版社的《中国化学史稿（古代之部）》（1964 年版）和《近年来中国化学史研究工作的进展》一文（《化学通报》1964 年第 1 期），也对晋墓铝铜合金的发现作了重点介绍［补记：上海叶永烈同志 1972 年 12 月 24 日来信，说他自己对这铝带饰写过近十篇文章，发表于《少年文艺》、《河北日报》、《安徽日报》、《新民晚报》等。后来还有：（1）李约瑟：《中国科学技术史》第 5 卷 2 分册（英文本，1974），第 192 ~ 193 页；（2）叶永烈：《化学元素漫话》（1974），第 93 ~ 95 页；（3）Y. M.，《中国晋代发现铝铜合金》，《自然界》（法文），3316 号（1961），第 333 页；（4）英国《地球技术》1961 年，第 41 页，即上引法文杂志《铝》1961 年所刊的文章的英译］。

馆和南京博物院两处都曾陈列出较为完整的金属带饰的标本，并且在说明标签上肯定地指明是晋代铝制带饰，所以，这是一个亟须澄清的问题。

二　重新鉴定的工作

毛主席教导我们："判定认识或理论之是否真理，不是依主观上觉得如何而定，而是依客观上社会实践的结果如何而定。"我们这次工作所需要的实践是科学实验，关于这个问题的关键所在现既已明确，我们便要在科学实验过程中解决这个问题。

上节已说过的，南京博物院发掘晋墓时，共发现金属带饰较完整的17件，另外还有少数很小的金属残片。据调查了解，后来南博只保留较完整的两件，其余15件和全部碎片，都于1959年拨交中国历史博物馆。1964年我们将两处的标本都送到中国科学院物理研究所，请其代为鉴定，北京所藏的较为完整的只有14件（下面表中编号 Y－542，A～N），可能另有一件由于辗转移动而破碎了，以致和原有的残片混在一起，不复能分别开来；南博所藏的两件（53－178）便是下面表中的"元1"和"元2"。

因为这批金属带饰是贵重文物，检验时要求采取不损标本的考查方法；不得已时在少数几件标本上取样，也力求限于极小分量。物理所于全部16件标本都做了密度测定，是应用阿基米德定律，先测定样品的重量，再测定样品在水中的重量，便可计算出各样品的密度[1]。现将他们所得的结果，列表如下[2]（表1）。

---

① 如果样品重量（g）是 W_1，在水中重量（g）是 W_2，那么，样品在水中失重（g）为 $W_1 - W_2$，也便是样品体积（cm^3）的数字。样品密度（g/cm^3）的公式是 $\dfrac{W_1}{W_1 - W_2}$。

② 北京中国历史博物馆所藏的样品的测定结果，据物理所陆学善同志1964年6月4日来信；南京江苏博物馆所藏的，据1965年4月19日来信。

表 1　金属带饰样品测定结果

	样品号	样品重量（g）	密度（g/cm³）		样品号	样品重量（g）	密度（g/cm³）
1	Y－542A	24.3870	6.29	9	Y－542I	21.1500	5.79
2	Y－542B	22.3832	6.26	10	Y－542J（面有淤泥）	8.0704	5.75
3	Y－542C	19.8842	6.15	11	Y－542K（面有淤泥）	5.4278	5.35
4	Y－542D	15.8500	6.12	12	Y－542L	8.7847	6.49
5	Y－542E	27.0059	6.91	13	Y－542M	15.9373	5.92
6	Y－542F	30.0167	6.03	14	Y－542N	16.6003	6.40
7	Y－542G	17.8041	6.19	15	53－178，元1	11.4495	6.21
8	Y－542H	20.3669	5.92	16	53－178，元2	4.9950	7.14

　　物理所又对其中一些样品作了光谱分析和 X 射线物相分析。光谱定性分析结果如下：①Y－542C 样品，分里心（内部）和边缘（外部）两部分分析，所得结果相同：主体为银（Ag）。杂质元素依其含量多少顺序为：铜、铁、金、铝、镁、铋、钙、硅、铅、锰。②元 1 和元 2（摄谱条件：Q－24 中型水晶摄谱仪，πc－39 交流弧光，电流 8A），两件样品分析结果相同：主体为银（Ag），杂质依其含量多少顺序为：钙、铜、锡、铝、铋、镍、铁、硅、镁、铅、锰。

　　用 X 射线衍射法所获得的物相分析结果如下：①Y－542C 样品，分内外两部分分析，发现两部分的物相组成并不一致。内部系"面心立方点阵"（face－centred cubic lattice）的单相合金，点阵常数为 $a = 5.5496$Å；外部系两相合金，其中主要一相和内部的单相相同，另一相也系面心立方点阵，点阵常数是 $a = 4.052$Å，衍射线较模糊。②元 1 和元 2（摄谱条件：9cm 德拜谢乐照相机，Cuka 辐射，粉末未作处理），两件样品的分析结果相同：外部是以银为基的固溶体，点阵常数为 $a = 5.54$Å，内部是银和银基固溶体的二相合金，银的点阵常数为 $a = 4.05$Å，银基固溶体的点阵常数为 $a = 5.45$Å。这和上面的 Y－542C 样品的分析结果相同。只是内部和外部的物相刚好颠倒过来。这里需要指出，元 1 和元 2 是物理所同志自己取样的，内部有金属光泽，外部无光泽。Y - 542C 样品是北京中国历史博物馆取好了样送交物理所的。

三种方法检验的结果是：全部 16 件较完整的金属带饰，其密度为 5.35 ~ 7.14，变动范围不大（其中密度最小的二件为 5.35 和 5.75，都是面有淤泥；如果将它们除外，其余 14 件的密度为 5.79 ~ 7.14，变动范围更小）。这证明它们是含有杂质的同一种金属；根据光谱分析和物相分析，这金属应是银不是铝。换言之，全部 16 件较完整的金属带饰，都是银而不是铝。

物理所同志的鉴定中有两点补充说明：① "查纯铝的密度是 2.6984（20℃），纯银的密度是 10.49（20℃）。带饰的密度居于二者之间。有一点可以肯定的，这些带饰不能是纯度高达 97% ~ 99% 的铝（见《考古》1962 年第 9 期第 505 页）"[①]。② "X 射线物相分析的结果，提供了一个值得注意的问题：单相合金 '面心立方点阵' 的点阵常数为 5.5496Å。查银和铝都是 '面心立方点阵'，银的点阵常数是 $a = 4.0857Å$，铝的点阵常数是 4.0495Å。但是无论银铜合金或其他银基合金，到目前为止，还没有发现有点阵常数大到 5.5496Å 的面心立方点阵的。参照光谱分析的结果，这一点得不到解释，值得进一步研究，希望研究古代冶炼史的同志们注意这个问题"。

三　银制带饰和小块铝片的年代

经过重新鉴定后，我们知道这批金属带饰较完整的 16 件都是银的。

---

① 　按这当指混入这批银制带饰内的小块铝片。东北工学院用光谱半定量分析结果是 "含铝 97% ~ 99%（按杂质减量）"（《考古》1962 年第 9 期，第 505 页）。清华大学用比重瓶测得这小块铝片的比重（即密度）是 4.49（《考古学报》1959 年第 4 期，第 92 页）。有人认为这 4.49 的比重有可疑之处，因为 "固体时铝的比重约为 2.7，纵然含 10% 铜和 5% 锰也不会如此"（《考古》1962 年第 9 期，第 506 页）。我们这一批银带饰各件的密度较纯银为轻。依肉眼观察，它们内部银白色，两面表层已成氧化银，呈灰黑色，组织较松，毫无光泽。这可能是它们密度较纯银为轻的缘故。

另有少数小块金属片，有银的也有铝的；前者是银带饰的残片，后者细小而不成形，无法知道原形。

银制带饰的年代是容易确定的。它们是晋元康七年（297 年）埋葬周处时被埋进去的。据参加发掘的同志说：它们发现在人骨架的中部，正是死者腰带的饰件所在，大部分又压在淤土下面，说明层次没有被扰乱。它们应该是西晋时代的遗物①。

近人王国维根据文献资料曾对带饰作了如下的考证：汉末始有袴褶之名，乃是胡服。"其带之饰则于革上列置金玉，名曰校具，亦谓之鞊，亦谓之环。其初本以佩物，后但致饰而已"。"校者即《朝野金载》之'铰具'"。"唐中叶以后，不谓之环而谓之銙"。② 高级带饰的质料是黄金或玉，但也有银制的，或铜制鎏金的。《艺文类聚》引梁刘孝仪《谢晋安王赐银装丝带启》："雕镂新奇，织制精洁"（卷六七），当便是透雕的银带饰。由这引文也可知道当时金属带饰不仅用于革带上面，也可以用于丝带上面。

考古发掘所得的遗物，可以同文献资料相印证。1931 年广州西郊大刀山的东晋太宁二年（324 年）墓中曾发现鎏金的铜带饰 19 件，其中有铰具（即带扣，有可活动的扣针）和铊尾（依《新唐书·舆服志》定名）各一件，透雕龙凤花纹（原报告称为"板带"，长 8、宽 4.2 厘米），当安装于带的首尾两端；钩悬心形环的带銙 13 件（原报告称为"带附属物 c 种"銙身长 4.8、宽 0.9 厘米），另有钩悬日字形环和唐草纹的多角片的銙和扣衔圆环的琵琶形饰各一件（原报告称为"带附属物 a 种"和"b 种"，前者长 6.5、宽 2.5 厘米，后者长 3.5、宽 2 厘米），大概与带銙一起安装于首尾两端之间（图 1，1~4）③。解放后

---

① 《考古》1963 年第 3 期，第 165 页。
② 《胡服考》，见《观堂集林》卷二二。
③ 发掘简报见《考古学杂志》（1932 年广州黄花考古学院编），第 109~133 页；带饰见图十二、图十三。

1953～1955 年间在洛阳发掘了一处西晋（265～316 年）墓群，其中 24 号墓也出土了鎏金的铜带饰，包括透雕龙纹的长方形铰具（长 6.7、宽 3.4 厘米）和扣衔椭圆形悬环的𫓧，𫓧身为长方形小牌（长 4、宽 2.8 厘米），两侧作连弧形（图 1，5～6）[①]。1969 年河北定县 43 号墓（东汉后期，170 年左右）也出土过银制扣悬环的𫓧一件，原报告称之为"兽面银铺面"，可见在 2 世纪时我国即已有制造[②]。到 5 世纪初叶，北燕冯素弗（死于公元 415 年）墓中出土的银带，形状已起变化，似乎是退化了[③]。更有意思的是在日本也发现了这种金属带饰。最早的是奈良县庆陵町新山古坟的一批铜制带饰，时代是公元 3 世纪（这座古坟是公元 4 世纪的，但这带饰的制作年代可能早到 3 世纪）。它们与周处墓出土的银带饰时代相近，器形也相似，包括铰具、𫓧尾和几件带环的𫓧（图 2）。但是在日本主要是在 5 世纪中期的古坟文化中期的墓中出土。日本考古学者们也认为是由我国输入日本，或受我国的影响而在日本仿制的[④]。

周处墓出土的这批银制带饰，较完整的共 16 件，有铰具和𫓧尾各一件（二者都长 7、宽 3.5 厘米），𫓧有心形环的一件又四片（这四片为残片，可能原来共四件），椭圆形环的三件（可能原来也是四件，另一件或由于破碎归入小块残片中去了）。另外有用途未详的长条形透雕花纹的铰链一件，圆角长方形透雕花纹的铰链一件又四片（这四片为残片，可能原来共四件）。我们猜想它们可能是不带环的𫓧，它们和带环的𫓧一起都安装于带的两端之间。因为发掘时没有作详细记录，所以难以复原各件带饰的原来位置。透雕的花纹图样，也因为现在还没去锈，难以认别清楚。但是我们可以肯定这批银带饰是公元 3 世纪的遗物。

---

① 《考古学报》1957 年第 1 期，第 180 页；图十一，5～6。
② 《文物》1973 年第 11 期，第 10 页；图二，4。
③ 《文物》1973 年第 3 期，第 10 页；图十五，1～3。
④ 《世界考古学大系》第 3 册（1959 年日文版），第 121～123 页。

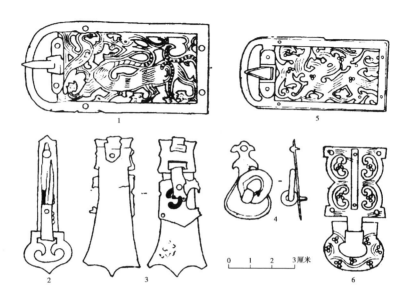

图1　晋墓出土的铜带饰

1~4. 广州；5~6. 洛阳

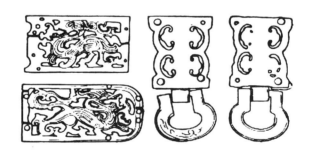

图2　日本奈良县新山古坟出土的鎏金铜带饰（约3/5）

　　至于小块铝片的年代，这是一个难以解决的问题。经过分析可以确定为铝的，都是小块碎片。虽然做过五次分析，其中三次的样品都是属于南博寄给考古所的一片。另外两次是南京大学和清华大学分别由南博直接取去的样品；它们是否是一片的两碎块，它们和考古所的一片的关系又如何，这些都是现在很难确定的问题。记得1957年考古所收到几片标本碎片时，注意到有一片呈银白色，没有附锈或沾泥，便截下一小块交物理所，指明作光谱分析的鉴定，因为光谱分析的用量很小，只要米粒大小即够。同时又检出一块类似带饰其他残片表面层的黑色物薄片，一并交去分析①。清华大学索取样品时，考古所将这片白色金属的剩下部分交去。当时是由残片中间取出的，并不是另由完整的带饰上取下样品。现已记不清楚当时取去的是剩下的整块或者只是它的一部分而仍留下一部分。后来，考古所将未用过的残片全部退还给南博。清华大学将考古所取去的样品作分析后还保留一部分供检验用，后来又将半块交东北工学院作分析。所以这三次分析的样品显然同出于一片。清华大学 1959 年春由南博取得残片几片，其中两小块是银，另有"外部淤积层已剥落的一片"证明是铝。南京大学作化学分析的，当亦是残片，因为考古工作者一般不愿意将较完整的出土物拿去作化学分析，尤其是有细小残片可用的时候。这是可以理解的。还有应该指出的，考古所那小块铝片，只不过有剪下的小手指甲般大（厚度不及 1 毫米，大小记得约 3×4 毫米）。

当然，这里的问题不在于小块铝片的大小或片数的多寡，而在于能否确证它是晋墓中原物，而不是后世混入物。但是，在小块铝片不能确认为晋墓随葬物的情况下，如果它只不过是不辨器形的小块，而且只是两三小片（甚至于可能原来只是一片）的时候，它是后世混入物的可能性便更大了。我们说它是不能确认为晋墓原有的随葬物，这是由于下面所说的理由。这墓曾经被盗掘过至少两次：一次是元至正庚寅（1350年），一次是清咸丰庚申（1860 年）。后一次到同治乙丑（1865 年）才

① 这小块经过分析，既不是氧化铝，也不是氧化银，而是以钙为主要成分（其次为锰和铁）的物质。它不是银锈或铝锈，而是沾附在金属片表面的石灰（碳酸钙）之类的东西，也可能与金属片完全无关，不过一起在淤泥中发现而已。物理所由银带饰上直接取样的外层黑色物，证明是以银为主要成分，当是氧化银（银锈）。

修复①。这两次盗掘的时代较早，是在金属铝的提炼法发明以前或正在试制阶段。当时金属铝不可能传入我国而混入这墓中。但是最近1952年打开时，在考古工作队清理小组进去清理以前，曾有些人进去过，还取出一部分文物，所以在墓内有明显的扰乱痕迹；并且周处墓相邻的二号晋墓，古代曾被盗掘，淤土下遗物凌乱，而近代再被盗掘，在淤土上面有现代人所用的化学纽扣、玻璃碎片和铁锈很新的铁钯齿②。而文献上并没有关于二号墓被盗的记载，所以我们不能排斥周处墓曾在1952年以前不久被盗掘过的可能，不过文献上失载而已。1952年以前不久的可能被盗掘和1952年初打开时闲人进去，都提供了混进近代物的机会。尤其是清理时"所取出的一些小块残片，是从淤土中尽可能拣出来的"③。这样一来，便不能保证小块铝片一定不是后世的混入物了④。我们知道，在考古发掘工作中，有时发掘者将后世混入物误认为古墓中原来随葬品，尤其是被扰乱过的古墓中，例如埃及大金字塔石缝中发现的铁器和埃及前王朝时期墓中发现的玻璃串珠⑤。也许，我们这"晋代金属铝"是这种情况的又一个例子。

总之，据说是晋墓中发现的小块铝片，它是有后世混入物的重大嫌疑，决不能作为晋代已有金属铝的物证。今后，我们最好不要再引用它作为晋代已知冶炼金属铝的证据。

补记：最近（1976年）北京有色金属研究院利用电子探针，确定

---

① 《考古学报》1957年第4期，第105页。
② 《考古学报》1957年第4期，第83页；又《文物参考资料》1953年第8期，第93～94页，又第95页。
③ 《考古》1963年第3期，第166页。
④ 原发掘报告认为"估计是盗掘者带进去"的"暗红色釉的小陶壶"（《考古学报》1957年第4期，第105页），倒是晋墓中原有的随葬品，在洛阳的西晋墓中经常发现（见《考古学报》1957年第1期，第178页）。
⑤ 鲁卡斯：《古代埃及的原料和手工业》（1959年第3版，英文），第207～208、270～271页。

周处墓出土的全部完整金属带饰是银，含有氯化银和少量硅、溴，那小块金属碎片主要是铝。北京钢铁学院用能谱探针测定周处墓小铝片的化学成分，除铝以外，还含有 3% 铜、0.4% 锌、1.2% 铁、0.6% 硅、0.2% 镁。我们知道，利用碳来还原铝矿石，需要较高温度。即使得到铝，也不会含有这样多的铜、锌、镁，而铁、硅则又偏低，所以它不是普通的纯铝。实际上，它的成分和某些早期的铝合金（"硬铝"Duralumin，发明于 1906 年）的成分相似，并且是经过加工延伸的产品（报告尚未发表，承蒙见告，并惠允引用，特表示谢意）。

1974 年的英国《古代》（Antiquity）杂志以来信的形式刊登一则关于考古发掘中混入现代物的故事。一位考古学家在英国一处比利歧克（Belgic，公元前 1 世纪前半叶至公元 43 年）时代遗址的发掘中发现了一小撮类似羊毛的细纤维。如果这是羊毛，这将是英国境内发现的最早的细羊毛的标本，将可解决这种细羊毛的品种何时输入英国的问题。标本采取后，送给这方面的科技专家鉴定。专家们最初有不同的看法，分别提出这可能是亚麻、棉花或丝的说法。但最后鉴定结果：这是高级香烟滤嘴中使用的现代合成纤维。这肯定是发掘时新混入的（第 48 卷，189 号，第 6 页）。这段故事，对于我们讨论像晋墓铝带、西阴村蚕茧这一类问题的时候，是很有启发性的。

1978 年 7 月 5 日

我国出土的蚀花的肉红石髓珠[*]

蚀花的肉红石髓[①]珠是小颗的串珠。它虽是蕞尔小物，但是颇值得加以注意。它在我国曾有出土，但没有受到应得的注意，所以写这篇文章，加以介绍。

一　我国出土的标本

云南晋宁石寨山在 1956 年的发掘中，曾于一座汉墓内发现一堆原来可串成一串的肉红石髓珠。这串石珠于 1972 年送来北京参加出国文物展览。其中的一颗便是蚀花的肉红石髓珠（图 1）。这引起了我的注

---

[*]　本文原载《考古》1974 年第 6 期，后收入《考古学和科技史》一书，科学出版社，1979。现依作者自存校正本编入文集，加补记。

[①]　肉红石髓（Carnelian），或称"光玉髓"，这两名皆见于《矿物学名辞》（1954 年科学出版社版）。从前也有称为"鸡血石"的，见《地质矿物大辞典》（1933 年商务版）和《百科名汇》（1932 年商务版）。另有一种称"鸡血冻"者，质软可供刻图章之用，见《辞海》（1947 年合订本，第 1444 页），也有称之为"鸡血石"的，见新版《辞海》（1965 年未定稿，第 899 页）。后者是一种叶蜡石（Pyrophyllite），与前述的石髓一种的"鸡血石"，石质不同，硬度也相差很大。为了避免混淆，本文中专用"肉红石髓"一名。

意。在出国展览之前，我曾加以仔细观察，并查阅文献。这串石珠在正式发掘报告中曾被提及，还曾被选取几颗制成图版①，但是报告中没有提到这一颗，图版中也没有它，所以我在这里首先加以描述。

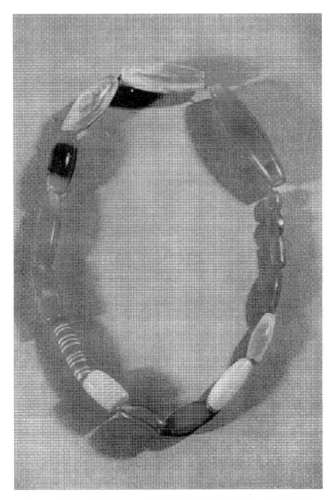

图1　云南晋宁石寨山13号墓出土的玛瑙珠和肉红石髓珠

（包括一颗蚀花的）

---

① 云南省博物馆：《云南晋宁石寨山古墓群发掘报告》，第124~125页，图版一一六，1，1959。又《中华人民共和国出土文物展览展品选集》，图78（M13：335），1973。

这一颗是石寨山第 13 号墓出土的，墓的年代是西汉中期（约公元前 175～前 118 年）。石质半透明，作橙红色，在蚀花前原来并没有各色相间的平行线纹。这种石在矿物学上应称为肉红石髓。这一颗上的白色平行线条是化学腐蚀而成的，并不是天然的，所以不应称为玛瑙[①]。至于有人以为它是玻璃质，不是石质，这更是不确切的说法。这颗的穿孔较细，迎光亮处透视，可以看出穿孔是由两端钻入，两钻孔相接处有点错开。玻璃珠是没有这种现象的。表面观察也可以看出它的质料是和同一串上的其他肉红石髓珠完全相同（石色不像其余的鲜红，可能是蚀花时，加热过久所致），而与古代平行线花纹的玻璃珠显然有异。

这颗石珠作枣核状，长 3.2 厘米，中央部分直径 0.95 厘米，两端直径较细，而且两端截平。纹饰一共十道平行线，分为四组。中央两组各三道线，两端的各二道线。因为是化学腐蚀显花，显呈白色，不透明。线条有笔画的风味，不像玛瑙石的天然条纹那样均匀平齐。

这种蚀花的肉红石髓珠，从前在我国新疆也曾发现，不过它们的花纹和石寨山的这颗有所不同，珠形也不相同。其中五颗是和阗发现的（图 2，1～5），一颗是沙雅发现的（图 2，6）。现在根据原报告，分别描述如下：（1～4）1906 年和阗出土的四颗[②]。编号：Khot. 02. r，扁平方珠，作深红褐色，玛瑙石（按：观照片，似为肉红石髓），花纹作灰白色，为两层方格，中间一十字纹。穿孔由对角穿过。大小 1.6 ×

---

① 玛瑙（agate）和肉红石髓，都是玉髓（chalcedony）一类，都是二氧化硅的胶溶体。其不同处是：狭义的"玉髓"通体白色或无色半透明，肉红石髓也是通体基本上一色（肉红色较多，也有深红、褐红、橙红、橙黄或蜜黄色的，但皆通体一色），玛瑙则有各种不同颜色的层纹。曹丕《马脑勒赋序》说"马脑出自西域，文理交错，有似马脑，故其方人因以名之"。现在称红白杂色如丝相间者为缠丝玛瑙或红缟玛瑙（banded agate or sardonyx），白色中有青绿花纹如苔者为苔玛瑙（moss‑agate），黑白相间者为截子玛瑙或缟玛瑙（onyx）。但是我国有些书中也将肉红石髓和狭义的玉髓都归入玛瑙类，称它们为红玛瑙和白玛瑙，甚或都简称为玛瑙。

② 斯坦因（A. Stein）：《塞林第亚》（英文）1921 年第 1 卷，第 100、117、122、127 页；第 4 卷，图版 IV。

1.45，厚 0.5 厘米。编号：Khot. 02. q，淡
红色的肉红石髓（？）的石珠残粒，花纹
为白色的交叉直线，间以小点。白色小点
中心作黑色。高 1.45 厘米。编号：
Yo. 00125，橙红色的肉红石髓圆珠，白色
花纹为圆圈及线条等。径 1.25，高 0.95
厘米。编号：Jiya. 005，扁豆形肉红石髓
珠，残余四分之一，花纹为白色线条所组
成的菱形纹。残长 1.9，径 0.3～0.5 厘
米。（5）1913 年和阗出土的一颗，编号：
Kh. 031①，桶形珠的残粒，淡蜜色的玛瑙
石（按：观照相，似为肉红石髓），蚀花
的花纹由横线和对角线所组成。残长 2.1，

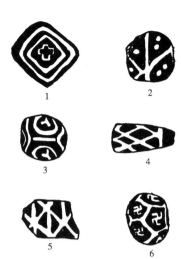

**图 2　新疆出土的蚀
花石珠（原大）**

1～5. 和阗　6. 沙雅

径 1.4 厘米。（6）1928 年沙雅县西北裕勒都司巴克沙碛中发现，报告
中描述为"鸡血石，灰色，上用胡粉绘方格纹八，每格中绘一卍字，
浓淡不一，有的已脱落，可见花纹为以后所加。不透明。直径 1 厘米，
孔径 3 毫米"。又说它的年代可能相当于公元 2 至 4 世纪②。按这里鸡血
石即指肉红石髓。花纹虽为以后所加，但是所加的方法是化学蚀花。若
是绘上胡粉，一擦即完全脱落。至于浓淡不一，可能由于侵蚀的深度有
异。受侵蚀的部分，石质发生变化；它的受温度变化影响的膨胀率与未
受侵蚀的部分不同，所以有的可能稍脱落。有的石珠，侵蚀部分过浅，
用久后可能被磨擦去一部分。

　　此外，在我国藏族地区也发现有这种蚀花的肉红石髓珠和蚀花的玛
瑙珠。30 年代或稍早，有英国人在我国理塘县（今属四川省甘孜藏族

①　斯坦因：《亚洲腹地》（英文）1928 年第 1 卷，第 110 页；第 4 卷，图版 X，1928。
②　黄文弼：《塔里木盆地考古记》，1958，第 119～120 页，图版一一二，图 75。

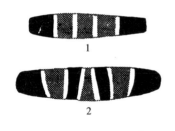

图 3　藏族佩戴的蚀花
玛瑙珠（1/3）

自治州）从藏族人民手中购得两颗大型的
蚀花玛瑙珠。观照相，石质原有浓淡不同
的层纹，在相邻的层纹之间用化学方法侵
蚀出白色的细条纹，使原有的颜色对比更
为突出（图 3）。据云也有用肉红石髓蚀花
的，还有用玻璃仿制的。这种石珠似非西
藏地区所制。藏族人民认为是天然呈色，
并非人工蚀色。有人以为可能是古代物，
一般都认为是由别处制成后运来的①。我怀疑可能是我国境内别的地方
所制造的，我很想知道我国是否有的地方现下或新近仍制造这种蚀花的
肉红石髓珠。

二　蚀花的方法

关于和阗出土的蚀花肉红石髓珠，当时发掘者斯坦因曾误认为这些
石珠是"填以白色花纹"，并且说，"它们的加工技术仍需要专家鉴
定"②。前节已说过，黄文弼（1893～1966 年）发现沙雅出土的那件标
本时，曾误认为是用胡粉绘画上去的。实则这种石珠的蚀花的方法，现
已经搞清楚。英国人麦凯（E. Mackay）在 30 年代时，曾调查今巴基斯
坦信德省的萨温城（Sehwan in Sindh）的一位老工人。这位老工人少年
时曾学过在石珠上侵蚀这种花纹的技艺。他虽已 50 多年不干这活了，
但当时做了一次技术表演。他先准备一个绘花的颜料，将当地一种野生
的白花菜（Capparis aphylla）的嫩茎捣成浆糊状，和以少量的洗涤碱
（碳酸钠）的溶液，调成半流体状的浆液，用麻布滤过即成。然后取一

---

① 培克（H. C. Beck）：《蚀花的肉红石髓珠》，《考古家杂志》（英文）1933 年第 13 卷第 1
期，第 393～394 页。
② 斯坦因：《塞林第亚》（英文）1921 年第 1 卷，第 100 页。

已磨制光亮的肉红石髓珠，将它固定于黏土块上。干燥后，用笔将上述颜料绘画花纹于石珠上。熏干后，将它埋在木炭余烬中，用扇子徐煽灰烬以加热，约 5 分钟后取出。石珠从土块中取出后，候之冷却，最后用粗布加以疾擦，即得光亮的蚀花石珠。后来麦凯自做试验，将操作过程稍加改变。他将绘好后的石珠放在小坩埚或其他容器中，放在木炭炉或酒精灯上加热，不用粘土块，也取得同样的结果。用少量铅白（碳酸铅）以代替白花菜浆糊，也可增加涂料的黏着力，使加热时不致脱落，而且熔解时间也可加快，以便使加热时间缩短，石珠不致变色。据说印度德里和康拜从前也有制造这种蚀花肉红石髓珠。伊朗也有制造，详细情况不清楚①。麦凯在另一处又引安德卢斯（Andrews）的话，说在印度的制造石珠的工场中，这种石珠如果蚀花后由于加热时间过长以致肉红石髓褪色而不透明，则可以使用一种含有氧化铁的涂料，涂在白色花纹以外的其余褪色的地方。然后重新加热，这些褪色的部分便会吸收氧化铁而恢复其失去的红色，使之与白色纹成鲜明的对比②。

三　蚀花肉红石髓珠的年代和地理分布

这种蚀花石珠古代早已有制造。据英国人培克的研究，它最盛行的时期是下列三期：早期是公元前 2000 年以前，中期是公元前 300 年至公元 200 年，晚期是公元 600 至 1000 年③。

早期的这种石珠，其花纹以眼形纹（即圆圈纹）为主要特征。培克

---

① 麦凯（E. Mackay）：《加饰的肉红石髓珠》，《人类》（英文）1933 年 9 月，第 150 篇，第 143～146 页。

② 麦凯：《刻什地方的一座苏末尔时代的宫殿和 "A" 墓地》（英文）第二部分，1929，第 185 页。

③ 培克：《蚀花的肉红石髓珠》，《考古家杂志》（英文）1933 年第 13 卷第 1 期，第 382～398 页。

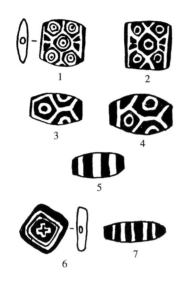

图4 国外出土的蚀花

石珠（原大）

1. 巴基斯坦摩亨佐达罗出土
2、4. 伊拉克吾珥出土
3. 埃及阿拜多斯出土
5. 伊拉克刻什出土
（以上属早期）
6、7. 呾叉始罗出土（中期）

说它们仅见于伊拉克和印度河文化的遗存中。前者如刻什（Kish）、吾珥（Ur）、泰尔·阿斯马（Tell Asmar），后者如摩亨佐达罗（Mohenjo - daro）、昌胡达罗（Chanhu - daro）和哈拉巴（Harappa）。它们当出于同一来源，因为它们的蚀花法和珠形完全相同，有些连花纹也相同（图4，1~4）[①]。后来知道它的分布西边到埃及的阿拜多斯（Abydos）[②]，北边到伊朗西部的泰培·希萨（Tepe Hissar），并且知道它们是印度河流域制造而输出到别处的，因为在昌胡达罗的发掘中曾发现过制造这种石珠的场所[③]。但是在我国没有发现这种早期的蚀花石珠。

本文第一节所介绍的我国云南和新疆出土的蚀花石珠，都是属于培克的"中期"（公元前3世纪至公元2世纪）。这时期中，这种石珠的花纹以直线纹和十字纹为主。它们的地理分布更广泛了。西边是罗马时代的埃及[④]，南边到达印度南部，东北面到我国新疆；但是以巴基斯坦的白沙瓦附近的呾叉始罗发现的为最多[⑤]。这一带的塞种安息时期和贵霜时期的许多健陀罗遗址

---

① 培克：《蚀花的肉红石髓珠》，《考古家杂志》（英文）1933年第13卷第1期，第388~390页。

② 夏作铭：《几颗埃及出土的蚀花肉红石髓珠》，《皇家亚洲学会孟加拉分会会志》（英文）1944年第10卷，文史部分，第57~58页。

③ 麦凯：《昌胡达罗的发掘》（英文），1943，第199~201页。

④ 培克没有提及罗马时代埃及。后在伦敦大学埃及考古学标本室中发现未曾发表过的两颗，是沙夫特·厄尔·亨纳（Saft el Henna）出土的，连同早期的（埃及第十一王朝）一颗，一起加以发表。

⑤ 马歇尔（J. Marshall）：《呾叉始罗》（英文）1951，第737~738页。

中也常有出土①。我国新疆出土的几颗，有的与呾叉始罗出土的几乎完全相同（图4，6）。我们知道新疆地区曾出土当时受健陀罗佛教艺术影响的大批佛教艺术作品，这些蚀花石珠可能是和它们一起传入的。

至于云南石寨山出土的一颗，虽然呾叉始罗也有相似的出土，但是这颗石珠的花纹过于简单，并且可能都是仿缠丝玛瑙的，很可能是不同地区的劳动人民分别各自创造的。这种花纹很是一般化，早、中、晚三期中都有出现（图4，5、7），连现代的我国藏族人民所佩带的串珠中还有这种花纹的蚀花石珠（图3）。所以石寨山出土的这一颗，是否为本地所制造，抑或系输入品，殊难断言，还有待于更多的材料出土。至于有人以为这串玛瑙珠（按，应作肉红石髓珠）可能是从远处输入的，因为今日中国所用的玛瑙石便是由爪哇、婆罗洲、苏门答腊和马来亚这些地方输入的②。这说法是不确切的。我国今日特种手工艺所用的玛瑙石和肉红石髓基本上是国内出产的。我国出产玛瑙石的地点不少③，云南省境内便有好几处，保山县玛瑙山出产的尤为有名④。这保山县玛瑙山是哀牢山脉的支岭。它的出产玛瑙，古书中屡见提及⑤。所以石寨山出土的这些石珠，其原料实在不必远远地取材于海外的南洋地区。

培克所说的"晚期"，相当于我国的唐宋时期。这时的蚀花石珠的花纹以曲线纹或卷草纹为主，曾在叙利亚、土耳其、印度以及苏联境内的高加索和克里米亚等处出土。我国唐宋时代的遗址或墓葬中，还未听说过曾有出土。或者已有发现，而由于忽视未加发表。

我们希望今后有更多的新发现。对于已发现而尚未发表的，希望更多的加以发表。这样便可以为这种蚀花石珠的进一步研究，创造有利的

---

① 马歇尔：《摩亨佐达罗和印度河文化》（英文），1931，第583页。
② 见伦敦1973年出版的"中华人民共和国出土文物展览"的英文本说明书，第115页。
③ 章鸿钊：《石雅》，1927，第40页。
④ 《新纂云南通志》卷五六，1948，第11页。
⑤ 章鸿钊：《古矿录》卷五，1954，云南篇，第192、193、197、201、209页。

条件。如果能进一步加以研究，这将对于石珠的制造和加饰的技术和各地区间贸易与文化交流的历史，都会有所帮助。

　　补记：关于印度的古者挤特（Gujarat）省康拜（Khambhat，即 Cambay）地区的制造肉红石髓的历史和技术，可参阅 G. L. 波西来（Possehl）的《康拜的串珠制造》（*Cambay Beadmaking*）一文，见宾州大学博物馆出版的《探险队》（*Expedition*）杂志第 23 卷第 4 期（1981 年夏）第 39 ~ 47 页。先将石髓打制成粗坯，然后磨研成串珠，最后钻孔。钻孔方法，先于串珠两端打击出一小凹穴，以便钻头可以放稳，且放置解玉砂（乃由金刚砂或细砂和水而成），钻孔工具在上古时代（Harappan period，约公元前 2400 ~ 前 1700 年）是用石钻头，可能已用弓钻（bow drill），这可由昌胡达罗的出土品为证。现代康拜工匠所用肉红石髓及玛瑙，取材于那尔马达河（Narmada）上游，由印度中部德干暗色岩（Deccan trap）遭浸蚀后冲集于河谷中，三五人成一组加以采掘。石层离地面常常不过 5 英尺左右，运输至康拜制造串珠工场后，将有土锈（patinated）的砾石形原料盛于罐中，和以燃烧发烟的锯末，这是一种热处理，使下一步打制时易于加工。取出后，先打制成串珠粗坯，约需二三分钟，然后交与另一工匠打制修整（fine chipping），使用一锤一砧（大钉形物）。粗坯之锤系水牛角所制，加以竹柄；修整用者为小铁锤，皆为男性工匠。修整后移至另一工场，雇用男女童工，使用转砂轮研磨（abrasive wheels），以手执串珠按向砂轮即可。每珠约需一分钟，圆珠所用砂轮需要特种边缘，另需一可放置串珠的木板，仅需几秒钟即可磨去棱角成圆珠。钻孔用弓钻，钻头为金刚石，磨砂即为钻孔时所产生的碎末和水而成，亦可用细砂。最后一道工序为成品磨光，将已钻孔的串珠放在木桶中，加入研磨料泥浆，旋转木桶不止，约需一星期可得磨光的串珠。但分二阶段，先用粗的研磨料，然后再用细的研磨料，每一木桶可盛一百公斤。从来不使用电转的木桶，而用皮袋，二人将皮袋滚动于地上，也可收到同样的效果。

沈括和考古学[*]

我国宋代杰出的科学家沈括（1031～1095 年），字存中，钱塘县（今浙江杭州）人①。他不仅是一个渊博的科学家，同时也是一个进步的政治家。本文首先介绍沈括的政治思想倾向和政治实践，然后介绍他的科学实践和在科学技术方面的重大贡献，最后，重点介绍他关于考古学方面的贡献。

一　沈括的生平和政治活动

沈括是 11 世纪的人。这时候，北宋王朝的统治已经达到了危机的程度。农民起义不断爆发，契丹和西夏农奴主割据势力的侵扰有增无减，阶级矛盾和民族矛盾都已非常尖锐化。进步的政治家王安石主张搞

　＊　本文原载《考古学报》1974 年第 2 期，后加补记收入《考古学和科技史》一书，科学出版社，1979。

　①　沈括事迹参阅《宋史·沈括传》（《百衲本》卷三三一，下同）；张荫麟：《沈括编年事辑》（见《清华学报》第 11 卷第 2 期，第 321～358 页）；胡道静：《沈括事略》（见《新校正梦溪笔谈》，1957，第343～352 页）。

革新，举起了变法的旗帜，展开了一场政治斗争。沈括便是一个积极参加王安石变法的政治家。

王安石于熙宁二年（1069年）任参知政事（副宰相），议行新法；次年便当上了同中书门下平章事（正宰相）。沈括在熙宁四年（1071年）在王安石底下任检正中书刑房公事，赞助王安石规画新法；后来在熙宁八年（1075年）官至翰林学士，权三司使。王安石罢相后，攻击沈括的人说："朝廷新政，规画巨细，括莫不预。"① 沈括确实是一个坚定的变法革新的政治家。当有人提到新法中募役法遭到人诋毁时，他说："以为不便者，无过士大夫与邑居之民习于复除者，骤使之如邦人，其诋訾无足恤也。"② 这和王安石的"人言不足恤"的壮语，都表现了一种战斗精神。怪不得后来新法失败后，他被保守派列入新党的黑名单，认为他是王安石亲党三十人中第十五名③。

沈括在政治路线上是坚决地站在新法的一边，他在政治实践上也对新法的施行，做出了很大的贡献。在变法运动的初期，他任检正中书刑房公事。这职位的官品虽不高（正六品），但这是一个权任颇重的要职，在新政的规画方面起了相当大的作用。沈括后来又以察访使的名义到各地视察新政的实施情况，为新法的推行做出了贡献。他担任主管财政经济的三司使时，实行了一系列的新法政策。

当时变法运动的重要政策是重视农战。沈括注意发展农耕，以利生产。他在参加王安石的变法运动前，便已主持过沭水和芜湖万春圩的水利工程，后来在变法活动中又主持过整治汴渠的工程，并且察访过两浙

---

① 李焘：《续资治通鉴长编》卷二八三（1881年浙江书局本），第12页，引沈括《自志》中语。

② 李焘：《续资治通鉴长编》卷二八三，第12页，引沈括《自志》中语；又《宋史·沈括传》。

③ 徐乾学：《资治通鉴后编》卷八九（1898年富阳夏氏刊本）；毕沅：《续资治通鉴》卷八一，古籍出版社，1957。或谓李焘《长编》卷八四有这条，查浙江书局本这一卷及他卷，都无之。或以为沈括是黑名单中"第一名"，亦误。

路和河北西路的农田水利等事。他还掌管过司天监，创造天文新仪器，又改革历法，采用卫朴的《奉元历》，以便不失农时。这些都是他发展农耕的政治实践。

沈括又是一个爱国主义者，主张加强战备，抵抗侵略。他掌管军器监的时候，研究城防、兵器、战略战术。1075 年出使契丹时，挫败了契丹的种种无理要求，在谈判中取得了胜利。1081 年担任鄜延路经略使时，大破西夏七万之众的侵扰。

沈括一生坚决拥护变法运动，重视农战政策，并在许多科学技术领域中取得一系列重大成就，做出不少贡献，为我国古代科技史增添了光辉的一页。

二 同政治和生产密切联系的科学工作

沈括是一个杰出的科学家，在我国的科学发展史上占有重要的地位[①]。他在政治方面的进步路线，使他寻找先进的科学思想为这条路线服务；因之他致力于科学实践，以发展科学和技术。《宋史》说他"博学善文，于天文、方志、律历、音乐、医药、卜算，无所不通，皆有所论著"[②]。

沈括撰写的《梦溪笔谈》是我国科学史上一部重要的著作。这是一部笔记体的作品，随笔记录见闻和心得。但是它和宋元以来仅记琐闻轶事的一般笔记不同。全书 609 条中，自然科学方面占三分之一以上；如果加上考古学、音乐、语言学和民族学四门的条目，则达半数以上[③]。书中

[①] 沈括的科学成就，可参阅钱宝琮《沈括》一文（见《中国古代科学家》，第 111～121 页，1959）；胡道静《读梦溪笔谈记》（见《新校正梦溪笔谈》，第 357～371 页）。

[②] 《宋史·沈括传》。

[③] 作者曾将《新校正梦溪笔谈》所分的 609 条，粗加分类。所得结果，和李约瑟的分析（《中国科学技术史》第 1 卷，第 136 页，1954 年英文版）虽稍有出入，基本上大致相合。不过，李氏所用的是 1885 年泠痴簃刊本，缺《续笔谈》11 条，而各条目的分合也稍有不同，所以他的总数是 584 条。

总结了当时科学、技术的辉煌成就，所涉及的范围很广；而贡献最大的是天文、数学、物理、地理、医药和乐律等几个方面，其他如化学、生物、冶金、建筑、工程、考古等方面，也有一定的贡献。

本文不再细述沈括在各项学科中的具体贡献，而只是综合地介绍他在进步的政治路线的推动下，如何发展了科学技术的研究。这可分做三方面来谈：

（1）密切联系政治和生产的科学实践。沈括执行当时变法运动重视农战的政策。首先，他主张发展农业，亲自参加提高农业生产的科学活动。他讲究灌溉和水利工程（例如207、210、213、457）[①]，注意气象学、地质学和地理学，对于气象预测（134）、地震（370）等都有论述。沈括在算学方面的两个发明（301），也是由农业实践的计算发展而来的；其中"隙积术"是解决有空隙的垛积问题（如累棋、层坛和酒家积罂之类），是《九章算术》中的"刍童术"（即没有空隙的垛积，如草垛之类）的发展；而"会圆术"是"履亩之法"（计算田亩的大小）的一种，由径长和矢长以求弓形的弧长，是由《九章算术》中"弧田术"推演出来的。至于沈括所精究的天文和历法，更和农业生产息息相关。他创造一些天文新仪器（150），亲自进行观测（127、128）；又主持历法的改革，令卫朴造《奉元历》（148）。这些都有利于农业生产的发展。他还主张采用以节气定月份的"十二气历"，并且说这历论"尤当取怪怒攻骂，然异时必有用予之说者"（545），这更表现出他的坚强的战斗精神。

在加强战备方面，沈括研究城防（173、191）和阵法（578、579），研究行军运粮之法（205）；又讲求武器的改进，如弓弩（303、324）、剑（325）和兵车的制造（567）。对于炼钢（56）和锻铁甲（333）也有所

[①] 本文所引的《梦溪笔谈》条目序数，都依据1957年版《新校正梦溪笔谈》。以下的括弧中数字都指序数，"条"字一概从略。

论述。沈括巡视各地时，沿途细心收集其山川道路的地理资料，制成木刻地形模型（472）；又以 12 年的时间，编成《天下州县图》，一名《守令图》（575），是九十万分之一的比例尺的精确地图。它既可作军事地图之用，也可作全国经济规划的根据①。其他关于生产知识的贡献，如发现延州（今延安）的石油和它的用途（421），论述指南针的装置法和磁偏角（437），胆矾炼铜法（455）等，都是密切联系生产的。

（2）重视劳动人民的发明创造。沈括重视群众的生产实践。他曾说过：“至于技巧、器械、大小尺寸、黑黄苍赤，岂能尽出于圣人！百工、群有司、市井、田野之人，莫不预焉。”② 因为他能注意劳动人民的实践，所以他在《笔谈》中介绍了劳动人民的宝贵经验，例如平民毕昇的活字版印刷术（307）、木匠喻皓编写的建筑学专著《木经》和他固定木塔的故事（299、312）、河工高超的合龙门埽的三节施工法（207）。还有一些是无名的劳动人民的创造发明，例如他所介绍的当时磁针的先进的装置法（437）、磁州锻坊的炼钢（56）、淮南漕渠的复闸（213）和水中筑长堤法（240）等。这些劳动人民的创造，有些是全世界所公认的我国人民对人类的重要贡献。但是在当时编纂的一般史籍上连一字也不提，而只有《笔谈》中才有详细的记载，成为今日研究中国科学技术史的珍贵资料。

（3）唯物主义的自然观和科学的调查、研究和实验。沈括的自然观是唯物主义的。他谈到“自然”和“意识”的关系时说：“阳顺、阴逆之理，皆有所从来，得之自然，非意之所配也。”（137）在什么东西是第一性的这个问题上，他明确地以自然界为第一性。他谈到“道”和“用”时说：“一者道也。谓之无，则一在；谓之有，则不可取。四

---

① 他在《进守令图表》中说：“汉得关中之籍，始尽天下之险夷；周建主方之官，务同万民之弊利。”（见《长兴集》卷一六《四部丛刊三编》本）可见他很理解和重视地图的作用。

② 《上欧阳参政书》（《长兴集》卷一九）。

十九者，用也。静则归于一，动则惟睹其用。"（122）这是说："道"不是具体的事物，而是哲学上抽象的物质。物质不能说是"无"，它是作为物质而存在的；但也不能说是"有"，因为它是抽象的，不可用手去拿取。这是将"有"和"无"两个互相矛盾的概念加以统一，颇含有辩证法思想。而"用"则是"道"的表现。沈括这种自然观，很近似于王安石的思想。王安石说："道有体有用，体者元气之不动，用者冲气运用于天地之间。"① 不过他将王安石的"道之体"简称为"道"。王、沈二人的这种思想，恰和宋代道学家"理在心中"和"理在事先"的唯心主义思想相对立。

沈括根据唯物主义的自然观，注重调查、研究和实验；要从实践中发现事物发展的规律。沈括说："大凡物有定形，形有真数。"（128）这是说，具体的物质即事物，必须有一定的形状，可以观察；而这形状又可以用数量来表示，可以测量。所以，他很重视数据。他曾为了观测北极星离开"天极不动处"的度数，用了三个多月的功夫，每夜用"窥管"观察，绘了二百余幅的图，才获得结论（127）。又为了掌握四季昼夜时刻变化的规律，经过了十余年的观测，才获得所需要的数据（128）。沈括认为事物的变化，"大率有法"，便是说，都是有规律可循的。又说"法"是"有常有变"（134），主张不仅要研究物理的"常"法，还要研究由于具体条件不同而引起的"变"；要根据具体情况作具体分析。他反对宋代道学家的唯心主义和先验论。后者以为只要闭目苦思便可以"格物致知"，了解物理。这种思想是反科学的，只能阻碍科学技术的发展。沈括不仅认为自然规律是可以认识的，并且认为人类可以运用自然规律以驾驭自然界。他说："调其主客，无使伤沴，此治气之法也。"（135）这就是对于主观能动性的认识。

① 王安石：《老子注》。这书已失传。这条佚文见彭耜《道德真经集注·道冲章第四》（1924 年涵芬楼影印《道藏》本，第 398 册，卷二，第 2 页）。

总之，沈括的科学技术路线，是一条进步的路线。他从唯物主义的自然观出发，重视人民群众的创造发明，密切结合生产，执行农战政策，所以在科学实践中有重要的发现，推动了我国科学技术的发展。

三 沈括对于考古学的贡献

考古学不是沈括科学研究的重点，但是他在这方面也有广博的知识和带有启发性的新见解。我们作为考古工作者有特别加以研究的必要。

《笔谈》中有关考古学的，共有 20 余条。其中"器用类"主要涉及古器物学的有 15 条之多（319 ~ 321、323、325 ~ 332、334、336、568），"神奇"、"异事"、"杂志"三类中涉及考古学的有雷楔、夹镜、柿子金、玉琥（338、360、366、456）等奇异的事物，和记述发掘古墓与窖藏（359、384、573）等 7 条，合计 22 条。此外"乐律"类中的古钟和古磬（97、98、104），"艺文"类中的六朝墓志（269），"辨证"类中古墓和古城的考证（72、102）等 6 条，虽也可归入别的学科，但考古学项下也可兼收进去，无妨复出。所以考古学的条目总计可算做 28 条①。至于论述古气候和古地貌的（373、430），根据文献以复原古器的（567、150），也可附带提及。

就这廿余条加以分析，按时代而言，有新石器时代的石斧（338），殷周时代的铜器（104、319、320、568），战国时期的玉器（98、456），汉代的铜器（323、327、330 ~ 332、360、568）和画像石（326），战国或西汉时代的金币（366）、玉器（319、359）和古印章（336），六朝时代的古墓（269、573）和玉臂钏（334），唐代的玉钗（同上）、肺石（328）和铜钱（329）。沈括生于 1031 年，上距唐朝灭

---

① 上面注中提到的李约瑟的分析中，列入考古学的只有 21 条。这是因为他将跨学科的条目，凡已归入别的学科中的，便不再在考古学一门中复出。

亡的 907 年，仅只 124 年，所以我们把《笔谈》中所提到的唐、五代的传世品和宋代当时的器物除外，不算在考古学内。

这些条目几乎涉及考古学的各方面，古器物包括石制品的石斧（338）、画像石（326）和肺石（328），铜器的鼎鬲（568）、彝（319）、罍（320）、匜（332）、钟镈（104）、钲（319）、熏炉（568）和镜鉴（327、330、360），玉器的磬（98）、璧（319）、琥（456）和钗钏（334），货币的金郢爰、马蹄金（366）和铜钱（329），金属武器的铜弩机（323、331）和铁剑（325）。此外，还谈到古器物花纹（319、320）、古墓发掘（359、384）、窖藏（573）、古墓和古城的考证（72、102）、古器物的制造方法（325、327、330）、古器物的使用方法或用途（104、331、332、456、508）、古器物和民族学材料的比较（321、326）、古地貌（430）和古气候（373）等。这些方面在《笔谈》中都谈到，沈括的研究范围在考古学方面可以说是很广的。

从科技路线的角度来看，沈括的考古学研究，具有下列特点：

（1）为进步的政治路线服务。儒家主张"礼治"。宋代学者也有研究考古学的，但是除了士大夫的"玩古董"之外，主要是要恢复孔丘所制定的礼制。当时著名的考古学家吕大临说，他之所以研究古器物，是要"观其器，诵其言，形容仿佛，以追三代之遗风"，以为"制度法象之所寓，圣人之精义存焉"①。后来，明代的蒋旸也说："有志者考古人之器，则由是而知古人之政矣。"② 宋代另一个注意考古学的学者刘敞在《先秦古器记》中也说，研究古器首先便是"礼家明其制度"③。可以说，他们研究古器，都是为了要恢复先秦的礼制。

沈括研究考古学，是在变法运动的农战政策的指引下，主要是为进步的政治路线服务的。他为了改善历法以利农业生产的发展，曾仔细研

---

① 吕大临：《考古图·序》（1752 年亦政堂黄氏刊本，即黄晟刊印的《三古图》本，下同）。
② 《博古图录》重刊本《序言》（1752 年亦政堂黄氏刊本）。
③ 刘敞：《公是集》卷三六（《丛书集成》本）。

究古代天文仪器（150）。他在《浑仪议》中说，曾经研究古今天文仪器的制法（"尝历考古今仪象之法"），主要的有西晋末年的孔宁等的仪器，和唐代一行和梁令瓒的铜仪及宋初的仿制品，然后根据天象加以改进，创造了新的天文仪器①。关于武器的制造，他曾对古代铁剑进行观察说："古人以剂钢为刃，柔铁为茎干，不尔则多折断。"（325）这是因为"剂钢"（指高碳钢）淬火后质硬而脆，可能当时未用回火（tempering）的方法，它的硬度适用于制成利刃，但易断折。"柔铁"是指锻铁（即熟铁）或低碳钢，硬度稍低，但坚韧而不脆，用作剑的中脊（"茎干"），铁剑便不易断。我国近年在战国至西汉的墓中，发现铜剑和铁剑颇多。铁剑由于锈重，未作分析。但是铜剑往往是脊部的青铜含锡较少，有的呈赤色，像嵌合赤铜一条。含锡少则质柔而坚，不易断折。刃部含锡较多，质硬而脆，适合刃部的要求。我们曾作化学分析，其中一例是脊部铜、锡的比例是 78：10（即 8：1），刃部为 74：18（即 8：2）②。铁剑的这种制造法，当源于古代的铜剑。沈括又曾对海州出土□□弩机的"望山"进行研究。他说："其望山甚长，望山之侧为小矩，如尺之有分寸。原其意，以目注镞端，以望山之度拟之，准其高下，正用算家句（通作"勾"）股法也。"（331）这种带望山的弩机，汉墓中曾有出土。最近河北满城 1 号墓（刘

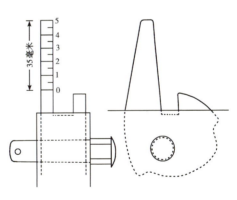

图1　汉代铜弩机上的"望山"

（依照满城 1 号汉墓出土的一件）

---

① 《宋史·天文志一》。
② 《长沙发掘报告》，第 44 页，1957 年版；《楚文物图片集》第 1 集，第 7 页，1958 年版。最近上海博物馆对所藏的三件铜剑分别作了刃部和脊部的化学分析，结果也是刃部的含锡量远远超过脊部。

胜墓）中便曾出过一件（图1）。弩机安置于弩上，以后当弓弦引满而钩于牙（钩金）上时，望山向上竖立，犹如近代来复枪上的定标尺。古代算学称直角三角形的短边为"勾"，长边为"股"，所以望山是"勾"，由望山底部至镞端（箭的尖头末端）是"股"，二者成为勾股的关系。因为箭射出后受地心吸力和空气阻力的影响，飞行的路线不能完全作直线，而是作近于抛物线的曲线前进，所以要依目的物的远近，射者的视线要由望山上某一点通过镞端而对准目标，箭射出后可以射中目标，而不致偏低（图2）。沈括称赞这办法，说："设度于机，定加密矣。"他在掌管军器监时，便曾进行这些对于古代武器的研究，以改进武器的制造。同时他又曾利用古代文献，复制出古代的兵车（567）。

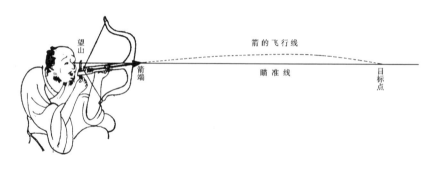

图2　使用"望山"射弩图

（图中射弩人像，依照顾恺之的《女史箴》绘制）

这些例子，都可以说明沈括的考古研究是联系农战政策的，和当时一般学者为着复原古代礼制而研究古器，可以说，走的是两条完全不同的路子。

（2）实事求是的唯物主义思想。宋代许多学者虽然也研究考古学，但是他们的目的是为了在举行古礼中使用古礼器；考究古人的用器，以便由此而知古人的政制，"圣人"的用心。他们常常凭着主观臆想，瞎造出一些古器。正像近代反动派袁世凯做皇帝时，叫人考据古代礼制，替他复制一套在祭天时服用的冕旒和衮服，不伦不类，可笑之至。

　　沈括从唯物主义出发，实事求是，亲眼观察出土的古器物，得到了正确的结论。他对于当时的一些《礼图》，斥为"未可为据"，指出"此甚不经"，并举出几个例子为证。他说："《礼书》所载黄彝，乃画人目为饰，谓之'黄目'。予游关中，得古铜黄彝，殊不然。其刻画甚繁，大体似缪篆，又如栏盾间所画回波曲水之文；中间有二目，如大弹丸，突起煌煌然，所谓黄目也，视其文，仿佛有牙角口吻之象。"（319）他这里所说的带图的《礼书》或《礼图》，当指宋初聂崇义《三礼图》一类的书①。现将这书中臆造的"黄目彝"和近世出土的方彝相比较，便可看出沈括的意见是正确的（图3，1；图4，1）。沈括又说："如蒲、谷璧，《礼图》悉作草稼之象。今世人发古冢得蒲璧，乃刻文蓬蓬如蒲花敷时；谷璧如粟粒耳。则《礼图》亦未可据。"（319）我们同样用出土实物的玉璧来比较，《三礼图》的谬误，显然可见（图3，3、4；图5）。铜器上的云雷纹，也是这样情况。沈括说："《礼书》言罍画云雷之象，然莫知雷作何状，今祭器中画雷有作鬼神伐鼓之象，此甚不经。予尝得一古铜罍环其腹皆有画，正如人间屋梁所画曲水，细观乃是云雷相间为饰。"（320）查《三礼图》中没有雷纹器。当时祭器中作"鬼神伐鼓之象"，当和武梁祠画像石的雷神图像相似②。《三礼图》有云纹器，作朵云之状（图3，2），和先秦铜器上的云雷纹（图4，2），完全不同。我们近年发掘到的古代铜彝、铜罍和玉璧不少，根本没有像《三礼图》上所绘的那种纹饰，可见它是完全出于臆测，是唯心主义思想的表现，是经不起考古实践的检验的。

　　沈括根据实物来研究考古学。他经游的地方很广，所到之处，随时留心出土文物，加以搜集研究。逢有古墓被发掘，他知道后便留心访问。所以，他能得到合于客观实际的考古学结论。

---

① 本篇所引《三礼图》，是1936年版《四部丛刊三编》，影印1246年析城郑氏家塾本。
② 武梁祠画像石的雷神图，见冯云鹏等《金石索》（《万有文库》本）第9册《石索三》，第152～153页。

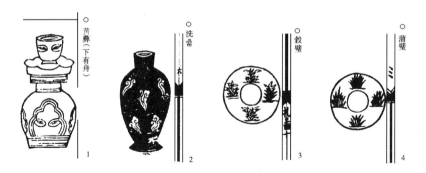

图3 《三礼图》臆造的古器物形和古花纹

1. 黄彝 2. 云纹罍 3. 谷璧 4. 蒲璧

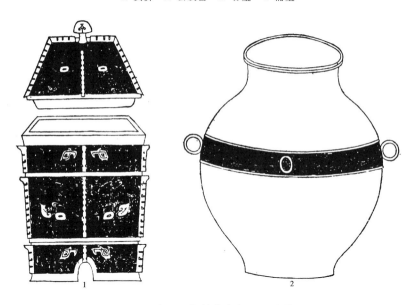

图4 出土实物的古方彝和雷纹罍

（《西清古鉴》卷一四"周亚方彝二"和卷一二"周攻罍"）

（3）高度评价劳动人民的创造。我国古代劳动人民的许多创造发明，不仅对于中国文明，而且对于世界文明，都起了很大的推动作用。"人民，只有人民，才是创造世界历史的动力"。宋元时候一般学者鄙视劳动人民。他们谈到考古学所研究的古器物时，都归功于古代统治阶级头子的"圣贤"，以为"圣人制器尚象，载道垂戒，寓不传之妙于器用之间以遗后人"①。他们又说："至商周广为礼乐之器，于是文物大备……是皆圣人创制于前，而历世继作于后。"②

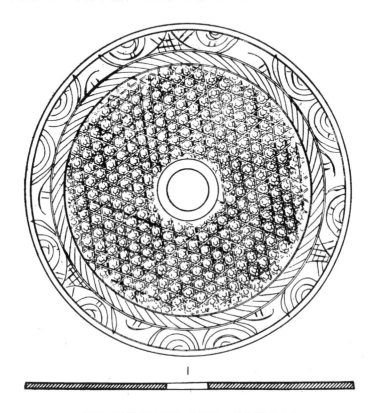

图 5　汉代的玉蒲璧（满城 2 号汉墓出土）

沈括的唯物主义的思想倾向，使他重视人民的实践经验，重视他们的创造发明。前面已说过，沈括曾对当时轻视劳动人民的反动思想提出抗议，说："至于技巧、器械、大小尺寸、黑黄苍赤，岂能尽出于圣人！百工、群有司、市井、田野之人，莫不预焉。"在研究古器物时，沈括颂扬古代的劳动人民。对于古人铸镜的技术，说"此工之巧智，

①　翟耆年：《籀史》（1935 年《丛书集成》本）引李伯时（公麟）语。

②　元朱德润：《古玉图》序（1752 年亦政堂本）。

后人不能造"（327）。他在金陵（今南京）时，曾看到发掘六朝古墓所得古物中的一件"玉臂钗"。他描写说："两头施转关，可以屈伸，合之令圆，仅于无缝，为九龙绕之，功侔鬼神。"（334）这里的"钗"字当为"钏"字之误。钗作叉形，一端歧出如股，是插于发髻上的首饰。钏便是镯子，是套在臂上的环形装饰品①。根据沈括所描写的，这件玉

图6　西安何家村出土
唐代玉镯

钏当与近年西安何家村窖藏中的一对玉镯相类似。这对玉镯，每只都由三节白玉组成，各镶有三件兽头饰金铰链，"可以屈伸，合之令圆"（图6）②。沈括称赞它的精巧，"功侔鬼神"，是他对于劳动人民的创造的颂扬。这里并没有神秘主义的含义，因为他接着便说"古物至巧"是由"前古民醇"、"百工不苟"。劳动人民累积了实践经验，加以工作认真不苟且，自然可以创造出精巧的器物。孔丘等人敌视革新，反对"奇技奇器"；甚至于说，作"奇技奇器以疑众，杀"③。这当然会扼杀劳动人民的创造。正由于沈括重视人民群众的生产实践，所以他能够在包括考古学在内的各门科学上做出贡献。

（4）研究古器的制法和用法，不局限于表面的描述。宋代一般学者继承孔孟的传统，脱离生产，"四体不勤，五谷不分"④，所以对古器物只能作表面的描述，而不可能研究古器物的制法和用法。在他们看来，古器物"形制文字，且非世所能知，况能知所用乎？"⑤沈括注重生产实践，他对各种生产活动又有广博的知识，因之，他在研究古器物

---

① 钗、钏二字形近易误。《南史·王玄象传》有"女臂有玉钏"一语，可见六朝时妇女常带玉臂钏入葬。

② 《文化大革命期间出土文物》第1辑，1972，第61页。

③ 《礼记·王制》。

④ 《论语·微子》。

⑤ 吕大临：《考古图·序》（1752年亦政堂本）。

制法和用法两方面都取得了丰富的成果。

关于古器物的制法，沈括曾深入地研究古铁剑的制法，上面第一节中已经介绍过，这里不再赘述。由于他对于光学曾有精心的研究，曾用反射光线穿过凹镜的主焦点这一说法来解释阳燧产生倒像的现象（44）。所以他对于古代铜镜，特别注意，细心研究。他说："古人铸鉴，鉴大则平，鉴小则凸。凡鉴洼则照人面大，凸则照人面小。小鉴不能全观人面，故令微凸，收人面令小，则鉴虽小而能全纳人面。仍复量鉴之小大，增损高下，常令人面与鉴大小相等。"（327）他所说的凹镜和凸镜造像的原理，可用下面的图来表示（图7）："物"是人面，景是镜中的影像，球面中心至镜面为圆的半径，中心至镜面的中点为焦点。凸面镜的半径越短则镜面的弧度越大，镜中的影子越小。近年考古发掘工作中发现平面镜和微凸面镜不少，但没有发现凹面镜。上海博物馆藏有三件凹面镜，其中二面可能是取火的阳燧，另一面是道家法器，都不是照人面的镜子①。我国东北的南部，曾出土多钮凹面镜，一般也以为是取火的阳燧②。这是因为凹镜将人面放大，对镜时在镜里只能看得自己的目鼻附近一小部分的像，很不合用。平面或凸面的镜子则很合用；镜子小，凸度要增大，以便将整个人面收进镜面内。这是沈括根据光学原理和古物实况来说明古代镜工制造镜子的匠心。

沈括还对另一种铜镜，即"透光镜"，也做了一番研究。他说："世有透光鉴，鉴背有铭文，凡二十字。字极古，莫能读。以鉴承日光，则背文及二十字，皆透在屋壁上，了了分明。人有原其理，以为铸时薄处先冷，惟背文上差厚后冷而铜缩多，文虽在背，而鉴面隐然有迹，所以于光中现。予观之，理诚如是。然予家有三鉴，又见他家所藏，皆是一样，文画铭字无纤异者，形制甚古；惟此一样光透，其他鉴

---

① 《文物参考资料》1958年第7期，第28~30页。
② 驹井和爱：《中国古镜的研究》，1953年日文版，第165~180页。

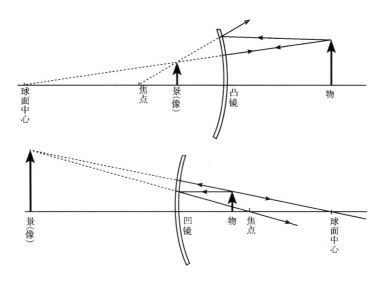

图 7　凸镜和凹镜的成景原理

虽至薄者皆莫能透。意古人别自有术"（330）。他的意思是说：有人解释透光镜的原理是背面隐然有凸凹的文画铭字的痕迹，原因是铸造时厚、薄处的冷却速度不同。他自己细加观察，镜面确实是"隐然有迹"，反射日光到屋壁上便有明暗的不同。但是同样有厚有薄的铜镜，他所藏的有一面能够"透光"，而别的却不能透。他怀疑以铸造时冷却速度不同来解释是不可通的，应该另有一种方法。我们知道，这种透光镜至晚在隋末（7 世纪初）便已有文献记载。隋末唐初人王度所写的《古镜记》中的古镜，"承日照之，则背上文画，墨入影内，纤毫无失"[①]，可以为证。后来一直到清道光时，湖州人所制双喜镜，其中还

---

① 鲁迅：《唐宋传奇集》卷一，第 1 页。李约瑟误以作者王度为 5 世纪时人，这是由于他误认为其即《魏书·王建传》中北魏时的王度（《中国科学技术史》第 4 卷第 1 分册，第 95 页注 6，1962 年英文版）。鲁迅根据《文苑英华》卷三七三顾况《戴氏广异记序》，以为《古镜记》作者王度卒于唐朝初年；而且《古镜记》中的事发生于隋大业七年至十三年之间（611～617），知当为隋末唐初人。或疑王度为小说人物，并非作者。小说有以第一身作自述体裁者。

往往有透光镜①。我们近年考古发掘中发现古镜不少，但有的镜面为锈所盖，而未生锈的也未逐件照日光试验，不能确定其中有否透光镜。《人民画报》曾发表一件传世品②，观其纹样，当为西汉中期的"连弧纹日光镜"。元代吾丘衍解释透光镜的原理，说"假如镜背铸作盘龙，亦于镜面篆刻作龙，如背所状，复以稍浊之铜填补铸入，削平镜面，加铅其上，向日射影，光随其铜之清浊分明暗也"③。后人以为吾丘衍得了正确的解释④，实际上这解释是错误的。他所看到的破镜，凹处有浊铜填补的痕迹，是由于范铸后发现砂眼乃以紫铜磨治，使之填平。郑复光同意沈括的意见，以为"理乃在凸凹，不系清浊也"。但是郑氏以为"想其造法，应是正面亦照背面铸之，然后刮去俟平而仍有凸凹为度"⑤，仍未得正确解释。近代日本人仍铸造透光镜（当由中国传去）。制法是：铸成铜镜后，用一根压磨棒在镜面上刮擦压磨，薄处受压磨向一边稍鼓起，去压后这些薄处仍稍凸出。如以汞膏（amalgam）磨镜，更可使薄处稍膨胀而更鼓起（图8）。欧洲人依法试制，也得到成功⑥。这是我国古代镜工的智慧创造。可见沈括为了搞清楚透光镜的制法，曾做过仔细的观察和谨慎的推理（参阅篇末"补记"）。

关于古器物的使用法，沈括也曾做过一些研究。上面第一节中已介绍过他对于弩机上"望山"的使用法的说明。他精通音乐，对于古代

---

① 郑复光：《镜镜詅痴》卷五《作透光镜》条（《丛书集成》本）。

② 《奇怪的古铜镜》，《人民画报》1959 年第 11 期，第 31 页。这镜现藏上海博物馆。

③ 吾丘衍：《闲居录》（《学津讨原》本第一五集）。李约瑟误以为出于吾丘衍的《学古编》（上引书，第 4 卷第一分册，第 95 页注 C）。

④ 例如方以智《物理小识》卷八（《万有文库》本）；王锦光：《梦溪笔谈中关于磁学和光学的知识》，《浙江师范学院学报》1956 年第 2 期，第 63 页。

⑤ 郑复光：《镜镜詅痴》，第 69～70 页。郑氏撮引《笔谈》的话："所见三鉴一样，惟一透光，意古人别自有术。"不是三件同样透光，而是只有一件透光。不知道这是由于所见刊本的字句不同，还是他引文时加以改动。不管这三件镜子是一样透光，或仅一件透光，既然这三件纹饰一样，当为一个模子所铸。三件皆归沈家，当时沈家在临安（今杭州），疑为附近的湖州所铸。

⑥ 李约瑟：《中国科学技术史》，第 4 卷一分册，第 94～97 页，图 292。

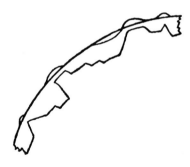

图8　透光镜剖面示意图

（依李氏书，图292。夸大以
显示镜面起伏情况）

钟镈的悬法，也曾作了一番研究。他说："今太常钟镈，皆于甬本为纽，谓之旋虫，侧垂之。皇祐中，杭州西湖侧发地，得一古钟，匾而短，其枚长几半寸，大略制度如《凫氏》所载，惟甬乃中空，甬半以上差小，所谓衡者。予细考其制，亦似有义。甬所以中空者，疑钟縻自其中垂下，当衡甬之间，以横栝挂之，横栝疑所谓旋虫也。"（104）太常钟镈是指太常寺属下的太常礼院所藏的甬钟，也许便是吕大临《考古图》中注明"太常"所藏的"走钟"五件一组①。《凫氏》是《周礼·考工记》的一章，叙述钟的各部分命名和它们之间尺寸的比例。这种甬钟，依据宋代《博古图录》②和近年出土的实物③，当如图9④。沈括所看到的杭州出土古钟，似乎是西周中期的甬钟。它的甬部中空与内腔相通，上端开口，可称为空柄甬钟⑤。这件柄部形制和一般甬钟不同，所以他对它的悬法，

---

① 吕大临：《考古图》（1752年亦政堂本）卷七。《博古图录》卷二二，也收入这组钟三件，称为"宝和钟"。欧阳修《集古录跋尾》卷一（1888年《行素草堂金石丛书》本），以为这一套"宝和钟"乃景祐中（1034～1037年）所得的古钟，藏太常寺。吕大临从之。

② 《博古图录》卷二二至二五，共收入铜钟118件，其中甬钟75件，旋部都没有活动的圆环。甬钟中，有旋而无旋虫（耳状钮）者12件，二者皆无的3件。最后一种，形制简陋，除枚（景）外，无花纹。《博古图录》以为六朝时物，但亦可能为最原始型的甬钟或其仿制品。

③ 例如西安斗门镇西周墓，一套3件；寿县蔡侯墓，一套12件；旋部皆无活动的圆环。见《五省出土重要文物展览图录》图版三四之2和图五五，1958。

④ 这图依程瑶田《凫氏为钟章句图说》（1931年《安徽丛书》本，《通艺录·考工创物小记》）和王引之《经义述闻》卷九（《国学基本丛书》本，第361～363页）的附图加以改绘。已依唐兰《古乐器小记》（《燕京学报》1933年第14期，第69页），改以周环甬围的带形突起为"旋"，旋上所设的虫形柄（即耳环钮）为旋虫（幹）。

⑤ 关于早期铜钟的演化，可参阅《考古学报》1956年第3期，第124～127页。文中为了避免王引之说的以"纪侯钟"例外为常制的错误，将旋字移以称耳状钮（即我们所说的"旋虫"），但不能解释耳状钮何以称"旋"。又保留将柄部环状隆起部分称为幹（旋虫）的说法，亦误。

另加解释，以为柄部半腰以上稍缩小，为了安置一横条，然后系钟绳于横条上（图10）。他的说法，虽不能作为定论，但是可备一说。近年来在江西和广东，都曾发现过空柄甬钟①。

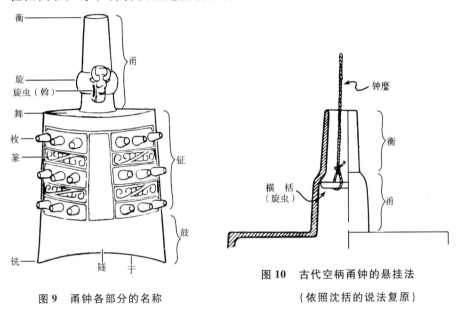

图9　甬钟各部分的名称

图10　古代空柄甬钟的悬挂法
（依照沈括的说法复原）

沈括又解释鬲足中空的用处。他说："煎和之法，常欲渟（音注，肉汁）在下，体在上，则易熟而不偏烂。及升鼎（指鬲），则浊滓皆归足中。"同条又解释熏炉底部镂孔和加盘的作用，说："先入火于炉中，乃以灰覆其上，火盛则难灭而持久。又防炉热灼席，则为盘荐水，以渐（音尖，浸渍）其趾，且以承灰炼（音柁，灰烬）之坠者。"（568）

沈括所以能对古器物的制法和用法作出恰当的解释，除了他具有广博的生产知识之外，还由于他能吸取劳动人民的实际经验。他解释古鬲空足的作用时，便曾补充说："今京师大屠善熟彘者，钩悬而煮，不使

---

① 江西新余和萍乡出土的甬钟，见《考古》1963年第8期，第416～417页，图2～图3；广东清远出土的甬钟，见《考古》1963年第2期，第59页，图版一；又1964年第3期，第139～140页，图版八。

着釜底，亦古人遗意也。"（568）他由当时劳动人民的实践，上推古代劳动人民的制造技术和用意，这与当时一般学者脱离生产、轻视劳动人民实际经验的态度，成为鲜明的对照。

（5）注意各门学科的协作，不孤立地研究问题。宋代一般学者研究考古学，是为了"复礼"。他们的研究方法是形而上学的。他们孤立地看问题，途径很狭窄。刘敞在《先秦古器记》中说："礼家明其制度，小学正其文字，谱牒资其世谥，迺为能尽之。"① 礼家是利用儒家六经中的礼书以研究古器物的所以为用，反过来又以古器物来恢复古代的反动的礼制。此外，便是用古文字学的方法来考释文字，"以补经传之阙亡，正诸儒之谬误"②，用谱牒学的方法来研究奴隶主的世系和谥法，为古代奴隶主修补家谱。

沈括有朴素的辩证法思想，不孤立地看问题。他又是一个渊博的科学家，对许多学科都有研究，有的方面还提出他自己的创见。在研究考古学时，他以自己的渊博的科学知识，负担起各门学科共同协作的任务。

前面已介绍过，沈括在《笔谈》中用冶金学理论来解释古剑（325），用光学来解释古镜（327、330），用几何学来解释弩机上"望山"的用法（331）等。此外，他在研究考古学时还利用民族学的材料来作比较，例如用当时的衣冠和食器来对比汉画像石上的古衣冠和祭器（326）；以当时南方少数民族所用的"葛党刀"来证明古代"吴钩"是"刀名也，刃弯"（321）。他又用度量衡学来研究汉代及秦汉以前的长度和容量（61、68）。

沈括还进行实地观察，发现太行山的崖间，"往往衔螺蚌壳及石子如鸟卵者（指砾石）"，因之推论到"此乃昔之海滨，今东距海已近千里；所谓大陆者，皆浊泥所湮耳"（430）。这是对古地貌变化的推论。

---

① 刘敞：《公是集》（《丛书集成》本）卷三六。
② 吕大临：《考古图·序》。

宋代程朱理学的代表朱熹也曾说："尝见高山有螺蚌壳，或生石中；此石即旧日之土，螺蚌即水中之物；下者欲变而为高，柔者欲变而为刚。"① 这不仅偷窃沈括的见解②，并且他是用这来证明他的循环论的反动宇宙论，是为孔丘的经书中"高岸为谷，深谷为陵"③ 一语找证据。同时，朱熹又妄图借用螺蚌化石来证明当时唯心思想家邵雍、胡宏等的灾变论。他们认为天地经过一定时期后便发生一次突然的灾变，"一齐打合，混沌一番，人物都尽，又重新起"④。朱熹是借螺蚌化石的研究为唯心主义思想作证的。沈括的见解，则是唯物主义的科学推论，与朱熹的截然不同。他又观察到延州数十尺深处出竹笋一林，都已化为石，因之推论到旷古以前，当地的地势卑下，气候潮湿（373）⑤。这是他关于古气候学的一个推论。他能注意到古代地形和气候的变化，虽然还没有将它们和古代人类生活联系起来，但是他的研究方向已是近于现代的所谓"环境考古学"。后者强调不仅要研究古代人类的生产活动所遗留下来的遗迹和遗物，还要同时研究古代人类的自然环境，才不致犯了孤立地看问题的错误。

通过上面的分析，可以看到沈括在进步的政治路线和思想路线促进之下，在科学工作上取得的成就，包括考古学方面的贡献。当然，他的

---

① 朱熹：《朱子全书》（《武英殿》本）卷四九。

② 朱熹的书中常抄袭沈括的一些创见，例如《中庸集注》（《四部备要》本）二十章的释"蒲卢"（《笔谈》，67）；《楚辞集注》（1953年影印宋端平本）卷七的释"些"字（43）；《朱子全书》（《武英殿》本）卷五〇解释日、月蚀的原理（131）；《跋徐骑省篆项王亭赋后》（《朱文公文集》，《四部丛刊初辑》本卷八四）论徐铉的小篆用笔之法（289），和这一条关于山崖间螺蚌壳的推论。有的地方，明言是采用沈括的说法。

③ 语见《诗经·十月之交》，又《左传·昭公三十二年》也曾引用。

④ 张伯行编《朱子语录辑略》卷一，页四，《丛书集成》本。

⑤ 这里所说的"竹笋化石"，是否便是竹林，还有疑问。据今日对延长层植物群所做的科学研究，认为是一种叫作"新芦木"（Neocalmites）的古代侏罗纪蕨类植物（尹赞勋：《中国古生物学之根苗》，《地质评论》1947年第12卷，第66～67页；又陈桢《我国古代学者关于化石起源的正确认识》，《生物学通报》1956年第4期，第3页）。也有人以为这不是化石，"就产况来看，和黄土层中的结核有些相似，可能是地下水的产物"（王嘉荫：《中国地质史料》，1963，第167页）。当以新芦木化石这一说为最可取。

见解也有阶级的和时代的局限性。在考古学研究方面，他还夹杂有一些宣扬因果报应、迷信思想、神秘主义等糟粕。在社会改革上，他更不可能提出彻底变革的方案。我们研究包括沈括在内的历史上的先进人物，必须批判和抛弃那些封建性的糟粕，但可汲取一切对于我们有益的精华。

补记：1974 年，上海各科研单位协作模拟试铸透光镜。经过反复试验，1975 年试制成功。复旦大学光学系采用淬火的热处理法，交通大学铸工教研组采用研磨抛光法。两种方法都能使镜面出现透光效应（见《复旦学报》1975 年第 3 期，《解开西汉古镜"透光"之谜》；《文物》1976 年第 2 期，《西汉透光镜及其模拟试验》；《金属学报》第 12 卷第 1 期，上海交通大学：《西汉透光古铜镜研究》）。按透光镜的产生，最初当是在制造或使用过程中偶然发现的。铜镜铸成后需要抛光，使用过程中也需要时常加以研磨。如果镜体很薄而周围又有阔厚的边，则研磨到一定厚度（0.5 毫米左右），便有可能使镜面产生与镜背花纹相应曲率。镜体厚薄不同产生了曲率的不等，因而出现了"透光"现象。可以说，已基本搞清楚了西汉透光镜的原理和制造技术。又按一般铜器，包括铜镜，没有必要淬火，也没有听说过淬火。古人曾否发现过铜镜淬火也可以产生"透光"效应，和是否在研磨抛光法以外，也曾采用过淬火的热处理法，现在殊难断言。

1977 年 8 月 8 日

《梦溪笔谈》中的喻皓《木经》 *

    相传喻皓所著的《木经》，早已失传。现在所能看到的，只有沈括（1031～1095年）的《梦溪笔谈》（以下简称《笔谈》）中所摘录的几句。喻皓是10世纪末叶的一位建筑匠师。沈氏所看到的三卷本《木经》，似乎原书并没有标明作者姓名，所以他只好说："或云喻皓所撰"。晁公武（12世纪）《昭德先生读书后志》也说"世谓喻皓木经"，也只是相传有这一说法而已。欧阳修（1007～1072年）的《归田录》中说：世传预浩（按：即喻皓）的十余岁的女儿，"每卧则交手于胸为结构状，如此逾年，撰成《木经》三卷"（卷一），说得有点玄了。但是这似乎透露一个消息：喻皓是个巧匠，但是可能他自己不能写作，甚至于可能连自己的姓名也不能写，以致文人记述他的事迹，连姓名也是根据口语，用字不同。当时喻氏在民间口碑中已成为"神话式"的"巧匠"，社会上流传着许多关于他的故事，有的故事已经传说化了（见《笔谈》312条、《归田录》卷一和李濂《汴京遗迹志》卷十"开宝寺"条）。我怀疑所谓《喻皓木经》，可能像《鲁班经》一样，是一

＊ 本文原载《考古》1982年第1期。

部无名氏的著作。李格非《洛阳名园记》"刘氏"条，即仅提《木经》书名，没有作者姓名。后来民间传说把它归到喻皓名下而已。不管它的作者是谁，这部书仍是中国建筑学史上一部非常重要的技术著作。可惜它只留下一鳞半爪，但是，昆山片玉，越发值得珍视。

古人摘录前人著作的时候，常常增删字句，加以更动。《笔谈》所摘录的《木经》，可能也是如此，并不是所有字句一定都是《木经》原文，一字不异。不过，我们相信沈氏所撮录的，能够保存《木经》的原意，是可以信赖的。但是现传的各种版本的《笔谈》，不免有误字；并且《木经》中术语较多，近人注释常有错误。现在试作一篇校注，以求教于学术界同志们。

现在将《笔谈》中所引录的《木经》，分为四段，每段先照录原文，后加校语和注释。校注中所引用的文献的简称，见篇末所附的《简称表》。文献中李诫《营造法式》成书于1100年，刊行于1103年，和《木经》著作年代，相去不远，所以多加引证，以资比较。

（一）凡屋有三分（原注：去声）：自梁以上为上分，地以上为中分，阶为下分。

[校注]"分"有两种读法，意义不同：其中一种读平声，如"春分"、"分寸"、"分开"等；另一种读去声，也作份，如"名分"，"材分"、"部分"等。"材分"是中国建筑学中的专名辞。《法式》中说："凡分寸之分皆如字，材分之分，音符问切。"（卷四）这里所说的"如字"，指读平声。"符问切"指读去声。《木经》中原注"去声"二字，便是指"材分"，但不指"部分"。《评注》把"三分"译作"三个部分"是译错了。《选读》的译文作"三分"，等于不译，并且容易使人误会为三个部分。《法式》又说："凡屋宇之高深，名物之短长，曲折举折之势，规矩绳墨之宜，皆以所用'材'之分，以为制度焉。"（卷四）后来的中国建筑是用某一构件（如拱或柱）的断面尺寸为度量单位。全建筑的权衡比例，便以这度量单位为标准而设计的。《木经》中

材分制，似乎还不是这样的。它只是泛指建筑物的几个主要部分之间的比例，但是可以说它已开了"先河"。《科技史》将《木经》这里的"分"译为"比例的基本单位"，虽稍嫌晦涩，但接近于原意。

"阶为下分"的"阶"字，《科技史》以为指"平台、台基、铺筑过的地面等"。《选读》译为"地阶"；《评注》译为"台阶踏步"，后二者译文似乎未妥。这里是指台基（也叫阶基），不指阶级或踏步。

沈氏关于《木经》的摘录，专取有关"材分制"的一节，可以说撮取了《木经》的精华，抓住了中国建筑上的一个根本性的大问题。

（二）凡梁长几何，则配极几何，以为等衰（各本皆误作"榱等"）。如梁长八尺，配极三尺五寸，则厅堂法（爱庐本原误作"厅法堂"，《新校正》从万历本改正。《元刊本》未误）也。此谓之上分。

［校注］"等衰"各本皆误作"榱等"。《科技史》、《选读》和《选注》都译这里的"榱"为"椽子"（或"圆形的椽子"），而不悟这里的"榱"字是误字。下文（三）段说："以至承拱榱桷，皆有定法。"这对于椽子的制度已交代清楚。这里及下面（三）段中，为什么又一再提出"以为榱等"呢？并且这句话文义与上文不连贯，所以《科技史》和《选读》都改"为"作"及"，因为不改便无法翻译。但这是肌改，于义仍不可通，《选注》意译这句话为"以此来确定椽子等构件的尺寸"。但是如果这里"榱"指"椽子"，那么，它的尺寸这里说依梁长为比例，下段说依楹高为比例。我们知道，比例的基数不能有两个。《评注》的作者采用了我告诉他的意见，将两处的"榱等"都校正为"等衰"，译为"依照大小比例而等差"，那便文从字顺了。

查《左传·桓公二年》中说：自天下以至于庶人，"各有分亲，皆有等衰"。后来《汉书·游侠传序》说："古者天子……以至于庶人，各有等差。""等差"或"等衰"，都是依比例增减的意思。《木经》这里的"榱等"可能是后人抄写时由于不知道"等衰"的语义，涉后文的"榱桷"一语，便有意地加以肌改。另一可能是抄写时无意将"等衰"二字颠倒误写作"衰等"，后来又涉后文"榱桷"而误改。

原文经过这样校正后，便容易解读了。"梁"一般指横梁，是架于柱间的上部的。这里是指大梁，即最长的一根横梁，近代民间工匠叫作大柁。"极"字，《选读》注释为"最高点"，又说："这里指从梁到屋顶最高点的高度。"实际上，"极"是中国建筑中一种构件的名称，并不是泛指最高点。《法式》（卷二）中"栋"条下说："《说文》：极，栋也。栋，屋极也。"段玉裁《说文解字注》（卷六）作"栋，极也"，"极，栋也"，没有屋字。注云："极者谓屋至高之处"。又云："今俗语皆呼栋为梁"。这是指脊檩（即屋脊梁）。《选注》把"极"译为"脊檩"，说它是"屋脊处托椽子的横木"。《评注》把它译为"屋脊的正梁"。二者意思相同，当同出于《法式》和《说文解字注》的解说。《科技史》（第82页）译"极"字为"最高的一条横梁"（an uppermost cross–beam，即"平梁"）。这里的"横梁"疑为檩条（purlin）的误写。如果这样，这里也是采取《法式》的解说。如果说"极"是"最高一条横梁"，不仅文献上没有这一解释，并且"平梁"和"大梁"（main cross–beam）的长度的比例，并不一定。二者既不构成一定的比例，便不能作为"材分制"的组成部分。

"梁长八尺，配极三尺五寸"，当指遇到八尺的大梁则由大梁至脊檩的高度应是三尺五寸（图1）。极高和梁长的比例是1：2.28，这二者

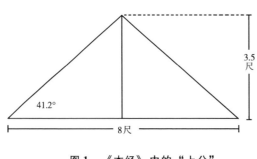

有一定的比例。这种比例是指厅堂类型建筑的"材分制"。这个比例，似过于陡峻。《法式》所定的制度，这种比例在殿阁类型是1：3，厅堂类型是1：4（卷五"举屋之法"）。这

图1　《木经》中的"上分"

里也许"三尺"为"二尺"的错误。梁极高如为二尺五寸，梁为尺寸，二者比例便为1:3.2，较合后世的规定。梁长八尺，对于厅堂类型建筑而言，殊嫌规模过小。这也许由于这里只是举例以说明制度，并没有注意到具体的比例和尺寸。

"厅堂法"，也是指厅堂类型建筑的规格。"厅堂"二字，《科技史》译作"大厅堂和小厅堂"，似乎把"厅"和"堂"依建筑物的大小而区分开来。《评注》译作"大厅"。今查《法式》的"材分制"（卷四），书中将建筑物依其规模分为八等。"厅堂"的规格是在"殿"和"亭榭"之间，是一种三间至七间的中型建筑物。

（三）楹若干尺，则配堂基若干，以为等衰（各本皆误作榱等）。若楹一丈一尺，则阶基（弘治本误作阶级）四尺五寸之类。以至承拱、榱桷等，皆有定法。此（各本都脱落"此"字）谓之中分。

［校注］"等衰"的校改，已于上段中说明。"楹"指楹柱。《选读》译作"檐柱"，但似以译为"楹柱"为较妥。"檐柱"可指楹柱中最接近檐沿者（"老檐柱"），也可指廊柱（"小檐柱"或"附间檐柱"）。后者较一般楹柱为低。"堂基"和"阶基"在《法式》中都指殿堂下面的台基，所以《木经》这里也二名混用。柱高和基高有一定的比例，这里是2.44:1。《选读》注释"阶基四尺五寸"时说："从古代建筑规格看，似乎应当是高度，但从文中说是'中分'看，也可能指宽度。"（31页）实则文中说是"中分"，除了指柱高对基高这比例以外，还有属于中部与上部交界地方的斗拱和椽子等各件的比例。这一柱高和基高的比例涉及中部和下部，当然可放在"中分"内叙述；并且文中说楹高一丈一尺，那么，文中堂基四尺五寸一定是台基的高度，不是宽度，否则台基太狭，配不上柱高一丈一尺的殿堂（图2）。《法式》说："立基之制，其高与材五倍"；殿堂修广者，"可随宜加高，虽高不过与材六倍"（卷三）。这就说明如果用一等材，广九寸，台基五倍，应高四尺五寸；如果加高，用三等材，广七寸五分，六倍也是四尺

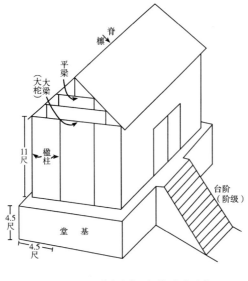

图 2　《木经》中的"中分"

五寸。这或许是殿堂台基的一般高度。

"承拱"便是斗拱。"栱"为方形的椽，"榱"或"榱栱"连文，都指椽子。《科技史》译"榱"为出檐的椽子，是误把这字与"榱题"混为一谈。《评注》大概受了《科技史》的影响，译为"斜枋"，更误。枋在中国建筑中指两柱之间起联系作用的横木，和榱栱（椽子）完全不同。在"材分制"的规定下，斗拱各构件的比例，椽子的大小、长短和布置的疏密，都要有一定的比例标准。

（四）阶级有峻、平、慢三等。宫中则以御辇为法：凡自下而登，前竿垂尽臂，后竿展尽臂为"峻道"（原注有荷辇十二人的制度和名称，这里从略）；前竿平肘，后竿平肩为"慢道"；前竿垂手，后竿平肩为"平道"。此谓之"下分"（按："谓之"各本多误作"之为"，《校证》云：弘治本、稗海本及类苑十二引"为"作"谓"。今按：元刊本也作"谓"）。

［校注］这三段的结尾一语，似都应作"此谓之某分"。各本有误字和脱字，现加补正。

这一段是说明台基前的台阶有三种不同的斜度（gradients）。斜度是指高（H）和深（L）的比例，即 H/L。《木经》这里以抬"御辇"上登台阶时三种不同的抬法来说明。"辇"即"步辇"，是用人抬的代步工具，类似轿子，不指有轮的车子。我们暂时便译作轿子。"御辇"指皇帝所用的轿子，宋代制度用 12 个轿夫来抬。《宋史·舆服志》中

"平辇"和"逍遥辇"都是辇官12人（卷一四九）。抬时轿杠要处于水平的状态。最前的和最后的轿夫的立足处的高差和二者的水平距离便是台阶的高和深二者比例的表现（据《笔谈》中原注，12个轿夫分作6排，轿前轿后各三排，每排二人。这注语像《笔谈》中其他条目中的注语，当是沈氏依当时御辇制度所加入的。如果《木经》中所指的是同样的制度，那么这里指最前排的和最后排的轿夫）。《科技史》中根据《黄帝内经太素》和《医宗金鉴》二书所举的常人从肩至足为六尺二寸，上臂长一尺七寸，下臂长一尺六寸五分，推算出峻、平、慢三种坡度的阶级上最前的和最后的轿夫持轿杠处离地的高度差。他所得的数据是：峻道相差3.35倍，平道2.18倍，慢道1.38倍（第82页）。当然如果我们要算出台阶的斜度，便要先知道轿杠在最前和最后的轿夫之间的长度。这点在《笔谈》所引的《木经》摘要中没有交代。我现在把它假定为一丈三尺四寸，绘成三幅示意图，以表示三种不同的台阶（图3）。我假定一丈三尺四寸是根据下列二证：①《法式》中的石作制度的台阶是："每阶高一尺作二踏，每踏厚五寸，广一尺。"（卷三"踏道"）这当是指"峻道"，厚与广的比例是1:2。现在知道"前竿"轿夫站脚处高

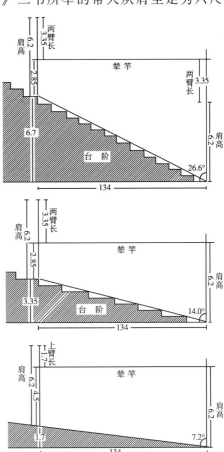

图3　《木经》的"峻道"（上）、
"平道"（中）和"慢道"（下）

出地面六尺七寸，所以可以推算出前后竿间的水平距离为一丈三尺四寸。②南宋初年萧照绘的《中兴祯应图》，描绘宋高宗的故事（图4）。图中有一放在地上的步辇，旁边站有八个轿夫（谢稚柳：《唐五代宋元名迹》，1957年版，图版76）。图中轿夫肩高为2.5厘米，前后两横竿的距离为5.2厘米。如果真人肩高为六尺二寸，可以推算出前后横竿的距离为一丈二尺九寸。这和《法式》所得的尺寸，几乎相同，可为旁证（另有相传阎立本绘的《步辇图》，1959年文物出版社有复制本。图中前后各一人用肩带抬辇，另有前后各二人扶持着，一共六人。两个抬者的距离只有10.4厘米，还不及抬者肩高的11厘米，即真人肩高为六尺二寸，则二个抬者之间距离为五尺九寸。但这图的时代较《木经》为远早，而且抬举方法不同，所以没有加以采用）。

图4　中兴祯应图

我们有了这些数据，便可以绘出示意图来。台阶每级的高度，《法式》中石作制度的踏道每踏厚五寸，广一尺（卷三）；砖作制度的踏道是高四寸，广一尺（卷一五）。我们图中假设台阶每级高约五寸。《中兴祯应图》中步辇附近的台阶是相当于《木经》中"峻道"的规格，每级高、广的比例约为1：2。但这厚度与台阶斜度无关。同样的斜度，如果每级的高度增加则级数减少。我们可依示意图推算出三种台阶的夹角，斜面和水平面的夹角分别为26.6°（峻）、14.0°（平）和7.2°（慢），而它们的斜度（H/L）分别为1：2，1：4和1：7.8（简化为1：8）。就它们的斜度而言，三者的比例是1：2：4。如果轿杠这一段长度不是一丈三尺四寸，那么，长度越短，台阶的坡度越陡峻；长度越长，坡度越平缓。

《法式》卷十五砖作制度下又有"慢道"（目录中误作"幔道"），说："城门慢道每露台砖基高一尺，拽脚斜长五尺；厅堂等慢道每阶基高一尺，拽脚斜长四尺。"这里的斜度和《木经》的"中道"相近似。但是《法式》的"慢道"似乎是对阶级式的"踏道"而言，它是起砖牙或花砖铺的斜坡，而《法式》中"踏道"的斜度则与《木经》中的"峻道"相近。

我们从上面各段中可以看出《木经》中的"材分制"，还处于较原始的阶段。它的"分"，主要是指一座建筑物的各部位或各构件之间的一定比例，可能还指某一构件的广、厚或高、广之间的一定比例。"上分"以梁长为基数，"中分"以楹高为基数，"下分"以台基高为基数。楹高和阶高有一定的比例。楹长和极高（或梁长）似乎也规定有一定的比例。其余的构件如斗拱、椽子等，也都依大小比例而等差。有些比例可以有不同的几种，例如同样高度的台阶，阶级的前伸的长度可以有峻、平、慢三等不同的规格，因之有三种不同的比例。《木经》中还没有那种以标准的木材为度量单位的痕迹，更没有后代那种"以横拱之材为度量单位"的制度（如清代的《工部工程做法则例》中所规定的）。就此，我们可以看出中国建筑学上"材分制"这个基本特点的演化的历史。有人以为"后来宋代的《营造法式》就是依据此书（按：

301

指《木经》）写成的"（《文物参考资料》1953 年第 10 期，第 67 页），这未免有点过分地提高《木经》的地位。实际上，《法式》是一部总结前人的成果而加以规范化的书，已经包括《木经》以外许多其他工匠的新创获。沈括说："近岁土木之工，益为严善，旧《木经》多不用。"就此可见《木经》在沈氏的时候已经过时了。沈氏在《笔谈》中希望"有人重为之"。这希望在他死后不到十年，便由于《法式》的编成和刊行而实现了。

《木经》近年来很受重视，至少两次翻译成白话文，又经李约瑟译成英文，收在他的《科技史》中。但是迄今似乎还没有人对它作深入的研究。所以我把这篇《校注》整理出来。文中校正原文的误字，纠正近人的误释，并指出它在中国建筑学史上的真正地位。这或许有助于对它的正确的了解。

引用文献简称表

《笔谈》。沈括：《梦溪笔谈》，用胡道静《新校正》本，1957 年版，第 177～178 页（299 条）。

《校证》。胡道静：《梦溪笔谈校证》，1956 年版，第 570～571 页（299 条）。

《科技史》。李约瑟：《中国科技史》第 4 卷第 3 分册（英文本），1971 年版，第 82～83 页。

《选读》。北京大学李群：《梦溪笔谈选读》，科学出版社，1975 年版，第 30～32 页。

《选注》。上海师范大学等：《梦溪笔谈选注》，上海古籍出版社，1978 年版，第 131～132 页。

《评注》。中国科技大学等：《梦溪笔谈评注》，安徽科学技术出版社，1979 年版，第 49～50 页。

《法式》。李诫：《营造法式》，商务印书馆，1954 年重印版。

元安西王府址和阿拉伯数码幻方[*]

1957 年春，在元代安西王府故址的发掘工作中，曾发现了阿拉伯数码的幻方铁板。关于发掘工作的情况，已由发掘主持人马得志写成简报，加以发表[①]。

根据简报，我们知道这遗址"在今西安城东北 3 公里，南距秦家街 120 余米，东距浐河 2 公里许，地势高亢而平坦，是龙首原东去的余脉。该遗址处当地居民现在尚称为'达王殿'，又名'斡耳朵'。……安西王府的城垣……经钻探得知，城基均完整，全是板筑夯土，夯层坚硬平整。……在城的中央，有一规模宏大的夯土台基，高出现在地面 2～3 米多。……这一台基当是宫殿的基址无疑"（图 1）。

至于幻方铁板出土的情况，根据简报，五块都出土在夯土台基中（由台基最高点向下约 25 厘米）。其中四块放在石函中。石函上部一块为方石，长宽各 36.5 厘米。下部一块，其向上的一面，中间凿一方槽，

---

* 本文原载《考古》1960 年第 5 期，1978 年 7 月 9 日修改加补注后收入《考古学和科技史》一书（科学出版社，1979）。补记：原是为《上海浦东明陆氏墓记述》所写后记，见《考古》1985 年第 6 期，第 549 页，现附于此。

① 见《考古》1960 年第 5 期，第 20～22 页。

以安置幻方铁板。其向下的底面凿有十字形沟"槽"（图2；图版1，2）。另外一块铁板是基建部门交来的，其位置已不详，据说出土时也是藏在一石函内。

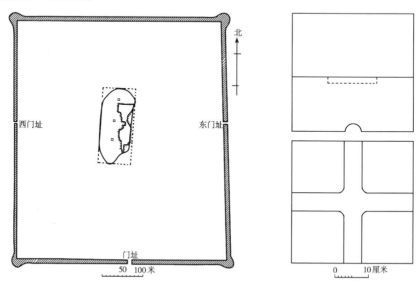

图 1　安西王府平面图（有口处为幻方出土地点）　图 2　石函

　　我这里对于安西王和安西王府故址以及阿拉伯数码的幻方铁板稍作说明。

一　安西王和安西王府故址

　　安西王忙哥剌是元世祖忽必烈的正后所生的第三子。他的长兄早卒，次兄是皇太子真金，所以他在皇子中是有特殊地位的。至元九年（1272年）被封为安西王，赐京兆为分地（《元史》卷七，世祖本纪）。京兆便是关中，是忽必烈为皇子时的旧封地。据《元史》，安西王忙哥剌位下的岁赐为缎一千匹，绢一千匹；江南户钞：至元十八年分拨吉州路六万五千户，计钞二千六百锭（卷九五，食货志）。安西王所部士卒有十五万人①。至元十一年蒙古发兵三道伐宋，四川一道行军的事务，便归安西王府节制②。这是因为当时元室以异族入主中原，除了阶级的矛盾以外，又添加了民族的矛盾，所以要重用皇族，从事镇压。忽必烈让爱子安西王镇守甘陕，建王府于西安，便是这个用意。

忽必烈崇信佛教。忙哥剌（Mangala）一名，据史家剌失德的解释，是梵语"幸福"的意思③。嗣王阿难答（Ananda），便是梵语"欢喜"的意思，和释迦大弟子阿难（或译作阿难陀）同名。忙哥剌成年后是否仍信佛教，或已改信回教，虽史籍没有明白记载，但是他的亲信中一定有回教徒。至于嗣王阿难答是一个笃诚的回教徒，却是史有明文的。《多桑蒙古史》中说："阿难答幼受一回教徒之抚养，归依回教，信之颇笃，因传回教于唐兀之地。所部士卒十五万人，闻从而信教者居其大半。阿难答熟悉可兰经，善写阿剌壁文字。"④ 忙哥剌将年幼的王子交给回教徒去抚养，如果不是他自己当时已信奉回教，至少是由于这位回教徒是他的亲信。

阿难答于至元十七年（1280 年）承袭王位。他不仅掌有庞大的兵权，并且有富厚的财力。例如贞元元年赐安西王粮二千石，钞二十万锭；二年给粮万石。大德九年，还安西王积年所减岁赐金五百两，丝一万一千五百斤，仍赐其所部钞万锭。十年赐安西王钞三万锭（《元史》卷一八至二一）。大德十一年（1307 年）成宗死无子，阿难答适在京师，成宗皇后和一些大臣谋立他为帝，因为他是成宗近系的堂弟（都是忽必烈的皇孙），年龄又较长，本是有权承袭帝位的。但是成宗的侄子海山和右丞相哈剌哈孙合谋，击败了阿难答一派，攫取了帝位，是为

---

① 冯承钧译《多桑蒙古史》卷上，1962，第 360 页。
② 屠寄：《蒙兀儿史记》卷七六。
③ 冯承钧译《多桑蒙古史》卷上，1962，第 349 页。
④ 冯承钧译《多桑蒙古史》卷上，1962，第 360 页。

武宗。阿难答被赐死①。阿难答虽失败，但可以看出安西王在当时统治集团核心的皇族中的重要地位。

屠寄说："忙哥剌始至长安，营于素浐之西。毳殿中峙，卫士环列。车间容车，帐间容帐。包络原野，周四十里。中为牙门，讥其出入。关中故老望之，眙目忧心，以为威仪之盛，虽古之大单于，无以过也。既而有诏命京兆尹赵炳为治宫室，壮丽视皇居。"（卷七六）② 这是记载在安西王府宫殿未建筑以前时安西王的王帐的盛大规模。

安西王府的宫室的修治，大概是至元十年（1273 年）开始的。据《元史》，是年安西王忙哥剌加封秦王，诏命京兆尹赵炳"治宫室，悉呵炳裁制"（卷一〇八，诸王表；又卷一六三，赵炳传）。1275 年到忽必烈汗廷的意大利旅行家马哥波罗，曾到过西安。他在游记中提到这王宫，很加赞美。他说："〔京兆府〕城外有忙哥剌王的宫。宫很华丽。我就要告诉你们了。宫在一个大平原上。到处有川河、湖沼、源泉。宫的前面有一很厚很高的墙，周围有五迈耳（miles，冯承钧译作'约五哩'），建筑极佳，并设的铳眼（作者按：应译作'设有雉堞'）。墙里有许多野兽飞禽。墙围之中央即王宫。宫很大并很华丽。比这再好的是没有了。宫里有许多伟壮的殿，同美丽的房屋。到处皆油漆绘画；用金叶、蔚蓝和无数的大理石来装饰。忙哥剌治国贤明，公平无私，人民很爱戴他。宫的四周有兵驻防。野禽野兽，给他们许多娱乐（冯承钧译作'游猎为乐'）。"③ 这一段之前，有"城在西面"一语，可见王宫是在城东，便在这次所发现的地方。围墙周五迈耳，当作五华里。元代尺度大抵承宋代三司布帛尺之旧，约合今 31 厘米④。五华里约合 2.79 公里。这次勘探出来为 2.28 公里，相差不大。如果是五迈耳，合 8.04 公

---

① 冯承钧译《多桑蒙古史》卷上，1962，第 360 页。
② 屠寄：《蒙兀儿史记》卷七六。
③ 张星烺译《马哥波罗游记》，第 225 页。
④ 杨宽：《中国历代尺度考》，1955，第 81、87、108 页。

里，相差便太远了（补注：参阅《考古》1960 年第 7 期第 56 页章巽《元代安西王府的创建年代》一文，这篇文章也认为王府是至元十年创建）。

马可波罗在这一章中说到忙哥剌，是作为活着的统治者看待的，可见在他生前这王宫便已建筑完成了。忙哥剌死于至元十五年（1278 年，见《元史》卷一六三赵炳传。至于卷一〇八诸王表秦王条误作十七年，乃是嗣王袭位的年）。嗣王尚年幼，后二年才袭封。监督修建王宫的赵炳也便死于这年（《元史》卷一六三赵炳传；又《新元史》卷一一四，忙哥剌传）。大德十一年（1307 年）嗣王阿难答被杀后，武宗以安西王位下分地及江西吉州户钞赐仁宗，不准阿难答的儿子月鲁帖木儿袭封。至治三年八月（1323 年）他以参与政变，才袭封为安西王（《元史》卷二九）。是年十二月，便被论罪流放到云南去。后于至顺三年（1332年）被诛死。他曾以安西王嗣子和安西王的身份，住过这王宫。他被流放后，这王府便被当成了"故宫"。有人以为这时便成为废址，但实际上仍被居住利用。元顺帝至正十七年（1357 年），红巾陷商州。陕西行台治书侍御史王思诚"会豫王……及省院官于安西王月鲁帖木儿邸"（《元史》卷一八三，王思诚传）。可见这王宫仍未成废墟。这时上距月鲁帖木儿的被诛已 25 年，上距建造年月已 84 年。如果不是安西王后人仍住在这故宫中，便是由于当时沿用旧称。这王宫成为废址，当在元末农民起义之后。那时，这作为种族压迫和阶级压迫的象征的安西王府，很可能成为仇恨的对象，随同元朝的政权，遭到了毁灭。

这王府故址，保存得并不好，除了周围城墙和中轴线上的王宫台基之外，马可波罗所说的"许多伟壮的殿同美丽的房屋"，都已不易寻出痕迹来。王宫的台基，因为表面堆积层已遭严重破坏，连柱础的痕迹也被毁灭无余。但依照台基的平面和所出奠基石函的位置来推想，这台基上的宫殿，很可能是前后三进，像北京故宫的三大殿。奠基石函虽仅发现 5 件，很可能原有 6 件，成为 3 对，左右对称。如果只有 5 件，可能是三殿各有一件，前殿的两侧殿各有一件。上引的《蒙兀儿史记》说安西王宫"壮丽视皇居"（卷七六）。元大都的宫阙也是至元十年（1273年）开始建筑，至次年告成（见《元史》卷八，世祖本纪）。大都宫阙的主殿是大明殿，据元人陶宗仪《辍耕录》宫阙制度条（卷二一）和明初萧洵《故宫遗录》（《日下旧闻考》卷三二）所载，殿基高可十尺，正殿十一间，东西二百尺，深一百二十尺。殿后为柱廊七间，深二百四十尺，广四十四尺。后连后宫，为寝室五间，东西夹室六间，后连香阁三间，东西一百四十尺（一作五十步，即一百五十尺），深五十尺。殿基绕以石阑，宫殿檐脊饰琉璃瓦。可见这大明殿的殿基上的建筑物，东西最广处为200尺，南北三个建筑物合共410尺，约为1与2之比。这次探勘出来的安西王宫的台基，广90米，深185米，也是1与2之比，比例相同。台基高3米，即元尺10尺左右，和大明殿的殿基"高可十尺"，完全相同，大明殿的200×410尺，合今62×127米，较安西王宫的台基为小，但建筑物之外，殿基上可能在宫殿外周至阶沿还留有空地，而安西王宫的台基可能在废弃后四周的夯土向外崩圮，复压的面积较原来的增大（探勘出来的平面图作椭圆形，也由于这缘故）。就围墙北面不开门这一点来推论，这殿坐北朝南。台基上的布局：前为朝会的正殿，中为柱廊或中殿，后为寝殿，略成工字形。吉谢列夫1957~1958年在蒙古人民共和国的和林以北60公里的康都依地方发掘一座元代（14世纪）的宫殿遗址，也是在台基上建筑有前、中、后三殿，中后二者间有柱廊[1]。安西王府故址殿基之外、围墙之内，当另有一些建筑物，可惜已无法复原了。

二 阿拉伯数码的幻方铁板

安西王府故址中阿拉伯数码的幻方铁板发现后，严敦杰曾根据它来

---

[1] 见《考古》1960年第2期，第50~51页。

撰写《阿拉伯数码字传到中国来的历史》[①]；李俨又撰写《阿拉伯输入的纵横图》，系由数学方面来研究纵横图的组成的经过和以后推进的情形[②]。我现在从另一角度（主要的是从考古学的角度）来谈一谈它。

幻方（Magic Square）一名方阵，也叫作纵横图。它的特点是将 n^2 个数字，排成正方形，每边为 n 个，使纵行、横行和对角斜线上的数字的总和都是相等的。我们这个幻方是六六图，即纵横都是六个数字，无论纵、横、斜，总和都是 111（图3）。我国宋代以来所谓"洛书"，也便是一种三三幻方，和数是 15。幻方现在是被视作可进行数理研究的纵横图，但在古代却是被视为奇幻莫测的幻方。我国的"洛书"原是道士们所用的"太乙下行九宫"，宋儒依据道士所说的一套拿来以解释《易经系辞》中的"洛出书"。这是由于幻方带有点神秘的气味。实则上古传说中的"洛书"，汉人或以为是八卦，或以为即《洪范》，诸说纷纭，但没有以为是三三纵横图的。另一方面，三三纵横图始见于《大戴礼记·明堂篇》，说："二九四，七五三，六一八。"（战国末至汉初的作品）。汉唐时称为"九宫"[③]。宋人才将二者等同起

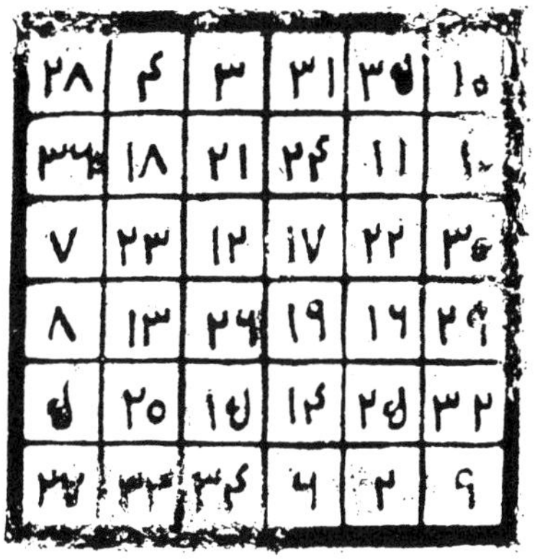

28	4	3	31	35	10
36	18	21	24	11	1
7	23	12	17	22	30
8	13	26	19	16	29
5	20	15	14	25	32
27	33	34	6	2	9

图3　阿拉伯数码幻方拓片
（上），释文（下）

---

① 《数学通报》1957 年 10 月号。
② 《文物参考资料》1958 年第 7 期。
③ 李俨：《中国古代数学史料》，1954，第 40~41 页。《大戴礼记》是戴德在公元前 1 世纪中叶所编成的。

来。北宋时还有人以为"三三纵横图"是"河图"，南宋起，才一致以为它是"洛书"。

幻方是数学中组合分析的一支，但是因为它的神秘色彩，宗教迷信便加以利用。现代埃及南部农民用四四幻方作为催生或诅咒的符[①]。现今印度人也常将幻方刻在金属物上或小石片上，挂在身边作为护符[②]。伊斯兰世界相信幻方具有保护生命和医治疾病的巨大力量[③]。

我们这几件六六幻方，都是铸在正方形铁板上。铁板藏在石函内，埋在夯土台的房基中。它的作用，和埃及法老时代的"奠基埋藏"（Foundation Deposit）相同。后者在第十八王朝（公元前 16 ～前 14 世纪）便有了。重要建筑物奠基时，常在基地中埋藏一些压胜或辟邪的器物，以求保护这些建筑永久不受灾害[④]。我们这几件幻方铁板的埋藏，用意当是相同的。

这几件幻方，都是用阿拉伯数码写的（图版 1，1）。现代数学上通用的数码便是由阿拉伯数码（或印度—阿拉伯数码）传入欧洲后演变而成的。但是它在阿拉伯本土，也依着时代的推移而有所变化。如果取 10 世纪的和现代的阿拉伯数码[⑤]来和这次西安所发现的幻方上的数码相比较，当如下面的图 4：图中第一行为今日通行数码，第二行为 10 世纪的东阿拉伯数码，第三行为西安出

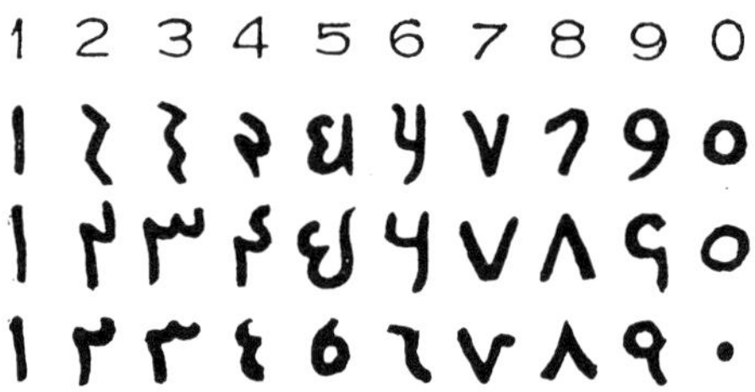

图 4 不同时代的阿拉伯
数码的字形的比较

---

① W. S. 布拉克曼：《上埃及的农民》，1927，第 190 ～ 191、205 ～ 206 页。

② 《英国百科全书》（Encyc. Brit.）1953 年第 14 卷，第 627 页。

③ 郑德坤：《几件有伊斯兰幻方的华瓷》，《亚洲艺术杂志》（英文）1971（?）年第 1 期，第 151 页，新加坡。

④ G. 马斯培罗：《埃及考古学手册》，1914，第 55 页。

⑤ 《英国百科全书》第 16 卷，1953，第 613 页。

土 13 世纪幻方中数码，第四行为现代的阿拉伯数码。由图 4 可以看出西安出土的幻方所用的十个数码，其中 5、6、9 是和第二行相同或相接近，2、3、4、8 是和第四行相同或相接近，而 1 和 7 是三者都相同的。这表示西安的一套数码是由 10 世纪到现代的中间过程形式，而接近于 10 世纪的，依照上面第一节所考证的，我们知道它们是 13 世纪 70 年代所埋藏的，它们的制作年代应当相去不远，可以假定为 13 世纪 50 年代到 70 年代。严敦杰、李俨两位同志以为是 13 至 14 世纪的，当时由于只知道它们是元代物。我们既已考定了安西王府的建筑年代，便可确定它们是元初（相当于南宋末年）的东西，不会晚到 14 世纪的。李俨以为"我国的纵横图曾列入宋代杨辉《续古摘奇算法》（1275 年）一书之内，可能在此图之前"[①]。我们既知这铁板是 1723 年奠基时埋入的，则杨书似应在此图之后。杨书是《杨辉算法》之一，序文中虽说本书的汇集是"诸家算法奇题及旧刊遗忘之文"，但可能有些幻方是杨辉的创获。纵使是旧法，也似乎离他的时代不会太远。我国古代的幻方，有了可能是全世界最早的幻方"九宫图"以后，长时期内没有什么发展。到了杨辉的书中，忽然发展到十几个纵横图，还讨论了构成的方法，突飞猛进。这是不是受到阿拉伯的纵横图传入的影响？此图与杨书中六六纵横图不同。但杨书中四四纵横图显然是受阿拉伯纵横图的影响，后者在阿拉伯的算书中比杨书较早出现三百来年（990 年）[②]。

根据这些数码，可以确知它们是阿拉伯的东西。上面第一节中已提到安西王阿难答是一个笃诚的回教徒，擅长于书写阿拉伯文字，而他的父亲安西王忙哥剌可能晚年也信崇回教，至少他的亲信中有回教徒。此外，马可波罗游记中说当时西安城内大多数人民都拜偶像（即相信佛

---

① 《文物参考资料》1958 年第 7 期，第 19 页。

② S. 卡曼（Commann）：《中国幻方的演变》，《美国东方学会会志》（英文），第 80 卷（1960）第 116～124 页；又：《古代中国幻方》，《中国文化学志》（Sinologica）（英文），第 7 卷（1962）第 1 期，第 14～53 页。

教），但也有少数奉景教的突厥人和若干回回教徒[①]。那么这几件阿拉伯数码的幻方，虽是毫无疑问地受了阿拉伯的影响，但是它们的铸造，仍有可能是西安当地回教徒书写出来交工匠铸造的，不一定原物非由阿拉伯国家输入不可。

这几件幻方铁板的发现，既可以作为研究阿拉伯数码演变史和数学史的资料，又可以提供研究当时的宗教和风俗的史料；同时，它们也是13世纪中西交通频繁的重要的物证。

补记：上海浦东明代陆氏墓出土的玉辟邪符[②]，一面是阿拉伯文《可兰经》的字句，另一面是古代阿拉伯数码的"幻方"。阿拉伯文的"万物非主，惟有真宰，穆罕默德为其使者"一语，是《可兰经》中一般称为"清真言"的一段文字。这"清真言"常常铸、刻于阿拉伯各国的铸币和墓碑上面。"幻方"在中国古籍中叫作"纵横图"。这块"幻方"上的数码，用现代通行的数码换写如下（图5）。

8	11	14	1
13	2	7	12
3	16	9	6
10	5	4	15

图5　用现代通行的数码换写的"幻方"数码

这里使用的数目，从1到16，一共16个数目。它们分作四行排列，纵栏、横行和对角线，各4个数目，加起来都是34。这是"纵横图"中的"四四图"，比"九宫图"（即"三三图"）为繁复，但比西安元

---

① 张星烺译《马哥波罗游记》，第225页。
② 《考古》1985年第6期，第543页，图版八。

代安西王府出土的"六六图",稍为简单。这次的发现,不仅为明代中国同伊斯兰国家的文化交流史和中国数字史提供了新的物证,并且这"幻方"在这里是与《可兰经》的阿拉伯文"清真言"一样,都当作辟邪之用。所以这件古物也是明代伊斯兰教徒中民间信仰方面的一件物证。

1985 年 3 月 13 日

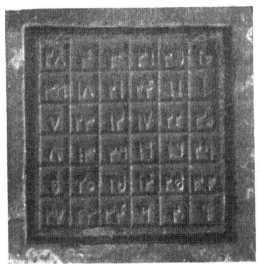

图版 1　西安元安西王府址出土阿拉伯数码幻方

1. 幻方的阿拉伯数字
2. 幻方放在石函内的情形

《考古学和科技史》编后记

中国是世界文明发达最早的国家之一。中国具有悠久而灿烂的历史；在科学技术领域，也有光辉的成就。在浩如烟海的史籍中，有大量的关于科技史的史料。但是这些文献记载，其中绝大部分是出于文人学士之手。这些脱离生产活动的知识分子，许多是"四体不勤、五谷不分"的。所以古代科学技术的实际情况，有的根本没有被记录下来，有的略被提及，不够详细，并且常有错误。世界各国研究科技史的学者们，最近都很重视考古发现的实物资料。这些考古新发现，有的是久已失佚的文献记录，有的是古代遗留下来的遗迹和遗物。后者经过现代科学方法的分析，常常提供了较全面、较可靠的有关科技史的宝贵资料。

本书所收集的论文，一共十篇，都是结合考古新资料以研究中国科技史的某些问题。它们曾发表于 1960 ~ 1976 年间的《考古学报》和《考古》上。这里的编次是依照论文的性质分类排列，并不依照发表年月的先后。

第一篇：《考古学和科技史》，可算是全书的"代序"。这篇内容，在表面上是介绍 1966 年以来我国有关科技史的考古新发现，实际上是想说明考古资料对于科技史研究工作的重要性；同时也是告诉考古工作的同行们，应该设法取得科技工作者协作，以解决考古学上的问题，有些同时也是科技史上的重要问题。

第二篇：《沈括和考古学》，是一篇通论性质的文章，介绍宋代科学家沈括对于考古学的贡献。沈括用自然科学的方法和观点来研究考古学。这篇是用新的观点来写中国考古学史中一个重要人物。从前叙述宋代考古学家的文章一般是不把沈括列入其中的。

第三篇：《从宣化辽墓壁画星图论二十八宿和黄道十二宫》，是关于天文学的。这篇利用辽墓壁画上的二十八宿和黄道十二宫，结合大量文献，以论证二十八宿起源于中国。这问题虽还不能完全解决，但已可得初步的结论。可以用以驳斥帝、修御用学者的谬论。

第四篇：《洛阳西汉壁画墓中的星象图》，也是关于天文学的。文中介绍我国已发现的星图中最早的一幅。同时也讨论关于对比今古星座的方法论问题。

第五篇：《元安西王府址和阿拉伯数码幻方》，是关于数学史的。这里讨论了中国幻方的历史，同时介绍中国引进阿拉伯的幻方和数码字的经过。

第六篇：《新疆新发现的古代丝织品》，是关于纺织史的。这篇根据1959～1960年新疆新发现的丝织品，以讨论汉唐时代的绮、锦和刺绣。研究它的织法和花纹，并且附带讨论汉唐时代的中西交通史。

第七篇：《我国古代蚕、桑、丝、绸的历史》，也是有关于纺织史的。这里研究我国汉代以及汉以前的有关于养蚕、植桑、缫丝和织绸的历史。对于汉代织机，作了新的复原；对于各种丝织品的组织，作了分析。

第八篇：《吐鲁番新发现的古代丝绸》，也是关于纺织史的。主要是介绍1966～1969年间吐鲁番新发现的几件标本，作为上面两篇论文的补充。

第九篇：《晋周处墓出土的金属带饰的重新鉴定》，是关于冶金史的。这里对于引起国内国外注意的晋墓出土的金属带饰，作了探讨，确定了十几件带饰都是银制的，不是铝制的。至于小块铝片，可能是近代混进去的。

第十篇：《我国出土的蚀花的肉红石髓珠》，是关于化学史的。这里讨论石串珠蚀花的技术，以及这类串珠的年代和地理分布。

经过重新排列后，各篇末尾分别注明原载刊物的名称、期数和出版年月。各篇内容，仍照原来发表时的样子，仅作少量的文字修改。有的在篇末加了补记（如第一篇、第二篇、第七篇、第九篇），有的增添一些注释。有几篇在编辑体例方面作了些更动。

当前，在党中央关于科学工作的重要指示的鼓舞下，在全国科学大会召开之后，全国科技界正在掀起大搞研究的热潮的时候，我们更不应忘记我国古代在科技方面的光辉的成就。本书不过是一个初步的肤浅的工作。这次稍加整理后重行付印，只是想引起重视这方面的研究，加以促进。书中错误的地方一定不少，希望读者提出宝贵意见，批评指正。

第五编
中外关系史的考古研究和外国考古研究

外国字铭文的汉代（？）铜饼[*]

    中国历史博物馆收藏有 4 件大同小异的小铜饼，都是一面凸起，带有龙（？）纹的浮雕，另一方面凹下，周绕一圈外国文的铭文。这 4 件的登记号、来源、大小和重量，现在列举如下（各件厚度，因为凹凸不平，只能测定近边缘处约厚 0.5 厘米，中央部分稍厚）：

    （1）52·5·1028（入馆时原号 38.2.3413）（图 1，2），1949 年霍明志捐赠，据云在甘肃河州购得。径 5.41 厘米，重 104 克。

    （2）56·罗·117，1956 年罗伯昭捐赠，据云长沙出土。径 5.37 厘米，重 112 克。

    （3）60·周·541 之 1，1960 年周德蕴捐赠。径 5.5～5.65 厘米，重 117 克（图 1，1）。

    （4）同上之 2，径 5.4～5.5 厘米，重 109 克。

    这 4 件中，仅霍明志旧藏的一件（图 1，3），曾在他所著的《达古斋古证录》中发表过[①]。

---

  * 本文原载《考古》1961 年第 5 期，署名"作铭"。

  ① 霍明志：《达古斋古证录》，1935，第 10 页（附有图片），北京。

图 1　外国字铭文的铜饼

1. 历史博物馆 60. 周 . 541 之 1　2. 历史博物馆 52.5.1028（正面，背面）
3. 郑文焯原藏（拓片，正面，背面）

据我们所知道的，同样的小铜饼此外还有三四件：

（5）郑文焯（叔问）旧藏的一件（图 1，3），曾有拓本发表于《神州大观》第二号中①。这件的铭文和上述 4 件，稍有差异。

（6）蔡季襄旧藏的二件，据云：系铜铅两种，乃一范铸成。"铜者黑锈斑烂，得自旧京；铅者鎏金。安徽寿州出土"②。蔡季襄文中插有原物照片一幅，未注明系二件中的哪一件。细察照片中铭文，有一大段漫漶不清，显然不是前 5 者中之一。残留的铭文和上述（1）~（4）号相同。

---

① 标题为"腊丁金槃文"，见《神州大观》第 2 号，即《神州国光集》第 23 集，1913，上海。
② 蔡季襄：《汉西域大秦国马（原作襄，为排印方便，本文中都改作马，音异义同）蹄金考》，《泉币》第 19 期，1943，上海。

（7）加拿大的多伦多博物馆收藏的一件，是怀履光（C. W. White）在开封时所购得的，传闻洛阳出土。据云铭文和上述第（1）号的相同①。

此外，伯希和（P. Pelliot）曾提到在 1928 年末北京大学钢和泰（Staël – Holstein）曾寄给他一张照片，他觉得铭文的字母有点希腊文的气味，但是他也考释不出来②。这件大概便是上面第（1）号霍明志所旧藏的那一件，迈尔夫人（Mrs. W. Mayer）于 30 年代初在北京购得一件，形制、大小、铭文都和上述第（5）件完全相同，可以肯定地说纵使不是郑氏旧藏的一件，也一定是那一件的翻制品。这件直径 4 厘米，厚 0.5～0.8 厘米③。

解放以来，我们发掘所得的大量资料中，据我所知道的，似乎没有发现过同样形制、同样铭文的这种铜饼。这自然引起了原物真伪的问题。可以肯定地说，上面所罗列的 7～8 件，有些一定是仿制的伪品。它们形制简单，翻制很容易，而奇特稀见，又容易在古董市场上脱售。尤其是蔡季襄所得的铅质鎏金的一件，更是靠不住。但是据《神州大观》上所发表的郑文焯（1856～1918）拓本题跋，这件藏在他家中近百年。1896 年他在上海送于式枚随李鸿章出使海外的赠诗中，便曾提到这一件"腊丁金槃"。这似乎表明至少有一两件确是古物，尤其是郑文焯原藏的那一件。

其次是铭文考释问题。郑文焯在拓本跋语中说："曾携之沪上……法之教士号能识西域古文，以此示之，亦不可识。俄国诏国中博士考定，亦无能悬解者。老友宋芸子使君定为腊丁文。"他所说的"俄国诏国中博士考定"一事，他的另一跋语中说得较为详细。由于他赠于式

---

① 密兴黑尔芬（O. Maenchen – Helfen）:《一件中国铜器上安息钱铭文》,《大亚细亚》（*Asia Major*）新号第 3 卷第 1 期，1952，第 1 页，伦敦。

② 《通报》（*T'oung Pao*），1932，第 194 页，莱顿。

③ 密兴黑尔芬，前引文，第 1 页。

枚的诗中提及这一件古物，使俄大臣杨儒（寿鸿）读到这诗，"因书来索观腊丁槃墨本。乃以数拓寄之，属其就彼国方闻之士，博考书体。卒无所得，是可异也"。宋芸子即民国初年以清遗老出名的宋育仁，"腊丁"即"拉丁"的旧译名。前面已提到过的，伯希和认为铭文的字体，有点希腊文的气味。蔡季襄的文中，根据一位"H. m. 教授"的考译，认为这一圈铭文的字母有几个是古希腊文，有几个是古拉丁文，乃是两国语并记式，西域古币上常有这种情形。这最后一种说法是错误的。古币上是有两种文字并记式，但是像我国清朝的铜钱有汉字也有满字一样，每一个字的组成总是一种文字，不会一个字的组合中有两种不同语文、不同字体的字母。细加观察，这铭文实是传写失真的希腊文。

最近密兴黑尔芬根据这一个假定，对于郑文焯拓本上的铭文，加以研究。我们知道在希腊时代和罗马时代，西亚所使用的古钱上希腊字母，常常传写失真。因为当地的人民是使用另一些语言和文字的，只是统治阶级使用希腊文而已。写刻币范的工匠多半是不懂希腊语文的，所以容易传写失真。密氏将这铭文和西域古币上铭文相比较，以为它和晚期安息"德拉克麦"（Parthian drachms）货币上的铭文最为相似（"德拉克麦"是希腊的铸币的一种，后来希腊化的国家如安息等国，都加沿用）。货币上的铭文常采用缩写的办法，一个字中常省略掉几个字母。密兴黑尔芬根据安息古币上铭文的比较研究，以为可以将郑文焯拓本上的铭文，由传写致误的字母（见图2，第一行）先复原为晚期安息古币上所常用的虽已歪扭尚未完全失真的字母（见图2，第二行）；假定这复原的铭文是省略掉一些字母的，可以拿字体正齐、铭文完备的早期安息古币上铭文来做比较，复原成可以读得通的希腊字的铭文（见图2，第三行）。

安息货币上铭文的退化（字母的省略化和字体的歪曲化），据摩根的研究，在公元后第1世纪后半便开始了，到第2世纪后半和第3世纪

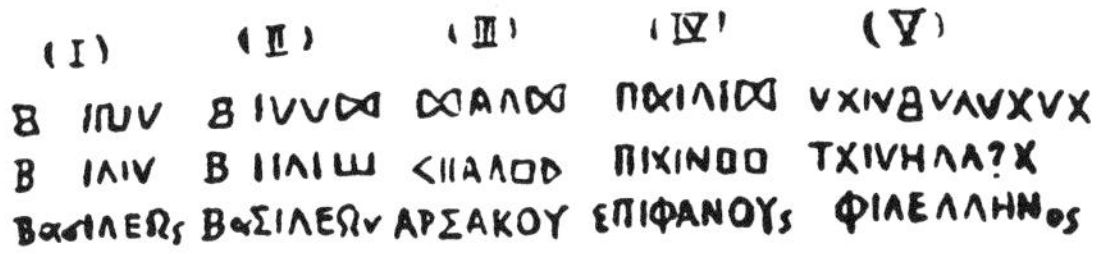

```
 (I)      (II)       (III)       (IV)       (V)
B  ΠUV  B IVUDX  DXΛΛDX  ΠXΙΛΙDX  VXΙVBVΛVXVX
B  ΙΛΙV  B ΙΙΛΙШ  ⊂ΠΛΛODX  ΠΙXΙVODX  TXΙVHΛΛ?X
Βασιλεως  Βασιλεων  ΑΡΣΑΚΟΥ  ΕΠΙΦΑΝΟΥς  ΦΙΛΕΛΛΗΝος
```

图 2　铭文的复原（依据密兴黑尔芬的说法）

初更为增剧①。如果不是由于有了一系列的时代相衔接的各币清楚地表示出变化过程，我们简直将毫无办法读出晚期安息货币上的希腊字铭文。附图中的铭文，E 或 Σ 写作 1，Ω 作 V 或 III，K 作 Λ，Φ 或 N 写作 X，E 写作 V，在晚期安息钱币铭文上都可以找到例子。第（V）个字的词首添加一个没有意义的字母 T 或 V，词尾将 VX 二字母复写一遍，也都有例子。只是将 H 写成 V，在安息币铭文上未见此例，所以在附图中作一疑问符号②。

　　密兴黑尔芬的这个复原工作，不能说已算是最后的解决。我们找不出一个安息钱，它的铭文的退化，恰和图 2 第二行相近，可作为这些铜饼的蓝本。我们也找不出一个铭文恰是这五个字。一般都字数较多。密兴黑尔芬以为可能图像下面的几个字没有打印好，所以没有被抄仿。解释得颇为勉强。但是这确是一个值得考虑的说法。假使他的复原是对的，那么这铭文的希腊字原文，应该是安息"德拉克麦"钱币上的铭文。据摩根的考释，我们知道其中第（I）、第（II）字，可译为"万王之王"，是该处国王的称号。第（III）字可拉丁化写作 Arsaces，便是我国古书上译作"安息"的人名，乃是波斯的安息王朝建国者"安息一世"（约公元前 250～前 242 年）的名字。直到"安息三十一世"（216～226 年）为萨珊朝所灭为止，这王朝的每个国王都叫作"安息"。安息作为族姓，每王另有私名，但在钱币上很少标举私名。第（IV）字可译为

① 摩根（J. de Morgan）：《东方古泉学手册》第 1 卷（1923～1936），第 145～148、164～171 页。
② 密兴黑尔芬，前引文，第 3～5 页。

"显赫的"，第（V）字可译为"爱好希腊［文明］的人"，都是一种尊号，是安息国王们所常采用的。晚期安息钱币的铭文常包括有这五个希腊字。不过在第（III）和第（IV）字之间，一般都增入1～2个字，晚期安息钱币除了希腊字铭文，还常兼有阿拉美亚字母的塞姆文（或名为原始型钵罗钵文），二者并列。这开始于公元后第1世纪后半，但还不常见；到了第2世纪后半至第3世纪初，才成为经常的现象。原来的希腊文的"王"字为钵罗婆文的王名和尊号所代替。如果我们这铜饼上的铭文是仿抄自安息钱币的，仿抄的人既不懂原文，假使他所碰到的是两种文字并列式的铭文，他似乎不会只专门仿抄一种的。作为蓝本的安息钱币，可能是公元第1世纪后半到第2世纪前半的，当时铭文已是退化，但还未采用两种文字并列式。

这批铜饼铭文，可以分作二种：第一种是郑文焯原藏的，也便是迈尔夫人现藏的一件。这种铭文在前面已细加分析，似包括希腊文五个字。第二种是霍明志原藏的那一件，铭文中多出一组字母。中国历史博物馆所藏的4件，多伦多博物馆所藏的一件，蔡季襄所发表的一件，都是属于这一种。这一种铭文和第一种的不同点的是在前述第（IV）和第（V）字的中间，多出一个和第（II）相同的字，仅缺少第2个字母而已。前面说过的，第（II）字的译义为"王"。在安息钱的铭文上，从来没有在第（IV）和第（V）的中间插入这一个字；并且这字插入这里是没有意义的。这似乎是由于这一种铜饼直径都在5.4厘米左右，较之郑文焯那件径仅4厘米的为较大。围绕一周的铭文也应该较长，所以只好添入一群字母。如果这样，这第二种的铭文不是直接由安息钱上铭文仿抄而来，而是仿抄第一种铭文，所以它是比第一种铭文为晚。仿抄铭文的不懂原文的意义，所以随便拿一组字母，并且随便插入。但是，如果不是偶合，最早的仿抄者似乎仍知道哪几个字母成为一组。他用第（II）字（漏掉第2个字母）重复写出放在第（IV）字的后面［郑的拓本铭文，在第（IV）字的末一字母和第（V）字的头一字母之间，并没有比较其他字母之间留有更大的空隙]。后来近代的伪造者，辗转仿造翻制，有些更走了样，如 B 写成 E，X 写成 V 或×。但是大致尚保留第二种铭文的原样。

其次，关于年代的问题。霍明志以为"锈色形式确系东汉之物，花纹与汉瓦当之龙，丝毫不爽"。蔡季襄一方面说"此币为当日拜占庭发行之通货，殆无疑义"，另一方面又说"汉武帝铸造马蹄麟趾金币，实际即模仿西域货币形制。今更有此币之发现，加以证实，则当日武帝之马蹄金饼，完全仿自罗马，益信而有征矣"。我们知道拜占庭（即君士坦丁堡）是公元后 330 年经过扩建后才成为罗马的重要都市。它成为罗马的重要铸币中心之一，也是第 4 世纪才开始的事。至于拜占庭帝国是指公元后 395～1453 年的东罗马帝国，时代更晚。"拜占庭发行之通货"，决不能为在太始二年（公元前 95 年）所铸造的金币所仿。蔡季襄推测它似为罗马安东尼（138～161 年）的货币。安东尼没有铸过这种货币。第 2 世纪的罗马币也不能作为汉武帝铸币所仿。罗伯昭定它为战国汉初金饼（见历史博物馆捐赠品上的标签），大约是由于它的形状与长沙出土的汉代金饼相似。密兴黑尔芬以为它所仿抄的铭文的年代是公元 2 世纪后半以前，龙纹浮雕的风格是后汉至迟是三国时代。各家的意见虽不完全相同，但都以为是汉代物。如果前面所说的铭文的考释足以证明它仿抄公元 1～2 世纪的安息钱上的铭文，那么它的时代应是东汉晚年，也许稍晚。除非是近代嗜古之士或古董商的仿古，否则也不会晚得太多。

最后，谈谈它的用途和制造地点。郑文焯认为它是西方"彼邦古物"。据说沪上"一高丽儒者谓是俄罗斯国千年前奖武宝星"；又说："顷见俄国旌武功勋章图，有类是一格者。它国多不勒文字，作回环书式。"郑文焯又记述他的同乡刘荔孙的话，说"此当是罗马古印信之文"。这些猜测的用途，似乎值不得认真加以考虑。不过他们都以为它是外国的古物，这是值得我们注意的。郑文焯又称它为"金槃"，是

"金属盘状器"的意思，实在便是"铜饼"的雅名而已。

霍明志将它定名为"金盖"，以为花纹是汉瓦当之龙，背面洋字。可以为汉代洋人来华的证据。但是这件东西并不像是一种器盖。

罗伯昭认为这是一种货币，定为"麟趾金"，说："正面龙文，背面西域文字，不可识。中方印二枚。"又称它为"战国汉初金饼"。如果是"麟趾金"，这是西汉中叶才创制的（汉武帝太始二年），又应该是黄金铸造的①，既不会早到战国汉初，也不是像我们的标本用铜铸的。蔡季襄也认为是货币，是麟趾马蹄金币。但是他以为它铸造于汉西域大秦国，并且推测它"似为罗马奥理连至安东尼王朝之贬质货币"。按奥理连（161~180年）为安东尼（138~161年）的继子，所以也称为马克·奥理连·安东尼；不知道何以将二者前后倒置。这二王的货币中都没有这样的花纹和铭文。蔡季襄以为正面所饰的浮雕便是常见的汉代泥制马蹄金的"水涡纹"，背面中央两枚方形烙印，便是中国古文羌字；又说："此项……烙印，或即当时西域各国对中国之称，亦未可知。否则为记载重量之烙印。"这些印款，并不是"烙"印，没有灼烙的痕迹，实在是用印模撞打所成的戳记。在古今钱币上，尤其是金银币上，这种戳印是很常见的，有的是文字，有的是符号。这些铜饼，都有这样两个方形戳印，虽不很清楚，似乎是一种符号，绝不是中国古文羌字，也不是西域各国对中国之称，更不是记载重量的烙印。密兴黑尔芬因为龙形的浮雕是中国风格，所以肯定它是中国匠人所铸，铭文是中国人所仿抄的失真的希腊文。但是他没有说出它是作什么用的，也没有说明中国人当时为什么仿抄这些外国字的铭文。

我个人的看法，这种铜饼（现代的赝品除外）似乎不是我国人铸造的。如果是汉魏时代的东西，我国当时没有仿抄外国铭文的先例，并且也想不出他们当时为着什么要这样仿抄。它的形状和汉代黄金圆饼

---

① 《汉书》卷六，页28，百衲本。

（"马蹄金"）① 相似，这似乎由于同是金属质料而铸造方法也相近似所致。它的浮雕花纹和汉初泥质"马蹄金"的云纹（黄金制的都无花纹）不同。这花纹粗看有点像汉代瓦当上的龙纹或朱雀纹（不像水涡纹），但是细加观察，便可以看得出并不相同。这些浮雕模糊不大清楚，和瓦当上写实的动物纹不同。但是我也不能确定它到底在西域哪一处铸造的。它们的出土地点，据说有河州、洛阳、长沙和寿州等处。但是这些地点都是古董商人所编造的，并不足信，所以并没有提供我们以探讨它的铸造地点的线索。

至于它的用途，也是一个未能解决的谜。前面说过的，有些人曾猜想它是"旌武功勋章"、"印信"或"器盖"，是出于乱猜，不值得加以考虑。比较可能的是作为一种货币。它的形状确有点像货币，尤其是像我国汉代的黄金制的"马蹄金"（以及仿之而制的泥质冥币）。但是，像我在前面所说的，这种相似只是表面的。汉代没有铸造过这种样式的铜币，并且当时也不会铸造完全是外国字铭文的货币。至于西域各国，包括安息在内，也都没有这种样式的铜币。传世的安息钱，都是正面为国王半身像，背面为神像。神像的上下左右有铭文组成的方形框子②。它们和这种铜饼大不相同。如果说是厌胜钱，这铭文也没有厌胜或辟邪的意义。

将来考古发掘出来的地下物质史料，也许可以对于这个谜的解答提供线索。我写这篇短文，只是想引起考古工作者的注意。

附记：承中国历史博物馆交给我这批材料，要我鉴定，并给我以研究的方便，书此致谢。

---

① 长沙出土黄金圆饼，解放后已有四件，见《长沙发掘报告》，第119页，图版七二（科学出版社，1957），《文物》1960年第5期，第35～36页。又衡阳出土一件，见《文物参考资料》1954年第6期，第53页。泥质金饼很多，参阅《长沙发掘报告》，第82、102页，图版五六。

② 摩根（J. de Morgan）：《东方古泉学手册》第1卷，第125～151页。

西安汉城故址出土一批带铭文的铅饼[*]

　　1965 年 3 月，西安市西北汉城故址内西查寨大队的地里发现了一批带外国字铭文的铅饼（图 1）。3 月 26 日考古研究所西安研究室的同志前往调查时，队里将这批铅饼交给西安研究室的同志。带铭文的铅饼，共 13 枚，盛于一陶罐内。另有一件平素无纹的铅饼，作为盖罐子之用。这 13 枚都是一面凸起，有浮雕的龙（？）形纹；另一面凹下，周缘有一圈铭文。这种铭文，有人曾试作考释（见《考古》1961年第 5 期，第 273 页）。罐子是灰陶小口平底罐，肩部和腹部有被抹平的绳纹痕迹。底部被凿穿。出土时罐口向下。那件平素无纹的铅饼便盖在穿孔的罐底上。这批铅饼曾经撮要发表过（《考古学报》1973 年第 2 期，第 81～82 页，图九和图版五，2，罐子见第 83 页图一〇）。现将盖罐用的一件铅饼，编为 1 号，其余 13 枚，编为 2 号至 14 号。各枚的重量及其他有关情况见表 1（《备注》栏中元素，系用 X 光萤光能谱仪测定）。

　　除 1、8、10、12 号 4 枚有残缺者外，其余 10 枚的平均重量为

---

　　* 本文原载《考古》1977 年第 6 期，署名"考古研究所资料室"。

139.6 克。测过比重的四枚，其平均比重为 11.3。肉眼观察 14 枚的光泽都与铅相同。化学分析结果，可以肯定是铅饼。所包含的杂质，就锡元素的有无而言，平素无纹的 1 号，显然和其余 13 块不同，可见材料来源不同。形状也是分属于两个类型。后者根据铭文，当为外国传来的；而 1 号则可能为中国产的铅锭。

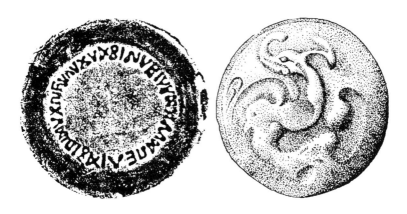

图 1　有外国铭文的铅饼（原大）

（西安汉城西查寨：02）

表 1　铅饼重量及其他有关情况

编号	重量（克）	比重	备注
1	260	—	边残,有锡,微量,无锌、银
2	140	11.4	
3	142.4	—	微量镍,无锡、锌、银
4	132	11.2	无锡(其余未查)
5	138.2	—	—
6	138.5	—	无锡(其余未查)
7	140.5	11.2	—
8	119.6	—	边残,无锡(其余未查)
9	138.5	—	—
10	126.9	—	凹面剥蚀较多
11	144	—	—
12	125	—	缺一块
13	140.9	11.3	—
14	141	—	—

另外，考古研究所资料室曾接到陕西省扶风县文化馆 1975 年 7 月 15 日来信，说该县揉谷公社姜嫄大队村东出土了两枚铅饼（图 2）（《考古》1976 年第 4 期）。这二枚和这一批西安西查寨出土的铅饼与甘肃省灵台县出土铅饼（图 3）（《考古》1977 年第 6 期，第 427 页）都几乎完全相同。

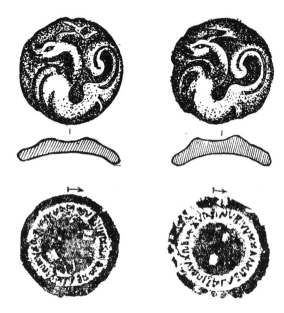

图 2　扶风姜嫄发现的汉代外国铭文铅饼（上正，下背，3/5）

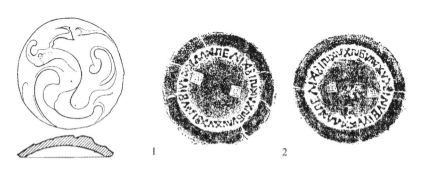

图 3　甘肃灵台发现的外国铭文铅饼

"和阗马钱"考[*]

这一枚所谓"和阗马钱"系黄文弼先生于 1929 年在和阗北的阿克斯比尔的旧城所得。黄先生的《塔里木盆地考古记》中，对于这枚铜币曾加描述和考释如下：

圆径 2.4 厘米，厚 4 毫米，重 14.8 公分。无孔，亦无周廓。面镌一圆圈，圈内刻一马像作走势，圈外似有字迹，但甚模糊。背面中心刻一叶状形，外围似有一半圆形图案；中间刻字，字颇模糊，似有篆文"四铢"二字。"四"字倒写在右，"铢"字在左，颇类似孝建"四铢"钱。当然，此钱形制完全为西域式，无孔而厚，与内地有孔钱不同。但中杂汉字，是亦有趣问题。斯坦因在和阗亦觅得同样古钱，一面有汉文"四铢"二字，同在一边顺写；一面为马及佉卢文，与此钱大致近似而稍大。据斯坦因解说，时代约在公元后 170 ~ 200 年（*Inner - most Asia*，图版 CXIX 图 4）。不过此钱"四"字倒写，与"铢"字左右分离，似与彼不同一型范，

＊ 本文原载《文物》1962 年第 7、8 期合刊。

是否为同一时代钱币，尚须作进一步之研究。①

原报告的照片和拓本，都不清楚。这枚铜币现藏北京中国历史博物馆，登记号为"考3247"，承该馆惠借以供研究。现重拓出较清晰的墨本，连同复原的摹本，制版如附图。

图1　和阗阿克斯比尔

出土的"和阗马钱"

1～2：原物的拓片；3～4：复原的摹本

这枚铜币的花纹和铭文，不是镌刻的，也不是浇铸的，而是打压成的。这是中亚各国的古币承继希腊铸币传统的造币方法。马像的周围有佉卢文的铭文一圈，共20字。我们这一枚虽稍漫漶，但仍有一半左右大致可辨。现在参考其他书籍中的图片②，复原如图1之3。图中实线的字是在拓本上仍可看出的，双钩的字是复原的。由复原图上箭头的柄端开始，顺着箭头向左读，其文如下：摩（Ma）诃（ha）罗（ra）阇（ja）娑（sa）、罗（ra）阇（ja）提（ti）罗（ra）阇（ja）娑（sa）、摩（Ma）诃（ha）堰（ta）娑（sa）、矩（Gu）伽〔罗〕（gra）摩（ma）耶（ya）娑（sa）。佉卢文是一种字体的名称，它是用以表达"俗语"（Prakrit）。现在将这铭文译意如下："大王、王中之王、伟大者、矩伽

---

① 黄文弼：《塔里木盆地考古记》，科学出版社，1958，第110页；图版一〇五，图32。

② 斯坦因三部关于新疆考古的正式报告中，都有这种铜币的图片。摩根的《东方古泉学手册》（1936，巴黎）也有一摹本，但其中有三字摹错了，现据 Serindia 一书中图版 CXL 图1，加以改正。

罗摩耶婆。"其中"伽罗"原来用一字表达，因为它是"复辅音"。据赫恩雷（R. Hoernle）的调查，这种铜币有三种不同的铭文。它们的差异点是末尾倒数第二第三字，除了"摩耶"之外，或作"摩陀"（mada），或作"陀摩"。因之，他推论这末尾二字可能是名字，而矩伽罗是皇室的姓氏，与后来于阗国王姓"尉迟"一样[①]。

另一面的铭文是汉字篆文一圈，计6字："重廿四铢铜钱"（或以为应由"铜"字起读，但依照下文所提到的小钱铭文"六铢钱"之例，似以"重"字起读较为恰当）。"四"字在"铢"之上，并不左右分离，观本文所附的新拓本自明。原报告似误读"钱"字为"铢"字。中央的花纹，或以为是"月桂树的环"，或以为是"贝"字。依中亚古钱惯例，马像一面为背面，这面当为正面。这枚铜币和斯坦因的一枚，铭文和花纹几乎完全相同。它们虽不必是用同一型范打压而成，但为同一段时期内所铸造和流通的钱币，当无疑问。

这一类型的铜币，有大、小二种。我们这一枚是大钱。另有小钱，重量约合大钱的1/4，一面是汉文篆书"六铢钱"三字（有人误读为"五铢"，但所有可认辨出来的铭文，都是"六"字，无作"五"字者[②]）。另一面中央为动物像（马或骆驼），周围有佉卢文或20字（骆驼纹小钱），或13字（马纹小钱）。王名中也有"矩伽罗摩陀"和"矩伽罗陀摩"。这种小钱当是和大钱属于同一时代的。这些铜币近数十年来在和阗地区出土很多。赫恩雷在1901年汇报英国人于1893～1900年间在和阗所盗劫去的这类铜币，便达97枚之多（大钱10枚，小钱87枚）；斯坦因三次（1900～1901、1906～1908、1913～1916年）来新疆，盗劫去的竟达187枚之多（大钱29枚，小钱158枚），其中除1枚系在莎车购入，10枚系在库车购入〔其中3枚传系附近的裕勒都斯拜

---

① 榎一雄：《所谓シノーカロシエティー钱について》，《东洋学报》第42卷第3号（1959），第4～5页转引赫恩雷的论文。

② 榎一雄，上引文，第29～30页。

格（Yulduz‐bāgh）出土]，其余 176 枚也都是和阗地区出土（其中 1 枚传系阿克斯比尔出土，和我们这一枚出土地相同）①。如果将小钱也考虑进去，这类铜币虽大多数为马纹，但也有骆驼纹的，似乎不能概括称为"马钱"。它们的主要的共同特征是：一面为汉文，另一面为佉卢文。我以为可以叫它们为"汉佉二体钱"（Bilingual SinoKharosthi Coins）。这名称和国际上古泉学文献中所采用的也大致相符合②。

现在再来讨论"汉佉二体钱"的年代问题和它的发现的重要性。关于年代问题，各说纷纭，现仍未能完满解决③。最初福塞斯（D. Forsyth）于 1876 年便提出以为是公元前 1 世纪大夏最后一王赫拉摩耶斯（Hermaeus）所铸，在大月氏（贵霜国）灭大夏以前。许多人盲目随和他这一说。但这是由于误读"矩伽罗"为"赫拉"。赫拉摩耶斯另有铸币，为希腊、佉卢二体字，和这不同。矩伽罗摩耶等是于阗国王，不是大夏国王。可惜这些于阗国王的名字在文献上无征，只好由间接方法来推定年代。

赫恩雷于 1899 年提出公元 70～200 年之说。这些和阗汉佉二体钱上的骆驼和马像和公元前 50 至公元后 80 年间的旁遮普一带塞种所建立的王朝中毛埃斯（Maues）、阿瑟斯（Azes）、阿最利西斯（Azilises）等国王的铸币相似。他们铸币铭文多是希腊、佉卢二体字；佉卢铭文中王名之前也常有"大王"、"王中之王"、"伟大者"等称号。和阗钱当是模仿这些钱而铸的。根据汉字铭文，当时汉族势力在于阗国必占重要地位，应该是公元 73 年班超降于阗王之后。又因为在旁遮普一带佉卢文在公元 200 年以后便不大通行了，所以他推定这些铜币的年代为公元

---

① 榎一雄，前引文，第 4～6 页，又第 10～12 页。

② 一般称它们为"汉文佉卢文钱"（Sino-Kharosthi Coins），但拉克伯里（A. T. de Lacouperie）称之为"大夏文汉文二体钱"（une monnaie bactrochinoise bilingue）。"二体"一词加进去似更醒目，而省去二个"文"字则较为顺口。

③ 见前引榎一雄文，第 33～34 页，文献见该文附注。

70~200 年。斯坦因赞同他的这一说，不过他因为和阗一带的考古发现证明该地佉卢文流行较久，一直到第 3 世纪后半，所以他认为这钱的年代的下限，可以比公元 200 年为稍晚①。如果我们认为这种铜币应该和它所模仿的塞种国王铸币的时代相距不远，那么，赫恩雷的原说仍是可以采用的。

德微利亚（M. G. Devéria）因为和阗小钱有些有汉文"六铢"二字，认为当在陈宣帝太建十一年（579 年）铸"六铢"钱之后。但是这些小钱并不是模仿陈六铢钱而铸。陈钱流行不广，决不能远达和阗并使之受影响。他又误读另一小钱上的"六铢"为"五朱"，以为汉钱中以"朱"代"铢"，始见于刘宋明帝泰始元年（465 年），其次为南梁（502~556 年），因而推定为公元五六世纪时物。羽田亨也误认铭文为"五铢"，并说它的时代为"约五世纪顷"②，当是接受德微利亚的说法。这是由于误读铭文，并且佉卢文在五六世纪时在和阗一带早已不通行了。其说实不足取。

近来托马斯于 1944 年提出新说，以为铸造年代为公元 1 世纪，但为莎车国王所铸而流行于于阗者。于阗为小国，不足以称"王中之王"。东汉初年莎车王康为汉西域大都尉，"五十五国皆属焉"。其弟贤继位，号称单于，攻并于阗。这种铜币当于其时所铸。我们知道它们几乎都在和阗附近出土，很难相信莎车王所铸的，反而不流行于莎车而专用于于阗。莎车国本土反而没有一种铸币。于阗王称"大王"及"王中之王"，在和阗一带出土的佉卢文的文书及于阗语文书中，都有其例。

最近榎一雄于 1959 年又提出一新说，认为是在公元前 1 世纪末至 2 世纪初时在于阗所铸，即在张骞归朝（公元前 126 年）以后，汉朝威

---

① 斯坦因：《古代和阗》，第 204~205 页。《塔里木盆地考古记》引斯坦因说，作 170~200 年（第 110 页），"170"当系"70"之误。
② 羽田亨：《西域文明史概论》（1934 年郑元芳译本），第 52 页。

势远及西域之时。他把这种铜币提早的主要理由是：①汉字铭文"二十四铢"和"六铢"，不是模仿"半两"或"五铢"，而是模仿半两钱以前的"秦圜钱"如"重一两十四珠"钱、"重十二朱"钱等。可能在战国末期，秦地和于阗便有交通。②佉卢文铭"大王"、"王中之王"和马像是模仿大夏国王攸克拉底德斯一世（Eucratides I，约公元前171～155年）的铸币。他的这个说法是不能令人满意的。秦国在统一六国以前，在经济上比较落后，货币不发达。"秦圜钱"便在关中地区也很少发现，很难设想它曾经远达和阗一带，成为和阗钱的祖型。至于说在公元前2世纪末，即在五铢钱盛行的时代，于阗国忽然用一百多年以前在关中通行的但很罕见的"秦圜钱"作为祖型，也是不近情理的。就字体而言，和阗钱上的篆文，也是与汉代铜器（尤其是东汉铜容器）上的篆文相同，结构拘谨，与"秦圜钱"上的篆文不同。再就重量而言，二十四铢（即一两）在秦及西汉时为16.14克，在新莽东汉至魏晋时为13.92克①。和阗大钱的重量，赫恩雷曾取9枚加以测定，平均值为13.66克，与东汉的相比，相差不到2%（即不到半铢），与秦及西汉的相比，竟达21%以上（即相差五铢以上）。铸币的实际重量常较所标志的重量为稍低，以防销毁作为铜块出卖赚钱。但相差不能过远，除非是在衰世实行货币贬值的时代。这也可以证明这些和阗钱是新莽时代以后的东西。至于说到它们在中亚货币中的祖型，就佉卢文铭文而言，大夏国王攸克拉底德斯的铸币和后来公元前50～公元80年间的塞种国王们的铸币都有"大王"、"王中之王"的称号。但前者的马纹是有人乘骑在马上，后者如毛埃斯的方形币有马而无骑者，更为相近。就重量而言，攸克拉底德斯的铸币仍维持希腊货币的标准单位，每德拉克麦（Drachme）为4.08克，每泰特拉德拉克麦（Tetra-drachme，即"四德拉克麦"）为16.32克。从他的嗣王起，大夏铸币改用波斯印度的标

---

① 吴承洛：《中国度量衡史》（1957），第十四表，"中国历代两斤的重量标准变迁表"。

准单位，每德拉克麦合 3.264 克，"四德拉克麦"合 13.05 克①。至于旁遮普一带塞种的国王们的铸币的重量，似乎也是采用波斯印度的标准单位。和阗汉佉二体钱的重量 13.66 克也是接近于后者的 13.05 克，而与前者的 16.32 克，相差很大。因之，我们可以说，与其说以前者为祖型，不如说以后者为祖型更为恰当一些。

就现有的证据而论，这种和阗汉佉二体钱的铸造和流行，当在公元 73 年班超到于阗以后，在公元第 3 世纪末佉卢文不复通行以前。因为钱币上的王名在文献中找不出来，又未能推定他们相当于文献中的哪一个王，所以无法断定它们精确的年代。

于阗西部及西南部毗邻中亚诸国，汉时与大夏、大月氏（贵霜国）、旁遮普一带塞种诸国的关系，更为密切，所以一度采用佉卢文作为文书上及铸币上的文字。后来才创造自己的"于阗语文"（即"古于阗语文"）。最初可能因为贸易的关系，在自己没有铸币以前，也采用中亚诸国的货币单位"德拉克麦"和"四德拉克麦"，重量是用波斯印度制，约合 3.264 克和 13.05 克。"德拉克麦"这希腊语的名词，也见于和阗出土的佉卢文书中②，不知道是指外来的铸币，抑或本国自铸的"六铢钱"也借用这名词。后来于阗国王自行铸币，因为与汉族在政治、经济、文化上都有非常密切的关系，而 3.264 克相当六铢（东汉时六铢相当于 3.48 克，相差不到半铢），所以便标明"六铢钱"，而将 13.05 克的"四德拉克麦"标明"重廿四铢"。这是用前者为基数，四倍成为后者，如果是模仿秦钱或汉钱，后者便应该标为"一两"；并且一德拉克麦和五铢（后汉五铢相当于 2.9 克）相差也不过 0.67 铢而已，如果模仿当时的汉钱，似可便标为"五铢"。因为铜币相差在半铢左右，算不得什么。至于铭文用二体字，佉卢文中的称号，钱币的花纹、

---

① 摩根（J. de Morgan）：《东方古泉学手册》第 1 卷（1923 ~ 1936），第 352、357 ~ 358、11 ~ 14 页。

② 泰尔儿（W. W. Tarn）：《大夏和印度的希腊人》（1938），第 85 页。

形制（厚而无孔）以及打压的制造法，也都是中亚式；但也自具有一些特征，如二体字的一种采用汉文，汉文铭的周围和中心的花纹等。至于马纹和骆驼纹，也是代表于阗的特产。《魏书》说于阗有好马驼骡[①]。可见古于阗的人民，是能够吸取外来的影响而制造出自己的东西，并不是机械地模仿外来物。

除了表现古于阗人民的创造性之外，这种汉佉二体钱的另一个重要意义，是表示当时该地人民和汉族的亲切关系。他们吸取汉族的先进的文明，使用汉文字。在经济上也利用货币作为纽带，和汉族结成了密切联系。虽然他们不直接采用五铢钱的制度，保存了本地原有的货币单位，但是这些和五铢钱换算也很方便。五个"六铢"可换六个"五铢"，一个"二十四铢"加上一个"六铢"，也可换成六个"五铢"。所以在和阗一带的古代遗址中曾发现过许多由内地输出的汉至南北朝的五铢钱[②]。政治上的密切关系，在文献上证据很多；这钱币的正面采用汉文，也可增加一证明。就此可见在遥远的古代，我国已是一个多民族的国家。这种钱币上所表示的古代汉族人民和于阗人民在政治上、经济上和文化上的密切关系，在后来曾经加以巩固和发展的，而今后更要继续加以大力发展的。

---

① 《魏书》卷一〇二《西域传》，页 5，百衲本。
② 见斯坦因的三部关于新疆考古的正式报告。仅就约特干遗址一处而论，前后共得五铢钱 470 余枚。

中国最近发现的波斯萨珊朝银币[*]

波斯在安息王朝时（公元前 248～公元 227 年），便与我国发生了交通关系。当时我国的史书如《史记》、前后《汉书》、《魏略》等，称它为安息国，并描述它的国情。《史记·大宛列传》说：安息国"以银为钱，钱如其王面。王死，辄更钱效王面焉。"^① 萨珊朝于公元 224 年左右（或作 226 年）兴起后，中国史书如《魏书》、《周书》、《隋书》、新旧《唐书》等，改称它为波斯国，记载它曾派遣使臣与我国交聘，并且多提到它的使用银币。玄奘称它为波剌斯国，说它"货用大银钱"^②。贞观时，阿拉伯（大食国）侵入波斯，国王伊嗣侯（或作伊嗣俟，即 Yezdigerd III）曾遣使献方物，并乞援助。唐太宗以路远谢绝^③。永徽二年（651 年）伊嗣侯被杀，波斯国亡。

---

* 本文原载《考古学报》1957 年第 2 期；后加"补记"收入《考古学论文集》，科学出版社，1961。现依作者自存校正本编入文集，并增"再补记"。

① 司马迁：《史记》卷一二三（开明书店"二十五史"版）。

② 玄奘（述）、辩机（编撰）：《大唐西域记》卷一一，第 22～23 页（文学古籍刊行社，1955）。

③ 两唐书仅记载献方物，未言乞援。张星烺依据《塔巴里史记》，知有乞援事。见张氏所著《中西交通史料汇编》第 3 册，《古代中国与阿拉伯之交通》，第 17～18 页（北京，1930）。

　　萨珊朝时，波斯和我国既有交通，它的银币一定有传到我国的。但是为数一定不多，很难流传到后世。宋朝以来的古钱谱，对于波斯国币，或仅引前史中的文句，不加附图，如倪模《古今钱略》（卷19），或依据史文，运用想象力绘出一枚波斯国币，与实物完全不符，例如明徐象梅所补绘的洪遵《泉志》的插图（卷12）。1915年在吐鲁番第7世纪的阿思塔那第13号古墓中，曾发现了萨珊朝库思老一世（Khusrau I 即 Chosroes I，531～579年）和荷尔马斯德四世（Hormazd IV，579～590年）的银币各一枚。据云，发现时遮盖在死者的两眼上面①。

　　解放以后，我国的考古工作空前地展开了。关于萨珊朝银币，不但在新疆维吾尔自治区的吐鲁番发现了一批10枚，并且在陕西的西安市近郊和河南陕县的会兴镇附近，也都从古墓中发现了几枚。现在将这些新发现的中西交通史上的实物资料，在后面分别加以介绍。此外，前西北科学考察团黄文弼先生在新疆所得的2枚，虽是1928年所发现的，但是解放后才加以发表的。承蒙他交给我研究，也附在后面叙述，作为附录。

一　最近在吐鲁番发现的银币

　　1955年春，新疆维吾尔自治区的吐鲁番县的高昌古城中，发现10枚萨珊朝银币，其中4枚为沙卜尔二世（Shapur II，310～379年），5枚是他的嗣王阿尔达希二世（Ardashir II，即 Artaxerxes II，379～383年），1枚是沙卜尔三世（383～388年）。这10枚银币发现时是放在一个煤精制成的小方盒中。这批银币是吐鲁番县哈拉和卓村农民热加

---

　　①　A. Stein, *Innermost Asia*, Vol. 2, p. 647, p. 995 页, Pl. CXX, 18－19, 又在第646页上说另有一个萨珊银币，发现在第 V. 2 号墓中死者的口中，未说明是属于哪一王的。

甫·脱乎得在田地中耕作时掘到的，现藏乌鲁木齐市的新疆维吾尔自治区博物馆[①]。

波斯萨珊朝自 224 年左右建国以后，到了沙卜尔二世（310～379年）时，不但政权巩固，武力强盛，西抗拜占庭（东罗马），东至呼罗珊，并且经济方面也很繁荣，须要大批的货币作为贸易的媒介；加以这位国王在位的时间又很长，达 69 年之久；所以他的银币在萨珊朝诸王中是除库思老二世以外发现最多的一种。他在位时铸币既多，自不易维持这王朝初叶时的铸币那样的花纹精致优美，所以他的中期以后的银币，花纹的风格便退化到很粗陋的地步，没有初期那样的高度艺术水平。研究波斯古钱的学者，将它划为萨珊朝铸币的第二期的开始[②]。

萨珊朝的银币单位是"德拉克麦"（drachm）。曾有人取 2000 枚左右以求其平均重量，所得的结果是平均 3.906 克[③]。我们这 10 枚标本，除了第 3 和第 4 号是 4.1 克之外，其余都是 4.2 克。

沙卜尔二世的 4 枚（图版 1，1～4），大小并不一致（直径：1 号和 3 号约 2.8 厘米，2 号和 4 号约 3.1 厘米）；花纹也是由不同的印模压印出来的，但基本上仍是相同的，属于同一类型的。正面是半身的王者像，脸向右。王冠上有三个雉堞形的饰物（雉堞为波斯祆神奥马兹德的象征），冠顶有一圆球。冠后有绦带末端的两条飘饰（圆球的底部后面也常有露出绦带的两末端，例如我们的标本 1、3、4 号），冠的底部有联珠一列。萨珊朝的各王，每人都有他自己特殊样式的王冠。这正是沙卜尔二世的王冠的样式（图 1，p）。王冠后面的飘带，在第 4 号标本

[①] 李遇春所撰发现简讯，见《考古通讯》1957 年第 3 期，第 70 页。方盒质料，简讯作胶质（？）。作者于 1956 年在乌鲁木齐曾睹原物，似为煤精。

[②] A. U. Pope（主编），*Survey of Persian Art*，Vol. 1，p. 817，p. 820，p. 824（1938，London）.

[③] J. Walker, *A Catalogue of the Arab - Sassanian Coins*, p. XLVII（1941，London）.

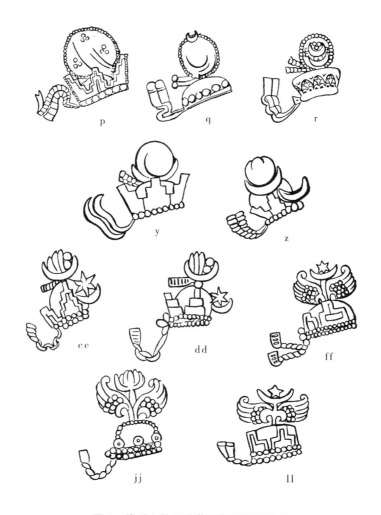

图 1　钱币上的几种萨珊朝王冠的样式

p. 沙卜尔二世；q. 阿尔达希二世；r. 沙卜尔三世；cc. 库思老一世；ff. 库思老二世

（依照波普主编的《波斯艺术综览》第 3 卷 745 图）

上被绘成似乎由发髻中出来的。髻垂在脑后，由小圆点组成，或作圆形如梅花（例如 1 号），或近于方形（例如 2 号）。耳下悬挂有一珠或二珠的耳珰。颈绕璎珞一匝，又有璎珞由两肩斜垂至胸前。口下留有须。须以带束缚。这束带的二末端常露于颈上，例如 2 号和 4 号。整个花纹的周缘有联珠组成的外框一圈。《隋书·西域传》说：波斯王著金花冠，傅金屑于须上以为饰，衣锦袍，加璎珞于其上①。所描述的，和我们的标本上的波斯王图像，颇相近似。

正面有钵罗婆（或译排勒维）文字。这种文字的字母，是由阿拉美亚字母稍加变化而成，用以拼中古波斯的钵罗婆语。文字横写，由右而左，和欧洲希腊罗马的系统的文字由左而右者适相反（我们在本文中，用拉丁字母改拼后，除了图2以外，都改为由左而右）。阿拉美亚字母是腓尼基字母演化而来，为后来西亚各塞姆系字母（包括景教徒所用的叙利亚文）的祖型。安息王朝时的银币上，常有钵罗婆字和希腊字并列。萨珊朝时伊兰民族复兴，银币上铭文便废除了希腊字，专用这种本国文字。银币正面上较长的铭文，从左侧上端（即冠后）开始，由上而下，沿着联珠形外框的内侧，经过王像的胸部的底下，继续到右侧，由下而上，直达右侧上端的冠前而止。我们这4枚的铭文，都已做了不同程度的缩减，所以只右侧有字，但是排列顺序仍是由下而上的，即由肩上开始，到王冠前而止。有些字母在我们的标本上原来是模糊不清，我们对照着保存较佳的，加以复原（这些复原的字母，在改拼拉丁字母时放在圆括弧内；原文简省或漏去的字母，被补入时放在方括弧内，以示区别）。我们的4枚的铭文，都是"沙卜尔"王名，或于王名的前面加上 BGI（神圣的）的称号（图2，1）。1号是（Sh）H（P）HR，2号是 BGI（ShH）PHR，3号是 Sh（HPU）HRI，4号是（ShH）PUHRI②。

背面的中央是拜火教（祆教）的祭坛。祭坛两侧各有祭司一人。这种祭司当即祆教中普通僧侣"美葛"（Megush，今英文 Magian），和

---

① 《隋书》卷八三，页2536（开明"二十五史"版）。第四世纪叙利亚克赖索斯托姆神父，也记载萨珊朝王须涂金，见 Pope（主编），前书，卷1，第817页转引。

② 再补记：7世纪时，萨珊朝波期银币上文字的拼读顺序是↑→，同时 Carthage 在位时所铸造的拜占庭货币亦常采用此法。但一般拜占庭 die axis 是采用↑↓，而近代英国 die Royal mine 是↑↑，后者亦为罗马帝国 Tiberius 至 Diobillon 时所采用（Whiffing's *Byzanfine Coins*，1973，p. 72）。

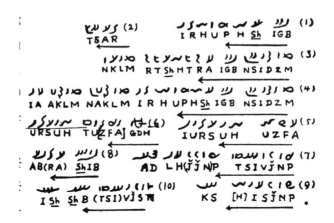

图 2　萨珊朝银币上的钵罗婆文的铭文

"摩倍德"（Mōbedh）。前者便是我国史籍中的祆教传法"穆护"①。

拜火教在这一王朝时成为国教，几乎到处有燃着圣火的祭坛。银币上的祭坛的底座有二级，中心柱较细，有打三角结的条带在柱的两侧，带的末端向下飘扬。坛的上部三层，逐层外伸扩大，最上层有横置联珠一列或二列。再上为上升的火焰。圣火中有祆神奥马兹德的半身像。脸向右。头上戴冠，冠或饰以珠。脑后有发髻。坛侧祭司相对而立，各高

---

① 冯承钧：《景教碑考》，第 73 页（1933）。或以为穆护是摩尼教中僧职之名（向达：《唐代长安与西域文明》，第 15 页，1957）。按摩尼教僧侣有大慕阇（见《册府元龟》卷九七一），未闻有穆护，疑误。〔补记〕"慕阇"，来自粟特文 MWČK，古维文为 mozak，乃摩尼教高僧称号，译意为"承法教道者"（矢吹庆辉《摩尼教》第 43～44 页，引《摩尼光佛教法仪略》，五级仪一为十二慕阇；二为七十二萨波塞，译云传法者，亦号佛多诞，aftadan；三为三百六十默悉德，译云法堂主；四为阿罗缓，译云一切纯善人；五为耨沙喭，译云一切净信听者）。《通鉴》卷二四八，会昌五年七月丙午朔注，"大秦穆护，又释氏之外教，如回鹘摩尼之类"。志磐《佛祖统纪》卷三九，元崖述注曰"太宗时波斯穆护进火祆教，敕建大秦寺，似穆护与祆教关系较深。但《通鉴》会昌五年七月丙午条及八月壬午条皆"大秦穆护，祆僧"并举，宋张邦基《墨庄漫录》卷四，谓祆神本出西域，盖胡神也，与大秦穆护，同入中国，则又似穆护为摩尼教，此问题尚待进一步研究（参阅田坂兴宗《回教の传来とちの弘通》，1964，第 356～361 页）。但穆护为波斯语 Magu，似可确定，中古译 Jab-gu（突厥语）为叶护，知"护"字为 gu 之对音，夏德《中国伊朗篇》谓穆护（muk-gu）是根据新波斯语 mur，中古波斯语为 magu（林筠因译本，1964，第 361 页）。

举一剑于脸前。祭司的冠帽有三个竖立的饰物（似乎便是三个雉堞的简化）。脑后有髻，由髻下垂一长带，悬于背后。全部花纹有外框，为联珠一圈。至于背面的铭文，中心柱上常有钵罗婆文一行，由上而下，由 RAST 4 个字母组成，即"正直"的意思（图 2，2）。我们这 4 枚上的铭文都不大清楚，似乎字母稍有省略。1 号为 [R] AS [T]，2 号 3 号为 RAS，4 号为 RA。

阿尔达希二世的银币 5 枚，它们的大小并不一致（5～6 号直径 3.1 厘米，7 号 3.0 厘米，8～9 号 2.8 厘米）。花纹虽互相类似，但也是由不同的模子压印出来的。这位国王是沙卜尔二世的嗣王（他们之间是父子或兄弟的关系，还未能确实考定）。他的银币的花纹，大致是承继前王而稍加变化。正面花纹的主要不同点，是王冠的样式和铭文。前面已提到过，萨珊朝各王每人都有他自己特殊样式的王冠。阿尔达希二世的王冠作半球形。冠的底部有联珠一列。冠后有绦带的两条飘饰。冠顶有一圆球。球的底部后面也有另一绦带的两末端露出（参看图 1，q）。圆球顶上有的有一新月，但我们的标本这一点不大清楚，似乎都没有。7 号和 8 号的冠后两飘带，绘得好像由髻里出来的。7～9 号在王像的颈部都露出有束缚王须的束带的两末端。钵罗婆文的铭文，长短也不一致。最长的是 7 号，由左侧冠上圆球后开始，几乎环绕一周。铭文是：（冠后）MZDISN，（左肩上）BGI，（右侧）ARTHShTRMLK [A] N [MLKA]（图 2，3）。译意是"奥马兹德的崇拜者，神圣的阿尔达希，万王之王"。5 号和 6 号都仅右侧有字，为 MZ [DISN] AR (TH) Sh (T) R 和 MZ [DISN] ARTHSh (T) R。9 号为 M (Z) DI (SN) BGI（以上左侧），ARTHShTR（以上右侧）。8 号的字，有几个不清楚，似乎为 ShMI??（以上左侧）M??（ARTH）ShTR（?）（以上右侧），文义不相联属。

背面的花纹，和沙卜尔二世的主要不同点是：①圣火中没有半身神像；②祭司的冠帽是半圆球形上端加一小圆球；③祭坛中心柱上没有铭文。至于这5枚的中心柱，可分为二种形式：一种是细柱形，如7~9号；另一种是细腰鼓形，如5~6号。沙卜尔一世的银币上祭坛中心柱也有这两种不同的形式，虽然我们这里的4枚沙卜尔一世的都是细柱形的。

我们所得的沙卜尔三世的银币，仅只一枚，直径2.8厘米（图版1，10）。公元383年阿尔达希二世被废立后，沙卜尔二世的儿子沙卜尔三世嗣位。他的银币上的花纹，和沙卜尔二世的较相近似，相同点较多。例如：圣火中有半身祆神像，祭坛的中心柱有铭文。但是仍有许多异点，可以很容易区别开来。正面花纹的特点是王冠和铭文。他的王冠的上缘平坦，比较冠的下缘为阔。上下两缘都有联珠一列。冠侧有三朵忍冬花为饰。花下有小弧形一列。冠上有一圆球。球的底部后面有绦带的两末端露出。冠后也有两条飘带，好像由发髻中出来一样（参看图1，r）。束缚王须的绦带的两末端在王像的颈部露出。钵罗婆文的铭文，由左侧上方王冠上圆球后面开始，几乎环绕一周，至右侧上方王冠前而止：MZDISN（以上在左侧上方），BGI（在左侧髻下肩上），ShHPUH（在王像胸部下）RI，MLKAN M（LK）A AI［RAN］（右侧）；译意是："奥马兹德的崇拜者，神圣的沙卜尔，伊朗的万王之王。"（图2，4）至于背面的花纹，前面已说过，圣火中有半身神像，中心上有铭文"RAST"（正直）一字（图2，2），都和沙卜尔二世的相似。祭司的冠帽近于长方形，上缘较下缘稍阔。冠上有小球。祭司背后的飘带下有铭文，右侧者为ShH，即"沙卜尔"王名的首二字母，左侧者模糊不清。摩根的书中有一枚，左侧为ShH，右侧为NUR［A ZI］，并合起来，便是"沙卜尔的火"的意思[①]。

这次吐鲁番的发现，使人联想到1933年在阿富汗首都喀布尔城东

---

① J. de Morgan, *Manuel de Numismatique Orientale*, Tome I, p. 315, Chart 393；又参看第305页的沙卜尔一世的银币（1936，巴黎）；又Pope（主编），*Survey of Persian Art*，卷1，第818页（1938，伦敦）。

的泰培·马朗查（Tepe Maranjan）遗址中所发现的窖藏。那窖藏是在一个佛寺废址的墙中发现的，有 12 枚所谓"贵霜－萨珊"式的金币和 368 枚的萨珊朝银币。银币也是限于我们前述的三位国王所铸的。原报告的作者，因为这 368 枚中，沙卜尔二世（在位 70 年）的有 326 枚之多，阿尔达希二世（在位 4 年）有 28 枚之多，而最晚的沙卜尔三世（在位 5 年，即 385～388 年）却只有 14 枚，所以推断这窖藏的年代大概便在后者在位的初年，即公元 385 年左右①。我们这 10 枚在吐鲁番发现的银币，就各王所占的比例来推论，大概也是属于沙卜尔三世初年所埋的。不过，我们这次发现的不像是一个窖藏，似乎是宗教上的供献品，如供养人施舍在佛塔中或佛像中的钱币，所以数量不多而成一个整数 10 枚，放置在方盒子内。可惜因为不是正式考古发掘所得的，不知道发现地点的情形和出土时情况，无法确定是否和宗教建筑有关；纵使是和宗教建筑有关，也无法知道是和哪一种宗教有关。

第四世纪中叶，萨珊朝的势力直达今日阿富汗境（喀布尔等处的贵霜族的国王和波斯联盟而为其藩属。沙卜尔二世于 360 年攻东罗马领土阿美达时，部下便有贵霜军队），当然和我国的西部有交通的关系。这时候正值西晋"八王之乱"（291～306 年）后，中原骚乱，各族混战。西北一方，在前凉张氏的割据时（319～376 年）比较安定。前秦灭前凉后曾遣使西域，大宛、康居和天竺都遣使朝献。后来于 382 年又命吕光率众 7 万征西域，吕光攻灭龟兹（今库车）。在这一段时期中，可能通过今日的新疆和阿富汗而和波斯已有交通。但是以中原扰乱，史籍失载。这次吐鲁番的发现和上述喀布尔附近的发现，稍可补阙。

---

① R. Curiel 等，*Trésors monétaires d'Afghanistan*，第 103～123 页；关于年代问题，见第 119 页（1953，巴黎）。

二　河南陕县隋墓出土的波斯银币

1956 年秋季，黄河水库考古队在河南陕县会兴镇附近的刘家渠发掘了一座隋墓，墓主是刘伟夫妇，于保定四年（564 年）和开皇三年八月（583 年），先后逝世于长安。开皇三年闰十二月（584 年），合葬于陕县。这墓曾经盗掘过，但出土物仍不少；其中有 2 枚波斯萨珊朝库思老一世（Chosroes I 或 Khusrau I，531～579 年）的银币，便是本节所要描述的。

萨珊朝虽于 224 年左右（三国蜀后主建兴二年）建国，但到元魏时中国史书中才始见"波斯"一名。上文已谈到魏晋以后中原的扰乱。439 年元魏统一华北后，才记载太安元年（455 年）波斯曾遣使朝贡。据《魏书》各本纪所载，第五世纪下半和第六世纪初叶，波斯遣使中国几十次之多①（下面"补记"中将提到最近西安发现的第五世纪卑路斯的银币）。但是第五世纪初叶哌哒（白匈奴）由中亚细亚南下，450 年左右占领了喀布尔河流域，侵扰波斯。波斯国势不振。到了库思老一世，他和突厥联盟，于 567 年灭了哌哒。波斯国的疆域直抵中亚细亚阿母河流域和大夏故地（包括阿富汗西部）。他在位时萨珊朝最为强盛。《周书·异域下·波斯传》说，西魏废帝二年（553 年），波斯王遣使来献方物②。波斯史籍中记载这王在位时，中国皇帝遣使献方物③。可见当他在位时，中波二国曾互派使臣交好。

同墓中发现有墓志，知道墓主刘伟是弘农人，官至使持节车骑大将军仪同三司。后以元帅府中郎从征吐谷浑，军还，晋爵为伯，迁内史中

---

① 张星烺：《中西交通史料汇编》，1930，第 4 册，《古代中国与伊兰之交通》，第 60～61 页转引。
② 《周书》卷五〇，页 2341（开明"二十五史"版）。
③ 张星烺：《中西交通史料汇编》，1930，第 4 册，64～65 页转引的马尔柯姆的《波斯史》和麻素提的《黄金牧地》。

大夫，官至使持节昌州诸军事昌州刺史。卒后赐谥曰肃（发掘简报见《考古通讯》1957 年第 4 期第 14 ~ 16 页）。

这 2 枚银币，1 号为 4.0 克，2 号为 3.9 克，是萨珊朝一般的"德拉克麦"银币的重量；直径都是 3.0 厘米（图版 2，A，1 ~ 2）。正面的花纹，二者相类似，都是脸向右侧的半身王者像。王冠作半圆形，冠的侧边和后部有雉堞形饰物各一，冠前部有一个抱六角星的新月。冠顶也有一个新月，抱着圆形物。冠的底部有联珠 2 列（参看图 1，cc）。钵罗婆文的铭文二行，左侧是 AFZU［T］（昌盛），右侧是 HUSRUI（即"库思老"），字母的排写，都是由上而下（图 2，5）。如果和上述的第四世纪的三种银币相比较，除了王冠和铭文不同以外，库思老一世的正面花纹还有下列几点差异：①冠的后面上方有一六角星，和冠前的抱星的新月适相对称；②两肩上各有一结纽形的飘带（或由冠后的飘带变化而来）；③作梅花形的发髻较小；④在两肩处各有抱星的新月一个；⑤胸部除璎珞之外，中央有 2 颗小珠；⑥联珠形圆圈的外框以外的边缘上，左右两侧和下方都有一个新月（和下方相对的上方，便是冠顶上抱着圆形物的新月）。

背面的中央也是祭坛，但是圣火中没有半身的神像。火的左侧有六角星一，右侧有新月一，互相对称。站在祭坛两侧的，有头戴椭圆顶的高冠的祭司。祭司的身体和脸面是正面向前而不是侧面的。所持的剑，不是高举于脸前而是放置于身前，直抵于地。祭司的外侧有铭文，是铸币的地点和年份。这些都是和上述的第四世纪的银币的不同处。第 1 号（图版 2，A）的铭文，左侧是 PNJVIST，即 25 年（555 年），右侧的铸币地点，模糊不清，不能确定。第 2 号的铭文，左侧是 P（NJJ）HL，即 45 年（575 年），右侧是 DA（图 2，7）。据摩根考证，DA 便是达拉布（Darabdjerd）的省略，在波斯法斯（Fars）省[①]。

---

① Morgan, *Manuel de Numismatique Orientale*, Tome I, No. 15, p. 298.

库思老一世的铸币的地点，至少达 82 处之多①，或说有 98 处②。这是因为经济繁荣，贸易发达，货币的需要增加。他在位的时间又长久，共 48 年。摩根以为库思老一世、他的儿子荷尔马斯德四世、他的孙子库思老二世等三人在位时所铸的银币，是萨珊朝各王中数量最多的。他的银币在各地大量发现，西至地中海岸，东达印度河流域，南至阿拉伯半岛内地，北至高加索山区③。但是因为大量生产的缘故，铸造得不大工致，花纹更为退化，很是粗陋。研究波斯古钱的，将他的铸币归入萨珊朝第三期或晚期中去④。他在即位后 37 年东灭呗哒，领土扩展到今日的阿富汗境内。所以他的银币一部分便流传到东方来。前面已提到过，斯坦因于 1915 年在吐鲁番第 7 世纪的古墓中曾发现库思老一世和他的嗣王的银币各一。吐鲁番当时属于汉人麹氏所建立的"高昌国"。这次河南陕县的发现，更深入我国的内地了。这是现在所知道的最东的发现地点。

三　西安近郊唐墓出土的波斯银币

1955 年 11 月，陕西省文物管理委员会工作队在西安市近郊的 55.007 隋唐墓地中的第 30 号墓室内，发现了两枚银币：其中一枚是库思老一世的孙子库思老二世的银币，另一枚是模仿萨珊朝后期银币的仿制品。同墓出土物有开元通宝钱、三彩陶罐等，年代当属于唐代初期，即公元 7 世纪。

库思老二世（590～627 年在位）时虽已不及他的祖父那时的强盛，但萨珊朝仍旧武力很强。他曾西侵叙利亚和巴勒斯坦，攻下耶路撒冷

---

① Morgan, *Manuel de Numismatique Orientale*, Tome I, p. 323.
② Pope（主编）, *Survey of Persian Art*, Vol. 1, p. 826, p. 829.
③ Morgan, *Manuel de Numismatique Orientale*, Tome I, p. 302.
④ Pope（主编）, *Survey of Persian Art*, Vol. 1, p. 829.

城。后来以残暴被弑。波斯便发生内战，互争王位，国势便一蹶不振。
到了他的孙子伊嗣侯时候（632~651年），虽内战平息，而外患趋剧，
为阿拉伯所灭。《隋书·西域传》所说的波斯王库萨和①便是库思老二
世。劳佛尔因为《隋书》仅说"其王字库萨和"，以为是波斯语"格赛
万"（Xsaivan）的译音，即"国王"的意思，并非王名②。但是库萨和
确是库思老二世，张星烺已加考定③。

库思老二世在位38年。从库思老一世以来的经济繁荣，这时更有
进展。贸易发达，需要货币的数量也增加，所以铸币的地点达120处之
多。他的银币是这一王朝中流传到后世的最多的一种④，并且是后来阿
拉伯翁米亚王朝波斯旧壤各地所铸的"库思老二世样式"的银币的祖
型。

西安所发现的这一枚，重4.1克，直径3.25厘米（图版2，A，
3）。正面也是脸向右侧的王者半身像。王冠的样式，作半圆球形。冠
侧和冠后部，都有两级的雉堞形饰物各一，冠的底部有联珠2列。冠顶
有两翅膀（翅膀是袄教中屠龙之神未累什拉加那' Verethraghra '的象
征）。两翅间夹着一个新月和六角星（参看图1，ff）。王冠前有一抱星
的新月，冠后有一六角星。颈后有髻。耳珰由3颗珠子组成。颈部和胸
部有璎珞。胸前的中央有2珠。两肩各有新月一个，又由两肩各上飘一
条纽结形的带。钵罗婆文的铭文，便在这两条纽带的上方，排列法都是
由上而下。左侧的铭文有2行。第一行是一个复合的单体字。它的读
法，摩根以为应读 HaRMaNU，是"权力"或"命运"的意思⑤；倭尔
克以为应读 GDH⑥。左侧第二行为［AFZ］UT（昌盛），开端的三字母

① 《隋书》卷八三，页2536（开明"二十五史"版）。
② B. Laufer, *Sino-Iranica*, p. 529（1919, Chicago）。
③ 张星烺：《中西交通史料汇编》，1930，第4册，第66页，注（二），又第75页，注（八）。
④ Pope（主编），*Survey of Persian Art*, p. 817, pp. 824-825, p. 829.
⑤ Morgan, *Manuel de Numismatique Orientale*, Tome I, p. 324.
⑥ Walker, *A Catalogue of the Arab-Sassanian Coins*, p. 1.

似省略去。右侧为王名 HUSRU［I］，即"库思老"（图 2，6）。这银币的正面花纹和库思老一世的主要区别点，除了王冠样式之外，还有下列几项：①二世的铭文，左侧的祈祷文有 2 行，即增加了那个复合的单体字；②周围的联珠形外框，一世的仅有一圈，二世的有二圈；③框外的下方和左右两侧边沿上，一世的只有新月，二世的另加六角星。

背面中央也是祭坛，其余花纹和库思老一世的相近，而和本文第一节的第 4 世纪的差异较大：圣火的左侧一星，右侧一新月。祭司面向前方，手执一剑直抵于地。左侧铭文是年份 PNJSI［H］= 35（624 年），最后一字母省略去，这种情形也是常见的。右侧铭文是铸币地点 SK 或 SD（图 2，9）。据倭尔克的考证，SK 是萨卡斯坦（Sakastan）的简称，即塞伊斯坦（Sistan）的古名；SD 是西基斯坦（Sijistan）的简称[①]。钵罗婆文中 D 和 K 二字母有时写法相同，所以不能确定。背面花纹和库思老一世的主要不同点是：①联珠形的外框，一世的只有一圈，二世的有三圈；②框外的边缘上，一世的平素无纹，二世的有四个抱星的新月分别放置于上下左右四方；③祭司所戴的冠帽的上部，一世的是高耸的椭圆形，二世的是两侧翘起的半月形（早期的也有和一世相同的）；④祭司的外侧一肩，有一个纽结形的饰物，向上飘起，一世的偶亦有这饰物，但较罕见。

至于同墓所出的仿制品，直径较大，为 3.7 厘米，重 4.6 克（图版 2，A，4，原物的背面）。花纹不是两面由不同的印模压印出阳纹的，而是正面压锤阴纹，这花纹便在背面凸鼓出来。花纹很粗陋，是一个侧面的王者半身像。像的额下有须，背后有髻。头戴羽状高冠（可能是由双翅式的王冠演变过来的），突出于双线圆圈的框外。在框外边缘上，左右两侧和下方都有一个抱星的新月。颈部和胸前的璎珞和外框的双线圆圈，都是平滑的线条，不作联珠状。没有任何铭文。这仿制品的

---

① Walker, *A Catalogue of the Arab - Sassanian Coins*, p. CXXIX.

年代，难以确定。但因它所仿的祖型是库思老二世或更晚的萨珊朝银币，所以最早也不会超过第 7 世纪前半期。

四 附录：前西北考察团在新疆所发现的波斯银币

1928 年，前西北科学考察团在新疆的吐鲁番和库车两处，都曾发现过波斯萨珊朝式的银币各一枚。

吐鲁番所发现的，是出于一古墓，已发表于正式报告中①。但报告中仅说是"西域银币"，所推测的年代也有错误，所以仍有重加鉴定的必要。

这一枚也是库思老二世的"德拉克麦"银币，直径 2.7 厘米，重 3 克。上面已说过的，他在位 38 年，铸币的地点达 120 处之多，所以重量稍有不齐，但仍在 3～4 克之间。正面花纹和铭文，和前节所述的西安出土的一枚，基本上是相同的。王冠上也有双翅，原报告误作"两角"。背面花纹也是基本上相同，仅纪年和地名的铭文不同。右侧的铸币地点铭文为 BISH，即波斯法斯省（Fars）的俾沙浦尔（Bishpur）的简称。这是当时的重要造币地点，在阿拉伯翁米亚朝时也仍是重要铸币地点②。左侧纪年为［AR］BA＝4（图 2，8）。库思老二世的 4 年即公元 593 年。同墓出土的那一枚开元通宝，是开始铸于武德四年（621年）的货币，时代实相接近。原报告根据当地一位毛拉的话，以为是回历 28 年阿拉伯王莫阿为岩所铸。王名和纪年都错误，再版时应加改正。实则回历 28 年时阿拉伯王（哈利发）为鄂斯曼。莫阿为岩是回历 41 年（661 年）才即位的。

另一枚系库车苏巴什旧城发现的，将发表于黄文弼先生所著的

---

① 黄文弼：《吐鲁番考古记》，第 49 页，图版 52（1954，初版）。

② Walker, *A Catalogue of the Arab - Sassanian Coins*, p. CX；Morgan, *Manuel de Numismatique Orientale*, Tome I, p. 298, No. 3.

《塔里木盆地考古记》中（已付印）①。这是库思老二世的或阿拉伯翁米
亚王朝时波斯旧壤各地所仿制的"库思老二世样式"的银币。直径 2.3
厘米，较普通的为小。细加审察，周围剪边的痕迹很显明。重 1.8 克，
仅及萨珊朝"德拉克麦"银币的一半（上面第一节已说过，"德拉克
麦"平均重量约为 3.906 克），但在翁米亚王朝时，太伯里斯坦仍保持
独立，它在 711～761 年间所铸银币为"半德拉克麦"，花纹仿库思老
二世的，重量减半，直径也缩小。阿拔斯王朝灭了它后，仍继续铸造这
种轻币，直至 812 年，并有将旧铸的"德拉克麦"剪边作为"半德拉
克麦"，以便流行于这地区②。我们这枚标本，似即一例。可能是原来
剪边后在太伯里斯坦流行，然后辗转转入新疆库车。太伯里斯坦在里海
的南岸，即《新唐书·西域传》的"陀拔斯单"。波斯被灭后，这地区
不肯臣大食，天宝年间曾数次遣使入朝，后为黑衣大食所灭③。黑衣大
食即阿拔斯王朝，于 749 年灭翁米亚王朝而继兴，761 年灭太伯里斯
坦。

　　这银币的正面花纹和上面所述的两枚库思老二世银币，基本上是相
同的。铭文是 GDH AFZUT HUSRUI（图 2，6）。因为剪边的缘故，周
围边缘的花纹已稍为残损，边缘的右下方，似另有文字。翁米亚王朝时
仿制的"库思老二世样式"的银币，这右下方常有阿拉伯文④，偶亦有
钵罗婆文⑤。但这枚因剪边的关系，这点无法确定，更说不上认识铭文
的含义。

　　背面的花纹，也和上述的 2 枚基本上相同。左侧纪年铭文是 NVJV

---

① 补注：《塔里木盆地考古记》已于 1958 年 4 月出版。这枚银币，见该书第 110 页，又图
　　版一〇五，33。
② Walker, *A Catalogue of the Arab - Sassanian Coins*, p. XV, p. LXX, p. CXLIX.
③ 张星烺，《中西交通史料汇编》，1930，第 84～88 页转引《新唐书》和《册府元龟》。
④ Walker, *Manuel de Numismatique Orientale*, Tome I, pp. 5 - 21, Pl. I - IV.
⑤ 这种边沿右下方有钵罗婆文的，因其花纹的风格和阿拉伯时代萨珊式的银币相近，普通
　　多认为波斯亡国后所铸。见 Walker, *A Catalogue of the Arab - Sassanian Coins*, Tome I,
　　p. XX.

（IST）＝29；右侧的地名不很清楚，似为 BSh 或 ShI（图 2，10）。BSh
或为 BISH 的别体，若然，那么是和上述吐鲁番古墓出土的在同一地点
铸造的了。ShI 一地名，倭尔克以为即波斯基尔曼省（Kirman）的喜拉
查（al – shirajan）①。背面边缘的花纹，也因剪边而稍有残缺，但在左
方和下方，还留有抱星的新月的残痕（图版 2，B，04）。

　　库思老二世在位 38 年。他的纪年 29 年，应该是公元 618 年（唐高
祖武德元年）。但是另有一种可能，这枚是翁米亚王朝驻波斯的总督在
651～702 年间所铸的所谓"库思老二世样式"的银币。后者的纪年，
普通是用所谓"伊嗣候纪元"（Yezdigerd III Era），便是仍用伊嗣候的
纪元，继续至第 50 年或甚至可能至第 63 年②。29 年即等于回历 40 年，
亦即公元 660 年（唐高宗显庆五年）。因为下列二点理由：①这一枚的
正面框外的边沿上，在右下方似原有铭文而被剪掉，仿佛还有残痕。库
思老二世的银币只有波斯亡国后的仿制品才在这右下方有文字；②剪边
作为"半德拉克麦"一举，当在太伯里斯坦开始铸造轻币（约公元 711
年）以后的事。当时普通多利用波斯亡国后所仿铸的"库思老二世样
式"的银币，以铸造时代较相近，流行额也较多。这种例子很多③。所
以对于这二种的可能性，我个人是倾向于后一种解释的④。

五　结束语

　　1955 年春在新疆维吾尔自治区的吐鲁番，发现了萨珊朝银币一批

---

① Walker，*A Catalogue of the Arab – Sassanian Coins*，p. CXXVIII，p. 49，Pl. III，2.

② Walker，*A Catalogue of the Arab – Sassanian Coins*，Tome I，p. XXXVII.

③ Walker，*A Catalogue of the Arab – Sassanian Coins*，Tome I，p. CXLIX，p. 41；Pl. VII，7；
Pl. IX，7；Pl. XII9；Pl. XII，12.

④ 再补记：波斯的 drachm 为阿拉伯 dirham 的前身，后者稍小，亦稍轻。而且在 7 世纪末
"Abdal-Malik" 币制改革后，不用人像，以 kufic 文字代替帝王半身像及背面的拜火祭
坛（Whiffing，*Byzanfine coins*，1973，p. 254）。

10 枚：其中 4 枚是沙卜尔二世，5 枚是阿尔达希二世，1 枚是沙卜尔三世。这批可能是沙卜尔三世（383～388 年）时所埋的。1956 年秋河南陕县隋墓出土的 2 枚，都是库思老一世的。墓是 584 年埋葬的，已比前一批晚了 200 年左右。1955 年冬西安唐墓出土的一枚是库思老二世 35 年（624 年）所铸的，相当于唐武德七年。此外，前西北科学考察团于 1928 年在新疆所得的 2 枚，也都是库思老二世的（库车出土的一枚可能是它的仿制品）：其中吐鲁番古墓中发现的一枚，纪年是 4 年（593 年）；库车苏巴什旧城出土的一枚是 29 年。后者可能是这一王的纪年，即公元 618 年；但也可能是所谓"库思老二世样式"的后代仿制品，用"伊嗣侯的纪年"，29 年便是公元 660 年。这最后的一枚，可能在第 8 世纪中被剪边后作为"半德拉克麦"在太伯里斯坦通行，然后才传到库车的。这几批银币提供了我们以公元 4～8 世纪间的中国和波斯的交通史上的实物资料。

补　记

1956 年秋，新疆考古人员训练班在吐鲁番雅尔湖进行实习，发掘高昌麴氏时代（500～640 年）的古墓群，曾发现库思老二世的银币二枚（图版 2，B，1～2）。它们的花纹和铭文，除了铸局地名和纪年外，基本上都和上述西安出土的相同。其中一枚系 6 号墓出土，背面地名是 DA（图 2，7 末尾），即达拉布的简称。纪年前半模糊不清，末尾是 H。残缺的一枚系 56 号墓出土（图版 2，B，2）。地名是 NH，即那哈完的（Nihavand）的简称。纪年是 YAJD［H］=11，即公元 600 年。

1957 年春季，新疆维吾尔自治区文物管理委员会在吐鲁番县收到银币二枚，是该县六区哈拉和卓乡阿旺朵尔提第五农业合作社女社员阿依木汗热黑母都拉捐献的。她是 1953 年在阿斯塔那古城里的路上捡到的（图版 2，B，01 和 02）。这二枚都是波斯萨珊朝的阿尔达希二世的，和本文第一节所描述的那五枚相类似，花纹也大体相同。正面的铭文都和图 2 之 3 相同，仅末尾无 N 字母。

1957 年 4 月，考古研究所西安沣西发掘队在张家坡的 410 号墓中发现波斯银币一枚，重 3.4 克，直径约 2.7 厘米。这是卑路斯（Pirouz，457～483 年）时所铸的，正面王冠中间为雉堞形饰，前后各有翅膀一，冠顶为一新月抱着一圆球，两肩上各飘一纽结形带。右带的前面有钵罗婆文的铭文，但已模糊不清。据摩根的书，完整的铭文是 KaDI PiRUCI MLKA（主上、卑路斯、王）①。我们这标本，仅于冠前翅膀的前面认辨出王名的最末一字母。背面中央为祭坛，火焰以椭圆形小点数列组成。火焰左侧为六角星，右侧为新月。右侧的外面为铸币地点 NIH，倭尔克以为是那哈完的简写②。左侧的外面也有铭文，当为纪年，模糊不能认辨。前面已提及，波斯萨珊朝通使中国第一次见于记载是在北魏文成帝太安元年（455 年），便是在卑路斯即位的前二年；其后在 461、466、468、476 各年都曾通使中国，都是卑路斯在位的时期中③。这枚银币虽比前面第一节的吐鲁番出土的晚了约一世纪，但比陕县和西安所出的库思老一世和二世的银币，早了约一世纪。不过它被埋藏在墓中的年代，可能稍晚，或在第 6 世纪。这墓出土的一件陶瓶，“器口似一承盘，细长颈，腹似筒形而下部稍瘦，平底”，和西安白鹿原隋墓出土的一件极相类似④。这枚银币可算是 6 世纪时西安和波斯交通的实物证据（图版 2，B，03）。

1955 年，洛阳北邙山的一座唐墓（编号 M30）中，发现过 16 枚波斯萨珊朝银币，其中残 6 枚，币重在 3.7～3.9 克之间，直径在 2.6～

---

① Morgan，*Manuel de Numismatique Orientale*，Tome I，p. 319.
② Walker，*A Catalogue of the Arab - Sassanian Coins*，p. CXXV.
③ 张星烺：《中西交通史料汇编》，1930，第 4 册，《中国与伊兰之交通》，第 60～61 页转引。
④ 见俞伟超《西安白鹿原墓葬发掘报告》，《考古学报》1956 年第 3 期，第 55 页，图二三，1。

2.7 厘米之间①。就已发表的两枚来看，都是卑路斯（457～483 年）时的铸币。正面的王像，一枚是 A 式的，王冠前一新月，冠后部有一雉堞形饰物；另一枚是 B 式的，王冠的前后都有翅形物。

1960 年，广东英德县发掘了两座南齐墓，一座（M8）发现有"建武四年"（497 年）的纪年砖，另一座（M6）发现有三枚波斯萨珊朝银币，是卑路斯（457～483 年）时的铸币②。这一批大概是由海道输入我国的。

附记：本篇所描述的几批标本，承蒙新疆维吾尔自治区文物管理委员会、陕西省文物管理委员会、黄河水库考古工作队、考古研究所沣西发掘队和黄文弼先生等，交给作者研究，并允许加以发表，特此致谢。

---

① 赵国璧：《洛阳发现的波斯萨珊朝银币》，《文物》1960 年第 9～10 期，第 94 页，图 1。
② 《广东英德、连阳南齐和隋唐古墓的发掘》，《考古》1961 年第 3 期，第 140 页，图三，图版九，3～4。

图版 1　1955 年吐鲁番出土的波斯萨珊朝银币

1~4. 沙卜尔二世　5~9. 阿尔达希二世　10. 沙卜尔三世

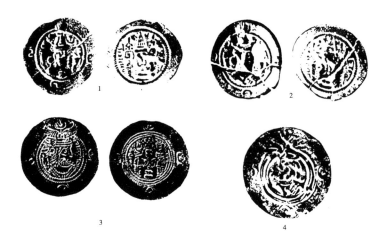

A.河南陕县和陕西西安出土的波斯银币

1~2.库思老一世（陕县出土） 3.库思老二世（西安出土） 4.仿制品（同上）

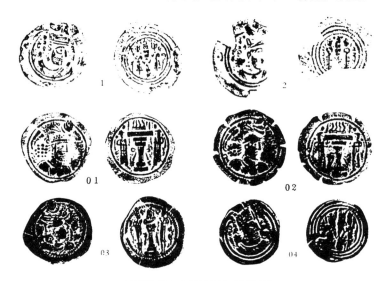

B.附录和补记中的波斯萨珊朝银币

图版 2 陕县、西安等地出土的波斯萨珊朝银币

1~2. 库思老二世（吐鲁番尔湖出土，拓本） 01~02. 阿尔达希二世（吐鲁番出土，拓本） 03. 卑路斯（西安出土） 04. 库思老二世（剪边的，库车出土）

青海西宁出土的波斯萨珊朝银币[*]

    我在《考古学报》1957 年第 2 期发表了一篇《中国最近发现的波斯萨珊朝银币》以后，林寿晋同志由青海西宁回来，告诉我说，在西宁也发现了一批这种银币。后来承青海文管会寄来拓片和照相（拓片见图 1 和图 2，照相模糊不清楚，未能制版），并附说明。我去函询问，承其再寄来补充说明，并允许我研究后加以发表。我现在写出这篇作为前次文章的补遗。

    关于西宁发现这批银币的经过，《考古通讯》1958 年第 1 期已有报道，我现在摘录在下边：

        1956 年青海省粮食厅在西宁城内城隍庙街工地挖地基时，挖出这一批银币来。后来交给文化局，一共 76 枚，其中 4 枚已残破。根据选出来的 20 枚来观察，直径 2.5～3 厘米，重量 3.8～4.1 克，平均为 3.95 克。花纹大体上是同一类型，但由不同的印模压印出

---

    * 本文原载《考古学报》1958 年第 1 期；后收入《考古学论文集》，科学出版社，1961。现依作者自存校正本编入文集。

来的。依照正面王者肖像的不同，可分为二式：A 式的王冠前一新月，冠的后部有一雉堞形饰物，这一式共 15 枚；B 式的王冠，冠上的前后都有翅形物，这一式共 61 枚（第 64 ~ 65 页）。

我将寄来的拓片细加观察，知道都是波斯萨珊朝卑路斯（457 ~ 483）的银币。A 式的几枚（图 1），正面都是王者肖像，王冠的侧面和后部都有雉形的饰物。这是波斯宗教中"天"的象征[1]，也是祆神奥马兹德的象

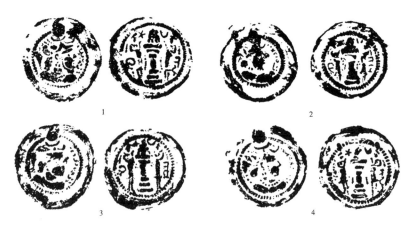

1　2　3　4

图 1　西宁出土的卑路斯银币（A 式）

图 2　（Fig, 2）卑路斯王冠的样式

（依照波普书第三卷 745 图）

征。冠顶和前部都有新月各一，冠顶的新月还托住一个圆球。冠后有绶带末端的两条飘饰。有些比较清楚的标本，还可以看出王冠底部的一列联珠（图 2）[2]。脑后有发髻成球状，髻后有一条由肩部飘上来的飘带。项间有一串联珠组成的项链。由脸前近肩部处开始，有钵罗婆文的铭文一行 KaDI，PIRUCI

①　Pope（主编），*Survey of Persian Art*，Vol. 1，p. 878（1938，London）.

②　Pope（主编），*Survey of Persian Art*，Vol. 3，p. 2235，Chart 745，Z（1939，London）.

（主上、卑路斯），拓片 1~3 在冠后还有 ML，当为 MLKA（王）一字的残存，拓片 4 在冠前新月上面有 ML 二字母，冠后有 KA 二字母，合成 MLKA 一字（可参阅图 4 中铭文摹本）。

A 式的背面花纹，是一般萨珊朝银币的拜火教祭坛，坛上有火焰。火焰的两侧为五角星（或六角星）和新月。祭坛的两侧各有祭司一人，相对而立。右侧祭司的背后有铭文，是表示铸造的地点。拓片 1 和 4 似乎都是 AH 二字母，相当于摩根书中的 No. 26。据他的考证，可能是阿哈尔（Ahar）（？）的简称，属于阿特罗培忒（Atropatene）省①。拓片 3 是 ST 二字母，摩根以为可能是波西德（Perside）省斯坦哈尔（Stakhar）（？）的缩写；但倭尔克以为是法斯（Fars）省的伊斯坦哈（Istakhr）②。拓片 2 似乎是 ART 三字母，最后一字母不大清楚。倭尔克以为是法斯省的阿尔达希·库拉（Ardashir – Khurra）的简称③。至于左侧祭司的背后，有时无铭文，有时有表示纪年的铭文。这是因为在钱币背面标出铸造地方的例子，已始见于发拉朗（Varahran）五世（420~439 年）；而标出纪年的，是在这位卑路斯登基后第三年才开始的，在他以前并无先例④。拓片 1~3 无纪年，仅有一涡形符号，或许为王名的第一字母"P"。拓片 4 有纪年，但模糊不清，不能确定。

卑路斯银币 B 式的几枚（图 3），虽正面的王冠稍有不同，但仍是同一国王的。萨珊朝国王的银币，每王一般只有一式，但也有例外的，卑路斯的即是一个例子。他的银币共有二式，B 式的特点是王冠的后部没有雉堞形饰物，却换上一对翼翅；冠顶后面没有两条细飘带，而在面前却增加一条由肩上飘起的带形物，和髻后的一条相对称（参看图

---

① J. de Morgan, *Manuel de Numistique Orientale*, Tome I, pp. 298 – 299 (1936, Paris).
② J. de Morgan, *Manuel de Numistique Orientale*, Tome I, p. 298；倭尔克的说法，见 J. Walker, *A Catalogue of the Arab-Sassanian Coins*, p. CXXIX (1941, London).
③ J. Walker, *A Catalogue of the Arab – Sassanian Coins*, p. CVIII.
④ J. de Morgan, *Manuel de Numistique Orientale*, Tome I, p. 297, pp. 299 – 300.

4)①。波斯的宗教观念，以鹰鸟作为太阳的象征，犹我国称太阳为金乌。这一对鸟翅可能便是代表太阳的②。或以为是屠龙之神未累什拉加那的象征③。但是波斯的宗教观念，"日、月、行星"的"三重天"，王冠上常有新月和象征"天"的雉堞形饰物，这些翼翅象征太阳似乎更为恰当一些④。钵罗婆文的铭文，拓片 1 较清楚，面前的是 KaDI PIRUCI，背后在翼翅和纽结形饰物之间似有 ML 二字母。其余的拓片，铭文都模糊不清楚，仅依稀可认辨出如 Pi、R 等一两个字母。

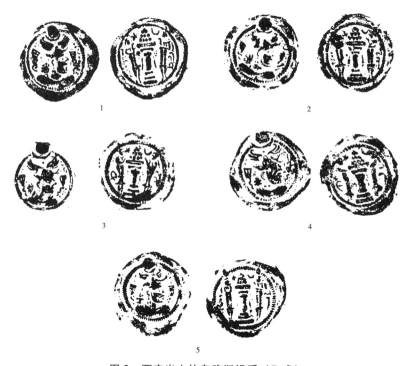

图 3　西宁出土的卑路斯银币（B 式）

---

① J. de Morgan, *Manuel de Numistique Orientale*, Tome I, p. 319, Chart 400。

② Pope, *Survey of Persian Art*, Vol. 1, p. 806.

③ R. Curiel 等, *Trésors monétaires d'Afghanistan*, p. 120（1953, Paris）.

④ Pope, *Survey of Persian Art*, Vol. 1, pp. 878 – 879.

图 4　卑路斯银币（依照摩根书中图 400）

　　B 式的背面的花纹和 A 式的相同。右侧祭司背后标示铸造地点的铭文，拓片 1 是 BLT，2 是 R（？）A，3 不清楚，4 似是 NB（摩根以为或许是纽本哲［Noubendjan］的缩写），5 似是 KR（摩根以为是基尔曼［Kirman］的缩写）①。至于左侧祭司的背后标示纪年的铭文，拓片 3 和 A 式中拓片 1~3 的相同，不是纪年。4 的开端的字母是 S，末尾不清楚，可能是 STA（即 6 字）或 SBA（即 7 字）。拓片 5 也是模糊不清楚。B 式的这次在西宁出土达 61 枚。前次所叙述及的 1957 年西安张家坡 410 号墓中出土的一枚，也是属于这 B 式的②。

　　前次的文章中已经说过，波斯萨珊朝通使中国第一次见于记载是在北魏文成帝太安元年（455 年），便是在卑路斯即位的前二年，其后在461、466、468、476 各年都曾通使中国，都是卑路斯在位的时期中③。当时哒（白匈奴）占据喀布尔河流域，侵略波斯。卑路斯即在和哒作战中阵亡④。当时中国和波斯交通频繁，所以有这样大批的卑路斯银币在我国境内发现。这次的发现虽然出土的情况不明，共存物和原坑

---

　　① J. de Morgan，*Manuel de Numistique Orientale*，Tome I，p. 298 – 299，No. 37，No. 18。

　　② 参见《中国最近发现的波斯萨珊朝银币》。

　　③ 参见《中国最近发现的波斯萨珊朝银币》。

　　④ J. de Morgan，*Manuel de Numistique Orientale*，Tome I，p. 446；张星烺：《中西交通史料汇编》，1930，第 4 册，第 17、29 页。

的情况完全不知道，但是这样大批 76 枚之多在一起发现，当为一个窖藏而非偶然遗失的。76 枚全部是卑路斯的银币，可以推知埋藏的年代当便在卑路斯在位（457～483 年）的时期内。这不是一两枚零星发现，如果埋藏时代较晚，76 枚中必定混入后代诸王的银币。

关于钱币发现的意义，有些人以为钱币发现的地区便表示政治上统治权力的范围。例如有人谈到波斯王阿尔达希是否曾经进入印度的西北部旁遮普一带地方，说："考古学者曾在该地发现古钱，钱的反面有火与祭坛的印铸图案，与阿尔达希时代的钱币一模一样，因此可以断言萨珊朝的统治势力确曾到过印度旁遮普一带地方。"[①] 这种推论自然是不正确的。在我国境内所发现的波斯的银币，便可作为否定这种推论的有力证据。我们知道波斯的钱币在中世纪的中亚和西亚是占有国际货币的地位，流通很广。在波斯国境外所发现的银币，一部分是由于私人带回去作为纪念品，甚至于被带到坟墓中作为随葬品；另一部分，尤其是一大批在一起发现的场合下，是作为商品的等价物被携带着或窖藏着；所以它们被发现的地点，常可表示当时的贸易和交通的路线。

我们现在再来谈西宁的例子。从前我们常以为古代中西交通孔道的"丝路"的东端，是由兰州经过河西走廊而进入今日新疆维吾尔自治区的。这次西宁发现这样一大批的波斯银币，使令我们要重新考虑这一问题。我以为由第 4 世纪末到第 6 世纪时尤其是第 5 世纪中（包括卑路斯在位的年代），西宁是在中西交通的孔道上的。这条比较稍南的交通路线，它的地位的重要当时决不下于河西走廊。

在文献方面，法显在东晋安帝隆安三年（399 年），由长安度陇经"乾归国"（即西秦国，居苑川，在今甘肃靖远县）前行至"傉檀国"，度养楼山至张掖镇[②]。足立喜六曾加考证，以为"傉檀国为南凉景王秃

---

① 周谷城：《萨珊朝波斯》，见《历史教学》1956 年第 10 期，第 22 页。
② 足立喜六：《法显传考证》，第 30 页（中译本，商务印书馆，1937）。

发偄檀所都之乐都，当今之甘肃省西宁府碾伯县"。又谓养楼山即是养
女山，为西宁县北与大通河南之山脉①。按养楼山的位置，他所考证的
大致不错。今日仍有一条通路由西宁向西北行，经过大通县和亹源县
（即北大通），度越祁连山，经民乐县（旧洪水营）至张掖②。但"偄
檀国"当指当时国都的西平，即今西宁县，并非碾伯县（今乐都县）。
隆安三年时，南凉王为秃发偄檀的兄长利鹿孤。根据《晋书》中的
"载记"，利鹿孤即位后，由廉川迁都至西平（今西宁县）。元兴元年
（402 年）利鹿孤死，偄檀嗣位，才迁于乐都③。法显称南凉为"偄檀
国"，或由后来追忆之误，或由当时偄檀已综揽军政大权，凉人知有他
而不知有利鹿孤，"显师从俗记载，未可料也"④。但是法显叙述自己所
经过的南凉都城，应该是隆安三年时的西平，而不是两年以后偄檀即位
后所迁往的乐都。所以我们可以推定法显这一段路程，是由靖远经兰
州、西宁，西北行度越养楼山至张掖，并不经过河西走廊的东段乌鞘岭
和武威。沙畹在《中国之旅行家》一文中说："法显与其同行者发自长
安，经由今之兰州、凉州、甘州、肃州、敦煌等地，至今日罗布泊南之
鄯善国。"⑤ 这句话有小错误，法显等由兰州至甘州（今张掖）的路程
并不经过凉州（今武威）。沙畹因为凉州是在河西走廊的通道上，便臆
测以为是一定要经过的，并没有细读原书，以致造成错误。

　　法显以后不久，昙无竭（法勇）于刘宋永初元年（420 年）西行
求经，初至"河南国"，仍出海西郡，进入流沙，到高昌郡⑥。按"河

---

① 足立喜六：《法显传考证》，第 32 ~ 33 页。
② 陶保廉：《辛卯侍行记》卷四，第 34 ~ 35 页（光绪刊本），"西宁西北 110 里大通县，又
　北 90 里北大通，又西 90 里金沙城，又西北 90 里察汉俄博，又北 110 里永固管，又西北
　20 里洪水营，又西北 140 里为甘州（张掖）"。
③ 《晋书》卷一二六，页 1399（开明"二十五史"本）。
④ 岑仲勉：《佛游天竺记考释》，第 10 页（国学基本丛书本，1934）。
⑤ 沙畹：《中国之旅行家》，第 11 页（冯承钧译本，收入《西域南海考证译丛八编》中，
　中华书局，1958）。
⑥ 释慧皎：《高僧传》卷三，第 5 页（1884 年金陵刻经处本）。

南国"即法显所经过的"乾归国"（西秦）。这时乞伏乾归已死，他的儿子炽磐嗣位为王。他们父子都曾自称"河南王"。晋义熙十二年（416 年）晋曾拜炽磐为平西将军、河南公①。南凉已为西秦所灭，所以只有海西郡而没有"傉檀国"（南凉）。"海西"疑为"西海"之误。王莽曾于青海西设置西海郡。东汉永元中也曾一度设置，后复废②。《隋书·地理志》有西海郡，和西平郡并列，谓"置在古伏俟城，即吐谷浑国都"③。陶保廉以为汉西海故城在今巴哈淖尔西北和硕特东上旗，隋西海郡则在青海西十五里，当今绰罗斯北中旗地④。《魏书·地形志》和洪亮吉《十六国疆域志·西秦》（卷一五）都没有西海郡。这里提及这郡名，如果不是当时郡县兴废无常，史籍失载；便是由于采用古地名。昙无竭所走的路线，由靖远经兰州至青海这一段，是和法显的大致相同。在青海境内，大概也是经过西宁而西的。但是他由西宁如何去到高昌郡（今新疆吐鲁番县），已是无法详考了。

过了差不多一个世纪，宋云等于北魏神龟元年（518 年）由洛阳赴西域求经。他的路线是：由洛阳出发后，"西行四十日至赤岭，即国之西疆也。皇魏关防，正在于此"，"发赤岭西行二十三日，度流沙至土谷浑国"，"从土谷浑西行三千五百里至鄯善城"⑤。顾祖禹谓赤岭在西宁卫西三百二十里⑥。沙畹以为赤岭在西宁之西，而吐谷浑都城应在今青海布喀音噶尔沿岸求之⑦。但是沙畹既以为逾赤岭后的大非川为布喀音噶尔，那么，再西行二十三日的吐谷浑都城，应该在今日柴达木盆

---

① 《晋书》卷一二五，页 1396 ~ 1397（开明"二十五史"本）；又秦锡田《补晋僭国年表》，第 4005 ~ 4006 页（二十五史补编本）。
② 顾祖禹：《读史方舆纪要》卷六四，第 2741 及 2752 页（中华书局，1955）。
③ 《隋书》卷二九，页 2434（开明"二十五史"本）。
④ 陶保廉：《辛卯侍行记》卷四，第 2 页（光绪刊本）。
⑤ 杨衒之：《洛阳伽蓝记》卷五，第 1 ~ 2 页（四部备要本）。
⑥ 顾祖禹：《读史方舆纪要》卷六四，第 2753 页。
⑦ 沙畹：《宋云行纪笺注》，第 9 ~ 10 页（冯承钧译本，收入《西域南海史地考证译丛六编》中，中华书局，1956）。

地。宋云是敦煌人，他的路程可能由柴达木盆地北行度当金山口至敦煌然后西行入今日新疆①。宋云也可以由西宁经柴达木盆地的南缘，越阿尔金山至新疆的婼羌。近代这条道路仍被利用，但不及西宁经都兰和敦煌然后转入新疆的哪一条道路的方便②。无论他当时采取哪一条路线，在他未达到柴达木盆地以前，他一定要经过今日的西宁，才可以达到西宁以西的赤岭，然后入吐谷浑。

在宋云以后，乾陀罗人阇那崛多由他本国东来长安。他经过于阗等处，"又达吐谷浑国，便至鄯州，于时西魏后元年也"。"周明帝武成年（559 年）初届长安"③。鄯州是后魏孝昌二年（526 年）所置的，即从前的西平郡地。隋大业三年（607 年）罢州复为西平郡④。郡治虽曾由西都县（今西宁）迁至湟水县（今乐都县），可见阇那崛多所经的路线，是由今日新疆和阗（古于阗），经过青海柴达木盆地而达西宁、乐都，然后东行赴长安。西魏废帝和恭帝都曾改元，但是都没有年号名称。北周"贺屯植墓志"有"魏前二年……赐姓贺屯"⑤。《周书》卷二九本传中，植赐姓贺屯事系在文帝大统和恭帝元年之间，知道魏前二年便指废帝二年。可见这里的"西魏后元年"当是指恭帝元年（554 年）。

这类文献上的资料，如果再加搜寻，一定还可以再找出一些例子。总之，由文献资料来看，今日青海西宁在第 4 世纪末至第 6 世纪初，在当时中西交通路线上是占有相当重要地位的。现在这一大批第 5 世纪的波斯银币在该地发现，更可替我们增添实物的证据了。

---

① 陶保廉：《辛卯侍行记》卷五，第 45 页有敦煌至青海柴达木的路程，第 45～49 页有敦煌至新疆的路程，可以参考。
② 严德一：《边疆地理调查实录》，第 45～46 页（商务印书馆，1950）。按今日由西宁到新疆的公路，仍是采用这两条路线，见《中华人民共和国地图集》（地图出版社，1957）。
③ 释道宣：《续高僧传》卷二（1935 年影印宋碛砂藏本第 468 册，第 14 页）。
④ 李吉甫：《元和郡县志》卷三九，第 15 页，鄯州条（武英殿聚珍本）。
⑤ 赵万里：《汉魏南北朝墓志集释》第 4 册，图版 350（科学出版社，1956）。

补记：据目睹出土情况的王丕考同志说，这批银币出土时装在小罐中，估计在 100 枚以上。罐中还有近 20 枚铜币，内有开元通宝和王莽时的货币（《考古》1962 年第 9 期，第 492 页）。若然，则这批银币埋入土的时代当在唐初，但输入的时代仍有较早的可能。

1962 年 10 月

新疆吐鲁番最近出土的波斯萨珊朝银币[*]

新疆吐鲁番从前曾出土过几批波斯萨珊朝银币，我曾加以描述。最近又发现了两批，承新疆维吾尔自治区博物馆李遇春同志将拓片交给我鉴定，又承该馆吴震同志来信说明这两批银币的来源和各枚的重量、大小等。现将鉴定结果汇报如下，并向二位同志深表谢意。

一　哈拉和卓高昌古城出土的一批

这一批共 20 枚，系最近由新疆博物馆收购入藏。在博物馆中以"TK"字母编号，共编 20 号。据吴震同志来信说："它们是哈拉和卓（二堡）的一位维族老乡在高昌故城内挖出来的，已保存了一二十年了。出土时是一起放着的。"

这 20 枚银币的大小（最大直径）、重量和铭文等情况，现在列表如下（表 1）。至于各枚正、背面的花纹，因为我在上引的一文中已加描述，这里从略（图 1、图 2）。

　＊　本文原载《考古》1966 年第 4 期。

表1　高昌古城出土波斯银币登记表（编号前省去"TK"号）

编号	重量（克）	直径（厘米）	正面铭文	背面	类型
1	4.1	2.6	（左）MZDISN，BGI，（右）ARTHShTR	祭坛中心柱作细柱形	II
2	4.4	2.9	（左）MZDISN，BGI，（右）Sh[H]PURI，MLKAN M[LK]A	祭坛中心柱上 RAST（右）Sh H[PUHRI],（左）HU？	III
3	4.0	2.8～3.0	（左侧至胸下）MZDISN，BGI，ShHPUH（右）RI，MLKAN，MLKA，AIRAN？	（右）ShH[PUHRI],（左）AT？…,火焰左上 SIJ？	III
4	4.1	2.7	（左）MZDISN，BGI，（右）…ML[K]AN…AN	中心柱作细腰鼓形	II
5	4.2	2.6～2.7	（右）ShHP…	柱上：RAS[T]	I
6	4.2	2.6	（左）MZDISN，BGI，（右）ARTHShT[R]	柱作细柱形	II
7	4.2	2.7	（左）MZDI[SN]，BGI，（右）AR…MLKAN	圣火两侧似有铭文	III
8	3.4	2.6	（左）ShH[P]HR[I],（右）MZDISN，BGI	柱上，RA[ST]	I
9	4.1	2.9	（右）BGI，ShHPUH[RI]	柱上，[R]AST	I
10	4.4	2.8～3.1	（左）MZDI？（右）BGI，ARTHShTR	柱作细柱形	II
11	4.3	3.0	（右）ShHPUHRI	柱上铭文不清	I
12	4.3	2.8	（右）ShHP[UHRI]	柱上，[R]AST	I
13	4.3	3.0	（右）[B]GI，ShHPUHR	柱上铭文不清	I
14	4.2	2.9～3.0	（左）MZ…（右）ARTHShTR，ML…A	柱上：[RA]ST？	II
15	4.1	2.6	（左）MZDIZN？（右）BGI，ShHPUHRI	柱上：[R]AS[T]	I
16	4.2	3.0	（左）ShT？（右）MZDIZN，BGI，ARTH[ShTR]	柱作细柱形	II
17	4.0	2.8	（左）MZDIZN，（右）ARTHShTR，MLKN，	柱作细柱形	II
18	4.1	2.9～3.1	（右）Sh？HPUHR	柱上：[R]AS[T]	I
19	4.1	2.7	（右）BG[I]？ShH[P]UHR	柱上：RAS[T]	I
20	4.3	2.5～2.6	（右）Sh？HPU[H]R	柱上铭文不清楚	I

根据这个表，可以看出这 20 枚可分为三个类型，分别属于（I）沙卜尔二世（Shapur II，310～379年），计 10 枚，（II）阿尔达希二世（Ardashir II，379～383 年），计 7 枚，（III）沙卜尔三世（383～388 年），计 3

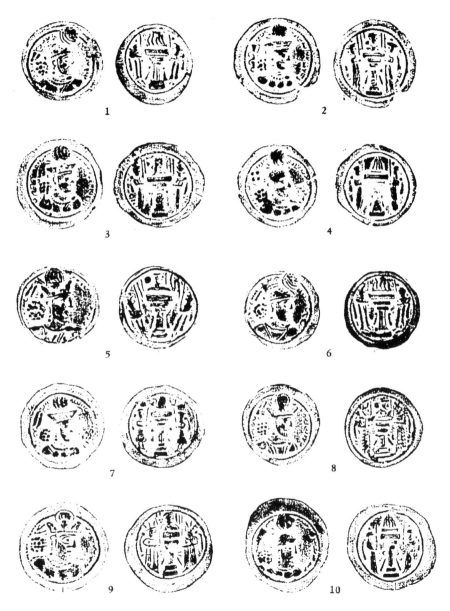

图1 哈拉和卓高昌古城出土的波斯银币（一）

1～10. TK1～TK10（原大）

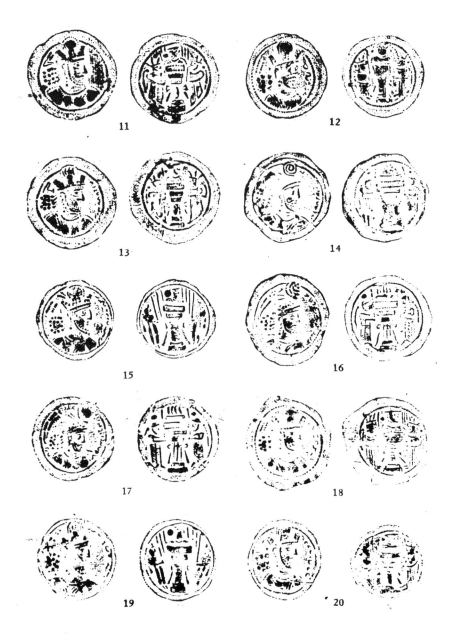

图 2　哈拉和卓高昌古城出土的波斯银币（二）

11～20. TK11～TK20（原大）

枚。这情况和 1955 年春在高昌古城中所发现的一批相类似；那一批的 10 枚，也是分属于这三个王的，而以沙卜尔二世和阿尔达希二世的为多。沙卜尔二世在位的时间达 69 年之久，加之在他的统治下，经济方面很繁荣，所以他的银币，在萨珊朝诸王中，除了库思老二世以外，是发现最多的。我们这一批也以他的为最多。就三种银币所占的比例来推论，我们这一批大概也是属于沙卜尔三世初年所埋的。此外，1957 年在高昌城中所发现的二枚阿尔达希二世的银币，也是属于这时期的。这时候正是前秦苻坚命吕光率众 7 万西征（382 年），经高昌、焉耆而攻灭龟兹，吕光威名著于西域的时期。据《晋书》记载，当时"桀黠胡王，昔所未宾者，不远万里，皆来归附"。吕光返师东归，途中闻苻坚淝水之败，当是太元九年初（384 年）事。吕光至高昌，苻坚高昌太守杨翰迎降。太元十四年（389 年）吕光自立为三河王以后，以高昌"地居形胜，外接胡虏"，便以他的儿子吕覆为西域大都护，镇高昌①。关于高昌古城中这三批大约沙卜尔三世时（383～388 年）埋入的波斯银币，我们可以从这一历史背景来考虑它们在中西交通史上的意义。

二 阿斯塔那高昌古墓出土

1959 年 10 月至 1960 年 11 月期间，新疆博物馆在阿斯塔那墓地先后发掘 40 座墓②。据吴震同志来信说："其中有 8 墓共出波斯银币 10 枚。M302（永徽四年墓志）、M325（出土显庆元年文书）各出 2 枚。M319、M322（龙朔三年墓志），M332（出麟德二年文书）、M337（显庆二年墓志）、M338（乾封二年墓志）、M339（延寿三年＝武德九年墓），各出 1 枚。"这次只寄来 M302 墓的 2 枚的拓本，其余的有 4 枚因

---

① 《晋书》卷一二二《吕光载记》（百衲本）。
② 发掘简报见《文物》1960 年第 6 期，第 13～21 页；又 1962 年第 7、8 期合刊，第 14 页。

锈重不清楚，有 4 枚一时找不到。我现在只能就这两枚来描述和说明（图 3）。此外，附带一述 M338 出土的一枚。

图 3　吐鲁番阿斯塔那古墓出土的波斯银币（原大）

[1. M302：025　2. M302：027]

这 2 枚分别出 M302 的 II 号和 I 号女尸的口中，田野器物号为 M302：025 和 M302：027。这墓出土有永徽四年（653 年）墓志。025 号似曾剪边，直径 2.6～2.8 厘米，重 2.9 克；027 号直径 3.1 厘米，重 3.9 克。两者正面都是半身的王者像，脸向右，发髻束成球形，悬于颈后。王冠底部有两列联珠，冠上部有二个或三个雉堞形的饰物，冠顶为一新月，上托一星，右左侧夹以两翅膀。冠前又有一小型的新月和一星；冠后也有一星。颈前有一新月，露于肩部之上。耳下垂有组成三角形三颗珠所成的耳饰，颈部有一联珠的项链，链的中央也下垂三颗珠子所组成的垂饰。左右肩各有两道联珠，由肩部下垂至胸前。这两道联珠旁各有一新月和星，分别饰于左右肩上。两肩又各上飘一条纽结形的带。钵罗婆文的铭文，便在这两条纽带的上方，排列法都是由上而下。右侧为王名 YZDKRT，即耶斯提泽德（Yezdigird）。左侧两行，上行为复合的单体字，代表 GDH，乃"王权（Kingship）"的意思；下行为 AFZUT，乃"昌盛"的意思。联珠形圆圈的外框以外的边缘上，左右两侧和下方都有一个抱着五角星的新月。二枚的不同处是：025 的王像，脸上有须，联珠形外框共有二道，框外的下右边缘有铭文（铭文似为 A [F] D，即"良佳"的意思）；027 无须，外框仅一道，框外无铭文。

　　二枚的背面，中央为拜火祭坛，坛的基部为三级，坛的两侧各有
祭司一人，正向站立。坛上火焰的左侧为一五角星，右侧为一新月。
右侧铭文为铸地，左侧为年份。周围绕以联珠形外框二道或三道，框
外的边缘上，左右上下各有一个抱星的新月。二枚的不同处是：025
的铸地为 BH，倭尔克以为即伊拉克的 Bihkobādh，年份铭文不大清楚，
可能为 YAJ? DH? （十一年）；而 027 的铸地似为 UN 或 UZ 二字母，
不知指何地，年份为 YAJDH，即十一年，相当于公元 642 年，即贞观
十六年。

　　根据前面的描述，知道这两枚都是耶斯提泽德三世所铸。摩根的
《东方古泉学手册》中便有这种银币的图绘（图 4），可以和我们这两
枚相对照。铭文中已指出王名为耶斯提泽德。而这种王冠（图 5），更
是耶斯提泽德三世所独有的，不会是同名的一世或二世[①]。这是他的银
币，可以无疑。

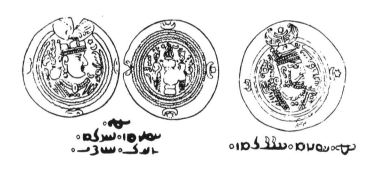

图 4　伊嗣侯银币（摩根书中图 420 ~ 图 412）

　　此外，M338 出土的一枚，虽然没有拓片，曾承吴震同志将铭文描
摹寄来。我们可以确定它是库思老二世（590 ~ 627 年）的银币。正面

---

① 摩根（J. de Morgan）：《东方古泉学手册》（Manuel de Numismatique Orientale）第 1 册
（1923 ~ 1936），第 330 页，图 420 和图 421；波普（A. U. Pope）主编《波斯艺术综览》
（1938）第 3 卷，图 745。

图 5　伊嗣侯王冠的样式

（波普书第三卷图 745）

右侧铭文为王名 HUSRU［I］，左侧二行，上行为代表 GDH 的复合单体字，下行为 AFZUT。背面左侧为铸地 AHM，即今日伊朗的哈马丹（Hamadan）的古地 Ahmat-ana，右侧为年份，HFTSIH（37 年），即公元 626 年。在正面的圈框外，还有 AD 二个字母，和上述 M302：025 的正面框外铭文相同。我以为可能是 AFD，其中 F 或不清楚，未曾摹出，也可能原来漏掉。这枚银币编号为 M338：011，直径 3 厘米，重 4 克。这座墓出土乾封二年（667 年）的墓志。

耶斯提泽德三世，便是我国史书中的伊嗣侯，或作伊嗣俟[①]。他是萨珊朝的末代国王，在位时期为公元 632～651 年。637 年巴格达被阿拉伯人所占后，他逃往中亚。642 年阿拉伯军追至尼哈文城（Nahāvand），波斯实际上已被征服。651 年他被刺死于墨尔夫（Merv），萨珊朝遂亡。661 年其子卑路斯曾来中国乞师复国，未能如愿。《旧唐书》说伊嗣侯于贞观二十一年（647 年）遣使入贡，当是前来请援[②]。这表示当时中国和波斯的关系的密切。波斯亡后，当有许多波斯贵族和富人，向东逃奔。位于交通孔道上的高昌，这时和稍晚的墓葬中有较多的波斯银币出土，自是毫不足怪的事。这次出土波斯银币的八座墓中有七座可以确定时代，其中除一座为延寿三年（626 年）之外，其余六座分别为 653、656、657、663、665、667 等年份，可以作为旁证。

1915 年斯坦因在这阿斯塔那墓群的发掘工作中，也获得三枚波斯萨珊朝银币，其中一枚出土于 Ast. v. 2. 墓，已成碎片，不能鉴定属于

---

① 《旧唐书》卷一九八《西域传》作"伊嗣侯"，《新唐书》卷二二一下《西域传》作"伊嗣俟"（皆依百衲本）。张星烺：《中西交通史料汇编》第 4 册，第 75～76 页，以为"正确译音当以伊嗣俟为准确"，是也。

② 《旧唐书》卷三《太宗本纪》及卷一九八《西域传》，皆作贞观二十一年；《册府元龟》卷九六六亦然。《新唐书》卷二二一下，系于贞观十二年，疑误。

何王；其旁侧属于同一家族的 Ast. v. 1. 墓曾出土乾封二年（667 年）
墓志；另外二枚同出于 Ast. i. 3. 墓，乃荷尔马斯德四世（Hormazd IV，
579～590）、库思老二世（590～627）各一枚①。1928 年黄文弼同志在
吐鲁番雅尔湖一座高昌墓中发现一枚库思老二世的银币，与武德四年
（621 年）开始铸造的开元钱同出②。这些银币虽铸造年代稍早，但是相
去不远，也可能是到这时期中才埋进去的。前面提到过的这次所发掘的
M302 墓，有乾封二年（667 年）墓志，但是所出土的银币，却是库思
老二世的，可以作为一个显明的例子。

---

① 斯坦因（A. Stein）：《亚洲腹地》（*Innermost Asia*）1928 年第 2 卷，第 993～994 页，图版
　CXX，18～19。
② 在原报告《吐鲁番考古记》（1954）中，原作者是听信当地一个毛拉的话，误以为这枚银
　币为阿拉伯王莫阿为岩（Mùawiya，661～680 年）的货币。后来杨联陞在《哈佛亚洲研究
　学报》第 18 期（1955）一篇文章中，照样援引，未察其误（第 150～151 页）。最近沙斐
　（E. H. Schafer）在他的《撒马尔汗的金桃——唐代外来品的研究》（1963）一书，又转引
　杨联陞的文章，说这枚高昌古墓出土的银币，一面有祆教祭师，另一面有哈利发莫阿为
　岩的王名（第 257 页）。真可以说"以误传误"了。

河北定县塔基舍利函中
波斯萨珊朝银币[*]

  1964 年 12 月，河北省定县城内东北隅华塔废址底下石制舍利函中，发现了大批北魏时代的遗物，包括金银器、铜器、琉璃器、珠玉、五铢钱和波斯银币。石函上有北魏孝文帝太和五年（481 年）的铭文，记载这批遗物埋入的年代。关于这次的发现，已另有简报加以报道①；本文只对所发现的波斯银币，加以描述和说明。承河北省文化局文物工作队将这批银币标本委托作者进行研究，特在此表示谢意。

  这次所发现的银币，一共 41 枚，都是波斯萨珊朝的。各枚的重量，除了残破或有附锈很多的以外，一般是 3.59～4.29 克，其中 4～4.2 克者占 83%，是萨珊朝的"德拉克麦"（drachm）银币。花纹和铭文，都是由印模压印出来的，所以各枚边缘并不成整圆形，它们的最大直径从 2.69～3.19 厘米不等。

  根据正面的半身王像所戴王冠的样式和铭文中的王名，可分为

---

  * 本文原载《考古》1966 年第 5 期。

  ① 河北省文化局文物工作队：《河北定县出土北魏石函》，《考古》1966 年第 5 期。

二型三式。II 型即卑路斯（457～483 年）的银币，分为 A 式（王冠的中央和后面为雉堞形，前面为新月形）和 B 式（王冠中间有雉堞形，前后饰以一对翼翅）。关于这两式的正、背面的花纹，我在《青海西宁出土的波斯萨珊朝银币》一文，已加详细描述，这里从略。

I 型只有一式，是耶斯提泽德二世（Yezdigird II，483～457 年）的银币。他是卑路斯的父亲，二者的时代相衔接。这一型在我国境内还是第一次发现，所以稍作描述如下：正面是半身王像，王冠上有三个雉堞形饰物，冠顶一新月上托一圆球。在一些简陋化的标本上，这些雉堞形饰物轮廓模糊，有点像一串相叠的大小不等的串珠。新月下有两飘带向后飘举，冠底一道联珠，颔下一行小点作为胡须。这些东西在简陋化的标本上常常模糊不清楚，甚至于省略去不加表现。脑后有球形髻，一飘带由肩部飘起直至髻后。项后有一串联珠项链，胸部有联珠三道。王像两侧有钵罗婆字体的铭文。多为 KaDI, IeZDeKeRTI, MaLKAN MaLKA，译意为"主上，耶斯提泽德，万王之王"，也有末尾省略去 MaLKA 一字的。背面中央是拜火教祭坛，底座二层，中心柱较细，柱两侧有绦带。坛的上部三层。火焰由四层长点组成，也有简化为三层的。两侧祭司手持长矛，背后各有铭文，右侧为简化的王名，左侧为铸造地点。摩根的《东方古泉学手册》中便有这一型银币的图绘，可以对照（图 1）[①]。王冠的样式是这一型的特点（图 2）[②]，再结合铭文中的王名，可以确定为这一国王的银币无疑。

现在将这 41 枚银币的大小（最大直径）、重量、铭文等，列表如下（表 1）。

[①] 摩根（J. de Morgan）：《东方古泉学手册》第 1 卷（1923～1936），第 318 页，图 399。

[②] 波普（A. U. Pope）主编《波斯艺术综览》1938 年第 3 卷，图 745。

图1 耶斯提泽德二世的
银币（依照摩根书中图399）

图2 耶斯提泽德二世王冠的样式
（依照波普书中第三卷图745）

表1 41枚银币情况列表

编号	重量（克）	最大径（厘米）	正面铭文	背面铭文	类型	备注
1	3.38	3.06	（右） KDI, IeZDKRTI （左）MLKAN	（右）IeZDKRT［I］（左）残缺	I	边残，图版1,1
2	3.88	3.16	（右） DKI, IeZDKRTI, M （左）LKAN	（右）IeZDKR［TI］（左）? A	I	图版1,2
3	4.00	3.07	（右） KDI, IeZDKRTI （左）MLKAN, MLKA, 框外边缘有铭文	（右）IeZDKR（左）不清	I	图版1,3
4	3.97	2.91	（右） KDI, IeZDKRTI （左）MLKAN	（右）IeZDKR（左）? H	I	
5	4.00	2.89	（右）KDI, PiRUČI（左）MLKA	（右）BM?（左）无字	IIA	边残
6	4.18	2.81	同上	（右）DA（左）ShTA = 6	IIA	图版1,4
7	4.14	2.77	（右）KDI, PiRU（左）ČI	（右）AÏ（左）A? …	IIA	
8	4.04	2.82	（右）KDI, PiRUČI（左）MLKA	（右）AB?（左）ShTA? = 6	IIA	
9	4.18	2.94	同上	（右）AB（左）TRTA = 3	IIA	
10	4.17	2.97	同上	（右）RIU?（左）ǰDRDH = 14	IIA	图版1,5
11	4.15	2.93	同上	（右）UH（左）T［SA］= 9	IIA	图版1,6
12	4.10	2.76	（右）KDI, PiRUČ（左）不清楚	（右）DA（左）KhMShA = 5	IIA	
13	4.13	2.87	（右）KDI, PiRU（左）ČI	（右）不清（左）Y? …	IIA	
14	4.16	3.04	（右）KDI, PiRUČI（左）不清楚	（右）AÏ（左）无字	IIA	
15	4.12	2.81	（右）KDI, PiRU（左）ČI	（右）AB（左）TS［A］= 9	IIA	
16	4.10	2.85	同上	（右）AB（左）TS［A］= 9	IIA	
17	4.12	2.89	（右）KDI, Pi…（左）ČI, MLK	（右）AIR?（左）TSA = 9	IIA	

续表

编号	重量(克)	最大径(厘米)	正面铭文	背面铭文	类型	备注
18	4.16	2.89	（右）KDI,PiRU　（左）ČI	（右）AB（左）T…	IIA	
19	4.17	2.74	（右）KDI,PiRUČI（左）LK…	（右）AB（左）T…	IIA	
20	4.08	2.79	同上	（右）AB（左）T…	IIA	
21	3.59	2.67	（右）KDI,…I　（左）MLK	（右）AB（左）T…	IIA	
22	4.16	2.69	（右）KDI,PiRU　（左）ČI	（右）UH（左）STA＝6	IIA	
23	3.84	2.79	同上	（右）AB（左）TSA＝9	IIA	
24	4.08	2.85	同上	（右）ST?（左）? A	IIA	
25	3.90	2.81	铭文不清楚	（右）AB（左）A	IIA	附锈
26	4.15	2.92	同上	铭文不清楚	IIA	附锈
27	4.38	2.95	同上	（右）AÏ（左）T…	IIA	附锈
28	4.00	2.73	同上	（右）UH（左）TSA＝9	IIA	附锈
29	4.40	3.09	同上	铭文不清楚	IIA	附锈
30	4.13	2.86	（右）KDI,PiRU　（左）ČI	（右）AÏ（左）A? …	IIA	有破孔
31	4.66	3.19	铭文不清楚	铭文不清楚	IIA	稍残,附锈
32	3.90	2.75	（右）KDI,PiRUČ（左）M? …	（右）AÏ（左）[S]TA＝6	IIA	边残
33	4.02	3.00	同上	（右）AP?（左）无字	IIA	边残
34	4.29	2.90	同上（不大清楚）	（右）AS（左）不清楚	IIA	破为四片
35	4.15	2.89	铭文不清楚	（右）Š? U?（左）T…	IIA	破为三片
36	4.14	2.80	（右）KDI,PIRUČi（左）L…	（右）ŠU（左）T…	IIB	图版1,7
37	4.15	2.88	（右）KDI,PIR　（左）UČI	（右）KR（左）T…	IIB	图版1,8
38	4.03	2.92	（右）KDI,PiRUČI（左）MLK	（右）UH（左）…S? …Y? …	IIB	
39	4.15	2.89	（右）KDI,PiRUČI（左）MLKAN	（右）B? A?（左）Y? K?	IIB	
40	4.12	2.71	（右）KDI,PiRUČI（左）M?	（右）AIR?（左）A?	IIB	
41	4.40	2.72	铭文不清楚	铭文不清楚	IIB	附锈

注：原编号每件都冠以"定7",表中从略。

根据表1,我们可以看出来,这41枚中,I型的共4枚,都是属于耶斯提泽德二世（438~457年）；II型A式31枚,B式6枚,都是属于卑路斯（457~483年）。I型中背面铭文没有标出纪年的,因为标出纪年是卑路斯即位后第三年才开始的,在他以前并无先例。这37枚卑路斯银币中，纪年铭文有 3 年、5 年的各 1 枚，6 年的 4 枚，9 年的 6 枚，14 年的 1 枚。卑路斯在位共 26 年，他的 14 年相当于公元 470 年，即北魏孝文帝即位的前一年。贮藏这批遗物（包括银币）的石函上铭文说："太和五年（481 年）……二月舆驾东巡狩，次于中山，御新城宫，北幸唐陂……帝后爰发德音……造此五级佛图。" 这时北魏的都城仍在代，即今山西大同。太和十八年（494 年）才迁都洛阳。中山即今定县。据《魏书·孝文本纪》，"太和五年春正月己卯，车驾南巡，丁亥至中山；……二月癸卯，还中山，己酉，讲武于唐水之阳"[①]。这时孝文帝年仅 15 岁，文明皇后冯氏，以太皇太后摄政。铭文中"帝、后"便是指孝文帝和文明太皇太后。这些银币和其他共出物，可能有一部分便是"帝、后"所施舍的。这时候，北魏皇室的贮藏库中所搜刮的财物很丰富。太和十一年，因为"承平日久，府藏盈积"，曾经下诏将"御府衣服、金银、珠玉、绫罗、锦绣、太宫杂器、太仆乘具，内库弓矢，出其太半，班赏百官"[②]。这些建塔时的施舍品，很可能有一部分便是由皇室贮藏库（"御府"）中拨调出来的。北魏在孝文帝太和五年（481 年）以前的 26 年间，曾记载波斯国"遣使朝献"达五次之多，即太安元年（455 年）、和平二年（461 年）、天安元年（466 年）、皇兴二年（468 年）、承明元年（476 年）[③]。第一次是耶斯提泽德二世所派遣的，以后的四次是卑路斯所派遣的。这时皇室贮藏库中有波斯使臣所带来的波斯银币，那是毫不足怪的事。这批银币的发现，可作为那时中、波两国当时交往频繁的物证。但是它们当时在北魏并不作为流通市面上的货币，而是和"金、银、珠、玉"等宝物一起，作为"御府"中的宝藏。

波斯萨珊朝铸币的背面铭文标举铸造地点，实开始于发拉哈朗五世（Varahran V，420~439 年在位）。耶斯提泽德二世（438~457 年在位）

---

① 魏收：《魏书》（百衲本），卷七上，页 20。
② 《魏书》，卷七下，页 3；又卷一一〇，页 10。
③ 张星烺：《中西交通史料汇编》第 4 册，《古代中国与伊兰之交通》，第 60 页，1930。

嗣位后，也有时加以采用。我们这批中的 4 枚 I 型银币，也有标举铸地
的，但铭文模糊不清，不能确定地名。卑路斯的 37 枚银币中，铸地可
以大致认辨出来的约 31 枚：AB 10 枚，AÏ 5 枚，UH 4 枚，AÏR、DA、
SŬ 各 2 枚，AP?、AS、BM?、KR、RIU、ST? 各 1 枚。因为这些是地
名的缩写，并且铭文常常模糊不清，加之我们现代对于萨珊朝的行政地
理的知识又是很有限，所以大多数无法确定这些地名的全名和它们现今
地点。根据摩根的研究，萨珊朝铸币上缩写的铸造地名，达 215 个之
多，仅少数的可以考证出来。我们这一批中，AB 是 Aberkouth（?）或
Aberqobad（?）或 Abhar（?），AÏ 或 AÏR 可能是 AIRAN 的缩写，DA
是 Darabjerd，KR 是 Kirman，RIU 是 Raga（?），SŬ 是 Susa（?），ST 是
Stakhar（?），UH 是 Veh – Ardechir（?）或 Veh – Chapour（?）或
Veh – Kobad（?）[1]。其余的便难考定了。

这一批银币中，特别可注意的是标本 "7：3"。这枚是耶斯提泽德
二世的银币，但是正面联珠纹圆框以外的边缘上，右边有一个 S 形的符
号，下边有一行铭文。这一行印压的铭文，和正面中央部分的花纹比较
起来，压痕较深入，轮廓也较清楚，显然是后来打印上去的。这一行铭
文的文字也不是波斯钵罗婆文，而是呎哒文。这一民族，据我国史籍记
载，是 "大月氏之种类也，亦曰高车之别种。其原出于塞北"[2]。西方
史籍称他们为压夫达利特人（Ephthalites 或 Heph thalites）或称 "白匈
奴"，以为是匈奴的别种。原居塞北的匈奴余种为蠕蠕豆代可汗社仑所
破后，分别西遁，一支为侵入欧洲的阿铁拉所率领的匈奴，另一支便是
这 "白匈奴"。他们占据中亚细亚，465 年南下攻破乾陀罗国。484 年
波斯王卑路斯与白匈奴交战阵亡，卑路斯的儿子喀瓦特被废黜后曾借白
匈奴的兵力，才得复位。但后来波斯王库思老一世（531～579 年）和

---

① J. de Morgan, *Manuel de Numistique Orientale*, Tome I, pp. 297 – 299.
② 李延寿：《北史》（百衲本）卷九七《西域传》，页 23。今本《魏书》卷一〇二《西域
传》，乃后人取《北史·西域传》以补阙，原卷已亡佚。

突厥联盟，于 567 年灭白匈奴①。我国史籍中也说，哌哒盛时"西域康居、于阗、沙勒、安息及诸小国三十许，皆役属之，号为大国"。又说"自太安（455～459 年）以后，每遣使朝贡。……永熙（532～533 年）以后，朝献遂绝"②。哌哒国自铸的银币，也是摹仿波斯萨珊朝的银币，但是王像不同，铭文采用本国文字，也有采用钵罗婆字或印度婆罗谜字的。这种银币发现不多。另一种是在波斯的铸币上打上了哌哒文字的戳记，表示可以在他们的国境内流通作为法币③。我们这一枚便是属于这一种的。这种文字，在阿拉伯时代，哌哒的旧境内仍有使用。但是后来便失传了。虽然近来有人做过研究，并提出对各字母的音值的假定，例如圆圈形的字母读作 A，但尚未取得学术界的公认。如果依摩根的字母对照表，这一行文字，自右而左的字母是 Č？UHUNAMZ？。但是这音值并不可靠，至于它的字义当然更是无法通晓④。值得注意的是这一枚打上哌哒文戳记的波斯银币，是和一般的波斯银币一起于 481 年埋入舍利函中作为施舍物。在这以前，哌哒国曾于太安二年（456 年）十一月遣使到北魏"朝献"⑤。这枚银币是前段所提到的那几次的波斯使节将它混在波斯银币中带来的呢？还是原先由哌哒国使臣带来，后来在皇室的贮藏库中混在一起呢？总之，这枚银币是我国境内第一次发现的和哌哒国有关的实物史料。

---

① J. de Morgan, *Manuel de Numistique Orientale*, Tome I, pp. 291 – 292, pp. 446 – 447.

② 《北史》卷九七《西域传》，页 23～24。

③ J. de Morgan, *Manuel de Numistique Orientale*, Tome I, p. 447, p. 456.

④ J. de Morgan, *Manuel de Numistique Orientale*, Tome I, pp. 447 – 448；又倭尔克（John Walker）:《阿拉伯 - 萨珊式古币目录》（1941）LXV～LXVII 页。

⑤ 《魏书》卷五《高宗纪》，页 6。

1. I 型（7：1）

2. I 型（7：2）

3. I 型(7：3)

4. II 型 A 式（7：6）

5. II 型 A 式（7：10）

6. II 型 A 式（7：11）

7. II 型 B 式（7：36）

8. II 型 B 式（7：37）

图版 1　河北定县北魏石函出土的波斯萨珊朝银币

I 型：耶斯提泽德二世（438～457 年）；II 型：卑路斯（457～483 年）。

综述中国出土的波斯萨珊朝银币[*]

　　中国和伊朗两国人民自公元前2世纪（西汉中叶）以来就有了频繁的友好往来；经济贸易方面，互通有无；文化方面，两国文明互相影响。萨珊朝时代（226～651年），联系两国的交通大道"丝绸之路"畅通无阻。中国的丝绸和其他货物，沿着这条"丝绸之路"源源不断地西运[①]，而由波斯等西方国家输入中国的货品，除玻璃器、香料、宝石、银器、毛织物等以外，还有一定数量的萨珊银币。近年来在中国出土的萨珊银币，便是这方面的实物证据。

一　发现概况

　　在中国出土的萨珊式货币，都是银币。这种银币的单位是"德拉克麦"（drachm），平均重量每枚4克左右（但波斯亡国后，太伯里斯坦在771年以后曾经铸造轻币"半德拉克麦"）。我国在解放以前仅在

---

　　*　本文原载《考古学报》1974年第1期。

　　①　关于"丝绸之路"沿途所发现的中国古代丝绸，可参阅《考古学报》1963年第1期，第45～46页和所附的地图。

新疆的吐鲁番和库车两处一共发现 4 批萨珊银币，合计仅只 6 枚。解放以后，我们新发现的便有 29 批之多，共达千枚以上。连同解放以前出土的一共 33 批，总计达 1174 枚，分别在 12 个地方（县）出土。现在将它们的出土年份、地点、数量等，列表如下（表 1）。

表 1　中国出土的萨珊银币一览表

顺序号	出土年份	出土地点	埋藏时间	银币数量	银币年代	资料出处	备注（出土情况等）
1	1915	吐鲁番阿斯塔那古墓	7 世纪	3	荷马斯德四世 1 枚、库思老二世 1 枚（T、I：3）、未能鉴定 1 枚（T、V：2）	斯·993～994	I：3 墓 2 枚，放在死者两眼上。V：2 墓 1 枚，在死者口中
2	1915	吐鲁番高昌古城	约 7 世纪	1	未能确定何王	斯·993	—
3	1928	吐鲁番雅尔湖古墓	7 世纪	1	库思老二世	夏·904	与开元钱同出死者口中
4	1928	库车苏巴什	约 8 世纪	1	库思老二世式样（太伯里斯坦）	夏·905	古城中发现
5	1950 年左右	吐鲁番高昌古城	约 4 世纪末至 5 世纪	20	沙卜尔二世 10 枚，阿尔达希二世 7 枚，沙卜尔三世 3 枚	考·66，IV·211～214	出土时一起放着的
6	1955	吐鲁番高昌古城	约 4 世纪末至 5 世纪	10	沙卜尔二世 4 枚，阿尔希达二世 5 枚，沙卜尔三世 1 枚	夏·897～900	同在一煤精制小方盒中
7	1955	洛阳北邙山唐墓 30	7 世纪	16	其中 2 枚为卑路斯	夏·908；文·60 VIII/IX、94	在人架头部，与铜镜、铜小盒、瓷小盒等同出
8	1955	西安近郊唐墓 007·M30	7 世纪	2	库思老二世 1 枚，仿萨珊朝者 1 枚	夏·903～904	同墓出土有开元钱
9	1956	陕县刘家渠隋刘伟墓	584 年	2	库思老一世	夏·901～902	墓被盗过
10	1956	西宁城内城隍庙街	约 5 世纪末	76（原来过百）	卑路斯	夏·911～917；考·62，IX·492	和"货泉"、"开元通宝"等铜钱一起发现于一陶罐中
11	1956	吐鲁番雅尔湖古墓，T6、T56	约 7 世纪	2	库思老二世	夏·906～907	

顺序号	出土年份	出土地点	埋藏时间	银币数量	银币年代	资料出处	备注（出土情况等）
12	1957	吐鲁番高昌古城	约5世纪	2	阿尔达希二世	夏·907	在路上拣到的
13	1957	西安张家坡隋墓410	约6世纪	1	卑路斯	夏·907	人骨已朽，位置不详
14	1957	西安隋李静训墓	608年	1	卑路斯	考·59，IX·472	与玛瑙、琥珀等饰物同装一铜钵中（边缘有一小孔）
15	1958	山西太原金胜村唐墓5	7世纪末	1	库思老二世（有一鸟形戳记）	考·59，IX·475	与许多装饰品一起放在一个圆形漆盒内
16	1959	新疆乌恰山中	7世纪后半	947	其中库思老一世2枚，二世567枚，"库思老二世样式"阿拉伯币281枚	考·59，IX·482	和金条一起发现于石缝中，原来可能放在袋囊中
17	1959~1960	吐鲁番阿斯塔那古墓	6至7世纪	10	其中库思老二世5枚，耶斯提泽德三世2枚，锈重不清楚3枚	考·66，IV·214~216	墓M302出2枚，分别放于二个女尸的口中
18	1960	广东英德南齐墓8	497年	3	卑路斯	夏·908	都钻有小孔
19	1964	河北定县北魏塔基	481年	41	耶斯提泽德二世4枚，卑路斯37枚	考·66，V·267~270	与珠玉金银器等同装在石制舍利函中
20	1965	长安县天子峪唐塔基	7至8世纪初	7	库思老二世6枚，布伦女王1枚	考·74，II	装在金银盒中
21	1967	吐鲁番阿斯塔那墓363	8世纪	1	耶斯提泽德三世	文·72，II·7	放死者口中
22	1967	吐鲁番阿斯塔那墓77	7至8世纪中叶	1	库思老二世	文·72，I·10	可能原含于死者口中
23	1969	吐鲁番阿斯塔那墓118	7至8世纪中叶	1	库思老二世	文·72，I·10	可能原含于死者口中
24	1969	西安何家村唐代窖藏	8世纪中叶	1	库思老二世	文·72，I·36	与金银器等装在陶罐中

顺序号	出土年份	出土地点	埋藏时间	银币数量	银币年代	资料出处	备注(出土情况等)
25	1970	陕西耀县寺坪隋舍利塔基	604 年	3	卑路斯 1 枚,卡瓦德一世 1 枚,库思老一世 1 枚	考·74,Ⅱ·126~132	与金银饰、料珠、珍珠装于舍利函中(2 枚有细孔)
26	1972	吐鲁番阿斯塔那墓 149	约 7 至 8 世纪	1	库思老二世	现藏新疆博物馆(图五)	放死者口中(穿有双孔)
27	1973	吐鲁番阿斯塔那墓 206	约 7 至 8 世纪	1	库思老二世	现藏新疆博物馆	在死者左眼上(鎏金)
28	1973	广东曲江南华寺南朝墓	5 世纪	9(皆剪半)	未经鉴定	南方日报73.11.25	

说明:资料一项中使用的简称:考=《考古》;文=《文物》;夏=夏鼐:论文,见本文集;斯=斯坦因:《亚洲腹地》,1928。

二 出土地点的分布

根据表 1 中的出土地点一栏,我们绘制了一幅分布图(图 1)。我们可以看出,在中国境内这些萨珊银币大部分出土于"丝绸之路"沿线。第 5 世纪末至第 8 世纪时候,"丝绸之路"的东端终点,应该是河南洛阳,因为当时洛阳是中国的首都或陪都。各地出土数量是:①新疆乌恰 947 枚;②新疆吐鲁番 63 枚;③新疆库车 1 枚;④青海西宁 76 枚;⑤陕西西安(包括长安)12 枚[①];⑥陕西耀县 3 枚;⑦河南陕县 2

---

① 冈崎敬在他的《东西交通の考古学》一书中说陕西一共出土过 10 批外国货币(1973,第 265 页)。但他的第 6 批是第 3 批的复出,第 7 批(金币误作银币)是第 4 批的复出,都应删去。他的第 8 批阿史那氏墓出土银币,是出于文义的误解,也应删去。原来发表的报道,只说西安西郊在 1955~1956 年时"曾出土过唐代西域米国人迷继芬、阿史那毗伽特勤的墓志和古波斯银币等"(《考古》1965 年第 8 期,第 383 页)。这两件墓志和银币是在不同的墓中出土的。这"古波斯银币"便是指他的第 3 和第 4 批,而阿史那氏墓中并没有出土过银币。经托人查对陕西省文管会原始田野记录,确无这三批银币。

枚；⑧河南洛阳16枚；⑨山西太原1枚；⑩河北定县41枚。此外，还有二处远在广东省的英德和曲江，分别出土3枚和9枚（皆剪半边），可能是沿着广州和波斯湾之间的海上航线而来的。

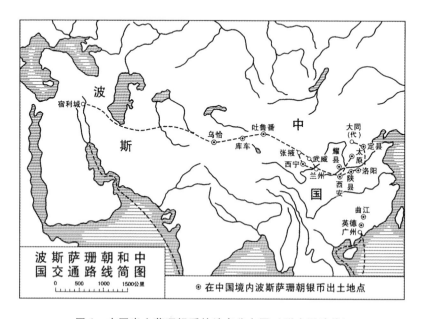

图1　中国出土萨珊银币的地点分布图（附交通路线）

"丝绸之路"在中国境内的路线，从前我们一般认为是由兰州经过河西走廊而进入今日新疆的。最近由于青海西宁发现了一批76枚卑路斯银币（见表1第10批），我们仔细地研究这一发现，再查考中国史书上的记载，认为由第4世纪末至第7世纪初，西宁是在中西交通的孔道上的。这条比较稍南的交通路线，它的重要性有一时期（第5世纪）可能不下于河西走廊。

至于萨珊朝波斯和东方的海道交通，根据波斯人和阿拉伯人的记载：第3世纪阿尔达希一世创业时，便曾遣军到波斯湾海岸，并在那里建立海港。第5世纪时，波斯便有海船东向和印度（今印度和巴基斯坦）、锡兰（今斯里兰卡）直接通航。巴朗五世（Bahram V，或作

Varahran Ⅴ，421～438 年）曾和印度一位公主结婚，得到印度河口的第巴尔（Daibul）商港作为随嫁物（第巴尔便是今日巴基斯坦的巴摩布尔遗址，一般以为便是唐人贾耽的广州通海夷道中的"提䫻国"）[①]。因之，波斯控制了波斯湾至印度河口沿岸的交通贸易，并且也垄断了波斯湾至锡兰岛之间的贸易。6 世纪时，埃及作家科斯麻士（Cosmas）提到当时海道交通，一般是由波斯湾至锡兰岛，然后转舵东北行至东南亚和中国。中国的丝绸即由这航线西运。据拜占庭（东罗马）的记载，拜占庭王查士丁尼一世（Justinian Ⅰ，527～565 年在位）曾企图利用阿比西尼亚人直接去锡兰岛购买丝绸以便突破波斯商人的垄断，但是没有成功[②]。这条海道，中国方面也有记载，可以为证。例如：5 世纪初（411年），我国僧人法显由锡兰岛（狮子国）乘坐可载二百余人的大船返国，他说彼国有"诸国商人共市易"[③]；8 世纪中叶，我国另一僧人慧超，记载波斯国人"于西海汛舶入南海向狮子国……亦汛舶汉地，直至广州，取绫绢丝棉之类"[④]。所以，在中国南方的 5 世纪南朝墓中发现萨珊朝波斯银币，是符合当时中国和伊朗二国之间交通贸易的历史情况的。

三　铸造年代

中国发现的萨珊银币，包括由沙卜尔二世至耶斯提泽德三世等 12王的银币（图版 1、图版 2）。它们的数量如下[⑤]：

---

① 夏鼐：《中国、巴基斯坦友谊的历史》，见《考古》1965 年第 7 期，第 360 页。
② 怀特豪斯等：《萨珊朝海道贸易》（D. Whitehouse and A. Williamsón，"Saranian Maritime Trade"）见英文杂志《伊朗》（Iran）Ⅺ，1973，第 29～49 页。
③ 足立喜六：《法显传考证》（1937 年中译本），第 253、273 页。
④ 《慧超往五天竺传残卷》，1914 年《云窗丛刻》本，11 叶。
⑤ 萨珊朝各王名的拼音和他们在位年代，各家常稍有差异。现依《大英百科全书》1962 年英文版，第 17 卷，第 566 页。

    （1）沙卜尔二世（Shapur II，310～379）   14 枚

    （2）阿尔达希二世（Ardashir II，379～383）   14 枚

    （3）沙卜尔三世（Shapur III，383～388）   4 枚

    （4）耶斯提泽德二世（Yazdegerd II，438～457） 4 枚

    （5）卑路斯（Peroz，459～484）   122 枚

    （6）卡瓦德一世（Kavadh I，488～531）   1 枚

    （7）詹马斯波（Jamasp 496～498/499）   1 枚

    （8）库思老一世（Chosroes I，531～579）   5 枚

    （9）荷米斯德四世（Hormizd IV，579～590）   1 枚

    （10）库思老二世（Chosroes II，590～628）   593 枚

    （11）布伦女王（Boran，630～631）   2 枚

    （12）耶斯提泽德三世（Yazdegerd III，632～651） 3 枚

以上共 764 枚。此外，还有"库思老二世样式"阿拉伯银币 282 枚
（表 1 第 16 批和表 5，29，c）、"库思老二世样式"太伯里斯坦剪边银币
1 枚（表 1 第 4 批），仿萨珊朝式的 1 枚（表 1 第 8 批），未鉴定的 120 枚
（其中第 16 批内的有 97 枚），锈损未能鉴定的 6 枚。总共 1174 枚。

    就古钱学而言，波斯的阿尔达希一世于 226 年推翻安息王朝后，建
立了萨珊王朝，开始铸造萨珊式银币。这种银币的样式抛弃了安息王朝
铸币的风格，反映出波斯原有文化的复兴。银币两面都有花纹，这些花
纹不是熔铸的，而是用模子打压而成的。银币正面是国王的半身像。他
们的胡须、发髻和服饰，都是伊朗式的；尤其是王冠，富丽繁缛，并且
各王的冠冕，各不相同（参见《中国最近发现的波斯萨珊朝银币》一
文图 1）。王像旁侧的铭文，不再用安息货币上的希腊字，改用钵罗婆
字母的波斯字。铭文由王像右边上角开始，依时针逆转的方向，自右而
左；但是沙卜尔三世（383～388 年）以后，改自王像左边下角开始。
王像和铭文的周围，环绕以联珠圆圈。沙卜尔三世以后，银币形式渐趋
向于大而薄，联珠圈外的边缘空白处也增大了。卡瓦德一世（Kavadh

I)复位（499）后，这外缘空白处常添上四个新月抱星，分置于上、下、左、右（如果上边已为越出联珠圈外的王冠所占，则仅有三个）。这是为了防止使用者私自剪边的一种措施。背面正中是波斯国教祆教（拜火教）的祭坛，坛上火光熊熊。自沙卜尔二世时（310～379年）起，火光中常铸有祆神的半身像。祭坛的两旁为钵罗婆文的"某王之火"铭文。沙卜尔一世时（240～271年）起，坛两旁各站一人像（祭司或国王）。巴朗五世时（421～438年）起，右边的改写铸造地点（缩写）；卑路斯时（459～484年）起，左边的也改写铸造年份。库思老二世时（590～628年）起，连背面外缘也铸上四个新月抱星。每王铸币一般仅有一种型式，但是少数国王（如阿尔达希一世、卑路斯等）有一种以上的型式。这些萨珊货币，当年铸造的以银币为最多。金币和铜币为数不多，传世的更少。萨珊货币别具风格，自成一系统，古钱学中称为萨珊式，是比较容易认别出来的①。

根据古钱学研究，萨珊银币以库思老二世的传世最多，其次为沙卜尔二世、库思老一世、荷米斯德四世的②。中国境内出土的，也以库思老二世的为最多。卑路斯、沙卜尔二世、阿尔达希二世、库思老一世次之。但是库思老二世以后较罕见的布伦女王和耶斯提泽德三世的，也曾有发现。这可由当时的历史背景而得到解释。

四 历史背景

综观萨珊朝的历史，这一朝代自沙卜尔二世（4世纪）起，和外界的交涉才较为频繁。他西边与东罗马屡次作战，东边又与大月氏贵霜王国作战。贵霜灭亡后，沙卜尔二世又和哒哒作战，波斯的势力直达今日

---

①　波普：《波斯艺术综览》1967年第2卷，第816～830页；摩根：《东方古泉学手册》第1卷（1923～1936），第289～331页。

②　波普：《波斯艺术综览》第2卷，第825～826页。

的阿富汗境内。这时期中，我国的西北方，最初是前凉割据时代。后来前秦于 376 年灭前凉，遣使西域，而大宛、康居和天竺也都遣使前来。不久前秦又于 382 年命吕光率众 7 万征西域，灭龟兹（库车）。虽然由于当时中原扰乱，以致史籍失载，但是我们相信，当时我国通过阿富汗一定已与波斯有了交通贸易。我国所发现的萨珊银币以沙卜尔二世的和他的两个嗣王的为最早，数量也不少（三批共 32 枚），自不足为怪。

5 世纪时，萨珊朝由于内乱和外患而中衰。5 世纪后期，伊朗曾爆发了与马兹达克教派（Mazdakite）有密切关系的大规模人民起义，严重地打击了封建政权。对外战争方面，卑路斯曾为哌哒人所俘虏，割地赔款才得赎回。卑路斯和他的前王的银币所以能大量地传播到中国，可能是由于哌哒人以所获得的波斯赔款转向东方购买货物。不过 5 世纪后半至 6 世纪初这一时期中，根据中国的文献，中国和波斯还是有经常的友好往来的。在 455 年至 521 年这 66 年间，波斯遣使中国便达十次之多，有几次还和哌哒的使者一起来中国[1]。我们在定县塔基所发现的银币（第 19 批）中，有 1 枚耶斯提泽德二世（438~457 年）的银币边缘压印一行哌哒文字的铭文[2]。这反映了波斯、哌哒及中国三者的关系。神龟中（518~519 年）的那一次，据说波斯的使节持有国书，自称"波斯国王居和多"。这"居和多"一般认为即萨珊朝的第十九个国王卡瓦德一世（Kavadh，488~531 年）。至于这些波斯使节是否确系国王所遣派，抑或波斯商贾所冒充，我们这里可以不加以讨论。总之，这些史料充分地显示了当时中伊两国人民的往来频繁，而这时期所铸的萨珊银币在中国的发现，更为这史实提供了实物证据。

6 世纪中，库思老一世长期在位（531~579 年），萨珊朝复兴。他

---

[1] 张星烺：《中西交通史料汇编》第 4 册，伊兰篇，第 53~55、60~61 页，1930。史料来源是《魏书·西域传》和各《本纪》（卷五至卷九）。

[2] 《考古》1966 年第 5 期，第 269~270 页，图版六，3。

和西突厥联合起来攻击嚈哒，破灭其国，加以瓜分。波斯势力东达阿姆河，和中国的边境更接近了。当时波斯中央集权更为巩固，经济更为繁荣，贸易很是发达。为了贸易的需要，增铸银币。库思老一世的铸币地点达82处之多，所以他的银币传世之多，仅亚于库思老二世；并且就发现的地点可以推知它的传播范围很广：西至地中海沿岸，东达印度河流域，南至阿拉伯半岛腹地，北至高加索山区①。现在我们知道库思老一世的银币，东面远达中国黄河流域的西安附近的耀县和洛阳附近的陕县。中国史书上记载，西魏废帝二年（553年）波斯王曾遣使来中国②。10世纪阿拉伯人麻素地（Mas'udi）的《黄金牧地》一书中记载，在库思老一世时，中国皇帝曾遣使来波斯王廷③。这事不见于中国文献，但事实是有可能的，虽然具体情况未必如该书所叙述的，并且可能是商人冒充使节。

库思老二世（590～628年），萨珊朝国势已不及他祖父库思老一世时那样强盛，但是仍有力量西侵叙利亚和巴勒斯坦，直抵埃及；所以经济更加繁荣，贸易更为发达，需要的银币的数量也增加了。库思老二世的铸币地点达120处之多，以致他的银币成为萨珊银币中流传到后世的最多的一种④，并且后来还成为阿拉伯翁米亚王朝在波斯旧壤各地所铸的"库思老二世样式"银币的祖型。在中伊两国的交通往来方面，《隋书·西域传》提到当时波斯王名库萨和，隋炀帝（605～618年）曾遣使通波斯，波斯也遣使随中国使节来中国回赠礼物。这里的"库萨和"当便是指库思老二世。他的银币成为萨珊朝银币中在中国境内发现的最多的一种，这是在意料之中的。

库思老二世后来以残暴被杀，波斯王室中互争王位，发生内战，国

---

① 摩根：《东方古泉学手册》，第302页。
② 此据《周书·异域传》，但是《北史·西域传》谓在西魏恭帝二年（555年），相差二年。
③ 《中西交通史料汇编》第4册，第65页转引。
④ 波普：《波斯艺术综览》第2卷，第817、824～825、829页。

内阶级矛盾也增剧了。波斯国势，便一蹶不振。布伦女王便是这四年（628～632 年）中倏起倏灭的诸王之一。到了库思老二世的孙子耶斯提泽德三世时（632～651 年），波斯内战平息，但外患增剧，最后被新起的阿拉伯人所灭。两《唐书》都记载库萨和的女儿为王，当便是指布伦女王。两《唐书》又说波斯最后一个国王伊嗣侯（《新唐书》作"伊嗣俟"）于贞观二十一年（647 年，《新唐书》作"十二年"）遣使来中国。后来被逐奔吐火罗，半道为大食兵所杀。这当指耶斯提泽德三世，他遣使中国或许是企图联合中国以抗大食（阿拉伯）。其子卑路斯奔吐火罗，曾于永徽五年（654 年，《旧唐书·西域传》作龙朔元年，即 661 年，此据《册府元龟》卷九九五）遣使中国，诉为大食所侵，请兵救援。唐高宗以道远未能遣师往救。龙朔元年（661 年）又诉为大食所侵。唐高宗授卑路斯为波斯都督府都督，都疾陵府（当即西斯坦的首府 Zaranj）。似乎其国虽灭，部众犹存。据《册府元龟》乾封二年（667 年）和咸亨二年（671 年）波斯都曾遣使来中国（以上见卷九七〇）。咸亨四年（673 年，一作五年），波斯王卑路斯还曾亲自来中国（同上，卷九九九）。他死了以后，调露元年（679 年）唐高宗曾派兵护送他留在长安的儿子泥涅斯西去，准备使之复国，但没有成功。后来泥涅斯客居吐火罗 20 余年，景龙初（707～708 年）复返中国，唐中宗封他为左威卫将军，不久病死（《新唐书·西域传》）。由于这些历史事实，我们可以了解为什么比较罕见的萨珊末期银币（如布伦女王、耶斯提泽德三世）能在中国境内发现。

五　埋藏年代

这 33 批波斯银币的埋藏年代，不仅有的是在公元 651 年波斯亡国以后才入土的，并且有的连印铸或附加压印的年代也是在 651 年以后的。新疆乌恰县出土的 947 枚银币（第 16 批）中，有阿拉伯翁米亚朝代的"库思老二世样式"的 281 枚；其中有些正面边缘空白处（右下角）压印科发体阿拉伯文字"以阿拉的名义"（图版 2，2）；有的压印各种简单图案，如人头等的戳记。山西太原唐墓出土的 1 枚库思老二世银币（第 15 批）也有一个鸟形戳记。吐鲁番唐墓出土的 1 枚（表 5，29，c），不仅在正面圈外有阿拉伯铭文，并且背面年份是 30 年，当是耶斯提泽德纪元，相当于公元 661 年。这些都是 651 年以后的半个世纪内翁米亚王朝东方各省（尤其是最东北的呼罗珊省）的"库思老二世样式"银币的特征。库车古城出土的 1 枚库思老二世银币（第 4 批），剪边成为重量仅达通常波斯银币的一半，这当是翁米亚王朝时太伯里斯坦（Tabaristan）所通行的银币，所谓"太伯里币"（Tabari dirhams）[①]。651 年波斯亡国后，太伯里斯坦仍维持独立一个时期。它的王朝（萨珊朝皇室支系）传代四世后到忽尔施德（Khurshid，711～761 年在位）时才被阿拉伯阿拔斯王朝所灭[②]。唐代史籍《册府元龟》（卷八七一）中记载天宝三年（744 年）和六年（747 年）陀拔萨悍国王阿鲁施多（"六年"条作"忽鲁汗"）曾遣使来华。这便是指忽尔施德。"忽鲁汗"当是王名简称加上突厥语"汗"（国王）。可见当时中国和这地区有直接往来。所以它那里通行的银币和上述的翁米亚王朝东方各省的铸币，都能在中国发现。

银币埋藏的年代，当然要比银币铸造年代为晚。但是它们的时间差距，长短不同。就这 33 批而言，其中有的埋藏年代相当明确（例如一些墓葬或塔基中所出的）。由表 2 可以看出，其中时距最短的只有十年左右，长久的达百年有余。

---

① 关于萨珊朝灭亡后的萨珊式银币的铸造，可参阅倭尔克《阿拉伯－萨珊式古币目录》（J. Walker, *A Catalogue of the Arab – Sassanian Coins*），CXLII 页、CXLVI 页及 CXLVIII 页，1941。

② 拉比诺：《马扎达伦的王朝》（H. L. Rabino, Les Dynasties du Māzandarān），见《亚洲学报》（J. A.）第 228 卷，第 438～442 页，1936。

表 2　萨珊银币埋藏年代（上）

编号	埋藏时间	银币年代	相差年数
9（隋墓）	584	库思老一世 45 年（575 年）	9
14（隋墓）	608	卑路斯（459～484 年）	115
17,a（T302）	653	耶斯提泽德三世 11 年（642 年）	11
17,d	663	库思老二世 33 年（622 年）	41
17,e	656	库思老二世（590～628 年）	28～66
17,g	665⁺	库思老二世 30 年（619 年）	46⁺
17,i（T338）	667	库思老二世 37 年（626 年）	41
17,j	626	库思老二世 31 年?（620 年）(?)	6?
18（南齐墓）	497	卑路斯 11 年（469 年）(?)	29
19（北魏塔）	481	卑路斯 14 年（472 年）	10
25（隋塔）	604	库思老一世 13 年（543 年）	61
27	689	库思老二世 30 年（619 年）	70
29,a	706⁺	库思老二世 33 年（622 年）	84⁺
29,b	685⁺	布伦女王 2 年（631 年）	54⁺
30,a	604	詹马斯波 3 年（498 年）	106
31,a	638	库思老二世（590～628 年）	10～48
31,b	639	库思老二世 30 年（619 年）	20

　　有的虽然埋藏年代没有这样明确，但是依据墓中共存物或遗址年代，可以大体上推定是什么时候埋藏下来的。例如 1915 年发掘吐鲁番同一墓地中出土萨珊银币的两座墓，其中一座（v.2）的墓志是 667 年，另一座（i.3）的出土物相类似，当也是 7 世纪的。其他隋唐墓葬，也可根据随葬物来断代。详细情况见表 3（第 7 批洛阳唐墓 M30 出土的16 枚萨珊银币，只看到 2 枚的照片，都是卑路斯的。恐怕这 2 枚不是16 枚中最晚的，所以没有列入表中）。

　　另外一些银币，没有共出的遗物，出土情况又不明，我们只能根据钱币年代来估计它们的埋藏时间。这里又可分为两种情况：一种是同一国王的银币 10 枚以上一起出土而不夹杂其他银币，或者两三代先后相衔接的国王，其银币一起出土的。我们可以推想它们埋藏时间不会距离

表 3　萨珊银币埋藏年代（下）

编号	埋藏时间	银币年代	相差年数
1（唐墓）	7 世纪	库思老二世（590～628 年）	同一世纪
8（唐墓）	7 世纪	库思老二世 35 年（624 年）	同上
11（唐墓）	7 世纪前半	库思老二世 11 年（600 年）	同半世纪
13（隋墓）	6 世纪	卑路斯（459～484 年）	约晚 1 世纪
15（唐墓）	7 世纪末	库思老二世 11 年（600 年）	约晚 1 世纪
20（唐塔）	7 世纪至 8 世纪初	布伦女王元年（630 年）	同一世纪或晚 1 世纪
21（唐墓）	8 世纪前半	耶斯提泽德三世（632～651 年）	约晚 1 世纪
22（唐墓）	7 世纪中叶至 8 世纪中叶	库思老二世	约晚 1 世纪
23（唐墓）	同上	同上 25 年（614 年）	同上
24（何家村窖藏）	8 世纪中叶	库思老二世 29 年（618 年）	约晚 1 世纪余

最晚一枚的铸造年代很久，一般当在10～50 年之间。例如表 1 中的第5、6、19 批。另一种情况是仅有一枚单独出土（或同样的两枚）。这里我们姑且估计它们时间距离为 50 年左右。例如表 1 中的第 3、4、12 批等。当然一些长时期广泛流行的银币，如卑路斯、库思老一世、库思老二世等，埋藏的时间差距可能达到百年或更久。我们不能过于拘泥这些估计年数。不过我们可以说，从 8 世纪中叶（即萨珊朝亡国后约一百年）以后，波斯银币在中国境内便罕见了。因之，我们迄今为止的考古发掘中似乎没有发现过 8 世纪中叶以后所埋藏的萨珊朝银币。

六　铸造地点的分布

前面第三节中已说过，萨珊银币的背面上加有铸造地点是始于巴朗五世（421～438 年）的时期，以后便成为常规。连萨珊朝覆亡（651 年）后所铸的"萨珊式"银币，也还继续采用这种办法。银币上"铸造地点"，都是铸造局所在地的城市名称的简写，常是采用地名的起头两三个字母。由于钵罗婆文中有几个字母易于混淆，铭文压印又常不清楚，所以释文常常难以确定。加以这些简称过于简略，而萨珊朝又没有留下完整地理志，文字记载不多，所以便是那些释文可以确定的，也很不易复原它们的原名。有许多铸造地名迄今还未能考证出来，或者虽已考出而各家说法不同。这些都只好存疑。这是萨珊古币的研究中还未完全解决的问题。

萨珊银币上的铸造地点很多，据摩根的统计，常见者 40 处，铸造年份不及十年者 34 处，仅有一年者 181 处，总计 255 处[①]。至于同一时期的铸造地点，摩根以为库思老一世时至少 82 处，荷马斯德四世时 68 处，库思老二世时 66 处[②]，但是也有人以为库思老一世时达 98 处，库思老二世时达 120 处之多[③]。

我们这 33 批中，铸造地点可以确定的并不多。其中第 5、6、12 等三批，它们的铸造年代在巴朗五世以前，当然没有铸上铸造地点，可以不论。第 16 批乌恰发现的窖藏中，有 281 枚是阿拉伯翁米亚王朝时的"库思老二世样式"的银币，在正面的边缘空白处加压阿拉伯字铭文或简单图案，这些银币都是阿拉伯帝国东方各省，尤其是最东北的呼罗珊省所铸的。这里离中国边境最近，所以有很多流到中国境内来。

现在就铭文中有铸造地点可考的，列为一表（表4），仅得 20 余处。由于我们只看到一部分的照片或拓片，实物能看到的更少，所以有许多未能认出来，或虽有释文而实际上仍未能确定的，只好省略去。表中"铸地简写"一项，原为钵罗婆字母，为了印刷方便，改写拉丁字母。"第几批银币"是指表 1 和表 5 中的顺序号，后面括弧中的数字是指枚数。只有一枚的，便不再加括弧注明枚数了。"参考书目"一栏中，M 是指摩根《东方古泉学手册》第297～299 页和该书图 375 的"萨珊铸币的铸造地名表"中的编号；W 指倭尔克《阿拉伯－萨珊式古

---

① 摩根：《东方古泉学手册》，第 297～299 页。
② 摩根：《东方古泉学手册》，第 323、326 页。
③ 波普：《波斯艺术综览》第 2 卷，第 825、826、829 页。

币目录》CII~CV 页 "阿拉伯－萨珊铸币的铸造地名表" 中的编号。

表中所考证的铸造地名，有的需要说明几句（参阅图 2）：

表 4　中国境内发现的萨珊银币的铸造地点表

铸地编号	铸地简写	第几批银币	考订地名	属于何省区	参考书目
1	AB	19(11)	Abarshahr(？)	呼罗珊(Khorasan)	M19
2	AHM	17i、24、31a(？)	Ahamatan	米太(Media)	M19、W4
3	AIR	18、19(17)、20	Eran－Xurrah－Shapur	胡吉斯坦(Khuzistan)	M27、W7
4	AP	19	同(1)		W1(？)
5	AR	18	Ardashir－Khurra	法尔斯(Fars 或 Pars)	M35
6	ART	10(2)、16、17、23	同上		M29、W9
7	BH	17a、31b(？)	Baghdour(？)	呼罗珊	M8、W11
8	BISH	3、20	Bishpur	法尔斯	M3、W12
9	BLH	7、16	Balkh	呼罗珊	M20、W14
10	BSh	25	同(8)		M16、W16
11	DA	9、11、19(2)、20	Darajird	法尔斯	M15、W17
12	KR	10、19	Kirman	基尔曼(Kirman)	M18、W28
13	MR	19*、29c(？)	Merv	呼罗珊	M6、W40
14	NB	10	Nihavand	米太	M37、W43
15	NH	15、17、25、30a、b、33	同上		M14、W43
16	NHR	1、17j	Nahr－Tira	胡吉斯坦	M31、W44
17	NIH	13、20、27	同(14)Nihavand		W45
18	RD	26	al－Raiy	米太	M1、W48
19	RIU	19、20、29a	Rev－Ardashir	胡吉斯坦	M22
20	ShI	4、20	al－Shirajan(？)	基尔曼	W49
21	SK	8、20、29b	Sigistan	西斯坦(Sistan)	M25、W52
22	ST	10、19、25	Istakhr	法尔斯	M4、M11、W53
23	ShU	19(2)	Susa(？)同(3)	胡吉斯坦	M13、W50
24	UH	14、16、17b、19(4)	似为 NH 的误写，见(15)		M28、W43
25	ZR	16、25(？)	Zarang	西斯坦	M8、W57

＊ 这一枚是"定 7.5"号，原表(见《考古》1966 年第 5 期第 268 页)误作 BM(MB)。

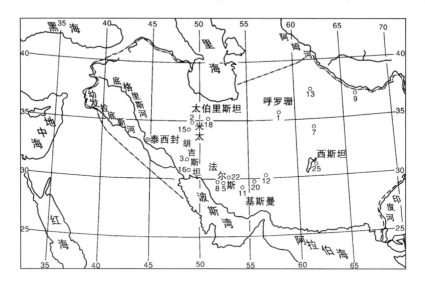

图 2　中国境内发现的萨珊银币的铸造地点分布图

（图中地点旁的号数即表 3 中的铸地编号）

（1）Abarshahr（阿巴尔沙尔）。摩氏以为简写"AB"可能指呼罗珊的阿巴尔沙尔，倭氏则以这地的简写是 APR。现今一般采用倭氏之说。按这城在萨珊朝和阿拉伯时代都为铸造地点，乃是呼罗珊省中四府之一的府治，今名 Nishpur，即《元史·地理志》西北地附录中的"乃沙不耳"（关于伊朗古地名的汉名考订，参阅冯承钧《西域地名》，1955 年版，下同）。后一名起源于 Nev‑Shapur（"公正的沙卜尔王"）。

（2）Ahamatan（阿哈马坦），即今日的哈马丹（Hamadan），是安息王朝的夏都，希腊罗马作家称之为埃克巴塔那（Ecbatana）。萨珊王朝时称为阿哈马坦，或谓即我国《后汉书·西域传》的安息国都"和椟城"。这里曾发现过时代约为 6 世纪末的丝织品[1]。

---

[1] 见汉斯曼等的发掘简报（J. Hansman and D. Stronach, a Sassanian repository at Shahr‑I Qūmis），《皇家亚细亚学会会志》（JRAS）第 33 卷（1970）第 2 期，第 149 页。

（3）Eran – Xurrah – Shapur（伊朗·胡拉·沙卜尔）。摩氏以为 AIR 即波斯的古名"伊朗"，倭氏以为是"伊朗·胡拉·沙卜尔"一名的简称。这是著名的古代首都苏萨城（Susa）在萨珊朝的正式名称。沙卜尔二世毁灭古苏萨城后，别建新城，并改换新名。这是胡吉斯坦的省会，后来一般仍称为苏撒。

（4）AP。疑即 AB 的另一写法，也即 APR 的缩写，见上面（1）项。

（5）（6）Ardashir – Khurra（阿尔达希·胡拉）。是法尔斯省五府之一的府治，在今日腓鲁扎巴德（Firuzabad），旧名居尔（Gur）。倭氏以为简称 ART 者即指这城，乃当时重要城市；摩氏读为 ANT，以为未详其地。另有简称 AR 者，摩氏以为即指这城。

（7）BH。摩氏以为可能乃 Baghdour（？）（巴该杜尔）的简称。这城在呼罗珊省赫拉特（Herat）附近，今在阿富汗境内。倭氏以为可能乃比库巴德（Bihkubadh）的简写，在当时伊拉克省境内，今幼发拉底河东岸，见下面（24）项。

（8）Bishpur（俾沙普尔），是法尔斯省五府之一的沙卜尔·胡拉（Shapur – Khura）的府治。原名为"微·沙卜尔"（Veh – Shapur），乃"沙卜尔之居"的意思，也简称为沙卜尔。

（9）Balkh（巴尔赫）。在当时呼罗珊省，今在阿富汗境内，位于喀布尔西北。这是古代巴克特利亚（大夏）的首都。或以为即我国《北史·西域传》中大月氏国西徙后的国都薄罗城（冯承钧《西城地名》，第 18 ~ 19 页）。《元史·地理志》西北地附录作"巴里黑"。摩氏读 BLH 为 BaBA，以为乃"皇宫"之意，当时"皇宫"是指首都泰西封。

（10）BSh。倭氏以为可能即 BISh 的误写，见上面第（8）项。

（11）Darabjird（达拉布）。是当时法尔斯省五府之一的府治，同时也是这省的重要城市。

（12）Kirman（基尔曼）。倭氏表中仅有繁体 KRMAN。他和摩氏皆以为指基尔曼省的省会基尔曼城，即今日之基尔曼城，原名"微·阿尔达希"（Veh – Ardashir）。后来省会迁至喜拉哲，见下面第（20）项。

（13）Merv（麦尔夫）。是当时呼罗珊省东北部的重要城市，今属苏联土库曼加盟共和国。这城古代位于伊朗与中国间交通要道上，便是我国《后汉书·西域传》中的安息东境"木鹿城"。《元史·地理志》西北地附录中作"麻里兀"。

（14）（15）Nihavand（尼哈凡德）。摩氏读为 NB，以为是法尔斯省的 Noubendjan 的简称。倭氏以为即 NH 的变体。642 年（或作 641年）萨珊王朝和阿拉伯（大食）人的最后决战，便在这城附近。这城即我国《元史·地理志》西北地附录中的"那哈完的"。

（16）Nahr – Tira（奈尔·提拉）。摩氏读为 NAR，倭氏读为 NHR，但都以为指奈尔提拉，在胡吉斯坦省。

（17）NIH。倭氏以为即 Nihavand 的简写，见上面第（14）项。

图 3　库思老二世银币

（1972 年吐鲁番唐墓 149）

（18）RD。摩氏以为未详，倭氏以为即 Raiy（累依）的简称，因为 RY 的古体是 RD。其城在今德黑兰附近，古称利革斯（Rhages）（图 3）。这里曾发现中国 11 至 12 世纪的宋代丝绸残片①。

（19）RIU（或以为应读为 LYW）即 Rev-Ardashir（累未·阿尔达希）。萨珊朝时，有两处同名，一在波斯湾上的希什尔（Bushire）海港附近，今仍名累希尔（Rishahr），一在胡吉斯坦南部，离海边约一日程

---

① 《瑞典远东古物博物馆馆刊》（BMFEA），第 28 卷（1956），第 20 页，注 1。

（约 50 公里）。后者在萨珊朝时是一个重要城市，铸造地点可能是指这一处①。

（20）Shirajan（喜拉哲）倭氏以为 ShI 可能便是指喜拉哲，乃萨珊朝末期时的基尔曼省的省会，在史籍上也称做喜尔（Shir）。今为废墟。

（21）Sistan（西斯坦，一作 Seistan 或 Sakastan）。倭氏以为当读为 SK 或 SD，指西斯坦，乃是当时省名，其首府是萨朗（Zarang），见下面第（25）项。当时有以省名称其首府，不论这首府是否有别名②。摩氏读为 SD，以为可能是指木鹿城附近的苏德（Soudd）。当以倭氏之说为是。

（22）Istakhr（伊什塔哈尔）。这是萨珊朝在 3 世纪时建于阿开密尼朝首都百泄波里斯（Persepolis）废墟附近的一个重要城市。这城 7 世纪时被阿拉伯人所攻克，以后便衰落了。但在萨珊朝时是法尔斯省五府之一的府治。

（23）ShU。摩氏读为 ShU，以为可能指“Shushan（？）（Suse）”，倭氏表中作 ShUSh，也以为即苏撒（Susa）。见上面第（3）项。

（24）UH（或 WH）。摩氏以为可能是“微·阿尔达希”（Veh - Ardashir）、“微·库巴德”（Veh - Kobadh 即 Bihkubadh）或“微·沙卜尔”（Veh - Shapur）的简称。后二者见上面第（7）和第（8）项。倭氏读为 NH，以为指尼哈凡德，见上面（14）项。按“微·阿尔达希”乃“阿尔达希之居”的意思。当时有二处同名；一为首都泰西封对岸的塞琉西亚（Seleucia）的别名；一即今基尔曼省的省会基尔曼城的旧名，见上面第（12）项。现下一般采用倭氏之说。

（25）Zarang（萨朗）。这便是一般认为《旧唐书》和《新唐书》的《波斯传》中波斯都督府所在地的疾陵城（冯承钧《西域地名》，第

---

① 参阅俾伐尔《库米斯出土的萨珊铸币》（A. D. H. Bivar, the Sassanian Coin from Qūmis），见《皇家亚细亚学会会志》（JRAS）第 33 卷（1970）第 2 期，第 156 页。

② 倭克：《阿拉伯 - 萨珊式古币目录》，CXXXIII 页。

79 页），在今哈蒙湖（L. Hamun）的东南侧。

根据上述的说明，可见这些铸造地点，都在当时波斯国都（萨珊朝的冬都）泰西封（Ctesphon）以东的地区内，其中有的是中国人在古代便闻其名的，有的还在中国和伊朗之间的"丝绸之路"上。根据这些铸造地点的分布，可以推想当年中伊两国之间贸易往来的频繁和广泛。

七　用途的推测

最后，根据这些银币的出土情况，以推测它们在当时中国境内的用途。

萨珊银币是一种铸币（Coins）。铸币是由货币作为流通手段的功能而发生的。一般的铸币作为法定通货只能流通于国内领域；一到国外，便失去了强制通用力，即失去了法定通货的地位，而成为银块，即成为一种商品，依照它实际上的不同成色和重量而有不同的价值。但是在国际贸易兴旺的时代，常有某一国的铸币成为"国际货币"，便是作为当时有贸易关系的各国之间在贸易孔道上的城市一般通用的货币①。萨珊银币当时在中东、近东和东欧，是和拜占庭金币一样，作为这样一种国际货币而广泛地通行使用的。阿拉伯帝国灭波斯后，在最初一段时间内，货币仍袭用旧制，继续铸造"萨珊式"银币和"拜占庭式"金币，以利贸易。到了回历76年（695年）才进行货币改革，另铸阿拉伯式新币②。银币是当时波斯的主要铸币，《大唐西域记》（卷一一）说波刺斯（即波斯）"户课赋税，人四银钱"，可见这种银币在波斯是作为赋税上的支付手段的主币。

现在来看我们这33批银币的出土情况。其中像第10批西宁窖藏（出土100枚以上，现存76枚）和第16批乌恰窖藏（947枚），可以说

---

① 马克思：《资本论》第1卷，人民出版社，1965，第105～129页。
② 倭尔克：《阿拉伯－拜占庭铸币目录》（J. Walker, *Catalogne of the Arab-Byzantian Coins*），1965，XV页；摩根：《东方古泉学手册》，第302页。

它们是作为货币而以某种原因暂时窖藏起来的，也便是由"流通铸币"变成了贮藏起来的暂不流通的一般性货币。乌恰的一批藏在山中大路旁石缝中，可能是过路的西域商人遇到危险时临时掩藏起来的。西宁的一批，它的贮藏者可能也是把它当作财富贮藏起来，以便将来必要时再拿出来流通的。北周和初唐时西域银币在我国西北一些地区内的流通使用的情况在我国史籍中是有记载的。在这 33 批萨珊银币中，以高昌出土的次数为最多，共达 18 批，占过半数。数量达 63 枚，仅次于乌恰和西宁二处的窖藏。这与文献方面的证据也是相符合的。

高昌古城中发现的两批，其中第 5 批是 20 枚在一起，第 10 批 10枚放在一煤精制的小盒中，可能也都是窖藏。西安何家村出土的 1 枚，虽然出于窖藏，但同出的还有拜占庭金币 1 枚，日本银币 5 枚，中国战国、西汉和王莽的铜钱各有 1 枚或数枚。这窖藏的主人是搜集古钱和外币的爱好者。这些金银币和大批值钱的金银器放在一起，所以只能视为一个收藏家的藏品，而不是作为流通货币而暂时贮藏以待使用的。

我国古代有将货币放在墓中随葬的习俗。萨珊银币既然作为货币，当然也可以像其他货币一样作为随葬品。但是它们在这里是为宗教迷信服务的，只可算是货币的一种派生作用。高昌地区的墓中，往往在死者口内放置一枚货币，有的是"开元通宝"铜钱，有的是拜占庭金币（或仿制品），更多的是萨珊银币。表 1 和表 5 列举出土萨珊银币的 14批高昌墓葬，共出 30 枚，其中便有 21 枚可确定是发现于死者口中的。这 21 枚是：1（V.2）、3（和开元钱同出）、17a～17g、21、22、23、26、29a～c、30a～b、31a～b、32。此外，有几批由于墓葬发掘简报没有交代清楚，有的原来也可能是出于死者口中，如 8、9、11、13、18、33 等 6 批，其中第 11 和第 33 批各墓是高昌墓群中的。第 7 批洛阳 30号唐墓的 16 枚虽出土于死者头部，可能不是出于口中，至少不是全部出于口中。第 17 批有 3 枚出于墓室扰土中。第 1 批高昌墓 i·3 号出土的 2 枚萨珊银币是分别放在死者两眼上面的，第 27 批的 1 枚，原来放在死者左眼上，这二例可算是特殊的例子。死者口中含钱的习俗，斯坦因认为是与希腊古俗有关。古代希腊人将一枚货币"奥博尔"（Obol）放于死者口中，以便给阴间的渡船人查朗（Charon）作为摆渡钱①。这种说法最近仍有人附和②。实际上它是受了中国文化西来说的流毒的影响，事实上证明它是错误的。我国在殷周时代便已有死者口中含贝的风俗，考古学上和文献上都有很多证据。当时贝是作为货币的。秦汉时代，贝被铜钱所取代。将铜钱和饭及珠玉一起含于死者口中，成了秦汉及以后的习俗。广州和辽阳汉墓中都发现过死者口含一至二枚五铢钱③。年代相当于高昌墓地的河南安阳隋唐墓中，据发掘者说，也往往发现死者口含一两枚铜钱④。这种风俗，一直到数十年前在我国有些地区仍旧流行。正像高昌墓中的汉文墓志、汉式土俑或木俑、汉文的"衣物疏"等一样，高昌这种死者口中含钱的习俗当溯源于我国的内地。

萨珊银币是白银制的，当然也可作为金银珠宝的一部分而埋进墓中随葬。上段提到的第 7 批洛阳唐墓，可能便是如此。其他 6 批中有的可能也是如此。至于另一些墓中，如第 14、15 两批，萨珊银币是和装饰品一起放在容器中，其作为金银珠宝装饰品之作，更为明显。更可注意的是，其中有些银币是钻穿了一个或几个小孔（如第 14、17c、18、25、26、30a、33 等），显然是缝缀在织物的衣着或帽子上作为装饰品，或系线作为佩饰之用的。又有鎏金的二例（26b、30a），显然也是作为装饰品之用的。其中 1 枚（30a）不仅鎏金和穿孔，并且还焊接一小环，毫无疑问是作为佩饰之用的。

---

① 斯坦因：《亚洲腹地》（A. Stein, *Innermost Asia*）1928 年第 2 卷，第 646 页。
② 俾伐尔：《库米斯出土的萨珊铸币》，第 157～158 页。
③ 广州刘王殿 2 号汉墓的二具死者口中各含 1 枚，见广州市文物管理处汉墓资料。辽阳汉墓在死者下颚骨下边有 2 枚，似含于口中，见鸟居龙藏《满蒙古迹考》，陈念本译，第 189 页，1933。
④ 这种情况，从前在安阳隋唐墓中曾发现过，最近在安阳小屯南地隋墓中也有发现，例如 1973 年发掘的 M7 和 M18。

　　萨珊银币的另外一项发现，是在佛教寺庙的舍利塔基中。在这 33 批中就有第 19、20、25 等三批。根据文献，我们知道造舍利塔时，所谓"善男信女"，尤其是倡议建舍利塔的"功德主"常施舍金银饰物和钱财，和舍利同埋，作为"功德"，以求"善果"。这种迷信，在塔基的发现物中可以充分地看出来。长安唐塔基中的 7 枚银币是和一个装有金盒的小银盒一起装在一个较大的银盒中，这较大银盒又和骨灰放在一个瓷钵中。耀县隋塔基出土的 3 枚，是和舍利 3 枚、隋五铢钱 27 枚，以及金、银、玉环（共 11 件）等一起放在涂金盝顶的铜盒内；这铜盒又和另外两个铜盒同置于石函内。定县北魏塔基的 41 枚银币是和铜钱（249 枚）、金、银饰物（共 15 件）、琉璃瓶、钵（6 件）、玛瑙饰（10 余件）、珍珠（160颗）、珊瑚珠（2339 颗）、料珠（2621 颗）等一起放在一个石函中。对于施舍者而言，这些萨珊银币既有可能被视为货币，也有可能被视为银饰，即作为金银珠宝一类的东西。这种佛教的迷信，传自天竺（即印度）。在今日印度的贾拉拉巴德和巴基斯坦的旁遮普省的佛教舍利塔的塔基中舍利函内也常发现货币（包括萨珊银币）、珠宝与舍利子同埋。

　　综观出土情况，可以看出萨珊银币当时传入中国很多，分布也很广，东达河北定县，南抵广东英德和曲江。在西北某些地区（例如高昌）是曾流通使用的，但在其他广大地区，则是作为值钱的银块或银制装饰物看待的。这些银币是当时中伊两国人民的友好和经济文化交流的极好的物证。

　　补记：本文付排后，承蒙新疆维吾尔自治区博物馆寄来解放以来有关吐鲁番阿斯塔那墓地出土的全部波斯萨珊银币的资料。现在根据拓本加以鉴定，并且将鉴定结果连同有关资料列表（表 5）如下：墓号前有"KM"者指哈拉和卓，其余指阿斯塔那（TAM），实际上是一个墓地。顺序号依照表 1，其中 29～33 号是新增的。新增的有 9 枚，共计 24 枚。本文校样时，已依这表增入有关的新资料。

表 5 阿斯塔那墓地出土萨珊银币一览表

顺序号	出土年份	墓号和器物号	墓葬年代	出土情况	重量（克）	直径（厘米）	铸造时代	公元年代	铸地简称	铸地全称	备注
17,a	1959	302:25	653年墓志	Ⅱ女尸口中	2.9	2.6~2.8	耶斯提泽德三世(?)	632~651	BH	Bikobadh	《考古》,66,Ⅳ
17,b	1959	302:27	同上	Ⅰ女尸口中	3.9	3.1	耶斯提泽德三世(11)	642	UH?	Veh-Ardashir	同上
17,c	1960	319:013	—	尸体口中	3.45	3~3.1	—	—	—	—	正面人像口部穿一孔
17,d	1960	322:024	663年墓志	同上	2.9	2.7	库思老二世(33)	622	NIH	Nihavand	剪边
17,e	1960	325:027/1	656年墓志	同上	—	—	库思老二世	590~628	—	—	锈重
17,f	1960	325:027/2	同上	同上	—	—	—	—	—	—	锈重不可辨
17,g	1960	332:019	同出665年文书	女尸口中	2	3~3.1	库思老二世(30)	619	S(K?)	Sakastan?	
17,h	1960	337:08	657年墓志	墓室扰土中	2.1	2.9	—	—	—	—	锈重不可辨
17,i	1960	338:011	667年墓志	同上	3.45	3	库思老二世(37)	626	AHM	Hamadan	正面圈外有"AFID"铭文
17,j	1960	339:043	626年墓志	同上	1.8+	3.1	库思老二世(31?)	620?	NHR	Nahr-Tira	
29,a	1964	20:27	同出706年文书	女尸口中	2.3	2.7	库思老二世(33)	622	RIU	Rev-Ardashir	剪边
29,b	1964	29:68	同出685年文书	男尸口中	3.9	3.1	布伦女王(2)	631	SK?	Sakastan?	
29,c	1964	KM8:1	唐墓	尸体口中	3.1	2.7~2.9	库思老二世样式(30)	661	M(R?)	Merv?	*

续表

顺序号	出土年份	墓号和器物号	墓葬年代	出土情况	重量（克）	直径（厘米）	铸造时代	公元年代	铸地简称	铸地全称	备注
30，a	1966	48∶15	同出604年衣物疏	女尸口中	4.07	2.65	詹马斯波（3）	498	NH	Nihavand	鎏金，穿一孔，焊接一环
30，b	1966	73∶22	唐墓	同上	3.8	3	库思老二世	590~628	NH	Nihavand	锈重，去锈后有残缺
21	1967	363∶7	同出710年写本	尸体口中	2.9	3.2	耶斯提提泽德三世（？）	632~651	—	—	《文物》72，II
22	1967	77∶8	唐墓	女尸口中	—	—	库思老二世（1？）	590？	SU？	Susa？	曾在北京展出
31，a	1967	78∶11	638年墓志	男尸口中	3.2	3~3.1	库思老二世	590~628	AHM？	Hamada？	
31，b	1967	92∶32	639年墓志	女尸口中	3	3	库思老二世（30）	619	BH？	Baghdour？	
23	1969	118∶01	唐墓	尸体口中	—	2.9	库思老二世（25）	614	ART	Ardashshi-Khurra	曾出国展览
32	1969	KM39∶8	唐墓	男尸口中	—	—	—	—	—	—	残朽成屑，含铜甚多
26	1972	149∶6	唐墓	女尸口中	4	3.1	库思老二世（15）	604	RD	al – Raiy	原鎏金，上下穿孔各一（图5－19）
27	1973	206∶057/2	689年墓志	女尸左眼上	3.1	2.7	库思老二世（30）	619	NIH	Nihavand	剪边，墓经盗掘，右眼上的已失
33	1973	115∶37	高昌末（隋）	—	2.2	2.6	卑路斯（B式）	459~484	NH	Nihavand	人像顶部穿一孔

* 这枚正面圈外有阿拉伯文 bism Allah 铭文，铸造年份当指耶斯提提泽德纪元。

415

1.沙卜尔二世　　　2.阿尔达希二世　　　3.沙卜尔三世（以上1955年吐鲁番高昌古城出土）
4.耶斯提泽德二世　5.卑路斯A型　　　　6.卑路斯B型（以上1964年定县北魏塔基出土）
7.库思老一世（1956年陕县隋墓出土）　　8.荷米希德四世（1915年吐鲁番AS.i.3墓出土）
9.库思老二世（1955年西安唐墓007：M30出土）　10.布伦女王（1965年长安唐塔基出土）

图版1　中国境内出土的波斯萨珊朝银币

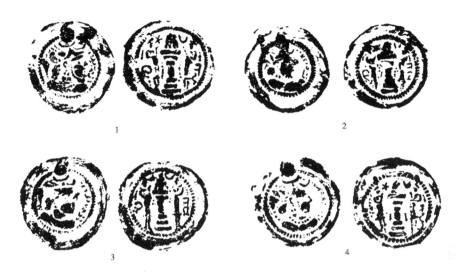

1

2

3

4

A.中国境内出土的波斯萨珊朝银币

1.耶斯提泽德三世（1959年吐鲁番M302:027）

2.阿拉伯-萨珊式银币（1959年乌恰县山中窖藏）

3.卡瓦德一世（1970年陕西耀县隋舍利塔基）

4.詹马斯波（1966年吐鲁番 M48:15）

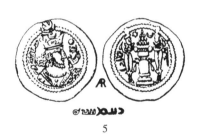

5

6

B.波斯萨珊朝银币

5.詹马斯波（496~499年）

6.卡瓦德一世后期（499~531年）

（依照摩根《东方古泉学手册》图403、图404）

图版 2

唐苏谅妻马氏墓志跋[*]

这志石上的外国文是中古波斯的钵罗婆文（图 1）。经日本樋口隆康教授的介绍，承伊籐义教博士代为译出并加考证，知道墓主苏谅妻马氏，夫妇二人都是火祆教徒，并且都是波斯人（考释全文，正在修订中，将在《考古学报》1964 年第 2 期发表）。

我们知道唐时外教传入中国的有火祆、大秦（景教）、摩尼、回教等四种；其中回教在唐代还未大盛，记录绝少。火祆教和大秦、摩尼二教有一相异点，便是他们来中国的，并不传教，也不翻经，教徒"只有胡人，无唐人"，因之，他们由唐代传下来的遗物也不多。除了敦煌发现的唐写本《沙州图经》和《伊州图经》中提及"祆祠"之外，从前长安曾出土米萨宝墓志（全文见向达《唐代长安与西域文明》，1957，第 92 页），洛阳出土过隋翟突娑墓志（赵万里《汉魏南北朝墓志集释》，1956，卷九，第 102 页，图版四八四，其父曾任大萨宝），武威曾出土康阿达墓志（全文见张维《陇右金石录》，1943，卷二，第4～5 页，其祖曾任凉州萨保），但是都是汉文墓志。这志石的文字，汉

---

* 本文原载《考古》1964 年第 9 期。

图1　苏谅妻马氏墓志拓片（原石高 13.5、宽 14.6 厘米）

文与钵罗婆文合璧，不仅为唐代祆教史添了新资料，并且是很重要的新资料。唐代在长安有人使用钵罗婆文，恐是已知的关于这种文字传布的最东的界限。这志石实是有关当时中西交通史的重要新发现。

　　火祆教是波斯人琐罗亚斯德于公元前约 6 世纪所创立的宗教。226年波斯萨珊朝兴，立为国教。一时盛行于中亚细亚。南梁、北魏间，才名闻于我国。625 年大食国灭波斯，占有中亚细亚；许多祆教徒便移住东方。唐初颇加优待，长安和洛阳，以及凉州、敦煌等地方，都有他们的祠宇，并且置有萨宝府一官来管理祆教的事。会昌五年（845 年）唐武宗毁佛，外来的宗教如火祆、摩尼、大秦（景教），也都连带地受到禁止。武宗死后，禁令才放松。咸通三年（862 年）有史怀恩受职为祆祝。

直到北宋时，汴京仍有祆庙和庙祝。南宋及以后，中国文献便不再提到祆祠，可见那时大概已衰灭了。（参阅陈垣《火祆教入中国考》一文，见《国学季刊》第1卷第1期，第27~28、39~40、45页，1923）我们这志石制于咸通十五年（874年），正是祆教在会昌被禁后复盛的时代。

这志石所发现的地点，在西安土门村附近。我们知道唐长安城外郭的开远门便在土门村内（《考古学报》1958年第3期，第80页）。而开远门内路北第一个坊（普宁坊）便有一所祆祠，位于坊内的西北隅（徐松《唐两京城坊考》卷四，1936年《丛书集成》本，第117页）。不知道我们这座墓和这祠宇的关系如何？

关于志文的汉文部分，有几点可以稍作诠释：

（1）左神策军散兵马使　神策军是天宝十三年（754年）所置，原是戍边的军队，驻扎在洮州（今甘肃临潭县）西80里磨禅川。安史之乱，神策军使成如璆遣卫伯玉将兵千人赴难，屯于陕州。神策军原地陷于吐蕃，乾元二年十二月（760年），以这部分驻陕的军队为神策军，伯玉为军使，而以观军容使宦官鱼朝恩为监军。伯玉入帅羽林，朝恩专统神策军，镇陕。永泰元年（765年），鱼朝恩将神策军调驻禁苑中，这才成为禁军，以供宿卫。朝恩死后，宦官刘希暹、王驾鹤相继为神策军兵马使。德宗初，神策军分为左右厢，贞元二年（786年）改神策左右厢为左右军，置大将军各一人，正三品。将军各二员，从三品。贞元三年（787年）又各加置将军二员，以待诸道大将有功劳者。贞元十二年（796年）又置左右神策军护军中尉，以宦官任其职。神策军的兵权便完全操在宦官手中。它虽和左右羽林等六军并列，但势力远在诸禁军之上。最盛时，隶名神策者至18万余人。神策中尉的权力倾于天下，连君主的废立也须由他们来决定可否。天复三年（903年）朱全忠诛宦官，才废掉神策军（关于唐代神策军的始末，参阅唐长孺《唐书兵志笺正》，1957年版，第67、97~107页）。唐代戍边诸军的主将称为军使，也称为兵马使；因为是带职而非官称，所以并无品秩（同上，第

33 页)。这志文中的苏谅是咸通时的左神策军散兵马使。当时的兵马
使，虽仍带兵而职权已不如前期那样大。上冠"散"字，表示是员外
的散官，实权更小；和前期的神策军兵马使的职权相比较，是有"天
渊之别"的。

但是，另有一点可以注意的，左右神策军散兵马使，是唐德宗贞元
三年（787 年）时授予留居长安的大批的西域各国王子使者的武职。
《新唐书》卷一七〇，《王锷传》中说：

> 德宗擢〔王锷〕为鸿胪少卿。先是，天宝末，西域朝贡酋长
> 及安西、北庭校吏，岁集京师者数千人。陇右既陷，不得归，皆仰
> 廪鸿胪〔寺〕礼宾〔院〕，月四万缗。凡四十年，名田养子孙如编
> 民。至是，锷悉藉名王以下，无虑四千人，畜马二千，奏皆停给。
> 宰相李泌尽以隶左右神策军，以酋长署牙将，岁省五十万缗。（参
> 阅《资治通鉴》唐纪四八，贞元三年〔787〕条）

《通鉴》卷二三二，将这件事放置于贞元三年（787 年）中，文句和
《新唐书》大体相同，但是末尾叙述得比较详细："胡客无一人愿归者，
〔李〕泌皆分隶神策两军；王子使者为散兵马使或押牙，余皆为卒"
（1956 年古籍出版社标点本，第 7493 页）。贞元三年上距天宝（742 ~
755 年）末年约 30 余年，史称"四十年"，乃取其整数。苏谅是咸通
（860 ~ 872 年）时人，上距贞元三年约 80 年左右，当是这次隶入神策
军的西域"王子使者"的后代。我们知道神策军的军官中有许多西域
人。例如：贞元初的神策军正将罗好心是北天竺迦毕试人，后官至开府
仪同三司、检校太子詹事；但他在建中四年（783 年）朱泚反叛时便参
加平乱有功，他的加入神策军在贞元三年以前（见张星烺《中西交通
史料汇编》，1930 年版，第 6 册，第 111 ~ 113 页）。又如文宗太和元年
（827 年）参与讨伐李同捷的康志睦和其子承训，曾先后任右神策军大

将军，他们的祖先康植是灵州人，其地多西域人，近代的史学家，疑其可能是康国人（向达，前书，第13页）；但是康植在开元时便隶军籍，志睦父日知也隶军籍；志睦似乎不是贞元三年这次才加入神策军的（《新唐书》卷一四八，《康日知传》；《旧唐书》卷一九下，咸通十年正月条）。1957年西安出土的米继芬（734～805年）墓志（全文见陕西省博物馆编《西安历史述略》1959年版，第107～108页），提及这位大秦教徒的西域米国人曾任左神策军散副将。但其父突骑施已以质子隶禁军；并且继芬的"散副将"，虽带"散"字，但并非"散兵马使"。只有我们这块志石，才为贞元三年西域4000来人隶入神策军这一史实提供了确凿的实物证据。

（2）苏氏生卒年月　志文说："苏氏己巳生，年廿六"。其卒年为咸通十五年甲午（874年），则己巳当为唐宣宗大中三年（849年），至咸通甲午恰为廿六岁。死亡的年月，"二月"的上面有一空格，初疑可能有一"十"字。但是观察拓本，这空格中似没有刻划的痕迹。我认为当作"二月"，不当作"十二月"。我的理由有二：①咸通十五年十一月庚寅（初五日）改元为乾符元年（《通鉴》卷二五二）。这志石如果是十二月廿八日以后所写刻，则近在京师，不应不采用"乾符"纪元。②据陈垣《二十史朔闰表》，是年二月庚寅朔，廿八日丁巳。朔日和志文的"辛卯建"，相差一天。廿八日丁巳，两者完全符合。如果是十二月，则是年十二月乙卯朔，初三日丁巳，和志文相差很远。所以我采用"二月"的读法。志文说"二月辛卯建"，是由于唐代历本每月朔日，多写明这一天的五行和建除。例如《开成五年（840）历日抄本》，便写着"正月大、一日戊寅、土、建；二月小、一日戊申、土、破，……"（见圆仁《入唐求法巡礼行纪》卷二，1915年《大日本佛教全书》本）。至于志文用初二日辛卯，而不用初一日庚寅朔，或许由于唐德宗以后，"废正月晦，以二月朔为中和节"（见《新唐书》卷一三九，《李泌传》），所以用初二日起算，但廿八日仍为丁巳。如果确是由于这缘故，那么"二月"的读法的正确性，更多一旁证了。咸通十五年二月廿八日，便是公元 874 年 3 月 19 日。

　　补记：这跋语写毕后，承陈梦家先生襄助，借放大镜之力，再细察拓本，"二月"的前面空格中，确隐约有一"岁"字。故书此加以补正。

北魏封和突墓出土萨珊银盘考[*]

　　1981 年 9 月大同市博物馆发掘了小站村花圪塔台的一座北魏墓。这座墓曾被盗掘过，但墓中仍然出土了墓主人封和突（438～501 年）的墓志和鎏金银盘、高足银杯等随葬品①。这篇短文只就这鎏金银盘（图 1）作一考证。

　　我曾写过一篇文章，介绍了解放以来到 1977 年为止我国境内所发现的萨珊朝古物，其中包括金银器②。这次的发现，又增添了一件重要的实物资料。

　　这件银盘拿到北京历史博物馆时，我曾经观察过。盘的直径 18、圈足高 1.4、总高 4.1 厘米。盘中央为一狩猎图，外绕以旋纹三道。先说它的制造和加工的技术：外周的三道旋纹是用尖头工具刻划成的，狩猎图的主体采用锤成凸纹法（repoussé），主体的细部采用雕刻法（engraving）。整个银盘在锤打成形后经镟床修整，底部的圈足是后来焊上去的。狩猎图的一部分表面鎏金。由于用了锤成凸纹法，主题突出于画面，

　　＊　本文原载《文物》1983 年第 8 期。
　　①　发掘简报见《文物》1983 年第 8 期。
　　②　夏鼐：《近年中国出土的萨珊朝文物》，《考古》1978 年第 2 期，第 111～116 页。

类似浮雕，有立体感。

盘上狩猎图中央站立的是一个伊朗脸型的中年猎者，留着络腮长胡须。头上似用圆形帽罩住头发。帽的前额有一道由九颗圆珠组成的帽饰，图上仅露出左侧的一半。脑后有萨珊式飘带两道，这是典型的萨珊朝的装饰。耳垂一水滴形垂珠。颈项悬挂一件由圆珠串成的项

图1　波斯鎏金银盘

链。因为头部是侧面，我们可以看到的是七颗连串一线，中间下垂一颗水滴形垂饰。上身似乎裸露。腕上戴一件由圆珠组缀成的手镯。腹部前面的腰带上也缀以圆珠两颗，带的两端下垂。臀后也有一对较简单的飘带。裤脚紧附于腿上，下达踝节。脚上所穿的靴似乎是皮革制的，靴筒掩盖住踝节。这猎者用两手持矛。他的身前身后有三头野猪，活动于芦苇丛中。就图像而论，这是萨珊朝波斯人的制品无疑（见图2，1）。

许多研究波斯美术史者认为，"萨珊美术"一词的时间应不限于萨珊王朝（226～651年），因为这王朝灭亡之后，伊朗本部的美术还是长时期承袭萨珊朝风格，它的边区地方延续时间更长，有的可以一直到公元10世纪，甚至于12～13世纪。在地区上，也不应该限于萨珊帝国的境内。例如中亚的粟特国（索格狄亚那）在政治上不隶属于萨珊帝国，但是美术上仍是萨珊东部美术的一支①。在金银器方面，从前统称为

① J. 俄培里（Orbeli）：《萨珊朝和伊斯兰早期的金属制品》，见A. U. 波普（Pope）主编的《波斯美术综览》1981年第2卷，第716、760页。

"萨珊金银器"的标本中，大部分并不出土于萨珊朝的政治、文化中心地区，器形和花纹也常常只见于东方的粟特等地区。所以70年代以来，或称这一部分金银器为"东伊朗组"的金银器①，或称为"粟特银器"②。至于能确定为萨珊朝政治、文化中心区各地所制造的银器，最主要的是许多有国王像的银盘（部分鎏金），一般称为"皇家银盘"（royal plates），当为皇室所制造，以供给御用或赏赐之用的。《波斯美术综览》一书中收入22件这种"皇家银盘"，其中有9件或10件出土于今日伊朗境内。我曾对它们的大小加以统计。它们的直径，除了一件特小的为13厘米之外，其余21件从18~30.5厘米不等，平均为24.78厘米③。我们现在见到的这一件直径18厘米的银盘，纹饰主题没有王像，但是仍然可以认为属于"皇家银盘"一类。

萨珊朝这些银器都是王室和贵族们在宴会中使用的。他们曾经制造过很多的金银饮食器。据传说马桑得朗（Mazandaran）地区曾有一个贵族要宴请一千位宾客，他的家中只有（金银）饮食器五百副，只好向邻居们借来五百副。但是萨珊朝金银容器留传到今天的却很少，银器不过百来件，金器更少，不过20件左右④。这些金银器以苏联列宁格勒冬宫博物馆收藏的为最多，据云出土于南俄和中亚，但都不是科学发掘的出土物。

这些"皇家银盘"中有十几件可以根据王像上王冠的不同形式确定其年代。主要的根据是拿它们和有纪年铭文的银币或摩岩石刻的王像相对照。银盘的年代不同，从公元3世纪末至7世纪初的都有，还有后

① A. S. 美利加·钦尔发尼（Melikan–Chirvani）：《伊朗银器及其对唐代中国的影响》，见 W. 沃森（Watson）主编的《唐代中国的陶瓷和金属工艺》（伦敦英文版，1970），第9~13页。
② B. И. 马什克（Маршак）：《粟特银器》（莫斯科俄文版，1971）。
③ J. 俄培里（Orbeli）：《萨珊朝和伊斯兰早期的金属制品》，见波普主编的《波斯美术综览》1981年第2卷，"皇家银盘"一称见第752页。
④ 波普主编《波斯美术综览》1981年第2卷，第761页。

世的仿制品。盘上花纹的题材有天神向国王授权的仪式（仅一例）、国
王坐朝（一例）、燕饮（二例）、国王与姬妾一起（二例）、狩猎（十
六例）。其中以狩猎图为最多，约占三分之二以上。这是因为当时以国
王狩猎为国家大事，犹如我国清初木兰秋狝。萨珊国王率领大批人马打
猎，常常为时数星期甚至于一个月。在狩猎图中，国王或骑或步。所用
武器主要是弓箭、剑和矛。狩猎的对象是狮子、野猪、山羊和赤鹿。图
2 中的 1 所摹的银盘便是一例。图中猎者据考证是作皇太子时的巴拉一
世（Bahran I）。他骑在马上，以剑刺野猪。这件银盘制造年代约在公
元 272 年。原物在苏联列宁格勒的冬宫博物馆①。

　　我们新发现的这件狩猎图的银盘，猎者头上没有萨珊朝各王所各具
特征的王冠，身上也没有花纹华丽的锦袍，所以他似乎只是一个贵族。
他手中所执的武器，似乎是中型的矛。这种矛需要两手执握，不像柏林
国立博物馆一件银盘上狩猎图中的短矛，只用一只手执握便可以了。我
们这件银盘图中的矛的前端似乎已刺入野猪的头部，只剩下矛柄后半一
大截。猎者身前有两头野猪从芦苇中窜出来，势很凶猛。他用矛刺击后
还未收回来，他身后的芦苇中又窜出一头，所以他只好用右脚踢向这野
猪的头部。我们知道野猪是凶悍的动物，它有长吻，犬齿（獠牙）露
出口外，鬃毛粗壮，沿着背脊生长的刚毛发怒时竖立起来。图中所绘很
是酷肖。野猪喜欢栖住山林的沼泽中，后者便是芦苇丛生的地方。芦苇
（Phragmites communis）是禾本科植物，生长于沼泽、河岸等湿地或浅
水中，高可达数尺或丈余。芦叶细长而尖，排成两行。秋日茎顶抽大穗
开花。图中的植物正是芦苇。苏联冬宫博物馆所藏另一件银盘上的猎野
猪图，在野猪和芦苇下首还有浅水湖，水中有小鸭和游鱼，一片芦荡景

---

　　① J. 俄培里（Orbeli）：《萨珊朝和伊斯兰早期的金属制品》，见波普（Pope）主编的《波斯
　　美术综览》1981 年第 2 卷，第 724 页，图版 212。

图 2　苏联冬宫博物馆
所藏的波斯银盘

象（图 2，2）①。一群野猪奔突于芦苇中，更显得画面生动。构图者为了颂扬国王（或贵族）的英勇，不仅把他们突出在画面中央，占了很大的空间，还特别表示他们胆量过人，举动敏捷，只身与一群野兽作斗。这正像司马相如《长杨赋》中所描写的"自击熊罴，驰逐野兽"。但是，这些狩猎图并不是写实的，所以猎者常常是头戴王冠，颈后飘带，项悬珠链，打扮得竟像是坐朝或燕饮，并不像是处在狩猎猛兽的紧张时刻，这可以说是艺术构思中的夸张手法。

我们这件银盘的制作时代，由于它出于有纪年的墓中，可以确定不会晚于公元 5 世纪末。就它的艺术风格和技术特点而言，它也应是属于萨珊朝美术的中期，即 4 世纪后半叶至 5 世纪末。我们或许可以定它是 5 世纪的作品。这件银盘不仅是古代中伊两国间交通的物证，而且也是萨珊美术中的珍品。

---

① J. 俄培里（Orbeli）：《萨珊朝和伊斯兰早期的金属制品》，见 A. U. 波普（Pope）主编的《波斯美术综览》第 2 卷（1981），第 724 页，图 217。

近年中国出土的萨珊朝文物[*]

中国和伊朗都是具有古老文明的国家。两国人民，很早便有友好往来。贸易方面，互通有无，文化方面，互相交流。公元前 2 世纪末，中国的张骞出使西域。他的副使，就曾到过伊朗。伊朗国王也派遣使节，随同汉使来中国。当时中国史籍称伊朗为安息，一般认为是阿萨西王朝（公元前 250 年～公元 226 年）的音译。

到了萨珊王朝时（226～642 年），中国和伊朗的友好交往更为频繁。当时中国史籍改称伊朗为波斯。波斯这一名称一直沿用到近代。根据中国文献记载，在公元 455 年至 521 年这 66 年间，波斯遣使中国便达 10 次之多。民间往来更为众多。萨珊朝最后的一个国王耶斯提泽德三世于 642 年为阿拉伯人所击败，不久被杀，国亡。他的子孙和许多伊朗人离开伊朗来到中国，在唐朝（618～907 年）的中国境内，或做官，或营商^①。

当时直接或间接输入中国的萨珊朝文物不在少数①。

自从 1949 年新中国成立后，在中国共产党的领导之下，我们做了许多考古发掘工作，发现了大量的古代文物，包括许多萨珊朝文物。这里所介绍的，只是其中的一部分，但是已可反映当时两国之间的经济往来和文化交流的发达。

萨珊朝时代，联系中国和伊朗的交通大道"丝绸之路"，畅通无阻。中国的丝绸，可能还有其他货物，沿着这条"丝绸之路"源源不断地西运。而由波斯等西亚和中亚的国家，也将银器、香料、宝石、玻璃器、毛织品等输入中国。当时中国史籍中记载波斯国出产金、银、颇梨（即玻璃）、马脑（即玛瑙）、水晶、绫、锦、毛织品等。我们今天在中国发现的萨珊文物，以银币、银器和波斯锦为最多。这是与史籍记载相符合的。

一 萨珊朝银币

在中国境内，萨珊朝银币的发现，其数量之多，殊为惊人。我曾加统计，共出土 34 起（其中解放以前的只有 4 起），总数达 1178 枚（其中解放以前的只有 6 枚），包括许多阿拉伯－萨珊式银币②。更有意思的是出土地点大部分是在"丝绸之路"上，或者在它的东端的西安到另几个首都（洛阳、大同）的延长线上（见《综述中国出土的波斯萨珊朝银币》一文之图 1）。例如新疆维吾尔自治区的乌恰、库车、吐鲁番，青海的西宁，陕西的西安和耀县，河南的陕县和洛阳等。另外两处是广东的英德和曲江，当是沿着海道来的。当时波斯湾和广州的海上航线曾把两国联系起来。

---

① 张星烺：《中西交通史料汇编》第 4 册，伊兰篇，第 53～84 页。
② 夏鼐：《综述中国出土的波斯萨珊朝银币》，《考古学报》1974 年第 1 期，第 91～110 页。这文发表以后，又增加了一处（4 枚银币），见《考古》1975 年第 3 期，第 183～184 页。

这些银币上面都铸有国王的名字，分别属于 12 个国王，时代由沙卜尔二世（310～379 年）一直到萨珊朝最后一王耶斯提泽德三世（632～651 年），延续近 350 年，而以库思老二世（590～628 年）为最多，达593 枚。其次为卑路斯（459～484 年），为 122 枚。此外还有将近 300枚的所谓库思老二世式的阿拉伯－萨珊式银币。这些银币的背面大多数有铸造地点的地名。就可认辨的地名来说，铸造地点几乎都在萨珊帝国的中部和东部。

这些发现反映了萨珊帝国的权力起落和经济兴衰，也反映了它作为中国和东罗马（拜占庭）之间的贸易的中继站的地位。沙卜尔二世曾征服中亚细亚的贵霜王国，把它降为以巴里黑（今阿富汗境内）为省治的一个萨珊朝行省。当时我国通过今日阿富汗国境，与波斯有了兴旺的贸易往来。我国发现的萨珊银币，以沙卜尔二世和他的两个嗣王的为最早，数量也不少（一共三批，计 32 枚），正反映了这时开始频繁往来。

5 世纪后期时，萨珊王卑路斯（459～484 年）曾和中亚的哌哒人作战，战败后被俘虏，后来割地赔款才得赎回。这种岁贡一直继续到540 年才被库思老一世所停止。卑路斯和他的前王的银币所以能大量地传到中国，可能是由于哌哒人用所得的波斯赔款中的货币转向东方购买货物。我们发现的银币，其中一枚，还有哌哒文的戳记。根据中国史书，这一时期中，波斯常派遣使节来中国，有几次还和哌哒的使者一起来。

库思老二世（590～628 年）时，波斯国势强盛，经济繁荣。为了贸易的需要，大量铸造新币，所以他的银币，传世最多。《隋书·西域传》提到当时波斯王名库萨和，炀帝（650～618 年）曾遣使通波斯，波斯也遣使随中国使节来回赠礼物。这里的库萨和，一般认为即指库思老二世。他的银币成为萨珊银币在中国境内发现最多的一种，这并不是意料之外的事情。萨珊朝最后一王耶斯提泽德三世，便是中国史书中的"伊嗣侯"。据记载，他曾于贞观十二年（638 年）（一作二十一年）遣使来中国。这可能是他企图联合中国以抗阿拉伯。他在位时，中伊的关系更为密切。他身败国亡以后，许多伊朗人，包括他的子孙，离开伊朗前来中国定居。这些发现显示了当时中国和伊朗两国人民的往来频繁。文献资料和考古实物，可以互相印证。

根据这些银币的发现情况，有的可以确定是些窖藏，例如西宁的一批，出土在 100 枚以上，装在一陶罐中，又如乌恰的一批，达 947 枚之多。有的是放在佛教寺庙的塔基中的舍利函内，是一些虔诚的佛教徒的施舍品。更多的情况是在坟墓中，作为随身的饰物或随葬品，或放在死者的口中，具有宗教意义。总之，萨珊银币当时输入中国，为数不少，被派做各种用场。

二　金银器

萨珊朝的工艺品中，以金银器和纺织品为最突出（图 1）。中国在汉朝及汉以前（即公元 3 世纪以前），便有精美的青铜器和丝织品，当时举世罕匹；但是金银容器却很少见，只有到了唐代才开始发达[1]。这种发展可能是受到了萨珊朝金银器工艺的影响。在唐朝以前，萨珊朝波斯的金银容器便输入中国，到了唐朝初期输入更多，同时中国的金银匠人也模仿制作。也可能有伊朗匠人在中国制造。就器形和纹饰而言，这些萨珊金银器是属于所谓"东伊朗组"，便是说在萨珊帝国东部地区所制造的[2]。在这帝国覆亡之后，一直到安禄山之乱（756 年）仍有这种风格的金银器输入或仿制。一般中国制造的仿制品，器形和伊朗人所制的大致

---

[1] 按杜甫《诸将诗》："昨日玉鱼蒙葬地，早时金盌出人间"（《杜工部集》卷一五，《四部备要》本）。这金盌的典故，出自《汉武故事》（这条为今本所无，见《太平御览》卷七五九引），原作"玉杯"。《南史·沈炯传》所录的表文中语："茂陵玉盌，遂出人间"，也是用这个典故。杜甫诗改"玉"为"金"，是为了避免与上句中"玉"字相重复。但是"金盌"随葬是唐制而非汉制。汉代遗物中没有见到金盌。

[2] A. S. 美利加 - 钦尔发尼（Melikian - Chirvani）：《伊朗银器及其对唐代中国的影响》，收入沃森（W. Watson）主编的《唐代中国的陶瓷和金属工艺》（英文），伦敦，1970，第 9 ~ 13 页。

相同，但是花纹的风格，常是唐代中国型的。有些连花纹也模仿得很相像，那就难以把它们和输入品相区分。中国手工艺人不仅在金银制造的容器模仿萨珊朝式的，并且在瓷器、漆器和铜器中，也有模仿萨珊式的。可见当时中国人民对于萨珊朝艺术品的喜爱。

北魏王朝在 386～493 年间建都于代（今山西大同）。在这都城遗址中，1970 年发现了一处窖藏，其中有一件海兽纹八曲银洗①。这洗的器身作椭圆形，器形上部和口缘作八曲形，底部有浮起的海兽纹。这件银洗，似可确定为萨珊朝制品。这窖藏还有三件鎏金高足铜杯和一件部分鎏金银碗，也是输入的西亚或中亚的产

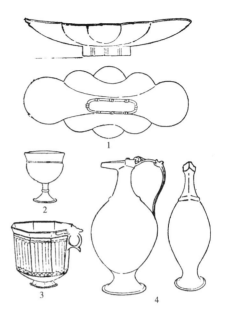

图 1　几件典型的萨珊朝银器

1. 八曲洗　2. 高足杯　3. 单柄八棱杯
4. 扁执壶

（俞博：《唐代金银器》图 20. f，图 25. j，图 24. c，图 23. h）

品，带有强烈的希腊化的风格，但不是萨珊式的。因为 493 年北魏王室和贵族都迁到新都洛阳去，我们以为这个窖藏大概是 5 世纪时期埋进去的。1957 年在隋、唐首都长安（今日西安）近郊发现一座北周（557～580 年）一位公主的 9 岁女孩（死于 608 年）的墓。墓中出土高足金杯和银杯各一件，足作喇叭形，足部和杯身的中腰都有一道凸棱②。这墓中还发现萨珊朝的卑路斯（457～483 年）银币一枚，西亚输入的金项链一件和玻璃容器 5 件。这两处发现的萨珊朝金银容器，都是萨珊帝国时代输入的。

---

① 《"文化大革命"期间出土文物》，北京，1972，图版一四九至图版一五二；参阅《文物》1977 年第 9 期，第 48～75 页。
② 《新中国的考古收获》，北京，1961 年，第 99 页，图版一〇三、一〇四；参阅《考古》1959 年第 9 期，第 471～472 页，图版二、图版三。

　　另外有些新发现的金银器，埋入地下的年代较晚，是在波斯萨珊朝覆亡（651 年）至中国安禄山之乱（756 年）这一百来年中。但是其中有些可能制造的年代较早。1970 年在西安何家村所发现的窖藏，可能是安禄山之乱的前夕埋进去的①。窖藏中的文物达千余件，其中便有几件是萨珊式的。例如三件八棱鎏金银杯，器身作八棱面，每面有浮雕的乐工或舞伎。底地作鱼子纹。柄作圆圈形，上有放置拇指的平板。有的柄上饰以高鼻深目的胡人头像。足部边缘有联珠，各棱面的分隔处也有一列竖直的联珠。除了各面的人像和衣服有的具有中国风格之外，其余都是萨珊式的特征。另外有些金银器，例如底部有写生的动物纹的多瓣银盘，不容易肯定是输入品或仿制品。还有一些金银器，如刻花高足银杯，器形是萨珊式的，但花纹是唐代中国式的狩猎纹，底地是鱼子纹。猎人的衣冠和面貌都是中国型。花纹布满表面，不像萨珊式图案常分隔为不同单元。这可能是中国匠人的仿制品。最近（1975 年）在内蒙古敖汉旗北部的一座墓中发现一批银器，其中有一件带柄银扁执壶，底部外缘有联珠一周，口部有流，流和口缘相接处有接缝②。柄部和口缘相接处有一胡人半身像。这些都是萨珊式银执壶的特征。同出的还有底部有一浮起的老虎纹的银盘，与上述何家村窖藏的底部有动物纹的银盘相近似，当属于同一时代。

　　安禄山之乱（756 年）以后，中国制造的金银容器中，有些萨珊式器形（如上述八棱带柄杯、高足杯、带柄壶、多瓣椭圆盘），已放弃不用或很少用了。常见的器形只有碗、盘、盒之类。花纹也以缠枝花、团花、花鸟纹为主。但是我们仍可以看得出萨珊式金银器对于中国金银容器制作的影响③。

---

① 《"文化大革命"期间出土文物》，图版五一至图版五四；参阅《文物》1972 年第 1 期，第 30 ~ 35 页，图 19、图 24、图 25、图 27。
② 《敖汉旗李家营子出土的金银器》，发表于《考古》1978 年第 2 期，第 117 ~ 118 页，图版八、图版九。
③ 俞博（Bo Gyllensvard）：《唐代金银器》（英文），斯德哥尔摩，1957，第 186 ~ 195 页。

三　织锦

　　丝绸是"丝绸之路"开辟以后中国的主要输出品。汉代（公元前 1 世纪初至公元 3 世纪）的丝绸曾在中亚和西亚发现过。到了萨珊朝时候，伊朗人从叙利亚迁来纺织工人，开始制造丝绸，后来也能织锦，并且倒流输入中国。中国人称之为"波斯锦"。根据《梁书》的记载，公元 520 年中亚细亚的滑国（即哚哒）遣派使节到中国，所赠送的礼物中便有"波斯锦"。

　　新疆维吾尔自治区吐鲁番的阿斯塔那坟墓中，在 7 世纪开始出现一种织锦，和一般的中国汉、唐织锦不同。在纺织技术方面，它们所用的丝线，都加拈得较紧，不像汉锦的线丝那样多不加拈，或加拈也很松。它们在织法上是采用斜纹的重组织，纬线起花。夹经常是双线的。这种织法在萨珊朝波斯织锦中很是通行（图 2）。而汉锦的底地是平织物，经线起花，夹纬是单线的。花纹方面，这种锦的花纹布局不像汉锦的花纹横贯全幅，而是用联珠圆圈分隔为各种花纹单元。花纹题材中，如野猪纹、萨珊式立鸟纹等，也不是中国的风味，而是萨珊式的[①]。我以为这些可能便是所谓"波斯锦"，由伊朗东部地区制造，一部分输入中国。

　　现在举两个例子，一件是 325 号墓出土的猪头纹锦[②]。这墓的年代是 661 年。乌孜别克斯坦的巴拉雷克节被遗址（5 ~ 6 世纪）的壁画中便有一个伊朗人型面貌的人物，身上穿有这种猪头纹织锦的外衣，另一件标本是时代相近的 332 号墓出土的立鸟纹锦[③]。这立鸟的颈后有二绶

---

① 夏鼐:《新疆新发现的古代丝织品——绮、锦和刺绣》,《考古学报》1963 年第 1 期, 第 66 ~ 74 页, 图十、图十五（织造图）、图十六（猪头纹锦衣）。

② 夏鼐:《新疆新发现的古代丝织品——绮、锦和刺绣》, 第 72 ~ 73 页, 图版一二, 2。

③ 夏鼐:《新疆新发现的古代丝织品——绮、锦和刺绣》, 第 73 页, 图版一二, 1。

带向后飘起，口衔一串项链形物，下垂三珠，颈部和翅膀上都有一列联珠纹。这些都是萨珊式立鸟纹的特征，和中国旧有鸾鸟或朱雀纹，完全不同。但是在乌孜别克斯坦的华拉赫沙出土的壁画（图 3）中和萨珊朝银器上所刻的花纹中[1]，都有具这些特征的立鸟纹。

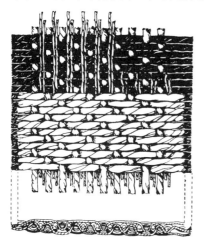

图 2　萨珊朝波斯锦普通织法

（《波斯艺术综览》，

第 V 册，第 2185 页，图 730）

图 3　华拉赫沙出土的壁画上

萨珊式的图案

（苏联物质文化史研究所：《田野工作研究

简报》1960 年第 80 期，第 23 页，图 1）

在阿斯塔那墓地出土的织锦中，6 世纪时便出现了以联珠圈内填对兽纹和对鸟纹为主要花纹的织锦（例如 303 号墓），但织法仍是经线起花的平纹重组织，仍是汉锦的传统。它们采用萨珊式花纹可能是为了外销。其中一件是牵驼纹锦，牵驼者和骆驼，足部相对，周围也绕以联珠圈，但是圈中又织有汉字"胡王"二字，显然是中国制作的[2]。后来中

---

[1]　这种立鸟纹的萨珊银盘，见波普主编《波斯艺术综览》（英文），1967 年再版，第 VII 册，图版 215，B。又萨珊朝的灰泥雕塑中，也有猪头纹和立鸟纹，见同书，第 VII 册，图版 177。我这次访问伊朗，在德黑兰古物博物馆中，也看到这种图案的萨珊朝灰泥雕塑。

[2]　《新疆出土文物》，北京，1975，图版五三中图 82；参阅《文物》1973 年第 10 期，第 16 页，图版一，2。

国织工不但采用一些萨珊式花纹，连织法也改用萨珊式的纬线起花的斜纹重组织。有些带中国式的花纹的织锦，如花鸟锦和彩条锦，也都采用这种新织法①。所以有些中国仿制的萨珊织锦，仅就照片上观察，很难加以区别。这是两国文化交流、互相取长补短所取得的成果的一个例子。

四　钵罗婆文铭刻

最后，让我介绍一件 1955 年西安出土的汉文钵罗婆文合璧的墓志②。这墓志虽是 9 世纪的文物，但是仍可代表典型的萨珊朝文化的传统。钵罗婆文字在安息王朝开始使用，在萨珊朝时更为盛行。在后期的书体是所谓"钵罗婆行走体"。在中国发现的萨珊银币上都有这种文字的铭文。至于石刻上的这种文字，这次还是第一次在中国发现。

这块石刻的铭文，说明这是袄教徒苏谅妻马氏（849～874 年）的墓志。在阿拉伯人入侵伊朗后，萨珊朝王室和贵族有许多流亡到中国，留居下来。苏谅是萨珊朝的显族之一，这位苏谅的父亲或祖父当是这批流亡贵族中人。志文记有苏谅的武官职名"左神策军散兵马使"。根据中国史籍记载，唐朝曾于 787 年将在京师的西域诸国前来朝贡的酋长和流亡王子等人，凡不愿归国者，都分别编入左右神策军，王子和使者为军官，其余为士卒。死者的丈夫便是这些军官的儿子或孙子，承袭同一

---

① 《丝绸之路》，北京，1972，图 42 及 45；参阅《考古》1972 年第 2 期，第 30 页，图版五，1 及十，4。

② 《西安发现晚唐袄教徒的汉、钵罗婆文合璧墓志》，《考古》1964 年第 9 期，第 458～461 页，图版九，1；钵罗婆文的考释，见《考古学报》1964 年第 2 期，第 195～202 页，图版一、二。参阅 W. 孙德曼（Sundermann）和 T. 提罗（Thilo）《西安出土的中古波斯文—汉文合璧墓志》，《东方学研究所通报》（德文），柏林，第 11 卷第 3 分册（1966），第 437～450 页；J. 阿尔马塔（Harmatta），《中国—伊朗》（英文），《古典时代研究学报》，第 19 卷第 1～2 分册，1971，布达佩斯，第 113～147 页；I. 埃克塞提（Ecsedy）：《西安出土的公元 874 年的中古波斯文 - 汉文墓志》（英文），第 149～158 页。

军职。这墓志反映了当时中伊两国人民的友谊，是一件很有意思的资料。

自从萨珊朝以后，中伊两国人民仍旧不断地有友好往来。近代西方殖民主义入侵以后，两国人民都曾起来进行英勇的斗争，有着共同的命运。1971年7月中伊两国建立邦交以来，我们两国人民的传统友谊，又有了新的发展。两国的各种代表团互相访问，加强了中伊两国人民的友好合作关系。1975年以伊朗国家考古中心主任费罗兹·贝格扎德为团长的伊朗考古代表团前来中国访问，促进了中伊两国考古工作者的友好关系。我们这次带来了中国人民，包括中国的我们同行的友谊，前来伊朗，并在这报告中重温从前一段的友好历史。这使我们更加珍惜这个悠久的传统友谊。我们相信，今后这友谊将会更加巩固和发展。

咸阳底张湾隋墓出土的东罗马金币[*]

1953 年在西安附近的咸阳底张湾一座隋墓中，出土了一枚东罗马（拜占庭）帝国的金币。这枚金币于 1954 年在北京的全国出土文物展览会中陈列时，立刻引起大家的注意，都以为这是中西交通史上的很重要的物质资料。但是迄今为止，还没有加以鉴定，所以写出这篇文章加以考释。

一

这枚金币直径 2.1 厘米[①]，重 4.4 克（约合英制 68 克冷）。两面都有图像和铭文（图版 1，1~4）。这枚王像无须，但亦有留须者。正面是王者的正面半身像，头上戴盔，两耳侧垂绦。身上穿交领的铠甲。盔和甲的边缘和轮廓都依当时惯例用联珠式的小点来表示。右手执地球，球上

---

[*] 本文原载《考古学报》1959 年第 3 期；后加补记收入《考古学论文集》，科学出版社，1961。作者自存本曾加"补注"和"再补记"数条，现据以收入文集。

[①] 补注：索里得（Solidus）的直径不统一，查斯丁（Justin）的一枚，直径达 24 毫米，而小者仅 18 毫米（P. D. Whitting's, *Byzantine Coins*, 1973, p.77）。

站立背有翅膀、手捧桂冠的胜利女神像。左手执盾牌。铭文由王像右手侧开始，文字如下：DNIVSTINVSPPAVG。周缘边沿稍高起。背面为一戴盔和披衫的女神像，坐于一宝座上，身稍偏向左方。右手执枪，左手托一地球，地球上有一十字架。座下铭文为 CONOB。另有一铭文，由女像右侧下方开始，由下而上，几乎环绕一周。铭文如下：VICTORIAAVGGGE。周缘边沿也稍高起。靠近边沿的地方有一钻透的小孔，正面恰在王冠的顶上，背面在宝座下，损坏了铭文中字母 N 字。这孔是后来为系线作坠饰用而钻成的。

查这枚金币是东罗马皇帝查斯丁二世（Justin II，565～578 年）的。铭文是拉丁文，但是有些是省略字。全文可以加以复原（所有省略去的字母，都以小楷字补入，入在括弧中）。正文为：D（ominus）N（oster）IVSTINVS P（ater）P（atriae）① AVG（ustus），古代铭刻上拉丁字母，I 和 J 不分，V 和 U 不分。IVSTINVS 便是 Justinus，也便是史书上称为查斯丁二世（Justin II）的。D. N. 译意为"我们的主上"，是罗马皇帝的尊称。P. P. 译意为"祖国的父亲"，是公元前 2 年罗马元老院给屋大维皇帝的尊号，后来的罗马皇帝承袭这尊号。Augustus 译音为奥古斯都，译意为"至尊"，是元老院于公元前 27 年奉给屋大维的尊号，后来各帝承袭这个尊号，几和"罗马皇帝"为同义语。背面的铭文中，座下是铸造的地名 CON（stantinople）OB（signata），便是"印铸于君士坦丁堡"的意思②。VICTORIAAVGGGE 译意为"至尊们的胜利"。当时以

---

① 补注：pp，现在认为正确的解释，应是 perpetunns（万岁）的缩写，较早的 Anastasius（491～518）的金币中，这字作 perp（whitting，*Byzantine coins*，1973，pp. 43 - 44，No. 5；又 pp. 13 - 14，No. 3），即"the undying emperor"或"for ever emperor"之意（同上，p. 14，又 p. 24），均为"永恒之帝"的意思。

② 补注：Whitting 以为乃"君士坦丁堡铸币的法定成色"之意，所以并不一定铸于该地（犹中国的京秤、京钱之意）（p. 47，又 pp. 60 - 61）。在 Anastasius（491～518）以后金币上罕见铸造地名，铜币则 7 世纪后半以前常有铸造地名，银币较罕，金币更罕（p. 60）。亚历山大城和迦太基所铸金币及西班牙、帖撒罗尼加、罗马、那不勒斯等铸币，亦用 CONOB 铭文（p. 69 - 71）。

两个 G 或三个 G 代表 Augustus 的多数 Augusti，即两位或三位至尊（皇帝）的意思。查斯丁二世晚年（自 574 年起）以病不能治事，苏斐亚皇后临朝辅政，又以义子提庇留二世（Tiberius）为皇太子辅政。提庇留后来也称奥古斯都（至尊、皇帝），共治国政。三位"至尊"当即指此。末尾 E 字，是所谓"厂局记号"（Officina marks），以 A、B、……E 等字母代表该铸币地点的第几厂局，E 字为第 5[①]。

罗马金币自公元前 1 世纪起是用"奥勒斯"（Aureus），重量为黄金1/40磅，约合英国衡制 120～130 克冷（即 7.7～8.4 克）[②]。至第 4 世纪君士坦丁大帝改革币制，改铸重量较轻的金币，称为"索里得"（Solidus），一名诺米斯玛（Nomisma），为1/72磅，约合 68～70 克冷（即约 4.4～4.54 克）[③]。这种金币一直到 1453 年东罗马的灭亡时，通用未再加更改，只是每枚金币的实际重量，各时代有时稍有升降。我们这枚的重量为 4.4 克有余，当然便是一枚"索里得"[④]。正面的皇帝像，自查士丁尼一世（527～565 年）时期起，都采用正面像，不再像以前那样

① 参阅 Humphreys，*Coin Collector's Manual*，1897，pp. 394，603 ff。又 J. Sabatier，*Description generaledes monnaies byzantines*，1862（reprinted，1955）Vol. 5，pp. 33 – 34，p. 42，p. 74。〔补注：P. D. Whitting's，*Byzantine Coins*，1973，p. 300 有拜占庭钱币上代表数目的字母表，p. 68 谓君士坦丁堡有 10 个铸局铸金币，5 个铸铜币（又见 p. 74。）〕

② 补注：Anastasius（491～518）和 Justinian I 时，又曾铸重1/60磅者。

③ J. Sabatier，*Description generaledes monnaies byzantines*，1862（reprinted，1955）Vol. 5，pp. 51 – 53。Whitting 以为 solidus 乃 whole、complete 或 pure（gold）之意，乃拉丁字。而希腊人亦称之为 nomisma，乃铸币（coin）之意，或特称之为 gold nomisma。故古币学家或以 solidus 一词，限于 Nicephorus Phocas（963～969）及以前的金币。实则此币当时人已习称之为"nomisma"（p. 40）。自此时，一种较轻的金币开始铸行，一般称之为"nomisma tetarteron"，径约1/12，约 4.1 克，而称原有金币（后来成色减低）为"nomisma histamenon（即标准之意）"，约 4.5 克或稍轻。其后 1092 年 Alexius 改革币制，新铸金币称为 hyperper（hyperperon），古币学上或移之为 spread fabric nomisma，这字一般以为乃精练（黄金）之意："highly tried in the fire refined（gold）"。纯度为 21 carats，而羼杂银铜较多者为 trachy，其中 electrum trachy 为标准币（hyperper）的 1/3，而 billon trachy 为 1/24（pp. 40 – 41）（"scyphate"）（5～7 carats，亦有称之为"aspron"者，实误）希腊字母（aspron）= white，含银4%～7%。

④ 补注：查士丁尼一世时，索里得金币等于 12 个银币 miliaresion、180 铜币 pollis，后来升价，9 世纪时每一银币由 15 铜币升至 24 铜币。

常常采用侧面像。我们这枚便是采用正面像的。背面的图像，从前常采用带翅膀的胜利女神像。但是查斯丁二世的金币的背面，铭文虽仍旧未改，图像却改用不带翅膀的女神像。地球握在手中，在罗马时是表示权威的象征。球上加一个十字架，这是由于东罗马这时已采用基督教为国教。球上加胜利女神像，表示在全球获得胜利。萨巴提挨的《拜占庭钱币总述》一书中，所印的查斯丁二世的金币[1]，和我们这标本相比较，在图像和铭文各方面，都是相同的。我们这枚也是查斯丁二世的，实属毫无疑问。

这枚金币在北京展出时，同时陈列有底张湾二座隋墓出土的墓志拓片：一是独孤罗，另一是段威。这金币是二者中哪一墓出土的呢？当时护送标本来京的陕西文管会同志们所说的并不一致。《文物参考资料》当时所发表的张铁弦的文章中说它是独孤德公（罗）墓中发现[2]，是采用二说中的一种。参加当时发掘工作的阎磊同志说：这枚是出于段威墓中。按墓志，段威卒于开皇十五年（595年），距离查斯丁二世的去世年代（578），很是相近，还不到20年。段威是隋代名将段文振的父亲，《隋书·段文振传》说："父威，周洮、河、甘、渭四州刺史。"[3]但据最近陕西博物馆来函说："金币确系独孤罗墓中发现，经查田野记录记载甚明。"如果如此，据墓志，罗死于开皇十九年（599年），次年二月下葬。他是隋文帝独孤后的长兄，《隋书》卷七九和《北史》卷六一都有传，曾做过总管凉甘瓜三州诸军事凉州刺史。哥伦比亚大学教授古德利赤根据张铁弦的文章，便臆断它是东罗马帝佛卡（Focas，602~610年）的金币[4]。这是错误的。602年以后所铸的金币，不会埋在600年便已下葬的墓中。（补记：阎同志最近来信说，他记忆有误，币出独孤墓。）

[1] J. Sabatier, *Description generaledes monnaies byzantines*, 1862（reprinted，1955）Vol. 5, p. 224, Pl. XXI, 1~2.
[2] 张铁弦：《谈全国出土文物展览中的北方发现品》，《文物参考资料》1954年第10期，第54页。
[3] 《隋书·段文振传》，百衲本，卷六〇，页11。
[4] L. C. Goodrien, *The Journal of Asian Studies*, VII, 1（1957），p. 14.

二

马克思曾指出，在东罗马帝国时，君士坦丁堡"在发现直通印度的道路之前，始终是个巨大的贸易市场"，并称之为"沟通东方与西方的黄金桥梁"[①]。我们这一枚标本，是铸造于君士坦丁堡的，但却出土于贸易桥梁的东方这一端的远达 1.5 万余里外的西安。这可以证明马克思的看法的正确性。

查斯丁二世（565～578 年，即北周武帝保定五年至宣致元年）是编纂著名法典的查士丁尼皇帝的嗣皇和侄子。当时西亚另外一个大国波斯萨珊朝在库思老一世（531～579 年）的统治下，正是盛极一时，曾与查士丁尼皇帝屡次交战，入侵东罗马境内。562 年两国媾和，东罗马付出巨额赔款。查斯丁二世即位后，停付了对波斯的赔款，二国的关系是紧张的，曾发生过战事。当时东西两方的贸易仍像以前一样是握在波斯人手中。[②] 查斯丁二世想避开波斯而打通直到东方的贸易道路，568 年曾遣使臣蔡马库斯到西突厥的可汗庭[③]。在这以前，查士丁尼帝曾由中国输入蚕种，在东罗马推广了育蚕缫丝的方法[④]。

当时我们中国也知道拜占庭帝国，我国史书中称它为"拂菻国"。虽然对于这名称的来源，还未有定论；但是它是指拜占庭帝国，近年来学者们的意见已趋一致。这"拂菻"一名，始见于《隋书》。裴矩《西域图记序》说："自敦煌至于西海，凡有三道，各有襟带：北道从伊吾，经蒲类海、铁勒部、突厥可汗庭，度北流河水至拂菻国，达于西海；其中道从高昌、焉耆、龟兹、疏勒，度葱岭，又经钹汗、苏对沙那

[①] 列夫臣柯：《拜占庭简史》1959 年中译本，第 6～7 页转引。

[②] 补记：波斯萨珊朝（224～636 年）与拜占庭对立，故一部分贸易不经过波斯，而由中亚取北道直通拜占庭，或由海路。

[③] 张星烺：《中西交通史料汇编》第 1 册第 2 部分，第 103～113 页。

[④] 张星烺：《中西交通史料汇编》第 1 册第 2 部分，第 76～78 页；参阅齐思和《中国和拜占庭帝国的关系》，第 18～25 页，1956。

国、康国、曹国、何国、大小安国、穆国，至波斯达于西海；其南道从
鄯善、于阗、朱俱波、唱（按当作喝）槃陀，度葱岭，又经护密、吐
火罗、挹怛、帆延、曹国至北婆罗门达于西海"。① 这北道中接近君士
坦丁堡的一段，便是上述的东罗马使臣蔡马库斯前往突厥可汗庭所经过
的路线。中道和南道，达西海后也可以由海路而至拂菻。《隋书》卷八
三《波斯传》和卷八四《铁勒传》也都提及拂菻国，《波斯传》中还提
及它在波斯西北四千五百里。裴矩是隋大业元年至二年（605~606年）
在张掖"掌西域诸番交市事"，这《西域图记》是他亲询问诸"商胡"
而记录下来的。原书虽已失传，但由这篇序文及《隋书·西域传》，可
以知道当时我国和西方交通的情况。现在依据《隋书·裴矩传》，并参
考他书②，绘制一幅隋代中西交通图，以供参考（图1）。

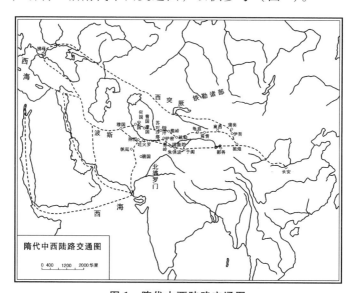

图1　隋代中西陆路交通图

---

① 《隋书·裴矩传》中引录，百衲本，卷六七，页11。
② 主要的是张星烺《中西交通史料汇编》第1册第2部分，第120~122页；J. Lindsay,
　　Byzantine（1952），p. 403。

到了唐朝，中国和拜占庭的关系更多，知道它的情况更清楚。新旧《唐书》都有拂菻传，记载的事实更为明确了。当时它曾与唐朝通使[①]，并且有好几种商品输入中国[②]。因为时代较晚，已逸出本文范围以外，所以不加详述了。

三

前面介绍了当时的中国和拜占庭的关系，现在我们可以谈一谈当时拜占庭的货币流入我国的情况。

《隋书·食货志》说，北周时代（557～580年）"河西诸郡或用西域金银之钱，而官不禁"[③]。桑原骘藏在一篇论文中说，这现象是当时这地区有众多的西域商贾往来通商的结果。又说"由于伊朗人使用金银货币很早（Spiegel, Eranische Alterthumskunde, Bd. III, SS. 661～662年）。这里所说的金银之钱，或系伊朗系统，亦未可知。但是根据公元6世纪初半，即略等于北周初期时，埃及人 Cosmas 所说的，当时不论世界上什么地方，东自 Tsinitza（＝震旦＝支那），西至罗马，所有国家贸易，多使用罗马货币（Christian Topography, p. 73），因之，认为河西地方所流通的金银钱为罗马货币，较为妥当"[④]。这个说法，可以说至少有一半是错误的。错误的原因，由于将金币和银币混为一谈。在阿拉伯帝国兴起以前，西亚的国际货币，金币是用东罗马的，银币是用伊朗（即波斯萨珊朝）的。萨珊朝各帝，大量铸造银币，但很少铸造金币。所以阿拉伯帝国的新铸币，初期（第7世纪）是依照民间的习惯，金

---

① 张星烺：《中西交通史料汇编》第1册第2部分，第157～168页。
② 齐思和：《中国和拜占庭帝国的关系》，第26～32页。
③ 《隋书》百衲本，卷二四，页21。
④ 桑原骘藏：《隋唐时代ニ支那ニ来往した西域人ニ就て》，见《东洋文明史论丛》（1934），第343～344页。

币采用拜占庭（东罗马）式的（Arab – Byzantine），银币采用萨珊朝式的（Arab – Byassanian），铜币兼采二式。但是拜占庭式阿拉伯铸币没有银质的，而萨珊朝式的阿拉伯铸币没有金质的[①]。当时在中亚的国际货币，大概也是这样的。新疆吐鲁番的阿思塔那的第6～7世纪的墓地中，第 i. 3 号墓曾出萨珊朝银币二枚（库思老一世，531～579 年；荷尔马斯德四世，579～580 年）和拜占庭的金币一枚（查士丁一世，527～565 年），又在第 v. 2 号墓中发现萨珊朝银币一枚。第 i. 5 号和 i. 6 号墓中所发现的另外二枚金币，都是拜占庭式的，是查士丁尼金币的仿制品，质轻而薄，仅单面印有花纹[②]。解放后，在新疆吐鲁番、青海西宁、陕西西安、山西太原和河南陕县，都曾发现过萨珊朝银币，[③] 但并没有出土过萨珊朝金币或拜占庭银币。反之，除了这枚金币之外，最近西安市西郊土门村唐墓中又发现一枚拜占庭式金币（参考本文补记）。所以我们可以说：北周时在河西诸郡所流通的"西域金银之钱"，大概是东罗马的金币和波斯萨珊朝的银币。当然，其中可能也有西域他国的金银币。作者于 1945 年在河西走廊作考古调查时，曾到武威出土过康国人康阿达墓志的地点调查。据该地的居民说，这墓除墓志石之外，还曾出土过一枚金币。发现人拿它去到银行兑换了现钞，后来大概是被熔化了，无法追迹。没有看到原物，不知道是属于哪一国的金币？总之，当时西域许多"商胡"前来河西诸郡交市，西域的金银币也流入了该地；北周时甚至于被采用作为该地区的通用货币。葬在西安附近的一位在隋初做过河西地区的高级官员凉州刺史独孤罗的墓中发现东罗马的金币，正是反映这种经济情况。

---

① J. Walker, *A Catalogue of the Muhammadan Coins in the British Museum*, Vol. II（1956），p. XV.

② A. Stein, *Innermost Asia*, Vol. II, pp. 646～648, 995, Pl. CXX, 15～19.

③ 夏鼐：《中国最近发现的波斯萨珊朝银币》，《考古学报》1957 年第 2 期；《青海西宁出土波斯萨珊朝银币》，《考古学报》1958 年第 1 期。西安隋墓和太原唐墓各出一枚，见《考古》1959 年第 9 期，第 475、476 页；最近新疆乌恰又出了一大批，见同上，第 482、483 页。

四

这里可以附带地讨论一下相传清代山西灵石出土的罗马铜币问题。张星烺说："晚近西人在山西掘得罗马古钱十六枚，观钱面镌文，盖悉为罗马皇帝梯拜流斯（Tiberius）至安敦皇帝时代所铸者也……此为当时交通频繁，罗马金钱流入中国之确凿证据也（W. S. Bushell, Ancient Roman coins from Shansi, in the Journal of the Peking Oriental Society 1885, 1, 2.）"[①]。梯拜流斯一译为提比留，为罗马帝国创建者屋大维皇帝的女婿和嗣王。安敦即马可奥利略安敦，一般以为即我国《后汉书·西域传》中"大秦王安敦"，以汉桓帝延熹四年（161）即位。桑原在上述那篇论文里说："关于罗马货币，距今约八十余年前在山西省霍州灵石县地方发掘出提庇留时代（A. B. 14～37）至安利连时代（A. D. 270～275）的罗马铜币 16 枚（Bushell……）。这些铜币大概是南北朝时期或以前流通于北支那的遗物吧"[②]。桑原因为《通鉴·隋纪》"义宁元年"条述及霍州灵石县有贾胡堡，便以为是该地系由胡商聚居而得名，所以有罗马铜币留下来。

我们曾找出蒲舍（Bushell）在 1886 年（张星烺引文误作 1885 年）发表的原文读过一遍，才知道这些铜币不是西人掘得的，乃是灵石县一位姓杨的商人送给西人的。蒲舍转述杨某的话，这 16 枚铜币在他家中已收藏了 50～60 年。原发现人是在附近掘到的，卖给他的家里。除了这 16 枚之外，还有一枚小铜币，经蒲舍鉴定为铸于 1589 年的法兰克兼波兰国王亨利三世的铜币，因之蒲舍以为这枚是后来混进去的。至于 16 枚罗马铜币，计有提庇留（即梯拜流斯）、克劳提阿、尼禄、纳尔发、图拉真、哈德良、缶斯泰那（皇后）、科摩达斯、加利伊那斯、奥

---

① 张星烺：《中西交通史料汇编》第 1 册第 2 部分，第 42 页。
② 《东洋文明史论丛》，第 344 页。

利连（即安利连）各一枚，未斯培西安、安敦派阿斯、马可奥利略（即安敦皇帝）各二枚。可见最晚的一枚是奥利连（270～275 年），不是安敦皇帝（161～180 年）。张星烺大概误将奥利连认作马可·奥利略。至于各枚的重量，据蒲舍说，用英国衡制计算，轻者 35 克冷，是罗马的塞密斯（Semisses）；重者 435 克冷，是罗马的塞斯忒丁（Setertine）。这两种都是罗马帝国通行的铜币，一枚塞斯忒丁折合 8 枚塞密斯。

我们根据蒲舍的原报告，可以对于这批资料再加检查。一般近代发现的古币窖藏，所包含的钱币可以不止一种，但不会是包括 260 余年中 13 个皇帝的铸币，而每种仅有一枚或两枚。这分明是某一位嗜古之士的藏品，而不是一个普通人为了买货物而手头中所保持的一批钱币。汉晋时代西域胡商来我国内地的并不多，而山西灵石县当时又并不在中西交通的孔道上。说它们是汉晋时代流传入灵石，是令人难以置信的。所以桑原将它的时代推晚一些，以为这批铜币是南北朝时期（396～588 年）或以前流通华北的东西。但是时代一推晚，又产生了难以解释的新困难。这一窖藏有公元 14～275 年中 13 个皇帝的铜币，为什么没有一枚 100 年以内或同时代的货币呢？罗马帝国在戴克里先皇帝（284～305 年）改革币制以后，罗马的铜币不用塞斯忒丁，而采用另一单位的新币福力（Follis）[1]。南北朝时的商人，为什么携带着这些便在罗马帝国境内也不再流通的货币呢？（应该指出，在这一点上，金银币和铜币有点不同。它们是贵金属，可以不作为货币而流通到远处去，因为它们昂贵而易携带，需要时可以作为现物而按量计值。）至于隋唐之际山西灵石有贾胡堡一地名，这地名的来源并不一定是由于有西域商胡聚居。今日我国许多乡村聚族而居，多取村中大姓为村名。贾胡堡也许由于堡

---

[1] Humphreys, *Coin Collector's Manual*, 1897, p. 379; J. Sabatier, *Description generaledes monnaies byzantines*, 1862（reprinted, 1955）Vol. 5, pp. 61 - 62.

中以姓贾和胡的聚族而居而得名。我们不能依据这薄弱的证据来作断语。

我现在提出另外一种解释，看起来似乎是比较合理些的解释。那一枚 1589 年亨利三世的铸币，不仅不应该撇开不管，反而应加以利用作为解决这问题的重要线索。我以为这批铜币（包括罗马的和 1589 年法兰克的）是近代的有古币好癖的西人在欧洲所搜集起来的。如果这样，那么年代不会早过 1589 年（明万历十七年）。如果这枚法兰克铜币也是当作古币而收集的，那么年代可能更晚。我以为这位收藏家喜欢专门搜罗古罗马帝国时代铜币而附带地藏着一枚当时的钱币，似乎更合于事实。所以我怀疑这批铜币是明末或清代的西洋传教士带入我国的。至于怎样落入山西人杨姓商人的手中，我们无法知道。也许是曾经埋入地下，真是像他所说的由地下掘出来的。另一可能是他或他的先人购买了或由于赠送而得到了这批外国铜币。为了使西人重视这批古钱，他便编造了一段由地下掘出来的故事。谁知道恰巧碰到有考据癖的西人，将杨某这批古钱中的罗马币和法兰克币分别处理，所以产生了后来的许多误解。总之，这 16 枚罗马铜币的内容的特殊性和发现情况的不可靠性，使我们几乎可以确定它们绝不是汉晋时代商人携入我国的，也不会是南北朝时期"流通华北的遗物"。根据它们来推论汉晋或南北朝时期的中西交通，显然是不妥当的。

补　记

本文中所提到的西安市西郊土门村唐墓中发现的拜古庭式金币，最近承陕西省文物管理委员会寄来拓片，嘱代为鉴定。这枚金币是 1956 年在 009 工地 M2 中出土。直径 2.15 厘米，重 4.1 克。正面没有铭文，仅有半身像，图形和拜占庭的希拉克略（Heraclius，610~641 年）所铸的金币相同①。两个像中，左侧较大的是他自己，颌下有须；右侧年轻无须的是他的儿子希拉克略第二君士坦丁（Heraclius II Constantine）的像。两人都头戴王冠，冠上有十字架。身上有披于肩上的甲袍（Paludamentum）。两个王冠之间的空隙处有一十字架。背面中央为一个末端丁字形的十字架，立于一个地球的上面，下面又有一个四级的座子。这十字架的左侧有一马尔太式十字架，右侧有八角星。背面周缘有铭文一周，字不可识。

　　我们拿它来和希拉克略的金币相比较，可以断定它是希拉克略型的仿制品。我们知道希拉克略在位（610～641年）的后期，正是阿拉伯帝国崛起的时期。635～642年，阿拉伯人先后占领了拜占庭的叙利亚、巴勒斯坦、美索不达米亚和埃及②。阿拉伯人为了维持新征服地区的经济制度，他们采用了该地区的原有的货币制度，并且大约自635年起便开始仿制拜占庭的金币和铜币。因为希拉克略货币在当时正流行，所以大半数仿制品便是采希拉克略型的。直到696～697年阿拉伯币制改革，才以站立着的哈利发像代替了拜占庭王像，后来更废除了货币上铸人像的惯例，专用阿拉伯铭文③。西安发现的这一枚仿制品，年代大概是公元7世纪的中叶。至于铸造地点，还不能确定，大概是中亚细亚的国家所仿制的。铭文和希拉克略金币的原型，完全不同，也有待考释。[再补记：拜占庭与中国的交通，到希拉克略死亡（641年）发生很大的变化。阿拉伯帝国兴起，灭掉萨珊王朝波斯（最后一王为伊嗣侯三世，632～651年），故东罗马帝国以这一年断限。100年后，怛逻斯一役，唐朝退出战役，而阿拉伯帝国东进，其疆域亦到

---

① J. Sabatier *Description generaledes monnaies byzantines*, 1862（reprinted, 1955）Vol. 5, pp. 273－274, Pl. XXIX, 18－23。

② 列夫臣柯：《拜占庭简史》（中译本，1959），第146～148页。

③ J. Walker, *A Catalogue of the Muhammadan Coins in the British Museum*, Vol. II（1956），pp. XV－XVI, pp. LIII－LV。

此而止。]

根据这座 M2 的墓形，墓内壁画中仕女服饰，同出的器物如开元钱的形制等，发掘者推断这墓的年代是唐高宗或武后时期，即第 7 世纪的后半叶（再补记：参阅《考古》1961 年第 8 期第 446～447 页，图版八，5～8）。

1960 年 9 月 17 日

附记：本文修改后，曾译成俄文，发表于《拜占庭年鉴》XII 卷（1962 年莫斯科版）第 178～182 页。

1959 年夏，内蒙古呼和浩特市西的土默特左旗毕克齐镇东北的水磨沟口一座墓中发现东罗马列奥一世（Leo I，457～474 年）的金币一枚，同出的还有高足银杯、镶嵌宝石戒指、冠饰金片等，可能为隋唐时代或稍早一些的古墓（《考古》1975 年第 3 期第 182 页图二，图版八，1）。

1980 年，河北磁县大家营北齐高欢妃茹茹公主墓出东罗马金币一枚（《文物》1984 年第 4 期第 7 页图 9～图 11）。

1981 年，洛阳龙门唐定运将军安菩墓（709 年夫妇合葬）出土东罗马佛卡（Focas，602～610 年）的金币一枚，置于死者手中，直径 2.2 厘米，重 4.3 克（赵振华、朱亮 1982 年 1 月 3 日来信）。

1.金币正面　　　　　2.金币背面　　　　　3、4.金币图像拓片正背面

5.独孤罗墓志拓片

图版1　咸阳底张湾出土的东罗马金币和墓志拓片

西安土门村唐墓出土的拜占庭式金币[*]

  我在《咸阳底张湾隋墓出土的东罗马金币》一文中曾提到西安市
西郊土门村唐墓中发现过一枚拜占庭式金币。最近承陕西省文物管理委
员会寄来拓片和照片（图 1，1~4），嘱代为鉴定。这枚金币系 1956 年
在 009 工地 M2 中出土。径 2.15 厘米，重 4.1 克。正面没有铭文，仅有
半身像，图形和拜占庭的希拉克略（Heraclius，610~641）所铸的金币
相同①。两个像中，左侧较大的是他自己，领下有须；右侧年轻无须的
是他的儿子希拉克第二君士坦丁（Heraclius II Constantine）的像。两人
都头戴王冠，冠上有十字架。身上有披于肩上的甲袍（Paludamentum）。
两个王冠之间的空隙处有一十字架。背面中央为一个末端丁字形的十字
架，立于一个地球的上面，下面又有一个四级的座子。这十字架的左侧
有一马尔太式十字架，右侧有八角星。背面周缘有铭文一周，字不可
识。

  我们拿它来和希拉克略的金币相比较，可以断定它是希拉克略型的

---

 * 本文原载《考古》1961 年第 8 期。

 ① Sabatier, *Description générale des monnaies byzantines* （1955），pp. 273 – 274，Pl. XXIX，18 –
  23.

1.正面照片   2.背面照片   3.正面拓片   4.背面拓片

图 1　西安土门村出土拜占庭式金币

仿制品。我们知道希拉克略在位（610～641 年）的后期，正是阿拉伯帝国崛起的时期。635～642 年，阿拉伯人先后占领了拜占庭的叙利亚、巴勒斯坦、美索不达米亚和埃及[①]。阿拉伯人为了维持新征服地区的经济制度，他们采用了该地区的原有的货币制度，并且大约自 635 年起便开始仿制拜占庭的金币和铜币。因为希拉克略货币在当时正流行，所以大半数仿制品便是采希拉克略型的。直到696～697 年阿拉伯币制改革，才以站立着的哈利发像代替了拜占庭王像，后来更废除了货币上铸人像的惯例，专用阿拉伯铭文[②]。西安发现的这一枚仿制品，年代大概是公元 7 世纪的中叶。至于铸造地点，还不能确定，大概是在中亚细亚的国家所仿制的。铭文和希拉克略金币的原型，完全不同，也有待考释。根据这座 M2 的墓形，墓内壁画中女服饰，同出的器物如开元钱的形制等，该墓发掘者推断这墓的年代是唐高宗或武后时期，即第 7 世纪后半叶。

　　这一时期（6～7 世纪）的中西交通的频繁，在古钱学上是有许多的证据的，除了这枚西安唐墓出土的拜占庭式金币之外，咸阳隋墓中曾出过一枚拜占庭皇帝查斯丁二世的金币[③]，河南陕县隋墓、西安唐墓和

---

①　列夫臣柯：《拜占庭简史》（中译本，1959），第 146～148 页。

②　J. Walker, *A Catalogue of the Muhammadan Coins in the British Museum*, Vol. II（1959），pp. XV – XVI, pp. LIII – LV.

③　《考古学报》1959 年第 3 期，第 67～74 页。

新疆吐鲁番的高昌墓等，都曾有波斯萨珊朝银币出土①。这些都是在我国境内所发现的中古时代西方国家的货币。反过来，另一方面，我国的当时货币，也曾在苏联境内的中亚细亚出土。例如：在撒马尔罕城东68公里的片治肯特古城遗址中，曾发现过一枚北周时所铸的"布泉"钱②。这城当时属于康国，公元8世纪初为阿拉伯军队所毁灭。出土物主要的是7世纪和8世纪初叶的遗物。"布泉"钱依照我国史书是后周武帝保定元年（561年）所开铸的。当时"以一当五与五铢并行"③。此外，在这古城遗址中，还发现大批康国7~8世纪的铜钱。钱上铸有粟特字的铭文和徽号，但钱形是模仿我国的方孔钱。中亚的古代货币都是无孔的，这种方孔钱显然不是中亚的原有的传统，所以苏联古钱学家认为是模仿我国铜钱的形式④。这些古钱学上的发现，都可以和文献记载相印证，表明当时中西交通的活跃。

---

① 《考古学报》1957 年第 2 期，第 54 ~ 60 页。
② О. И. Смирнова, Монетье древНегонеhджикеHta, МИА, No. 66, 1958, p. 218, Pl. I, 3。
③ 《周书》，百衲本，卷五，页 3。
④ 《考古学报》1959 年第 3 期，第 244、248 页。

赞皇李希宗墓出土的拜占庭金币[*]

1975～1976 年石家庄地区革委会文化局在河北省赞皇县的南邢郭发掘了东魏上党太守赠司空李希宗（501～540 年）夫妇的墓。在女性尸骨（即崔氏，卒于北齐武平六年十二月二十二日，即 576 年）附近发现了三枚拜占庭金币（图 1、图 2）。这墓的发掘情况和共出的遗物，另见发掘简报^①，这里不再重述。

公元 330 年（东晋成帝咸和五年），罗马帝国的君士坦丁大帝把京都由罗马城东迁到拜占庭城，并把新都改名为君士坦丁堡（即今土耳其共和国的伊斯坦布尔）。有些史书上称这新帝国为拜占庭帝国或东罗马帝国。但一般史书中，以 395 年东西罗马分治为拜占庭帝国的开始。1453 年（明景宗景泰四年），土耳其俄托曼族攻克君士坦丁堡，拜占庭帝国才覆亡了。

拜占庭帝国前期极盛时的版图，西达意大利半岛，东抵小亚细亚和叙利亚，和萨珊朝波斯帝国接壤。它在南北朝时便和我国有交通往来。

---

* 本文原载《考古》1977 年第 6 期。

① 《河北赞皇东魏李希宗墓》，《考古》1977 年第 6 期。

隋、唐史书中的"拂菻"国，便是指拜占庭帝国。《新唐书》和《旧唐书》中都有《拂菻传》，介绍它的情况颇详。在我国境内发现拜占庭金币，自是不足为怪的。

解放以前，新疆吐鲁番县阿斯塔那的第 6 至第 7 世纪的墓地中曾发现一枚查士丁尼一世（527～565 年）金币。解放后，咸阳隋独孤罗（534～599 年）墓中出土一枚查士丁二世（565～578 年）金币[①]；西安市土门村唐墓中出土希拉克略（610～641 年）金币仿制品[②]。最近几年又陆续发表了西安何家村窖藏中的一枚希拉克略金币[③]，新疆吐鲁番阿斯塔那墓地的东罗马金币和它的仿制品[④]，和内蒙古毕克齐镇水磨沟口出土一枚列奥一世（457～474 年）金币[⑤]。现在这座东魏至北齐的墓中发现了这种金币三枚，可以为当时中国和拜占庭的关系提供了又一批物证。这墓虽建造于 540 年左右，但金币当是 576 年崔氏死后随同尸体埋入的。

图 1　赞皇东魏李希宗墓出土的拜占庭金币

（上排：正面；下排：背面）

---

① 《考古学报》1959 年第 3 期，第 67～74 页；图版一，1～4。
② 《考古》1961 年第 8 期，第 446～447 页；图版八，5～8。
③ 《文物》1972 年第 1 期，第 36 页，图九至图十。
④ 《文物》1972 年第 1 期，第 10～11 页，图六至图七。
⑤ 《考古》1975 年第 3 期，第 182 页，图二；图版八，1。

图 2　李希宗墓出土拜占庭金币拓本（稍放）

　　现在将李希宗墓中出土的三枚金币，详细描述如下①：

　　1 号金币，是狄奥多西斯二世（408～450 年在位）的金币"索里得"。直径 21 毫米，重 3.6 克。正面是皇帝的半身像，头部稍偏向一边。头上戴盔，盔顶饰以翎羽。脑后有冠缨结带两股翘起；冠的两侧下垂珠子，露于颊旁。身上穿铠甲，外加战袍，胸部仍露出铠甲。右手持一标枪（较矛为短），扛在右肩上，枪端露于左侧鬓边。左手持盾，掩盖左肩。盾面图像，虽不清楚，细察之，仍是一般这类盾面的作战图，一个骑士以矛刺敌。铭文由右手处开始，依时针旋转方向排列，以盔顶翎羽分开，成为两节，共 17 个字母，即 DNTHEODOSIUSPFAVG。这里拉丁文，有些是省略字。全文可以复原如下（所有省略去的字母，都以小楷字母补入，放在括弧中）：D（ominus）N（oster），Theodosius，P（ius）F（elix）AVG（ustus）。译意为"我们的主上，狄奥多西斯，

　　① 参阅萨巴提埃（J. Sabatier），《拜占庭铸币的综览》（法文 1862 年初版，1955 年复印版）；古德阿克（H. Goodacre），《拜占庭帝国铸币手册》（英文，1928～1933 年初版，1960 年重印本）；惠丁（P. D. Whitting），《拜占庭铸币》（英文，1973）。

虔敬的幸福的至尊（皇帝）"。背面为胜利女神像，侧身向右作前行姿态。右手持长柄十字架。头部与十字架之间有一颗八芒的星。脚下一条横线的下面有一个铭文，由五个字母组成：CONOB。两侧都有铭文，一侧为 VOTXX，另一侧为 MVLTXXX。背面的这些铭文，可以复原如下：下边的为 Con（starinople）Ob（rysum），两侧为 VOT（a）XX 和 MVLT（iplica）XXX。译意为"君士坦丁堡的标准（黄金）"，"宣誓典礼二十年增加到了三十年"。前者从前认为是铸造地点，现下则一致认为是指黄金的纯度相当于京都君士坦丁堡的标准，有点像我国清代的"京线"、"京秤"一类的名称。拜占庭铸币中除君士坦丁堡以外，别处（如迦太基、亚历山大利亚、罗马城等）的铸币上也都有这五个字母的铭文，可见并不是表示铸造地点为君士坦丁堡。所谓"宣誓典礼"，是指罗马帝国时期，自奥古斯丁大帝起，各帝每十年（后来改为每五年），宣誓一次，并且常常出现于铸币铭文中。拜占庭的铸币也常沿用这铭文成语。一直到查士丁尼大帝（527～565年），铸币铭文中这成语还有出现。两字之后的数字我们这枚是二十和三十，也有五和十，十和十五（或二十），十五和二十，最高数字为三十和四十[①]。一般年份由即位那年算起，这"三十"年当是公元437年。拜占庭皇帝名为狄奥多西斯的，还有一世（379～395年），曾统一罗马，史书上称为狄奥多西斯大帝，是二世的祖父。还有三世（716～717年），是个不足轻重的皇帝，由叛军拥立为帝，不久便被废。三世的铸币上距二世的达266～308年，形制完全不同，可以不论。二世的即位，上距一世的死亡，只有13年的相隔。二者金币正面的帝名和帝像都很难区别。但是金币背面两侧的铭文，像我们这枚那样子的，只见于二世的而不见于一世的铸币[②]。所以，

---

① 萨巴提埃（J. Sabatier）：《拜占庭铸币的综览》（法文1862年初版，1955年复印版），第80～81页。

② 古德阿克（H. Goodacre）：《拜占庭帝国铸币手册》（英文，1928～1933年初版，1960年重印本），第30页。

可以确定这是狄奥多西斯二世的金币。

拜占庭初期（498 年以前）和早期（498～1092 年）的金币，在963 年以前的是一种称为"索里得"的，一般重量约 4.5 克或稍轻。我们这件只有 3.6 克，仅达标准量的十分之八，当由于这枚铸成以后曾有破损，尤其是两个穿孔一定会去掉相当分量的金子。这两孔的位置在正面帝像的上边，显然是为了便于系钱以作装饰品之用，就是说，不再作为法定通货来流通。根据正背面穿孔的位置，可以看见铸印时正背两面印模的位置，恰巧作相反的排列，所以在背面这两孔便位于下边的铭文之间，还损破了一个字母。这是拜占庭铸币印模排列的常例，很少例外。这和近代法、意等国铸币相同，而和波斯萨珊朝银币的正背两面印模作 90 度直角，以及现今我国铸币和近代英国皇家铸币厂铸币的正背两面印模排列同一方向，是完全不同的①。

2 号金币，是查士丁一世舅甥共治时（527 年）所铸的金币。直径16.8 毫米，重 2.49 克。正面并列两帝的正面坐像，查士丁一世占较尊的位置，坐在右边。头部的背后，都有背光，表示皇帝是和天主及天使一样，具有神圣的圆光；右手都持有球体，表示皇帝替代上帝统治全球。两帝的头部之间，有一十字架。周围的铭文，由左下角开始，依时针旋转方向排列如下：DNIVSTINETIVSTINANPPAVG。下边横线下铭文为五个字母，和 1 号金币背面下边的相同，这里不再加注释。铭文正文开端二个字母，D. N. 及末尾的三个字 AVG，也都和 1 号金币相同。至于中间的 18 字母，前段为二帝的名字 Justin 和 Justinian（这里漏去第二个 i 字母），而以连接词 et 相合；后段的 PP 二字母是 Perpetuus 的缩写，是长生不死的意思。从前有误以为 P（ater）P（atriae）的缩写，即"祖国的父亲"的意思。但有些金币上的缩写是 PERP. 后来才再缩成 PP. 的。全文可意译如下："我们的主上，查士丁和查士丁尼，长生不死的

---

①　惠丁（P. D. Whitting）：《拜占庭铸币》（英文，1973），第 73 页。

至尊（皇帝）。"正背两面的下边都有 CONOB 铭文，而不限于背面，这是这共治时代的铸币的特点之一。背面中央为正面站立的男像，右手持长柄十字架，左手持上立十字架的球体。立像的一侧有铭文 VICTORI，另一侧为 AAVGGG △。二侧铭文应连续。Victoria 即胜利女神，AVGGG 连用三个 G 字母，即表示 Augustus 的多数，最后一个字母是希腊字母，在字母表上排在第四位，这里作为序数"第四"来使用，表示为〔君士坦丁堡〕第四铸币局所铸造。君士坦丁堡有十个铸币局，铸币铭文中分别以希腊字母头十个来代表。全文可以译意为"至尊（皇帝）们的胜利女神，第四〔局〕"。有人根据铭文以为这背面图像即胜利女神，但是这像是男像而非女像，所以现今一般认为是天使像，可能是圣米克尔像。图像已变换了，但是铭文仍旧贯而不改。

3 号金币，也是查士丁一世舅甥共治时（522 年）所铸的，直径 17毫米，重 2.6 克。正面为两帝的坐像，头部背后也都有背光，头部之间也有一个十字架。但是这里两帝是并坐于同一宝座上，和前面的 2 号金币不同。至于右手是否也各执一球体，抑或是与左手相交，没有执持什么东西，则由于图模糊不清，很难断言。但是细察之，似乎仍是右手各执一球体。铭文虽然由于剪边而破损，但仍可以看见它们基本上与 2 号相同。不过查士丁尼的名字中，没有漏掉第二个 i 字母。铸局也是第四局。

查士丁一世（518~527 年在位）晚年选择他的外甥查士丁尼一世（527~565 年）共治国政。自 527 年 4 月 1 日起至 8 月 1 日查士丁一世死亡为止，一共四个月。这两枚金币当是这时期内所铸的。查士丁尼一世，便是史书中所称的查士丁尼大帝。他即位后，发奋图强，恢复意大利和非洲北部诸领地，又编纂法典，为近世欧美各国民法的基础。相传中国的蚕种便是由他设法由中国输入的。这两枚的直径和重量，都不及 1 号金币；由于剪边的关系，面积仅及它的一半，重量为一般"索里得"的 55%~56%。但是这两枚的剪边痕迹都很清楚，铭文的一部分也被剪去。原来完整时仍是正常的"索里得"。

就古钱学而言，拜占庭初期（498 年以前）是继承罗马帝国币制之旧，君士坦丁帝将金币"奥利埃斯"改为重量稍轻的"索里得"，减轻重量；但是形式上没有多大变化。正面常是戴盔穿甲的帝像，头部稍侧向一边，两手持标枪、执盾牌。背面常是胜利女神像。我们这里的 1 号金币，便是属于这一期的。到了安那斯泰喜埃斯（491～518 年）时，于 498 年实行币制改革。不仅铜币方面，铸造"福利斯"一种新币，每枚抵旧铜币"那牟斯"40 枚。并且在形制方面也和罗马帝国铸币的旧传统相决裂，形成了自具特色的拜占庭铸币。所以有些古钱学家，例如 P. D. 惠丁，认为所谓"拜占庭铸币"，应该说是开始于 498 年。金币的正面，一般是穿文服的正面帝像，手中常执一球体，球上立一十字架，背面常是天使或立有十字架的坛。后来则有耶稣或圣母像。铭文也有变化，后来采用一部分或全部希腊字母，或用希腊文不用拉丁文。498 年的币制，一直维持了 350 余年才又有较大的变化。到 1092 年亚雷克修一世（1081～1118 年）又进行一次币制改革。我们的 2 号和 3 号金币便是属于这拜占庭早期（498～1092 年）铸币的系统的。

这次发现，对于中西交通史，提供了重要的物证。我们知道，7 世纪初，隋代裴矩在《西域图记序》中便曾详细地叙述由敦煌至拂菻（即拜占庭）的商道（《隋书》卷六七，《裴矩传》中引录）。这批 576 年埋入的拜占庭金币证明在第 6 世纪时两国交通往来便已频繁。1 号金币钻有两孔，是作为悬系的饰物，是当时的传世品。而 527 年所铸造的 2 号和 3 号的金币，则下距埋入的年代不到 50 年。

最后，谈一谈这三枚金币的用途。它们当初铸造时，自然是作为货币流通之用。我在 1959 年在一篇介绍东罗马金币的论文中，曾说到在中世纪时，西亚的国际货币，在 7 世纪中叶阿拉伯帝国兴起以前，金币是用东罗马（即拜占庭）的，银币是用伊朗（即波斯萨珊朝）的；并且指出《隋书·食货志》所说的：北周时代（557～580 年）"河西诸郡或用西域金银之钱而官不禁"，大概便是指东罗马金币和萨珊朝银币①。
但是远处于东方的赵郡（今日河北赞皇一带），是不会使用这些"西
域"金币的。1 号金币钻有两孔，重量减轻了约 20%，显然是作为佩饰
之用，不复作为铸币流通。至于剪边的两枚，剪边过多，重量几乎减少
到原来的一半，似乎更不能再作为法定通货之用。这两枚在墓中的原来
位置，由于墓经盗掘，已不能确定。我猜想这两枚原来可能是放在死者
口中，或握在两手中。隋代（581～618 年）及唐初，在吐鲁番高昌墓
地和安阳隋墓中，常发现有五铢钱、开元钱和萨珊银币，放在死者口
中，或握在手中。高昌墓中死者口中也有含有东罗马金币或其仿制品
的②。这是当时的一种葬俗。出土这两三枚金币的崔氏墓，其埋葬年代
为 576 年，下距隋初仅只五年，可能当时已有这种葬俗。这两枚金币可
能便是这样使用的。

---

① 《咸阳底张湾隋墓出土的东罗马金币》，《考古学报》1959 年第 3 期，第 67～74 页。
② 参阅《综述中国出土的波斯萨珊朝银币》，《考古学报》1974 年第 1 期，第 106 页。

中世纪中国和拜占庭的关系[*]

自汉武帝时代（公元前 2 世纪末）以来，"丝绸之路"一直是西方和远东之间历史文化各方面相互接触之路。在中世纪，"丝绸之路"是沟通相距约 7500 公里之遥的居于东西两端的拜占庭和中国的一座桥梁。拜占庭帝国在鼎盛时期，其疆域从巴尔干半岛一直延伸到埃及，把地中海东岸的一些地区连接在一起。中国的历史把拜占庭称作"拂菻"，这个名称可能是从中世纪某些中亚人民把拜占庭帝国叫作 Purum（ = Frōm）一词演变而来。

根据《隋书》（隋代是公元 581 ~ 618 年）记载，"拂菻"国位于"丝绸之路"的北路西端，濒临"西海"（地中海）。我们从欧洲的史料中知道，拜占庭皇帝查斯丁（Justin）二世（565 ~ 578 年）曾派遣西里西亚人（Cilician）蔡马库斯（Zemarchus）出使西突厥可汗的帐廷（camp - court），他于公元 568 年沿着这条北路旅行。在查斯丁尼（Justini - an）一世（483 ~ 565 年）统治时期，从赛里地亚（Serindia，指中国西部）向拜

---

[*] 本文是作者提交于 1980 年 8 月在罗马尼亚召开的第十五届国际历史科学大会的发言稿（英文），丁钟骅同志译成中文，原载《世界历史》1980 年第 4 期。

占庭帝国走私蚕种的故事，对于西方的历史学家和中国的历史学家来说，都是非常熟悉的。根据中国的历史记载，在中国文化黄金时代的唐朝的初期，"拂菻"（拜占庭）的历代国王，在从贞观十七年（643 年）至天宝元年（742 年）的 99 年中，曾 6 次派遣外交使节前来中国。贞观十七年（643 年）派来的第一个使节，是于公元 641 年起程的；如果这次出使的是拜占庭国的一个真正的外交使节，那么，这也是欧洲和中国之间第一次真正的外交往返。我们知道，伊斯兰教 7 世纪中在西亚迅速传播，而拜占庭帝国在阿拉伯人的打击下，急剧衰微，开始没落。公元 742 年以后，"拂菻"国就从《唐书》中消失；但是，在《宋史》中又重新出现，这时中国朝廷先后于元丰四年（1081 年）和元祐六年（1091 年）接见了"拂菻"的使节。

现在，从中国的考古发现中，可以进一步弄清楚这个问题了。这些证据令人信服地说明，拜占庭和中国之间在中世纪有过密切的接触。

1953 年在陕西西安的一座隋墓（599 年）中发现了一枚拜占庭金币，这金币立即引起了我的注意。我感兴趣的不是"金"，而是"币"。这枚钱币是拜占庭皇帝查斯丁二世时的一枚"索里得"（solidus），公元 565～578 年间铸于君士坦丁堡。我曾就这枚金币写过一篇文章，发表在中国的《考古学报》1959 年第 3 期。这篇文章被译成俄文，于1962 年发表在《拜占庭杂志》第 21 卷中。

1953 年以后，据报道，从中国的北部和西北部的一些地方又发现了更多的拜占庭金币。从 5 个地方，有 9 次发现，一共 10 枚金币。在中国所发现的外国硬币中，这些金币数量之多仅次于从中国中世纪的遗存中出土的波斯萨珊朝（Sassanian）银币的数量。能够阅读中文的学者们，可能对于这些发现已有所知。关于这些发现的消息，已经不时地在中国的《考古》和《考古学报》上发表。因此，我在这里将就此问题作一简短的一般性发言。

在分析这些新发现的考古材料时，值得注意的是：这些拜占庭金币大多数是在"丝绸之路"沿线，例如西安、吐鲁番这样一些地方出土的。金币的正面全都铸有当时在位皇帝的名字。这些金币上一共铸有 5 个拜占庭皇帝的名字。在时间上从狄奥多西（Theodoius）二世（408～450 年）至希拉克略（Heraclius）一世（610～641 年），前后 200 多年。另外 3 位皇帝是利奥（Leo）一世（457～474 年）、阿那斯塔西（Anasta-sius）一世（491～518 年）和查斯丁（Justin）二世（565～578 年）。我们发现的拜占庭金币，没有晚于希拉克略（Heraclius）一世及其子、他的共同执政者希拉克略（Heraclius）二世的。这一古钱币学的记录证实了文献记载，即拜占庭帝国的势力在 7 世纪伊斯兰教兴起后，急剧地衰落了；而且，正像中国史书上所记载的那样，中国和拜占庭的关系似乎中断了两个世纪。

从遗物出土的情况来看，1970 年在西安何家村的发现，是从一处窖藏中发现的。很明显，这是由酷喜收集外国钱币和中国古钱的主人生前作为一种古玩而收藏的，因为这一枚拜占庭金币是和一枚波斯萨珊朝银币、五枚日本银币、几枚中国汉代和汉以前的铜钱以及许多金银器皿和宝石等一道发现的。

但是，这些拜占庭金币大多数是从坟墓中出土的，或者作为死者个人首饰的一部分，或者作为陪葬品而被埋藏的。有的金币有穿孔，可以作为装饰品而悬挂。

正像波斯萨珊朝银币或中国钱币一样，在吐鲁番的阿斯塔那（Astana）墓地中出土的拜占庭金币，发现时是放在死者的口中的。这种风俗使我们想起了古代希腊人的做法，就是把一枚小银币（Obol）放在死者口中作为他付给阴间的摆渡神彻龙（Charon）的费用；这在文献中是确有记载的。这种"彻龙的小银币"的传说，可能使人想起中国的这一风俗可能起源于希腊。但是，这种说法似乎是站不住脚的，因为没有证据可以说明中世纪的希腊人或伊朗人仍是这种做法。另一方面，在中世纪的中国，这种葬俗即便是在中原也很盛行，而且这种风俗可以追溯到商殷和西周初期（公元前 2000 年末和公元前 1000 年初），只不过当时还没有金属铸币，死者口中所含的是当时作为货币的子安贝罢了。

根据中国的文献记载，外国金币和银币（显然指拜占庭的金币和波斯萨珊朝银币）在北周时（557～580 年）曾在河西走廊而且肯定在吐鲁番地区流通过。由于近年来新发现了拜占庭金币和波斯萨珊朝银币的实物，这一点就得到了证实。

因此，我们可以说，拜占庭和中世纪的中国有过接触。拜占庭金币经历了相当于地球圆周的整整四分之一的里程的旅途，传到中国。在拜占庭的遗址中，想必也会发现一些中国的文物。我很高兴能将这一问题提交给我的同行中专门研究中世纪考古学的一个部门——拜占庭考古学的学者们。

西安唐墓出土阿拉伯金币[*]

    1964 年 4 月，西安西窑头村一座唐墓中出土三枚阿拉伯文金币。承陕西省博物馆将拓片寄来给我，以供考释。现将研究结果写成此文，提供读者参考。至于这座唐墓的结构和出土物等情况，已由陕西省文管会写成发掘简报发表[①]，现在不再赘述。

一

    这三枚金币，两面都是苦法体（kufic script）阿拉伯文。铭文中除了引用《可兰经》的字句之外，还明言"这第纳尔（Dinar）铸于 × ×年"。现在逐件描述如下：

    编号六四·190（陕西省博物馆编号，以下同此）（图 1）。这件直径 1.9 厘米，重 4.3 克，厚 0.1 厘米。正面中央铭文三行。边缘铭文一周；背面也是如此，背面中央第三行的下边正中，有两个小圆点

---

    *   本文原载《考古》1965 年第 8 期。

    ①   参阅陕西省文物管理委员会《西安市西窑头村唐墓清理记》，《考古》1965 年第 8 期，第383～385 页。

（见图 2，1、2）。这些苦法体阿文，如果以现代通行体阿文改写，当如图 1①。

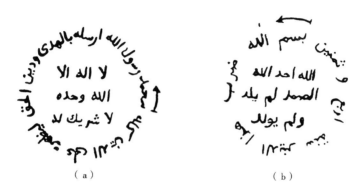

（a）　　　　　　　　　　　　（b）

图 1　金币六四·190 号铭文（箭头指示边缘铭文的起点）

阿拉伯文读法，从右向左行，和欧洲各国文字适相反；边缘一周的文字的读法，也是逆钟表时针移动的方向。现在将这些铭文译成汉文如下②：

正面中央三行：“安拉〔真主〕之外无神，他是独一无偶的。”边缘一周：“穆罕默德是安拉的使者。安拉以中正的道和真理的教遣派了他，必定使他战胜了其他一切宗教。”

背面中央三行：“安拉是唯一的。安拉是永劫的。他不生育，也不被生。”边缘一周：“以安拉的名义，这第纳尔铸于八十又三年。”

如果我们查对《可兰经》，便可以看得出正面的铭文是引用《可兰经》第九篇、第 33 节，而字句稍有删节③。背面中央三行铭文是引用《可兰经》第百二十篇、第 1～3 节④。阿拉伯奥梅雅（或译翁米亚）王

---

① 参阅 J. Walker, *Catalogue of the Arab Byzantine and Post - Reform Umaiyad Coins*（伦敦，1956），引论，p. LVII，又 pp. 84、86，图版 XII. 186、193。

② 关于这些阿拉伯铭文的翻译，除了参考 Walker 前书的英译，和《可兰经》的汉译本（1927 年的铁铮译本和 1943 年的刘锦标译本）以外，还曾请华维卿代为翻译核对，附此致谢。

③ 铁译本，第 126～127 页；刘译本，第 287～288 页。

④ 铁译本，第 462 页；刘译本，第 882 页。

朝（白衣大食）时所铸的金币上的铭文，有东方系统和西方系统的两种不同类型。西方的流行于北非和西班牙，文句较短简；而东方的则流行于亚洲①。我们这三枚的铭文都是属于东方系统的。它们大概是在当时阿拉伯首都大马士革铸造的②。八十又三年是指回历纪元，相当于公元702年，即我国唐代武后长安二年。

编号六四·188。这件直径2厘米，重4.2克，厚0.1厘米。正、背面的铭

文，和前一件大部分相同，仅是年份不同（见图2，5、6）。标明年份的文字是在背面边缘铭文的末尾；在"年"（śenete）的后面，这里是一个"百"字（图3，a）。回历一百年，相当于公元718～719年，即唐玄宗开元六至七年③。

编号六四·189。这件直径2厘米，重4.3克，厚0.1厘米。正、背面的铭文，除了年份之外，也是基本上和前二件相同（见图2，3、4）。这件背面铭文的末尾，"年"字的后面是"九又二十又百"等几个字（图3，b），回历129年相当于公元746～747年，即唐玄宗天宝五至六年④。

图2　金币铭文拓本（原大）

1、2. 六四·190　3、4. 六四·189
5、6. 六四·188

①　J. Walker, *Catalogue of the Arab Byzantine and Post - Reform Umaiyad Coins*（伦敦，1956），pp. LVII - LVIII。

②　J. Walker, *Catalogue of the Arab Byzantine and Post - Reform Umaiyad Coins*（伦敦，1956），pp. LV - LVI。

③　J. Walker, *Catalogue of the Arab Byzantine and Post - Reform Umaiyad Coins*（伦敦，1956），p. 92，Pl. XIII, 216。

④　J. Walker, *Catalogue of the Arab Byzantine and Post - Reform Umaiyad Coins*（伦敦，1956），p. 98，Pl. XII, 1249。

سنة مئة
（a）

سنة تسع و عشرين و مئة
（b）

图 3　金币六四·188 号和六四·189 号
铭文的一部分（以通行体阿文改写）

　　这三件金币都在铭文中标明是"第纳尔"，每枚的重量是 4.2 ~ 4.3
克。伊斯兰阿拉伯兴起后，不到 20 年便攻服了叙利亚、伊拉克和埃及
等处。在币制方面，他们从前自己没有铸币，所以最初是采用这些被攻
服的地方所流行的拜占庭（东罗马）和波斯萨珊朝的铸币。不久便自己
铸造仿制，便是所谓"阿拉伯—拜占庭"式和"阿拉伯—萨珊"式的铸
币。其中金币都是沿袭拜占庭金币的祖型，正面常有人像，铭文是希腊
文或拉丁文，有时加上阿拉伯文。到了回历 77 年（696 ~ 697 年）奥梅雅
王朝（白衣大食）第五个回教主阿布达·马立克（Abd al - Malik）改革
铸币形式；依照伊斯兰教的教义不准人像或动物像出现于铸币上，仅只
铸出铭文。并且铭文都用阿拉伯文。这些铸币称为"改革后的铸币"
（Post - Reform Coinage），后来各回教国家的铸币都是承继这一系统[①]。我
们这二枚金币便都是这种"改革后的铸币"。虽然金币形式已经改变，
但是单位质量仍是沿袭未改。拜占庭的金币单位为"索里得"
（Solidus）或"诺米斯玛"（Nomisma），重量是 4.4 ~ 4.5 克。阿拉伯文
的名称为"第纳尔"（dinar）。初期在大马士革所铸的"阿拉伯 - 拜占

---

　　① 　J. Walker, *Catalogue of the Arab Byzantine and Post - Reform Umaiyad Coins*（伦敦，1956），
　　　pp. LIII - LV。

庭"式的"第纳尔"金币便近于 4.5 克，但在北非和西班牙所铸的较轻，平均约 4.25 克；改革后的第纳尔，平均重约 4.25 克①。我们这三枚的重量，都和这平均数相近。它们铸造的年代，最早的一枚便铸于阿布达·马立克在位的时期中，距他改革货币仅只 6 个回历年；最晚的一枚是铸于奥梅雅朝最后的回教主马尔凡第二（即新、旧《唐书·大食传》的"末换"）时期，上距货币改革已 52 个回历年；下距这王朝的灭亡，只有 3 年了。

<h1 style="text-align:center">二</h1>

这三枚金币，是发现于一座曾被盗掘过的唐墓中，它们都发现于墓室中的西部。因为墓室已被扰乱过，它们和别的东西的位置关系已经无法弄清楚了。这座墓的年代，原简报的作者根据墓中劫余的随葬品有"三叠式绘彩红陶罐"和墓室作抹角四方形，推定它属于中唐和晚唐之间，大致不错。这种罐子虽已在盛唐时出现，但是盛唐类型的罐腹和器座都较为肥矮。我们这件较为瘦长，器座的上端远较下端为小，实属于中、晚唐的形式。西安白鹿原一座随葬有这种晚期类型罐子的唐墓出土有唐德宗贞元十七年（801 年）墓志②。我们这座出阿拉伯金币的唐墓，时代当也相去不远，约在 8 世纪后半到 9 世纪前半。这时在阿拉伯本土，已是阿拔斯王朝（即黑衣大食）的时代了。

这三枚金币，不仅是我国第一次发现的奥梅雅朝的金币，并且也是我国境内所发现的最早的伊斯兰铸币。从前在新疆所发现的一些伊斯兰铸币，最早的也不过公元 11 世纪，并且绝大部分是在新疆居民

---

① J. Walker, *Catalogue of the Arab Byzantine and Post – Reform Umaiyad Coins* (1956, London), p. XL, p. XCV.

② 俞伟超：《西安白鹿原墓葬发掘报告》，《考古学报》1956 年第 3 期，第 61 ~ 62 页。

改信伊斯兰教以后在本地所铸的①。它们都比这次所发现的金币要晚得多。

图 4　洪遵
《泉志》卷一〇
载大食国钱图

南宋初年洪遵所撰的《泉志》卷一〇，有"大食国钱"一条。这一条中，在图形的后面有下列的说明："右大食国钱。《广州记》云：生金出大食国；彼方出金最多，凡诸货易，并使金钱。《国朝会要》曰：大中祥符九年十一月，大食国以金银各千文入贡。余按：此钱以金为之，而文象形，形制甚小，余至南海尝见之。"② 书中所附的图，是在无孔圆钱中央绘画一只站立着的象（图 4）。据我们所知道的，大食国的金币，并无这种以象为图纹的。只有一种奥梅雅朝希姆斯（Hims）地方铸造的铜币是铸一象形，象的上下都有阿拉伯文③；这币比较罕见。我怀疑洪遵在南海（今广州）所见到的金币，可能是大食商人所携来的别国货币，而他误认为即是大食国钱。我们知道，例如印度古钱中，便有很多种是以象作为图纹的④。《四库全书提要》卷一一六，批评《泉志》多"以意而绘形"。至于现今刊本《泉志》中的插图更是后人所添入（据郑家相云：洪志的图是明代徐象梅所补的），乃是根据原书中"而文象形"一语推想出来所绘成的。我们不能由这虚拟的图形来推测洪遵所看到的外币到底是哪一国的货币。但是我们可以说，洪遵所看到的有"象形"的金币并不一定是大食国钱。我们这几件标本，才是真正的大食国金钱。

① Stein, *Ancient Khotan* (1907), p. 580, Pl. XC, 42 – 47; *Serindia* (1921), Vol. III, p. 1350, Pl. CXLI, 27 – 33; *Innermost Asia* (1928), p. 995, Pl. CXX, 22 – 23; 又黄文弼：《塔里木河盆地考古记》(1958)，第 110～112 页，图版一〇五至图版一〇八。

② 洪遵：《泉志》(《学津讨原》本) 卷一〇，第 4 页。

③ J. de Morgan, *Manuel de Numistique Orientale* (1923～1936), I, p. 244, Pl. XXVI, 795.

④ J. de Morgan, *Manuel de Numistique Orientale* (1923～1936), I, p. 374, fig. 470; p. 392, figs. 500 – 502；又参阅 E. J. Rapson, *Catalogue of the Coins of the Andhra Dynasty* (1908), p. 234 索引中 "象形"（elephant）一条有关诸币。

三

最后，我们想谈谈古代中阿交通和伊斯兰传入中国的年代问题。伊斯兰兴起以前，中国和阿拉伯半岛便已有交通。伊斯兰教创造者穆罕默德便曾说："为了追求学问，虽远在中国，也当往求之。"这是由于阿拉伯沿海的居民已因交易而知道有东方大国的中国，这可能是由于波斯商人的媒介，也可能有中国商人来过阿拉伯沿海[1]。金吉堂以为"大食商贾在回教出世以前即来中国通商"[2]，乃是主观的臆测，并无史料上的证据。唐代自永徽二年（651 年）起，其后 147 年中，大食国通使中国共达 36 次之多。唐玄宗时两国之间，也有过 3 次武力冲突，其中最严重的一次是天宝十年（751 年）怛逻斯战役。这次高仙芝被大食打得大败，是唐朝和大食在中亚霸权消长的转折点。但是在这次战役后的第六年，大食派兵助唐平安禄山之乱。并且那位写下来最早的关于伊斯兰教的汉文记载的杜环，便是这一次战役中被掳的战俘，在大食和其附近国家中生活了 11 ~ 12 年后才回到中国的[3]。唐德宗贞元十七年（801 年）撰进的贾耽《四夷述》，对于大食的政治历史和阿拔斯王朝（黑衣大食）的世系，一直到同时的诃论（Harun al - Rashid，公元 786 ~ 809 年在位）为止，都有比较详细的叙述[4]。在

---

① 张星烺：《中西交通史料汇编》，1930，第 3 册，《古代中国与阿拉伯之交通》，第 6 ~ 8 页。

② 金吉堂：《中国回教史研究》（1935），第 110 页。

③ 张星烺：《中西交通史料汇编》，1930，第 3 册，第 11 页、第 55 ~ 58 页、第 60 ~ 64 页、第 71 页；参阅《禹贡》第 5 卷第 11 期（1936）白寿彝的文章，第 57 ~ 77 页。

④ 王溥：《唐会要》，（1955 年中华版）卷一〇〇，第 1790 页，乐史：《太平寰宇记》（乾隆五十八年本）卷一八六，第 13 ~ 14 页，都曾转引。《旧唐书》和《新唐书》的《大食传》中这一部分，虽未明言，实际也是根据贾耽的书。参阅白寿彝《新唐书大食传注》，《史学集刊》第 3 期（1937）第 140 ~ 145 页。《四夷述》中的黑衣大食王朝世系，在诃论之前有他的哥哥牟栖。白寿彝以诃论为 Harun 之对音，牟栖为 Rashid 之对音，以为《四夷述》"误以一人之名为其兄弟之名"（第 142 页）。实则诃论的哥哥 al-Hadi 的全名为 al-Hadi Musa（见《伊斯兰百科全书》，1936 年英文版，第 3 卷，第 740 页），Musa 即希伯来语人名"摩西"的阿拉化，而 al-Hadi 乃是一种冠于人名前的美称，为"引导者"之意。牟栖即 Musa 的对音，《四夷述》并不误。

了解了当时的中阿交通的历史背景以后，我们才会对于这批在唐墓中出土的阿拉伯金币的意义有比较充分的认识。

至于伊斯兰教传入中国的年代，从前有隋开皇年间（七年和十九年）、大业年间（三年和四年）、唐武德年间、贞观年间（二年和六年）、永徽二年等诸说。根据各家的研究，除了最后永徽二年这一说以外，共余诸说似乎都是明代或清代才开始提出来的错误的说法，不足为凭。只有永徽二年的一说，两《唐书》都有大食遣使的记载，确实可据①。"通常都认为这次使节之来，就是伊斯兰传入中国底开始"②。但是，像金吉堂所说的，这次交聘，"是国际关系，非传教关系"③。伊斯兰的传入可能是这一时候或者稍后，但是我们现下无法确定是那一年份。

从前传说圣徒斡歌思（或作挽个士，或噶心）于贞观二年来广州传教，死于贞观三年，有墓留在广州。陈垣加以订正，以为其来广州传教是永徽二年，其墓当为永徽三年所建的。以为"其说本不谬，特误算耳"④。实则，这传说是根本不足信的。明初由于误以中历计算，以为回历纪元为开皇己未，误提早二十三年。贞观二年较永徽二年恰巧也是早二十三年，但这只是巧合，并不能证明这传说的可靠性。阿文方面并没有这项记载，所以不会发生误算的事。至于贞观二年（628 年）的传说，可能是由伊斯兰文献中公元 628 年穆罕默德曾遣使到拜占庭和波斯二国王廷的传说推演而成的。但当时穆罕默德的势力不出麦地那四郊，所以现今谨严的史学家们都认为这遣使拜占庭和波斯的传说是没有历史根据的后起的传说⑤。至于远处极东的中国，当时更不会有使节或

---

① 陈垣：《回回教入中国史略》，《东方杂志》1928 年第 25 卷第 1 号，第 116 ~ 117 页；张星烺：《中西交通史料汇编》，1930，第 74 ~ 77 页；又参阅田坂兴道《中国にすける回教の传来とその弘通》（1964），第 143 ~ 260 页。

② 白寿彝：《中国伊斯兰史纲要》（1946），第 8 页。即根据陈垣的上引文章的说法。

③ 金吉堂：《中国回教史研究》（1935），第 50、第 86 页。

④ 陈垣：《回回教入中国史略》，《东方杂志》1928 年第 25 卷第 1 号，第 117 页。

⑤ A. A. Vasiliev, *History of Byzantine Empire*, 1952, p. 211.

圣徒前来的。

我们这三件金币的发现，也只能说明当时中阿两国的交通情况。我们无法断定这墓的墓主是阿拉伯人，也不能说是别国的穆斯林。根据该墓的形制和随葬品，我以为还是把它属于汉人为妥。在西安或别处的唐代汉人或完全汉化的国内少数民族的墓中（有些有墓志可证），也常发现有外国金银币随葬①，这并不足为奇。在我国所发现可确定为阿拉伯人的古墓，例如泉州的宋元时代墓，墓制是和汉人的完全不同。自然我们并不完全排斥这墓是属于汉化了的阿拉伯人的可能性，虽然这种可能性似乎并不大。

关于伊斯兰的唐代遗物，著名的西安市"天宝元年王鉷撰"的"创建清真寺碑"，经过考证后已被认定为明代所伪撰刻上去的②。相传为唐代所建的广州怀圣寺的光塔和斡歌思墓，也是不可靠的。前者可能创建于宋代，而后者是明代中叶才出现的传说③。泉州灵山的圣墓，相传是唐代来泉州传教的圣徒三贤四贤的墓，有元、明时代的碑记④，但也是证据不充分，疑为后起的传说。宋赵汝适《诸蕃志》说：泉州有大食商人施那帏，"作丛冢于城外之东南隅，以掩胡贾之遗骸，提舶林之奇记其事"⑤。林之奇为泉州市舶司在宋高宗绍兴末年，可能一直到这时泉州才有为胡贾（包括大食回教徒）专用的墓地（丛冢）。我们这一批金币，是目前所知道的唐代留下来的唯一的中阿交通的实物证据。

---

① 例如西安独孤罗墓，陕县刘伟夫妇墓等，见作者《考古学论文集》（1961），第121、136页等。
② 陈垣：《回回教入中国史略》，《东方杂志》1928年第25卷第1号，第117页；张星烺：《中西交通史料汇编》，1930，第81~83页；又参阅桑原隲藏的考证，《禹贡》第5卷第11期（1936），第49~55页有汉译文。
③ 田坂兴道：《中国にすける回教の传来とその弘通》（1964），第214~216页、第225~237页。
④ 吴文良：《泉州宗教石刻》（1957），第18~20页，图55~图58。
⑤ 赵汝适：《诸蕃志》，（冯承钧校注本，1956）第47页。

两种文字合璧的泉州
也里可温（景教）墓碑[*]

　　1936 年在内蒙古发现了元代"管领也里可温"的耶律于成墓碑，陈垣先生诧为创获，认为乃现存唯一的也里可温（汉文）墓碑（见《华裔学志》第三卷，第 255~256 页，1938）。1954 年吴文良同志在泉州通淮门外津头浦又发现一块 1940 年拆卸城墙时挖出的也里可温墓碑（图 1）。碑文由庄为玑同志初发表于《考古》1956 年第 3 期，第 46 页。傅路德（L. C. Goodrich）教授介绍这篇文章时，也曾特别提及这碑，并加考释（《美国东方学会会志》JAOS. 第 77 卷第 3 期，1957，第 161~165 页）。吴文良同志将这碑文连同照片发表于《泉州宗教石刻》中（1957，第 45 页，108 图），并加考释。但是都有未尽或错误的地方。据吴幼雄同志实测，碑高 56、广 48.7 厘米。碑文是两种文字合璧，每种文字各二行。现在将他们关于汉文部分的考释加以综合，并加补正。

　　先录汉文碑文如下（汉字二行，首行 30 字，次行 23 字，共 53 字）：

---

　　* 本文原载《考古》1981 年第 1 期。

图1　墓碑拓片（约 1/6）

　　管领江南诸路明教秦教等也里可温马里失里门阿必思古八马里哈昔牙（第一行）

　　皇庆二年岁在癸丑八月十五日帖迷答扫马等泣血谨志（第二行）

　　庄同志的抄本脱落"八"（第 25 字）、"哈"（第 28 字）两个字。明教即摩尼教。秦教为大秦教的简称，也便是景教（基督教的聂斯托尔派，Nestorian）。也里可温是元代蒙古人对基督教的名称，其后乃用以名其国土。陈垣先生有《元也里可温考》（1980 年《陈垣学术论文集》本）加以详考。元人对于景教（聂斯托尔派）和天主教（罗马派），统称"也里可温"（同上，第 44～53 页）。碑文的"也里可温"便是指信奉此教之人，吴同志以为也里可温是教长的名称，而不是教的称呼（吴书第 46 页），并不正确。失里门为人名，庄、吴二同志都误加点断为"马里失里，门阿必思古〔八〕"。村山七郎以为失里门乃 Šilemun 的对音〔村山七郎：《泉州出土的突厥语景教墓碑》（德文），载于《乌拉尔阿尔泰研究年鉴》（Uaral‐Atais che Jahrbücher），第 35 卷，D 分册，1964 年，第 395 页〕。陈垣先生已指出：《元史》中人名失列门者七，昔烈门者二，失烈门、失里门者各三，都和所罗门（Solomon）音极相近，是以基督教古代的人名为名（陈考，第 17 页）。马里为 Mar‐i 的对音，乃是尊称。阿必思古八，傅路德以为 episgopa 的对译，乃教长（主教）之意。村山以为是 Episkupa 的对音，乃"主教"之意。至元《镇江志》卷九中两见"马里哈昔牙"这名称，陈先生依日人田中萃一郎的考释，以为叙利亚语 Mar Iesua 的对音，即"主耶稣"的意思。《镇江志》中称"马里哈昔牙徒众"，即指主耶稣的徒众。又《元史·百官志》说："崇福掌领马儿哈昔、列班、也里可温十字寺祭享等事是也"（卷八九）。列班即 Rabban，为东邦基督教僧侣的称呼（陈考，第 47 页转引田中氏）。按田中以为"马尔哈昔"并非人名，是正确的。但又误袭巴雷提阿斯的旧说，以为哈昔或哈昔牙为 Iesua（昔苏），按之叙利亚文，则显然错误。村山以为马里哈昔牙是 Mar‐i hasya 的对音，即"师僧"（僧侣）之意。这是正确的。吴同志以为"或者是一方好几个人合葬的墓碑"，傅路德以为马里哈昔牙是 "Mar Isaiyah"，似认为与"马里失里门"一样的另一个人名。二人的说法都错了，应加改正。这位失里门，不仅是江南诸路"秦教"（聂斯托尔派基督教，即景教）的主教或教长（阿必思古八），同时也是江南诸路明教（即摩尼教）等的教长。

"帖迷答扫马"一名，傅路德以为是 Timo‐thy Sauma 的对音，和前面的失里门（所罗门）一样，这位帖迷答也是采用基督教古代的人名为名，这名字我国近代译音为"提摩太"。近代著名传教士李提摩太便用这个教名。村山七郎以为"帖迷答"是大卫德（David）的对音，未确。扫马是景教中常见的名字。1287～1288 年访问过欧洲的北京景教徒，便名叫拉班·把·扫马（Rabban Bar Sauma）（见张星烺：《中西交通史料汇编》第 1 册，第 213～215 页，1977 年修订版）。元代有一位通晓六国语文的"花门（回纥）贵种"净州（原作静州，依《金史·地理志》改正）天山人马庆祥，小字习里吉斯。他的父亲叫骚马·也里黬（元好问：《恒州刺史马君神道碑》，见《遗山先生文集》卷二七，《四部丛刊》本）。骚马即扫马，可见这名字在景教徒中是常见的。马庆祥在《金史》中有专传（卷一二四）。这传中说他本名习礼吉思，生卒年份为公元 1176～1222 年。习礼吉思和习里吉斯，乃同名异译，都是景教徒中常见的人名，叙利亚（这指古叙利亚文，以下同）一般作 GEWARGIS，即英文的 George（乔治）。《西安大秦景教碑》的叙利亚文的信徒名单中便有 5 人同此一名。净州天山县在今内蒙古四子王旗，元代为净州路，是信奉景教的汪古部所属地。马庆祥父子都是突厥族的景教徒，也便是也里可温。这可补陈垣也里可温人物考（见《元也里可温考》第五章）之缺。虽然马庆祥是对抗元军的金朝忠臣。马习里吉思取"马"字为汉姓，当是由他父骚马而来。皇庆二年岁次癸丑，相当于公元 1313 年。

　　另外两行非汉字的文字，是用叙利亚文的字母所拼写的突厥语。叙利亚语文原为景教徒的官方语，但是突厥族的景教徒中，则用其字母以拼写本地语言。这墓碑中的这两行文字（图2），村山七郎曾用拉丁字母读写如下：

　　　　mahi－ail－lar－nīng mar－i hasya（马里哈昔牙）mar－i
　　　　Ⅵlimun（马里失里门）episqupa－（阿必思古八）nīng qabra－sī ol，
　　　　（以上第一行）

ut kui yīl（癸）s¿k（i）z（n）čai – nīng on
pis – t!? baꞁlap keliu Zauma（扫马）biti – miꞁ

村山曾将这碑文译意如下：

> 这是僧侣先生、教区（？）的教长（主教），失里门先生的坟墓，癸（十天支的末位）牛（即"丑"）年八月十五日扫马率领（一班人）来，并写下（这墓志）。

村山对这译文作注释说：第一字未识，但是在苏联境内七河（Semirjetschie）地区的叙利亚字体景教墓碑中有 malimna 和 mali – mnatha，都是信仰的意思，所以这里的 mahi 也可能有信仰或宗教的意义。ail – lar 中的 ail 意为村庄，lar 为多数结尾词，所以假定这字是"教区"的意思。nīng 为突厥语的名词所有格的语尾。mar – i 的 mar 是叙利亚语的尊称（犹汉语称"先生"），i 是突厥语第三身名词的语尾。qabra – si 中 qabra 是叙利亚语"坟墓"。在突厥人看起来，这字和上述的 mar 都是外来语。si 是突厥语所有格的语尾，相当于汉文的"之"字。ol 原为指示代名词，但在东突厥语中是作连系词使用。ut 相当于汉字的"丑"字，原义是牛。牛是十二生肖第二位，而丑是十二地支的第二位，所以"癸牛年"即癸丑岁。这字本应作 ud，但七河地区的景教墓碑中也作 ut。由上面所述，可以得出结论，这碑

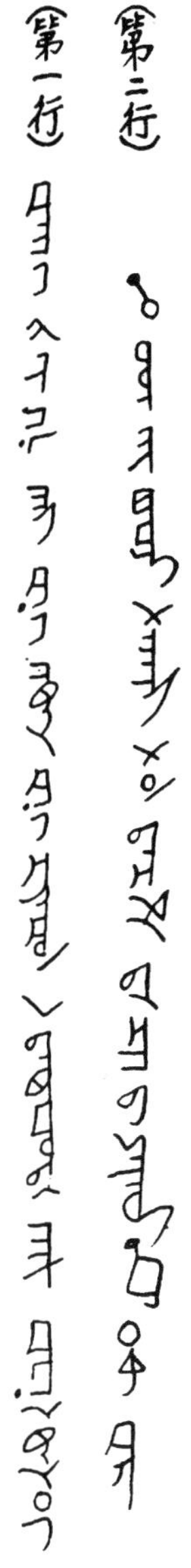

图 2 碑文中叙利亚字母拼写突厥语文部分（依村山七郎的写定）

481

文上所写的是东突厥语（例如使用 ol 为连系词）。我们知道在公元 12 ~ 14 世纪时，东突厥有崇信景教的汪古部。这碑文可能便是记述一位远宦泉州的信仰景教的汪古部的人。

村山又说：《至顺镇江府志》卷九中的"马里哈昔牙·麻儿失里·河必思忽八"，与泉州墓碑的失里门无疑是同一人。又说：吴文良《泉州宗教石刻》中第 110 号的所谓"摩尼教墓碑石"，刻有汉字二行八字："大德黄公，年玖叁岁。"其中"大德"当即景教的"阿必思古八"（主教）。[鼐按：西安的《大秦景教碑》叙利亚文题名第一栏左起第一行汉文"大德曜轮"的"大德"，叙利亚文即作 Episkoupa，见左伯好郎，《中国的景教文献和遗物》（英文版，1951 年增订版，第 72 页及图 3）] 村山又以黄氏的"黄"即蒙古语 sira（撒拉）的意译，而后者可能便是《华夷译语》中的 Êiremun（即失里门）的简称，相当于这碑文中的 Êlimun。这是景教徒中常见的人名。这位"大德黄公"与这墓碑中的"马里·失里门·阿必思古八"可能是同一人。若然，则其人卒于 1313 年，享年 93 岁，生于 1220 年。

村山这种说法，似未可认为定论。《至顺镇江府志》的"失里"，便是本碑的失里门，这是可能的。吴文良早已提出这说（《泉州宗教石刻》第 46 页，但是吴文点断有误，作"失里"和"失里河"，都是错了）。史籍中引文有脱字，是常有的现象。不过左伯好郎以为"失里"为 Silas 的对音（前书，1951 年增订版，第 515 页），那么也可能是另一人。至于以"大德黄公"也便是本碑的失里门，说虽新颖，具见匠心，但是这"黄公"墓碑高 42、广 30 厘米（据吴幼雄同志实测。原书误为高 40、广 22 厘米）和本碑的尺寸大小悬殊，不会是同一墓上的须弥座式石结构的两端相对位置的碑石，并且这里一般每一墓只有一墓碑。这两碑不会是同一墓的墓碑，也便是说，不会是同一人的墓碑。

19 世纪末，在帝俄属下的中亚细亚的七河地区，便曾发现这种以叙利亚字母拼写的突厥语景教墓石达 610 余件，见 D. 克弗尔松

（Chwolson）的《七河地区的叙利亚书体景教墓碑》（1890 年圣彼得堡版，初集 1890 年，续集 1897 年）和 S. E. 马罗夫（Malow）的《蒙古和吉尔吉斯境内古突厥语碑刻》（莫斯科 - 列宁格勒版，1959）。1936年 D. 马定（Martin）又在内蒙古的阿伦苏木德（或译姥弄苏木，在百灵庙附近）和另外几处汪古部遗址中也发现了几块这种叙利亚书体景教碑，辅仁大学的《华裔学志》曾加发表，见第三期（1938），第 232～256页 D. 马定的文章，插图 3、6、8、9、11、12；又第四期（1939）第305～308 页，K. 格罗安培赫（Groenbech）的文章。格氏曾指出内蒙古碑文中的连系词在西突厥语的七河墓碑中都改用 turur。又说 guwra（坟墓）一字，都写作 qbra，又 bu（这，此）都写作 pu。这由于原来字母p 这里念为 b，而字母 b 则念 w（第 306～307 页）。1935 年江上波夫也曾在阿伦苏木德发现过这种墓碑，曾由左伯好郎对于其中三种作过考释（见《东方学报》第 9 卷，第 49～88 页，东京，1939），和马定所发现的合在一起，共 30 余件。解放以后，我们也曾在这地区发现过这种墓碑，并且呼和浩特市东郊的万部华严经塔（俗称白塔）的内部几百条历代游人题记中，也有元代写上去的这种文字十多条（《文物》1977 年第 5 期，李逸友文，第 59 页）。现在我们在华南的泉州又发现这块墓碑，增加了一处这种文字的发现的地点。

有人认为这种文字便是《元史》中《选举志》和《百官志》所提及的"亦思替非文字"（见《文物》1977 年第 5 期，李逸友文，第59～60 页；《文物考古工作三十年》，第 82 页，1979）。据我所知，所谓"亦思替非文字"是哪一种语文，似乎还没有定论。有人以为是指采用阿拉伯字母后的波斯文。元代官制，掌管亦思替非文字的官属归回回国子监而不归蒙古国子监（见《元史·百官志》），认为使用它的民族是与阿拉伯（回回国）接壤而且曾一度隶属于阿拉伯帝国的回教国波斯，比起信仰景教的突厥族汪古部，似乎更为切合些（编者按：参阅《考古》1981 年第 1 期第 63 页韩儒林教授的文章）。

最后，这块墓碑的重要性是在于：①宗教史方面，它的发现表示公元14世纪初泉州一带江南各地有过很多的景教徒，以致需要设置一位管理诸路明教、秦教（景教）等的教长。这墓碑虽然不采用叙利亚语文（即景教官方语），但仍用叙利亚字母来拼写突厥语，可见景教在这里影响之大；并且这位教长（主教）本人便是一位突厥族（汪古部）人。②在语言学方面，这墓碑的发现表现当时这种文字不仅流行于中亚七河地区和内蒙古旧汪古部地区，并且还被远宦泉州的汪古部人带到江南的一些地方来。并且表示东突厥与西突厥语，已稍有分化。

扬州拉丁文墓碑和广州威尼斯银币[*]

1978 年 9 月 4 日在意大利召开的第二十六届欧洲汉学会议上，我做了一个《近年来中国考古新发现》的报告①。

我在报告中介绍了解放以后我国出土的有关中意两国关系的几件文物。我说："扬州曾前后发现两块拉丁文碑，1963 年一起发表。墓主是意大利人兄妹。他们于 1324 年（按应改作 1344 年）和 1342 年去世，埋在扬州。1977 年发表了一座广州明墓的简报。这墓是 1495 年入葬的。墓中发现了三枚 15 世纪中叶的外国银币，其中二枚是满加剌的，一枚是威尼斯的（后者是 1457 至 1462 年威尼斯总督帕斯夸尔·马利皮埃罗所铸的）"。关于这一段话，我原来有札记底稿。现在把它整理一下，加以发表。

一　扬州拉丁文墓碑第一号②

1952 年夏初，在扬州南门水关附近发现一块墓碑，这里编号为第

---

* 本文原载《考古》1979 年第 6 期。
① 这报告的英文稿已收入在意大利出版的《第二十六届欧洲汉学会议论文集》中。
② 发现经过和初步考释，见耿鉴庭《扬州城根里的元代拉丁文墓碑》，《考古》1963 年第 8 期，第 449～451 页。

一号墓碑。发现时碑横卧，上下都有砖砌，是城墙被拆除后的残遗。这碑首尾都已断去一些，损及花边的一部分和末行拉丁文的下部，但是被损伤的文字可以复原。首尾部分也可以复原（见图1）。这碑发现后便

图1　扬州拉丁字墓碑第一号（残高58厘米），拓片翻拍

送往当地文物保管委员会。不久，这碑的拓本传到国外去。因为这是我国境内的最早的罗马天主教的碑石之一，所以立即引起外国基督教国家学者的兴趣。他们纷纷报道这个重要发现[1]。福斯特（Foster）于 1954年介绍泉州基督教石刻时也提到这件扬州拉丁文墓石[2]。在我国直到1963 年才在《考古》上发表[3]。

这墓碑高（残存）58、宽 48.8 厘米。如依第二号墓碑的形式复原，原来高度当在 73 厘米左右。碑身为长方形，上部两角作圆肩，顶部已毁，原来当如第二号墓碑作龛顶形。碑面上半为天主教中使徒列传的故事图，下半为拉丁文墓志。周缘为卷草纹花边。

墓志的字体是典型的老式哥特字（Old Gothic Script），字迹工整。每字母高约 3 厘米，共 5 行；全部碑文占碑面一块高 24、宽 28 厘米的面积。全文首尾以十字为标记。除了开端的 IN 一字和第二字连写之外，其余的字，每行中各字之间以小圆点分开。现在把原文换成现代拉丁字母如下（每字下注明字义）：

INNOMINE. DÑI. AMEN. HIC. JACET（以）（名义）（主的）（阿们）（这里）（卧着）KATERINA. FILIA. Q°NDAM. DOMINI（喀德邻）（女儿）（过去的）（主人）DÑICI. DE. VILIONIS. QUE. OBIIT. IN（多

---

① 见 F. A. 卢雷（Rouleau）《扬州拉丁文墓石》（英文），《哈佛亚洲学报》1954 年第 17 卷，第346～365 页，及其引及的下列诸文：（a）G. 菩那尔提（Bonardi）：《中国发现的一件 14世纪基督教文物》，梵蒂冈出版的《罗马观察者》（意大利文版），1952 年 4 月 26 日，第3 页；（b）同一刊物的法文版，1952 年 5 月 16 日版；（c）M. 隆卡利亚（Roncoglia）：《中国新发现的一件 14 世纪的基督教文物》（法文），瑞士培肯利特城出版的《传道研究新杂志》1952 年第 8 卷第 14 分册，第 293 页；（d）F. A. 卢雷：《中国的更古的圣母马利亚像》，《罗马观察者》1953 年 7 月 23 日意大利文版，第 3 页；（e）美国科罗拉多州顿弗城出版的《记录者》，1953 年 9 月 6 日。

（附注：卢雷所发表的拓本，拉丁字石字文的左边，有篆书的"胤沛获观"四字，乃是新刻。胤沛是原发现者耿鉴庭的别号。）

② J. 福斯特：《刺桐（泉州）城墙的十字架石》（英文），《皇家亚洲学会会志》1954 年第1～2 期，第 11 页。

③ 耿鉴庭：《扬州城根里的元代拉丁文墓碑》，《考古》1963 年第 8 期，第449～451 页。

密尼）（属于）（维利翁尼）（她）（死亡）（于）ANNO. DOMINI.
MILLEXIMO. CCC（年份）（主的）（一千）（三百）XXXX. II. DE.
MENSE. JUNII（四十）（二）（属于）（月份）（六月）

译成汉文如下：

> 以主的名义，阿们，这里卧着（埋葬着）喀德邻，维利翁尼
> 的故（过去的）多密尼先生（主人）的女儿。她卒于主的（耶稣
> 的）纪元一千三百四十二年六月。

按耶稣纪元 1342 年为我国元顺帝至正二年，也便是罗马教皇使节马黎
诺里抵北京的一年，可谓巧合①。时距马可波罗离华的年份，恰为 50 年。

志文中的"维利翁尼"，有人以为是城市名，但是当时意大利并没
有一个叫这名称的城市。这当是家族名。据 L. 培忒克说，从 1163 年
起，威尼斯档案文件中有维利翁尼这一家族。1264 年有个叫作彼得
罗·维利翁尼（Pietro Villioni）的商人，经商远达塔布利斯（今伊朗境
内）。他于 1281 年死亡时，他的父亲维塔利（Vitale）作为他的遗嘱执
行人。他的儿子佐凡尼（Giovanni）死后，他的家族便绝嗣了②。卢雷
说，16 世纪时意大利热那亚有维利翁尼一家族（写作 Viglione。在 17
世纪时文献中，Viglione 和 Vilionis 是一个字的两种写法）③。多密尼·
维利翁尼大概便是来自威尼斯或热那亚。这两地的商人很多来过东方经
商。墓主喀德邻可能是随父亲来华，或者便是生在中国。他的兄弟也埋
在附近（见第二号墓碑），可见他们一家都住在扬州。志文中 quondam

---

① 关于马黎诺里使华事，可参阅张星烺《中西交通史料汇编》第 1 册，1977 年增订新版，
第 244～267 页。

② L. 培忒克（Petech）：《马可波罗与蒙古的统治》（意大利文），收于 L. 兰乔带（Lanciotti）主
编的《中国的科学、宗教和革命文物》（意文），佛罗伦萨，1975，第 26～27 页。

③ F. A. 卢雷（Rouleau）：《扬州拉丁文墓石》（英文），《哈佛亚洲学报》1954 年第 17 卷，
第 360～361 页。

一字，原意为"过去的"，卢雷以为当作"亡故的"解，是指其父多密尼已经亡故；但如果其父仍在人世，这字也可能用以形容前面的"女儿"一词，即"亡故的女儿"。但在句子的构造上应以前一解释为妥①。

至于碑面上部的图像，是描绘基督教死者保护神"圣喀德邻"的殉教事迹。可能由于墓主的名字和这保护神相同，所以这保护神的圣迹便被采用以装饰这墓碑。据圣徒传，圣喀德邻是公元 4 世纪时罗马帝国属的埃及亚历山大利亚人，是出身于名门，有好教养的贞女，笃信基督教。公元 308 ~ 313 年间，马克西迈那斯·达伊阿（Maximinus Daia）为四分领太守（古罗马将每一行省分为四分，各置太守）。埃及也在他的治下。他当时进行残酷的宗教迫害，据说圣喀德邻那时便壮烈牺牲了。后来，她被尊奉为罗马教堂圣人（或圣徒），每年十一月廿五日为其节日。根据她的圣传（传中大部分事实是带民间传说性的），他在官方布置的那次企图使她放弃基督教信仰的公开辩论中，她雄辩地拥护她自己的信仰，把对方的异教徒的哲学家，批驳得哑口无语。因之，她以顽固不化被判决死刑，最初是施用一种类似中国古代"凌迟"的酷刑，把犯人绑在一种特制的车轮上，轮辋周围满插尖刀。当车轮转动时，犯人遭受"千刀万剐"。据说，圣喀德邻跪下受刑时，天忽暴雷怒震，击碎车轮。于是再用斩首的刑罚，圣喀德邻便成为殉道者。这时天使下凡，把她的尸体运往西奈山埋葬。这些当然都是宗教迷信的传说。这墓碑上所刻的是圣喀德邻的三段圣迹。第一段是她正跪下做祷告。她两侧是那一副施酷刑时使用的车轮，已由于出现奇迹而破碎。两个执刑者卧于地上，一仰一俯，当由于被雷而吓倒或被雷击毙。上空有一对天使，俯首下瞰。第二段是斩首的情况。她跪在地上合十做祷告，刽子手正以右手挥剑砍斩，左手则握着空的剑鞘。第三段为两位天使正将这位殉道者放

---

① F. A. 卢雷（Rouleau）：《扬州拉丁文墓石》（英文），《哈佛亚洲学报》1954 年第 17 卷，第 263 页。

入坟墓中。这坟墓当指西奈山上的坟墓。这些故事画当有欧洲中世纪基督教图像学的蓝本。圣喀德邻头上戴有花冠，背后有神圣的光环，上身赤裸。这些都是欧洲画家的表现方法。又如刽子手所穿的皮靴，所缠的绑腿，也是如此。但是有的部分已经华化，例如人物的面部为东亚人的脸型。碑的右下角有跪坐着的僧侣像，两手捧着一个象征死者的裸体婴儿。这象征着教会将死者灵魂奉献给创世主。顶部的图像是中国所发现的最早的"马顿那（Madonna，圣母马利亚）和婴儿（耶稣）像"。这当然也有欧洲的蓝本，但坐凳是中国式的。碑面周缘的卷草纹花边，也是中国式的图案。①

二　扬州拉丁文墓碑第二号

1952 年夏，在第一号墓碑发现后，"不数日，就其地续得一方，亦是卧置，且较完整"。这石也运往扬州文管会保管，后来于 1963 年在《考古》上发表。我们将它编为第二号墓碑（图 2）②。

这墓碑高 59.7、宽 37.5 厘米。大小较第一号墓碑为小，但形状和第一号大体相同。志文和图像则风格相似，而内容不同。

志文共六行，首尾也各有一个十字架。现将铭文字母换成现代拉丁字母如下（字母下注明字义）：

INNOMINE.　DÑI.　AMEN

（以）（名义）（主的）（阿们）

HIC.　JACET.　ANTONIUS.　FILII

（这里）（卧着）　（安东尼）（儿子）

---

① 关于图像的解释，主要依据卢雷的文章，见 F. A. 卢雷（Rouleau）《扬州拉丁文墓石》（英文），《哈佛亚洲学报》1954 年第 17 卷，第 354～359 页。

② F. A. 卢雷（Rouleau）：《扬州拉丁文墓石》（英文），《哈佛亚洲学报》1954 年第 17 卷，第 449 页。

图2　扬州拉丁文墓碑第二号（原高 59.7 厘米），拓片翻拍

Q°NDAM. DÑI. DOMINICI.　　DE

（过去的）（主人）（多密尼）（属于）

VILIONIS.　QUI.　MIGRAUIT

（维利翁尼）（他）（淹化了）

ANNO.　DÑI.　M.　CCC.　XXXX.　IIII

（年份）（主的）（一千）（三百）（四十）（四）

DE.　MENSE.　NOVEMBRIS

（属于）（月份）（十一月）

译成汉文如下：

　　以主的名义，阿们，这里卧着（埋葬着）安东尼，维利翁尼的故（过去的）多密尼先生（主人）的儿子。他淹化于主的（耶稣的）纪元一千三百四十四年。

　　志文中"二十又二十"一数中的"二十（即十又十）"连写作 𠬞 形，和作 丄 形的"十"字不同，所以这一数字不能释为"十又十（即"二十"，而是"二十又二十"，即四十。按从前我们所知道的在中国所发现的最早的天主教（圣方济各派）的石刻是泉州发现的一块墓碑，也是拉丁文字，纪年是 1332 年（字迹有一字不清，也可能是 1327 年）①。如果我们这块第二号墓碑是 1324 年，则将较泉州的那块为早。但是我们现在知道这是 1344 年，所以现下仍推泉州那块为最早。公元 1344 年为元顺帝至正四年，较第一号墓碑要晚二年。因为二碑都没有墓主的年寿，无法确定二人的关系是兄妹或是姊妹，但可断言二人为一父所生。

　　这墓碑的图像，是"末日审判图（The Last Judgement）"。根据基督教的圣经《旧约》，到了世界末日，一切死者都要复活，和生人一起

---

① 见吴文良《泉州宗教石刻》，1957，第 29～30 页，图 75。

同受耶稣的审判，善人升天，恶者永堕地狱①。这墓碑的图像，正中上端坐着耶稣，头部背后有光环。耶稣的两侧，右边站立的是一位执十字架的使徒，左边站立的是一位手执长矛、臂生双翅的天使。二者都是头部背后有光环，右一手拿着宝珠（？）。画面的下半，两上角有天使各一，双手握一"号角"，放在嘴上吹号，宣布世界末日已临，要举行审判。下面中间为六人跪于地上，手捧文书（？）。下面右侧为三座坟墓，死者已复活，揭开墓穴的盖板，已坐起来，正要由墓中出来受审。下面左侧有一穿长袍的僧侣（？），捧一婴儿，朝向左边坐在长凳上的坐像。凳旁有一个屈一膝的跪着的小人像。坐像头部背后有光环，一手执杖，当为上帝。如果对照第一号墓碑，这里当是象征圣方济各派僧侣将死者灵魂奉献于上帝。"末日审判图"是欧洲中世纪艺术家所常用的题材。我们这幅当有欧洲的蓝本，但其中如方凳的足部装饰云纹，则已经华化了。

上述二件墓碑，反映了 14 世纪前半的扬州基督教情况。1322～1331 年间，鄂多立克（Odoric）曾来过中国，在北京住了三年。他的《游记》中记扬州有圣方济各会（小级僧）的教堂一所，景教（聂思脱里教）教堂三所②。可见当时扬州确有天主教的教堂一所，喀德邻和安东尼可能便葬在这教堂的墓地中。《元典章》（卷三六）中曾提及延祐四年（1317 年）正月三十日的文书，有"前后来扬州也里可温十字寺降御香……彼奥剌憨者，也里可温人，素无文艺，亦无武功，系扬州之豪富，市井之编民。乃父虽有建寺之名，年已久矣"③。奥剌憨当即 Abraham 的译名。他一家曾在扬州建也里可温十字寺一所。也里可温教多指景教，但是也兼指基督教其他派别，如天主教的圣方济各派等。我们不知道这里的也里可温十字寺是属于景教或是天主教。但是扬州有天主教

---

① 《旧约》中多处提到末日审判，例如《但以理书》第十二节等。
② 见前引张星烺著《中西交通史料汇编》，第 1 册，第 235 和 297 页。
③ 见前引张星烺著《中西交通史料汇编》，第 1 册，第 297～298 页；又见陈垣《元也里可温考》，东方文库版，1925，第 39～40 页。

圣方济各派僧侣、教徒和教堂，则可无疑问。当时来华的圣方济各僧侣，多属意大利人。这二墓碑的主人的一家，当是这派的信徒，死后便葬在教堂的墓地中。原来的葬地离这二块墓碑发现的地点，相去当不甚远。

三　广州出土威尼斯银币

1964 年广州市文物管理处在广州东山清理了一座曾经盗掘过的明太监韦眷墓，残留的随葬品中有外国银币三枚（图 3）。承广州市文管处的同志将三枚外国银币的照片和拓本寄给我，托我鉴定。经过查考后，知道其中一枚是威尼斯银币，为 1457～1462 年威尼斯总督帕斯夸尔·马利皮埃罗（Pasquale Malipiero）所铸的，另二枚为满剌加（今孟加拉）国培巴克沙（Rukn al – din Barbak 1459～1474 A. D.）于 1459 年所铸。后来 1977 年所发表的发掘简报中有关外国银币的叙述，便是根据这一鉴定的[①]。

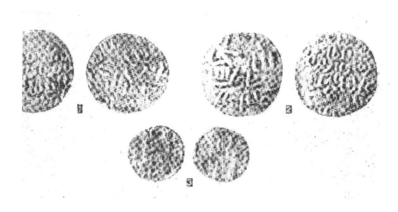

图 3　广州出土威尼斯银币

---

① 简报见《考古》1977 年第 4 期，第 280～283 页，图四，图版九，1～3。

1978 年 9 月 11 日，我在参加第二十六届欧洲汉学会议后去访问威尼斯市。当时我曾询问威尼斯大学兰乔蒂教授以该市博物馆是否藏有这种银币，如果有收藏，能否提供一张照片给我。我返国后，兰教授寄来照片，并介绍他的学生 M. 斯卡尔帕里（Maurizo Scarpari）博士的一篇用英文写的论文。现已把这论文译成汉文发表（见《考古》1979 年第 6 期）。我现在把我的札记中那些和他的论文相重复的地方删掉或删节，改写如下：

这枚威尼斯银币直径 1.3～1.9 厘米，重 1.4 克，为威尼斯共和国所铸的叫作"格罗索"或"格罗塞托"的银币，法定重量为 1.402 克。正面为威尼斯的保护神（圣徒）圣马可像和总督 P. 马利皮埃罗像。圣马可把一面军旗交给总督。两像的周围，有拉丁文的铭文如下：PA. MARIPETRO 和 S. M. VENETI（=Sanctus Macos Veneti），前者是总督的姓名，后者是"威尼斯圣马可"。旗下两像头部之间是直排的 DVX 一字（即"领袖"的意思）。两像的两外侧有铸造者姓名的缩写 Z. P. 二字母。背面为救世主耶稣像，周围有铭文如下：TIBI. LAUS. ET. GLORIA. 译成汉文是"赞颂和荣誉属于您"。

威尼斯市博物馆所藏的一枚，它的图像和铭文，除了铸造者姓名的缩写是 A. T，不是 Z. P，其余都完全相同。它的重量较我们的一枚稍轻。二者都是马利皮埃罗为总督时所铸的"格罗索"银币。

这墓的主人韦眷是当时驻在广州的提举市舶太监。他在《明史》和《明史稿》中都有传，附在《宦官传》中梁芳传的后面①。他在广州的任期是大约成化十一年至弘治元年间（1475～1488 年），弘治八年十一月（1495 年）入葬，则当死于 1495 年或稍早。他的事迹也见于《明史》其他列传。这些史料，发掘简报中已加搜集，这里不再重复。但

---

① 《明史》卷三〇四，页 18，百衲本；《明史稿》卷二八三（列传卷一七八），《敬慎堂刊本》，页 18。

简报中漏掉一条重要的记载，应加补充。《明史·天方（即默伽）传》说："成化二十三年（1487年），天方国中回回阿立（即阿力）"携宝物巨万，至满剌加，附行人左辅舟，将入京进贡，抵广东，为市舶中官韦眷侵克，阿力怨，赴京自诉。……时眷惧罪，先已夤缘于内。帝乃责阿力为间谍，假贡行奸，令广东守臣逐还。阿力乃号泣而去"①。这个韦眷便是我们所发掘的这座墓的墓主。成化二十三年正是他在广州提举市舶司的时期。这事和《明史·韦眷传》所说的："眷为广东市舶太监，纵贾人通诸番，聚珍宝甚富"，也相符合。这三枚外国银币以及同出的红珊瑚，便是他侵克外商所得，甚至于有可能便是他侵克回回阿力的赃物的一部分，因为阿力由阿拉伯来华时，中途曾在满剌加停留过，而阿拉伯是威尼斯商人到东方来经商的中继站之一。

这枚威尼斯银币的发现的意义有二：①这可印证13～14世纪时威尼斯在欧洲与东方的贸易中所占的重要地位。在1498年发现绕道非洲好望角通往印度的新航路以前，欧洲与东方的贸易几乎都为意大利商人（尤其是威尼斯商人）所垄断。哈斯勒克在《东方货币》一文中说："在1204年（按1204年第四次十字军东征曾一度覆灭东罗马帝国，建立拉丁帝国）以后，威尼斯在东方的卓绝地位给予它的货币的流通以一个巨大的推动。15世纪到东方的朝圣者们明白地说：威尼斯货币在他们所经过的路途上，沿途到处流通，并且能维持它的币值无损。其中尤其是'塞魁'（sequin，按为当时意大利金币）是一直到威尼斯共和国灭亡时始终能维持它的法币的地位；在东方贸易的道路上流行远达印度。"② 威尼斯货币在当时既然这样流行，就无怪于这枚银币在铸造后不到40年便传到广州而被埋入墓中做随葬品。②广州当时在海外贸易中所占的重要地位和当时管理对外贸易的市舶司的腐败。据《明史·

---

① 《明史》卷三三二，页24，百衲本。
② 哈氏这一论文见《皇家古学钱会会志》1921年第5辑第1卷，第42页。

职官志》，明代自永乐元年（1403 年，按一作三年）复设福建、浙江、广东三市舶司后，不久便命太监提督之。嘉靖元年（1522 年）革除福建、浙江二市舶司，惟存广东市舶司。据《明史·食货志》，宁波（浙江）通日本，泉州（福建）通琉球，广州（广东）通占城、暹罗、西洋诸国[①]。三处中以广州最为兴旺，有关西洋诸国的贸易几乎集中于广州，所以独保留不废。广东提举市舶司是个肥缺，明代后来都是派有权势的太监来担任的，而这些太监中大部分是以强横贪污出名的。他们的腐败情况，原来的发掘简报中已有所阐述，这里不再赘述了。

　　总之，这枚威尼斯银币的发现，结合前面所说的二块扬州拉丁文墓碑，可以看到 14 ~ 15 世纪时中国和意大利两国间在经济、宗教和文化各方面的关系。

---

① 《明史·职官志》卷七五，页 19，百衲本，又《明史·食货志》卷八一，页 22。

作为古代中非交通关系证据的瓷器[*]

中国和非洲相距迢迢几万里，陆路交通要越过荒漠瀚海和崇山峻岭，海道也要远涉重洋，冒着洪涛巨浪的危险。但是，根据文字记载和考古资料，中非人民在遥远的古代就开始了友好往来和文化交流。这些令人珍视的事迹，我曾写过一篇短文介绍过[①]。这里，我专就作为古代交通关系证据的中国瓷器，做一些比较详细的介绍。

从文献记载看来，中国和非洲的间接的交往，可以追溯到大约二千年以前的汉朝；到了唐代及以后，无论在文化交流或贸易往来方面，都有了进一步的发展。这些友好的往来，自然会留下考古学方面实物的证据。这些物证中，最重要的是中国的瓷器。

人们都知道，瓷器是自古以来在全世界享有盛誉的中国产品之一；在中国对外贸易中，它是和丝绢占着同样重要的地位。但它不像丝织品那样易于腐朽，所以在非洲的古代遗址中容易保存下来，证明了从唐宋以来中国瓷器运到非洲是很多很多的（图1）。

---

* 本文原载《文物》1963 年第 1 期。

① 《中国和非洲间久远的友谊》，1962 年 9 月 19 日《人民日报》第 4 版。

图1 东非洲沿海地区发现中国瓷片的一些地点

1. 福斯特（开罗古城） 2. 库夫特 3. 底比斯 4. 科塞尔 5. 沙埃丁岛 6. 给他古城 7. 宾巴岛 8. 桑给巴尔岛 9. 麻费亚岛 10. 刻尔华岛 11. 松哥玛那拉岛 12. 齐姆巴布韦

在埃及的福斯特（即开罗古城）遗址中，曾发掘到许多宋代（10～13世纪）的中国青瓷器，其中早期的也许早到晚唐和五代；也有少量元明时代的青花白瓷片。宋元青瓷包括釉下刻花或印花的瓷器（图2），大部分是越窑、影青和龙泉窑。青花瓷主要是宣德窑和成化窑（15世纪）。这些来自遥远的东方的中国工艺品显然赢得了当地人民的喜爱，所以本地的陶瓷艺人也仿制中国瓷器。初期（11世纪及以后）

499

仿制青瓷，后来到十四五世纪时也仿制青花瓷器（图 3）。这些瓷器的
形状和花纹都模仿中国瓷器，但是瓷胎是埃及本地的陶土，并且常有阿
拉伯字的陶工名字。这些仿制品的陶片，在福斯特遗址中也发现不
少[①]。福斯特古城是 641 年建立的，969 年现今的开罗城建立以后，政
治中心移至开罗，但工商业中心仍在这城。1168 年为了抵抗十字军实
行焦土政策，这城被焚毁。但据 13 世纪中叶（1249 年）的记载，这城
后来仍恢复过来，工商业仍很繁盛。尼罗河畔的码头边桅樯如林。许多
外来的货物都由这里的码头起岸，然后运往开罗城。13 世纪末才渐衰
落，但至 19 世纪末还有居民 3 万余人[②]。有人以为福斯特城到 1250 年
以后便完全放弃，成为废墟[③]。这是不正确的。1938 年 2 月 28 日和 1939
年 11 月 27 日，我曾两度去福斯特遗址调查。在断垣颓墙之间，徘徊凭吊。

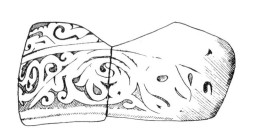

图 2　埃及开罗古城出土中国
宋元印花青瓷（摹本）

图 3　埃及开罗古城出土十四五世
纪时当地仿制的青花
瓷器（摹本）

---

① 巴加特（Ali Bey Bahgat）等：《埃及的穆士林时代陶瓷》（1930 年开罗版），第 69～70、
74 页；又参阅拉斐尔（O. R. Raphael）：《福斯特出土的瓷片》，《东方陶瓷学会报告书》，
1923～1924，第 17 页；阿什吞（L. Ashton）：《中国和埃及》，《东方陶瓷学会报告书》，
1933～1934，第 62 页；霍布生（R. L. Hobson）：《福斯特出土的中国瓷器》，《柏林敦杂
志》1932 年第 61 卷，第 109 页。
② 《伊斯兰百科全书》（1913 年英文版），第 1 卷，第 816～820 页。
③ 《文物参考资料》1958 年第 9 期，第 45 页。

　　在文化层中还可以看到我国瓷器的碎片。后来又曾在开罗的阿拉伯博物馆看到更多的这遗址出土的中国瓷器。万里以外的异国，还遇到故乡浙江在古代运去的文物，不禁勾起异乡游子的乡思。

　　元代的摩洛哥旅行家依宾·拔都他（1304～1377年）在他的游记中，曾说到当时中国瓷器出口，远达到他的故乡摩洛哥。在中国的明初的文献记载中也曾提到中国瓷器出口，远达非洲东部沿海的木骨都束（即今索马里首都摩加迪沙）、竹步等地①。从宋代起，中国和非洲之间的友好往来，日趋密切。在非洲各地发现的瓷器也更多（图1）。除了上面所说的福斯特遗址外，19世纪在上埃及尼罗河畔的底比斯、库司、库夫特和红海沿岸港口的科塞尔，也都曾发现过时代较晚的中国瓷器②。1888年在桑给巴尔有中国瓷器和宋钱出土③；桑给巴尔境内的宾巴岛上，也有宋瓷发现④。

　　非洲各国人民近年来在争取民族独立的斗争中，十分重视研究本民族的历史，努力搜集考古资料，其中有新发现的更多的中国古代瓷器。1950年在索马里和埃塞俄比亚交界处的三个古城废址中，都发现过13～16世纪早期的中国瓷器，其中青瓷比较青花瓷为多，也有少量釉里红。这些瓷器大概是由索马里的红海沿岸蔡拉港附近的沙埃丁岛起岸运入的，因为在这岛上发现了很多同样的中国瓷器碎片⑤。在红海沿岸的另一个中世纪港口，苏丹境内的爱丹皮废址中（这港口是1426年被毁的），也发现了许多中国青瓷碎片和早期青花瓷器，有一片青瓷上还

---

①　陈万里：《宋末—清初中国对外贸易中的瓷器》，《文物》1963年第1期。
②　韦赖特（Wainwright, G. A.）：《东非早期国际贸易》，《人类杂志》（*Man*），1947，第146页。
③　韦赖特（Wainwright, G. A.）：《东非早期国际贸易》，《人类杂志》（*Man*），1947，第146页。又见张星烺前书，第3卷，第90页。
④　英格拉姆斯（W. K. Ingrams）等：《桑给巴尔》，1924，第48～49页。
⑤　马丢（G. Mathew）：《东非洲和南阿拉伯的中国瓷器》，《东方艺术》（*Oriental Art*）1956年第2卷第2期，第51页。

划有八思巴蒙古字。苏丹内地所发现的中国瓷器，当便是由这港口运去的①。索马里首都摩加迪沙也曾发现过"宋"瓷和宋钱（11～12 世纪的，但也有开元通宝）②。

怯尼亚麻林地附近的给地（Gedi）古城和其他几个遗址，在1948～1956 年的几次考古发掘中，都曾发现许多中国瓷器（图4）。这些地方是 13 世纪才建立的居民点。最早的文化层没有中国瓷器。到 14 世纪中叶的文化层中，中国瓷器便较多了，大都是青瓷、白瓷和褐色粗瓷。15 世纪时，便是我国明代永乐至成化的时期，这地海外贸易最为兴盛。这时，青花瓷器开始出现，并且逐渐增多（图5、图7）但仍以青瓷占优势。到 16 世纪时，青花白瓷和粗瓷中所谓"广东罐子"占了主要地位。在给他古城还发现了两枚宋代铜钱（庆元通宝、绍定通宝）③。这些城市由于葡萄牙殖民主义者的劫掠，16 世纪中叶起便衰落了。但是 17 世纪中叶以后，葡萄牙人在怯尼亚失去了控制权，于是又有些新兴城市在这一带出现。蒙巴萨附近的华新岛（Wasin）和麻林地附近的曼布卢（Mam－brui）这两个城市都是这时兴起的。在这两处都曾发现 17 世纪的中国瓷片④。

怯尼亚以南的坦噶尼喀境内沿海一带，1955 年前后做过考古调查，曾发现有 46 处古代遗址中都有中国瓷器，而且为数很多。真可以说，用考古发掘的锹子，可以整锹整锹地铲起来。英国的考古学家惠勒

---

① 马丢（G. Mathew）：《东非洲和南阿拉伯的中国瓷器》，《东方艺术》（Oriental Art）1956 年第 2 卷第 2 期，第 51 页；又霍布生《爱丹皮出土的中国瓷片》，《东方陶瓷学会报告书》，1926～1927，第 19 页。

② 韦赖特（Wainwright, G. A.）：《东非早期国际贸易》，《人类杂志》（Man），1947，第 52 页。

③ 刻尔克曼（J. Kirkman）：《给他》（古城发掘报告），1954，第 108～133 页，图版Ⅳ，第 149 页、第 175～179 页；又《怯尼亚的历史时期考古学》，《考古杂志》（Antiquaries Journal）1975 年第 37 卷第 1～2 期，第 22～23 页，图版Ⅺ，d。

④ 马丢（G. Mathew）：《东非洲和南阿拉伯的中国瓷器》，《东方艺术》（Oriental Art）1956 年第 2 卷第 2 期，第 53 页。

图4　怯尼亚给他古城出土的中国瓷片　　　图5　怯尼亚给他古城出土的中国
　　　　　　　　　　　　　　　　　　　　　　　15世纪晚期的青花瓷器

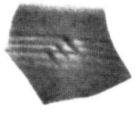

图6　坦噶尼喀的松哥玛那岛上出土的中国青瓷片

（R. E. M. Wheeler）说："十世纪以后的坦噶尼喀地下埋藏的历史，是用中国瓷器写成的。"① 这些废墟的各文化层的绝对年代是要依靠它们所含的中国瓷器来精确地断代。据费礼门—格隆维尔说：这46处遗址所出土的中国瓷片，可分为八种不同类型的瓷器，其中有早期青花，似属宣德窑；也有釉里红，但绝大部分是晚明和清初的瓷器（图8）②。在

---

① 大卫孙（B. Davidson）：《非洲的废弃的城市》，1959，第146页。
② 马丢（G. Mathew）：《东非洲和南阿拉伯的中国瓷器》，《东方艺术》（*Oriental Art*）1956年第2卷第2期，第53页转引。

图 7 怯尼亚给他古城出土的明代葡萄、卷草纹青花瓷碗

图 8 坦噶尼喀出土的中国青花瓷器
（现藏牛津东方艺术博物馆）

刻尔华岛（Kilwa）附近的松哥玛那拉（Songo Mnara）岛上，1950 年曾在地面下约 1 米处发现 13 世纪（宋末元初）的龙泉窑青瓷片（图 6）。在刻尔华岛也发现许多中国瓷片①。这些瓷器出土后，现在陈列在坦噶尼喀首都达累斯萨拉姆博物馆中。当我国的一些人士来到这博物馆参观时，抚摩着这些瓷器或瓷片，都会深感到今天重新恢复友好往来的愉快。

在坦噶尼喀西南，罗得西亚境内有著名古迹西姆巴布韦

---

① 马丢（G. Mathew）：《东非洲和南阿拉伯的中国瓷器》，《东方艺术》（*Oriental Art*）1956 年第 2 卷第 2 期，第 53 页。

(Zimbabwe)。从前不知道它的年代。欧洲殖民主义者初次看到这规模宏伟、结构完善的石建筑群遗迹时，不肯相信这是古代非洲黑人自己所创造的，于是便毫无根据地加以推测，以为是公元前一千多年古代腓尼基人航海经商在该地所建筑的。1629 年考古发掘的结果，由于发现了 14 ~ 15 世纪的中国青瓷和青花瓷片，最早的瓷片类似宋代的青瓷，因之便解决了它的年代问题，同时也证明它绝不是远古的腓尼基人所建，而确是中古时代非洲本地人所创造的文明[①]。

发现中国古代瓷器的地方，还不限于东非和北非，而且包括了西非。刚果境内离大西洋岸不到 200 英里的姆班萨（Mbanza）地方，近年也发现过一片 17 ~ 18 世纪的中国瓷片[②]。

在埃塞俄比亚境内塔那湖的一个岛上的古代教堂内，一个精美的明代瓷罐装盛着死于 1597 年的国王顿加尔（S. Denghal）的内脏。17 世纪的公达尔（Gondar）的宫殿废址中也有许多中国瓷片，并且在殿的墙壁上还常嵌入中国瓷盘以为装饰[③]。

中国人民和非洲人民的友好往来，自 16 世纪以来，受到了西方殖民主义者的阻挠和压制。直到近年随着中、非人民斗争的胜利，中、非之间的友好往来才又恢复，并且得到了显著的发展。今天我们由瓷器的发现来重温旧事，不能不更感到欣慰。中国人民和非洲人民之间已有千年以上历史的友谊，像一条源远流长的大河，它将越来越波澜壮阔地向前奔流。

---

① 伽同－汤普生（G. Caton－Thompson）：《西姆巴布韦文化》，1931，第 68、185 ~ 186 页。
② 大卫孙（B. Davidson）：《非洲的废弃的城市》，1959，第 146 页。
③ 马丢（G. Mathew）：《东非洲和南阿拉伯的中国瓷器》，《东方艺术》（Oriental Art）1956 年第 2 卷第 2 期，第 54 页。

中国和非洲间久远的友谊[*]

    中国和非洲相距几万里，陆路交通要越过荒凉的沙漠和崇山峻岭，海道也要远涉重洋，冒洪涛巨浪的危险。但是，根据文字记载和考古资料，中、非人民在遥远的古代就开始了友好往来和文化交流，这在中国和非洲的历史上都不能不是一件令人珍视的事迹。

    公元 3 世纪的一部中国史书（鱼豢的《魏略》）中提到大秦国（即罗马帝国）的"乌迟散城"在大海（即地中海）之西。历史学家认为，这"乌迟散城"是指埃及的亚历山大利亚城。有趣的是，早在公元 2 世纪时，亚历山大利亚的著名地理学家托勒密的地理书中，也已述及中国。这些最早的记载，距今已达 1700 多年了。中国和非洲彼此之间的了解，从那时起可以说就已经开始。后来，公元 6 世纪时亚历山大利亚人科斯麻士的书中，对于中国就有了更为详细的记载。

    伊斯兰教兴起后，中国同西亚的海上交通更为发达，中国同非洲之间的经济文化交流开始发展。根据 9 世纪时曾到过印度和中国的阿拉伯商人苏莱曼的叙述，当时中国的船只运载了货物到波斯湾口的西拉甫，

    * 本文原载 1962 年 9 月 19 日《人民日报》。

然后换船经红海运到埃及，10 世纪阿拉伯作家麻素提在他的《黄金原地》一书中说，东非洲的象牙，运到阿曼，然后转运到印度和中国。从这些记载可以知道，早在千年以前，中国和非洲便产生了友好往来的关系。

这些友好的往来丰富了中国关于非洲的知识。8 世纪的杜环《经行记》一书中，提到拂菻国（即拜占庭帝国）的西南，度碛两千里，有国曰摩邻，它的人民色黑，信仰伊斯兰教和基督教。9 世纪的段成式《酉阳杂俎》一书中，则提到了大食国（即阿拉伯帝国）的西南海中有泼拔力国，产象牙和阿末香。近代的研究工作证明，这摩邻国便是今东非洲怯尼亚的麻林地；泼拔力国是指今东非索马里海岸的柏培拉。

人们都知道，瓷器是自古以来在全世界享有盛誉的中国产品之一，所以我们可以推想，在当时的贸易中，一定会有中国瓷器运到非洲。近代考古学上的发现，完全证实了这个推想。在埃及的福斯特（即开罗古城）遗址中，曾发掘得唐朝末年至北宋（9 至 11 世纪）的中国青瓷器，包括釉下刻花的瓷器。这些来自遥远的东方的中国工艺品显然赢得了当地人民的喜爱，所以本地的陶瓷艺人也仿制中国瓷器。这些仿制品的陶片，在福斯特遗址中也大量发现。

到了南宋时代（1127～1279 年），中国的京都迁移到东南沿海的杭州，促使海上交通更加发达，中国人对于非洲的知识也更加丰富起来。赵汝适的《诸番志》（1225 年编撰）所记载的海外国家中，就包括了东非洲的弼琶罗（即索马里的柏培拉）、层扳国（即桑给巴尔）、昆仑层期国（可能即马尔加什），北非洲的勿斯里国（即密失里 = 埃及）和它的属邑遏根陀国（即亚历山大利亚）、木兰皮国（即马格里布）。他对这些地方都有较详细的描述。例如他叙述弼琶罗的特产，除了提到象牙和龙涎香，还描写了一种叫作"徂蜡"的兽，"前肢高五尺，后低三尺，头高向上"，一种身上有斑纹带的骡子，还有一种"骆驼鹤"，"身项长六七尺，有翼能飞，但不甚高。"这三种动物显然就是非洲所产的长颈鹿（阿拉伯语"徂蜡发"）、斑马和鸵鸟。又如，他描述勿斯里国多旱，有江水，极清甘，江中有水马。这里所说的江水显然就是指尼罗河，水马就是河马。在述及葛根陀国（即亚历山大利亚）时，他说，葛根陀国古代有异人徂葛尼（即亚历山大的阿拉伯语 Dhu – I – Karnein）于濒海建有大塔，塔顶有镜极大，近年为外国人所盗去，抛沉海中。这个古老的传说和 10 世纪阿拉伯作家麻素地的书中所述关于亚历山大利亚飞罗斯塔的故事相似，可见也是确有来源的。

元代（1279～1368 年）中、非的交通往来，继续有所发展。著名旅行家马可波罗的游记中，提及忽必烈汗曾遣使到马达加斯加岛（马尔加什）。14 世纪中国旅行家汪大渊，曾到过东非洲层摇罗国。他在 1349 年所写的《岛夷志略》一书中，曾叙述过这个国家，历史学家认为即今桑给巴尔。同时代的摩洛哥旅行家依宾·拔都他（1304～1377年）在他的游记中曾说到中国瓷器出口，远达他的故乡摩洛哥。

中、非古代交通最重要的时期是在中国的明朝（1368～1644 年）初年。15 世纪前半叶，中国杰出的航海家郑和曾经率领三万人的航海队，驾驶中国制造的几十艘巨舶，七次奉使访问东南亚和印度洋沿岸各地，最远达东非海岸。根据中国历史记载，他的船队曾到过木骨都束（今索马里首都摩加迪沙）、卜剌哇（即 Brawa）、麻林地（即怯尼亚的麻林地）、竹步国（即索马里的竹博）。有三位随同郑和远航的人，曾把所经历各国的地理位置、人情风俗、出产物品和贸易商品记录下来。这三部书（马欢的《瀛涯胜览》、费信的《星槎胜览》、巩珍的《西洋番国志》）成为今天研究古代中、非交通和非洲历史的宝贵资料。此外，还留下一幅《郑和航海图》，收在明人茅元仪的《武备志》中。这地图中绘入好几个东非洲的港口。

除了郑和航海队的访问东非，在明代正史中还多次记载着一些东非洲国家遣派使节携带土产异物作为礼品到中国访问的事迹。当时这些非洲的特产曾引起中国人很大的兴趣和注意。约 1430 年出版的《异物图志》中就有一幅《福鹿（福禄）图》（"福鹿"便是索马里语中的斑马）。更早一些的还有沈度在 1414 年所绘的《麒麟图》（索马里语长颈鹿叫作长 Giri）。这幅图上所画的麒麟来自榜加剌国（指今东孟加拉，在东巴基斯坦），那里不产这种动物，大概是东非洲的伊斯兰国家赠送给榜加剌国新王赛勿丁作为他即位的贺仪，又由赛勿丁王转送给明廷的。就在下一年，即 1415 年，麻林地国又直接遣使把麒麟赠送给中国。

关于中世纪时中国和非洲之间日趋密切的友好往来，非洲的考古发现同中国古代的记载可以相互印证。上面已经提到埃及福斯特遗址中所发现的唐宋瓷器。除福斯特遗址外，19 世纪时在上埃及尼罗河畔的底比斯、库司、库夫特和红海沿岸港口的科塞尔，也都曾发现过中国瓷器。1888 年在桑给巴尔有中国瓷器和宋钱的出土，1898 年在索马里的摩加迪沙，也发现过中国宋代的钱币，多数为 11 至 12 世纪所铸。桑给巴尔境内的宾巴岛上也有宋瓷发现。在坦噶尼喀境内的刻尔华和麻费亚，有宋钱发现。

非洲各国人民近年来在争取民族独立的斗争中，十分重视研究本民族的历史，努力搜集考古资料，其中有新发现的更多的中国古代的遗物。1950 年在索马里和埃塞俄比亚交界处的三个古城废址中，都发现了 13 至 16 世纪早期的中国瓷器。这些瓷器大概是由索马里的红海沿岸蔡拉港附近的沙埃丁岛启岸运入的，因为在这岛上发现了很多同样的中国瓷器碎片。在红海沿岸的另一个中世纪港口、苏丹境内的爱丹皮废址中，也发现了许多中国青瓷碎片和早期青花瓷器，苏丹内地所发现的中国瓷器便是由这港口运去的。

怯尼亚麻林地附近的给地古城和其他几个遗址，在 1948～1956 年所进行的几次考古发掘中，都发现许多中国瓷器，其中有青瓷、褐色粗瓷、青花瓷器等，分别代表从 14 世纪到 17 世纪中国生产瓷器的不同类型。在给地古城还发现了两枚宋代铜钱（庆元通宝、绍定通宝）。在坦噶尼喀境内，在 1955 年前后的考古调查中，曾发现在 46 处古代遗址中有中国瓷器，而且为数很多。在坦噶尼喀西南，罗得西亚境内的著名古迹齐姆巴布韦，也发现过中国 14 至 15 世纪的瓷器碎片。

发现中国古代瓷器的地方还不限于东非洲和北非洲，而且包括了西非洲。刚果境内离大西洋岸不到 200 英里的姆班萨，近年也发现过一片 17 至 18 世纪的中国瓷片。

从考古资料看来，除瓷器和铜钱以外，中国自古以来驰誉国外的丝织品也为非洲人民所喜爱。明代郑和出使时，便曾携带大量色缎和色绢。在埃及考古发掘中所发现的 4 世纪以后的织物中，有些便是采用中国丝所织成的。在埃及也曾发现晚一些（元代或明代早期的）中国丝织品。据阿拉伯历史家普菲达的记载，埃及奴隶王朝穆罕默德·依宾·加洛（1293~1341 年）时，一个蒙古使团曾来到埃及，赠送给他以 700 匹织有他的尊号的织锦。在格但斯克的圣玛丽教堂中保存着一件织有他的尊号"纳速"的织锦，可能便是这批中的一件。只是由于丝织品不像瓷片那样易于保存下来，所以发现的数量不多。

中国人民和非洲人民的友好往来，自 16 世纪以后，受到了西方殖民主义者的阻挠和压制。直到近年，随着亚、非人民反帝斗争的胜利，中、非之间的友好往来才又恢复，并且得到了显著的发展。今天我们来重温旧事，不能不更加感到欣慰。中国人民和非洲人民之间已有千年以上的历史的友谊，像一条源远流长的大河，它将越来越波澜壮阔地向前奔流。

瑞典所藏的中国外销瓷[*]

1980 年 10 月，我在瑞典哥德堡历史博物馆中看到一大批 18 世纪的中国外销瓷。据陪我参观的瑞典朋友说：20 来年前一位中国专家看到这批外销瓷时，询问这些是哪一国家烧造的。我后来一查书，知道欧美的陶瓷史专家中从前也有人误称它为罗斯托夫特瓷（Lowestoft parcelain），以为是位于英国西南海岸的该城所烧造的^①。所以我写此文以介绍瑞典所藏的这种外销瓷，并略谈输入这种瓷器的瑞典东印度公司的历史，以为今年该公司创立 250 周年的纪念，并作《文物》创刊三百期纪念号之用。

瑞典东印度公司是 1731 年才获得瑞典政府的许可证，有权与好望角以东的东方各国（包括中国）进行贸易，为期 15 年，后来又延长三次，每次 20 年。自从 17 世纪开始，西欧有好几个国家组织了由政府授予东方贸易专利的东印度公司，例如英国（1600 年）、荷兰（1602 年）、法国（1604 年）、丹麦（1614 年）和瑞典（1631 年）^②。

---

* 本文原载《文物》1981 年第 5 期。

① 参阅 E. 戈登（Gordon）主编《中国外销瓷》（1977 年英文版），第 12 ~ 14、49 ~ 50、101 页。

② 梁嘉彬：《广东十三行考》（1937 年商务版），第 22、35 页（注 24）。

瑞典东印度公司总部设在瑞典哥德堡。它原来的建筑物（1750～1762 年建）现仍保存，已作为历史博物馆等的陈列室。这公司一直经营到 1860 年才解散。它存在的 75 年间，一共遣派过 35 艘海船赴中国，共进行过 132 航次。所使用的海船，吨数自 500 至 1200 吨。每船有水手约 180 名。由瑞典起航是冬季，中途利用赤道地带上的贸易风横渡印度洋，共需 8 个来月，于阴历十月以前抵广州。瑞典商人可住进"瑞行"（瑞典夷馆），将货物通过中国十三行的行商出售。在中国过冬时，置办中国商货，包括外销瓷，然后于第二年三月间，利用东北贸易风由广州起程西返。

瑞典商馆（"瑞行"）在十三夷馆中是位于英国的隆顺行和奥地利的孖鹰行之间（18 世纪时，比利时为奥地利帝国的一部分，悬双鹰国旗）。鸦片战争以前所绘的广州十三夷馆图的油画或纸本水彩画，便有好几幅流传下来。甚至于中国外销瓷上也有绘十三夷馆图的。附图的瓷碗上便绘有瑞典商馆，是洋式楼房，上悬瑞典国旗，蓝地黄十字纹[①]（图 1）。

图 1　洋彩瓷碗

---

① E. 戈登（Gordon）主编《中国外销瓷》（1977 年英文版），第 22 页，图 7。

瑞典东印度公司由中国进口的货物中，中国瓷器占有重要的地位。在公司生意最兴隆那 20 年（1766～1786 年）间，据估计进口华瓷达 1100 万件之多，利润达到三倍，即 300%。瑞典国王古斯塔维斯三世（1772～1792 年）所接受的一套中国外销瓷，便达 700 件之多①。我们知道，在 18 世纪的一百年之间，华瓷输入欧洲，据最保守的估计，也当达 6000 万件以上②。

中国瓷器的外销是有悠久历史的。早在汉代，便已有少量原始瓷从海道运往邻近诸国。到了唐宋时代，华瓷便外销到近东各国，如伊朗、伊拉克、埃及等。它们的中世纪遗址中便曾发掘出不少的唐宋时代的中国瓷片。明初随着郑和的三宝太监宝船西航，华瓷更远达东非洲的沿海各口岸③。

至于华瓷输入欧洲的最早的证据，据说宋瓷碎片曾在意大利出土。至于元代及明初的输入欧洲的华瓷，更是屡见于记载，但为数并不算很多。15 世纪末，葡人开辟了经过好望角东航的海道，1517 年便抵达广州。此后，华瓷便不断地由海道输入西欧市场，数量也逐渐扩大。18 世纪时，中国还开始大量烧制专为外销欧洲的所谓"中国外销瓷"④。

中国这种外销瓷的最早的标本，现在所知道的，当推一种绘有葡王马努埃尔一世（1495～1521 年）纹章的青花瓷壶。这壶的器形是中国式的玉壶春，但花纹是这国王的纹章。其次为绘有 1690 年荷兰鹿特丹民变图的青花瓷器，底有成化（1465～1487 年）款，当为后来作伪者所添加的⑤。到了 18 世纪，中国这种外销瓷多为五彩瓷，其中许多还

---

① S. 罗特（Roth）：《瑞典东印度公司进口的华瓷》（1965 年英文版），第 8、10、15～16 页。
② E. 戈登：《收集中国外销瓷》（1978 年英文版），第 22、24 页。
③ 参阅三上次男《陶瓷之道》（1977 年日文版）。关于东非洲出土华瓷，参阅夏鼐《作为古代中非交通关系证据的瓷器》，见《文物》1963 年第 1 期。
④ 参阅 E. 戈登（Gordon）主编《中国外销瓷》（1977 年英文版），第 8、95 页。
⑤ 参阅 E. 戈登（Gordon）主编《中国外销瓷》（1977 年英文版），第 79 页图 1、19 页图 2。

图 2　样板瓷碟

是雍（正）、乾（隆）粉彩，器形的样式也常常依照订单采用欧式的。

这些中国外销瓷，除了白瓷雕瓷是福建德化窑之外，都是江西景德镇烧制的。先由景德镇烧成白瓷，然后运到广州，在广州城南的河南岛上的工场中，依订单上的样板施加釉外五彩的洋彩①。哥德堡历史博物馆藏有一件所谓"样板碟"（图2）。这瓷碟的周缘花边，绘有四种不同的五彩图案，以便在欧洲的主顾，可以指定自己所喜欢的一种。至于其他图案纹章和洋画，可能是利用外商由欧洲带来的样本、刻板画，以及书籍（包括圣经）中的插图。

外国所收藏的中国外销瓷，一般都没有年号款。这样一来，我们一般只好依照器形和花纹来断代。但瓷器上的纹章常可提供可靠的年代标准。此外，哥德堡历史博物馆中陈列有一批由一艘1796年沉没的"哥德堡号"船中捞上来的华瓷，也可作为断代的参考瓷料②。

"中国外销瓷"依照它们描绘的题材，可分为四类：①纹章瓷；②人物画瓷，这又可分为三小类，即神话题材、宗教（圣经）题材和风俗画；③船舶图；④花卉③。现在就瑞典所藏的，稍作介绍④。

---

①　参阅 E. 戈登（Gordon）主编《中国外销瓷》（1977年英文版），第23～24页。

②　S. 罗特（Roth）：《瑞典东印度公司进口的华瓷》（1965年英文版），第15页。

③　参阅 E. 戈登（Gordon）主编《中国外销瓷》（1977年英文版），第24～40页，及所附的多幅插图。

④　S. 罗特（Roth）：《瑞典东印度公司进口的华瓷》（1965年英文版），第24～35页。以下所举瑞典藏品的例子，都出于本书，不再注明。

第一类绘有纹章的外销瓷，一般都是贵族们成套定制的。他们愿出高价，要求较严，标准较高，所以纹章瓷在外销瓷中最为精美。这种瓷器的图案中，纹章常占画面的中心地位。据云瑞典有三百来家的贵族曾经定过绘有他们纹章的中国外销瓷。其中早期的纹章较大，几乎占满了中心，周缘的花也较宽，常不止一道（图3）。18世纪晚期起，纹章较小，周缘花也较狭，花纹细小（图4）。纹章不限于一个家族或一位贵族，还有都市、公司和团体的纹章，例如哥德堡市便有它自己的纹章瓷。

图3 纹草瓷（早期）

第二类中的神话题材，主要是希腊、罗马的神话。宗教题材是描写圣经中的故事，如耶稣降生、受难、复活等故事。风俗画描绘欧人日常生活，如狩猎、收获等。中国画匠是依照样本摹绘的，虽力求忠实于原作，但有时未免走了样。

第三类船舶图也很流行，因为当时欧美许多大户都是由海军出身或经营海运起家的，所以他

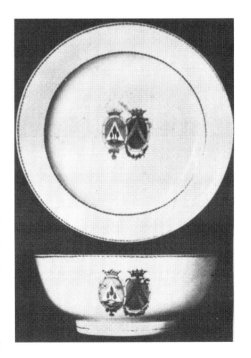

图4 纹草瓷（晚期）

们喜欢把船舶绘在自己定烧的整套瓷器上。一般在船上都绘有国旗，有的还有题识，表示船名、船长姓名和年月。也偶见码头风景和水手离别图，近似风俗画。

图 5　花卉图案的洋彩

第四类花卉图（图 5）。中国的花卉图有自己的传统。但是到了 18 世纪后半期，这些外销瓷中的花卉有的是摹仿欧洲的花卉画家如 J. B. 蒙诺页尔（1636～1699年）之流的作品。他们的画曾被雕版印成画册，可以带来远东作为瓷绘的样本①。

此外，中国外销瓷中还有雕塑成人物或禽兽的象生瓷，如洋人夫妇像，狮、象、鹿、狗、鸡、鱼等。这些瓷雕中纯白不带颜色的，据说是德化窑的产品。

这些中国外销瓷，在中国文献中也有记载。中国一般称之为洋彩②。如《景德镇陶录》说："新仿西洋珐琅画法，山水人物，花卉翎毛，无不精细入神。"《陶雅》说："乾窑瓷器，不但画碧睛棕发之人，其于楼台花木，亦颇参用界算法，命曰洋彩。"《陶录》中又称它为洋器，说："洋器专售外洋者，商多粤东人，贩去与洋鬼子互市"。"洋器"实为"洋彩器皿"的简称。另有"洋瓷"一名，据《饮流斋说瓷》说："洋瓷有二种，一为泰西流入之洋瓷。……一为吾国所造铜胎挂瓷之品，市人通称亦曰洋瓷。"实际后者应称为搪瓷珐琅，以别于掐

①　参阅 E. 戈登（Gordon）（主编）《中国外销瓷》（1977 年英文版），第 81 页及附图。
②　关于洋彩的叙述，主要采自下列诸书：朱琰《陶说》，蓝浦《景德镇陶录》，刘子芬《竹园陶说》（以上三种，美术丛书中都曾收入），寂园叟《陶雅》（1910 年刊行，民国书贵山房重刊本），许之衡《饮流斋说瓷》（民国初年铅印本）。

丝珐琅（景泰蓝）。

洋彩的华瓷，并不完全供给外销之用。除了纹章之外，其余洋彩瓷，仍有少量可能供内销。并且鸦片战争之后，洋彩瓷可能有的随着洋人来中国侨居而被携回中国。所以国内公私收藏中也有极少量的中国外销瓷。可惜，还没有人加以调查和研究。

中国文献中也曾提到洋彩的绘画题材；但其中提到纹章瓷的，只有一处，即《陶雅》所说的唐熙青花大盘。它说："盘中画皇冕徽章，旁有两翼之狮狗，分攀于其上。载有腊丁古文，阳历年月"。原注"详见《世界瓷鉴》"。原器当在国外。至于洋彩的人物画，《陶雅》说："洋〔彩〕瓷以乾隆朝有款者为最精，盒则锦地开光，小瓶则黄地花朵，皆系妙品，然不如女神像之珍秘也。"这里的女神像，和"锦地开光"、"黄地花朵"并举，当指绘画，不是指雕塑。既有乾隆年款，当为洋彩华瓷，并非进口的洋瓷。《饮流斋说瓷》说："〔洋彩中〕尤以开光中绘泰西妇孺者为至精之品。至于花鸟，亦喜开光。又有不开光者。所用颜色，纯似洋瓷。细辨之，则显然有别，且底内往往有华字款也"。《陶雅》也提到洋彩花卉，说："〔乾隆果盒〕洋瓷采绘花鸟者，笔意绝工致"。这里的洋瓷似为洋彩之误。又说："康熙御制碗，有宝相花三朵，大小不一，阴阳向背，偏反秾艳，生香活色，纯合乎西法"。这些当指中国外销瓷中第四类的花卉图案瓷。

至于象生的瓷雕，似乎并不是专为出口外销。《景德镇陶录》在"西洋雕铸象生器皿"项下说："画法渲染，悉依西洋笔法"。《陶雅》说："象生器皿，色目非一，人物鸟兽，指不胜屈。……雍〔正〕窑洋狗，疙疸（原注：釉也）较白"。《饮流斋说瓷》也说："瓷狗在清中叶喜制之，小者往往混于洋瓷，盖乾隆当时泰西已有流入者矣"。这些瓷雕其时当曾出口不少。

《陶雅》中还提到洋彩瓷的陈设用途，说："瓶之绝大者，高与人齐，西人置之楼梯之侧以为陈设。其二尺上下者，云以安顿电灯于几案之间。若五六寸者，视为最合格之珍品，以多为贵，即供赏玩，且插花也"。这是 20 世纪的西人家庭陈设，尤其是侨居中国的西人家庭陈设。17 世纪晚期及 18 世纪时，欧洲的贵族家庭中，常有"瓷器室"的设置，以陈列中国瓷器，包括外销瓷。他们还特别设计木制家具以作大型华瓷的器座①。连中等人家也将华瓷的盘、碟安置墙上以为装饰。

总之，18 世纪及其前后的中国外销（欧美）瓷，不仅表示中西贸易往来的兴盛，并且也起了中西文化交流的作用。从前一般只知道中国瓷器在西方瓷器的创始和发展过程中的巨大影响；但很少人知道中国瓷器在 18 世纪及其前后也采用了西方的珐琅彩和在绘彩方面采用"泰西画法"。瑞典所藏的中国外销瓷，虽然为数不及英、美、荷三国之多，但也足以证明中瑞两国人民的贸易和文化交流与友谊。

---

① 参阅 E. 戈登（Gordon）主编《中国外销瓷》（1977 年英文版），第 96 页中的两幅 17 世纪晚期的"瓷器室"设计图；第 99 页的几幅供陈列华瓷用的木制器座的设计图。

中国、瑞典友好关系的历史[*]

1980 年 10 月我去瑞典访问以前，曾对中、瑞两国人民的友好的历史搜集了一些资料。现在把这些史料加以整理，并且把它写出来。

一

瑞典僻处欧洲西北，它和中国远隔万里，但是早在 300 多年前的明朝，我们中国人已知道在欧洲有瑞典国。意大利耶稣会传教士利玛窦于万历十二年（1584）在广东肇庆时曾绘有世界地图一张，王泮加以刻印，但流传不广，今无传本。后来又几经增订转刻，今传世者以 1602 年李之藻本为最早和最完善。这《坤舆万国全图》中欧逻巴洲西北部有"苏亦齐"国，便是瑞典国最早的音译。后来，意大利人艾儒略在以汉文撰写的成书于 1623 年的《职方外纪》中便曾提到瑞典。原书说："欧北有四大国，曰大泥亚，曰诺而勿惹亚，曰雪际亚，曰鄂底亚。"（卷二）这四个国名便是丹麦、挪威、瑞典和哥特兰四者的异译。

---

 * 本文原载《外国史知识》1981 年第 8 期。

最后一处哥特兰（岛）于 1645 年才归属瑞典，所以书中作为另一国来叙述。又说："雪际亚（按即瑞典），地分七道，属国十二，欧逻巴之北称第一富庶，多五谷五金。财货百物，不以金银，即以物相抵。人好勇，亦善遇远方人。"这书中所附的《万国全图》（卷首）和《欧洲分图》（卷二）两幅，便是参考利玛窦《坤舆万国全图》增订的。图中瑞典的译名作"苏厄祭亚"（图 1）。清康熙时比利时人南怀仁（1623～1688 年）以汉文所撰的《坤舆图说》，所载海外诸国，内容和《职方外纪》互有出入，但是其中"大泥亚诸国"条，与《职方外纪》的文句，完全相同。嘉庆庚辰（1820 年）成书的谢清高《海

图 1　1623 年成书的欧罗巴地图中的瑞典图（苏厄祭亚）

录》也提到瑞典，译名作绥亦怙。书中说："绥亦怙国，在英吉利西少北。疆域与西洋（按：这当是大西洋的简称，指葡萄牙）略同。风俗土产如英吉利，而民情较淳厚。船由荷兰往约旬余。由英吉利约六七日可到。来广州贸易，其船用蓝旗画白十字。"

到了鸦片战争（1840～1842 年）以后，海禁大开。魏源的《海国图志》初刻本（即 1842 年刻的五十卷本）引《职方外纪》，于"雪际〔亚〕"下夹注"琏国"二字；又引《海录》，于"盈黎马录加国"（即"黄旗"的音译、也曾意译"黄旗国"，指丹麦）条中"绥亦古"一名下加夹注："绥亦古即瑞国，即来华之蓝旗"。按：琏国当即嗹国。清时曾称瑞典为瑞国，丹麦为嗹国，但不称瑞典为嗹国。又初刻本《海

国图志》误将简称瑞国的瑞典和也以"瑞"字开头的瑞士，混为一谈。书中在标题"瑞国"一节中，第一句便说："瑞国即绥沙兰，古称赫底委尔俺司"。这两个地名便是 Switzerland 和 Helvetia 的音译，都是指瑞士。但是瑞典和瑞士分别处在波罗的海的北岸和在海南的内陆，毫无关系。这初刻本《海国图志》便勉强加以解释，以为一指"其国都所在"（瑞士），一则"专指其海埠通市之大埠也"（瑞典）。又说："涉海而北，亦有瑞国之地（指瑞典），来粤贸易者，皆海北之人"。又以为"瑞丁（指瑞典）乃瑞国（指瑞士）之分域。这里是初刻本《海国图志》疏误的地方。我们知道瑞士是一个内陆国，四面都不临海。当时并没有派遣商船航海来中国。清代文献中所记载的遣派海舶来华贸易的"瑞国"，都是指瑞典。广州十三外国商行中的瑞行（Sui Hong），便是指瑞典东印度公司在广州的商行。后来魏源在增订本《海国图志》（即百卷本）对这点错误已加订正，说"瑞士国与瑞丁之可称一'瑞'（按指'瑞国'一称可单独使用'瑞'字者）迥别"。

至于建立正式邦交，是在 1847 年。《清史稿·邦交志》说："瑞典即瑞丁，……雍正十年（1732 年）始来华互市。道光二十七年（1847年）春二月，与瑞典及挪威国订通商约"。从 1847 年算起，两国建交迄今已有 134 年的历史了。当时瑞典和挪威仍是合为一国，称为瑞挪联盟（始于 1814 年），后来到了 1905 年，挪威才又独立成为一国。

<h1 style="text-align:center">二</h1>

根据西方的记载，自从葡萄牙人达伽马（1460～1524 年）于 1497年取道南非好望角由海道抵达印度后，葡人又于 1511 年占领了当时东方的国际贸易枢纽麻剌加。1516 年葡人首次到中国广州贸易。1557 年又租借了中国的澳门。16 世纪起，西欧各国继葡萄牙之后，也纷纷经由这条新开辟的海道前来东方贸易，并且从 17 世纪初开始，西欧有几

个国家组织了由政府授予东方贸易专利权的东印度公司。

瑞典东印度公司在 1731 年才获得瑞典政府的许可证，有权与好望角以东的东方各国进行贸易，为期 15 年。后来又延长三次，每次延长 20 年。这个公司的总部设在瑞典哥德堡。它的原来建筑物，是 1750 ~ 1762 年间所建的，现仍保存，但已作为哥德堡市的历史、民族、考古博物馆的陈列室。它的东邻的一座楼房，原为这公司的创办人和负责人之一的 N. 萨尔珂伦（Sahlgren，1701 ~ 1776 年）的私人住宅，现也归属于博物馆，作为办公之用。

康熙二十四年（1685 年）我国政府在广州设粤海关以后，1699 年英国东印度公司便在广州设立了商行（夷馆）。1728 年和 1729 年，法国和荷兰也分别在广州设立商行，稍后的有丹麦（1731 年）和瑞典（1732 年）二国。美国来华贸易较晚，是在 1783 年独立后的第二年（1784 年）。那一年美国遣派"中国皇后号"商船来广州。乾隆二十四年（1759 年）的一件奏折中说：当时广东官员在两广总督衙门逐一传进各国番商"内英吉利、佛兰西（法国）、贺兰（荷兰）、嗹（丹麦）、瑞（瑞典）五国头目人……共二十一人"。可见 18 世纪中叶时前来广州经商的西欧商人，仍以包括瑞典在内的五国为主。

瑞典东印度公司一直经营到 1806 年才解散。它存在的 75 年（1731 ~ 1806 年）中，曾先后派遣 35 艘海船，进行过 132 次的航行。其中 8 艘以失事沉没。最初所使用的海船是 500 吨到 1000 吨的；后来有达 1250 吨的。各船装备有 30 门大炮，以作途中防御之用。每船的水手有 180 来名。从瑞典出口的货物，有当地所产的铜、铁、钢、纸张、木材、呢绒等。这些货物大部分运到西班牙的卡提斯（Cadiz）商港出售，换成西班亚银元。他们知道，中国商人愿意接受西班牙银元作为货币进行贸易。这些商船从瑞典起航是在冬季，过了好望角后，中途利用赤道地带上的贸易风横渡印度洋，共需 8 个月，约在阳历十月以前，可抵广州。瑞典商人登岸住在瑞行（瑞典夷馆）内，将货物通过中国十三行的行商出售。他们在广州过冬后，于第二年三月间利用东北贸易风由广州起程西返。瑞行在十三夷馆中是位于英国的隆顺行和奥国的孖鹰行（按实际上是比利时商人所经营的；当时比国隶属于奥地利帝国，所以也称为帝国商行，所挂悬的是奥国的双鹰旗）两者之间。当时（鸦片战争以前）所绘的油画或纸本水彩画的广州十三洋行图，有好几幅流传下来，一般把瑞典商行放在图的中心处。甚至于中国外销瓷上，也有绘画以瑞行为中心的广州洋馆图。

乾隆时，有一位和瑞典商人进行贸易的中国行商，西名为 P'an K'i‑kuan（即潘启官，1714～1788 年）。据云：他曾于 1769 年（乾隆三十四年）远涉重洋，去过瑞典哥德堡，作为上面曾提到的瑞典东印度公司负责人之一的 N. 萨尔珂伦的客人。潘启官曾以自己的肖像画一幅送给萨氏作为纪念。这幅肖像画在萨氏家中珍藏，最近才由他的后人捐赠给哥德堡历史博物馆。我到博物馆参观时，这幅画和瑞典东印度公司的一些创办人和负责人（包括萨氏）的肖像画，一同悬挂在一个陈列室中。这幅肖像画绘在玻璃板上，画法类似五彩油画。这是当时瑞典流行的肖像画绘法。我猜想可能便是他旅居瑞典时所绘的，但也可能是在广州所绘的。

中国的文献记载中，也有许多可以和西文史籍相对照的史料。例如外商来华使用西班牙银币（洋钱）的事，嘉庆十九年正月（1813 年末）的军机处文件中反映当时情况说：夷商以货易货，如有不敷，则应找尾数，皆用洋钱，每元以七钱二分结算。又说：洋钱进口，民间觉其使用简便，颇为流通。每年外船带来洋钱，或二三百万元，或四五百万元，以及数十万元不等。瑞典东印度公司这一垄断机构虽于 1806 年解散，但是瑞典私人商船，仍有来华贸易。所以 18 世纪和 19 世纪初年输入中国的进口洋钱，有一部分可能便是由瑞典商船从西班牙带来的。

又如中国行商潘启官的事迹，我们可以根据梁嘉彬所引的《潘氏族谱》中的《潘启传》和《潘启传略》（潘月槎撰），考出潘启官名振承（即振成，一作振武），字逊贤，号文岩，福建同安人，生于康熙五十三年（1714年），卒于乾隆五十三年（1788年）。他幼时家贫，从福建到广东经商，曾往来吕宋国（今菲律宾）三次，深通"夷语"，后来便寄居广州，开设同文行。潘月槎所撰的《传略》中说："通外国语言文字，至吕宋、瑞典贩运丝茶，往返数次，积有余资。寄〔居〕（原误作店）粤省，请旨开张同文洋行。……乾隆间由粤吏保荐，蒙朝旨赏加三品顶戴，诰封通议大夫"。《广东十三行考》的作者梁嘉彬由于《潘氏族谱》中《潘启传》失载曾往瑞典一事，认为"潘启只至吕宋"。现在根据瑞典方面史料，可以确定他曾经到过瑞典。依据史籍记载的惯例，潘启既曾往返吕宋三次，史家当然要加记录，至于瑞典只往返一次，可以略去不载。另一可能是原来有瑞典一名，而辗转抄写时遗漏掉。我们很难想象作《潘启传略》的潘月槎，凭空添入瑞典这一不大著名的国名。根据中西的文献，我们可以说：潘启官是第一个到过瑞典的中国人。

瑞典东印度公司由中国进口的货物中，中国瓷器占有重要的地位。公司生意最兴隆的20年（1766～1786年）间，估计共进口华瓷达1100万余件之多，利润达到比本钱高三倍，即300%。瑞典国王古斯塔维斯三世（1772～1792年在位）所接受的一套中国外销瓷，便达700件之多。现在瑞典国内公私收藏的中国外销瓷还不少。我曾写过一篇《瑞典所藏的中国外销瓷》，已在《文物》1981年第5期中发表，这里不再赘述了。

三

最近的五六十年以来，中国和瑞典二国之间，不仅政治上邦交日益巩固和加强，经济上贸易日益兴旺和发达，便是文化方面，交往也日益频繁和发展。

现在专就学术文化方面而言，我知道比较清楚的是考古学。瑞典的学者便曾对于中国考古学做出了重要的贡献。我在瑞典所作的讲演中，便曾举出其中最突出的三位，稍作介绍。

斯文赫定（1865～1952 年）是瑞典的地理学家，也是世界上伟大的探险家之一。他从 1895 年起，曾四次到我国新疆塔克拉玛干沙漠一带探险（1893～1898 年，1899～1902 年，1905～1908 年，1928～1935 年）。他虽不是一个考古学家，但是对于考古学也有很大的兴趣。所以，他在考察沙漠中被沙埋没的古城废址如古楼兰等时，曾搜集了不少的古物。这些古物，一部分归还给中国，还有一部分仍保留在瑞典，作为国立民族学博物馆的藏品。

另一位是安特生（1874～1960 年），他曾对中国史前考古学做出重要的贡献。他原是地质学家和古生物学家，1914 年前来中国作为中国政府农商部地质调查所的采矿顾问。但是在中国的 10 年间（1914～1924 年），他竟成为一位著名的考古学家了。1924 年他回瑞典后，第二年建了远东古物博物馆，他担任第一任馆长，并且兼任斯德哥尔摩大学的新设立的中国考古学讲座的教授。这两个职务他一直担任到 1939 年退休时为止。在中国时，他在 1921 年发现并第一次发掘一个新石器时代的遗址，即出土彩陶的仰韶村。他又在 1918 年发现并调查了周口店化石地点。1921 年调查并参加发掘北京猿人洞的化石堆积，并且指出这里可能有远古人类的遗迹。后来北京猿人化石发现的消息，是在 1926 年 10 月北京欢迎瑞典皇太子（后来即位为古斯塔夫六世，乃今王的祖父）的一次科学集会上首次宣布的。

至于高本汉（1889～1978 年），他是欧洲汉学家中的权威。他对于中国语言学上的古音韵研究和中国考古学上的青铜器研究，都有很大的贡献，1936 年他发表了《中国青铜器中的殷商和两周》，在搜集了丰富资料的基础上，利用青铜器的铭文、器形和花纹，作了仔细深入的研究，对殷周青铜器作了比较可靠的分期。他这文中关于殷周青铜器分期的结论，今日由于新发现而需要补充和改正。但是，经过了半个多世纪的岁月，现下仍没有一本著作可以取而代之。

这几位学者都已经去世了，但是他们在这方面的贡献，仍是为我们所怀念的。

瑞典前国王古斯塔夫六世阿道尔夫（Gustaf VI Adolf，1882～1973年）是一位受过训练的欧洲考古学的专家。在第一次世界大战以前便对中国古物发生兴趣，并开始收罗中国古物。后来他成为最重要的中国古物收藏家之一。1921年他以皇太子的身份，担任瑞典的中国委员会主席，筹款资助关于中国地质学、古生物学与考古学的研究工作。安特生在河南和甘肃的新石器时代遗址的探索和调查，便是受这委员会的津贴。1926年他周游世界时来过中国，参观中国的古迹和博物馆，对于中国古青铜器，很发生兴趣。后来高本汉从事这方面的研究，便是受他的影响。他在1950年即位后，对于中国古物的兴趣仍未稍减。1973年他死后，他所收藏的中国古物2600余件，都捐献给瑞典国家博物馆。

1974年5月，中国出土文物展览在瑞典斯德哥尔摩开幕，瑞典国王卡尔十六世·阿道尔夫亲自参加开幕式。这次展出，观众达50多万人次。可见瑞典举国上下对于中国文物的兴趣和爱好。

上面所说，足证中瑞友好是有长久历史的。最近瑞典国王卡尔十六世将到我国进行友好访问。这次访问一定有助于进一步巩固和发展两国人民的传统友谊。

中瑞交往源远流长[*]

去年 10 月，我访问了瑞典。我踏上了瑞典的国土，便为他们国民好客的盛情所感动。怪不得我国汉文介绍瑞典人的第一部书《职方外纪》（1623 年成书）中说瑞典国人"善遇远方人"。中瑞友好交往是有历史渊源的。

瑞典僻处欧洲西北，它和中国远隔万里，但是早在瑞典的维京时代的初期，即公元 9 世纪至 10 世纪，中国的丝绸便传到瑞典。瑞典的考古工作者在发掘维京时代的城镇毕尔加遗址附近的墓葬中发现了好些中国的丝绸碎片。

18 世纪，瑞典商人开始同中国直接进行贸易。瑞典商人在 1731 年获得瑞典政府的许可证后，曾先后派遣 35 艘海船，进行过 132 次的航行。瑞典出口的货物，大部分运到西班牙的卡提斯商港出售，换成西班牙银币，再前往中国购买绸缎、茶叶和瓷器等。现在瑞典国内公私收藏的中国外销瓷器还不少。许多瑞典贵族或大商人还定制中国瓷器。瓷器

＊ 本文是作者是为欢迎瑞典国王卡尔十六世·古斯塔夫来中国访问而作，原载 1981 年 9 月 17 日《人民日报》。

上绘有他们家族的纹章，有的有都市、公司和团体的纹章。

在访问中，我曾参观了瑞典哥德堡博物馆。馆中陈列有 18 世纪往返中国广州的瑞典商船的模型，瑞典一个公司的创办人和经理的肖像画，许多中国的外销瓷器。其中有一幅中国商人潘启官（振承）的肖像画。据说他于乾隆三十四年（1769 年）远涉重洋来到瑞典。作为瑞典公司的客人，他是第一个到过瑞典的中国人。

进入 20 世纪，中瑞两国科学和文化交往逐渐发展。如地质学家和古生物学家安特生 1914 年被中国政府聘请为采矿顾问。他在中国的十年间，竟成为一位著名的考古学家了。他发现了著名的新石器时代的仰韶村遗址和甘肃的许多新石器时代和铜石并用文化的遗址，并加以发掘。他参加发现、调查和发掘北京周口店猿人洞的化石堆积。又如古汉语音韵研究权威高本汉，后来又转而研究中国古代青铜器，对于中国考古学做出重要的贡献。这几位学者都已经去世了，但是他们在这些方面的贡献，仍是为我们所怀念的。

瑞典前国王古斯塔夫六世，即现国王的祖父，是一位考古学的专家，后来对中国古物发生兴趣，成为欧美最重要的中国古物收藏家之一。

1926 年他以皇太子的身份周游世界时，曾来过中国，参观中国的古迹和博物馆。在故宫博物院参观故宫收藏的古代青铜器和瓷器，对之发生了很大的兴趣。后来他搜罗中国古物更为积极了。他去世后，他所收藏的中国古物 2600 余件都捐献给瑞典国家博物馆。

1974 年中国出土文物展览在瑞典京城斯德哥尔摩开幕时，瑞典国王卡尔十六世·古斯塔夫亲自参加开幕式。这次展出，观众达 50 多万人次，可见瑞典举国上下对于中国文物的兴趣和爱好。

中、瑞友好是有长久历史的。这次瑞典国王前来我国进行友好访问，"步其祖武"，一定有助于进一步巩固和发展两国人民之间的传统友谊。

两千年的友谊大放异彩*

　　中国和伊朗都是古老文明的国家，两国人民之间的友好关系是有悠久历史的，可以追溯到两千多年以前。

　　早在公元前126年，中国探险家张骞从中亚返回当时的中国首都长安，报道中亚和西亚各国的情况，就提到伊朗。伊朗当时被称为安息国，一般认为是古伊朗阿萨西王朝的音译。后来，张骞的副使到了安息。安息王派武将率领两万骑兵到边界迎接汉朝使臣。汉朝使臣回朝的时候，安息国王又派遣使臣随同汉使来中国。这是两国政府之间第一次正式交往。

　　到了伊朗的萨珊王朝，也就是公元226年到642年，中国和伊朗的友好往来，更为频繁。当时，中国书籍中称伊朗为波斯，这一名词一直沿用到近代。根据中国文献记载，公元455年到521年这66年间，波斯遣派使臣到中国就有10次之多。民间往来当更为众多。萨珊朝最后一个国王伊斯提择德三世，中国书籍称他为伊嗣侯，曾派过使臣来中国。642年他在同阿拉伯人的战争中兵败，651年被杀。他的儿子卑路

---

　　* 本文是作者为中国国家主席华国锋出访伊朗而作，原载1978年8月29日《人民日报》。

斯、孙子泥涅师，都到唐朝首都长安来做客，先后死于中国。

伊朗合并于阿拉伯帝国（大食国）以后，宋代史书中，伊朗便包括于"大食诸国"内。元代意大利人马可波罗于1292年由泉州放洋至波斯忽鲁谟斯港登陆。他的使命便是伴送一位蒙古公主嫁给波斯国王为妃。明代三宝太监郑和下西洋，曾三度到过伊朗的忽鲁谟斯海港。随行的费信、马欢等所写的旅行记中，便有专条描写这个海港。《明史·西域传》中提到亦思弗罕等伊朗境内小国，当时与中国互通使节，互赠礼物。

除了两国政府之间的政治联系之外，中、伊两国人民之间的经济和文化的联系也很密切。从汉朝起，中国的美丽的丝绸和其他货物，沿着"丝绸之路"源源不断地西运。由伊朗输入中国的货物也不少，包括宝石、金银器、玻璃器、香料和毛织物等，还引入了一些植物，如安石榴等。

到了萨珊王朝时，这种经济和文化的联系，更有所发展。这不仅有文献上的记载，并且在我国的考古发掘中也发现了实物。例如解放以后，在我国境内曾发现萨珊朝银币30余起，总计达千余枚。又如波斯锦，在新疆吐鲁番也有发现。这种织锦的织法和花纹，都是萨珊式的，和中国原有的织锦不同。后来我国可能为了外销的缘故，也模仿波斯锦的织法和花纹。这是纺织技术和美术工艺的互相交流的一例。近年来的考古新发现的伊朗金银器也不少，如大同的八曲银洗、西安的高足金杯和银杯、单柄八棱银杯、内蒙古敖汉旗的扁圆银执壶等，不论器形和花纹，都是萨珊式的。更有意思的是我们于1955年于西安发现了一件汉文和中古波斯文合璧的伊朗人苏谅妻马氏（844~874年）的墓志。苏谅是伊朗古代显族之一。这位苏谅在唐朝官任"左神策军散官马使"。另一方面，在伊朗的苏撒，曾发现过中国盛唐时代所铸的"海马葡萄镜"。又在波斯湾内的设剌夫港和"丝绸之路"上的累依（今德黑兰市南郊）和尼沙普尔（伊朗东北部）都曾发现晚唐时期的中国瓷片，这些都是中伊两国古老友谊的物证。此外，体育游戏方面的波罗球艺（即马球），宗教方面的摩尼教和祆教，也都由伊朗传入而盛行于唐代长安。

从宋代起，在中、伊二国之间，海道贸易占主要地位。出口货物中，瓷器占相当重要的地位。例如设刺夫港、累依和尼沙普尔，在近年来考古发掘中便都曾发现过宋代瓷片。

元、明时代，海路贸易更为发达，运到伊朗去的中国瓷器为数更多。在德黑兰博物馆中，人们可以看到由阿达比尔移来的古代中国瓷器。这批瓷器是 1612 年阿巴斯大帝献给阿达比尔一座祖庙中做。有的瓷器上还刻有他的题记。这批瓷器原有 1100 余件，现仍留存 805 件。这个博物馆的陈列室中展品以青花瓷为最多，也有影青瓷、龙泉窑、万历五彩等。

在博物馆中还可以看到最近在波斯湾北岸古海港霍尔木兹（即明代记载中的"忽鲁谟斯"）遗址中发现的大批中国瓷器碎片。其中有些底部残片还保存有明代年号或题记，如"宣德年制"，"万福攸同"等字样。据参加发掘的伊朗一位女考古学者说，那个遗址几乎遍地都是中国瓷器碎片，俯拾即是，有时还掘到中国的方孔的铜钱。我们看到这些古代运来伊朗的文物，犹如在异国遇到同乡，分外觉得亲切。我们还看到元、明时代伊朗当时手抄本的插图，很有中国画的风采。这些都反映了中伊两国人民通过海外贸易和文化交流建立起来的友谊。

明朝末年，西方殖民主义势力侵入东方。16 世纪初，葡萄牙人在伊朗占据了霍尔木兹港，不久又在中国占据了澳门。此后，他们的侵略行动，越来越猖狂了。中、伊两国人民对此都曾起来进行英勇的斗争。

1971 年 8 月，中、伊两国建立邦交以来，我们两国人民的传统友谊，又有了新的发展。两国的各种代表团互相访问，加强了中、伊两国人民的友好合作关系。就考古工作者交往而言，我们两国的考古工作者也建立起亲密的友谊。1975 年，以伊朗国家考古中心主任费·贝格扎德为团长的代表团前来中国访问。1977 年 10 月我们中国考古代表团作了回访，参观访问伊朗的考古博物馆和历史古迹。这些都增进了双方的相互了解，因之也加深了传统的友谊。

我们那次访伊考古代表团，在伊朗朋友的周详安排下，参观了大量古迹和博物馆。德黑兰的国立考古博物馆，搜集了全国出土或流传的古代文物。陈列品中有各时代的代表物品，包括上面所说的中国瓷器。真是琳琅满目，美不胜收。

我们参观过的古迹中，可以特别一提的，有帕萨加德的居鲁士大王的陵墓和宫殿，珀塞波利斯的大流士一世和嗣王的宫殿，伊斯法罕的礼拜寺和故宫，以及设拉子的诗人墓和花园。其中前二处是阿契美尼德王朝（公元前 559～前 330 年）的遗址，都保存得很好，其建筑规模的宏伟和石刻艺术的精美，是全世界闻名的。

在中伊两国人民的共同努力下，我们之间有两千年历史的友好情谊，必将大放异彩！

中国、巴基斯坦友谊的历史[*]

中国和巴基斯坦是亲密的近邻。我们两国之间有一条和平的边界。这条和平的边界最近又经两国政府再行正式加以标定，在今年 3 月 26 日签订了两国边界议定书。中巴两国的人民在两千多年以来，一直进行经济和文化的交流，保持着长久友谊的记录。这友谊的记录有丰富的历史文献和考古资料可以作为证明。

经济和文化的交流，当然需要一条或几条交通的道路。虽然作为我们两国之间的边界的喀喇昆仑山是高山峻岭，交通困难，而海道又远隔着惊涛怒浪的大洋，但是我们的祖先仍能克服一切困难。喀喇昆仑山没有能阻挡住我们之间的交往。印度洋也很早便航行无阻。

具体地说，除了海道以外，陆路上的古代中巴交通线主要是由中国西北部的新疆维吾尔自治区，通过中亚细亚和阿富汗，转而南下经过西巴的印度河流域到印度河口的海港。这条路是著名的"丝路"，由阿富汗向西可以一直通到地中海的东岸，中国的丝绢便由这条路向西运输到

* 本文是作者于 1965 年 5 月在巴基斯坦历史学会第十五届年会上所作报告。英文稿曾在卡拉奇的《黎明报》上于同年 5 月 16、17、18 日连载。中文稿载《考古》1965 年第 7 期。

罗马帝国。在沿途的许多遗址中曾经发现古代中国的丝绢。其次是由中国的西藏自治区西部或新疆维吾尔自治区的南部，经过克什米尔到印度河流域。更东的两条线，是由中国的西藏经过锡金、印度到东巴基斯坦，和由中国云南省，经过缅甸、阿萨姆到东巴基斯坦（图1）。

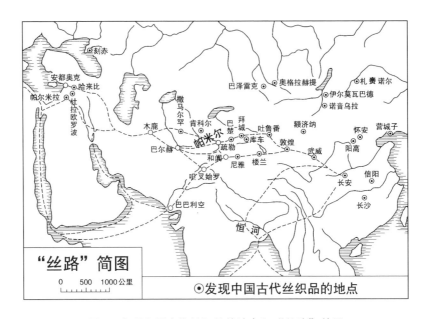

图1　发现中国古代丝织品的地点和"丝路"简图

中国文献上第一次提到今日巴基斯坦这地区，是与这"丝路"的开辟有关的。汉武帝建元三年（公元前138年）左右，张骞出使西域。当他在大夏国时，便听说它的东南有"身毒"国，"其人民乘象以战，其国临大水焉"①。这大水当然指印度河。并且张骞在大夏看到由身毒运购来的"邛竹杖、蜀布"。如果确如他所猜想的那样，这些东西是中

----

① 司马迁：《史记》卷一二三，《大宛传》，缩印百衲本，北京，1958，第1140页。补注：按张骞在大夏所看到的由身毒运购来的"邛竹杖、蜀布"，是否真正像他所猜想的那样，是从中国四川省运到印巴次大陆的，我以为颇成问题。我曾于1941年年初，由滇缅路从缅甸经越横断山脉到达昆明，又由昆明来到四川，深感到这条路上交通的困难。再加上印缅交界处为阿萨姆－缅甸山脉的深山灌莽，交通也极为不便。竹杖和大布（转下页注）

国四川省运到印巴次大陆的，那么，当时经由中国云南和缅甸的中巴交通线也已经通行了。元朔三年（公元前 126 年）张骞回到汉廷汇报这些情况后，汉武帝便决心开辟通往西域诸国和印巴次大陆的道路。差不多在同一时期，即公元前第 2 世纪时，印巴次大陆的人民也第一次在他们的史诗《摩诃波拉他》中提到中国，称之为"至那"①。

公元前第 2 世纪后期张骞到大夏国时，这国已隶属于大月氏。根据中国的文献，月氏本来住在现在中国西北部的甘肃省，后来迁移到中亚细亚，定都于妫水之北，分为五部，其中一部叫作贵霜②。后百余年，即约公元前 1 世纪末，贵霜部的丘就却统一了五部，国号贵霜。丘就却年 80 余死，子阎膏珍代为王，后灭天竺③。这位阎膏珍当即侵入西巴基斯坦的维马·伽德费塞斯，时代是公元后第 1 世纪④。而他的父亲当便是丘就拉·伽德费塞斯。他们的后继者有著名的迦腻色伽，定都于富楼沙（今天的白沙瓦）。他在都城的东面建筑了一座大塔。这座大塔曾引起中世纪的中国巡礼者如法显、宋云、玄奘等的赞叹。他又在拉瓦尔品第附近的呾叉始罗建筑一个新城⑤。

富楼沙和呾叉始罗两处都是在"丝路"的一条支路上。因之，在后

（接上页注①）这类物品，不像丝绸、金银首饰和钱币那样价昂而质轻或形小，是否会有人把它们运贩到印巴次大陆呢？这至少是一个疑问。张骞是汉中人，我想他在汉中时一定看到过由四川运贩来的竹杖和一种由亚热带植物纤维所织成的大布。当他在大夏看到一些相类似的物品，他当然会认为是由四川运去的。但是竹杖和亚热带植物纤维的大布，在印巴次大陆的北部和西北部，都有出产，似不必遥远地从四川运来销购，增加成本。当年汉武帝对于张骞的这报告深信不疑，还为了想打通由四川到身毒的交通线而做了不成功的尝试；后来的历史学家，也大多深信不疑。实则这条商路在汉代是否存在，尚成问题；至于竹杖和大布由四川运贩到身毒，这只是一种误解。正像哥伦布发现美洲时，以为所到的地方便是印度，所遇到的居民便是印度人。哥伦布的误解，后来不久便被纠正过来了。但是张骞的误解，到今日仍是普遍地为许多历史学家所深信。这是应该加以澄清的误解。（后来看到 Cammann 的论文，文中对这误解也曾提出疑问。）

① P. C. Bagchi, *India and China*, 2nd ed., Bombay, 1950, p. 7.
② 班固：《汉书》卷九六，《西域传》，缩印百衲本，北京，1958，第 2370~2371 页。
③ 范晔：《后汉书》卷八八，《西域传》，缩印百衲本，北京，1958，第 3825 页。
④ I. Lyons and H. Ingholt, *Gandharan Art in Pakistan*, N. Y., 1957, p. 14.
⑤ S. M. Ikram（ed.），*The Cultural Heritage of Pakistan*, Karachi, 1955. Wheeler, *5000 Years of Pakistan*, London, 1950, pp. 42 – 43, p. 48.

图 2　呾叉始罗出土的汉代弩机"牙"
（长 8.55 厘米）

一地点，1915 年出土一件中国汉代的弩机上叫作"牙"的青铜零件，自然并不足为怪的。这种形式的青铜零件（图 2），只有中国弩机（尤其是汉代弩机）的"牙"才是这样的，没有别的国家在这时或后来制造过这样的铜件。同一地点还发现由中国的和田运去的三块软玉[1]。这条支路沿印度河到河口的海港，然后由海路西去。约公元 60 年所编写的一本希腊文的商人手册中，提到印度河口的海港巴巴利空（当在卡拉奇附近或更北）运出中国丝绢[2]。中国的特产大黄，最初是经由黑海输入罗马帝国，叫作"本都（黑海古名）大黄"，后来改由这里出口，罗马人叫它做"巴巴利大黄"[3]。可惜丝绢易朽，在潮湿的巴基斯坦境内各遗址中没有发现过汉代中国的丝绢。玄奘还提到一个传说：在迦腻色伽王的时候，有中国的"河西蕃维"所送来的质子，输入印巴次大陆原来所无的梨、桃，加以种植。所以当时的人民称桃为"至那你"，便是"汉持来"的意思；梨为"至那罗阇弗呾逻"，便是"汉王子"的意思。这位中国质子所住的地方，后来便叫作"至那仆底"。7 世纪时玄奘还到过这地方[4]。一

---

[1] S. van R. Cammann, "Archaeological Evidences for Chinese Contacts with India during the Han Dynasty", *Sinologica*, (Basel, Switzerland), Vol. 5, No. 1 (1956), pp. 8 – 16. 标本出土号为 Sk. 15. 771，博物馆登记号为 7236。

[2] Wheeler, *5000 Years of Pakistan*, London, 1950, pp. 51 – 52; G. F. Hudson, *Europe and China*, London, 1961, p. 76, p. 88.

[3] G. F. Hudson, *Europe and China*, London, 1961, pp. 94 – 96.

[4] 玄奘：《大唐西域记》（金陵刻经处本），南京，1957，卷四，第 5 页；又见 T. Watters, *On Yuan Chwang's Travels in India*, London, 1904, Vol. I, pp. 291 – 294. 补记：关于梨、桃的种植，据后来科学家的研究，这两种果树是印巴次大陆的土产，并非外来的。玄奘所提到的梨、桃的梵名，也仅见于此；梵文书籍中另有它们的梵名（见 Watters 前书，第 293 页）。美丽的传说常为冷酷的科学论证所推翻，这便是一个例子。但是玄奘时代已有这一传说，这是无疑的。这传说至少可以表示当时人重视两方文化交流的那种心理。

般以为这地方当在今日旁遮普，可能在西巴基斯坦的西旁遮普境内。有位中国学者以为这质子可能自中国的疏勒去的，中国史书上曾记载汉安帝元初中（107～120 年）曾有一位疏勒王子徙住月氏①。一位近代的印度学者以为银朱也当是由这条路线从中国传入印巴次大陆的。银朱在梵文中叫做"至那杜拉"，便是"中国红"的意思②。中国纸在 7 世纪也是由这条路线传入印巴次大陆的③。

在中国这一方面，在新疆维吾尔自治区的和田，在本世纪初期曾发现过阎膏珍和他父亲丘就却的铜币各一枚和迦腻色伽的铜币七枚④。最近在这地区仍继续发现与巴基斯坦古代文化有关的文物。例如几件木简上书写有当时巴基斯坦通行的佉卢文字。一枚汉文铜钱，另一面铸有佉卢字铭文⑤。这种两体文字的古钱，汉文一面是"重廿四铢铜钱"六字，佉卢文一面是"大王、王中之王、伟大者、矩伽罗摩耶婆"。这些是大约公元 2～3 世纪的和田地方铸造的货币⑥。白沙瓦的大塔废址所

① 冯承钧：《迦腻色伽时代之汉质子》，见其所著的《南海西域史地考证论著汇辑》，北京，1957，第 96～101 页。补记：冯先生以为《大唐西域记》的质子可能即《后汉书·西域传》所记的疏勒的王族臣磐。这当然只能姑且备作一说。向达先生说："《后汉书》明言臣磐有罪，徙居月氏；《西域记》明言质子，二者有所不同。"至于冯先生主张《慈恩传》中的沙落伽即为疏勒的异译，这显然是错误的。向先生来信说："他（冯先生）的说法，大概是从堀谦德的《解说西域记》（页 95～96）中得到启发，而详加论证，其说甚辩。我始终认为此一说法有问题。冯先生的文章避而不谈。玄奘在《西域记》卷十二里记到疏勒，称为佉沙国，……于疏勒的国名以及文字等等知道得很清楚。他到迦毕试国，在沙落迦寺挂过单，同寺院的僧人交谈过，听到僧人提及本寺历史。如其沙落迦即是疏勒，他为什么一字不提，而另出沙落迦之名？……伯希和引梵语千字文的婆罗诀之汉译作洛，证以景教碑中的 Sarag 即是婆罗诀，即指洛阳。梵语千字文之婆罗诀也就是《西域记》中之沙落迦，在古音上以及《西域记》的记载上，都很通顺，用不着绕弯儿。《后汉书·西域传·疏勒传》所记，臣磐徙谪月氏一事，用不着与沙落伽寺比傅。"
② P. C. Bagchi, *India and China*, 2nd ed., Bombay, 1950, pp. 58～59。
③ 季羡林：《中国纸和造纸术输入印度的时间和地点问题》，《历史研究》1954 年第 4 期，第 25～51 页；O. H. K. Spate, *India and Pakistan*, London, 1954, p. 299。
④ A. Stein, *Ancient Khotan*, Oxford, 1907. p. 577, Pl. LXXXIX, No. 1；
    Serindia, Oxford, 1921, pp. 1340－1341, Pl. CXL, Nos. 9－10；
    Innermost Asia, Oxford, 1928, pp. 988－989, Pl. CXIX. Nos. 7－8.
⑤ 《新疆最近发现的文物》，见《文物》1960 年第 6 期，第 7 页，图六（左）和图七。
⑥ 夏鼐：《和田"马钱"考》，《文物》1962 年第 7～8 期，第 89～92 页。

发现的著名的"迦腻色伽舍利匣"上的铭文和白沙瓦附近的夏巴兹加希的"阿育王诏旨"的铭文，便都是使用这种佉卢文字的①。

当然，巴基斯坦古代文明对于古代中国的最大影响是在宗教和艺术方面。佛教于阿育王（公元前273～前232年）时传入西巴基斯坦后，佛教便在这一地区盛行。公元后2世纪，月氏贵霜朝的迦腻色伽王更大兴佛教。他的都城富楼沙（今白沙瓦附近）的寺院成为当时佛教的中心。根据中国的记载，汉哀帝元寿元年（公元前2年），博士弟子景卢受大月氏王使伊存口授浮屠经②。根据一个传说，第一次有天竺的佛教徒来中国传教是在汉明帝永平十年（67年）。天竺僧摄摩腾和竺法兰来到中国的当时首都洛阳，住在白马寺译经③。这时以后，西域僧侣相继前来中国传教译经，其中有许多便是由今日巴基斯坦境内去的。例如6世纪时的阇那崛多，是健陀罗国人，毗目智先、毗尼多流支、那连提黎耶舍是乌苌国人（今日斯瓦特）。一直到11世纪初，还有北天竺的优填曩国沙门天觉携着梵经和舍利到中国来传法④。这些僧徒，经历高山和荒漠，忍受一切困难，远来中国，当然为中国人民所欢迎。他们的姓名虽然不见于其他文字的记载⑤，但是我们中国的古代的历史家，将他们的姓名和事实记录下来，今天我们读到这些记载时仍为他们的毅力和虔诚所感动。

中国方面，由于佛教的发达，许多中国的僧徒也西行求法，其中大部分都到过西巴基斯坦，并且在西巴觐礼佛教的圣地。其中最著名的有5世纪初的法显、6世纪前半的宋云和7世纪前半的玄奘。这3人都留有关于他们游历西巴基斯坦的记载，描述乌苌国、健陀罗国、呾叉始罗

① Wheeler, *5000 Years of Pakistan*, London, 1950, p.40, p.48.
② 汤用彤：《汉魏两晋南北朝佛教史》（上册），北京，1963，第49～51页。
③ 汤用彤：《汉魏两晋南北朝佛教史》（上册），北京，1963，第16～30页。
④ 冯承钧：《历代求法翻经录》，上海，1929，第3页，第47～52页；Bagchi, *India and China*, 2nd ed., Bombay, 1950, pp.35－57, pp.203－220.
⑤ P. C. Bagchi, *India and China*, 2nd ed., Bombay, 1950, p.28.

国等的情况，今日仍为研究这时期的西巴的历史所不可缺少的重要资料。法显到这里时，后期贵霜人的所谓"小贵霜"王朝，正统治着这地区，佛教兴盛，例如乌苌一国便有五百僧伽蓝①。宋云于 520 年左右来时，这些小国多已为由中亚细亚来的嚈哒所灭。宋云说：这些嚈哒人"治国以来，已经二世，立性凶暴，多行杀戮，不信佛法，好祀鬼神"。1913 年以来在呾叉始罗的发掘工作中，发现在这时期佛寺和塔遭到破坏，人民遭到残杀的证据②。但是宋云还以为这地区"川原沃壤"，"民户殷多"③。630 年左右玄奘经过健陀罗时，说："王族绝嗣，役属迦毕试国，邑里空荒，居民稀少。……僧伽千余所，摧残荒废，芜蔓萧条。诸窣堵波，颇多颓圮"④。他又说：乌仗那国（今斯瓦特）"旧有一千四百伽蓝，多已荒芜"。这当由于嚈哒被逐后这里内乱仍多，遭嚈哒破坏的佛教，始终未能恢复。他们这些记载不仅有关当地的佛教的各种情况，并且也涉及当时的政治和社会情况，所以为近代历史学家所重视。根据汉文的记载，中国僧人西行求法的，后来仍络绎不断，一直继续到公元 11 世纪初。最后一个留有行纪的是宋初乾德二年（964 年）被派赴天竺的继业，他由大葱岭也是经过西巴的健陀罗等地前往中印度的⑤。但是根据藏文的记载，中国西藏的僧徒，在 13 世纪到 17 世纪都有从西藏到西巴基斯坦的乌苌地区（今斯瓦特）朝觐佛教圣地的⑥。

通过佛教僧徒的往来，西巴基斯坦的丰富多彩的健陀罗式佛教艺术也传入中国，对于中国的艺术，起了很大的影响。这种健陀罗艺术是公元后 1 世纪时在西巴的健陀罗地方产生的。呾叉始罗和白沙瓦一带，近

---

① 法显：《佛国记》（《津逮秘书》本），上海博古斋影印本，壬戌年（1922），第 6 页。
② J. Marshall, *A Guide to Taxila*, London, 4th ed., 1960, pp. 38~39.
③ 周祖谟：《洛阳伽蓝记校释》，北京，1958，卷五，第 108 页。
④ 玄奘：《大唐西域记》（金陵刻经处本），南京，1957，卷二，第 15 页；卷三，第 1 页；参阅 Watters, *On Yuan Chwang's Travels in India*, London, 1904, Vol. I, p. 199, p. 226。
⑤ 张星烺：《中西交通史料汇编》第 6 册，北京，1930，第 424 页；参阅 Bagchi, *India and China*, 2nd ed., Bombay, 1950, p. 79。
⑥ G. Tucci, *Travels of Tibetan Pilgrimsin the Swat Valley*, Calcutta, 1940, p. 13 和 p. 29。

数十年发现了大批这种雕刻。这种雕刻形式上受了希腊罗马艺术的影响，但是内容是佛教的。所以有人称它为希腊式佛教艺术或罗马式佛教艺术，以表示它的双重性的来源。但是更确切地，应该称为健陀罗艺术，因为这是这地方的工匠的艺术天才所创造的。这种艺术通过中亚细亚传入中国。在新疆维吾尔自治区境内的"丝路"沿线，有许多地方都有受这种艺术影响的佛教遗物。更东有著名的敦煌千佛洞、洛阳龙门和大同云冈，以及其他地点。敦煌是西涉流沙的门户，洛阳和大同是北魏的都城。我们在解放后对于已知道的几处，曾作过调查，加以保护；并且还发现了好几处从前不大知道的，但仍保存有雕塑和壁画的石窟寺。现在已出版了一些附图丰富的刊物，加以介绍①。我们将这些中国的佛教艺术（尤其是北魏时的佛教艺术）和西巴基斯坦的健陀罗艺术相比较，可以看出有自己艺术传统的中国艺术家，将外来的艺术的优点加以吸收，创造了一个新的艺术风格，而不是死板地照样模仿。它的特点是线条的简练和姿态的苗条。但是就形式而论，如衣纹的皱折、佛和菩萨的形象等，都可以看出所受的健陀罗艺术的影响的深厚。

712 年起，伊斯兰教随着阿拉伯人到了西巴基斯坦的信德。11 世纪时，崇信伊斯兰教的伽色尼的马茂德由阿富汗侵入印度河流域，建立了伽色尼王朝的统治以后，伊斯兰教在西巴更为广泛流传②。这时佛教在印巴次大陆的光荣时代已经过去了。除了中国西藏的僧徒有时还来斯瓦特流域觐礼圣地之外，中国和巴基斯坦的佛教僧徒往来便不复见于记录了，但是两国人民的友好往来关系并没有断绝。

伊斯兰时代的中巴交通，主要是由海道。著名的布拉曼纳巴德（在信德的海得拉巴东北40英里）遗址中，发现了一些9世纪或稍晚的中国瓷器；在卡拉奇以东约30英里的巴摩布尔遗址，也发现了同一时

---

① 关于中国石窟寺的研究工作，参阅杨泓《关于我国石窟寺研究的几个问题》，《文物》1965 年第 3 期，第 45～51 页。

② Wheeler, *5000 Years of Pakistan*, London, 1950, pp. 61－63, p. 65。

代的中国青瓷。前者是 9 世纪时阿拉伯人建立小邦之一的首都，而后者
据考证可能是 8 世纪阿拉伯人初次登陆的海港第巴尔的所在地①。前一
地点所发现的中国瓷片，有荷叶边的白瓷碗、宽圈足的白瓷碗底、青瓷
的碟子、褐花青釉瓷碗等②。在后一地点，最近几年巴基斯坦考古部主
任法塞德·阿默德·汗主持下的考古发掘中，发现了一些中国的瓷片，
包括五代越窑的划花碗和带耳罐，以及影青瓷的莲花碗③。我们知道在
9 世纪时阿拉伯商人在中国广州经商的很多，而印度河口的海港，正处
在中国和阿拉伯的中间，当然会获得一部分中国出口的东西。此外，中
国纸虽然可能在 7 世纪后半已由陆路经西巴传入印度，但是造纸术的传
入却比较晚。在 8 世纪中叶时怛逻斯之役（751 年），有中国造纸工人
被俘，造纸法因而传入阿拉伯。约 13 世纪时才由阿拉伯伊斯兰教徒传
到印巴次大陆④。

至于中国与东巴基斯坦的关系，有人曾根据各地所发现的尖柄磨制
石斧和有肩石锄的分布（图 3），以为在史前时代中国与这地区便有交
通往来。前一种石器是由中国四川云南经缅甸、阿萨姆到孟加拉，后一
种似由华南经东南亚沿海一直到阿萨姆和孟加拉，时代在公元前 200 年
以前⑤。到了有文字证据的时期，公元第 1 世纪后半的希腊人所写的商
人手册中，提到恒河口的海港，除了耽摩腊底（今日西孟加拉的耽摩
拉克）之外，还有一个叫作"恒河"的海港，可能便在东巴的东孟加

---

① Wheeler, *5000 Years of Pakistan*, London, 1950, pp. 62 – 63。
② R. L. Hobson, "Potsherds from Brahmanabad", *Transactions of the Oriental Ceramic Society for 1928 ~ 1930*, London, 1931, pp. 21 – 23, Pl. IX。
③ W. Willetts , "Excavations at Bhambore near Karachi," *Oriental Art*, n. s. Vol. VI, No. 1 (1960), pp. 25 – 28, figs. 7 – 9; 又见 F. A. Khan, *Preliminary Report on Banbhore Excavations*, Department of Archaeology, Karachi, 增订版, 1963, p. 35 （及附图）。
④ 季羡林：《中国纸和造纸术输入印度的时间和地点问题》，《历史研究》1954 年第 4 期，第 25 ~ 51 页。
⑤ R. E. M. Wheeler, *Early India and Pakistan*, London, 1959, pp. 84 – 89, Fig. 18; A. H. Dani, *Prehistory and Protohistory of Eastern India*, Calcutta, 1960, pp. 223 – 226, Map No. 8.

拉境内。这海港当时似乎和中国及南印度发生了贸易关系①。中世纪时来到中国的佛教徒，也有东巴的僧侣。例如6世纪来长安译经的攘那跋陀罗，是印度波头摩国（当在今日恒河三角洲的巴特摩流域）人。宋初（1016年）携梵经来中国的普积是东天竺缚邻摖国（今日东孟加拉北部的培林特高原）人②。

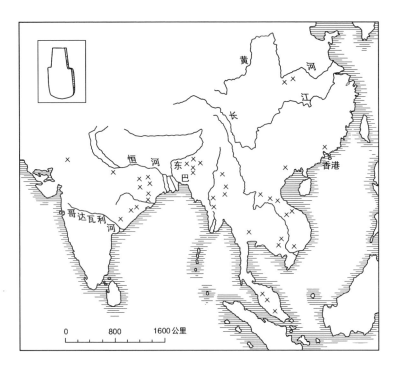

图3　有肩石锛（石锄）分布图（根据丹尼）

在伊斯兰的时期，中国和东巴的往来更多。南宋时，赵汝适在13世纪前半叶所写的《诸蕃志》中，便提到"西天鹏茄啰国"。这里的

---

①　Wheeler, *5000 Years of Pakistan*, pp. 96 - 97.
②　冯承钧：《历代求法翻经录》，第39页；张星烺，前书，第6册，第272页；参阅 Bagchi, *India and China*, 2nd ed., Bombay, 1950, p. 43, p. 56, p. 213。

"西天"是指印巴次大陆，所以一般以为这国便是今日的孟加拉①。1349年中国人汪大渊游历南洋群岛和印度洋沿岸各国回来，写了一部书，记载他所经历过的地方，曾经提到"朋加刺"。他说：这地方"气候常热，风俗最为淳厚"②。明代永乐、宣德年间（1405～1433年），中国的穆斯林郑和曾先后多次奉使到海外进行友好访问，发展中国和亚非许多国家的友好关系。他曾到过东巴的榜葛刺国。根据随他出使的巩珍、费信和马欢的记载，这榜葛刺国的海口叫作浙地港，用小船入港五百里到锁纳儿港，登岸向西南行至国都板独哇③。这些地名今日仍是一一可指。浙地港今日仍是东巴的最重要的海港。锁纳儿港在今日东巴首都达卡的东南11英里。和郑和同时并与中国有接触的蔼牙思丁国王的著名陵墓，便在这里。板独哇在西孟加拉（刚好在东巴的西面边境以外），是当时孟加拉国的首都④。巩珍和马欢都说这里全国居民都是穆斯林，"民俗淳善，富家造船往诸国经营者颇多"。费信还赞扬这里的居民对于中国船员的热诚接待。一幅明代的郑和航海图中，不仅有东巴的撒地港和它附近的地方，并且也有西巴的新得、客实、木克郎和其他几个尚未能考定的地方。可见郑和的几次航海虽然没有到达西巴，但是西巴这些地方仍是当时中国的航海水手所熟悉的⑤。最近出版的一本明代的《顺风相送》（约16世纪成书的一种海道针经），其中有一段详细记录由中国福建的海港到傍伽喇的擦地港的沿途各处的罗经方向、路程远近和打水深浅等⑥。

《明史》曾记载榜葛刺国王蔼牙思丁于永乐六年（1408年）遣使

---

① 冯承钧：《诸蕃志校注》，北京，1956，第35页。

② 沈曾植：《岛夷志略》（上海古学汇刊本），1912，卷下，第14页。

③ 郑鹤声：《郑和遗事汇编》，上海，1948，第151～152页；费信：《星槎胜览》（冯承钧校注本），北京，1954，前集，第39～43页；马欢：《瀛涯胜览》（冯承钧校注本），上海，1935，第59～63页；巩珍：《西洋番国志》，北京，1961，第37～41页。

④ Wheeler, *5000 Years of Pakistan*, p. 104, p. 106.

⑤ 《郑和航海图》（向达校注本），北京，1961，第56页，又第60页。

⑥ 《两种海道针经》（向达校注本），北京，1961，第77页。

来中国。十年（1412 年）其使再来，"告其王之丧"。中国遣使往祭，并吊慰他的继承者赛勿丁。赛勿丁遣使来谢，并送来麒麟及名马方物。正统三年（1438 年）又送来麒麟①。可见当时两国政府间的往来也很频繁。麒麟不是榜葛剌的土产，当是东非洲的伊斯兰国家送给赛勿丁，作为庆贺他即位的礼物，而他转送给中国的。这匹"榜葛剌的麒麟"曾由中国画家描绘下来，今天仍有摹本保存在北京的中国历史博物馆中。这幅图不仅是中巴友谊的象征，也是亚非各国团结的象征②。

就上面所说的古代中巴两国的友谊的历史，我们可以看得出来：我们两国的友谊已有二千来年的长久的历史，包括政治、经济和文化等多方面的频繁往来。两国的关系，非常亲密。文化和经济的交流，也促进了我们都具有古老文化的两国的文明进一步的发展。

15 世纪末叶，欧洲殖民主义者开始东侵印巴次大陆。16 世纪初，他们更东侵中国，开始了殖民主义的掠夺。在这时期内，中巴人民的来往受到了阻碍而减少了，但是从来未曾停止过。18 世纪后期的中国出口瓷器，有些是特地为着当时印巴次大陆的穆斯林而制造的，这些瓷器上面绘有大象的图纹，并有乌尔都文的铭文："君王的首相……"③。1834 年，东巴基斯坦的丘陵区引种了由中国来的茶树，今日东巴已经广泛地种植了茶树④。

自从 19 世纪中叶以来，中巴两国都曾经为了反对殖民主义和帝国主义而进行了长期英勇的斗争。我们在这斗争中一向是互相支持和互相鼓舞的。1947 年巴基斯坦获得了独立，1949 年中国成立了中华人民共

---

① 张廷玉等：《明史》卷三二六，《外国传》，缩印百衲本，第 31791 页。补记：据《明实录》永乐年间，榜葛剌遣使来明凡 5 次（七年二月、八年十二月、十年六月、十二年九月、十九年五月），正统四年三月又来一次。

② Hsia Nai, "China and Africa in Historical Friendship", *China Reconstructs*, No. 11, 1962, pp. 27–29.

③ J. G. Phillips, *China Trade Porcelain*, N. Y., 1956, p. 208, pp. 209–212.

④ O. H. K. Spate, *India and Pakistan*, London, 1954, p. 227.

和国。我们两国之间的友好关系进入了新的历史阶段。特别是最近几年来，中巴直达航线的开辟，中巴边界协定的签订等等，更加强我们两国之间的友好合作。今年3月初旬巴基斯坦阿尤布总统前来中国访问，4月初中国周恩来总理第三次到巴基斯坦进行了访问，更是进一步巩固了两国之间这种深厚的友谊。我们深切地希望中巴两国的历史学家们，将为两国之间这种源远流长的友谊的历史所鼓舞，大家不仅在阐明这友谊历史的研究工作中做出贡献，并且对进一步增进这友谊，也做出了自己的贡献。

一个古埃及短语在汉语中的对应例子[*]

在切斯特·贝蒂纸草（伽丁纳尔编，1931 年版）第 1 卷第 3 和 8 节中，有一段话很有意思，是宇宙之主对荷鲁斯说的："你的四肢很虚弱，以至不能胜任现在的职位，你这个年轻人嘴里还有难闻的气味。"这句话与《汉书》中的一句话从内容到含义都很相似。《汉书·高帝纪》中记载，公元前 3 世纪末，当汉朝开国皇帝刘邦听说敌军（卫国）中任用一员大将（柏直）时，不由说道："他还乳臭未干，怎能抵挡韩信！"（"口尚乳臭，不能挡韩信！"）这里所说的"乳"指的是人乳，因为大部分中国人只是到了近些年才开始食用牛奶；在中国现代文学中，当说到一个人太年轻、经验不足，不能胜任重任时，常用"乳臭未干"一词。由汉语中这个对应的例子可以看出，古埃及语中含义模糊的短语"他的嘴里还有难闻的气味"指的是乳臭，意为强调荷鲁斯的少不更事。

"年轻"一词的限定符号（见伽丁纳尔《埃及语法》中"符号

---

* 本文原载《埃及考古杂志》（英文）第 24 期（1938），署名"夏作铭"。现由北京大学历史系颜海英女士译成中文。

表", A171) 很明显是源自伊西斯为荷鲁斯哺乳的肖像, 在这类肖像中, 荷鲁斯经常被表现为把大拇指放在嘴里的样子, 头戴双冠的哈普克里提斯的立像也是同样的姿势, 与表示"尝"、"说"和"吃"的限定符号不一样, 后者拇指外的四个手指是紧紧拢在一起的, 手背有时朝脸, 有时朝外。由此看来用一个手指指着唇特指母子关系: 即表示孩子想吃奶。同时由于表示"年轻"和"尝"的两个限定符号容易混淆, 分别用它们作词尾的"尝"和"闻"这两个词也很难区分。当然, 用一个手指指嘴的孩子的形象在这里是"尝"而不是"闻"的意思。

关于贝克汉姆岩的几点评述[*]

一 贝克汉姆神

在一篇由 A. 鲁卡斯（A. Lucas） 和 Alan 罗威（Alan Rowe） 撰写的关于古代贝克汉姆岩（Bekhen – Stone） 的十分有趣的文章里，他们曾经写到"贝克汉姆，东部天空的众神之首，非常有可能是我们事实上曾侍奉过的那位贝克汉山谷之神"[①]。贝克汉姆神的形像，正如都灵纸草所记述的那样，与靠普特斯（Coptos） 的明神（Min） 相比，除了后者是以圣甲虫的形式出现之外，二者在其他的方面都非常的相似[②]。这种现象在上面已经提到的文章中被归因于贝克汉姆神和明神的结合[③]；而二者之间本质的区别在这篇文章中却只字未提。然而，这又

---

* 本文原载《埃及考古工作年鉴》第 41 卷，开罗，1942。现由东北师范大学古典文明研究所郭丹彤女士译成中文。

① A. 鲁卡斯和艾兰·罗威：《古代埃及的贝克汉姆岩》，《古代社会》1938 年第 38 期，第 151 页。

② R. 拉派修斯：《古代埃及丧葬铭文》，1842，第 79 号图片；又见 A. 鲁卡斯和艾兰·罗威：《古代埃及的贝克汉姆岩》，《古代社会》1938 年第 38 期，第 14 号图卡。

③ A. 鲁卡斯和艾兰·罗威：《古代埃及的贝克汉姆岩》，《古代社会》1938 年第 38 期，第 151 页。

是一个亟待解决的问题。因此，本文拟就这一问题及与这一问题有关的几个问题做一深入的探讨。首先，贝克汉姆岩是制造心型圣甲虫和后来的没有刻字的圣甲虫护身符的主要原料；其次，开罗博物馆里的那座用黑色的石头制成的神像，虽然它早已出土，但当时人们并没有把它与我们将要讨论的贝克汉姆神联系起来；第三，有关这个神的一些新的考古资料已经出现，它们为我们从事这一问题的研究提供了充足的证据。

根据贝克汉姆一词在埃及象形文字中的含义，埃及学家们进而断定贝克汉姆岩的种属应是"绿色玄武岩"、"绿色层岩"[①]、"黑色玄武岩"、"黑色大理石"或"片麻岩"[②]。皮特里（Petrie）使用了一个新的术语"都里特岩"（Durite）[③]来确定贝克汉姆岩的种类，在皮特里的讨论护身符的著作中，他在独创了一种新的分类方法的同时，也采用了其他的分类方法。现将其质地实为贝克汉姆岩但被误断为其他种属的圣甲虫护身符开列如下：

89 组，带有无字底座的圣甲虫护身符；

90 组，带有文字底座的圣甲虫护身符；

91 组，胸饰（其中一些刻有圣甲虫的图案）；

92 组，雕有眼睛的圣甲虫护身符；

93 组，展翅的圣甲虫护身符[④]。

根据皮特里的阐述，以上所列的圣甲虫护身符在质地上完全相同，"但把它们归于玄武岩似乎是错误的"。根据我的经验，很多博物馆里的心型圣甲虫以及无字的圣甲虫护身符都是由贝克汉姆岩制成的，它们

①　A. 鲁卡斯和艾兰·罗威：《古代埃及的贝克汉姆岩》，《古代社会》1938 年第 38 期，第 139 页，注解 3。

②　参见本文第 3 部分。

③　一种坚硬石料（译者注）。

④　皮特里：《护身符》，1914，第 23～25 页。

的颜色大都为绿色或黑色的，质地通常优于那些用于制造巨大纪念碑的石料，而且它们之中几乎没有一个是由玄武岩制成的。同样，上面所提及的圣甲虫护身符也是由贝克汉姆岩制造的。贝克汉姆岩是制造第89～90组护身符的首选原料；第91～92组中除了釉面护身符外，其他护身符也是由这种石料制成的；最后一组只有一个伸展着翅膀的圣甲虫护身符，它通常与木乃伊放置在一起，它被单列出来的原因在于这种圣甲虫制品在工艺上和宗教背景上与其他各组有所不同。

图 1　贝克汉姆神
（开罗博物馆
编号为 38701）

开罗博物馆里的一座编号为 38701 神像（见图 1），其外形与阿蒙－拉神极其相似，同时又与都灵纸草对贝克汉姆神的描述完全相同，它的原料在开罗博物馆的文物目录中被当作"试金石。"根据矿质鉴定，这个雕像的原料看起来像黑色的碧玉，或者是黑曜岩，但遗憾的是它的年代和出处却无从考证。另外，在皮特里所开列的文物中，有一个在外形、尺寸、风格上都与前面所提及的雕像十分相似的圣甲虫，这个圣甲虫也被认为是由黑曜岩制成的。同时它的年代被确定为第十二王朝，因为在那一时期，黑曜岩被认为是最好的制造刻字圣甲虫的原料[1]。但是，在皮特里所开列的其他文物中，所有底座上刻有明晰的腿的图案的圣甲虫护身符，其年代则被确定为第二十六王朝，因为在那一时期，这种护身符使用广泛[2]。第二十六王朝这一时期的确立，以及黑曜岩经常用于双指护身符和其他护身符的历史事实，为皮特里所开列的文物也为开罗博物馆的雕像（在形体上与圣甲虫相似，并且有可能是

---

① 皮特里：《护身符》，第 25 页，第 11 号图片，第 92a 组。
② 皮特里：《护身符》，第 25 页，注解 92。

由同样物质黑曜岩制成的）提供了一个较晚的时限①。

在讨论这两座雕像之前，让我们先来考证一下贝克汉姆神的名字。对于这个名字我们只接触过一次，即在托勒密王朝葬礼纸草的第 165 章即都灵纸草中曾提到过这个名字，其原文为 𓀀𓏏𓏏𓏏 𓂧𓏏𓏏𓁐② 。在它最初的形式中，字符 𓃂 和 𓀭 的意思模糊不清，在《柏林字典》里它们都被认为是表意符号，𓂧𓏤 则被认为是这个词的表音部分，与此同时 𓏏𓏏𓂧𓏤𓀭 被当作是一种可供选择的形式③。在鲁卡斯和罗威的文章里，该神的名字被称为贝克汉姆或帕－贝克汉姆（P3－Bekhem），在铭文翻译中，布芝（Budge）所校勘的形式 𓂧𓏤𓀭 被采纳，在脚注中他补充道"由于 𓏏𓏏𓂧𓏤𓀭 这个变异的拼写形式，这个神的名字或许是帕－贝克汉姆，参见《柏林字典》，第一卷，第 479 页"④；但是严格地讲，这一埃及语字符群应是可供选择的形式，而不是一种变异的拼写，因为《柏林字典》关于这一拼写的依据也只有都灵纸草⑤。而且拉派修斯（Lepsius）和布芝认为这个纸草在许多地方存在着错误⑥。但在托勒密王朝的三篇纸草中却保存了与这一单词有关的章节，即 𓀀𓂧𓏤𓏏𓀭𓏏𓁐⑦。所以 𓃂 这个字符应该相应的纠正为 𓂧 ，而 𓏏𓏏 这个词则被作为置于发音的名词之前的冠词，而不是构成这个名词本身的一部分。正如艾尔曼（Erman）所陈述的，在后埃及时期，这一冠词在所有这些纸草中的消失，充分证明了把它作为神的名字的一部分的观点是错

---

① G. 汪里特：《古代埃及的黑曜岩》，1927，第 92 页；又见皮特里《护身符》，第 51 页，注解 275。

② 拉派修斯，第 79 号图片。

③ A. 鲁卡斯和艾兰·罗威：《古代埃及的贝克汉姆岩》，《古代社会》1938 年第 38 期，第 151 页。

④ A. 鲁卡斯和艾兰·罗威：《古代埃及的贝克汉姆岩》，《古代社会》1938 年第 38 期，第 151 页。

⑤ 《埃及语字典》第一卷，第 77 页。

⑥ R. 拉派修斯：《古代埃及丧葬铭文》，1842，第 19 页；布芝，《亡灵书》，1898，第 9～10 号图片。

⑦ W. 普累特：《亡灵书的补充章节》，1881，第二卷，第 31 页；第三卷；第 89 号图片。

误的①。字符 𓀠 的误用，看起来似乎是由于一些单词用一个举其双臂的人代表贝克汉姆神而导致的，也可能是由于都灵纸草所描绘的圣甲虫有两条向上举起的腿的缘故，而在这里则被用举起双臂的人来代替。𓀠是一个非常稀有并且十分模糊的字符，因此它很容易被相近的字符所代替。然而值得注意的是在托勒密纸草的第 69 章中，在这个字符之后还有一个斜线符号，这个斜线符号在草书书写中用于代替比较难画的字符。𓈖这个字符在 66 章中有可能被校对成 𓈖，一个与 𓈖 具有相同用法的字符②。因此这个神的名字既不是 𓊪𓏏𓄿，也不是《柏林字典》所确定的 𓎡𓈖𓊪𓏏𓀠，而是一个由表声符号 𓊪𓏏𓄿 和一个表意符号 𓆣 构成的。

关于贝克汉姆神的历史，本文已有所涉猎：（1）一个由于贝克汉（一个变音的拼写为贝克汉姆）山而被当地人创造出来的神，被称为贝克汉姆。这正如 *H'py* 𓎛𓂝𓊪𓈗 一词，它既可表示尼罗河，也可以表示尼罗河神，有时也可根据尼罗河神的体形特点加上表意字符 𓀭，以此类推，贝克汉一词通常代表山以及从中王国到托勒密王朝时期的石头，但用于代表贝克汉姆神时则只有在托勒密王朝时期的纸草中出现过。因此，我认为贝克汉姆神名来源于地名。关于这一神名的演进历史，由于证据的缺乏，我们无法得出准确的答案。但是发音同为 *kh* 的字符 𓐍 和 𓈙 在埃及语单词中的先后出现，为我们提供了年代学上的证据。鲁卡斯和罗威认为，字符 𓐍 在中王国到第十九王朝的国王塞提一世统治时期一直广泛使用，而字符 𓈙 则普遍使用于第二十六王朝到托勒密王朝时期，以及居于以上两个时期之间的拉美西斯统治时期。然而，值得注意的是在拉美西斯及其以后的时期，字符 𓐍 在贝克汉姆这一神名中也曾出现过③。这一历史事实充分表明，埃及后王朝时期在复古主义盛行的情

---

① 艾尔玛：《埃及语法》，1933，第 78 页，第 176 号图片。
② 伽丁纳尔：《埃及语法》，1927，第 520~521 页。
③ A. 鲁卡斯和艾兰·罗威：《古代埃及的贝克汉姆岩》，《古代社会》1938 年第 38 期，第 148~149 页。

况下，字符●再一次被广泛地使用。在古代埃及，人们习惯于用城市保护神的名字来为这个城市命名，根据这个希腊式的城市命名方式，同样也会得出一个相似的时期，即贝克汉姆神出现的时间应不早于托勒密王朝统治时期。

（2）贝克汉姆神出现后，它的形象将如何表现则成为一个亟待解决的问题。根据古代埃及的宗教背景，我认为贝克汉姆神采用复合式神的体形是十分自然的。因为靠坡图斯的明神是东方沙漠的主神，并且在哈玛玛特干涸河道地区的壁画和铭文中占有统治型地位①，因此埃及人给贝克汉姆——干涸河道地区的主神以与明神相同的形态、相同的服饰是在所难免的。与此同时贝克汉姆神必须也有一些独特的地方来使之与明神相区别。贝克汉姆岩普遍使用于雕像、祭坛、小型方尖碑、石棺和圣甲虫护身符，其中圣甲虫护身符最适合作为神的代表，同时它也比较符合那一时期的宗教思想；由于这一时期的复合神比较盛行，因此以圣甲虫的外形同时融合了明神的一般特征，或许是解决贝克汉姆神形象问题的一个最具逻辑性的答案。

（3）贝克汉姆似乎是既短命又模糊并且很快就被阿蒙－拉神所同化的一个神。正如布芝所陈述的，阿蒙－拉神被等同于其他几个神，如荷鲁斯神、拉神、奥西里斯神等等②。众所周知，阿蒙－拉神有时也以明神的外形出现，同时圣甲虫也通常被认为是拉神的一种表现形式，所以这个模糊的贝克汉姆神将很容易地被等同于阿蒙－拉神。开罗博物馆里的贝克汉姆神像，或许是由于同样的原因而在目录中被当作阿蒙－拉神。我们无法考证这座雕像产生的年代，也许它既可以被当作是贝克汉姆山的主神，又可以被认为是阿蒙－拉神的一种表现形式。《亡灵书》中的第165章的内容似乎表明，贝克汉姆这一单词是指阿蒙－拉神，或

---

① 艾尔玛：《埃及宗教》，1934，第35～36页；第4、7B、8号图片。
② 布芝：《埃及的神明》，1904，第2卷，第22页。

者是阿蒙－拉神的一种表现形式。但是，贝克汉姆作为贝克汉姆山的独立的神的存在，在与阿蒙－拉神等同之前似乎被表现在如下的事实中：这位贝克汉姆山的主神有一个与阿蒙－拉神相距甚远的名字和体形，并且它也不可能是从阿蒙－拉神演化而来的。这个神被称为"东方天空的主神"，这一称谓不属于阿蒙－拉神，而只属于东方沙漠的主神。古代埃及祈祷书中有这样一段话——𓂀𓏏𓎼𓈖𓏲𓄿𓊃𓆑𓇋𓏭𓈖𓏏𓏲𓏤𓏤[1]其含义是"在一块亚麻布上画出一个双臂置于心上的神的造型"。这句话或许与由贝克汉姆岩制成的心型圣甲虫护身符有着某些内在的联系。

（4）随着贝克汉姆神名的误用，它的造型最终被阿蒙－拉神完全占有。由于在托勒密王朝和罗马统治时期各种神的属性和特征都相应地有所增加，我们进而断定卢浮博物馆收藏的那块画有阿蒙－拉神怪异形象的亚麻布，或许展示了这一时期的某种变革，因为这个形象基本上保留了贝克汉姆神的原有特征，其不同的地方在于这个新的造型增加了公羊头、鹰翅和鹰尾、人手和各种饰物。然而这个保有贝克汉姆神诸多特征的复合神却被称为"阿蒙－拉，众神之王"[2]，而不再与其原形贝克汉姆神有任何内在的联系。

（5）从贝克汉姆神中独立出来的神的新的形象继续发展演进，最终与明神和圣甲虫的外形完全脱离。开罗博物馆藏有一座铜质阿蒙－拉神像（图2），其造型是由圣甲虫的形体和其他神的特征复合而成，但却不包括明神的主要特征。这座雕像或许是贝克汉姆神最后残存的痕迹，或许是从圣甲虫形状的神中直接演化而来的，尽管布芝认为圣甲虫神通常被描绘为头顶上带有一只圣甲虫或以一只圣甲虫作为头，而不是作为身体[3]。

（6）不管怎样，贝克汉姆神的名字，形式和职能，最终都被人们

---

① 拉派修斯，第 79 号图片。

② 兰祖恩：《埃及神话中的权利》，第 46～47 页，第 24 号图片。

③ 布芝：《埃及的神明》第 1 卷，第 355 页；第 2 卷，第 379 页。

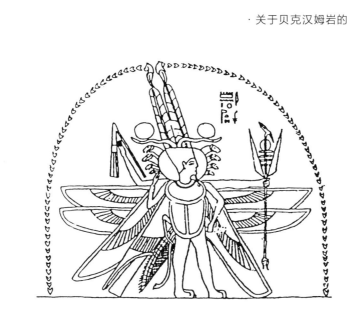

图2 带有贝克汉姆神特征的阿蒙－拉神

彻底遗忘了。对于这样一个昙花一现的神，由于原始资料的贫乏，它的产生、融合及消亡的历史只是一种可能的推论。但是如果上述所勾勒出的主线距离真实的事实不是太远的话，那么它将会为我们对埃及历史上的某些神的某些方面所进行的研究提供些许的依据。

二　关于单词 ⌡🐦🏛

在鲁卡斯和罗威的文章里，第一次在一个短语 ⌡🐦🏛﹋⫴⌂ 中提到了贝克汉姆岩。在那里，它被翻译为一个由贝克汉姆岩做成的祭坛。具体有这样的句子："贝克汉姆在这里确切地用来指祭坛本身"[①]。正如作者指出的，这一用法"是迄今为止的关于贝克汉姆一词所有用法中最为稀少的一种"。这里我们希望有类似"贝克汉姆岩的祭坛"的短语的出

[①]　A. 鲁卡斯和艾兰·罗威：《古代埃及的贝克汉姆岩》，《古代社会》1938 年第 38 期，第 143 页，注解 2。

现，而不是"石质贝克汉姆"。但是，通过更为细致的研究，另外一种解释也是有可能的。即那个表示祭坛的符号也可能是一个塔门，尽管我们的确有证据来证明符号⌂可以作为单词 *h3wt*（塔门）的表意符号。这个单词也极有可能是单词𓏏-𓉔或𓏏-𓉔的变异拼写。正如《柏林字典》所指出的那样，*b hnt* 这个词从第六王朝起就经常漏掉⌐（t），并且包括符号𓊪也通常用来作为这个单词的表意部分①。在一个来自于靠坡提斯的石碑上，有一段铭文曾提到了这一单词：𓏏𓂋𓇯𓏏𓉔𓊖，译为"位于北部的砖质塔门（或者通道）"；𓏏𓉔𓊖，译为"砖质塔门"②。前面的一个和我们的例子在符号形状上十分相似，而后一个和我们的例子则在短语含义上接近。另外，在一段用贝克汉姆岩制成的祭坛上的铭文中出现了这个单词。同时，在这个祭坛的同一面上，还有另一行铭文。其中，短语𓏏𓂋𓉔被𓊹𓊹（他的纪念碑）所代替。这种现象向我们揭示，这两段铭文是用来记录国王为他的母亲"伊西斯"所做的事情，而不是为了这个具体的祭坛。语言学上的证据似乎表明，以上所引单词既不是"祭坛"，也不是"贝克汉姆岩"，而"贝克汉姆岩质祭坛"似乎是这一单词最好的解释。这个祭坛也许是众多用贝克汉姆岩制成的物品中的一个，但这一点并未在铭文中被确切指明。

除了以上的论述，鲁卡斯和罗威还讨论了达里斯（Darssey）的关于这种建筑的文章，其中包含了这篇铭文的全文。达里斯对于这个短语是否写为𓏏𓊪𓉔𓊹尚有置疑③，他认为在这里它的意思是"一个石头的塔门"，因为达里斯并不认为这个有一座门在中间的符号表示祭坛。在同一个建筑上有一段祈祷文，达里斯把这段祈祷文的开头译为

---

① 《埃及语字典》第 1 卷，第 471 页。
② 皮特里：《靠普特斯》，1896，第 20 页。
③ 达里斯：《靠普特斯雕像底座》，《古代社会》1910 年第 10 期，第 36～40 页。

"一个女神雕像的底座"①。但是，我认为单词在这里是 *ḥʾwt*（祭坛）的变异拼写，而不是一个含义为"雕像的底座"的新的单词，因为从这个单词的表意符号的形状上看整个词的含义趋向于"祭坛"。为了支持他的理论，达里斯把这篇祈祷文的最后部分 𓏏𓏏𓏏𓏏𓏏 𓍿𓏏𓂋 翻译成"他建造这座美丽的纪念物，以便她可以在她的父亲身旁休息"②。然而 *ḥtp ḥr* 既可译为"高兴于"，也可译为"休息于"；同时复合介词 *r – gs*（在某人的旁边）也可译为"伴随某人"③。因此，我把这句话译为"他建造这座美丽的纪念物，以便于她可以幸福地陪伴着她的父亲"。这种翻译同祭坛一词正好相符。

三　贝克汉姆岩、杂砂岩和都里特岩

在专家对五座纪念碑上的铭文进行分析后，明确地指出这些纪念碑是由贝克汉姆岩制成，此外基于古代有关贝克汉姆山或贝克汉姆矿的记载大都发现于哈玛玛特干涸河道地区的原因，鲁卡斯和罗威得出如下结论："至少有两种不同的岩石——杂砂岩（片岩）和灰色的细纹花岗岩（砂屑岩 – 片麻岩）可以被称为贝克汉姆岩。"位于塞舌尔（Siheil）岛上，制成"饥荒石碑"（Famine Stela）的贝克汉姆岩被确认为是细纹花岗岩或片麻岩，因为该岛上除了"最不可能被称为贝克汉姆岩"的红色粗纹花岗岩外，只出产这两类岩石④。

塞舌尔岛原始文献明确指出贝克汉姆岩"起源于东方"。根据这一铭文的注释，"我们可以在铭文中所提及的'东方'和'西方'后添加

---

① 达里斯：《靠普特斯雕像底座》，《古代社会》1910 年第 10 期，第 39 ~ 40 页。
② 达里斯：《靠普特斯雕像底座》，《古代社会》1910 年第 10 期，第 40 页。
③ 《埃及语字典》第三卷，第 188 页。
④ A. 鲁卡斯和艾兰·罗威：《古代埃及的贝克汉姆岩》，《古代社会》1938 年第 38 期，第 154 ~ 156 页。

'岸'这一概念，使之成为'东岸'和'西岸'"①。除了塞舌尔岛上出产的三类岩石外，尼罗河东岸还拥有其他多种质地的岩石，其中云母－片岩是"这一地区最普通的变质岩"。暴露在外的云母－片岩，"通常被严重侵蚀而很难承受得起标本处理"。角闪石－片岩在这一地区也有发现。我认为这些杂砂岩实质上就是片岩，因为杂砂岩在古代可能从未被当作纪念物的建筑材料而被开采。应注意到这一自称记载了佐塞统治时期的一次大饥荒的铭文形成的年代很晚（托勒密王朝时代），很明显它仅是偶然列举了一系列该岛附近的地表或地下所发现的岩石，而非那些已经被开采的岩石。

　　根据鲁卡斯和罗威得出的主要结论，可以肯定哈玛玛特干涸河道地区的杂砂岩被古埃及人称为贝克汉姆岩。此外几乎可以肯定，那些现代地质学家认为是有别于杂砂岩，但肉眼几乎不能分辨的与杂砂岩极其相似的岩石（和杂砂岩一起，因而被认为是杂砂岩或类似的岩石）也被古埃及人称为贝克汉姆岩。可能贝克汉姆这一名称最初只限于称呼哈玛玛特干涸河道及附近地区的岩石，然后逐渐泛用于其他地区类似的岩石（如塞舌尔铭文中提到的岩石），但这种明显的错误只有在很久之后才被发现。

　　就我们所知，称砂屑岩－片麻岩为贝克汉姆岩的事实只有一例。即阿玛西斯二世（Amasis II）的神龛。但以下的事实表明，我们不能断定砂屑岩－片麻岩被称为贝克汉姆岩是否符合其本意。从岩石样本上看，"只有当远距离观察时，表面黑色变化大体相似的哈玛玛特干涸河道地区的岩石才通常被称为片岩"②。粉红色和灰色的砂屑岩－片麻岩和杂砂岩一起被发现于盖伯尔－米提克地区，该地区距哈玛玛特干涸河道东

---

①　A. 鲁卡斯和艾兰·罗威：《古代埃及的贝克汉姆岩》，《古代社会》1938 年第 38 期，第 145 ~ 146 页。

②　A. 鲁卡斯和艾兰·罗威：《古代埃及的贝克汉姆岩》，《古代社会》1938 年第 38 期，第 154 页。

北 20 公里，出产装饰性建筑（如石柱）。然而片麻岩极少被古埃及人用于建筑物中或装饰目的，而真正的贝克汉姆岩则常常在包括神龛在内的许多建筑物上被采用，"贝克汉姆岩质地的神龛"这一使用很普遍的短语，就是说明这种现象极好的例子。古埃及是否有关于砂屑岩－片麻岩专有的名称不得而知；即便有，也一定不是我们所熟悉的单词。有这样一种岩石，无论其是否有着熟悉的名称，它在表面上和贝克汉姆岩很相似并可能产于同一地区，但却在建筑上极少被使用，如果它被用来制作神龛，那么书吏会在神龛上刻上"贝克汉姆岩质地的神龛"这样一个平常的短语来定义它吗？如果这样，那么词语的使用就显得不合情理，因为砂屑岩－片麻岩的样本是一种变质的灰色细纹花岗岩，它与杂砂岩有着明显的区别，无论古代还是现代的外行人只要细心，都能加以区别。

我认为埃及人在大多数情况下，将产于哈玛玛特干涸河道及附近地区的杂砂岩称为贝克汉姆岩，由于混淆了岩石的质地，因而存在少数例外，即贝克汉姆岩也被用来定义其他岩石。这种变通观点的提出是具有尝试性的，这是因为，首先这些例外（目前所知仅有两例）破坏了鉴定岩石成分的某一规律，其次根据上文所给出的原因，这些例外的岩石由于明显的与杂砂岩混淆了，很可能古埃及人没有真正的给它们下过定义。因此，在这样的一个问题上存在着一定程度的分歧是不可避免的。

埃及学家应谨慎使用"杂砂岩"这一术语，因为它即使在地质学文章中也有多种含义。P. G. H. 波斯威尔（Boswell）曾阐述道："鉴于杂砂岩有着多种含义，它使用于地质学文章中在现今看来也是不理想的。"① 在安德鲁（Andrew）有关杂砂岩的重要文章中，这一术语的使用范围有时十分广泛，即被用来表示所有地质结构相同的

---

① 《大英百科全书》中的词条"硬砂岩"，第 14 版。

岩石①，有时仅限指含 0.025～2.00 毫米石英结晶的岩石。在考古学领域中，我们通常处理的岩石标本都是几经转手的，其原始产地大多不得而知。所以岩性特质要比地质结构更值得注意。本文中所出现的杂砂岩这一术语，属于狭义上的概念，如"沙砾在杂砂岩的表层"。

即便如此限定，那么将杂砂岩适用到考古标本上，对于考古学家来说仍是个困难的工作。正如安德鲁在文章中所谈到的那样，对于发现于哈玛玛特干涸河道及其附近地区的各种岩石，外行很难分辨清楚其质地，只有地质学家才能将它们彼此区分。在地理学中，由火山爆发而形成的岩石称为凝灰岩（由火山灰凝结而成）；如果岩石部分或全部地再次结晶并伴有变色反应，，便会形成角质岩；如果火山只使岩石变硬而未使其产生变色反应便会产生粗劣的杂砂岩或变硬的泥岩（石英结晶直径小于 0.025）；如果岩石逐渐板岩化（岩石逐渐裂成碎片，但未再结晶）或片岩化（岩石逐渐裂成碎片并且再结晶），便会形成板岩或片岩。

不管怎样，地质学家通过显微镜对岩石切片进行分析后，应该可以得出岩石准确的地质学名称，但用低倍放大镜对抛光过的岩石进行粗略的检测则不能定义它们（也许裂成薄片的板岩和片岩除外）。如果发生这种情况，地质学家可以拒绝给岩石定义名称，但考古学家却出于易于同其他考古文物相参考的原因而不得不给它取名。

正如鲁卡斯所阐述的那样，埃及学家们往往忽略了地质学家在岩石的种属上所提出的许多细微的差别②。如果出现这种情况，为了避免混淆偶然地采用新术语是合宜的。有时创造一个新名词要比套用地理文章中的术语好得多。皮特里就为一种岩石创造了一个新名词——都里特

---

① G. 安德鲁：《埃及东方沙漠的硬砂岩》，《埃及研究公告》第 21 期，1939。在这篇文章中，使用了下列术语：聚合的硬砂岩（第 189 页）；硬砂岩 - 片岩（第 154 页）；硬砂岩 - 泥石（第 165 页）；硬砂岩 - 角岩（第 168 页）。

② 鲁卡斯：《古代埃及原料和工业》，1934，第 355～356 页。

岩，这种岩石被古埃及人用来制作小物品，他对这种岩石的描述是"硬化了的泥或灰，是板岩的合成物，但没有板岩似的断面"①。通过对皮特里收集的用"都里特岩"制成的圣甲虫护身符进行粗略的检测，这种岩石像是杂砂岩－泥岩，在颜色和质地上都和开罗博物馆中制作神龛的贝克汉姆岩相似。后来皮特里对这一定义做了些许的修改，然而不幸的是，他将都里特岩重新定义为"一种变色反应的火山泥，与板岩的成分极相似，但没有断面"②。事实上这种岩石既不存在变色反应，也不都来自火山泥。皮特里的术语可以保留，但为了避免混淆需要对细节重新定义。而且这一定义的含义可以被延伸，这正如安德鲁所强调的"很难在泥岩和粗沙岩之间划条明确的界限"③。因而"都里特岩"应该是一种沉积岩，其质地范围是从泥岩的等级到粗沙岩的等级，通常来源于其他岩石的剥蚀碎块，偶然也来自硬化的火山泥和火山灰，但没有变色反应，或者存在轻微的变色反应，但从未出现过肉眼能观察到的断面。如果这个新术语及它所表达的定义被承认的话，那么我们可以用不同的限制条件来区分都里特岩的多样性，例如"精细的"、"粗糙的"、"绿色"、"黑色"、"灰色"，等等。"细都里特岩"（杂砂岩－泥岩）常用来制作护身符、圣甲虫护身符等小物品。但用来制作大型纪念物的都里特岩，其质地是有变化的，因而其在沙砾变化方面（粗质杂砂岩，硬砂岩）的定义可适当扩展。都里特岩这一术语更适用于埃及学领域，因为它有着独特的含义，同时又不涉及地质学上的细微差别。

可以看出"贝克汉姆岩"、"杂砂岩"和"都里特岩岩"在一定程度内有相同的含义，但并不是完全的等同。杂砂岩是个地理学术语，用来表示一种地层学上的地层结构或是岩石学中被限定的一种特殊岩石。

---

① 皮特里：《护身符》，1914，第 8 页。
② 皮特里：《圣甲虫和滚筒印》，1915，第 8 页。
③ 安德鲁文，第 75 页。

贝克汉姆岩和都里特岩只包括部分广义上的杂砂岩，因为一些杂砂岩结构的岩石，如杂砂岩－砾岩，埃及学家认为是和杂砂岩完全不同的岩石，但古埃及人可能认为它和杂砂岩十分相似。另一方面，除了狭义上的杂砂岩外，贝克汉姆岩和都里特岩还包括一些表层相似但在岩石学上有着区别的岩石。

贝克汉姆岩和都里特岩共生要比和杂砂岩共生普遍得多，因为这两种岩石仅用肉眼就能观察和鉴定。它们包括粗质杂砂岩和其他类似的岩石。这里类似的含义是指特定物质种类的相似，而不是人们所说的相像。通过专家的检测，在那五座有铭文明确指出是由贝克汉姆岩制的纪念碑中①，以上有关都里特岩的解释只适用于第二至第五纪念碑，而不适用第一座纪念碑（砂屑岩－片麻岩），尽管贝克汉姆这个词使用于最后一座纪念碑的观点并不被广泛地接受，这在上面已经得以讨论。也许古埃及人使用术语的随便程度要比现代的一些学者还要严重，他们将许多在种属上有争议的岩石全部归于贝克汉姆岩，而现代学者则将其归置于都里特岩的名下。但也有可能由于古埃及人武断地划了一些界限，而没有将那些仅在颜色、细微结构及出产地与典型的贝克汉姆岩有区别的变质岩视为贝克汉姆岩。所以我们可以说贝克汉姆岩和都里特岩这两个术语在概念上或多或少地存在着某种联系但并不等同，同时这两个术语在概念上也存在着分歧，然而遗憾的是我们从古代原始资料得出的证据还不足以使我们在这个问题上得出准确的结论。也许我们永远无法给贝克汉姆岩下一个极为精确的定义，但随着科学的进步，我们可以使之尽可能的明确。

感谢开罗地质博物馆的馆长里托（Little）博士，他在地质资料方面给予我热忱的帮助。同时我也要感谢鲁卡斯先生和罗威先生，他们合

---

① A. 鲁卡斯和艾兰·罗威：《古代埃及的贝克汉姆岩》，《古代社会》1938 年第 38 期，第 154～155 页。

著的文章给我这篇论文以很大的启发。他们仔细地阅读了我的手稿，罗威先生不但给予我中肯的批评，还不辞辛劳地为我改正错误。另外，我还要感谢开罗博物馆的雷包威施（Leibovitch）先生，他为我提供了古埃及铭文；感谢布鲁敦（Brunton）先生，他在 1940 年夏天博物馆暂时对外关闭期间为我核实了纪念碑上的铭文。

古代埃及珠子的考古价值[*]

正如弗兰德·皮特里爵士在他的著作《埃及文物手册》中所说的那样，珠子和陶器是考古研究中的字母①。作为考古发现证据，珠子的重要之处在于，由于其普遍性和数量众多，它们对断定年代特别有用。

像现代原始部落的人们一样，古代埃及人非常喜爱珠子，并在许多方面大量使用它们。在一个木乃伊上面发现成千上万的珠子一点也不是什么稀奇的事②。由于数量众多又不易损坏，陶片和珠子成为每个考古发掘点出土最多的文物。即使在被破坏的墓中，也总会有一些珠子躲过盗墓者的视线，因为串珠子的线通常都已断裂。像其他小的随身饰品一样，它们通常能躲过能破坏大文物的塌陷和断裂。

如果珠子的年代大致相同，那么它们众多的数量对我们来说也就没

---

* 本文是作者博士论文《古代埃及的珠子》的第一篇第一章。全文打字稿433页，存伦敦大学档案室，未曾公开发表。内容包括：第一篇，导言；第二篇，制作珠子的技术方法；第三篇，分类与排谱；第四篇，年代考证；共计23章。现承伦敦大学亚非学院艺术与考古系汪涛先生提供复印件，又承北京大学历史系颜海英女士译成中文。

① 皮特里：《埃及文物手册》，第15页。

② 皮特与迈斯合著《图坦卡蒙之墓》第1卷，第159页，这种对珠子的特殊喜爱可追溯到巴达里时期，例如，在摩斯特格达的一个墓中就发现了五六千颗珠子，见布伦顿的《摩斯特格达》，第52页。

有太大的意义。所幸由于时尚或技术的变化以及可用材料的不同，珠子的形状、制作材料、装饰以及制作技术也有所不同。一般来说每个时期的珠子形状都不同，尽管有些珠子，特别是那些用自然材料制成又没有什么特殊形状的，会在其他时期出现。即使是认为珠子在断定时间上不尽人意的李奥纳德·伍利爵士，也承认我们可以明确区分不同文化层的珠子的一般形状①。但是从我们的目的来说，技术的变化远比形状的变化重要。不同时期的珠子制作者也许会兴之所至，做出与以前相同样式的产品，但却极少能采用与过去相同的技术。因为当新的技术被证明优于旧技术时，它往往能取代它。通常不同时期的珠子在外观上看起来很相似，而只能通过它们制作技术上的微小不同来区分其时间上的差异。制作材料的不同也有重要性。除了外形和技术的变化，新自然资源的开发和旧资源的耗尽、某些人工资源加工方法的应用（通过发明或学习）和另一些的失传、与其他地区联系的开展或中断等，都可能导致一些新原料的使用和另一些旧原料的弃用。

珠子作为考古资料的另一个优点是它的轻便易携。由于体积小、质地坚固不易损坏，珠子很容易通过商业途径传到远处，因而能展示距离遥远的两个文化之间不为人知的联系。如果其中一个文化属于史前时期，年代不确定，而这种联系会告诉我们与之同时期的另一个已知明确年代的文化，借此我们就能推断出一个绝对年代。这方面突出的例子，就是苏美尔遗址和印度河谷史前遗址摩亨佐·达罗②出土的蚀花肉红石髓珠与埃及和史前不列颠③出土的成节的彩釉珠。这是一个很有趣的课题，但必须建立在对珠子进行实际考察的基础上。由于时间紧迫、条件困难，除了在有限的程度以外，我在本文中不能承此重任。

在承认珠子作为考古资料有很大的优势的同时，我们也不能忽视它

---

① 伍利：《乌尔的发掘》第 2 卷，第 372 页。
② 马萨尔：《摩亨佐·达罗》，第 104～105 页，第 515～516 页。
③ 贝克与斯通：《彩釉珠》，第 233、252 页。

们的局限性。与其他独立的文物一样，当我们研究它们的商业传播时，也应该考虑到各地独立发明的可能性。因为所有的珠子都有同样的功能，即用线串起来或缝上作为装饰品或护身符，或者二者兼顾，因此如果有合适的材料，很可能不同时期不同地区的人们会不约而同地采用圆形、球形、桶形或圆柱形等形状。即使是形状特别又有装饰的珠子有时也会在各地分别独立出现，但它们的复杂程度越高，这种可能性就越小。有时在两个地区都普遍存在的原料限定了某些共同形状的出现。因此它们是平行发展而不是传播的结果。制作技术的不同则在同一文化区内的年代判断上大有助益，在那儿某个时期通常只流行一种或两种加工珠子的方法，而新技术的应用通常标志着一个产生了新型珠子的新时代。但某些技术问题只能由几种有限的方法解决，因此常常出现各个地区分别独立地发明了同样的技术，尤其是那些原始的技术。另一方面，从珠子的制作材料来研究其传播的前提是知道这种自然资源局限于某些地区，或者知道这是一种以复杂工序制造出来的人工材料。在这种情况下，对材料的鉴定和关于其来源的说明必须经过认真确定。贝克曾说，"在法国的德尔曼发现了一些用 callais 做的珠子，这是一种青金石的碎片，可能来自中国"[1]。尽管早年一些考古学家确曾把发现于法国德尔曼的一些青金石称作 "callais"，一个引自普林尼著作的词，而且仍在考古著作中使用它，但现在通常认为这种史前时期的[2] "callais" 肯定不同于普林尼所说的，而且它在青铜时期之后再也没有发现。史前 "callais" 的来源仍不清楚，但普林尼著作中却说 "它发现于位于印度后面的那些国家，在费卡里之间，这个名字的意思是居住在考克苏斯山的人，即萨凯和达赫"[3]。用珠子来研究文化交流时应注意的这些问题也适用于其他考古文物。

---

① 贝克：《珠子》，《不列颠百科全书》第 14 版，第 3 卷，第 254 页。
② 戴赫里特：《考古手册》第 1 卷，第 621 页。
③ 普林尼：《自然史》第 37 卷，第 33 章，波斯特克与瑞利译。

　　用珠子来断定年代有一个严重的障碍。这就是它们常常有很长的寿命。例如，伍利认为用珠子断年不理想，因此它们被多次再使用，所以他在测定乌尔陵墓的年代时根本没有考虑珠子的问题①。马丁·康威说珠子的年代由于它们的长寿而复杂化了②。R. A. 斯密斯指出甚至连确定制作它们的相对年代都很困难③。当我们谈及老式珠子在后来的时期重又出现的问题时，应注意区分下列两种情况：一种是作为化石出现的，一种是作为活标本出现的。在生物学领域，尽管有各种各样的古代生物化石保存下来，但那些生存在距今很久的地质时期的物种几乎没有存活下来的。所以在我们的领域，由于时髦意味着高价和技术的提高，很少有哪种珠子在漫长的时间里保持不变的制作风格。所以总起来说，它们的制作或多或少地是有时间限制的。因此上述的第二种情况几乎是没有的，可以不予考虑。我们常常面临的是第一种情况，即过去的珠子又被再次使用但不再经过加工。这种类型的珠子要么作为传家宝或护身符保存下来，要么由于古墓或遗址被盗而失传。迈基说现在美索不达米亚和埃及的许多阿拉伯人就戴着从古迹中得来的珠子④。据说这类事在中世纪的日耳曼入侵者维京人和伦巴人中⑤，以及当代法国摩比罕⑥的农民中非常普遍。尽管其他的文物偶尔也有再利用的情况，但还是珠子的再利用更普遍。珠子不像陶器那样易碎而且破碎后便失去价值，它们通常用坚固的材料制成，几乎是无法损坏的，因此永远有使用价值；珠子也不像工具和武器那样对人们的生活至关重要，它们是纯粹的装饰，如果保存好的话，旧的和新的一样用，而且被认为是比护身符还有魔力。它们的保存丰富也增加了再利用的机会。因此认为珠子在定年方面

---

① 伍利：《乌尔的发掘》第 2 卷，第 371 页。
② 《考古》第 78 卷（1927），第 75 页。
③ 《考古》第 78 卷（1927），第 75 页。
④ 马萨尔：《摩亨佐·达罗》，第 516 页，注 6。
⑤ 艾森：《眼纹珠》，第 19～20；也见他的《莲花和田瓜珠》，第 38 页。
⑥ 格朗谢勒：《史前首饰》，第 48、84 页。

有较少的价值也是有一定道理的。

然而，有时又过分强调这种偶然的再利用，而忽略了主要还是使用时下制造的珠子。即使是再利用的珠子，也是和新制造的珠子混合在一起的。尽管我们要时时提防把再利用的珠子当成当时的，但在特别注意的情况下，我们还是可以用珠子来作为定年的资料的。戴过的痕迹和水迹可以作为判断是否旧珠的依据①，但并非所有的旧珠子都有这些痕迹，也并非新珠子就没有这些痕迹。另一种较好的方法是：如果有充分的证据证实有些珠子的外形是过去的样式，而这些珠子又出现在较晚的时期，有时是相距很远的年代，与时下的大多数珠子相比，它们特殊的制作技术和外形使它们看起来很不合时宜，这通常就是再利用的珠子。断定散落的珠子的珠线的年代，有一个普遍的原则，即断定它不早于这些珠子已知的最晚年代，除非同时出土的文物能提供有力的证据改变这一最晚年代的上限。因为正如布莱顿所说，在判断一个陵墓年代时，"较为安全的方法是把所有的可能资料放到一起：陵墓外观，遗骸的姿势，陶器，护身符，珠子，及其他物品，对它们进行综合考虑来断定年代"②。在另一处，布莱顿又说"我曾见到史前时期的珠子挂在一个罗马时期木乃伊的脖子上，一个早王朝时期的磨光红陶与半打托勒密时期的陶罐跻身一处"③。理论上讲总有一种把整个一串旧珠子重新利用的可能，但实际上这种情况是极其少见的，至少在古埃及是这样。布莱顿先生告诉我，他在卡乌墓地发掘时，多次遇到这种情况，包括上述的罗马木乃伊，但所有的这些都是新旧混合使用的，没有完全是旧珠子的④。因此，以埃及来说，如果予以适当的注意，用珠子来断定陵墓年

---

① 例如有些从"盆状墓"中出土的肉红髓珠就被认为是再利用的，因为它们切割过碎，见温莱特《巴拉比斯》，第23页。

② 布莱顿：《摩斯特格达》，第104页。

③ 布莱顿：《卡乌》第1卷，第5~6页。

④ 其中有一个（第3712号墓）是这样的，见《卡乌》第3卷，第8页。

代有很大的优势，正如我们杰出的考古学家弗兰德·皮特里所做的那样①。

阻碍珠子研究的另一个严重的障碍是把较晚时候的珠子改造成早期的。(为了简便清楚，本文把"intrusion"用来特指这种情况，而"reused"用来指把旧珠子重新利用，尽管后一种情况也有学者用"intrusion"一词)②。一般认为，新型珠子的出现对我们来说比再次使用的旧珠或留存下来的旧珠更重要。但由于珠子体积极小，比起其他物品，更容易出现把晚期的当早期的这种错误，因此导致错误的定年。在居住遗址，由于腐蚀和动物打洞，上层的也就是晚期的珠子可能会落到下层也就是早些时候的地层中。在被盗的墓中，有时盗墓贼身上的珠子会掉落在那里，有时他们从其他墓中盗来的珠子也会掉出来，而人们清理再次埋葬品时，一些珠子可能被当作第一次埋葬品遗漏下来。如果田野工作记录足够详尽，这些错误都会被发现。但是也有一些更难发现的错误判断。作为人，发掘者不可能做到毫无失误。在发掘的过程中，珠子有时可能会从沟槽的一边或表层掉出来，被踩进下面地层③；有时就是发掘者把它们踩下去的④，或者是发掘者不经意间把别的墓中的珠子误放了⑤。所有这些错误在当时都被忽略过去，而事后人们还以为是正确的位置。在发掘后，有时还会出现这样的情况：在从帐篷里往博物馆运送时，或者在博物馆长期收藏的过程中，特别是在用很脆的纸包装或

---

① 例如，考森墓地的各墓葬就是以护身符、珠子和岩层来定年的，见他的著作《喜克索斯和以色列的城市》，第36页，也见他的《关于定年》，布莱顿：《卡乌》第1卷，第78页。

② 例如艾森的文章，见上页注。

③ 如贝克对巴姆波的史前遗址中发现的彩色玻璃手镯的评论，见他的《公元前1560年前的玻璃》，第12~13页。

④ 贝克：《珠子》，《不列颠百科全书》第14版，第3卷，第17~18页，他对在乌尔的公元前1600年前的地层中发现的透明红色玻璃珠的评论，有人怀疑这些珠子是当地集市上的现代产品。

⑤ 如卢卡斯对涅伽达出土的史前玻璃护身符的评论，见他的《古代埃及资源史》，第117页。

很不结实的线串着时，一堆珠子中有个别的会混入其他墓出土的珠子堆里。珠串上的标签也许会松动，移位到其他没有标签的珠串上。当珠串没有正确地贴好标签或者标签上的说明不够详细时，它们在博物馆的登记中就会有一个错误的出处，特别是在博物馆得到它们很长时间后才登记的情况下。此外在橱窗中展览以后，会有放错的可能[①]。因为本文是以博物馆中的样品为研究基础的，必须特别注意不能以孤立的例子为证。当单个或极少数形状特别、装饰复杂、用料特殊的珠子出现在比它们应属的地层早得多的地层中，应对它们的发现处进行认真的再检测和证实。由于有这些较难断定之处，有些地层被破坏的发现不能引以为据。虽然根据报告有些墓葬地层保存完整，但是在考古的报告中这些难点没有特别的记录，因此常常有时间定得过早的嫌疑。较好的方法是，由于我们正处在对珠子的了解逐渐增多的阶段，最好不要急于定论，让以后的发现来解决这个问题。至于那些表层的发现和那些盗墓贼或者古代的佩戴者用的线，由于它们通常有不同的来历，因此对定年没有什么价值。

除了旧珠新用和新珠被误作旧珠之外，另一种因素也促使我们产生某些珠子特别耐用的印象，这就是我们不能区别那些表面看起来很相似、只有微妙差别的珠子，类似这样的名称如"肉红石髓珠"或者"圈珠"本身没有时间性，因为它们在各个时期都有发现。但是如果把它们根据一些本质上的差别如形状、材料、颜色、花纹和技术来分类，那么每种类型都分别有不同的时间限制。如果需要用作定年的依据，像"蚀花肉红石髓珠"这样专门的分类也会出现。当这种类型的珠子在摩亨佐·达罗和乌尔的属于公元前 3000 年前期的遗存中出现时，人们说"在希腊、塞西亚、帕提亚和整个印度西北部的库珊遗址中发现了上千

---

① 如贝克和斯通著《彩釉珠》，第 232 页脚注，有人怀疑在德维兹博物馆中有一个英国的切片珠被错放到埃及珠里。

的同类珠子"①。但是贝克的研究证明这两组年代不同的珠子在花纹样式上有很大的差别②。我们发现多数珠子都有一个理论上的时间限制，如果我们能把再使用的旧珠和混在旧珠中的新珠识别出来并排除掉，再把余下的珠子根据年代上的重要差别分类，那么这种识别和分类的工作就会要求进一步的研究，并有助于进一步的研究。

各种类型的珠子在定年中有不同的价值。一般来说，分类越专，时间范围越窄。但是这个规律有许多的例外，需要详细地解决细节问题。然而，即使是那些使用时间相对长的珠子，也在检测其他文物提供的年代方面起重要的作用。

这个冗长的段落不仅是尝试着探索承担珠子研究工作的准则，也试图做方法论上的探讨，以此作为下面正文中所得出的结论的逻辑基础。

---

① 马萨尔:《摩亨佐·达罗》，第583页；伍利:《乌尔的发掘》第2卷，第374页。

② 贝克:《蚀花的肉红石髓珠》，第384～398页。

若干埃及出土的玻璃分层眼状纹珠[*]

　　艾森关于眼纹珠的文章中提到的 B 型分层眼纹珠有两排眼睛，又可分为两种类型：第一种在一端有 3 个眼睛图案，另一端有 4 个较小的眼睛图案，整个表面都布满了眼睛，几乎看不到母岩，每只眼睛由褐色和白色的圆圈及圈中的一个蓝点构成；第二种类型的珠子呈黄色、绿色或蓝色，上面印有两排蓝色或白色的眼睛。这两种类型都曾发现于意大利公元前 5 世纪的墓中。皮特里在埃及也发现了许多，其中多数是第二种类型的，他将其年代定为 23 王朝或公元前 8 世纪①。这一观点得到温莱特②、培克③和艾伦④的赞同，但根据艾森在意大利的研究，在那儿发

---

* 本文原载《美国考古杂志》第 48 卷第 3 号（1944），署名"夏作铭"。现由颜海英女士译成中文。

① W. M. F. 皮特里：《伊拉洪，卡洪和古罗布》，1891，第 26 页，图版 XXIX. 52. 53；《喜克索斯和以色列的城市》，1906，第 17~18 页，图版 XLX；《迈杜姆和孟斐斯》第 3 卷，1910，第 37 页，图版 XXVIII. 135. 137；《杰拉尔》，1928，第 24 页，图版 XXII，194、196。

② 皮特里和温赖特：《赫里奥波里斯，卡夫尔·阿玛尔和舒拉法》，1915，第 35 页，图版 XXX. 3。

③ H. C. 培克：《石珠和垂环的分类与命名》，《考古》第 LXXVII 卷，1927，第 64 页，图 62。

④ T. G. 艾伦：《芝加哥艺术所埃及收藏品手册》，1923，第 117 页。

572

现的第一种类型的珠子都属公元前 5 世纪以后的，而第二种类型的珠子即便有，也为数极少。因此，艾森提出皮特里的定年可能偏早，而意大利发现的珠子的定年则可能太晚。他这种假设是正确的，否则我们无法解释为何在公元前 8 ~ 前 7 世纪的意大利的墓中没有发现这些珠子①。经过对所有现有相关资料的研究，我认为皮特里对这些珠子的定年是错误的。

G. 布伦顿先生曾告诉我：在有 700 个或者更多未被盗窃之墓的迈特玛的一个大墓地中，没有一个这类分层眼纹珠发现，而这个墓地的年代可以相当肯定地定为 22 ~ 25 王朝。除了这个反面的例证外，我还发现了一些正面的论据来证实这些珠子的年代为公元前 5 世纪或埃及的波斯时期。除了艾森提到的意大利的公元前 5 世纪的陵墓之外，叙利亚②、巴勒斯坦③北部的波斯时期的陵墓中也发现了这两种类型的珠子。第二种类型的珠子还在欧洲哈尔斯塔末期和拉·泰内初期的一些陵墓中发现，其年代约在公元前 5 ~ 前 4 世纪④。此外，这种分层眼纹珠并非孤立的发现，而总是与墓地中的其他发现一起构成考古发现群。除我们上面所提到的之外，在耶胡第亚地区所谓的 "23" 王朝墓地中还发现了有下列特征的物品：彩色玻璃做的人头或羊头形状的垂饰；小青铜壳；神或杰特柱形状的小护身符；彩绘的或刻画的乌萨特眼形状的饰物；青铜饰针⑤。所有这些物品在波斯时期叙利亚北部的墓地中也有发

---

① G. 艾森：《眼纹饰珠的特征》，AJA，第 20 卷，1916，第 14 ~ 16 页。
② C. L. 伍利：《叙利亚北部波斯时期的墓地》，LAAA，第 7 卷，第 115 ~ 129 页，图版 XXIX，图 13，16。
③ C. N. 约翰：《阿特利特的发掘》，QDAP，第 2 卷，1933，第 52 页，图版 XXV，642，及 XXVI，662。
④ J. 德谢里特：《考古学手册》，第 3 卷，1908 ~ 1914，第 358 ~ 359 页，图 364；第 4 卷，第 820 ~ 824 页，图 573 ~ 图 574。
⑤ 皮特里：《喜克索斯和以色列的城市》，第 17 ~ 18 页，图版 XVIII ~ XIX ~ XXA。

现①，其中的多半（除人头或动物头的垂饰及青铜壳外）还发现于巴勒斯坦的同时期的墓地②。大部分也见于巴勒斯坦的格拉遗址 C、D 层（197～192 层）③。

皮特里把格拉遗址的 C、D 层定为公元前 8 世纪。这儿我要简要论述一下这个年代问题，因为皮特里对此的定年偏早，其年代应为公元前 5 世纪（即波斯时期）。除叙利亚、巴勒斯坦北部的波斯时期墓地出土的一些物品在这儿也有发现之外，该地层还出土了一些陶器，它们与大英博物馆所存的一个银碗和一些青铜器皿极为相似，而后者现已被断定属埃及的波斯时期④。因此，这个地层出土的整个考古发现群似应定为波斯时期。该地层下面的一层，E、F 层（即 192～189 层）被皮特里断定为 22 王朝时期，称作"赛尚克层"。这个定年同样也过早。有证据证明这个地层属 26 王朝，即叙利亚的塞种人入侵时期（公元前 624～前 596 年），三角形箭头的发现也证实了这一点⑤。这种类型的武器曾在上文中提到的叙利亚、巴勒斯坦北部的墓地中发现⑥，而从未在叙利亚塞种人入侵之前的埃及发现⑦。这种武器早于埃及 300 年在巴勒斯坦南部大量出现是根本不可能的。在同一地层（192～189 层）或下面一层（189～183 层）还发现了一些碗，很像瑙克拉提斯出土的公元前 7

---

① C. L. 伍利：《叙利亚北部波斯时期的墓地》，LAAA，第 7 卷，第 126 页，图版 XXIX，1、2（动物玻璃垂饰）；图版 XXII，27（壳）；图版 XXIX，17（护身符）；图版 XXIX，13、16（乌萨特）及图版 XXII（饰针）。

② C. N. 约翰：《阿特利特的发掘》，QDAP，第 2 卷，1933，第 82 页，第 664 页，图版 XXVI（乌萨特眼）；第 48～49 页（护身符）和图 13（饰针）。

③ 皮特里：《杰拉尔》，第 24 页，图版 LXVI，1～3（玻璃制动物垂饰）；图版 XXII，194、196。目前我手头没有这份报告，但据我的记忆，青铜饰针、乌萨特眼和神像小护身符好像也在这一层。

④ 皮特里：《杰拉尔》，第 24 页，图 LXV，1～3。

⑤ 皮特里：《杰拉尔》，第 34 页，图版 XXLX，13～22。

⑥ C. L. 伍利：《叙利亚北部波斯时期的墓地》，LAAA，第 7 卷，第 121 页，图版 XXII，28；及 C. N. 约翰：《阿特利特的发掘》，QDAP，第 2 卷，1933，第 56 页，图 14。

⑦ 皮特里：《工具和武器》，1916，第 34 页，图版 XLI，76。

世纪的碗①；除三角形青铜箭头外，还发现了其他许多塞族物品，如方形车的陶制模型，背部隆起的牛，及宽刃的铁匕首②。皮特里对该地层（E、F）定年的主要依据是巴斯特的神盾护身符，他认为这是典型的22王朝的制品③。而实际上这种护身符在整个 22～26 王朝期间都存在④。因此，考虑到塞族物品的发现，我们应将其年代下限推至较晚（即 26 王朝），在发现了公元前 7 世纪瑙克拉提特陶器的 F 层（即189～183 层），还发现了一个有希伯来印章痕迹的陶罐把⑤，它与犹太时期（公元前 600～前 300 年）初次出现的那种一样⑥。

此外还有几个铁炉⑦及许多铁制工具和武器。在埃及发现的年代最早的铁炉是在瑙克拉提特出土的，其年代为公元前 6 世纪⑧。如果我们采纳皮特里的定年，那么有希伯来文印章的罐把和铁炉都要定为公元前1100 年或更早，但皮特里在报告中并没有说明它们的年代。我基本能确定它们的年代是 26 王朝，即公元前 7 世纪，或稍早一些。卢卡斯也独立地得出同样的结论，即考虑到格拉遗址这个地层铁器的丰富存在⑨，皮特里的定年显得太早。由于这一较早的定年与已知的考古和文字记载出入太大，以至于皮特里不得不提出一个"赛尚克移民"的理论来说明塞族物品出现在他的"22 王朝"的原因。22 王朝的创立者赛尚克"是苏萨人"。是他及其后继者，而不是塞族人，在向埃及移民的过程中，把这些中亚风格的物品带到巴勒斯坦的格拉⑩。这是他早年关

---

① 皮特里：《杰拉尔》，第 21 页；尸体，7c.7m。
② 皮特里：《杰拉尔》；亦见其《古代埃及》上的文章，1928，第 101～104 页。
③ 皮特里：《杰拉尔》，第 4 页，图版 XXL。
④ 皮特里：《护身符》，1913，第 42 页，图 195。
⑤ 皮特里：《杰拉尔》第 19 页，图版 XLIII。
⑥ 《如何在考古中观察》，1929，第 87 页。
⑦ 皮特里：《杰拉尔》，第 14 页。
⑧ 皮特里：《瑙克拉提特》第 1 卷，1886，第 39 页。
⑨ A. 卢卡斯：《古代埃及的资源和工业》，1928，第 406 页注。
⑩ 皮特里：《赛尚克移民》，《古代埃及》，1928，第 101～104 页。

于 22 王朝是亚述人创立的这一说法的重提①，而此说法已被布雷斯特德所否定；赛尚克为利比亚人是无疑的，正如哈坡森石碑所证实的那样②。从逻辑上讲，这个问题的结论应是，所谓的"22 王朝"地层应是 26 王朝（约公元前 7 世纪）的，所谓的"23 王朝"或公元前 8 世纪地层应是波斯时期（约公元前 5 世纪）的。

在结束巴勒斯坦之旅后，我们要回到埃及的资料上来，看看这个定年的另一种结论如何。皮特里断定在耶胡第亚发现的后期埃及的重要墓地的年代是 23~25 王朝。他的主要论据似是这样的：这些遗址无疑晚于 22 王朝，而所有的小护身符和眼纹珠在 26 王朝之前即已消失③。该论据的前半部分是正确的。但乌萨特眼和其他小护身符在波斯时期（即 26 王朝之后）确仍存在。正如上文所说，其中在巴勒斯坦和叙利亚北部发现的同类物品的年代，可由同时发现的钱币佐证确定。在耶胡第亚我们还发现了一种光滑的、制作精美的、带有黑色眉毛的乌萨特眼，这种护身符与萨迈提克的圣甲虫纪念物有密切联系，因而应属 26 王朝或更晚些时候（伦敦，皮特里收藏，第 1240 号珠）；根据皮特里的说法，它则应属"23 王朝"早期阶段。在皮特里的收藏中（第 1400 号），还有一个彩色的眼纹珠和青铜壳，皮特里将之定为 23 王朝的制品，它们是与一个铜币同时发现的，而该币虽然腐蚀以至无法确认，却无疑属波斯时期或托勒密时期。它们的标签上虽只有一个"236"的墓号，但从标签本身来判断，它们可能来自两个地方：沙夫特·厄尔·亨纳或耶胡第亚。我推测皮特里将上述这些现都定为"23 王朝"的原因是，它们的年代都有两种可能，即 23~25 王朝时期或波斯时期，而皮特里倾向于前者。但是 25 王朝的珠子有种与此不同的风格，正如与刻有该王朝王名的圣甲虫同时出土的物品，及赖斯纳在努比亚发掘的王墓

① 见皮特里在《圣经考古会刊》第 26 卷上的文章，第 284 页。
② J. H. 布雷斯特德：《古代埃及文献》第 4 卷，1906，第 393~399 页及 399 页注。
③ 皮特里：《喜克索斯和以色列城市》，第 17~18 页。

所证实的那样。根据皮特里的观点，这组发现的年代应为 23 ~ 24 王朝时期。根据现有的史料，23 王朝延续了不到一个世纪，也许只有约 50 年，而 24 王朝只有 6 年。这样短的时间对于皮特里所提到的风格的形成、发展和衰落来说，未免太仓促[1]。皮特里将年代定得过早的另一个原因是他认为一些小的半贵重石料制成的护身符，如在哈瓦拉的乌萨 – 荷尔（或荷尔 – 乌萨）墓中发现的那些，应是 26 王朝的。而实际上它们是 30 王朝或托勒密早期的[2]。皮特里在其早年的发掘报告中对乌萨 – 荷尔墓的定年是正确的[3]，即 30 王朝，但他在后来的报告和著作中却把它改为 26 王朝[4]。把已发现的 30 王朝的考古资料推早到 26 王朝后，皮特里只能把波斯时期的发现推早到模糊而短命的 23 王朝。在我看来，耶胡第亚的所谓"23 王朝"墓地无疑应是波斯时期的。

在迈杜姆和阿玛尔也有同样的问题。在迈杜姆的一个墓葬中发现了一些分层眼纹珠和乌萨特眼护身符，其中的一个是（镶嵌）在青铜耳环上的。皮特里相应地把它们定为 23 王朝时期的[5]。但是在巴勒斯坦也发现了一个类似的珠子，也是在耳环上，而其年代则可由同时发现的一枚钱币明确地定为公元前 5 ~ 前 4 世纪[6]。无疑，迈杜姆的发现物也应如此定年。由于眼状护身符和珠子做的木乃伊罩网的发现[7]，卡夫尔·阿玛尔的一个墓地被其发现者定为 23 ~ 25 王朝。但如上所述，这种类型的眼状护身符在巴勒斯坦和叙利亚北部的一些波斯时期的墓地中

---

① 皮特里：《喜克索斯和以色列的城市》，第 17 ~ 18 页。
② 如 R. 德蒙和 O. H. 迈尔斯著《布赫姆》中有确定年代的标本，1934。
③ 皮特里：《哈瓦拉，比亚哈和阿斯里诺》，1889，第 9 页。
④ 皮特里：《卡洪、古罗布和哈瓦拉》，1890，第 19 ~ 20 页；《考古 70 年》，1931，第 96 页。
⑤ 皮特里：《迈杜姆和孟斐斯》，第 3 卷，第 37 页，图版 XXVII，135 ~ 137。
⑥ C. N. 约翰：《阿特利特的发掘》，QDAP，第 2 卷，1933，第 104 页，图版 XXXVI，991。
⑦ 皮特里和温莱特：《赫里奥波里斯，卡夫·阿玛尔和舒拉法》，第 34 页。

也有发现，因此几乎能肯定在同时期的埃及会有同类物品。丹德拉^①和阿尔曼特^②的发掘证明，珠制木乃伊罩网早在 22 王朝时已大量出现，一直持续存在到托勒密时期。因此我们有理由认为它们在波斯时期也存在。在卡夫尔·阿玛尔的第 69 号墓中发现了一个彩色的眼纹珠，一个角制的眼纹珠，及一些白色或褐色圆圈圈着蓝点的小眼纹珠^③。温赖特根据皮特里的观点把它们定为 23 王朝。他的报告中没有提及这些眼纹珠的结构，因此不能确定它们是用分层法还是砍剥法制成的。如上所述，在皮特里的收藏中，有一个分层彩色眼纹珠是与一个青铜壳和一枚波斯或托勒密时期的硬币一起出土的，并且该珠子可以确定为公元前 5 世纪的^④。但砍剥法制成的复合眼纹珠出现的时间是托勒密或罗马早期^⑤。而蓝点、褐色或白色圈的眼纹珠有两种类型：该文讨论的珠子的年代是公元前 5 世纪的，而砍剥型的是罗马时期的^⑥。从考古报告的图片来看，这些小眼纹珠似应属后一种类型，卡夫尔·阿玛尔的这个墓地的时间上限应至波斯时期。但由珠子和其他发现来看，多数陵墓看起来是托勒密和罗马时期的。例如，该墓地有两种类型的陵墓：一种是约深 10 英尺的圆柱墓，其中的木制盒式棺椁有屋顶式的顶盖和角柱；另一种是更深的大圆柱墓，没有棺椁，但与木乃伊同时发现的还有黑色沥青

---

① 皮特里：《丹德拉》，1900，第 32 页，也见 MJ（宾西法尼亚大学）第 8 卷，1917，第 234 页，图 94。

② 蒙德和迈尔斯：《布赫姆》，第 128 页（在一个公牛的背上）。

③ 皮特里和温赖特：《赫里奥波里斯，卡夫尔·阿玛尔和舒拉法》，1915，第 35 页，图版 XXX，3 和图版 XXXII，3。

④ G. 艾森：《眼纹饰珠的特征》，AJA，第 20 卷，1916，第 17 页，铭文图 14 和图版 I，55，56。

⑤ G. 艾森：《眼纹饰珠的特征》，AJA，第 20 卷，1916，第 21 页，图 55，62。

⑥ 如 G. 布伦顿著《库和巴达里》第 3 卷，1930，第 27 页，图版 XLV～XLVI，176；其中一些在开罗博物馆中的（J. 70261）发现于努比亚巴拉那和库斯图尔的王陵中，为拜占庭时期的。

般的树脂①。陵墓、棺椁的形式，木乃伊的制作方式，都表明该墓是托勒密时期的②，也许会稍早或晚些，但不是 23 王朝的。诸如灰绿色带柄手壶之类的陶器③，也是波斯或托勒密时期的。因此卡夫尔·阿玛尔的所谓 "23 王朝" 的墓地也是波斯或托勒密时期的。

由于对后期埃及特别是波斯时期埃及的资料研究不足，26 王朝和 30 王朝的发现常常被混淆。例如，维纳尔把萨卡拉的扎内荷布墓中发现的金袍和彩釉珠子定为 26 王朝④，但在开罗博物馆中，经过更为准确的定年，将之标为 "30 王朝"⑤。有些学者把图纳艾尔 - 盖贝尔著名的皮托俄赛里斯彩墓定为波斯征服时期的，而另一些学者则认为是马其顿征服时期的⑥。本文中讨论的则是另一个混淆 26 王朝和 30 王朝考古发现而导致定年过早的例子。把波斯时期的考古发现误以为是更早时期的，大概是由于留存至今的 200 年波斯统治时期的考古遗物较少，特别是相对于公元前 8 世纪时的短暂的 23 王朝来说。

---

① 皮特里和温赖特：《赫里奥波里斯，卡夫尔·阿玛尔和舒拉法》，1915，第 33 页，第 57 节。

② 皮特里：《哈瓦拉，比亚姆和阿里斯诺》，第 14 页；及 I. E. S·爱德华著《埃及木乃伊和棺椁手册》，第 46 页。

③ 皮特里和温赖特：《赫里奥波里斯，卡夫尔·阿玛尔和舒拉法》，1915，图版 XXXIV，60~69。

④ E. 维纳尔：《首饰和金银器》，1927，第 478~480 页，图版 CIII（第 53668 号）。

⑤ 见《文物部年鉴》第 3 卷上的文章，1903，第 5 页。

⑥ Ch. 皮卡德：《皮托俄赛里斯墓中的异族影响：希腊的还是波斯的？》《法国考古所文集》，第 30 卷，1930，第 201~227 页及本文中所引的部分。

几颗埃及出土的蚀花肉红石髓珠[*]

蚀花肉红石髓珠是通过在肉红石髓珠上进行化学腐蚀、加热显现出白色花纹制成的[①]。今天信德省的一个印度石珠匠人仍掌握这门技术，他是使用苏打（碳酸钠）溶液和加热的方法来蚀花。培克在其关于古代蚀花肉红石髓珠的文章中，提到埃及目前唯一可以确定的发现是阿蒙荷泰普一世的圣甲虫纪念物[②]。本文作者在伦敦从事古埃及蚀花石珠研究时，在伦敦大学大学学院皮特里收藏中发现了三颗古埃及的蚀花石珠。年代为 11 王朝的那颗最引人注意。它是皮特里于 1922 年在阿拜多斯的 197 号墓中发现的。但迄今仍未发表。除了我们提到的这三颗蚀花石珠外，从该墓中还发现了许多蓝色彩釉的小环珠和"安特夫石碑"，后者是报告中唯一发表的[③]。由于该石碑的发现，人们能确定该墓的年代为 11 王朝。彩釉的环珠釉面厚而亮，呈浓重的深蓝色，为典型的中

---

[*] 本文原载《皇家亚洲学会孟加拉分会会志》第 10 卷（1944），署名"夏作铭"。现由颜海英女士译成中文。

[①] E. 麦凯：《加饰的肉红石髓珠》，《人类》1933 年 9 月份，第 150 篇，第 143～146 页。

[②] H. C. 培克：《蚀花的肉红石髓珠》，《考古学杂志》1933 年第 13 卷，第 395 页。

[③] F. W. 皮特里：《大臣之墓》，1925，第 10 页，第 20 节。

王国时期的风格。本文提到的这颗该墓发现的蚀花石珠是桶形的，上面饰有眼睛和人字形交错的图案，是典型的培克文中所说的"早期"（公元前 2000 年之前）的蚀花石珠①，这种类型的石珠在从前王朝时期到以乌尔第三王朝②为中心的萨尔贡时期的美索不达米亚非常常见，在摩亨佐·达罗和印度③也有发现。在印度发现的显示出使用了同样的制作技术，但形状和装饰有所不同。另一方面，现存大英博物馆的两颗蚀花石珠（第 120598 号，第 123213 号）与本文所提到的这三颗从形状到风格都极其相似。

毫无疑问本文所提到的这些石珠来自美索不达米亚。埃及和这个地区在年代上的对应关系还有其他的例证。一是两个埃及石膏瓶，上面刻有萨尔贡时期的楔形文字（阿卡德语）王名——瑞穆斯和纳拉姆④，属 11 王朝的类型⑤，另一个是卡那翁收藏的一枚圆柱印章，上面刻有两种文字的铭文，其中象形文字部分是 12 王朝第一个国王"塞荷太普伊伯拉"（阿蒙荷泰普一世）的名字，而据塞斯的考证，楔形文字部分的书写风格证实其年代应为乌尔第三王朝时期⑥。上埃及的"托德宝藏"可由匣子上的王名圈断定为 12 王朝阿蒙荷泰普二世在位时期。匣中装有金、银及青金石制品，包括一些显然是来自美索不达米亚的圆柱印章和石珠。其中一些青金石的石珠风格独特，如发现于乌尔⑦的有方形十字纹和三角形间隔的刻面桶形珠。一些青金石做的圆柱印章上还有巴比伦

---

① H. C. 培克：《蚀花的肉红石髓珠》，《考古学杂志》1933 年第 13 卷，第 396 页。
② C. L. 伍利：《乌尔二期的发掘：王室墓地》，1934，第 374 页。也见麦凯《克什的"A"墓地》，第一部分，第 56 页，图版 IV，图 30；及《一座苏美尔王宫》，图版 XIIII，图 9；图版 IX，图 54 - 8。
③ 约翰·马歇尔：《摩亨佐·达罗和印度河文化》，1932，卷 I，第 104 ~ 105 页；卷 II，第 515 ~ 516 页；图版 CXVLI，43 ~ 45，第 2 页。
④ A. H. 塞斯：《中王国时期的年代》，《古代埃及》，1921，第 102 ~ 103 页。
⑤ 皮特里：《石瓶》，图版 XXVIII，584，589，XXIX，617，621。
⑥ 平奇斯·纽伯里：《一枚圆柱印章》，《埃及考古杂志》第 7 卷（1922），第 190 ~ 199 页，图版 XXXII，塞斯的评论见上注，卷 VIII（1922），第 285 页。
⑦ C. L. 伍利：《乌尔二期的发掘：王室墓地》，1934，第 369 页，图 78；图版 144 ~ 145。

第一王朝①汉谟拉比时期的楔文铭文。尽管中王国之前埃及和美索不达米亚的绝对年代至今还未有定论，石珠和其他考古文物却已明确证实了这两个地区在年代上的对应关系。

另外两个蚀花石珠属希腊—罗马时期，它们都是皮特里于 1905～1906 年间在沙夫特·厄尔·亨纳发掘时发现的（705、796 号墓）。但他在发掘报告及后来的著述中都没有提及②。这两颗石珠都是圆形、纽状的，都有椭圆形的或叫平凸形的截面，其中一个石珠的白色蚀花纹饰是一个圆环，环的周围点缀着呈放射状的十字纹。

另一个石珠上的纹饰是一个大的十字纹，周围以圆环圈起，被十字纹分隔出的四部分中各有一个圆点点缀。这两颗蚀花石珠属培克所划分的"中期"（公元前 300～公元 200 年）阶段③。它们的产地也是西亚。这种类型的石珠在印度西北部的塞种安息时期和贵霜时期的遗址中极为常见④。甚至在东至古代和阗和中国突厥斯坦的地区也有发现⑤。这说明作为考古学上的例证，蚀花石珠对揭示地理上遥相隔离的两种文化间的联系是何等重要。

我的导师，伦敦大学的 S. R. K. Glanville 教授慨然允诺我研究他负责管理的蚀花石珠并阅读有关这些石珠的出版文献。在此谨向他表示衷心的感谢。由于目前联系不便，未能把拙作的样稿呈他指正，也在此一并致歉。

---

① B. 德拉罗克：《1934～1935 年的托德》，1937，第 119～121 页。

② 皮特里：《喜克索斯和以色列的城市》，1906。

③ H. C. 培克：《蚀花的肉红石髓珠》，《考古学杂志》1933 年第 13 卷，第 396 页。

④ 约翰·马歇尔：《摩亨佐·达罗和印度河文化》，1932，卷 I，第 583 页，注 11；亦见 C. L. 伍利：《乌尔二期的发掘：王室墓地》，1934，第 394 页。

⑤ A. 斯坦因：《塞林第西》，1921，第 117，122，127 页；图版 IV。

柬埔寨著名的历史遗产——吴哥古迹*

一

吴哥古迹位于金边西北约 240 公里，在洞里萨湖的北面，距暹粒省会约 5 公里。吴哥在公元 9 世纪至 15 世纪期间是柬埔寨的都城，其古迹主要是公元 9 世纪至 13 世纪的宏伟的石构建筑和精美的石刻浮雕。元朝时中国人周达观于元贞二年（1296 年）随使臣到达该地，留居至大德元年（1297 年）归国。当时正是高棉文化的灿烂盛世，周达观对于柬埔寨人民的勤劳和智慧，表示敬佩。他把所见所闻，包括吴哥的名胜古迹以及柬埔寨的风俗、习惯、制度、物产等，作了详细的纪录。他回国后，写了《真腊风土记》一书（真腊是柬埔寨的旧称）。这书是参观吴哥古迹的最早的记载，也是中柬两国人民长久友谊的宝贵记录。

公元 1432 年泰国由西边入侵，攻陷柬埔寨首都吴哥，并大肆劫掠和破坏。此后柬埔寨国都向东南迁移，公元 1434 年定都金边。吴哥旧

* 本文原载《考古》1972 年第 3 期，署名"中国科学院考古研究所资料室"。

都从此逐渐荒芜，宏伟壮丽的建筑物被热带地区的巨木修藤所淹没，成为一片林海。后来由于柬埔寨人民的努力，吴哥古迹得到了清理和修复，重新成为举世闻名的胜迹。柬埔寨人民极为珍视吴哥古迹，并引为民族的骄傲。吴哥寺的圣塔，是柬埔寨王国的国徽。

二

公元 802 年，柬埔寨国王阇耶拔摩二世（Jayavarman Ⅱ）迁都于吴哥地区，后来他曾迁都数次，但都在今日吴哥城（大吴哥）的附近。阇耶拔摩二世时代兴建的建筑物，现在仅余废墟，没有较完整的建筑保留下来；而他以后几代所兴筑的，有的仍部分保存完好。例如 9 世纪后半叶的罗卢奥斯（Roluos）建筑群和吴哥城南的巴肯寺（Bakheng），10 世纪的班台斯利寺（Banteay Srei），以及 11 世纪的非米阿纳卡（Phimeanakas）。积累了 300 多年的经验，在 12 世纪前半叶便产生了高棉艺术的最高峰的吴哥窟（Angkor Vat，即大吴哥寺），继之为 12 世纪后半叶的规模宏大的吴哥城（Angkor Thom，即大吴哥）。这六百多年（802~1432 年）柬埔寨的建筑和雕刻等美术，具有独特的风格，被称为吴哥式的美术。

罗卢奥斯建筑群在后来的吴哥城东南约 18 公里，是阇耶拔摩二世（790~850 年）晚年时的首都所在，其建筑物属于 9 世纪晚期（879~893 年），是他的孙子在位时建造的。这里现今仍保存有三座寺庙，是吴哥时代早期建筑中保存最好的。它们都是以砖为主的砖石结构，石门和其他附件有浮雕，并且还有石刻神像和石狮、石牛、石蛇等雕像。这里还有一人工开凿的蓄水湖，长 3.8、宽 0.8 公里，以供灌溉之用。

巴肯寺筑于公元 9 世纪末叶，当时国王耶输拔摩一世（Yasovarman Ⅰ）由罗卢奥斯迁都至今吴哥城的所在地。从这以后，一直到公元 1432 年（除了 10 世纪时有 20 余年迁都他处外），柬埔寨都城的范围虽曾有变动，但都没有离开后来的吴哥城；正像中国明、清时代的北京城和辽、金、元时代北京城的关系一样。巴肯寺原来是当时都城的中心，后来吴哥城改筑时，它成为城外南郊的古寺。这是周达观称之为"石塔"的那座建筑。根据柬埔寨的记载，这座建筑相传为柬埔寨的建筑之神毗首羯摩（Visvakarman）所造。巴肯寺也是以砖为主的砖石结构的建筑。其台基是截顶金字塔式的高台，台高 13 米，分为五个阶层。台上筑五座砂岩砌成的尖塔。台基四周罗列砖塔 36 座，每阶层又各有小塔 12 座。台基每边中央有一道阶磴，磴的两侧置有石狮。当时在城东还开凿了一座人工湖，称为东巴莱湖（East Baray），池中的塔寺，是他的外甥（另一国王）所建。《真腊风土记》称为"东池"，并说"中有石塔、石屋"（本文所引《真腊风土记》原文，系经笔者校勘过的）。

班台斯利寺在吴哥城的东北约 20 公里。这是一个精美的小庙，有人认为它是高棉古建筑中的明珠之一。从前由于误读碑文，曾把它定为 14 世纪初期。后来发现新碑文，肯定它是 10 世纪中叶的建筑，完成于阇耶拔摩五世的元年（968 年）。这时正是吴哥艺术史上的一个过渡时代，建筑的风格和方法都显示出过渡时代的特点。它继承过去的一些传统，又有些新创的东西。建筑材料方面，已以石结构为主，砖结构退居次要地位，结束了前期以砖为主的建筑法。布局方面，开始放弃了阶层式高台（截顶金字塔）的做法，将全部塔寺筑于平地上，建筑群的布局分散而疏朗，不像前期那样挤于高台的各阶层上。该寺的中心为三座并列的塔形神祠，其围墙设置精美的石门，门楣上安置三角形撑板，门上的浮雕十分精美（图 1）。石刻除神像和图案花纹外，还有以神话故事为题材的浮雕，以及置于台阶上的兽首人身像。

非米阿纳卡是"空中宫殿"的意思。这建筑在吴哥城中心稍偏北，原是罗因陀拔摩二世（Rajendravarman Ⅱ，944～968 年）时开始创建

图 1　吴哥地区班台斯利寺东大门石刻

的，但是现存的建筑物，建造于公元 11 世纪初，可能是苏利耶拔摩一世（Suryavarman Ⅰ，1002～1050 年）时重新修建的。从前由于这里发掘出公元 910 年的旧碑，曾被误认为这是 10 世纪初耶输拔摩一世建都吴哥时所建的。现在都认为这旧碑原属于附近的一个小庙，后来被利用作为建筑的石料。现存的建筑是一座三层阶台的截顶金字塔式高台，高达 12 米，底部长宽为 28×35 米。台上四周绕以石砌回廊，中置一涂金塔。这种回廊建筑和塔上涂金的方法，都是新出现的事物。这时的建筑全部为石结构，这也是前所未有的。《真腊风土记》中说吴哥城中心稍北，有“国王之庐”，“其寝室又有金塔一座焉”。就是指这个建筑而言。

“空中宫殿”的南边为巴普昂寺（Ba-phuon），系公元 11 世纪中叶的建筑，也就是《真腊风土记》中所说的“铜塔”。该书载：“金塔（指巴戎寺，详见下文）之北可一里许，有铜塔一座，比金塔更高，望之郁然。”所谓“铜塔”，可能是一座木塔，外包以铜。据考古学家估计，原来的“铜塔”可能高达 50 米，但现已片木无存，仅残存三层石砌的台基和台上中心的塔基，以及四围的回廊。台基为截顶金字塔形，高 24 米，底层长宽为 90×120 米。回廊有大量的小幅浮雕，以史诗《摩诃婆罗多》（Mahabharata）和《罗摩衍那》

（Ramayana） 中的故事为题材，刻工细致，是高棉浮雕艺术的新发展。

三

吴哥地区最杰出的古迹是吴哥寺，本地人称为吴哥窟（Angkor Vat，是"塔城"的意思），也称为小吴哥（图2）。经过三百多年的不断发展，高棉艺术达到了最高峰。这寺是苏利耶拔摩二世（1113～1150 年）时建造的。这座建筑物位于吴哥城的南郊。《真腊风土记》载，该寺"在南门外一里许，周围可十里，石屋数百间"。苏利耶拔摩二世死后，吴哥寺成为他的陵墓。该建筑十分精巧，艺术水平很高。

图 2

吴哥寺周围绕以宽达 190 米的濠沟，四周共长 5.6 公里，合 11 华里许，与《真腊风土记》所载"周围可十里"，基本符合，濠沟以内有石砌的外、内围墙各一道。外围墙的西墙开一门，门楼壮丽，上峙三塔。门内为一广大的庭院，可容数千人。东行沿着一条长达 347 米的大道便达内围墙的豁口。大道两侧各有藏书室一座和池塘一处。内围墙长宽为 270×340 米。墙内在一座十字形平台的后边，经由三道门可达主殿。主殿有一座三阶层的截头金字塔式的台基，台基底部为 187×215 米。台上筑有五座尖塔，中央一塔特高，超出庭院平地 65 米。三层阶台，每层四边都有石砌回廊，而以最低一层的著名的"浮雕回廊"为最精彩。第二层阶台的四角各有一小塔。各层的四边都有石雕门楼。上下层阶台之间以阶磴相连，阶磴也以石屋顶覆盖。塔身、塔尖、门楼等都饰以莲花芭蕾形的石刻尖形饰，数达一万左右。五座塔的中央一塔特高和阶磴以石屋顶覆盖二者，是这个时期建筑方面的创新。

吴哥寺的周围是郁郁葱葱的树林，围墙内芳草如茵；主要建筑物是石筑的重楼高阁，湖光塔影，风景如画。这寺的布局方面，虽然规模宏大，但比例匀称；设计简单庄严，但装饰细部却非常细致。宽敞的庭院和紧凑的建筑群互相配合，非常动人。有人认为以吴哥寺和巴黎圣母院相比，时代虽然相同，但它的规模之宏伟和建筑之壮丽，则有过之而无不及。

吴哥寺的伟大宝藏之一是浮雕石刻。上文提及的"浮雕回廊"，四边合计长达 800 米，墙壁高 2 米余，壁面满布浮雕，是高棉浮雕中的杰作。由于回廊有屋顶遮盖以避风雨，所以石刻保存得很完整。雕刻手法工整细致，犹如壁画一般。题材以史诗《摩诃婆罗多》和《罗摩衍那》中的神话故事为主，例如东墙的搅海图，北墙的毗湿奴和天魔交战图，西墙的猴神助罗摩作战图等；但也有世俗生活的题材，如南墙西半部的苏利耶拔摩二世骑象率领军队出阵战争图（图 3）。这些浮雕都是用纯熟的手法，雕出复杂的画面；人物姿态生动，形象逼真；虽然不是高浮雕，但显出繁多的层次，确是优秀的浮雕创作。

图 3　战争图——吴哥寺浮雕回廊

四

　　吴哥城，本地人称为吴哥同（Angkor Thom），是"大吴哥"的意思。从前曾误认该城为公元 9 世纪阇耶拔摩二世建都吴哥时所建筑的，后经过研究，确定为 12 世纪后半叶阇耶拔摩七世（1181 ～ 约 1215 年）时所建的。这些关于吴哥地区各重要建筑物的年代考证，其结果使人们对于高棉建筑和雕刻的发展过程，有了正确的认识。

　　阇耶拔摩七世是 1181 年即位的。他即位后，将吴哥的城墙改为石墙（从前可能是木栅），城门也用巨石砌成。他在城内兴建了重要的巴戎寺（Bayon），又在附郭建筑好几座石庙和石塔；同时，还建筑了皇宫。从此吴哥城成为一个美丽的都城。《宋史》记载：真腊国"地方七千余里，有铜台，列铜塔二十有四，铜象八，以镇其上"（卷四八九）。可能便是指吴哥城中心的巴戎寺。

《真腊风土记》对于当时的吴哥城作了详细的描述。书中说："州城周围可二十里，有五门，门各两重，惟东向开二门。……城之外巨濠。"现存的城墙每边约 3 公里，周围达 12 公里余，城濠宽达 100 米。除了通向城中心巴戎寺的四门之外，东边还有一道通向皇宫遗址的"胜利门"。该书又说："濠之外，皆通衢大桥。桥之两旁各有石神五十四枚……皆以手拔蛇，有不容其走逸之势。"现存的遗迹，桥宽 15 米。两旁各有石神 27（《真腊风土记》误记数目），石神跪坐，高达 2.5 米。该书又说："城门之上有大石佛头五，面向四方，中置其一，饰之以金。门之两旁，凿石为象形。城皆垒石为之，高可二丈。"现存的城门上，有面向四方的观音头像，但没有中央的一头，不知是否出于误记。观音是慈悲菩萨，象征保护首都，注视四方。头像面含笑容，显出高棉艺术的动人之处。城门两侧各有一只三首巨象，以牙抵地，作掘起莲花之状。城高约 7 米，和"二丈"也相接近。由此可见，周达观所描述的，基本上和吴哥现存遗迹相符合（图 4）。吴哥城墙的范围广大，但是它和明、清时代北京的皇城一样，是皇宫、文武官署和庙宇的所在；至于一般民居和店铺，是在城墙之外的附郭和近郊。农民的村落则是星罗棋布于郊区一望无际的稻田之间。近郊三大人工湖和暹粒河提供了灌溉所需要的水源。可以想见当时吴哥城的富庶和繁盛。它的规模的宏大，是全世界封建社会时代的都市中所不多见的。

吴哥城内阇耶拔摩七世时所兴筑的建筑物中，最重要的是上文屡次提到的巴戎寺。《真腊风土记》说："当国之中有金塔一座，旁有石塔二十余座。石屋百余间，东向金桥一所。"巴戎寺位于吴哥城的中心，寺门东向。中央为二阶层的台基。两层四周都有浮雕回廊。下层台基长

图 4　吴哥城——南城门前夹道石刻

宽为 160×140 米，高出地面约 1 米。上层台基作长方形，长宽为 80×
70 米，高出下层台基 2.4 米，但内回廊作十字形，可能在建筑过程中
设计有改变，将十字形扩建为长方形。台基上中央有一圆塔，也是后来
改变设计时所建造的，所以破坏了原已建好的内回廊。这座塔的顶部高
出平地约 45 米，原来大概是涂金的。四周罗列石塔二三十座。如果将
两座台基的石塔一起统计，当达 50 座左右。每座塔的四边各刻一巨大
的观音头部，面含笑容。这些便是《真腊风土记》所提到的"金塔"
和"石塔"（图 5）。至于"石屋百余间"，当系指石砌的回廊。十字形
的内回廊的浮雕题材，也以神话故事为主，但外回廊的浮雕，有些是以
国王事迹或人民生活为题材，例如战争图、市场图和斗鸡图（图 6）
等，较神话题材更为亲切动人。

图5　吴哥城内巴戎寺最高层
　　　平台上的石塔和石狮

图6　斗鸡图——巴戎寺浮雕回廊

　　皇宫位于吴哥城的中部，在巴戎寺稍北。皇宫周围约2公里。当时的宫殿是木结构的，现已无存。皇宫前面是国王听政的大厅，高出于其前的广场。阶沿雕刻一排巨象，是一幅猎象图。广场有小石塔12座，为一建筑群。这些都是阇耶拔摩七世时的建筑。《真腊风土记》说："国宫在金塔、金桥（指巴戎寺）之北……其莅事处有金窗棂，左右方柱，上有镜约有四五十面，列于窗之旁。其下为象形。"又说："国宫之对岸有小石塔十二座。"便是指此。金窗棂和镜子，当然现已无存。近年发掘皇宫遗址，曾发现宋、元和明初的中国瓷器碎片。《真腊风土记》列举当时输入柬埔寨的"唐华"（中国货），便有"泉、处之青瓷器"一项。可见当时中柬两国通商贸易的兴盛。

　　《真腊风土记》又说："北池在城北五里，中有金方塔一座，石屋数十间。"北池现已干涸，但其遗迹证明这是一个长3.7、宽0.9公里的长方形人工湖。书中所说的"中有金方塔一座"，可能是指池中小岛上的那伽般寺（Neak Pean，译意为"蟠龙寺"），或指池的西岸上的普拉汗寺（Preah Khan，译意为"宝剑寺"）。后者规模较大，围墙四周共长约3公里，外绕以40米宽的巨濠，濠水当时或与北池相通。这两座寺庙都是阇耶拔摩七世时所建的，艺术风格和巴戎寺相同。

阇耶拔摩七世时代的建筑物，由于他所从事的建筑工程过多，在结构方面，显得有点潦草。石结构对缝不密，易受树根伸入而遭受破坏，以致绽裂塌倒。从艺术角度来看，他的建筑群（如巴戎寺）远不及吴哥寺的整齐紧凑；雕刻过分突出，不像吴哥寺那样以雕刻从属于建筑。浮雕装饰，有时过分繁缛。但是浮雕刻凿较深，人物显出圆浑；尤其是高浮雕的门神和音声天象，令人有圆雕的感觉（图7）。这时期的艺术，仍是富于创造性的和精力充沛的。

图7 巴戎寺的石刻音声天象

吴哥旧都被废弃后，在四五百年间经受了自然界的摧残。19世纪中叶，柬埔寨人民重新发现吴哥古迹后，加以清理、修复和保管，使它成为全世界闻名的珍贵古迹。他们保护吴哥古迹的功绩，和他们的祖先当年建设吴哥的辛勤劳动，实在是同样可贵的。

秘鲁古代文化[*]

秘鲁是南美的文明古国，它和墨西哥是古代美洲的两个文明中心。公元 1492 年哥伦布进入美洲大陆时，秘鲁人民已经建立了一个面积达80 余万平方公里、人口达 600 万（或说 1000 万）的印加帝国。公元 1532 年，西班牙殖民者比萨罗（F. Pizarro）侵入秘鲁，使用暴力和诈骗的手段，占领了印加帝国。比萨罗伏兵绑架了印加国王阿他瓦尔帕（Atahuallpa），勒索巨额黄金后，仍然将他杀死。然后比萨罗又率领他的喽啰，继续深入秘鲁内地，抢掠金银，杀害人民，破坏城市。印加文明横遭摧残，几乎荡然无存。今日研究秘鲁古代史，除了利用当时殖民者的少量记载以外，主要是依靠考古发掘工作。秘鲁沿海气候干燥，和我国新疆地区相似，埋在地下的古代文物保存得非常良好。所以，它有很丰富的实物史料，可供考古学家们的研究。

一

根据考古工作的成果，知道印加文明是继承了当地几千年积累的文

---

* 本文原载《考古》1972 年第 4 期，署名"中国科学院考古研究所资料室"。

化遗产。秘鲁是一个资源丰富的国家。它的东部有郁郁葱葱的安第斯山脉，纵贯境内。山中富于鸟兽、草木、石料和矿产。它的西部有漫长的海岸线，繁殖着取之不尽的水产。秘鲁境内至迟在公元前8500年左右，便有人居住，利用当地的丰富的自然资源，以采集和渔猎为生。公元前4000年便开始有原始农业，种植南瓜、菜豆；过了1000年左右，开始种植棉花。至公元前1400年左右，有了玉蜀黍。这些成就，表示秘鲁人民自古以来便是富于创造性的勤劳勇敢的人民。他们能利用当地的野生植物，把它们精心培养成为农作物（上述各年代是根据放射性碳素测定的，本节下段中的年代亦然）。

公元前1200年左右，秘鲁人发明了陶器。自从有了陶器以后至公元200年左右，一般称为秘鲁文化形成时代。这时陶器的制作逐渐改进，开始有了彩绘陶器。农业上已知道利用灌溉；农作物除瓜、豆、玉蜀黍之外，增加了马铃薯等，并且开始栽培可可树。当时人们已饲养豚鼠、狗和驼羊。古秘鲁出名的毛、棉织物，这时已达到相当高的水平。冶金方面，已知冶炼黄金和红铜，用以制作装饰品。宗教建筑也开始出现。在公元前900年至前300年间，以查文（Chavin）为中心的宗教建筑、石刻和陶器，自成一种风格。宗教上崇拜虎神，石刻和陶器上的图纹也常以虎神为母题。这种风格的遗迹（庙宇）和遗物，广泛地分布在秘鲁的北部和中部，一般认为这是一种宗教的传播和影响的结果。有人认为这是秘鲁的第一次的"统一"（至少在文化方面）。

二

公元200～600年，秘鲁进入所谓"古典时代"或"兴隆时代"（有人认为这一时期开始于公元前200年）。这时已进入阶级社会。墓葬中的随葬品贫富悬殊；代表不同阶级或阶层的陶俑，其服饰也各不相同。农业方面，农作物的品种增加，如甘薯、花生等也都种植了。灌溉工程进一步发展，沟渠有长达 113 公里的；越过山谷的地方架起引水槽，有长达 1400、高达 15 米的。在制陶、纺织、冶金等工艺技术方面，都达到了很高的水平，所以称为"古典时代"。这时使用的金属又增加了白银，而红铜除了作装饰品外，也用于制作工具。陶器制作精良，花纹优美。北方海岸的莫契（Moche）或莫契卡（Mochica）文化和南方海岸的那斯加（Nazca）文化的陶器，尤为突出。莫契文化的陶器造型奇特，常常整个器身模制成人物、鸟兽等形，而彩绘的图纹也很生动，往往描绘日常生活。器形以一种叫作"马镫壶"（Stirrup – spoutvase）的最为常见。这种陶壶的嘴作马镫形，器身便是"马镫"的底部（图1）。那斯加的彩陶花纹多彩，图案新奇。陶色是砖红色或橙黄色，绘彩有浓淡不同的七色，即红、黄、褐、灰、紫、黑、白。有的以黑彩勾描轮廓线，填以各种颜色，真可以说是"五色缤纷"。一般花纹是图案化的鸟兽、草木和宗教性的神怪，最常见的器形是敞口碗和提梁壶（图 2）。欧美各大博物馆所陈列的古秘鲁陶器，大部分属于这时期的这两种文化。

莫契文化以农业为基础，他们的灌溉工程有的现今仍被利用。他们又

图 1　莫契的马镫壶

图 2　那斯加的彩绘提梁壶

建造许多"金字塔"（庙宇），最大的一座称为"太阳神庙"，它的基座作长方形，长 228、宽 136、高 18 米。"金字塔"本身在基座的南部，每边长 103、高达 23 米。估计所用土坯共为 1.3 亿块。莫契文化中的冶金术也特别发达。他们除了用金、银、铜制作装饰物以外，还用红铜制造工具。由于莫契地区常有暴雨，并且土质含硝量多，所以纺织物保存下来的很少。

那斯加文化也以农业为基础，但是它没有像莫契文化中那种宏大的建筑物，也没有大规模的灌溉系统；冶金工艺也没有莫契文化那样高度的发达，只有黄金捶打成的饰物。但是那斯加文化的精美的毛、棉织物却特别著名，织造细致，花纹和色彩都很动人。离那斯加不远的巴拉卡斯（Paracas）墓地，曾出土大批保存完整的美丽织物（图 3），其中以刺绣为主（这个墓地有人认为属于早期那斯加文化，有人则认为早于那斯加文化，属于秘鲁文化"形成时代"的末期）。那斯加所发现的织物也是出于墓葬中。墓中的木乃伊多是用这些毛、棉织物包起来的。它的年代比巴拉卡斯的稍晚；除刺绣外，还有花毯、花缎、罗纱和本色花绸等。织物所使用的染色，主色是七种，但色调差别则达百余种之多。织物的花纹图案和上述的多彩陶器上的相同。

图 3　巴拉卡斯墓地出土的刺绣

那斯加地区有一片长约 60 公里、宽约 2 公里的石碛平原。由飞机上向下瞰望，可以看出这里有许多放射线或平行线的直线（线长有达 8 公里的）以及方形、梯形和三角形；还有螺旋线、波折纹，偶尔也有动物纹。这些地面上的线条是古代秘鲁人民把地表面的褐色砾石搬开，露出底层淡黄色沙砾而成的。它们的年代虽稍有先后，但系属于同一时期的，相当于那斯加文化时期，因为地面上有那斯加彩陶片，并且它们的动物纹和那斯加彩陶上的很相类似。它们的用途仍是一个谜，有人推测其中有些可能和天文观测有关。这是第二次世界大战后由于航空观测才发现的。在当年的工作条件下，能够做出这样规模宏大的精确的工作，表现了古代秘鲁人民的智慧和他们的组织能力。

三

稍晚于那斯加文化，在南方高原的第第喀喀湖畔的提阿瓦那科（Tiahuanaco，今属玻利维亚）兴起了一个帝国。它的彩陶和花毯同那斯加的有些相似，但别具风格。陶器中的敞口直筒杯（Kero），是它的特征之一（图 4）。在公元 600 年左右，提阿瓦那科已有石结构的建筑，后来该地成为帝国的首都。这里现在仍遗留许多宏伟的宗教性石建筑，例如阶层式的金字塔和著名的"太阳门"石刻。金字塔底部每边长 220、高 15 米；当时它的表面所砌的石块，现已无存。"太阳门"（图 5）高 3、宽 3.7 米，重达 10 吨左右，是用一块安山岩雕成的。它的中央开凿一门洞。门楣上有精美的浮雕：中间站

图 4　提阿瓦那科出土的
彩绘陶杯

着的是太阳神，两手各持一杖。两侧有 48 个小人像，奔向太阳神。这块巨石从前曾经破裂，并且塌倒而斜卧于遗址上，1908 年加以修复。

图 5　提阿瓦那科遗址的"太阳门"

提阿瓦那科帝国的文化逐渐向四周扩展，西面直抵海岸。在公元 700 至 800 年间，以中部高原的瓦利（Wari）为中心的另一文化继之而起。瓦利初受提阿瓦那科的影响，它的陶器上的花纹和石结构的建筑，都是如此。这一文化从中部向西、向北扩张，整个秘鲁统一于提阿瓦那科－瓦利的影响之下。这可以说是秘鲁的第二次统一时代。这时期的海岸地区的墓地中，出土了这种风格的彩陶和织物。在公元 800 年左右，它们开始衰落了。

约在公元 900 或 1000 年左右，统一的秘鲁又分裂了。各地的文化，都自具其特色；这反映了政治上的各自独立。其中位于北方海岸的奇谟（Chimu）帝国，领土较为广大。它以昌昌（Chan Chan）为首都，并且建立了一些绕以城墙的小城市。首都昌昌的遗址，面积达 15 平方公里以上，是古代秘鲁最大的城市。它分为十坊，各坊作长方形，大小平均约长 400、宽 200 米。四周绕以坊墙。残存的墙仍有高达 9 米的。坊中有住宅、街道、金字塔（庙宇）、蓄水池、花园等。建筑使用土坯，外抹一层墙皮，有些墙面有几何纹图案，是打印上去的。各坊之间空地颇大，有农田、蓄水池和墓地。这时已能铸造青铜器。陶器则以磨光黑陶为特征，器形以"马镫壶"为最常见，也有起源于南方的提梁壶。织物很精美，已知采用染缬法；还用彩色鸟羽缝在棉布中，以制冠服。根据他们口传的帝王世系，奇谟帝国的第一代皇帝即位于 14 世纪前半期，可能在这以前还有二三百年的萌芽时期。这个帝国逐渐扩充领土，征服邻邦；但是，在公元 1470 年左右，却被更强盛的印加帝国所灭。

四

印加帝国的皇族，原为居住在南部高原的一个讲歧楚阿语（Quichua）的小部落。根据传说，他们的始祖芒科·卡帕克（Manco Capac）在公元 1200 年左右，定居于离现在秘鲁首都利马 1200 多公里的库斯科（Cuzco），后来便在这里建都，逐渐兼并附近诸部落。到了第九世帕查库梯（Pachacuti）和他的嗣王托帕（Topa）的时期（1438 ~ 1493 年），他们扩充领土，改革内政，建立了一个中央集权的奴隶制国家。他父子二人不仅统一了现在秘鲁境内的全部土地，而且还占领了今日邻国的一部分地方。到了托帕的孙子一代，兄弟争位，内战连年，国势稍衰。阿他瓦尔帕击败他的哥哥而取得王位以后，恰遇西班牙殖民者入侵。从此，印加帝国就亡了。

印加帝国虽然被灭亡了，但是它遗留下来的维持全国交通的驿道和石结构建筑，以及梯田的工程，至今仍引起人们的惊奇和赞叹。驿道有好几条，以联系首都和全国各地，主要的南北线，长达 2400 ~ 3200 公里。沿着海岸的南北线，宽度有达 6 米者。内地高原的南北线，稍为狭窄，但是仍然都宽达 1 米以上；而超山越谷，工程更为艰巨。渡越山谷的巨藤吊桥，有长达60米者。沿途置驿所，驻有驿卒。印加帝国的巨石建筑，主要分布在首都库斯科及其附近。库斯科城是建筑在海拔3000多米的一个高原盆地中，四面群山环抱。在这城周围的高山顶峰或隘口要道，都建筑有堡垒，以防御外敌的入侵。这都城的城墙、城中重要的宫殿、庙宇和城外的堡垒等建筑，所用的巨石，都是运自数十公里外的山中，有的重达100吨左右。用巨石砌成的石墙，对缝严密，连薄刃刀也插不进去（图6）。库斯

图6　印加帝国都城库斯科的
巨石建筑遗存

科附近还有一座保存相当完整的古城，叫作"玛丘比丘"（Machu Picchu），城墙和重要建筑物也是巨石建筑，是印加帝国晚期的遗迹。现今它成为参观游览的胜地。帝国晚期还在山区的斜坡上大规模地创建了用石砌护墙所拦成的密密层层的梯田。这种梯田既扩大了可耕种的农田的面积，又可以控制水土的流失，有的还有灌溉用的沟渠以引入山间的溪水或泉水。在彼塞克（Pisac）等地那时所建的梯田，今日仍有一部分被使用未废。

印加帝国时代遗留下来的工艺品，也同样地使人惊奇和赞叹。印加式的彩陶，继承优秀的传统，而又有变化。器形最常见的是双耳小口尖底瓶（Aryballus）、敞口直筒杯（Kero）、单柄浅碟、单柄小口壶（图7、图8）等。表面以红、黄、黑、白等颜色绘上图案化的动物纹和几何纹，后者较常见，主要是菱形纹、方格纹、平行纹和人字纹等。毛、棉织物也很精美。织布机一般是横卧式的腰机，但也使用竖机以织花毯

图 7　印加帝国的彩陶瓶

图 8　印加帝国的彩陶壶

和花布。花纹是用各种颜色的细毛线织成的（图 9）。这时的金属器已大量使用青铜来制造武器和工具，如梯形斧、弯柄刀之类。也使用金、

图 9　印加帝国的织物

银、铜制作簪、针等装饰品和瓶、壶等容器。当然，当时金银器是被统治阶级所垄断使用的。

　　为了生产斗争的需要，印加帝国时期已有了一定的天文知识和历法，以便不失农时；又有了度量衡制度。历法用太阴月，12 个月为一岁；太阳年以冬至日为岁首。太阴月和太阳年的调整，可能用置闰月的办法。首都库斯科城内大寺的圆形广场的中心矗立着一个天文仪表——"日表"（gnomon）。这是一根石柱，地面

上通过这石柱有一道东西向的直线。它和我国日晷的原理一样，利用日影以测定时间和季节。城外东郊和西郊又有四座圆柱形小石塔，是用以观测太阳以定夏至和冬至的。度量衡中，长度的单位（尺）为162厘米，相当于古代秘鲁人民的平均身长。当时官府置有官尺以为标准。粮食以斗计，每斗合27公升。重量以3.8克为单位，在墓葬中曾发现过骨、木或银制的天平秤。

印加帝国没有文字，但有"结绳记事"（Quipu）的办法。印加这样面积广大的国家，方言当然是很多的。但是他们以歧楚阿语作为普通语，全国通行。明代天启三年（1623）成书的《职方外纪》中介绍秘鲁（书中译作"孛露"）情况时说："其土音各种不同，有一正音，可通万里之外。凡天下方言，过千里必须传译。其正音能达万里之外，惟中国与孛露而已。"（卷四）书中所说的"正音"，当系指歧楚阿语而言。

＊　　　　＊　　　　＊

根据上述材料，可以看出秘鲁人民是富于创造性的勤奋的人民。古代秘鲁文明和其他古代文明相比较，并无逊色。他们积累了数千年的生产斗争和阶级斗争的经验，最后形成了印加帝国的灿烂文化。这种文化在其发展过程中，虽然也可能受到一些外来的影响，但基本上是当地人民自己创造出来的。有人认为秘鲁文明是由墨西哥或波利尼西亚传来的；还有人以为印加族是从亚洲渡过白令海峡，经过阿拉斯加、墨西哥而进入秘鲁，征服了当地的土著。这些都是毫无根据的谬论，不值一驳。